江苏省品牌专业汉语言文学专业经费资助

江苏省重点建设学科中国语言文学学科经费资助

清末民国收藏家

汪士元

研究

王泽强 著

上海三联书店

目 录

第一章 汪士元的家世与生平 ·········· 1

一、名门望族,文艺氛围浓厚 ·········· 1

二、与政界巨擘的密切关系 ·········· 5

三、从直隶调查局总办到河南国税厅筹备处处长 ·········· 13

四、兼办税务的直隶财政厅厅长 ·········· 17

五、从财政部次长到全国烟酒事务署督办 ·········· 20

第二章 汪士元收藏品概况 ·········· 25

一、前期收藏的书画 ·········· 25

二、后期收藏的书画 ·········· 35

三、印章 ·········· 40

四、砚台 ·········· 44

五、奇石 ·········· 45

第三章 《麓云楼书画记略》注评 ·········· 47

序言 ·········· 47

1. 宋徽宗《晴麓横云图轴》 ·········· 48

2. 陈用志《吉罗林果佛像轴》 ·········· 49

3. 苏轼《颖州祷雨纪事墨迹卷》 ·········· 51

4. 元文宗《临晋祠铭永怀字卷》 ·········· 53

5. 钱选《并蒂莲房图卷》 ·········· 55

6. 吴镇《苍虬图轴》 ·········· 55

7. 倪瓒《书翰卷》 ……………………………………………… 57

8. 赵孟頫《古木竹石卷》 …………………………………… 58

9. 吴睿《篆隶合卷》 ………………………………………… 59

10. 杨维桢《海棠城诗卷》 …………………………………… 61

11. 颜辉《钟进士元夜出游图卷》 ………………………… 63

12. 戴进《仿燕文贵山水轴》 ………………………………… 64

13. 刘珏《赠沈石田山庄留别图卷》 ……………………… 65

14. 姚绶《煮茶图卷》 ………………………………………… 65

15. 杜琼《华山深秀图轴》 …………………………………… 66

16. 杜堇《九芝如意图轴》 …………………………………… 67

17. 沈贞吉《仿梅道人山水轴》 …………………………… 67

18. 沈周《仿大痴富春山图卷》 …………………………… 68

19. 沈周《仿古山水人物册》 ………………………………… 71

20. 沈周《卧游册》 …………………………………………… 72

21. 沈周《仿黄鹤山樵山水轴》 …………………………… 73

22. 文征明《剑浦春云图卷》 ………………………………… 73

23. 文征明《山水卷》 ………………………………………… 76

24. 文征明《石湖草堂图轴》 ………………………………… 77

25. 文征明《蕉石鸣琴图轴》 ………………………………… 77

26. 文征明《桃花轴》 ………………………………………… 78

27. 文征明《斗鸡图轴》 ……………………………………… 79

28. 唐寅《怡闲图卷》 ………………………………………… 79

29. 唐寅《菊石轴》 …………………………………………… 80

30. 仇英《八骏图卷》 ………………………………………… 81

31. 仇英《人物册》 …………………………………………… 82

32. 仇英《沛公偌见俪生图轴》 …………………………… 83

33. 周官《索绹图卷》 ………………………………………… 84

34. 项元汴《桂枝香圆图轴》 ………………………………… 85

35. 陆师道《拙政园图轴》 …………………………………… 86

36. 钱毂《钟进士移家图卷》 ………………………………… 86

37. 钱毂《虎丘图轴》 ………………………………………… 90

38. 姚东斋《龙池晓云图轴》 ··· 90

39. 祝允明《书南华经内七篇卷》 ·· 91

40. 祝允明《饭苓赋轴》 ··· 92

41. 王宠《书离骚卷》 ··· 92

42. 陆治、蔡羽《诗画合册》 ·· 93

43. 陈栝《梨花白燕图卷》 ··· 94

44. 文伯仁《南溪草堂图卷》 ·· 95

45. 文伯仁《重岩悬瀑图轴》 ··· 96

46. 文嘉《山水轴》 ··· 97

47. 文彭《墨竹卷》 ··· 98

48. 尤求《水亭消夏图轴》 ··· 99

49. 吴彬《武夷九曲图卷》 ·· 100

50. 戴晋《剑阁图卷》 ·· 101

51. 谢时臣《岳阳楼图卷》 ·· 102

52. 沈士充《长江万里图卷》 ··· 102

53. 戈汕《山水轴》 ·· 104

54. 马湘兰《花卉册》 ·· 105

55. 丁云鹏《兰芝图轴》 ··· 106

56. 孙克弘《朱衣达摩轴》 ·· 106

57. 王武《花卉册》 ·· 107

58. 詹景凤《山水轴》 ·· 108

59. 蓝瑛、徐阶平《浴砚图轴》 ·· 108

60. 黄石符《仙媛幽憩图轴》 ··· 109

61. 吴伟业《山水轴》 ·· 110

62. 董其昌《仿古山水册》 ·· 110

63. 董其昌《江村落照图轴》 ··· 112

64. 董其昌《写朱晦翁诗意轴》 ·· 112

65. 程嘉燧《翳然图卷》 ··· 113

66. 张学曾《山水轴》 ·· 114

67. 邵弥《泉壑寄思图轴》 ·· 115

68. 杨文骢《山水卷》 ·· 116

69. 李流芳《山水轴》 ·························· 118

70. 卞文瑜《山水卷》 ·························· 119

71. 王时敏《仿古山水册》 ·························· 120

72. 王时敏《江山萧寺图卷》 ·························· 121

73. 王时敏《临黄鹤山樵乔柯文石轴》 ·················· 121

74. 王鉴《仿古山水册》 ·························· 122

75. 王鉴《白云图卷》 ·························· 124

76. 王鉴《仿范华原山水轴》 ·························· 126

77. 王翚《仿古山水册》 ·························· 127

78. 王翚《山窗雨霁图卷》 ·························· 128

79. 王翚《仿李晞古寻梅图轴》 ·················· 129

80. 王翚《仿米山水轴》 ·························· 130

81. 王翚《墨兰轴》 ·························· 130

82. 王原祁《晴岚环翠图卷》 ·························· 131

83. 王原祁《仿高房山山水轴》 ·················· 131

84. 吴历《苦雨诗图卷》 ·························· 132

85. 吴历《竹石轴》 ·························· 133

86. 恽寿平《山水花卉册》 ·························· 133

87. 恽寿平《山水卷》 ·························· 134

88. 恽寿平《蓼汀鱼藻图轴》 ·························· 135

89. 恽寿平《写李青莲诗意山水轴》 ·················· 136

90. 陈洪绶《婴戏图轴》 ·························· 136

91. 陈洪绶《草书轴》 ·························· 136

92. 王铎《王屋山图卷》 ·························· 137

93. 王铎《花卉卷》 ·························· 139

94. 龚贤《山水轴》 ·························· 140

95. 邹之麟《三松图轴》 ·························· 141

96. 渐江《山水册》 ·························· 141

97. 叶欣《山水册》 ·························· 142

98. 金陵各家合作山水花卉册 ·················· 143

99. 恽向《山水轴》 ·························· 144

100. 项圣谟《山水册》 ································· 145

101. 项圣谟《纪梦图轴》 ······························· 147

102. 项圣谟《杏花轴》 ································· 147

103. 张风《吟梅图轴》 ································· 147

104. 徐渭《大士像轴》 ································· 148

105. 水绘园女史《花鸟轴》 ····························· 149

106. 石涛《山水册》 ··································· 151

107. 石涛《岳阳楼图卷》 ······························· 151

108. 石涛《梅竹双清图轴》 ····························· 152

109. 石涛《秋色图轴》 ································· 154

110. 石溪《山水轴》 ··································· 154

111. 方大猷《山水轴》 ································· 155

112. 杨晋《花卉草虫卷》 ······························· 155

113. 顾昉《兰亭图轴》 ································· 156

114. 高简《鹤守梅花图轴》 ····························· 157

115. 黄鼎《泰岱览胜图轴》 ····························· 158

116. 王昱《仿古山水屏幅》 ····························· 158

117. 乾隆《古木文石图轴》 ····························· 159

118. 蒋廷锡《九桃图轴》 ······························· 160

119. 谢淞洲《山水轴》 ································· 161

120. 张宗苍《万木奇峰图轴》 ··························· 161

121. 张洽《万木奇峰图轴》 ····························· 162

122. 华嵒《明妃出塞图轴》 ····························· 163

123. 华嵒《关山勒马图轴》 ····························· 163

124. 华嵒《山水人物册》 ······························· 164

125. 蔡嘉《夕阳秋水图轴》 ····························· 164

126. 皇六子《频婆图轴》 ······························· 165

127. 高凤翰《纪游山水册》 ····························· 166

128. 高其佩《花卉翎毛册》 ····························· 166

129. 王宸《山水轴》 ··································· 167

130. 董邦达《临马远潇湘八景卷》 ······················· 167

131. 罗聘《东坡药玉船图轴》 …………………………………… 169

132. 桂馥《古松图轴》 …………………………………………… 170

133. 潘恭寿《看梅图轴》 ………………………………………… 171

134. 钱杜《临黄鹤山樵西庄载菊图轴》 ………………………… 171

135. 余集《调羹图轴》 …………………………………………… 172

136. 改琦《文章四友图轴》 ……………………………………… 172

137. 汤贻汾《琴隐园种菊图轴》 ………………………………… 174

138. 戴熙《山水册》 ……………………………………………… 174

139. 戴熙《峭壁丛篁图轴》 ……………………………………… 175

140. 戴熙《松亭秋爽图轴》 ……………………………………… 176

第四章 《麓云楼书画记略续编》注评 …………………………… 178

序言 ……………………………………………………………… 178

1. 王羲之书魏钟繇千字文 ……………………………………… 179

2. 高克明《长寿富贵》 ………………………………………… 182

3. 岳飞 书法 …………………………………………………… 182

4. 赵孟頫《陶渊明赏菊图》 …………………………………… 183

5. 赵孟頫《高逸图》 …………………………………………… 184

6. 赵孟頫《桃源仙境》 ………………………………………… 184

7. 赵孟頫《三骏图》 …………………………………………… 185

8. 任仁发《双骑图》 …………………………………………… 186

9. 郭畀 行书《青玉荷盘诗卷》 ……………………………… 188

10. 颜辉《濯足图》 …………………………………………… 190

11. 吴镇《山居图》 …………………………………………… 191

12. 赵雍《相马图》 …………………………………………… 192

13. 柯九思《寿高秦松手卷》 ………………………………… 194

14. 张渥《罗汉图》 …………………………………………… 195

15. 杨维桢 行书(小品) …………………………………… 196

16. 倪瓒《江亭山色图》 ……………………………………… 197

17. 方从义《山水立轴》 ……………………………………… 199

18. 王蒙《山林平远图》 ……………………………………… 200

19. 南山樵隐《筇拍图》 …………………………… 201

20. 宋克《韩文公进学解行草书法》 ………………… 203

21. 王绂《清溪渔隐图》 ……………………………… 205

22. 戴进《二仙图》 …………………………………… 207

23. 吕文英《张三丰升仙图》 ………………………… 208

24. 姚绶《竹石图》 …………………………………… 209

25. 张弼　行书《椿庭记》《吾不如记》 …………… 210

26. 蒋文藻《溪山行旅图》 …………………………… 211

27. 沈周　金笺山水 ………………………………… 212

28. 沈周《湖山春晓图卷》 …………………………… 212

29. 沈周《徐生孝行录》 ……………………………… 213

30. 沈周《苍林独行》 ………………………………… 214

31. 吴宽　草书 ……………………………………… 215

32. 边景昭《古木栖雀》 ……………………………… 216

33. 李东阳草书《春园杂诗》六首 …………………… 216

34. 石璧《兰石图》 …………………………………… 217

35. 郭诩《松荫听琴图》 ……………………………… 218

36. 吴伟《渔钓暮归》 ………………………………… 219

37. 林郊《三友四喜图》 ……………………………… 220

38. 祝允明《草书七言诗》四首 ……………………… 221

39. 祝允明《草书虎丘诗卷》 ………………………… 222

40. 祝允明《草书临帖卷》 …………………………… 224

41. 张路《二仙云起图》 ……………………………… 227

42. 唐寅《柏间煮茗》 ………………………………… 230

43. 唐寅《幽禽傲寒图》 ……………………………… 230

44. 张灵《秋山图》 …………………………………… 232

45. 文征明《溪桥烟树图》 …………………………… 233

46. 文征明《松苑清淡图》 …………………………… 234

47. 吕纪《寒梅锦鸡图》 ……………………………… 234

48. 陈淳　五言诗草书 ……………………………… 236

49. 陈淳《秋光古木图》 ……………………………… 237

50. 陈淳《芙蓉》 ·················· 238

51. 陈淳《花卉图册》 ·················· 239

52. 王宠《草书李翰林杂作》 ·················· 240

53. 陆治《流水山居掩柴门》 ·················· 241

54. 陆治《山居图》 ·················· 242

55. 王问《长寿园》 ·················· 243

56. 仇英《人物　花鸟　山水册页》 ·················· 244

57. 仇英《赤壁游扇片》 ·················· 246

58. 文嘉《翠山寻友图》 ·················· 246

59. 钱谷《山水》 ·················· 247

60. 钱谷《郭北草堂图》 ·················· 248

61. 杨继盛《草书七言诗》 ·················· 249

62. 徐渭《蕉石图》 ·················· 250

63. 徐渭《四时花卉图卷》 ·················· 251

64. 徐渭《溪山草书》 ·················· 251

65. 焦秉贞《春江泛舟图》 ·················· 252

66. 尤求《沧桑顿异》 ·················· 253

67. 尤求《诸葛孔明事迹图》 ·················· 253

68. 尤求《应真渡海卷》 ·················· 254

69. 盛茂烨《山居图》 ·················· 255

70. 张瑞图《山水》 ·················· 256

71. 张瑞图《行书题画诗》 ·················· 256

72. 张瑞图　行书五言诗 ·················· 257

73. 王世贞　尺牍 ·················· 257

74. 王世贞　书法 ·················· 259

75. 丁云鹏《白描罗汉图》 ·················· 259

76. 邢侗《米家云山图》 ·················· 260

77. 董其昌《行书后赤壁赋》 ·················· 261

78. 董其昌　书画合璧 ·················· 262

79. 董其昌　行书七言诗 ·················· 264

80. 董其昌　草书卷 ·················· 264

81. 董其昌《山水》 …………………………… 265

82. 董其昌《山居图轴》 ……………………… 265

83. 董其昌《空山不见人》 …………………… 266

84. 董其昌《青山烟暮图》 …………………… 267

85. 朱自方《仿郭山水》 ……………………… 267

86. 程嘉燧《松山高隐图轴》 ………………… 268

87. 萧云从《设色山水图卷》 ………………… 269

88. 米万钟《寿景孟诗行草》 ………………… 270

89. 归昌世《竹石图》 ………………………… 272

90. 李流芳《夏山欲雨图》 …………………… 273

91. 李流芳《山水图卷》 ……………………… 274

92. 张宏《秋林萧瑟》 ………………………… 275

93. 吴彬《十二尊者相图》 …………………… 276

94. 蓝瑛《山水》 ……………………………… 277

95. 卞文瑜、查继佐《仿古山水对题册》 …… 278

96. 陈洪绶《诸夷职贡图》 …………………… 279

97. 陈洪绶《观犯图》 ………………………… 280

98. 陈洪绶《献丹图》 ………………………… 280

99. 陈洪绶《写寿图》 ………………………… 281

100. 王鉴《峰岚茅堂图》 …………………… 282

101. 王铎　行书《赠陈二补阙》 …………… 283

102. 王铎　书法 ……………………………… 283

103. 王铎　怪石图 …………………………… 284

104. 王铎　书法 ……………………………… 284

105. 王铎《拟山园帖》拓本 ………………… 285

106. 项圣谟　蔬果册 ………………………… 286

107. 文俶　花卉集锦册 ……………………… 286

108. 顾见龙《欢天喜地》 …………………… 288

109. 七处《山水图》 ………………………… 288

110. 程邃《空谷幽居图》 …………………… 289

111. 程邃《适情寄意图》 …………………… 289

112. 浙江《深山猿鸟声图》 ……………………………… 291

113. 浙江《山水》 …………………………………………… 292

114. 浙江《松风暮霭图》 …………………………………… 292

115. 邹之麟《仿北苑笔意》 ………………………………… 293

116. 朱一是《赤壁泛舟图》 ………………………………… 293

117. 傅道坤《双鹤图》 ……………………………………… 294

118. 诸升《竹石图》 ………………………………………… 295

119. 姚允在《桐江萧寺图》 ………………………………… 295

120. 龚贤《溪山渔樵》 ……………………………………… 296

121. 龚贤《山水》（一） …………………………………… 298

122. 龚贤《山水》（二） …………………………………… 298

123. 董小宛《雀》 …………………………………………… 299

124. 牛石慧《芭蕉鸟石图》 ………………………………… 299

125. 王翚《山水》 …………………………………………… 300

126. 王翚《山庄雪霁》 ……………………………………… 301

127. 王翚《江山卧游图》 …………………………………… 301

128. 王翚《仿范华原笔意》 ………………………………… 302

129. 吴历《秋山草堂图》 …………………………………… 303

130. 吴历《山水》 …………………………………………… 303

131. 王武《富贵双寿》 ……………………………………… 304

132. 王武《春江水暖》 ……………………………………… 305

133. 恽寿平《月窟留香》 …………………………………… 305

134. 恽寿平《修竹图》 ……………………………………… 307

135. 恽寿平《秋菊图》 ……………………………………… 308

136. 高简《山水》 …………………………………………… 308

137. 上睿《山水》 …………………………………………… 309

138. 上睿《青绿山水》 ……………………………………… 310

139. 魏之璜《山水》 ………………………………………… 310

140. 王士祯　处世手镜暨稿件册 …………………………… 311

141. 八大山人《行旅图》 …………………………………… 312

142. 八大山人、石涛《老松人物》 ………………………… 312

143. 八大山人《山水》 …………………………………………… 314

144. 八大山人《大别方丈铭》 ……………………………………… 315

145. 八大山人《枯树双栖》 ………………………………………… 315

146. 八大山人《花卉》 ……………………………………………… 316

147. 八大山人《神清图》 …………………………………………… 316

148. 八大山人　五言律诗行书条幅 ……………………………… 317

149. 八大山人《双鹰图》 …………………………………………… 317

150. 石涛《春溪图》 ………………………………………………… 318

151. 石涛《士官》 …………………………………………………… 319

152. 石涛《蕉竹秋卉》 ……………………………………………… 319

153. 王原祁《访梅图》 ……………………………………………… 320

154. 恽冰《百福骈臻》 ……………………………………………… 320

155. 杨晋《梅兰竹石图》 …………………………………………… 321

156. 杨晋《花鸟写生图》 …………………………………………… 322

157. 王鸿绪　行楷 ………………………………………………… 323

158. 姜实节《溪山亭子》 …………………………………………… 324

159. 杨中讷　行书《桃花源记》 …………………………………… 325

160. 黄鼎《溪山幽居》 ……………………………………………… 326

161. 高其佩《西山烟雨》 …………………………………………… 326

162. 雍正　行书《酒德颂》 ………………………………………… 327

163. 华嵒《梧桐立凤图》 …………………………………………… 328

164. 李鱓《百事大吉图》 …………………………………………… 329

165. 李鱓《东坡屐笠图》 …………………………………………… 329

166. 李鱓《芦花双凫图》 …………………………………………… 330

167. 李鱓《荷塘白鹭》 ……………………………………………… 331

168. 金农《春风万玉图》 …………………………………………… 331

169. 高翔《寒梅图》 ………………………………………………… 333

170. 方士庶《郑燮像》 ……………………………………………… 333

171. 李因《花卉》 …………………………………………………… 334

172. 李方膺《花卉》 ………………………………………………… 335

173. 李方膺《孔雀》 ………………………………………………… 335

174. 高凤翰《草堂艺菊图》 ………………………………… 336

175. 高凤翰《春风如意图》 ………………………………… 337

176. 蔡嘉《密树秋庭图》 …………………………………… 338

177. 蔡嘉《雪中访友》 ……………………………………… 338

178. 汪士慎《梅花图》 ……………………………………… 339

179. 黄慎《渔翁》 …………………………………………… 340

180. 郎世宁《骏马图》 ……………………………………… 341

181. 郎世宁　徐扬《马上封侯》 …………………………… 341

182. 徐扬《归庄图》 ………………………………………… 342

183. 郑燮《兰竹芳馨图》 …………………………………… 343

184. 郑燮《行书论书轴》 …………………………………… 343

185. 郑燮《丛竹图》 ………………………………………… 344

186. 郑燮《翠竹浥露》 ……………………………………… 344

187. 郑燮　行书 ……………………………………………… 345

188. 董邦达《山水》 ………………………………………… 346

189. 董邦达《山村晚霁》 …………………………………… 346

190. 梁巘　行书 ……………………………………………… 347

191. 俞榕《松泉幽居图》 …………………………………… 347

192. 余樨《花卉》 …………………………………………… 348

193. 顾原《雪川七逸》 ……………………………………… 349

194. 王昱《瘦鹤小影》 ……………………………………… 350

195. 励宗万《山水》 ………………………………………… 350

196. 金廷标《狩猎图》 ……………………………………… 351

197. 刘墉　行书苏轼《眉州远景楼记》 …………………… 352

198. 刘墉　行书 ……………………………………………… 353

199. 王鸣盛　书法册 ………………………………………… 353

200. 钱大昕　隶书七言联 …………………………………… 354

201. 闵贞《佳人倚凤图》 …………………………………… 354

202. 闵贞《和合二仙》 ……………………………………… 355

203. 丁观鹏《澄怀观道》 …………………………………… 356

204. 丁观鹤《松荫话旧图》 ………………………………… 356

205. 董诰《钟鸣归船图》 ·················· 357

206. 黄易《秋山红叶》 ·················· 357

207. 皇六子《山水》 ·················· 358

208. 朱珪《二十四通信札文略》 ·················· 358

209. 罗聘《梅香》 ·················· 359

210. 罗聘《两峰墨戏》 ·················· 360

211. 洪亮吉 篆书卷 ·················· 361

212. 铁保 书法 ·················· 362

213. 伊秉绶 隶书八言联 ·················· 363

214. 姚政《人物》 ·················· 363

215. 蔡诰《携杖访友》 ·················· 364

216. 康焘《婴戏图》 ·················· 364

217. 宋湘等嘉道贤士书札合册 ·················· 365

218. 钱杜《山水》 ·················· 366

219. 钱杜《仙壑螺舟》 ·················· 367

220. 罗聘、项均《山水人物花卉册》 ·················· 367

221. 汪承霈《安居图》 ·················· 368

222. 孙义钧《邓尉探梅图》 ·················· 369

223. 林则徐 行书《小石潭记》 ·················· 371

224. 费丹旭《仕女》 ·················· 372

225. 张熊《花鸟》 ·················· 372

226. 沈葆桢 行书八言联 ·················· 373

227. 黄烈 行书《大明皇陵碑记》 ·················· 374

228. 虚谷《松鼠葡萄》 ·················· 374

229. 居廉《岁朝清供》 ·················· 375

230. 汤世澍《花卉》 ·················· 375

231. 吴谷祥《茂岭幽居图》 ·················· 376

232. 张祖翼 隶书 ·················· 376

233. 钮嘉荫 临金农花卉册 ·················· 377

234. 康有为 行书五言诗 ·················· 377

235. 黄宾虹《山水》 ·················· 379

236. 溥心畲　行书虞美人词 ························· 380

237. 佚名《蚕织图》 ··························· 380

238. 佚名　草书唐诗 ························· 381

239. 佚名《人马图》 ·························· 382

240. 佚名《山水》 ···························· 382

241. 佚名　元人草虫写生册 ····················· 384

242. 佚名《溪山云览图》 ······················· 385

243. 佚名《平安图》 ·························· 386

244. 佚名《雪景寒林图》 ······················· 386

245. 佚名《唐多宝塔碑》 ······················· 386

246. 佚名《仙山楼阁》 ························· 387

247. 佚名《仙山宫苑图》 ······················· 388

248. 佚名《花卉》 ···························· 388

249. 佚名《秋香图》 ·························· 389

250. 佚名《骑牛读书图》 ······················· 389

251. 佚名《龙舟竞渡》 ························· 390

252. 佚名《花鸟团扇》 ························· 390

253. 佚名《山水册页》 ························· 391

254. 佚名《捕鱼团扇》 ························· 392

255. 佚名《高士图》 ·························· 393

第五章　汪士元年谱 ····················· 394

第一章

汪士元的家世与生平

一、 名门望族，文艺氛围浓厚

汪士元(1877—1951)，原名汪祐孙，字向叔，室名麓云楼、玉带砚斋、清净瑜迦馆，安徽盱眙县(今属江苏)人，光绪三十年进士，曾任直隶调查局总办、河间兵备道、天津道、长芦盐运使等职。民国后，历任河南国税厅筹备处处长、直隶省财政厅厅长、直隶省代省长、民国财政部次长、财政部代总长、全国烟酒事务署督办、盐务署署长、稽核总所总办、税务处会办、财政善后委员会委员、国务院参议等要职，曾获得一等大绶宝光嘉禾勋章、二等文虎勋章，是清末民初著名书画鉴赏家、收藏家、书画家，著有《麓云楼书画记略》。

汪士元二十七岁中进士时，已经是拥有二品顶戴的候补道台，进入官场后升迁很快，官至省部级，长期担任财税部门的要职，除了自身不寻常的天赋外，祖辈、父辈积攒的广泛人脉和丰厚的家资也发挥了巨大的作用。他擅长理财，精通书画，精于鉴赏，爱好收藏，也与家族传统密切相关。

近现代史上有影响的家族

盱眙汪氏，祖居皖南祁门县塔坊乡侯潭村，明末迁泗州，清初迁居盱眙县城。经过数代积累，自七世祖汪云任考中进士始，竟然五世联科，涌现出十多个知县以上的官员：

　　汪云任,嘉庆二十二年(1817年),24岁中举人,34岁中进士,历任广东三水知县、赣州知府、苏州知府、苏松太兵备道、江海关监督、山东督粮道、通政司参议、陕西按察使署布政使等职。

　　汪根恕,道光十七年(1837年),27岁中举,曾任国子监丞,署苏州织造兼浒墅关监督。

　　汪祖绶,咸丰六年(1856年),27岁中举,28岁中进士,翰林院庶吉士,曾任曾国藩幕僚,历任金山、吴县、青浦等地知县。

　　汪瑞曾,光绪六年(1880年),32岁中举,曾任青浦知县。

　　汪瑞闿,光绪二十三年(1897年),25岁中举,曾任上海巡警总局总办(局长)、江苏巡警道、江西省民政长(即省长)、全国纸烟捐务总局局长、民国参政院参议、伪浙江省省长等职。文武全才,是江西近代教育事业的开创者,江苏、上海近代警察事业的开拓者。

　　汪士元,光绪三十年(1904年),27岁中举,28岁中进士,二品顶戴,曾任长芦盐运使、天津道、河间道、直隶财政厅长、直隶代理省长、财政部次长、财政部代理总长、盐务署署长、全国烟酒事务署督办、税务外会办、国务院参议等职。

　　汪根敬,廪贡生,历任河南沁阳知县、许昌知州、彰德知府等职。

　　汪瑞高,拔贡,二品顶戴,历任北洋支应局总办、北洋机器局总办、长芦盐运使等职,近代北方最大的盐官,为袁世凯提供了数不清的活动经费。

　　汪瑞昆,监生,曾任台湾镇海后军将领。

　　汪鸿孙,太学生,历任菏泽、恩县、宁海等地知县,民国陆军部军法司一等军法官。

　　汪根书,太学生,先后任广信府、赣州府、抚州府通判。

　　汪驹孙,浙江法政学堂优等生毕业,曾任上海地方检察厅检察长。

由上面列举的材料不难看出,从19世纪初汪云任中进士走上仕途,到20世纪40年代初汪瑞闿因去世退出历史舞台,盱眙汪氏在一个多世纪中持续有人通过科举从政,活跃在地方政府和中央政府的政治舞台上。在中国近现代史上,盱眙汪氏写下了一定的篇章,留下了自己的足迹。他们是一些重大历史事件的当事人、见证者,有着不可或缺的地位:

"德兰诺瓦"事件。1821年,广州府番禺县盱眙籍知县汪云任,判处美国商船上肇事的水手德兰诺瓦绞刑,两国之间产生了第一次严重的冲突。此事震惊中外,史称"德兰诺瓦事件",对中美两国关系的发展走向产生了极大的影响。二百年来,中外学者争论不休,观点大相径庭,可见其影响之深远、广泛。

"江西民政长事件"与"二次革命"。1912年12月16日,江西都督李烈钧致电袁世凯请行军民分治,并特荐汪瑞闿为江西民政长(省长)。汪瑞闿曾任前江西武备学堂总办,与李烈钧有师生之谊,应李烈钧七次盛情邀请,才同意出任此职。袁世凯发布了汪瑞闿任江西民政长的命令,却遭到江西国民党方面的激烈反对,江西国民党要求"将简任民政长之成命收回"。汪瑞闿到南昌上任后受到武力威胁,被迫离开江西。黎元洪出面调解,提出"撤兵、迎汪、惩凶"三个条件,李烈钧公开通电拒绝,袁世凯震怒,双方到了剑拔弩张的地步。袁世凯因为要忙于召开国会,选举大总统,于是作出让步,任命赵从蕃任江西民政长(也遭拒绝),派王芝祥为"查办使",南下查办江西事件,暂停争端。史称此事为"江西民政长事件"。次年6月9日,袁世凯突然下令免去李烈钧江西都督职务,引发"二次革命"。袁世凯以武力镇压了南方七省国民党人的"二次革命",汪瑞闿再赴南昌上任。"江西民政长事件"是"二次革命"的先声,影响深远。

"张勋复辟"。1917年6月,张勋利用黎元洪与段祺瑞的矛盾,率5000"辫子兵"进北京,7月1日撵走黎元洪,把12岁的溥仪抬出来宣布复辟,但12天就破产了。在迅速平息张勋"辫子军"的抵抗中,直隶财政厅长汪士元充当了重要角色。其时,直隶省库空如洗,尚有开滦股票100万元,市价高于面额。为充讨逆军军费,他以补助直隶金融费用为名,在津向日本三菱洋行借款,由天津正金银行兑付,为消灭封建顽固势力立了大功。

艺术氛围浓厚的家族

汪士元的高祖汪云任,进士,擅长绘画和诗歌,官至署陕西布政使,著有《茧园诗文稿》《汪孟棠太守诗钞》。曾祖汪根恕,举人,擅长诗歌,官至署苏州织造兼浒墅关监督。祖父汪祖绶,进士,翰林院出身,著有《汪岸卿太守诗钞》。尤其是伯祖父汪根兰、堂祖姑汪藕裳、父亲汪瑞高多才多艺,对汪士元的影响很大。

汪根兰(1821—1879),字稚松,道光癸卯优贡,早年在盱眙读书,太平天国时期曾举家迁居兴化避难,后赴上海加入淮军,随同李鸿章与太平军作战,立功受奖。晚年定居苏州。咸丰元年举孝廉方正,获得知州衔河南候补知县加运同衔。好填词,精绘画,尤其擅长隶书及篆刻,著有《秋柳词人稿》《绿阴琴馆印谱》。汪根兰潜心书画艺术,"生平工绘事,尤精画梅,兼擅八分书及篆刻[1]。"2013 年 9 月 14 日,中国嘉德国际拍卖有限公司在北京公开拍卖汪根兰的一幅书法:"隶书,镜心,金笺,题识:宾四大兄大雅属。汪根兰。钤印:稚松八分。内容:国之良干,垂爱在民。蔽芾棠树,温温恭人。利器不觌,鱼不出渊。"从这幅作品得知,汪根兰有一枚印章就称"稚松八分",由此可以看出他专攻八分书,这与家谱的记载是一致的。2012 年 11 月 25 日,辽宁建投拍卖公司在沈阳公开拍卖一幅书法:"曹喜羊欣书得意,赵深马远画专家。款识:铁耕大兄先生法家雅属即正,穉松汪根兰制。钤印:穉松、寄廉书巢、十四万松园祖。高 104 厘米,宽 10 厘米。"这幅书法也是八分体。2014 年 12 月 15 日,上海泓盛拍卖有限公司在上海公开拍卖汪根兰与王礼 1872 年合作的一幅书画,"花鸟,书法,成扇,泥金,纸本。正面:梅孙大兄大人雅属,时壬申之秋,拟北宋人笔意,白蕉研主礼。钤印:秋言(朱文)。反面:叔达变为子久,海岳化为房山,梅花师巨然而自具苍深,黄鹤祖荆关而独称浑厚,至若方壶之逸致,松雪之精研,要能各启一家并传千古。书奉梅孙一兄先生属正,汪根兰。钤印:稚松(朱文)。高 18 厘米,宽 50 厘米。"王礼(1813—1879),字秋言,号秋道人,别署白蕉研主,江苏吴江人,寓居上海,幼嗜笔墨,从沈石芗学写花鸟,劲秀洒落,笔如刻铁,隽逸之气,令人意爽,人物画宗陈洪绶,是近代海派著名画家。这幅汪根兰题隶书、王礼绘花鸟的作品表明两人有一定的交情,同时也表明汪根兰的书法得到了沪上名家王礼的首肯。汪根兰在篆刻上下的功夫也很大,曾精心编撰了一部书叫《绿阴琴馆印谱》,同乡傅桐写的序言保存了下来[2]。从这篇序言得知,汪根兰好篆书,有家学渊源,家中这方面的书籍较多,曾精心研究过文字学,功底深厚。

汪藕裳(1832—1903)是汪云任的孙女,汪根敬的女儿,曾在汪瑞曾、汪瑞高家任家庭教师,是汪士元的启蒙老师,著有两部长篇弹词体小说《群英传》《子虚记》,共计四百多万字。1982 年,《子虚记》被列入《古籍整理出版规划》(1982—1990),2014 年由笔者根据稿本整理,由中华书局首次出版。有学者说,"藕裳的两部作品共九十四卷,四百多万字,无论是在场景的广大、人物的复杂多样、故事

① 《盱眙汪代家谱·汪根兰传》,清末抄本,盱眙汪毓葆家藏。
② 任继愈主编:中华传世文选《骈文类纂》,吉林人民出版社,1998 年 10 月第 1 版,第 190 页。

的丰富曲折、描写的细腻变化,还是思想主题的进步性方面都堪称继陶怀贞、陈端生、邱心如、李桂玉之后的又一位大家手笔[①]",称她是"一位才华闪煜、成就卓著的女作家兼诗人[②]",把她列入中国历代女杰百人行列。

汪瑞高(1849—1905),字君牧,清末安徽泗州直隶州盱眙县(今属江苏)人,同治辛丑科拔贡,历任户部山东司行走、北洋机器局总办、直隶通永道道台、北洋支应局总办、长芦盐运使、德州制造局担任总办等职,授二品顶戴,精通财务,能诗擅画,多才多艺,得到李鸿章、王文韶、那桐、荣禄、裕禄、袁世凯等政坛巨擘的赏识,是许多重大历史事件的见证人。汪瑞高是一位艺术家,留下的字画如今在拍卖市场上也拍出了不错的价格。2009 年 12 月 3 日,他的《柏荫傅经图》在福建省拍卖行上,拍得 2.128 万元。2011 后 12 月 19 日,他的《老子出关图》在中国嘉德四季第二十八期拍卖会上的成交价为 4.025 万元,如今这些字画早已增值数倍。浙江舟山市博物馆藏有一对精美的屏风,上面携刻着汪瑞高充满才情的千字长诗《赠章次柯》,此诗把情人之间的追寻和相思的缠绵悱恻之情演绎得十分细腻,感情真挚动人,显示出很高的艺术性。

二、 与政界巨擘的密切关系

李鸿章、杨士骧、袁世凯都曾担任过直隶总督兼北洋大臣,是清末政坛巨擘。盱眙汪氏与三人交往密切,汪士元在科举和政治上的成功得益于家族背后深广的人脉。

盱眙汪氏与李鸿章

汪根兰,与李鸿章是选优贡时的同年,又是抗击太平军的战友。汪祖绶与李鸿章,同为翰林院出身的庶吉士,同为曾国藩的幕僚,又是关系密切的战友。汪瑞高是李鸿章的门生、心腹,为李鸿章北洋财政的掌门人。李、汪两家交情延续了半个多世纪,李鸿章与汪氏三代人结下了深厚的情谊。

---

① 鲍震培:《清代女作家弹词研究》,南开大学出版社,2008 年 5 月,第 91 页。
② 李润英:《千姿百态尽风流—中国历代女杰百人传》,广西教育出版社,1993 年 12 月,第 369—372 页。

1. 李鸿章与汪根兰

汪根兰(1821—1879)字稚松,优贡,候补知县加运同衔。好填词,精绘画,尤其擅长隶书及篆刻,著有《秋柳词人稿》《绿阴琴馆印谱》。

汪根兰自幼聪明过人,中秀才,入县学,每年考核均名列前茅。当时除举人、进士外,读书人进入官场还有一条路,即三年一考的优贡和十二年一考的拔贡,优贡和拔贡都有机会做官,所以也被世人看重。道光癸卯(1843)年,在由安徽学政主持的优贡选拔考试中,全省只有六个名额,竞争十分激烈,汪根兰脱颖而出。盱眙王伯恭《蜷庐随笔》对此有记载:"道光癸卯,吾皖所举之六人,皆在皖北,尤为佳话。第一为泗州邓贤芬,次则桐城许廷宾、天长戴金榜、定远凌焕、合肥李鸿章、盱眙汪根兰。"此次一同入选的六人中就有李鸿章,后来李位极人臣,成为影响深远的历史巨人。

咸丰九年五月二十六日,陈玉成率太平军攻占盱眙县城,杀死知县许垣等官民千余人,县城被洗劫一空,汪家被抢劫、焚烧,几代积聚的财富被洗劫一空。汪氏分头逃离家园,汪根兰带着父母汪云佺夫妇逃往兴化避难。不久,汪云佺夫妇客死他乡,汪根兰只身前往上海投奔李鸿章,投笔从戎,立下战功。同治四年九月八日,官至两江总督的李鸿章为同年请功:"知州衔河南候补知县汪根兰,运同衔湖南候补知县唐晋,随同攻剿,战守攻多,均请赏戴花翎,汪根兰并加运同衔。"汪根兰出生入死,得到的是"戴花翎"的荣誉,又封了个"运同衔",秩从四品,相当于现在的副厅级。

2. 李鸿章与汪祖绶

汪祖绶(1829—1886),字汉青、岸青,进士,翰林院庶吉士,汪士元祖父,先后任新阳、常熟、川沙、金山、青浦、无锡、吴县、江阴等江南八县知县,著有《汪岸卿太史诗钞》。

咸丰九年四月,在翰林院已深造三年的汪祖绶结束学业,被授予江苏新阳知县。不久,新阳被太平军攻占,汪祖绶拍案而起,投笔从戎,前往上海,入曾国藩幕,成为李鸿章的同事。汪祖绶奉命率领军民与太平军作战,一举收复军事重镇诸翟。他坚守诸翟,击退太平军一次又一次的进攻,立了大功,朝廷通令嘉奖:"嗣因诸翟等处剿贼出力,经前抚臣保奏,奉上谕,汪祖绶著赏加同知衔并赏戴花翎"。同治二年十二月,汪祖绶署理常熟知县,冒着隆隆炮火前往福山就任。同治三年二月十六日,汪祖绶率领军队大败太平军。事后,李鸿章为汪祖绶向朝廷请功:"署常熟县事即补知县汪祖绶,力捍贼锋,保全境土;江苏候补知县董廷策,制造火药出力,均请补缺后以直隶州知州升用①。"

同治三年四月二十七日,洪秀全病死。六月十六日,湘军攻占天京,太平天国灭亡。李鸿章以显著的功勋受封一等肃毅伯。七月十六日,李鸿章上书朝廷,为汪祖绶谋官职。李有专折《汪祖绶请以繁缺知县补用片》,称赞汪祖绶"殊为得力"、"廉明干练",为他争取知县职位。

李鸿章长期任直隶总督兼北洋大臣,系朝廷重臣,炙手可热。《李鸿章全集》中有《复江苏金山县汪祖绶》。从这封热情洋溢的书信可以看出,位居国家权力中枢的李鸿章对昔日的同事、现任基层小官汪祖绶没有摆任何架子,言词十分诚恳,自称"馆世愚弟"。信中赞扬的哲嗣两郎指汪祖绶的儿子汪瑞曾、汪曾高,两人都得到过李鸿章的关怀、照顾。

3. 李鸿章与汪瑞高

汪瑞高(1849—1905),字君牧,同治辛丑科拔贡,汪祖绶次子。历任北洋机器局总办、北洋支应局总办、直隶通永道道台、长芦盐运使等要职,授二品顶戴,从一品封典。精通财务,能诗擅画,多才多艺。

同治四年,汪瑞高和哥哥汪瑞曾回盱眙考秀才,皆中。汪瑞高又接着参加拔贡考试,名列第一,得到安徽学政朱兰、安徽巡抚乔松年、钦差大臣李鸿章的称赞。三年后,汪瑞高在国子监学习期满,通过朝考,奉旨以七品小京官分部学习,分到户部任山东司行走,正式踏上仕途。同治九年八月,李鸿章调任直隶总督,兼任北洋通商事务大臣,权倾朝野,炙手可热。同治十一年正月初八日,李鸿章作《复七品小京官汪瑞高》②。从此信得知,在李鸿章生日,汪瑞高致函祝贺,李鸿章回信表示感谢,语气极为谦卑。李鸿章叙说了与汪家的交情,称赞汪瑞高读书用功,孝顺父母;汪瑞曾富有才华,兄弟俩能光宗耀祖。

光绪十六年,汪瑞高被李鸿章直接调到自己掌控的北洋通商大臣衙门任职。九月初六日,李鸿章上《办理海军请奖折》,建议对包括汪瑞高在内的出力员弁,照章择尤酌拟奖叙。次年,李鸿章又举汪瑞高:"臣查汪瑞高器识闳通,才堪肆应。白冠瀛才长识粹,留心吏治。该二员自调直以后委办各事,精核得力,于地方利弊均能切实讲求,足备器使。合无仰恳天恩,俯准将汪瑞高、白冠瀛留于直隶各按原班序补③"。李鸿章赏识他的才干,极力向皇帝推荐他。光绪二十二年

① 顾廷龙,戴逸主编:《李鸿章全集 14 奏议二》,安徽教育出版社,2008 年 1 月,第 255 页。
② 顾廷龙,戴逸主编:《李鸿章全集 30 信函二》,安徽教育出版社,2008 年 1 月,第 405 页。
③ 顾廷龙,戴逸主编:《李鸿章全集 14 奏议十四》,安徽教育出版社,2008 年 1 月,第 300 页。

五月,汪瑞高出任天津机器局总办,成为北方最大兵工厂的厂长。次年,汪瑞高调任北洋支应局总办,成为北洋财务总管,北洋财政的掌门人。光绪二十五年八月十九日,李鸿章哥哥李翰章病逝,汪瑞高前往吊唁,事后李鸿章致函称谢,《复直隶存记道汪瑞高》①。当时趋炎附势乘机登门拉关系的人很多,李不一定亲自致函表示谢意,汪瑞高此时只不过是候补道员,因两人关系亲近,李鸿章才会专门写信表示感谢。靠此关系,汪瑞高在北洋通商大臣衙门得到职位,并不断提升。

李鸿章去世后,袁世凯接任直隶总督兼北洋大臣,汪瑞高又得到袁的重任。

盱眙汪氏与泗州杨氏

1. 汪云任与杨殿邦

盱眙汪氏与泗州杨氏系同乡世交。杨家曾居住于盱眙县城胡家巷,汪家住在盱城汪巷,两家相距很近。杨士骧的祖父杨殿邦,与汪瑞高的曾祖父汪云任同为盱眙名师高瞻的弟子,关系很好。道光十三年春天,时任赣州知府汪云任和时任贵州按察使杨殿邦倡修盱眙泗州试院,首捐银两。在他们带动之下,一时盱眙籍官员、地方生员、乡里富绅等纷纷响应,捐资兴学,形成热潮。沈维鐈作《重修泗州试院碑记》记载此事②。

2. 杨士骧与汪瑞高

光绪二十九年春天,慈禧太后和光绪帝去谒拜西陵,让直隶总督兼北洋大臣袁世凯随驾。袁世凯特地派了长芦盐运使汪瑞高和直隶按察使杨士骧侍奉慈禧太后。汪、杨是同乡,两人分工合作。杨士骧精于美食,善于逢迎;汪瑞高向长芦盐商摊派,募得巨资。二位不惜代价四处采购珍馐美馔,请京师名厨掌勺。慈禧太后和光绪帝在保定停留三日,被侍候得舒舒服服,非常开心。回京后(三月二十日)就发布圣谕:"谕内阁:朕钦奉皇太后懿旨,此次祗谒西陵,乘坐轮车,胡燏棻、盛宣怀备办一切,甚属周妥,著交部从优议叙。直隶按察使杨士骧、盐运使汪瑞高办理差务,诸臻妥洽,著以应升之缺升用,以示奖励③。"公开声称要提拔汪、

① 顾廷龙,戴逸主编:《李鸿章全集 30 信函八》,安徽教育出版社,2008 年 1 月,第 237 页。
② 盱眙县县志纂委员会:《盱眙县志》,江苏科学技术出版社,1993 年 2 月,第 851 页。
③ 《大清德宗景皇帝(光绪朝)实录》第 513 卷,又载中国第一历史档案馆编《光绪宣统两朝上谕档第 29 册 光绪二十九年》,广西师范大学出版社,1996 年 10 月,第 69 页。

杨等人。

　　实际上,汪、杨二人面临着不同的命运,一个黯然落幕,一个飞黄腾达。次年七月十二日,汪瑞高被免去长芦盐运使职务,改任新办的德州制造局总办,不到一年病逝。而次年六月,杨士骧就升江西布政使,未上任,又转为直隶布政使,很快就署理山东巡抚。杨士骧重交情,把汪瑞高的侄儿汪鸿孙招为幕僚,后来又让没有科举功名的汪鸿孙在山东当知县。光绪三十三年,杨士骧署理直隶总督兼北洋大臣,次年实授,把汪瑞高儿子汪士元纳为幕僚。汪士元为新科进士,才华横溢,深得杨士骧的赏识,后来担任总文案,成为杨的核心人物。汪士元从此在直隶的官场上扎下根,站住脚,越升越高。

3. 杨士骢与汪瑞闿

　　杨士骧的八弟杨士骢为民国国会众议院议员,袁世凯的亲家,与汪瑞闿友善,两人于1912年曾合作在北京开办通济运米公司。"为咨覆事,六月八日,接准咨开通济运米公司发起人杨士骢、汪瑞闿等以京师仓场旧制专仰给予南漕,民国新建,漕运行将改折,来源既少,缺实堪虞。拟集资三百万元创设运米公司,所有京师需用大宗米粮,拟均由该公司承办,事关商务,应否准其立案,咨行本部查照办理等因。……若允一公司承办,必不免有垄断居奇之弊,应令该发起人等即行妥拟公司章程,径来本部核准注册。①"汪瑞闿任江西省长,任命杨士骢儿子杨毓珣为江西警备队协统。

　　有一次,杨士骢请客,汪瑞闿、安徽省政务长裴景福等人在座,大家谈论袁世凯欲称帝一事,裴景福借酒大放厥词②,对袁世凯父子随意褒贬。事后,汪瑞闿向袁世凯的政事堂机要局局长张一麐透露裴景福的话,张又告诉袁世凯,袁要见裴,裴吓得屁滚尿流,连夜逃出京城。由这件事情可以得知,汪氏与杨氏、及袁世凯等人有着密切的联系,经常来往。

盱眙汪氏与袁世凯

1. 袁世凯与汪瑞高

　　自光绪十五年,李鸿章奏调汪瑞高到北洋工作,汪瑞高在天津官场经营十五

---

① 《工商部咨覆财政部京师创设运米公司应令妥拟章程呈部核准注册文》,《政府公报》,1912年6月18日。
② 陈赣一:《睇向斋逞臆谈》(近代史料笔记),中华书局,2007年。

年,与京津官场上的许多达官贵族有交往,并结下很深的关系,除李鸿章、杨士骧、王文韶、那桐、荣禄、裕禄等政坛巨擘外,袁世凯是其中关系较铁的一位。

光绪二十三年袁世凯任直隶按察使,汪瑞高为北洋支应局总办,专管北洋海军俸饷、工需及北洋各海口陆军兵饷并各局、各学堂、船坞、库厂薪粮经费暨一切工程修制、采办价值收支报销事宜,应用员弁、司事、书役人等薪工等费(《北洋海军章程第八》),两人地位相当,常有来往。光绪二十四年七月二十七日下午六点,袁世凯在北洋医学堂举行宴会款待来华访问的伊藤博文一行,天津十九位高官参加宴会,汪瑞高名列其中①。

光绪二十七年九月廿七日,李鸿章病死,袁世凯署理直隶总督兼充北洋大臣,次年实授,成为中外瞩目的实力人物。汪瑞高的才能又得到袁世凯的赏识。袁世凯先后委任他办理支应、筹款、善后等各项事务,无不细心筹划,账目清晰,纲举目张,十分有条理,袁世凯非常满意,认为他是一位得力的助手。

光绪二十八年九月,在袁世凯的建议下,朝廷把直隶长芦盐运使杨宗濂调离,命其督办顺直机器纺织局事宜,盐运使一职由直隶候补道汪瑞高接替。在奏折中,袁世凯列举了汪瑞高有许多优点:一是品德好,"学优操洁,心细才长",二是业务熟,"在直多年,情形熟悉",三是办事认真,信得过,交办的事情"莫不悉心擘划,纲举目张,虽众谤群疑,而该员核实认真,力任劳怨",认为他是不可多得的人才,朝廷很快批复同意。

汪瑞高终于得到了许多人都梦寐以求的肥差长芦盐运使职位。这个北方最大的盐官管辖着我国最大的盐区,地处渤海西岸,南起河北海兴,中经天津塘沽、汉沽,东至河北秦皇岛、山海关,蜿蜒千里,盐场众多,在全国盐产总量中占有很大比重,长芦盐税在国家财政收入中占有重要地位。因此,长芦盐运使一直是位高权重,备受瞩目,历来都是直隶总督的心腹干将才能得到此位子,而且此后前途远大。

光绪三十年五月,汪瑞高被调到新建的德州制造局担任总办。战乱后,袁世凯将被八国联军毁坏的北洋机器局残存的机器搬到天津租界内修理,同时派员赴山东德州,在西南城外花园地方购地建厂。以银45.2万两从英、德等国购进机器设备,加上修理好的机器,建立新机器局,包括十二个工厂:机器厂、快枪子厂、新枪子厂、无烟药厂、棉花药厂、镪水厂、杆弹筒子厂、木工厂、淋硝厂、铸铁厂、熟铁厂、锅炉厂。汪瑞高担任这个新兵工厂的第一任厂长,可惜次年八月,突

---

① 《国闻报》,光绪二十四年七月二十八日。

然生病,不能工作,被迫辞职,返乡后不久就去世了。近代朴学大师俞樾抱病为汪瑞高撰写墓志铭,十分赞赏汪瑞高的才学和人品,为其英年早逝感到惋惜。

2. 袁世凯与汪瑞闿

辛亥革命后,袁世凯任命汪士元的叔父汪瑞闿出任江西第一任省长——江西民政长,没料到江西地方势力会强烈反对。江西广饶协会等团体纷纷发表通电,对汪出任民政长表示极力反对,誓不承认;国民党江西支部致电北京,要求袁世凯将任命书收回;原来推荐汪瑞闿、与汪有着师生情谊的江西都督李烈钧,顶不住巨大的压力,在汪未到任之前就退缩了,决计反对汪瑞闿,李、袁之间就此展开了激烈的较量。

1912年12月20日,汪瑞闿到达南昌,受到共和党人和江西省议会的热烈欢迎,当晚举行盛大欢迎宴会。李烈钧表面上表示欢迎,并在都督府政务会议上表示将贯彻军民分治,支持汪的工作,但会后纵容反汪势力的行动。汪瑞闿曾是江西第一所军校——江西武备学堂的校长,李烈钧是学生,后来两人关系一直很好。当年有位违反校规被汪开除的学生叫蔡锐霆,时任水巡总监。蔡锐霆对当年被开除的事情一直耿耿于怀,听说汪瑞闿要到江西当省长,反应最为激烈。他提着枪晋谒汪瑞闿,当面对汪讥讽讪笑,语带威胁。汪的差役见势纷纷离去,汪只好称病,闭门谢客。12月29日,江西军警两界数十人召开“拒汪大会”,由水巡总监蔡锐霆、警察总监陈廷训任主席,军界高级将领欧阳武、刘世均等出席了会议,大会揭露了汪瑞闿清末在江西任官时镇压革命党的种种“罪恶”,主张武力驱汪,勒令其两日内离省。夜半,南昌广、惠两门“匪徒”暴动,全城戒严。汪感到安全受到威胁,于是逃离行馆,到中央银行总理陆长佑处藏匿起来。第二天即写信给李烈钧,声称要赴沪就医。李派员假意表示挽留,汪拒绝了,于当日午后五时乘轮船离开南昌,经九江、武汉,前往北京陈诉,并先行致电袁世凯称病辞职。袁世凯十分恼怒,严厉斥责李烈钧。

1913年1月3日,国务院电传袁世凯命令给李烈钧,准汪病假20天,责令李从速筹备划分军政、民政事宜,敦促汪尽快养好病,限期到任。李烈钧不予理会,并发表通电,否认挟迫汪瑞闿离赣。2月,袁世凯亲笔写了四条密令:一、汪瑞闿到省长任;二、枪支不发;三、蔡锐霆、陈廷训重办;四、李烈钧下野。3月11日,袁世凯任命赵从蕃署江西民政长,又遭拒。袁世凯极为恼怒,立即致电黎元洪指责江西省议会“蔑视约法,莫此为甚。”李烈钧此时才撕下伪装,公开拒绝汪瑞闿回任。袁下令扣押李从日本订购的一批军火,并派兵舰六艘到九江江面示威，又策动江西反李势力举行声热浩大的集会，声讨李的"十八大罪状"，要求汪到江西上任，通电主张武力解决江西问题。李则以冬防为名，派遣军队分驻要隘，要求发还军火，双方严重对立。副总统黎元洪出面调解，提出"撤兵、迎汪、惩凶"三个条件，李公开通电拒绝，双方到了剑拔弩张的地步。最终袁世凯因为要忙于召开国会，选举大总统，作出让步，暂停这场争端。史书称此事为"江西民政长事件"。

袁世凯岂能善罢甘休？6月9日，袁世凯突然下令免去李烈钧江西都督职务，任命黎元洪兼署江西都督，李烈钧被激怒了，举兵反抗，引发轰轰烈烈的"二次革命"。国民党与袁世凯之间又进行了一次残酷的较量，南昌血流成河，无数人头落地。7月，袁世凯以武力镇压了南方七省国民党人的"二次革命"，李烈钧兵败逃亡，蔡锐霆被满门抄斩。袁世凯令汪瑞闿再次到江西上任，汪瑞闿终于坐上了民国第一任江西省长的宝座。

3. 袁世凯与汪士元

民国二年3月25日，袁世凯任命汪士元署河南省国税厅筹备处处长，代行国税厅职责。当时，国税厅直辖于财政部。民国三年3月3日，袁世凯、徐世昌发布命令，汪士元等人授上大夫称号。4月9日，袁世凯任命汪士元署直隶国税厅筹备处处长及财政司长。5月18日，汪士元入京觐见大总统袁世凯，袁与汪士元亲切话家常，深情回顾了与汪瑞高相处时的往事，对汪士元的才华十分赏识。一周后，袁世凯任命汪士元署直隶财政厅厅长，半年后实授，汪士元正式成为直隶省财政、税务部门的掌门人，实权在握，地位显赫。

袁世凯想当皇帝，捫制舆论，有人报告说天津商会会长、盐商王竹林有反对言论，立即派张新吾赴天津调查。张到天津见直隶巡按使朱家宝，朱令财政厅长汪士元一起查办。找到王竹林，王矢口否认，并坚定地说天津人心思旧，赞成君主制，所以一致拥护，从没说过反对的话，也没听人说过这类话。汪士元和张新吾商量说，北京所得报告恐系误传，请张回京务必为天津人美言。袁世凯称帝前夕，朱家宝给袁上"奏折"，称"奏请皇帝陛下圣鉴"，袁称帝后，朱家宗受封一等伯。

民国三年12月12日，袁世凯称中华帝国大皇帝，汪士元也和当时大部分官员一样表示拥护。12月18日，他致电财政部，恭祝袁世凯登基："财政部税密，转呈大皇帝陛下。窃闻宅中居正，辰斿定抱一之仪；受箓应图，西瑁协登三之瑞。自古觏运斟元之会，必有孕虞育夏之君。我大皇帝顺应舆情，诞膺天祚，总八方而御极，定五族以开基，化协熙春，欢腾函夏。臣备员畿辅，幸际康时，近接龙光，齐听九成韶濩,虔申虎拜,愿随万国,衣冠望阙,陈词不胜惶恐。直隶财政厅长,臣汪士元率体职员谨奏,筱,印。"电文古朴典雅,竭尽歌功颂德吹牛拍马之能事,这也是迫不得已的顺大流的事情。

民国四年 5 月 20 日,汪士元因解款有功,袁世凯授予他金质勋章。"直隶财政厅长汪士元,自开办验契以来,先后拨解款项 338 万元之钜,实属督率有方,成绩卓著,著赏给三等金质双鹤章①。"

三、　从直隶调查局总办到河南国税厅筹备处处长

少时,汪士元与叔父汪瑞闿、堂弟汪弘孙一起跟随苏州名人张一麐读书。张为吴县人,举人出身,民国初期曾任总统府秘书、政事堂机要局局长、教育总长等职。二十六岁时,汪士元就凭借父辈的金钱和势力,成为拥有二品顶戴的江苏候补道台。1904 年,二十八岁的汪士元又赶上科举考试末班车,成了进士,在仕途上更是如虎添翼,从此官运亨通,即使改朝换代也没有改变他的仕途运气。

1907 年,父亲的同乡好友杨士骧接替袁世凯担任直隶总督兼北洋大臣,把他揽入直隶总督府做幕僚,很快就提拔他为总文案。汪士元还任清朝宪政编查馆二等咨议官。十二月,直隶调查局成立,杨士骧任命汪士元任为总办。调查局设法制和统计二科,法制科分设三股:第一股负责调查本省一切民情风俗并所属地方绅士办事与民事商事及诉讼事之习惯;第二股负责调查本省督抚权限内之各项单行法及行政规章;第三股负责调查本省行政上之沿习及其利弊。直隶调查局的调查报告除制成《直隶调查局法制科第一股调查书》之外,还断续刊登在《北洋法政学报》的第 113—140 期上,分别题为"民情风俗调查书"、"民事习惯调查书"、"商事习惯调查书"和"诉讼事习惯调查书",产生了广泛的影响。

1909 年 6 月 27 日,杨士骧去世,那桐署理直隶总督兼北洋大臣,上任的第一天在日记中写到:

> 十四日卯初,起见文案总办汪士元。辰刻到中州馆。巳初二刻印到,跪迎,望阙行九叩礼,又拜印行九叩礼,升公座。文武各官参见三揖,武弁行三

---

① 骆宝善,刘路生主编:《袁世凯全集》第三五卷,河南大学出版社,2013 年 7 月,第 450 页。

叩礼,礼成贺喜。接见司遭总兵等官数起,又见梁、吕两尚书,姜、张两提督。午刻饭,饭后小睡。申初文案处汪、祁两道回公事①。

那桐是汪士元父亲汪瑞高的生前好友,汪士元继续留任。不久,端方由两江总督改任直隶总督。十月初三日,慈禧奉安大典隆重举行。端方让福升照相馆的两位摄影师伪装成自己的随从,带着照相机混入葬礼现场。当隆裕太后的乘舆经过时,两位摄影师支起镜架拍照,侍卫、大臣等把镜架当作炮架,大呼有刺客。隆裕太后大惊失色,立传懿旨,两名摄影师被当场拿下。当时在场的陵工监督值班者正是汪士元,他把照像者带到北洋公所,严厉训斥,端方不敢吱一声。摄政王载沣负责此事,原想大事化小,但是与端方有矛盾的李国杰等人对端方的行为进行弹劾:"不知陵寝何地,端方何人,当梓官奉安之时,为臣子者,抢地呼天,攀号莫及,而乃沿途拍照,毫无忌惮,岂惟不敬,实系全无心肝,……该督平日之间,藐视朝廷,胆大妄为,无所不至。推原其故,盖由皇上正在冲龄,监国摄政王谦和驭下,乃敢目无法纪,肆意妄行。若不明申禁令,加以严惩,恐臣下纷纷效尤,而履霜坚冰,朝纲将从此尽隳②。"隆裕太后也主张严惩。端方多方疏通求情,最终免于一死。十一日,清廷以"恣意任性,不知大体"为由,将端方革职,调陈夔龙为直隶总督兼北洋大臣。

陈夔龙曾任漕运总督,与杨士骧为同年、好友,很看重汪士元的才华,向朝廷推荐汪士元。他任命汪士元为直隶河间兵备道、天津道。宣统三年十月初四日,陈夔龙呈《为委任汪士元署理长芦盐运使员缺事奏片》,汪士元署任父亲曾经担任过的长芦盐运使,父子相继成为北方最大的盐官,成为官场佳话。北洋女医学堂是由长芦盐运使司主管的在天津创办的近代中国第一所公办护士职业学校,汪士元为官方股东代表,主管此校,这个时期学生的毕业证都是他签发的③。民国三年,津门邑绅南开"教父"严范孙及名士李湘琴等数人接办北洋女医学堂,成立首届董事会,已是直隶财政厅长的汪士元当选董事长,再次成为这所学堂的最高负责人,并聘著名教育家张伯苓先生加入董事会,后任第二届董事会董事长。北洋女医学堂在护理职业教育发展进程中贡献非凡,开创了公办护理教育的

---

① 北京市档案馆:《那桐日记》,新华出版社,2006 年 3 月,第 125 页。
② 《东方杂志》1909 年第 12 期。
③ 天津医专校史编写组. 从学堂到医专:《天津医学高等专科学校百年华诞纪念集》,天津人民出版社,2008 年 10 月,第 11 页。

先河。

辛亥革命后,中华民国建立,他留在天津,任直隶省财政科参事。汪士元富有才华,特别立善于理财,深得都督冯国璋的赏识,同时也遭到一些人的忌恨。当时直隶省都督府竟有三十六人联名反对汪士元等人,"有一天,忽然有 36 个属于直隶籍贯的职员(其中绝大部分是河间人)联名给冯递了一个手折,指名攻击以下的四个人:胡嗣瑗(秘书厅长,贵州人)、汪士元(财政科参事,安徽人)、王芷瓶(秘书,广西人)和我,并且说我'虽是北籍,实为南种'。看来,这个手折,是抱有很浓厚地域观念的。冯看了以后,不由得勃然大怒,立刻把秘书刘宗彝找了去,让刘把这个手折"粘贴在督府大堂的墙壁上,还让刘传话给这 36 个人,问问他们是否都是自愿具名的,如果是就把自己的姓名亲笔书写原来所具的姓名下面,并且怒气不息地大声和刘说:'你去问问他们,哪几个人(被他们攻击的四个人)所干的事,他们干得了干不了? 他们要是这样干涉我用人,我决不容①。'"可见冯国璋用人并不是惟亲,更看重一个人的才学。不久,冯国璋向财政部推荐汪士元,财政部任命汪士元为财政厅总筹备处主任。冯国璋欣赏汪士元的才华,任命他为都督府秘书,负责文案工作,参与机密。

为了摆脱周围忌妒者的纠缠和打击,汪士元想换个环境,决定离开工作多年的直隶。当时袁世凯的亲戚张镇芳担任河南都督兼民政长。清末,陈夔龙称病离任,张镇芳署理过十天直隶总督,大清便亡国了,是最后一位直隶总督,与汪士元关系较好。汪士元申请到河南任职,民国二年 3 月 25 日,任命书下来了:"任命汪士元署河南国税厅筹备处处长。此令。中华民国二年三月二十五日。大总统印,国务总理赵秉钧,财政总长周学熙②。"他拿着袁大总统的任命书,到陌生的河南开封担任河南省国税厅筹备处处长(即厅长)。当时试行分税制,河南省国税厅筹备处代行国税厅职责,直辖于财政部,与地方军事长官立于平等的地位,不受其束缚,地方不能染指国税。国税厅下设分厅和支厅,管理征收事务。

没想到分税制受到地方的抵制,贯彻很艰难,汪士元的工作遇到极大的阻力。7 月 3 日,汪士元致电财政部:"财政部国税厅总筹备处钧鉴:豫省国税事项财政司正在筹备,准于七月一号移交,昨日适奉部令,核正盐款、契税各项,立即商诸该司,绝对不能承认,并谓汝光余利系奉大总统命令,作为地方行政经费之

---

① 恽宝惠:《我所知道的冯国璋》,载《天津市文史资料选辑》第 31 辑,1985 年。
② 骆宝善,刘路生主编:《袁世凯全集》第 22 卷,第 257 页。

用,字义甚明,岂容强作别解?部令既可反复,应将前次划分之案取消另议,一时断难移交,词意愤激,无可进言。此次划分结果,本已历尽困难,兹因数款纠葛以致全案推翻,筹思一昼夜,焦灼万状。今日又向该司婉切陈商,历数小时,始稍转圜。惟须照原表办理,则或可续议接收,否则功亏一篑,实无商榷余地。窃思税厅尚系筹备,划分本非确定,可否先照原表接收,一面由均部将此间划分未尽妥洽之处声明,俟取决于国会,则目前既可无误接收,将来仍有修正地步。士元智尽能索,别无良谟,是否可行,伫盼急电示遵。河南国税厅汪士元东印。"汪士元向财政部求援,电文中用"筹思一昼夜,焦灼万状"等语,可见其工作艰难到何等程度。

当时,袁世凯正集中精力扑灭国民党的"二次革命",张镇芳在开封建立"军警联合会",大开杀戒,派人包围有进步言论的《民立报》社,捕杀编辑部主任罗瑞青等 4 人。一时间省城开封白色恐怖笼罩,许多无辜市民遭殃,被杀的有一万多人[1],古老的开封城变成屠宰场,充满血雨腥风。多年后,大难不死的任芝铭曾以诗追忆此事:"帝乡人命贱如麻,冤血三年浸碧沙。我欲招魂魂不至,腥风吹赤半天霞[2]。"

张镇芳财政困难,要截留国税,找汪士元谈话,令他把应上缴中央的国税交给河南财政厅,以便他直接挪用,汪士元不敢得罪他,感到十分为难。7 月 22 日,汪士元致电财政部:"财政部钧鉴:顷准张都督暨张民政长面商以现在时方多事,需款至殷且急,国家税款拟交由司库代为收存,以便随时支配,而资挹注等因,自系实情,拟即遵照钧部号曰电令,暂交司库保管,免致贻误要需,敬乞迅赐电示为叩。河南国税厅汪士元皓印。"汪士元立即向财政部说明情况,以免上司问责。

期间,汪士元曾奉令调查河南全省田赋情况,各州县多不配合,工作进展缓慢。8 月 16 日,汪士元致电财政部:"财政部钧鉴:庚电敬悉。调查田赋一案,前奉筱电,当将先后办理情形电覆在案,时将两月,各县续报仅止三十余处,若待案齐汇报,恐需时过久,致误要公。除将未到各县仍行饬催外,拟就已经到八二余县报告书先行编送,用备查核。河南国税广筹备处处长汪士元覃印。"可见,汪士元的工作多么艰难。

---

① 王克明整理注释:《任芝铭存稿》,河南人民出版社,2013 年 5 月,第 31 页。
② 《吊民国二年河南国民党死难同志》,王克明整理注释《任芝铭存稿》,河南人民出版社,2013 年 5 月,第 32 页。

秋天,民国政府只好同意国税厅与河南省财政司合并,组成河南省财政厅。财政厅受中央财政部及地方长官双重领导,兼办国税。其时,张镇芳因实行白色恐怖统治遭到河南省各界的普遍反对,早已经声名狼藉,政权摇摇欲坠。汪士元决定离开河南,9 月 28 日获准辞去署河南国税厅筹备处处长职务。次年 2 月,袁世凯终于下定决心,抛弃了这个臭名昭著的亲戚,以"剿匪无方,乱杀青年"罪名将他撤职,以平民愤。张镇芳离开开封时,监狱里还关着两千多"乱党"分子,可见此人心狠手辣到何等地步。

四、　兼办税务的直隶财政厅厅长

1914 年 4 月 9 日,袁世凯任命汪士元署直隶国税厅筹备处处长兼财政司长。不久,国税厅与财政司合并,改组为直隶财政厅,直属财政部。全省除盐税、关税、烟酒税、印花税由中央设置专局经办外,其余国地收支皆由省财政厅统管。其具体职掌是:综理省税出纳,执行各种税法,催促各属款项,筹计中央需要,支配全省经费.办理预算决算。财政厅设厅长 1 人,由大总统任命,下设总务、征榷、制用三科,各科置科长 1 人,三等科员若干人。因此,直隶财政厅厅长位高权重,一直由中央信得过的同时又是封疆大吏信赖的要员担任。

汪士元是直隶财政厅第一任厅长,任期至 1920 年 8 月,前后长达七年,陪伴了朱家宝、曹锟、曹锐三任都督、省长,经历了袁世凯统治时期、皖系军阀统治时期。期间爆发了护国战争、护法运动、直皖战争,军阀混战,社会一直动荡不安,官员贪腐成风,加上频繁的自然灾害,兼负税务的直隶财政厅厅长工作十分艰巨,但汪士元以其超人的智慧和才华,取得了不寻常的成就,至少有六件事可圈可点:

一、在汪士元的领导下,直隶财政厅不断探索,为直隶省制定了一系列完整的税收制度和法规,作为全省征税的指导准则。如 1914 年 4 月就制定了《贩卖烟酒特许牌照税条例》《直隶国税厅筹备处经征贩卖烟酒特许牌照税办事细则》,获得了财政部的核准。1915 年 2 月直隶财政厅饬发《整顿牙税章程》,4 月制定了《直隶整顿当税章程》,10 月制定《屠宰税施行细则》,1916 年 3 月直隶财政厅又颁布了一个《续订直隶增补牙税章程》。对于国家法定政策,有时根据直隶实情况作出调整。如 1917 年 2 月,财政部划一税率,规定全国契税均按买六典三征收,但是直隶因财政短绌,报经财政部核准,直隶将买契正税改为6％,附加学费6‰,典契正税3％,附加学费3‰;推契税率与典契同,缓解了直隶财政的紧张状态。这些税收法规在相当长的时间内发挥了巨大的作用,为后世相关法规的制定也起到借鉴作用,同时是研究税收法制史的重要文献。

二、工作业绩突出,年年受到国家表彰、嘉奖。1914年11月20日,大总统袁世凯、国务卿陆征祥联名签署命令,因劝募四年公债成效卓著,传令嘉奖汪士元等人。1915年10月11日,汪士元、胡翔林等被授予三等嘉禾勋章。1916年1月28日,汪士元荣获三等单鹤金质章。同年,3月31日,朱家宝、汪士元等因解款有功,受到国务院传令嘉奖。同年5月20日,"直隶财政厅长汪士元,自开办验契以来,先后拨解款项338万元之钜,实属督率有方,成绩卓著,著赏给三等金质双鹤章①。"1917年3月2日,汪士元等著传令嘉奖。1918年11月15日,汪士元、赵从蕃、李壮飞均给予三等宝光嘉禾章。1919年4月2日,署直隶小省长曹锐,呈财政厅长汪士元等在防疫案内奉给勋章。1920年1月20日,汪士元晋给二等宝光嘉禾章。同年8月16日,黄荣良、汪士元、王毓芝均给予二等文虎章。由此可见,汪士元在直隶财政厅厅长七年任职期间,是个十分称职的财税官员。

三、为发展民族工商业,促进国内商品经济的发展,抵制洋货,汪士元曾发布《为开办商业劝工会减免税厘事致津商会函②(1915年5月11日)》,从政策上扶持国货。汪士元提出,"各种国货出口,凡价值在30两以内者照免税厘,一年两次,分三月九月,每次以一个月为限期。",以期达到畅销国货的目的。他指出,这样做的好处是一方面增进工商业的见识,另一方面扩大国货的销路,盘活金融,不失为振兴国货的一种有远见的良方。

四、为粉碎张勋复辟立了大功。1917年7月6日,冯国璋在南京宣布就任代理大总统职,并任命段祺瑞为国务总理。当日,段祺瑞在天津宣布就任国务总理职,将直隶省公署改作国务院办公处。次日,冯国璋免去朱家宝直隶省长职务,任命曹锟兼署直隶省长,曹锟有事未到任,请直隶财政厅长汪士元暂行兼护省长职务。段祺瑞命杨以德为天津地方戒严司令,汪、杨联名发布维护社会秩序告示。当时张勋率辫子军打进北京,把小皇帝请出来搞复辟,全国为之震惊。段

---

① 骆宝善,刘路生主编:《袁世凯全集》第三五卷,河南大学出版社,2013年7月第450页。
② 天津市档案馆.《北洋军阀天津档案史料选编》,天津古籍出版社,1990年2月,第395—397。

祺瑞组织讨逆军准备进攻北京,但直隶省财政一贫如洗,军费无法落实。段请汪士元想办法,汪士元以 100 万元开滦股票作为抵押,以补助直隶金融费用为名,在天津向日本三菱洋行借款,由天津正金银行兑付,为消灭封建顽固势力立了大功。段进京后,在津国务院办公处撤销,兼护直隶省长汪士元上任视事,直至 8 月 2 日曹锟入津上任为止。因督征得力,声望大增,受到国务院传令嘉奖

　　五、体恤民生疾苦,屡次为受灾遭难百姓请命。1914 年 12 月,直隶因为蝗虫、河堤决口"相继为灾",朱家保、汪士元向北京政符呈报灾情,请免宁河等 47 县本年各项钱粮赋税。1915 年 2 月 12 日,朱家宝根据汪士元的报告,呈报《奏为直隶民国四年秋禾被水被旱被雹被虫案内曲阳任二县灾歉分数恳恩蠲缓粮租仰祈圣鉴折》,得到批准。3 月 13 日,朱家宝根据财政厅汪士元的灾情报告,又《呈民国三年直属文安县大窐被灾地亩援案请分别蠲缓祈鉴示文并批令》,得到批准。4 月 3 日,汪士元的灾情报告称直省各县地方瘠苦,荒歉频仍,每遇灾歉之年,虽将是年凭征粮租分别蠲缓,迨至来春青黄不接之际,仍恐民生困敝,无力输将,并有展缓春征之例。上年直属各县被水被旱被虫被蝗,原报之新镇、文安、大城、昌黎等三十八县勘明成灾五六七八九分,照例办成案,请将应完中华民国四年春赋地丁钱粮及各项旗租缓中华民国四年秋后启征。朱家宝根据报告,《呈民国三年直省宁河等县民国三年秋灾援案恳请缓征本年春赋粮租乞鉴核示遵文并批令》,得到批准。5 月 3 日,朱家宝根据汪士元关于去年直隶安新、河间、任县、冀县、南宫、新河、隆平、宁晋等八县遭受水灾情报告,请求根据灾情实际情况蠲免缓征春赋粮租,得到国务卿徐世昌的批准。8 月 4 日,财政厅长汪士元报称,上年七月十四十五等日大雨时行山水暴发,致将平山县属柏山村北仓蝇沟村地亩冲刷。直隶巡按使朱家宝根据汪士元的灾情报告,《呈为直隶平山县水冲地亩恳请照例豁除粮赋民苏民累祈鉴示文并批令》,得到批准。一年之内连续四次上书国务院。呈报灾情,要求豁免或缓征或减少赋税,都得到批准,的确可以看出汪士元十分关心百姓的生存状况,能尽力为百姓着想,算是一个称职的官员。

　　六、为防止地方官员随意乱征、增加赋税,加重百姓负担,激化社会矛盾,汪士元积级采取措施,加大督查力度,还经常发布通告,提醒各地官员和税务人员不要以身拭法。如 1920 年 1 月 6 日,汪士元发布通告《财政厅严禁浮收粮租》①,严禁各县浮收粮租:

————————————————

① 1920 年 1 月 6 日《益世报》

直隶财政厅现闻各县经征粮租,间有违章浮收情事,爰于昨日通令各县知事,其文云:案查各县征收粮租,凡必须兼收制钱或铜元之处,其折合银元之数务按日牌示俾众周知。牌示所悬之数,即当时市价,不得超越。节经通令饬遵有案,现值下忙启征征收畅旺之时,本厅深恐各县奉行不力,积久玩生牌示,折合之比较当地市价或有增加,如果有此情弊,无论数目多寡,均属违章浮收,绳以刑章,罪无可逭(纳粮租者注意)。年来各县知事因折收浮溢,被人民指控者已有数案,一经查实,惩处随之,复辙匪遥,可为殷鉴。各知事何苦为此毫末赢余,赎一己之廉隅,复受制裁于法律耶?为此不惮烦数,通行谆诫各该知事,务须查照本厅六年四月呈准省长整顿各县粮银价值征收办法,切实遵依,并对于经征员书人等随时严密查察,务任稍滋弊窦,以维国赋而重官规。除分令外合就令仰遵照办理,仍将遵办情形呈报查考,此令。

在这则通告中,汪士元明确要求全省各县县长必须根据法定的数量收缴赋税,每天都要立公示牌,根据市场价格公示赋税数目,不得违章加收。如果不按规定随意加收,无论数量多寡都属于违法行为,有百姓举报,一经查实,严惩不贷。由此可见,汪士元在督查过程中对各县的要求很严。当时直隶辖津海、保定、大名、口北 4 道 120 县,有数千个乡镇,税务人员数以万计,人员素质普遍低下,有些基层税务被地痞流氓把持,这些人利令智昏,无视法纪法规,对汪士元代表财政厅的通告根本不当回事,经常随意增加税收,民不堪命,终于酿成大祸。就在汪士元发布这则通告三个月后,蔚县爆发万人参加的农民抗捐斗争,农民们愤怒地捣毁税捐局、商会和官署,引发重大的社会事件。事后一批官员和税务人员被投入大牢,受到严厉惩罚。

五、 从财政部次长到全国烟酒事务署督办

1919 年 12 月 28 日,冯国璋病死,曹锟被推为北洋直系军阀首领。汪士元与曹锟、曹锐兄弟曾共事多年,关系一直很好。曹锟极力鼓动并推荐汪士元到国务院任职。1920 年 8 月 19 日,汪士元离开多年任职的直隶到北洋政府任职,直

至 1928 年北洋政府垮台为止,先后在财政、烟酒事务署、盐务署、税务处等部门担任主要领导人,经历了徐世昌、黎元洪、曹锟、段祺瑞、张作霖五人为首领的北洋统治时期。

汪士元到中央后的第一个职位是财政部次长,还短暂署理过财政总长。国务院内部权力争夺战异常激烈,国务总理和各部部长、次长走马灯似地更替,相当频繁,许多人上台几个月甚至几天就被赶下台。自 1920 年至 1928 年,短短八年多时间,总理就更替了 25 任,平均每年换三届。财政总长换了 24 个人。就是次长人选,也争夺得很激烈。曹锟提名汪士元为财政部次长时,张作霖要安排其心腹、奉天财政厅长王永江到财政部任次长,两人产生冲突,曹暂时取胜。汪士元任次长后,发现工作很艰难,许多矛盾难以调和。他想从政治漩涡中退出来,辞职不干,但是铁杆哥们曹锟不同意,曹锟曾当面告诫他:"你就不能在财政部做事,也该替我看着,谁人向部里拿钱拿得多,你要是跑开了,财政部蒙着我,净拿钱给别人不给我,我还知道吗?[①]"由此可见,汪士元人处于进退两难的境地。当时财政因军阀混战多年,开支巨大,加上灾荒不断,国家财政十分吃紧,军费异常紧张。各地军阀都派人到财政部讨要军费,有的胡搅蛮缠,有的甚至动粗,竟以武力威胁:

> 此次旧历年关.财政部支付各项之军政费,挖肉补疮,捉襟见肘。自财政当局言之,总算勉尽职务,然其贻吾民以痛苦者,已不胜慨叹。有如此之押借收入,宜可以应付矣,然财部之苦乃至不可言状……. 在财都接待室坐索之人,每日多至百人,其支出之分配确数,愚虽未得其详,然除应付之到期利息外,则军费实为大宗。直奉各方面.当然索去巨额,而蔡成勋因欲离绥,索欠饷三百万,经曹锟五电催促,尚分文未能支付。且四、五、六数日间,财部所闹之笑话,如奉天所派之军需员,竟率兵入次长室,劫汪士元而持,各执一手,向之索饷,经公债司长某出为调解,允次日给库券若干万,始得解纷。外此强索情形,尤不一而足[②]。

奉天派来的军需人员竟然率兵闯入财政部次长室,劫持财政部大员汪士元,强行

① 北京《晨报》,1921 年 4 月 30 日。
② 《民心周报》,第 2 卷,第 12 期,1921 年 2 月。

索要军饷。汪士元感到危险重重,有必要隐退全身。1921 年 2 月 16 日、23 日,汪士元以身体不适为由两次递交辞职信,总统、总理和财长三人一起好言慰勉挽留,同意给假一个月调养身体。2 月 27 日,汪士元干脆离职,由司长朱延昱暂行兼代次长职务。后来又经多次请求,终于在 6 月 1 日辞去了烦恼而又让许多人眼红的次长职务。

由于徐世昌大总统的信任和曹锟的信赖,汪士元想脱离矛盾交错、勾心斗角的官场还真不容易办到。1921 年 10 月 9 日,徐世昌为笼络人心,发布政令,潘复、汪士元均晋给一等大绶宝光嘉禾章[①]。11 月 5 日,汪士元再次被任命为财政部次长,同时兼任盐务署署长、稽核总所总办。盐务署为民国时期全国最高盐务管理机关,下设场产、运销二厅及总务处,统管全国盐务机关;各省分设盐运使署、缉私统领部、运副署、榷运局、盐局、运销局等派出机构,每年掌管大量钱财,是国家税收重要来源,因此盐务署署长是个许多人争抢的肥缺。

当时国家税收另一重要来源是烟酒,徐世昌实行改革,把原来隶属于财政部的全国烟酒事务署(事务署督办由财长兼任)独立出来,由自己直接控制,任命亲信为事务署督办,以获取巨额税收。徐世昌任命张寿龄为全国烟酒事务署督办,后来遭到张作霖的攻击,徐世昌想提拔袁乃宽继任烟酒督办,总理靳云鹏却要潘复继任,双方互不相让。徐咬牙切齿地说,宁可牺牲总统,决不让潘复上台。后来经多方调解,最后采取折衷办法,1921 年 12 月 9 日,汪士元出任全国烟酒事务署督办,接近奉系的钟世铭为盐务署长。督办属于正部级,汪士元的官运达到顶峰。

1922 年 4 月 29 日,第一次直奉大战爆发,张作霖败北。曹锟以恢复法统为名,将大总统徐世昌赶下台,拥黎元洪复职。曹锟提出高凌蔚为交通总长,汪士元为财政总长,张绍曾为陆军总长,其余阁员概不过问。吴佩孚看见他的爪牙高恩洪榜上无名,电请曹锟,同意留任高恩洪为交通总长,但是要将高凌蔚调任为财政总长,汪士元失去了当财长的机会。6 月 9 日,汪士元辞去了许多双眼睛一直紧盯着的全国烟酒事务署督办职务,远离是非之地。

当时,曹锟想当总统,派人对黎元洪进行恐吓,迫使黎元洪逃往天津,又派亲信、直隶省长王承斌将黎元洪乘坐的火车在天津杨村站扣住,恫吓黎元洪,直到黎元洪交出大总统印并签署辞职书后才放行。王承斌为给曹锟筹措贿选经费,

① 《政府公报》,1921 年 10 月第 2021 号。

以"借军饷"为名,通令直隶所属各县,分大、中、小三级,每县筹措款项 1 万至 3 万元不等。1923 年 10 月 5 日,曹锟利用内务总长高凌霨和议长吴景濂大批收买或威胁国会议员,贿选为大总统,封国民革命军一级陆军上将。上海、浙江、安徽、广州等省市各界团体旋即通电全国,一致声讨曹锟。曹锟最信赖的高凌霨曾以内务总长代理国务总理,后任税务处督办。曹锟不忘老朋友,请汪士元出任税务处会办,也是个肥缺。税务处为中央负责全国关税的机关,主要负责人为督办、会办。

　　1924 年 9 月,第二次直奉战争爆发。冯玉祥被任命为"讨逆军"第三军总司令,出古北口迎战奉军。10 月 23 日,冯玉祥反戈一击,率部返回北京,包围总统府,迫使直系控制的北京政府下令停战并解除吴佩孚的职务,囚禁总统曹锟,宣布成立"国民军",北洋政府的主导权由直系改归奉系。政变后,冯玉祥授意摄政内阁通过了《修正清室优待条件》,废除帝号,清室迁出紫禁城,驱逐溥仪出宫。冯玉祥逮捕了曹锟的弟弟曹锐,目的是要他吐出在直隶省长任上贪污的巨额赃款,以此来报销一批军费开支。曹锐误以为冯玉祥要杀他,吞下生鸦片自杀身亡。税务处督办高凌霨逃往上海避难,财政总长王克敏逃往日本。12 月 21 日,临时执政段祺瑞批准汪士元辞去税务处会办职务。汪士元只担任由十六人组成的财政善后委员会委员。曹锟被囚禁一年多后,1926 年 4 月 9 日,冯玉祥的部下鹿钟麟发动兵变包围了临时执政府,段祺瑞逃走,同时鹿钟麟释放了被软禁的曹锟。曹锟到河南投奔吴佩孚,后寓居天津租界,彻底退出政界。

　　1926 年 4 月 15 日,张作霖奉直联军从天津进入北京,北京处在张作霖的完全控制之下,北洋政府进入奉系军阀统治时代。在张作霖政府里,汪士元曾任国务院参议,是个挂名的虚职。1928 年,北伐军蒋、冯、阎、李对奉系发动进攻,奉军全线崩溃。6 月 3 日,张作霖撤离北京,乘火车退往沈阳,半路被日本人炸死。8 日,国民革命军占领北京,北京改称北平,北洋政府灭亡,汪士元也从此退出政治舞台。

　　此后,汪士元主要靠在大陆银行任总秘书谋生,还兼任一些社会公益事业组织的职务。1933 年 11 月 1 日,国民政府救济华北战区发行短期公债 400 万元,汪士元当选战区公债证券基金保管委员会委员。1935 年,他当选海河公债基金保管委员会代表。1943 年,他担任天津工商学院董事会董事。华北沦陷后,高凌蔚、王克敏等汪士元昔日的同事卖国求荣,纷纷出任伪职,他没有出任伪职,保持了民族气节,值得称赞。

　　因战事越趋激烈,1943 年 2 月 28 日,大陆银行总行迁至上海,汪士元失业,到北京随同次子汪毓镳生活。汪毓镳毕业于清华大学,解放后曾任北京市民建委员。1951 年 12 月初,一代才子汪士元在北京悄无声息地离开人世,只有个别朋友闻讯叹息了几声。曾任民国大总统府秘书兼国务院秘书、内务部考绩司司长的许宝蘅在日记中作了记载:"1951 年 12 月 9 日,十一日癸未,二时半到胡家吊叔豫,孟节说其病状经过。……五时到农先寓,留晚饭,围棋一局,九时馀归。得刘晚松二信,赠诗四首,刘君名善铸,学部旧僚,其原号不能记忆矣,今年七十三岁,因王愚轩道及余,故作诗托其转致索和。闻汪向叔去世。……12 月 15 日,十七日己丑一时绍戡来,谈汪向叔逝世情况①",为后人保留了一点汪士元最后的信息。

---

① 许宝蘅:《许宝蘅日记》第 4 册,中华书局,2010. 年 1 月,第 1697、1698 页。

第二章

汪士元收藏品概况

一、前期收藏的书画

关于民国时期的书画收藏家,民国著名书画收藏家张伯驹曾说:"民初后,鉴藏家其著者有杨荫北、关伯珩、叶遐庵、颜韵伯、汪向叔诸氏。……汪向叔之收藏,有《麓云楼书画记略》,盖以所藏宋徽宗《晴麓横云图》为名,共宋元明清书画一百三十八件,内宋元十一件,均系纸木精品。汪氏眼力既佳,选择尤精,故所收少有赝迹①。"日本现代画家、美术史家大村西崖曾在民国初年遍访京、津两地的收藏家,在其名作《中国美术史》称:"今北京、天津之鉴藏家,当推完颜朴孙最有眼识;藏品之多,则推颜世清、关冕钧、杨荫伯、汪向叔等诸家。予往年历访诸家,影写其尤品,以供研究之资②。"当代著名美术史专家徐建融说:"民国年间,私家的绘画典藏也仍有发展,尤以北京、上海两地为盛。著名者有完颜景贤、杨荫北、关伯珩、叶恭绰、颜韵伯、汪向叔、宝瑞臣、袁珏生、溥儒、张伯驹、庞莱臣、刘靖基、吴湖帆、钱镜塘等。不少典藏家在国家多事之秋,不惜倾家荡产,为保存民族的文化遗产,作出了积极的贡献③。"可见,汪士元是自民国以来国内外公认的书画收藏、鉴赏名家。

汪士元的书画收藏以1922年夏天为界线,可分前后两个时期。前期的大部

---

① 张伯驹:《春游纪梦》,辽宁教育出版社,1998年3月第1版,第2—3页。
② 陈辅国主编:《诸家中国美术史著选汇》,吉林美术出版社,1992年12月,第861页。
③ 徐建融:《中国绘画》,上海外语教学出版社,1999年,第264页。

分作品在他的《麓云楼书画记略》有记载,后期作品在笔者续著的《麓云楼书画记略续编》中有反映。

1. 《麓云楼书画记略》

1922年夏天,汪士元冒着酷暑写了一本不足万字的小册子《麓云楼书画记略》,简略地记载了他当时收藏的一百四十幅书画的概况。小册前面有篇简短的序言,从序言可以得知,这本书是在1922年炎热的农历六月匆匆写就的,主要记录自己收藏的历代字画情况,截止时间是这一年夏天。他活到1951年,因此之后的三十年收藏情况并不包括在内。序言记录了一些重要的信息:一是个人爱好。当时的官员大多数贪钱财,置田产、房产、纳小妾,汪士元对此一概摈弃,惟一的爱好是古代的书画,业余以展玩书画为乐,通过观赏古人的书画,仿佛与古人进行心灵沟通,达到精神上的交接。二是"先世藏弄,经乱殆尽。"这是说汪士元祖上曾经收藏过书画,经过八国联军侵略、占领天津之后,基本丢失了。三是"自此留意蒐集,二十年来",指收藏历经了二十余年时间。四是作者偏好纸质,不喜欢绫绢,后者只有"一卷一册一轴而已",即蒋廷锡的《九桃图轴》、高凤翰的《花卉翎毛册》为绢本。五是收藏数量,当时已经收集了一百数十件古代书画作品。六是收藏心态。"自古无聚而不散之物",汪士元对于收藏的书画有清醒的认识,即这些物件只是暂时属于自己,迟早会落入他人之手。

《麓云楼书画记略》采用手写石印,非常精美,印量本来就很少,主要用来馈赠亲友的,经过九十多年岁月的洗礼,现今存世量极少。2008年3月22日,中国嘉德拍卖公司上拍仅仅57页的影印本小册子《麓云楼书画记略》,起初估价为3000—5000元,通过多轮竞争,最后以竟28000元高价拍卖出,创民国版本书籍拍卖新记录。《麓云楼书画记略》记述书画有四个特点:

一是按年代进行编次,简要地介绍所藏字画的年代、作者、内容、质地、尺码、装帧情况、何人题识、收藏章印以及流传历史。如对沈石田的《仿大痴富春山居图卷》的记述是:"沈石田仿大痴富春山图卷,纸本设色,高一尺一寸多,长二丈七寸余。图后余纸长题,运笔古劲,施色融淡,不以纤细为能,亦非粗率之比,是能萃董、巨之长,而入痴翁之室者,后纸姚公绶、吴匏庵、文寿承、董思翁及谢林邨诸题,周天球观款一行,经王烟客、宋牧仲、孙平叔收藏。《大观录》称,所见石田长卷,以此与《大姚村图》为杰作。"文字简明扼要。

二是用前人题诗、印章加以验证。如苏轼《苏文忠颍州祷雨纪事墨迹卷》曰:"苏文忠颍州祷雨纪事墨迹卷,纸本。高九寸,长三尺九寸余,行书,少九行。纪守颖时祷雨杂事二则,笔墨妙舞,姿趣横生。公集聚星,薹雪祷雨,张龙公既应诸诗,均足印证。后纸董文敏题、再题于隔水绢上,前后有项墨林收藏诸印。"画面上有张龙公诗、董文敏题字、项墨林收藏印,可见为真迹。

三是用以前书籍是否有记载来加以验证。如唐寅的《怡闲图》有康熙年间书画鉴赏家高士奇的题跋,但是高士奇的《江村消夏录》却没有记载,是因为高士奇成书在前,得画在后的缘故。

四是对所藏字画的创作风格进行点评,见解独到,多有点睛之笔。如他论及刘珏《赠沈石田山庄留别图卷》时说:"完庵画笔传世本少,似此长幅,一气到底,细处如界画,粗处如篆籀,生平杰作,殆无二焉。"由此可见,他是个行家里手。此番评价极为中肯,得到书画评论界的赞同。

2. 前期收藏书画概况

《麓云楼书画记略》正文仅 54 页,著录凡 140 件,其中画卷 131 件、书法 9 件,其时代、作者和作品情况如下:

一、宋元时期 11 家 11 幅: 宋徽宗《晴麓横云图轴》、陈用志《吉罗林果佛像轴》、苏轼《颖州祷雨纪事墨迹卷》、元文宗《临晋祠铭永怀字卷》、钱选《并蒂莲房图卷》、吴镇《苍虬图轴》、倪瓒《书翰卷》、赵孟頫《古木竹石卷》、吴睿《篆隶合卷》、杨维桢《海棠城诗卷》、颜辉《钟进士元夜出游图卷》、

二、明代 46 家 61 幅,包括戴进、刘珏、姚绶、杜琼、杜堇、沈贞吉、沈周、文征明、唐寅、仇英、周官、项元汴、陆师道、钱毂、姚东斋、祝允明、王宠、陆治、蔡羽、陈栝、文伯仁、文嘉、文彭、尤求、吴彬、戴晋、谢时臣、沈士充、戈汕、马湘兰、丁云鹏、孙克弘、王武、詹景凤、蓝瑛、徐阶平、黄石符、吴伟业、董其昌、程嘉燧、张学曾、邵弥、杨文骢、李流芳及卞文瑜、陈洪绶等人的作品。

三、清代 43 家 68 幅:包括王时敏、王鉴、吴历、恽寿平、王铎、龚贤、邹之麟、渐江、叶欣、金陵各家、恽向、项圣谟、张风、徐渭、水绘园女史、石涛、石涛、方大猷、杨晋、顾昉、高简、黄鼎、王昱、乾隆、蒋廷锡、谢淞洲、张宗苍、张洽、华嵒、蔡嘉、皇六子、高凤翰、高其佩、王宸、董邦达、罗聘、桂馥、潘恭寿、钱杜、余集、改琦、汤贻汾、戴熙等人的作品。

当然,这些篇目代表了汪士元早期收藏的主要书画,并不是全部,因为有少量作品在 1922 年夏天之前因战乱等原因已经失落或转让,他没有来得及著录。如高简《山水》、王翚《江山卧游图》,佚名《花鸟团扇》、高凤翰《春风如意图》(见拙著《麓云楼书画记略续编》)有明确的题款纪年。高简《山水》有款识:"高简,字淡

游,号旅云,能诗,工山水,画学元四家,尤喜倪云林,精于尺幅小品。此套册页雪景仅此一帧,笔意疏放秀洁妍雅,诚什袭珍藏也。光绪辛丑二月,汪士元识。"光绪辛丑二月,即1901年,这是目前能看到的汪士元最早收藏的一幅作品。王宠《草书李翰林杂作》左下末端有汪士元在光绪二十八年题写的小传,此幅作品当是1902年的藏品。王翚《江山卧游图》,汪士元题有长跋,并署纪年"宣统戊午春日",即1918年春天。佚名《花鸟团扇》,题款为"光绪三十年四月既望,向叔汪士元并识",收藏时间为1904年4月16日。高凤翰《春风如意图》上汪士元落款为"癸丑四月上澣",收藏时间为1913年4月。这四幅作品都收藏于1922年夏《麓云楼书画记略》写成之前,汪著没有记录,是成书之前,因多种原因已经易手。

汪士元喜欢在收藏的书画上钤上自己的印章,有时一枚章,有时连钤数枚印章,如仇英《八骏图》题云:"仇实父八骏图卷。寂庵。"并钤印:向叔所藏、寂庵审定、麓云楼书画记、向叔平生长物、向叔心赏、向叔、麓云楼藏,计七枚鉴藏章,可见他对此画是多么钟爱。

汪士元有时为一些作品题签、题跋,在一些书画上留下自己的笔墨。如戈汕《山水轴》,汪士元在右上题签:"戈庄乐秋山图。"钤印:寂庵。另有鉴藏印:麓云楼书画记、士元珍藏。这种题签表明了汪士元对此幅作品的理解和认可。再如,汪士元为冒辟疆的爱妾蔡含、金玥合作的《花鸟轴》题签:"水绘园女史花鸟,麓云楼藏",以此来确定这幅画作者的身份。如今,这些印章和题签、题跋都成为研究作品流传及汪士元美术观念的重要文献证据。

3. 前期收藏书画流失的时间、去向和原因

汪士元在序言中曾坦率地说,他以二十年时间花费大量心血和钱财精心收藏的书画只是暂时保管在自己手中,迟早会落入他人之手。的确如此,就在《麓云楼书画记略》写成之后不久,一百四十件作品就陆续转移到别人手中。这些书画是什么时候出手的呢?落入何人之手?最早记载此事的是现代著名学者顾廷龙。1939年农历二月,汪士元的次子汪毓镳向顾廷龙赠送《麓云楼书画记略》,顾廷龙作跋。从跋文可以得知,顾听汪毓镳亲口说,汪士元收藏的书画散尽了,且"多入于庐江刘氏善斋矣"。刘氏善斋即刘体智。刘体智(1879—1962年)字晦之,晚号善斋老人,安徽庐江人,晚清重臣四川总督刘秉璋之子,解放前上海著名收藏家、银行家。他于甲骨、铜器、书画珍籍咸有涉猎,多能得其精粹。解放后,他被聘为上海市文史研究馆馆员,将所藏文物全部捐献给国家。按照顾廷龙的说法,汪士元收藏的书画大都被刘体智购得,这些藏品后来被捐献给上海博物

馆等单位,如今上海博物馆中有不少汪士元收藏过的书画,证明此说法有一定的道理。

还有人说,汪士元因赌博欠债,把收藏的书画都卖给了北京琉璃厂的老板韩少慈,韩又转手倒卖给徐世昌大总统的弟弟徐世章。十岁起就在琉璃厂生活、读书的的收藏名家陈重远(1929—)说:"1917 年,当财政次长、收藏家汪向叔急需现款,想变卖所收藏之明、清名人书画时,韵古斋老板韩少慈当机立断,全部收购,将《麓云楼书画记》中所记载的珍品字画,网罗无遗。转手将其中的一小部分,卖给津浦铁路局长徐世章,获得巨额利润。从此,韵古斋取代论古斋,成为琉璃厂经营书画的第一家古玩铺。汪士元的字画到他手里都被他卖了好价钱,此事至今还在收藏界广为流传①。"还有与汪士元次子汪毓镳熟悉的人说:"韵古斋开业于清末,以经营字画为主。经理韩少慈曾在民国六年,用六万银元买进老收藏家汪向叔(北京市民建委员汪镳之父)珍贵名画一宗。《麓云楼书画记》中所载名件,网罗无遗。韩获利巨万②。"这两部书记载有误。实际上,1917 年,汪士元在直隶当财政厅厅长,并不是财政部次长,当时他并没有把藏品卖光。

理由一:《麓云楼书画记略》写于 1922 年夏,作者根据收藏书画写成。如果1917 年就卖光了,此书就写不成了。理由二:1921 年底,日本画家大村西崖到中国访问,"12 月 3 日,受汪士元所邀,欣赏了所藏王石谷、宋徽宗、沈石田、蓝田叔作的书画,栗原和岩田留下进行拍摄。……,5 日再次拜访汪士元完成剩余书画的拍摄。岩田在汪士元府拍摄仇英《白描人物册》……,6 日,访问汪士元府,欣赏了董其昌《仿山水画册》和汪的友人所购的沈石田画册,汪为西崖在天津停留 4 天直至拍摄结束,并约定待归京后再作决定是否购买沈石田画册。……,15日,汪士元到访③。"大村西崖在汪士元家观赏所藏的王石谷、宋徽宗、沈石田、蓝田叔、仇英等人所作的书画,并拍照,商讨买卖事宜。可见当时汪士元手中还有不少藏品,因经济困难想急于出手。因此,汪士元出售书画的时间不是 1917 年,准确地说应当是 1922 年夏天他写作《麓云楼书画记略》之后。汪士元在北洋政府最后一个实职税务处会办任期至 1924 年 12 月 21 日,由此可以断定,汪士元

① 陈重远:《古玩史话与鉴赏》,国际文化出版公司,1990 年 7 月,第 267—268 页。
② 中国民主建国会北京市委员会,北京市工商业联合会文史工作委员:《北京工商史话》第一册,1985年,第 123 页。
③ 《李叔同的老师大村西崖和中国的美术家》,《第 3 届弘一大师研究国际学会议论文集》,中国广播电视出版社,2010 年 10 月,218—219 页。

前期书画流失的时间集中在 1922 年夏至 1924 年底。1925 年至 1928 年北洋政府倒台之前,他只挂着财政委员、国务院参议等虚衔,实际上已经离开政坛。他出售的对象比较复杂,并不是卖给一个人,有的售给了琉璃厂老板韩少慈,韩少慈的确把其中一部分以高价转给徐世章;有的卖给了日本人;还有的作品流入了刘体智等人之手。

当时北洋政府官员赌博成风,汪士元也被周围的人拖下水。一位与财政总长张弧关系密切的人回忆说:"每次同赌的人,来来往往进进出出确是不少,而在不同时期,有不同的人物出现。在这些人里面,属于各部总、次长(有现任及前任)的,先后有曹汝霖、王克敏、曾毓隽、王宠惠、蔡廷幹、张英华、徐世章、沈鸿昭、朱有济、潘复、沈瑞霖、姚国桢、苏锡第、汪士元等。属于银行总经理、协理及经理的有:冯耿光、张嘉璈、吴鼎昌、袁乃宽、钱永铭、卢学溥、任凤苞、李光启、杨德森、周作民、胡笔江、谈荔孙、岳乾斋、朱虞生等。还有王占元、张宗昌(来过几次)、丁士源、陆宗舆等①。"列举的名字都是在当时地位十分显赫的官僚、军阀、资本家,汪士元名列其中。

汪士元因赌博欠债出售书画,民国书画家巢章甫在笔记中也有记载:"(汪士元)顾于收藏之外,复豪于博。尝一日而负一宅。既而又负,遂尽斥所藏书画。即而又渐蓄古玉,亦并负之不惜也。今老矣,所藏惟所倩祁井西精制十砚与一玉镯。回想当年,能无感慨?②"他说汪士元曾在一天内就把住宅输掉了,还继续赌,又输钱,只好卖书画还债,最后竟然把所藏字画都卖光了。当然,这些书画并没有消亡,许多作品的下落依然可以追寻到。

4. 前期收藏书画的现状

目前,汪士元前期收藏书画的一部分收藏在国内外博物馆、美术馆中,一部分在个人手中,有的还进入拍卖市场。笔者掌握的情况如下图所示:

序号	作者	作品	收藏地、收藏人	拍卖情况	备注
1	宋徽宗	《晴麓横云图轴》	日本大阪市立美术馆		

---

① 力文:《北洋政府财政总长张弧》,载上海市政协文史资料委员会编《上海文史资料存稿汇编 经济金融》(4),上海古籍出版社,2001 年 12 月第 1 版,第 4 页。

② 巢章甫著:《海天楼艺话》,人民美术出版社,2009 年 10 月,第 35 页。

续　表

序号	作者	作品	收藏地、收藏人	拍卖情况	备注
2	陈用志	《吉罗林果佛像轴》	美国波士顿美术馆		
4	元文宗	《临晋祠铭永怀字卷》		1996 年,旧金山,4.95 万美元	现藏美国
6	吴镇	《苍虬图轴》	徐世章		
7	倪瓒	《书翰卷》	北京故宫博物院		又名《静寄轩诗文》轴
9	吴睿	《篆隶合卷》	上海博物馆		
10	杨维桢	《海棠城诗卷》	天津博物馆		又名《梦游海棠诗卷》
11	颜辉	《钟进士元夜出游图卷》	美国克里夫兰博物馆		又名《中山出游图》、《钟馗元夜出游图》卷
12	戴进	《仿燕文贵山水图》	上海博物馆		
17	沈贞吉	《仿梅道人山水轴》		2011 年 6 月 7 日,北京,241.5 万元	又名《春山欲雨图》
18	沈周	《仿黄公望富春山居图》	北京故宫博物院	1996 年,北京,880 万元	
20	沈周	《卧游册》	北京故宫博物院		又名《卧游小册》《卧游图册》,
22	文征明	《剑浦春云图卷》	天津博物馆		
23	文征明	《山水卷》		2007 年 6 月 30 日,上海	又名《仿唐人山水卷》《溪桥烟树图》
25	文征明	《蕉石鸣琴图轴》	无锡市博物馆		
26	文征明	《桃花图轴》	台北故宫博物院		又名《桃花轴》

序号	作者	作品	收藏地、收藏人	拍卖情况	备注
27	文征明	《斗鸡图轴》	天津艺术博物馆		
30	仇英	《八骏图卷》		2016年5月11日, 伦敦, 13.1万英镑	
34	项元汴	《桂枝香圆图轴》	北京故宫博物院		
36	钱毂	《钟进士移家图卷》,		2011年12月4日, 北京, 483万元	又名《钟馗移家图》
37	钱毂	《虎丘图轴》	北京故宫博物院		又名《虎丘前山图轴》
39	祝允明	《书南华经内七篇卷》	苏州博物馆		
40	祝允明	《饭苓赋》	北京故宫博物院		
42	陆治、蔡羽	《诗画合册》	台北故宫博物院		
44	文伯仁	《南溪草堂图卷》	北京故宫博物院		
48	尤求	《水亭消夏图轴》	颜明		
49	吴彬	《武夷九曲图卷》	刘海粟		
52	沈士充	《长江万里图卷》	上海博物馆		
53	戈汕	《山水轴》		2016年11月28日, 香港。	又名《秋山图》
59	蓝瑛、徐阶平	《浴砚图》	天津艺术博物馆		
60	黄石符	《仙媛幽憩图轴》	北京故宫博物院		

续　表

序号	作者	作品	收藏地、收藏人	拍卖情况	备注
61	吴伟业	《山水轴》	北京故宫博物院		
62	董其昌	《仿古山水册》	台北故宫博物院		
65	程嘉燧	《翳然图卷》	北京故宫博物院		
67	邵弥	《泉壑寄思图轴》		2015年5月18日，北京，66万7千元	
68	杨文骢	《山水卷》		2017年10月3日，香港，2315万港币	又名《南归图》
71	王时敏	《仿古山水册》	天津市历史博物馆		
72	王时敏	《江山萧寺图卷》			今藏日本
79	王翚	《仿李晞古寻梅图轴》		2007年秋，北京380.8万元	
84	吴历	《苦雨诗画卷》	上海博物馆		又名《山中苦雨诗画卷》
87	恽寿平	《山水卷》	吴湖帆		
88	恽寿平	《蓼汀鱼藻图轴》	北京故宫博物院		
91	陈洪绶	《草书轴》	广东省博物馆		
92	王铎	《王屋山图卷》	天津博物馆		又名《王屋山图诗卷》
93	王铎	《花卉图卷》		1994年秋季，香港	又名《芝兰竹石图卷》
96	渐江	《山水册》		2014秋季，北京，270万元	
98	龚贤等	《金陵各家合作山水花卉册》	北京故宫博物院		

续　表

序号	作者	作品	收藏地、收藏人	拍卖情况	备注
100	项圣谟	《山水册》		2011 年 11 月18 日,北京,690万元	
103	张风	《吟梅图轴》	上海博物馆		
105	水绘园女史	《花鸟轴》		2018 年 11 月24 日,北京,759万元	又名《春色先来十二红》
108	石涛	《梅竹双清图轴》		2008 年 12 月 2日,香港,242 万港元	
114	高简	《鹤守梅花图轴》	上海博物馆		又名《有鹤守梅图轴》
118	蒋廷锡	《九桃图轴》		2018 年 11 月20 日,北京	又名《蟠桃图》
120	张宗苍	《万木奇峰图轴》	上海博物馆		
123	华嵒	《关山勒马图轴》	上海博物馆		
126	皇六子	《频婆图轴》	北京故宫博物院		
127	高凤翰	《山水册》	北京故宫博物院		
130	董邦达	《临马远潇湘八景图卷》		2003 年 7 月 13日,北京,363万元	
136	改琦	《文章四友图轴》		2014 年,北京,358 万	
140	戴熙	《松亭秋爽图轴》		2002 年 12 月10 日,上海	

从上表可以得知,目前汪士元前期收藏的书画 60 件(约占总数的 43%)有迹可寻,其中收藏在国内外博物馆、美术馆中的有 36 件,其中北京故宫博物院 14 件,台北故宫博物院 3 件,上海博物馆 7 件,天津博物馆 6 件,苏州、无锡、广

东等地博物馆各一件,美国波士顿美术馆、美国克里夫兰博物馆、日本大阪市立美术馆各一件。其余均在私家手中,如徐世章、吴湖帆、刘海粟、严明等等,这些人大多数已经过世,其后代把作品拍卖变现,作品进入拍卖市场,甚至反复拍卖,屡次易主。

此外,汪士元本人也是位书画家,顾廷龙称他"先生绘事擅工笔,书法有松雪遗意,皆清秀绝俗①",他亲手书写的《麓云楼书画记略》就是一册精美的书法作品集。近年来,他的书画作品也上了拍卖市场。他的《仿南楼老人山水图》,2005年9月10日,中国嘉德国际拍卖有限公司在四季第3期拍卖会上拍出了19800元的价格。

二、 后期收藏的书画

因赌博欠债,汪士元在1922年至1924年之间,将其收藏的一百多幅名贵书画陆续出手。此后,他的书画收藏活动并没有停止,至1951年底去世,有近三十年的时间,又收藏了一大批书画。从当今国内外博物馆、美术馆收藏的汪氏藏品,以及国内外拍卖市场上不断出现的汪氏藏品来看,我们这样的判断是正确的。笔者经过数年追踪,查询了近二十年来国内外拍卖书画记录及国内外博物馆、美术馆的收藏情况,不揣浅陋,撰写了《麓云楼书画记略续编》,共计收录了《麓云楼书画记略》未曾著录的汪氏藏品255件(其中有少量的作品有明确的纪年,可以归纳到前期藏品中,前文已经述及),不仅数量远超前期,质量也不亚于前期收藏品。当然,由于眼界限制,不可能将汪氏后期藏品一网打尽,但绝大部分藏品已经囊括其中,由此可以较全面地观察和探讨汪氏藏品的面貌和价值。

1. 宋元时期的藏品

这个时期的汪士元藏品包括16家19件,"元四家"作品都有收藏:无名氏《王羲之书魏钟繇千字文》、高克明《长寿富贵》、岳飞书法、赵孟頫《陶渊明赏菊图》《高逸图》《桃源仙境》《三骏图》、任仁发《双骑图》、郭畀行书《青玉荷盘诗卷》、颜辉《濯足图》、吴镇《山居图》、赵雍《相马图》、张渥《罗汉图》、柯九思《寿高秦松》手卷、杨维桢行书(小品)、倪瓒《江亭山色图》、方从义《山水》立轴、王蒙《山林平

---

① 顾廷龙:《顾廷龙文集》.上海科学技术文献出版社,2002年7月,第221页。

远图》、南山樵隐《筎拍图》。前期收藏中宋元作品仅 11 件，"元四家"中王蒙作品没有收录，由此可见后期藏品之丰富、全面。

汪氏后期宋元藏品中，有二件今藏北京故宫博物院、一件藏台北故宫博物院。无名氏的《王羲之书魏钟繇千字文》历经北宋、南宋、元、明、清、民国六个朝代，流传 1600 余年，经六位帝王、一位王爷、31 位大鉴赏家鉴藏，上面的印章有一百六十多枚，今藏北京故宫博物院，为国之瑰宝。郭畀行书《青玉荷盘诗卷》在行笔顿挫转折、结构经营安排上颇得赵孟頫风韵，为书法精品，今藏北京故宫博物院。倪瓒《江亭山色图》，原为清宫藏品，经耿昭忠、索额图、汪士元等递藏，今藏台北故宫博物院，2012 年被核定为重要古物。这些作品表明，汪士元后期藏品有不少珍品，价值极大。

汪氏后期宋元时期的藏品中，赵孟頫的《陶渊明赏菊图》系日本回流作品，2015 年 01 月 27 日，在失品渡归藏—海外回流专场会上，由上海晟安拍卖有限公司公开拍卖。南山樵隐《筎拍图》为海外回流的私人旧藏，2011 年 11 月 12 日，中国嘉德国际拍卖有限公司在北京公开拍卖。还有些作品出现在国外的拍卖市场上。柯九思《寿高秦松手卷》，2013 年 11 月 21 日出现在日本东京拍卖会上。任仁发《双骑图》、颜辉《濯足图》分别在 2015 年 3 月 22 日、2013 年 3 月 17 日，由纽约贞观国际拍卖公司 Gianguan Auctions（formerly Hong Kong Auctions）在美国拍卖。由此可以看出，汪士元收藏过的不少作品流失到海外。

当然，真伪问题一直困扰着收藏界，即使有汪士元题签和收藏印章的作品也有作伪的可能。2004 年 12 月 13 日，一件与台北故宫博物院所藏倪瓒《江亭山色图》内容完全相同，只是鉴藏印章不同，而且都有汪士元的题签"倪云林山水真迹，玉带砚斋藏"的同名作品出现在拍卖市场上，由中贸圣佳国际拍卖有限公司在北京公开拍卖，成交价为 1980 万元。据报道，此画来头不小，"上个世纪 50 年代，我国著名书画鉴定家徐邦达先生调任国家文物局，负责文物征集工作。得知《江亭山色图》在京城一位著名收藏家手中后，徐先生就给这位收藏家写了一封长信，希望他能将画转让给国家收藏。但是由于种种原因，转让事宜未果。现在这位收藏家早已去世，他的儿子也已经 80 多岁了，不久前将《江亭山色图》拿到中贸圣佳公司，中贸圣佳公司征集到这幅画作后再次请徐邦达先生鉴定，徐先生看后欣喜万分。更出人意料的是，那位收藏家的儿子至今还保存着徐先生写给他父亲的长信①。"13 年后,此画身价暴涨。"中国元末画家倪瓒的一幅《江亭山色图》,7 月 28 日,在"2017 新加坡福羲国际狮城春季季拍卖会"上以 980 万元 SGD(相当于 4500 多万人民币)成交,这是'元四家'真迹首次海外拍卖场上,并创造了倪瓒个人书画拍卖的世界纪录②。"汪士元不可能在内容相同的画上题写"真迹"字样,两者之中,必有一假。再如王绂《清溪渔隐图》,2009 年 12 月 19 日由西泠印社拍卖有限公司在杭州公开拍卖,也有伪作嫌疑。笔者在拙著中对诸如此类的有嫌疑的作品明确地表明态度,供学者和收藏家参考。

2. 明代藏品

汪士元后期收藏的明代作品的作者,包括宋克、王绂、戴进、吕文英、姚绶、张弼、蒋文藻、沈周、吴宽、边景昭、李东阳、石璧、吴伟、郭诩、林郊、祝允明、张路、唐寅、张灵、文征明、吕纪、陈淳、王宠、陆治、王问、仇英、文嘉、钱谷、杨继盛、徐渭、焦秉贞、尤求、盛茂烨、张瑞图、王世贞、丁云鹏、邢侗、董其昌、朱自方、程嘉燧、萧云从、米万钟、归昌世、李流芳、张宏、蓝瑛、吴彬、卞文瑜、查继佐、陈洪绶等 50 家 80 件作品。

从上述作者来看,明初、明中及明后期主要书画派的代表人物都包括在内,如"三宋"之一的宋克,"浙派"代表戴进,"江夏派"吴伟,"吴门画派"沈周、文征明、唐寅、仇英,追随文征明的陈淳、陆治、文嘉,"吴派"后期领袖张宏,受吴门派影响的晚期名画家程嘉燧、李流芳、卞文瑜,自成一派的花鸟名家吕纪,"青藤派"徐渭,"松江派"("华亭派")代表董其昌、"武林派"蓝瑛、姑熟派萧云从及明末清初人物画宗师陈洪绶等,都是明代画史上著名人物。而且,收藏的作品有不少是经典名作,如沈周《湖山春晓图卷》为中年时期的名作,经汪士元、颜世清、张伯驹等名家递藏,汪士元深爱此画,曾在画上连钤十印。张伯驹得此画后,也非常喜爱,在著作称"此卷正石田中年所作,房舍树木皆用细笔。画家往往在用功时自留稿,不以赠人,故多不署款识,然数百年后,却使鉴赏者颇费心力。此图用墨淡逸,尝见米友仁云山图亦同此笔意。则知米家泼墨法以平淡静逸胜,并非深涂浓染者也③",评介很高。仇英《人物　花鸟　山水册》,为清宫藏品,后流出宫廷,经毕泷、万承紫、孔广陶、戴植、吴云、汪士元、吴作人等名家递藏。广东省文物鉴定组组长、国家文物鉴定委员会委员、首都博物馆中润文物鉴定中心文物鉴定委

---

① 2004 年 11 月 24 日,《南京晨报》。
② 新华网,北京 2017 年 7 月 29 日电,记者张舵。
③ 张伯驹:《春游纪梦》,辽宁教育出版社,1998 年 3 月,第 115 页。

员苏庚春见到此画赞赏不已,欣然题端:"纵逸清旷,弥见真趣。苏庚春拜观并识。"可见这是一幅不可多得的佳作。

汪氏后期收藏的明代作品中有不少件收藏在博物馆中。如宋克《韩文公进学解行草书法》有清宫藏印十五方,系国宝,今藏北京故宫博物院。李东阳的草书《春园杂诗》六首,在明朝时由陈镐、张公收藏,入清后先为毕泷所有,后转入宫廷,藏于内府,民国初年散出宫廷,后经汪士元鉴赏,现藏北京故宫博物院。徐渭《四时花卉图卷》以大写意手法描绘牡丹、芍药、葡萄、芭蕉,以兼工带写的手法描绘桂花与苍松,以烘托法描绘雪中的竹、石、梅花,构图笔墨酣畅,豪爽奔放,简洁洗练,是难得的精品。此画经刘穆勋、顾文彬、汪士元等人递藏,现藏北京故宫博物院。丁云鹏《白描罗汉图》经吴熙载、戴信、吴大澂、汪士元等人递藏,现藏上海博物馆。陈淳《花卉图册》经励宗万、汪士元收藏,李政于1930年在北京购得此画,现藏重庆市博物馆。萧云从《设色山水图卷》,经任振庭、汪士元等珍藏,今藏辽宁博物馆。此外,邢侗《米家云山图》现藏台湾何创时书法艺术基金会,祝允明《草书临帖卷》为香港近墨堂藏品。这些作品均是公认的名作。

汪氏后期收藏的大部分明代作品已经出现在国内的拍卖市场上,同时也有许多幅藏品出现在国外的拍卖市场上。自2012年9月至2016年6月,由美国纽约贞观拍卖国际有限公司 Gianguan Auctions(formerly Hong Kong Auctions)在纽约公开拍卖的此类作品,就有唐寅《幽禽傲寒圖》、吴伟《渔钓暮归》、张路《二仙云起图》、吕纪《寒梅锦鸡图》、陆治《流水山居掩柴门》、董其昌《山居图》、祝允明《草书虎丘诗卷》、沈周《苍林独行》等,拍卖价格均十分可观。

3. 清代藏品

汪士元后期藏品中,清代有王鉴、王铎、项圣谟、文俶、顾见龙、七处、程邃、浙江、邹之麟、朱一是、傅道坤、诸升、姚允在、龚贤、董小宛、牛石慧、王翚、吴历、王武、恽寿平、高简、上睿、魏之璜、王士祯、八大山人、石涛、王原祁、恽冰、杨晋、王鸿绪、姜实节、杨中讷、黄鼎、高其佩、雍正、华喦、李鳝、金农、高翔、方士庶、李因、李方膺、高凤翰、蔡嘉、汪士慎、黄慎、郎世宁、徐扬、郑燮、董邦达、梁巘、俞榕、余穉、顾原、王昱、励宗万、金廷标、刘墉、王鸣盛、钱大昕、闵贞、丁观鹏、董诰、黄易、皇六子、朱珪、罗聘、洪亮吉、铁保、伊秉绶、姚政、蔡诰、康焘、宋湘等、钱杜、罗聘、项均、改琦、汪承霈、孙义钧、林则徐、费丹旭、张熊、沈葆桢、黄烈、虚谷、居廉、汤世澍、吴谷祥、张祖翼、钮嘉荫、康有为、黄宾虹、溥心畬及无名氏等人129幅作品。

从上述名单不难看出,汪氏后期所藏清代作品大部分出自名家、名人之手。

如清初画派"清初六家"中的王鉴、王翚、王原祁、吴历、恽寿平，"清初四僧"中的石涛、八大山人和弘仁。清代中期负有盛名的人物画家金廷标、丁观鹏，山水画家徐扬，供奉内廷的著名外国画家郎世宁，"扬州画派"主要画家金农、黄慎、汪士慎、李鱓、郑燮、李方膺、高翔、罗聘等"扬州八怪"均包含在内，华嵒、高凤翰、闵贞等人也在其中。清末"海派"名家虚谷，山水画一代宗师黄宾虹也是汪氏关注的对象。清初书法名家王铎、郑燮，中期名家刘墉、伊秉绶，晚期康有为、溥心畬，以及著名学者、政治家，如雍正、王鸣盛、钱大昕、洪亮吉、林则徐、陈曾寿等，基本上涵盖了清代主要书画家。

汪氏后期藏品，目前绝大部分流入社会，出现在国内各地的拍卖市场上，也有一小部分被各地博物馆、美术馆收藏。七处的《山水图》收藏在南京博物院，杨晋《花鸟写生图》收藏在沈阳故宫博物院，方士庶《郑燮像》收藏在北京故宫博物院，高凤翰《草堂艺菊图》收藏在日本大阪市立美术馆，罗聘、项均《山水人物花卉册》收藏在美国西雅图美术馆。

在境外的拍卖市场上，频频出现汪氏后期的藏品。王原祁《访梅图》，2012年2月22日，由株式会社日本东京中央拍卖公司在公开拍卖。华嵒《梧桐立凤图》、李鱓《芦花双凫图》，分别在2014年9月14日、2015年9月12日，由美国纽约贞观国际拍卖公司(Gianguan Auctions (formerly Hong Kong Auctions)公开拍卖。2003年至2016年，汪士慎《梅花图》、刘墉行书《苏轼眉州远景楼记》、钱杜《仙壑螺舟》、张祖翼《隶书》、高凤翰《春风如意图》等，在香港公开拍卖，受到藏家的追捧。

4. 无名氏作品

汪士元后期藏有不少没有署名的作品，如《蚕织图》、草书唐诗、《人马图》、《山水》、元人草虫写生册、《溪山云览图》、《平安图》、《雪景寒林图》、《唐多宝塔碑》、《仙山楼阁》、《仙山宫苑图》、《花卉》、《秋香图》、《骑牛读书图》、《龙舟竞渡》、《花鸟团扇》、《山水册页》、《捕鱼团扇》、《高士图》等，出现在近年来的拍卖市场上，因作者身份不明，拍卖的价格普遍不高，成交价只有数千到数万不等。这些作品的真实性反而很高。

5. 后期藏品中拍卖价格在100万元以上的部分作品

由于不少拍卖公司没有公开拍卖后的作品价格，汪氏后期藏品在市场上的拍卖价格无法全面统计，现根据已经公开的部分拍卖价格列出其中在百万元上的作品：

序号	作者	作品	拍卖时间、地点	拍卖行	拍卖价格
11	吴镇	《山居图》	2011 年，北京	北京海士德国际拍卖有限公司	224 万元
18	王蒙	《山林平远图》	2013 年 6 月 2 日，上海	上海国际商品拍卖有限公司	134.4 万元
58	文嘉	《翠山寻友图》	2014 年 5 月 3 日，杭州	西泠印社拍卖有限公司	552 万元
60	钱谷	《郭北草堂图》	2006 年 6 月 22 日，天津	天津文物拍卖有限公司	166.6 万元
65	焦秉贞	《春江泛舟图》	2010 年 4 月 28 日，上海	上海博古斋拍卖有限公司	312 万元
93	吴彬	《十二尊者相》	2017 年，北京	中国嘉德国际拍卖有限公司	6670 万元
111	程邃	《适情寄意图》	2010 年 12 月 15 日，上海	上海晟安崇源艺术品拍卖有限公司	324.8 万元
112	渐江	《深山猿鸟声图》	2015 年 9 月 12 日，美国纽约	纽约贞观国际拍卖公司	60.5 万美元
113	渐江	《山水》	2014 年，香港	佳士得香港有限公司	1520 万元
119	姚允在	《桐江萧寺图》	2018 年 6 月 16 日，北京	北京匡时国际拍卖有限公司	2840.5 万元
182	徐扬	《归庄图》	2008 年 6 月 28 日，杭州	西泠印社拍卖有限公司	1232 万元
210	罗聘	《两峰墨戏》	2014 年 12 月 2 日，北京	北京红太阳国际拍卖有限公司	373.75 万元

从部分拍卖结果来看，汪氏后期藏品中的确有不少珍品，得到藏家的认可，最高的竟达六千万元以上，真是惊人。

三、　印章

汪士元鉴藏书画时，喜钤印章，有时连钤十多枚，因此他制作了许多用于书画收藏的鉴藏章。杨仁恺《中国书画鉴定学稿》收录了汪士元 14 枚印章,上海博物馆编《中国书画家印鉴款识》收录汪士元 20 枚印章,其中有三枚文字都是士元,因此只能算 18 枚印章。笔者查看了汪氏藏画的印章,发现汪氏至少有二十八枚文字不同的书画鉴定章。汪士元,字向叔,室名麓云楼、玉带砚斋、清净瑜迦馆,他的印章来源于他的姓名、字号及室名,汪氏常见的 25 枚印章可以分为三大类:

一类是姓名章,如"汪姓翰墨"、"士元"、"汪士元"、"汪士元印"、"汪士元之印"、"士元珍藏"、"士元审定"、"士元宝爱"、"汪士元审定印"。

二类是字号章,如"向叔所藏"、"向叔心赏"、"向叔古缘"、"向叔宝之"、"向叔所得"、"向叔平生长物"、"汪向叔藏"、"汪向叔"、"向叔审定真迹"。

三类斋号章:"清净"、"清净瑜迦馆"、"清净平生长物"、"麓云楼藏"、"麓云楼书画记"、"麓云楼"、"玉带砚斋"等。

此外,可以考定还没有被收藏界广泛认同的"寂庵"、"寂庵鉴定"、"寂庵审定"等三枚印章为汪士元所有。如汪士元在他的《麓云楼书画记略》扉页、序言及正文首页钤有多枚印章,其中正文第一页第一行钤了两枚印章:"麓云楼"、"寂庵鉴定"。笔者见到的北京图书馆收藏本《麓云楼书画记略》,北图在这两个印章中间加盖"北京图书馆藏"章。再如戈汕《山水轴》,汪士元在右上题签:"戈庄乐秋山图。寂庵。麓云楼书画记(印)、士元珍藏(印)。"鉴藏印:麓云楼书画记、士元珍藏。可见,"寂庵"的确为汪士元的别号。再如仇英《八骏图》署签:"仇实父八骏图卷。寂庵。"钤印:向叔所藏。另钤汪士元的鉴藏印:寂庵审定、麓云楼书画记、向叔平生长物、向叔心赏、向叔、麓云楼藏等。再如杨文骢《山水卷》、王铎《花卉卷》也同样如此。如此多的证据表明,汪士元还有一个不为人知的号"寂庵"。其实,此号与他的"清净"、"清净瑜迦馆"等斋号含义是相同的,可互为映证,即汪氏不慕荣华富贵,希望摆脱尘世的纷扰,过清净自然的生活。

当然,天下以"寂庵"为号的不止汪士元一人,因此容易引起误解。改琦《文章四友图卷》有题签:"改七香文章四友图。寂庵。"在 2011 年 11 月 17 日秋季拍卖会上,北京翰海拍卖有限公司主持拍卖此画,以 230 万元成交,2012 年又拍出 299 万的高价,2014 年又拍出 358 万的价格。拍卖方在说明中,把"寂庵"说成曹大铁。曹大铁(1916—2009),江苏常熟人,号寂庵、寂翁、废铁等,收藏家、版本目录学家、书画古籍鉴定家。如果他是这幅画的题签者,应当有印章、签名,实际上没有,以此确定此画为曹大铁题签属于孤证。而此画有"向叔心赏"、"麓云楼藏"

等汪士元印章,因此断定题签人为汪士元是没问题的。

汪士元收藏印章的实物,目前笔者只发现一枚。一位藏家在孔夫子旧书网拍卖一枚巴林石印章,边款有"壬戌六月汪士元自记"字样,印文为"向叔审定真迹",高12厘米,长3.5厘米,宽4.3厘米。"壬戌"即1922年,民国11年。

此外,汪士元曾精心制作过一些闲章,此类印章多选用珍贵的石材,目前在公开拍卖市场及网站上不断涌现出来,已经引起收藏界的关注。

2018年11月25日,圣约翰国际拍卖有限公司,在2018加拿大多伦多经典拍卖会上拍卖一枚边款有"汪士元作"字样,印文为"石宜印"的田黄印章,重量148克。此枚田黄章透明度较强,有萝卜纹,表层有红色筋络,是田黄石中的上等品。

有一位藏家在"老闻收藏的博客"中公布了自己收藏的两枚边款有"汪士元作"字样印章。一枚青皮田黄冻印,图案精美,高56厘米,长98厘米,宽25厘米,重371克,印文为"诗天酒海"。另一枚母子瑞兽田黄冻印,高145厘米,长52厘米,宽52厘米,重749克,印文为"明月前身。"

有一位藏家在7788收藏网拍卖自己收藏的一枚边款有"丁巳春汪士元作"字样、印文为"汉持寄情"的田黄冻石牛钮印章,这枚田黄印重485克,高8厘米。

有一位藏家在孔夫子旧书网上开设"中华宝库古玩店",出售一枚长12.5厘米,高9厘米,宽6.7厘米龙钮寿山石印章,边款:"乙卯春汪士元作",印文"唐诗晋字汉文章"。

一位藏家在名为"辉煌再现古玉吧的博客"中展示出一枚高18厘米,印底座8厘米见方,金黄色类田黄孔子像钮印章,边款:"丙午春汪士元作",印文:"道古堂书画印。"

一位藏家在华夏收藏网拍卖一枚田黄石龙钮印章,系随形原石雕刻,边款有"汪士元作"字样,印文为"江东少年",长7厘米,高4.5厘米,宽3.5厘米。

一位藏家在中华古玩网上拍卖一套三枚田黄石瑞兽印章,边款均有"丙子年汪士元作"字样,印文及尺寸不详。

一位藏家在孔夫子旧书网拍卖一枚灵猴钮寿山石印章,边款有"汪士元作"字样,印文为"拈花一笑",高11.6厘米,长3.0厘米,宽3.0厘米,重265克。

一位藏家在孔夫子旧书网求福阁旗舰店拍卖一枚田黄冻石松下论道印章,侧面有款"汪士元丁巳秋月",印文"论道当严取人当恕",高27.5厘米,长12.5厘米,重6100克。

一位藏家在中华古玩网拍卖一枚田黄石印章,边款有"汪士元作"字样,印文为"风卷红旗如画",高 16 厘米,长 8 厘米,宽 8 厘米,重 2200 克。

一位藏家在中华古玩网拍卖一枚田黄石印章,边款有"汪士元作"字样,印文为"修己以敬",长 15.5 厘米,宽 5.2 厘米,厚 5.2 厘米。

一位藏家在中华古玩网拍卖一枚瑞兽钮田黄石印章,边款有"壬戌年汪士元"字样,印文为"一心湛然如水澄净",长 15 厘米,宽 8.5 厘米,厚 8.3 厘米。

一位藏家在中华古玩网拍卖一枚母子瑞兽钮田黄石印章,边款有"汪士元作"字样,印文为"春暖风和",长 15 厘米,长 5.5 厘米,宽 5.5 厘米。

一位藏家在华夏收藏网拍卖一枚鸡血印章,边款:"读万卷书行万里路汪士元作"字样,印文为"读万卷书行万里路",长 28 厘米,宽 17.8 厘米,厚 6 厘米,重 4450 克。

一位藏家在华夏收藏网拍卖一枚寿山石蓝釉印章,边款:"汪士元作"字样,印文为"靖共尔位,好是正直",高 12.5 厘米,长 8 厘米,宽 8 厘米。

一位藏家在华夏收藏网拍卖一枚寿山石老寿山石冻石寿星钮章,边款"乙卯春汪士元作"字样,印文"谡谡如力松劲风",高 14.1 厘米,长 6.9 厘米,宽 6.3 厘米,重量 979 克,

一位藏家在华夏收藏网拍卖一套四件寿山石印章,有木质外盒,上面贴一张纸条,上书:"大清寿山田黄印章,甲寅年汪士元作",钤二印。四枚印章边款分别为"甲寅秋月汪士元作"、"甲寅年汪士元作"、"甲寅年汪士元作"、"甲寅秋汪士元作"。

一位藏家在华夏收藏网拍卖一套寿山石田黄十二生肖印章,边款:"乙卯年汪士元",印文有"乐山乐水"等,尺寸、重量不详。

一位藏家在 7788 旧货商城网拍卖一套寿山石田黄梅兰竹菊四枚印章,有木质外套,边款:"乙卯年汪士元作",印文及尺寸不详,印章重 443 克。

一位自称茂森林的藏家在"茂森林 9 的博客"中展示了一枚田黄冻石印章,约重一百二十克,瑞兽钮,印文"不忘江海之珠",边款:"戊午年汪士元作。"

由上面列举的印章来看,这类闲章的内容多为修身养性的格言警句,所用石材以田黄石居多,不过目前在市场上的拍卖价格并不高,从四百元到两万元不等。这类藏印还没有形成收藏热潮,将来的升值空间很大,值得投资。

四、 砚台

汪士元曾经高价选购了一批质地优良的产自广东肇庆的端溪石料。这种石料石质坚实,润滑细腻,是制作砚台的头等材料。当时京城名画家祁井西擅长制作砚台,汪士元以厚礼把他请到天津家中,祁井西花费一整年的功夫精心制作了十方雕刻精美的砚台,称"十砚斋藏砚"。对此,与汪士元有亲戚关系、长期生活在天津的现代书画家巢章甫(1910—1954)曾在笔记在写道:"盱眙汪向叔姻丈士元,收藏书画,精而且富. 尝以余力制砚,选料皆端溪胜品. 悉嘱祁井西雕制. 自为铭,刊刻亦出祁氏手。祁固北平名画家. 而治印刻竹. 皆所擅长,制砚刊铭. 向不轻作。此十砚者,经向叔丈厚币延至津上. 经岁而成者也。余尝试一一获观. 则无不因材施巧. 匠心独运。其尤足重者. 则无论图案文字. 用刀皆不露锋芒,无一些烟火气,触手细腻温润,一如明清所作,不知者绝不辨为当时人手笔也。故丈于是十砚,至为珍爱。曾以其一为徐公豪圆寿,亦所以报知音也。故虽以十砚名斋. 今实存仅九矣[①]。"巢章甫只看到九方砚台,因为有一方送给徐公豪圆作为寿礼。徐公豪圆,即徐世章,徐世昌大总统的弟弟,曾任民国交通部次长、国际运输局局长及币制局总裁等职,热衷收藏,尤好名砚,与汪士元志同道合。徐世章做寿,汪士元以一砚相赠,可见两人关系极好。近年代拍卖市场上出现了落款为"麓云楼藏"、"士元"的四方砚台,可能就属于这批砚台:

1. 仔石随形端砚。长 21 厘米;宽 18.5 厘米,砚背镌"麓云楼藏"印,配红木砚盒。此砚以端溪水坑仔石随形雕琢,因材施艺,砚面磨出平整砚堂,砚池作虫蛀自然状,边缘半雕半璞,斑驳奇趣。石色深紫,石质温润幼嫩,下发墨流利。此砚在西泠印社 2016 年春季拍卖会上,以 6.325 万元成交。2018 年 6 月 20 日,此砚由中贸圣佳国际拍卖有限公司在北京公开拍卖,成交价为 20.7 万元。

2. 端石云蝠纹砚,长 16.3 厘米,背铭"麓云楼藏"印款,带盒,2018 年 1 月 14 日,中国嘉德国际拍卖有限公司在北京公开拍卖,以 1.725 万元成交。

3. 荷叶砚。款识:汪士元。向叔所藏(印),长 10 厘米,宽 9.3 厘米,厚 1.3 厘米,原配黄杨瓜形盒。2015 年 12 月 27 日,此砚由西泠印社拍卖有限公司在

---

① 巢章甫:《海天楼艺话》,人民美术出版社,2009 年 10 月,第 8 页。

杭州公开拍卖,以 1. 15 万元成交。

4. 龙纹端砚。长 28 厘米,宽 18. 6 厘米,老坑石,水归洞,天青色,砚背有雨淋墙青花,砚质细坚,长方形。砚面周缘浅浮雕龙戏珠。砚背琢出浅覆手。砚侧有汪士元铭:"张文襄督粤,开水归洞。汪昉后人得此石,甲辰(1904 年)春日并归向叔,喜而识之。"有"士元"印。附红木砚盒,在盖内有赵古泥的题签。2007 年 11 月 5 日,此砚由中国嘉德国际拍卖有限公司在北京公开拍卖。

此外,2009 年 12 月 21 日,汪士元藏嵌宝紫檀木砚,由上海云朵拍卖有限公司在公开拍卖,成交价为 22. 4 万元。此砚做工精细,外盒图案精美,十分喜人。市场上还出现了汪士元收藏过的明代徐枢制作的两方同名石砚,都拍卖出惊人的价格:

海天旭日砚,明徐枢制,汪士元藏。长 23. 7 厘米,宽 21. 2 厘米,厚 5. 7 厘米。款识:"宗岐"。鉴藏印:"麓云楼藏"。石色青紫,质地细润纯净,为端石中上品。雕工精雅,砚随形雕出云水纹,波浪中旭日涌出为砚堂。配红木满工雕云纹砚盒。2018 年 7 月 7 日,西泠印社拍卖有限公司公开拍卖,以 36. 8 万元成交。

海天旭日砚,明徐枢制,汪士元藏。长 25 厘米,宽 22 厘米,厚 5. 6 厘米。此砚由端溪中的具蕉叶白、胭脂火捺等名贵石品制成,细腻温润,包浆古厚。雕工精巧,砚随形琢为海天旭日,以初升旭日为砚堂,砚额浮雕祥云缭绕,云涌日出,海水万顷碧波,云水相接处为墨池。砚背钤小印"宗岐"。原配红木盒底内钤"麓云楼藏"。2015 年 12 月 27 日,此砚由保利国际拍卖有限公司在北京公开拍卖,成交价为 46 万元,属于目前拍卖市场上最昂贵的几方古砚之一。

五、 奇石

汪士元喜爱奇石,除用于制作印章的寿山石、制作砚台的端溪石外,还有太湖石和灵璧石。太湖石通灵剔透,体现"皱、漏、瘦、透"之美;灵璧石细腻温润,滑如凝脂,石表起伏跌宕、沟壑交错,造型粗犷峥嵘、气韵苍古,自古就是文人雅士的最爱。

2015 年 6 月 3 日,北京玄和拍卖有限公司拍卖一款"蟠龙"形状的太湖石,石上题诗和落款为:"风雷开窍窦,烟雨洗漫漶。高截青贷顶,深蟠黄岳干。横卧洞庭渚,峭立震泽岸。汪士元",有一印章,漫漶不清,高 64 厘米。诗歌节选自裴景福的诗《太湖石》。裴也是收藏家，与汪是好友。

2015年6月28日，浙江佳宝拍卖有限公司拍卖一款灵璧石，石上有题诗，落款为"汪士元"，长36厘米，高27厘米。拍卖说明称："此灵璧赏石包浆浑厚，自然天成，一望即知年代之久远，整件赏石具有瘦硬岩石之感，褐线绕生，折线坚固，饶有意趣，且知灵璧石自古为文人所痴爱，更为文房陈设佳品。"

2018年9月16日，北京翰海拍卖有限公司拍卖一款有"瑞霭"字样的太湖石，落款为"汪士元"，高23.5厘米。石呈扇形，浑穆古朴，凝重深沉，超凡脱俗，令人赏心悦目。

2018年9月16日，北京翰海拍卖有限公司拍卖一款太湖石，题名"立峰"，落款"汪士元"，高62厘米。状如苍鹰，窦穴浑圆，奇异至极。

一位藏家在"灵璧石吧"展示一太湖石，石上题名"撷翠"，落款"汪士元"，尺寸：39×25×10厘米。此石系大自然精雕细琢而成，造型奇巧，曲折圆润，窦穴委婉，呈重峦叠嶂之姿。

一位藏家在网易上拍卖一只灵璧石汉白玉盆，石上题名"琬云"，落款"汪士元"，特价：7800元。尺寸：67×34×19厘米。并称"此石久经把玩，包浆厚实，皮壳老辣，其状玲珑透空，峰峦洞穴皆具，妙境天成，面面而观，皆具画面，不失文人雅士书香之气。适宜会所雅间摆设，案台清供，艺术收藏。寓意吉祥，有石来运转之意。"

此外，2019年5月12日，福建东南拍卖有限公司公开拍卖一件酸枝木嵌瘿木、云石插屏，尺寸：66×39×21厘米，题识："秋山势嶙峋，万壑明声满，千涯秋气高。戊午冬月汪士元跋。"屏山数峰如剑，直指蓝天，气势磅礴。

第三章

《麓云楼书画记略》注评

序言

　　人处宙合[1]中，必使心有所寄，而后抱蜀[2]持简，以葆其浑然之诚。大之文学事功，小之居处玩好，事无洪细，其理一也。

　　予生平无他嗜，独于古人书画，欣合若有神契[3]。先世藏弄[4]，经乱殆尽。通籍[5]后，宦游燕赵，或遇故家，或过古肆，纵目浏览，其佳者至梦寐弗忘，自此留意蒐集，二十年来，所蓄约百数十事，惟宋元真迹则以其难遇，而值又昂，仅得十余帧。又性不喜绫绢，非极难极精者不收，故百数十事中，只一卷一册一轴而已。区区此集，固何足言鉴藏？更何足言记载？但沧桑屡变，名迹日希，窃亦未敢自轻，以轻古人。

　　夫以予奔走南朔[6]，无二顷之田，无一廛之庇。独此零缣尺素，不啻性命视之，自谋若甚拙，顾性既与之相契，则即以寄吾之心。每当䅟几[7]明窗，朝夕展玩，得与古人精神相接，其受益诚有无穷者。虽然自古无聚而不散之物，凡兹为吾有者，亦犹吾之寄吾之心，而寄于吾焉已尔。知其为寄，则聚固吾幸，散亦理之常耳。今者杜门闲静，因取所藏，诠次[8]成帙，顾暑热殊甚，未能致详，略述梗概，聊以志古缘之萃合[9]，并以视[10]夫世之同好者。

　　壬戌[11]六月，汪士元自记。钤印：士元、向叔古缘。

[注释]

[1] 宙合：世间，天下。

[2] 抱蜀：抱持祠器。《管子·形势》："抱蜀不言，而庙堂既修。"

[3] 神契：神交。

[4] 藏弃：收藏。

[5] 通籍：古指指记名于门籍，可以进出宫门。后来指初作官，意谓朝中已有了名籍。

[6] 南朔：南北；方向。

[7] 髹几：涂上漆的木几。

[8] 诠次：诠，通"铨"。诠次，指选择和编次。

[9] 萃合：聚集，会合。

[10] 视：示，给……看。

[11] 壬戌：公元 1922 年，中华民国 11 年。

1. 宋徽宗《晴麓横云图轴》

纸本，水墨，兼淡设色，长四尺七寸余，阔一尺九寸余。重峦复岭，出没烟云，林木村舍，远近掩映。造境用笔精妙，不可思议，洵为瑰宝，纸质尤完洁难得。瘦金体[1]"晴麓横云"四字，钤用御宝一方在图左上，画左下角有赵孟頫[2]印章二方。纸微损阙[3]，文尚可辨，《清河书画舫》[4]著录。

[评析]

宋徽宗赵佶（1082—1135），宋朝第八位皇帝，在位 25 年。在位期间，重用蔡京、高俅等奸臣，大肆搜刮民财，穷奢极欲，荒淫无度，导致社会矛盾进一步激化，爆发了方腊、宋江等农民起义。靖康元年（1126）国亡被俘，被迫迁居东北，被折磨十年而死。

徽宗吹弹、书画、词赋无不精擅，尤其热爱书画，设立画学，书画正式纳入科举考试之中，以招揽天下画家；广收古物和书画，扩充翰林图画院，并使文臣编辑《宣和书谱》《宣和画谱》《宣和博古图》等书，对绘画艺术有很大的推动和倡导作用。著有《宋徽宗词》。

徽宗《晴麓横云图》轴，纸本，水墨，浅没色，纵 149 厘米，横 61.3 厘米，图上题有"晴麓横云"四字，无款，钤玺"御书之宝"。画面上超出整幅三分之二的空白，景物集中底边，深远弥望的涧溪和云物映带的峰峦综合了王诜和米芾的表现特征,是针对早期满幅全景式的刻意设计。明末清初顾复《平生壮观》卷六曾著录此画。

民国初年,汪士元得之于陈曾寿。陈曾寿的曾祖父陈沆状元,系汪士元曾祖父汪云任的好友。陈曾寿为湖北蕲水县(今浠水县)人,光绪二十九年进士,官至都察院广东监察御史。辛亥革命后,陈曾寿于杭州西湖买地购屋,"奉母以居,官俸断缺,售所藏宋徽宗《晴麓横云图》、元人吴镇《苍虬图》,兼以自画维生[5]。"

汪士元之后,此画落入日本人阿部笙洲手中,日本长尾甲题签"宋徽宗晴麓横云图"。此画现收藏于日本大阪市立美术馆。有学者认为此图为赝品[6]。

[注释]

[1] 瘦金体:为宋徽宗赵佶所创,运笔飘忽快捷,笔迹瘦劲,至瘦而不失其肉,转折处可明显见到藏锋,露锋等运转提顿痕迹,是一种风格相当独特的字体。

[2] 赵孟頫(1254—1322),字子昂,号松雪道人,吴兴(今浙江湖州)人,由宋仕元,官至翰林学士承旨。能诗善文,书法和绘画成就很高,开创元代新画风,被称为"元人冠冕"。著有《松雪斋文集》。

[3] 损阙:损坏,缺少。"阙"通"缺"。

[4]《清河书画舫》:明代昆山张丑著,全书12卷,收录三国至明代的书画名家81人,帖49部,画115幅,包括家藏及目睹耳闻的古书画名迹。详细著录书画家生平简历、前人评论、真迹题跋、鉴藏印记、递藏源流等,并一一注明出处。

[5] 王存诚:《韵藻清华:清华百年诗词辑录》上,清华大学出版社,2011年4月,第25页。

[6] 周积寅,王凤珠:《中国历代画目大典　辽至元代卷》,江苏教育出版社,2002年5月,第425页。

2. 陈用志《吉罗林果佛像轴》

纸本,设色,长六尺七寸,阔二尺二寸余。佛像一躯,果树一株,金笔勾勒,青绿积厚如钱,画法奇古[1],宋后无此作手。画右下角署"陈用志敬摹"五字,隐约可辨。纸色虽旧,光润可鉴。上有"宣和御览之宝"[2]、"贞明内藏"两方印,储古中秘葫芦印、耀年体尧两圆印,及远渚、用拙两印。左边尚有抱龙圆印、方印各一,字文不辨。下有龙图阁直学士杨时[3]藏、鄞姚安道[4]师德静学斋、项子京[5]

家珍藏及时俨之印、杨又云[6]珍藏书画记、松斋储印。其余印章尚繁,不备载。原裱边绢有天祥寺宝藏印,现装宋侧理纸边,收藏诸印,系藏纸印记,虽与此画无涉[7],自亦天然妙合[8]。

[评析]

陈用志,宋代画家,郾城(今属河南)人,居小窑镇,人呼之"小窑陈"。工画佛、道、人、马、山川、林木。太宗时,曾为画院祗侯,后离去。其作品,高平曲折,皆成山水之势。曾为祥源观东壁画山水一堵,磊落峭拔,布景千里,烟水苍茫,意趣无穷,是其得意之笔。宋徽宗时,宫廷中曾收藏他的不少作品。

对于陈用志所敬摹的画,瑞典汉学家席龙仁认为,"这种像浮雕或者圆雕和高浮雕一样的花和树叶,毫无疑问形成了这幅画最显著的艺术特点。除此以外,人们还可以注意到画上的树干、青草一类的植物以及披袍上的衣纹,都是用一种刚劲紧密的线条画成的,它完全符合《历代名画记》对于尉迟乙僧的评论'用笔紧劲,如屈铁盘丝'。劳弗也认为此画是尉迟乙僧独特的手法[9]。"

陈用志的《吉罗林果佛像》轴,原为宋徽宗赵佶收藏品,后来经宋朝杨时、元末姚安道、明代项子京、清末杨又云、民国汪士元等递藏,现收藏在美国波士顿美术馆,在该画右下角部位有"陈用志敬摹"字样。

[注释]

[1] 奇古:奇特,古朴。

[2] 宣和御览之宝:宋徽宗赵佶收藏鉴定印。

[3] 杨时(1053—1135)字中立,号龟山,南剑将乐(今属福建)人。熙宁九年进士,官至工部侍郎,以龙图阁直学士专事著述讲学。同游酢、吕大临、谢良佐并称程门四大弟子,著有《二程粹言》等。

[4] 姚安道,元末著名学者,鄞(今浙江宁波)人,善书法,富收藏,与宋濂、仇远、柳贯等学者齐名。

[5] 项墨林(1525—1590),原名项元汴,字子京,号墨林,浙江嘉兴人。明国子生,家资富饶,镌有天籁阁、项墨林等印,广收法书名画。工绘画,兼擅书法,刊有《天籁阁帖》,著有《墨林山人诗集》等。

[6] 杨继振(1832—1897)字彦起,一字又云,汉军镶黄旗人。官至工部侍郎、广东盐运同知,居于江苏阳湖。收藏甚富,自称其藏书有数十万卷,家藏有数种《红楼梦》版本,著有《五湖烟艇集》等。

[7] 无涉:没有牵连;不涉及。

[8] 天然妙合：搭配非常恰当，巧妙地融为一体。

[9] 仲高：《丝绸之路艺术研究》，新疆人民出版社，2009 年 8 月，第 122 页。

3. 苏轼《颖州[1]祷雨纪事墨迹卷》

纸本，高九寸，长三尺九寸余，行书二十九行，纪守颖州时祷雨杂事二则，笔酣墨舞，姿趣横生。公集聚星堂雪祷雨[2]，张龙公[3]既应诸诗，均足印证。后纸董文敏[4]题、再题于隔水绢[5]上，前后有项墨林[6]收藏诸印。

[评析]

苏轼（1037—1101），字子瞻，号东坡居士，谥"文忠"，北宋眉山（今属四川）人。仁宗嘉祐年间进士，著名诗人、词人、书画家，擅长画墨竹，且绘画重视神似，主张画外有情，画要有寄托，反对形似，反对程序的束缚，提倡"诗画本一律，天工与清新"，而且明确地提出了"士人画"的概念，为文人画发展奠定一定的理论基础。著有《东坡乐府》等。

《颖州祷雨纪事》，又称《祷雨帖》、《龙公神帖》、《颖州祈雨诗帖》，苏轼自署书于元祐六年（公元 1091），纸本，横 29 厘米，纵 120 厘米，钤"赵郡苏氏图书"。董其昌跋云："与海市诗相类"。文二则，行书，凡 29 行，计 239 字：

> 元祐六年十月，颖州久旱，闻颖上有张龙公神祠，极灵异，乃斋戒遣男迨与州学教授陈履常往祷之。迨亦颇信道教，沐浴斋居而往。明日，当以龙骨至，天色少变。二十六日，会景贶、履常、二欧阳，作诗云："后夜龙作云，天明雪填渠。梦回闻剥啄，谁呼赵、陈、予？"景贶抚掌曰："句法甚亲，前此未有此法。"季默曰："有之。长官请客吏请客，目曰'主簿、少府、我'。即此语也。"相与笑语。至三更归时，星斗灿然，就枕未几，而雨已鸣檐矣。至朔旦日，作五人者复会于郡斋。既感叹龙公之威德，复喜诗语之不谬。季默欲书之，以为异日一笑。是日，景贶出迨诗云："吾侪归卧髀骨裂，会友携壶劳行役。"仆笑曰："是男也，好勇过我。"

关于此帖的特色，有学者认为"此帖书法虽为行书，但间有草书的豪放气势，如其诗文。其行笔用墨可谓锋毫铺纸，跌宕流贯，一泻而下，势再难止。其行笔绵密，连续不绝,正所谓'心手双畅'才能达到此种境地[7]。"还有学者认为此帖"笔意极似山谷,特别是其末尾数字,从容娴雅,行笔松缓,几若山谷代笔[8]。"

明代张丑《清河书画舫·未集》曾著录此帖:"东坡草书寒食诗,当属最胜。后有山谷跋,今在横李项氏。行书烟江叠嶂歌,在东仓王长公家。又见行书祷雨帖亦属真本,乃是写与钱济明者,今在金坛干氏。"清代吴其贞《书画记》亦曾著录:"苏东坡《祷雨帖》一卷,书在蜡笺上,纸墨如新,书法体长,笔画藻丽,自有一种玉堂富贵态,为东坡超妙入神之书。卷后有董思白题跋[9]。"

此帖明末曾为金坛于氏、项元汴天籁阁递藏。民国年间为汪士元收藏,后由白坚(字坚甫,后改名白隆平)购得并售往日本。此作品先后著录于陈继儒《妮古录》、张丑《清河书画舫》、吴其贞《书画记》、顾复《平生壮观》、汪士元《麓云楼书画记略》、徐邦达《古书画过眼要录》等。

[注释]

[1] 颖州:安徽阜阳。元佑六年七年,苏轼东坡被排挤,以龙图阁学士出知颖州。守颖不足半年,掘西湖,赈灾,祈雨,关心人民疾苦,颇有政声。《颖州祷雨纪事》帖即记其久旱祈雨之事。

[2] 祷雨:自先秦以来就有的一种祈求天公降雨的迷信仪式,

[3] 张龙公:传说中的龙神。清陈元龙《格致镜原》卷九十,称张龙公的原型为张路斯,颖上人,隋初明经登第,景龙中曾任宣城令,后与九子俱化为龙。

[4] 董其昌(1555—1636)字玄宰,号思白、香光居士,松江华亭(今上海)人,万历十七年进士,官至南京礼部尚书,卒后谥"文敏"。擅画山水,以佛家禅宗喻画,倡"南北宗"论,为华亭画派杰出代表,兼有"颜骨赵姿"之美。著有《画禅室随笔》《容台文集》等。

[5] 隔水绢:在条幅的上下或者手卷前后,裱工加上一条不同颜色的绫或绢叫"隔界",又叫"隔水"。

[6] 项墨林(1525—1590),原名项元汴,字子京,号墨林,浙江嘉兴人。明国子生,家资富饶,镌有天籁阁、项墨林等印,广收法书名画。工绘画,兼擅书法,刊有《天籁阁帖》,著有《墨林山人诗集》等。

[7] 张弘主编:《苏轼书法鉴赏》,远方出版社,2004年4月,第115页。

[8] 汪鹤:《宋朝明星大腕》,中央广播电视大学出版社,2012年12月,第233页。

[9] 吴其贞:《书画记》,辽宁教育出版社,2000年1月,第43页。

4. 元文宗《临晋祠铭[1]永怀字卷》

墨拓御笔亲刻"永怀"二字,方四寸八分,镶以描金浅碧云龙库绫,钤用御宝两方,书法圆劲,逼肖右军[2]。另纸康里子山[3]小楷,恭题纪恩两则,高八寸六分,长一尺四寸,后纸董文敏[4]及翁覃溪[5]、余秋室[6]、王子卿[7]、黄小松[8]又翁覃溪诸题。又纸杨守敬[9]题,有归希之[10]印,《湘管斋寓赏编》[11]著录。

[评析]

元文宗,孛儿只斤·图帖睦尔(1304—1332),元朝第八位皇帝,在位四年,曾毒死明宗。在位期间,创建奎章阁,编修《经世大典》,为研究元朝的历史提供了一笔宝贵的财富。据《元史》记载,元文宗的汉文化修养超过在他之前的所有元朝皇帝。他还擅长作画,所绘《万岁山画》草图,"意匠、经营、格法,虽积学专工,所莫能及"。

清人所传元文宗书写的"永怀"两字墨帖,是临摹唐太宗《晋祠碑》字,并亲刻于石,手印四份以赐奎章阁大学士阿荣、御史中丞赵世安、宣政使哈喇拔都儿和礼部尚书嵝嵝。

此卷经鲍廷博[12]收藏。"鲍渌饮所藏元文宗御书'永怀'二字卷子,乃以藏经纸为之,引首上有楷书方印,曰'法喜大藏'"(后赠送给黄小松。民国初年落入汪士元手中。汪士元在上面钤有"士元珍藏"、"士元宝爱"、"向叔珍藏"、"向叔古缘"、"麓云楼书画记"等印章。此后入孙伯渊[13]之手,又流传到上海,落入张葱玉[14]手中。"1941年,张葱玉的事业还在发展中,他从孙伯渊手里购进大批书画,这年的4月10日所记:孙伯渊来,以宋贤卷等发售,列价如后:……欧阳玄书《西昌杨公墓志》卷,五千元。元文宗《永怀字》卷,五千元。明周天球书画卷、王穉登诗卷、倪谦书卷、范允临书卷,共二千四百元[15]。"四十年代,此作品归谭敬,后归张文魁所有。张把它带到巴西,1996年归马成名所有,当年九月拍卖,美国旧金山一何姓华人以4.95万美元拍得,现藏美国[16]。

[注释]

[1]《晋祠铭》:全称《晋祠之铭并序》,唐太宗撰文并书。碑高195厘米,宽120厘米。碑额高106厘米,上刻"贞观廿年正月廿六日"飞白书九字。贞观二十一年八月刻,碑现存山西太原晋祠贞观宝翰亭内。此碑书法浑然天成,笔画结

实爽利,无做作之态,实开八大山人之行楷书先河。

[2] 王羲之(303—361),书法家,字逸少,号澹斋,琅琊临沂(今属山东)人,有书圣之称。曾任会稽内史,领右将军,人称"王右军"。其书法师承卫夫人、钟繇。王羲之无真迹传世。著名《兰亭集序》等帖,皆为后人临摹。

[3] 康里子山(1295—1345),元人,曾任吏部尚书、工部尚书、刑部尚书等职,工正楷、行草书,笔画遒劲,名重一时。而他所创作的作品,大多都是草书,作品有《柳宗元梓人传》《杜秋娘诗》等。

[4] 董其昌(1555—1636)字玄宰,号思白、香光居士,松江华亭(今上海)人,万历十七年进士,官至南京礼部尚书,卒后谥"文敏"。擅画山水,以佛家禅宗喻画,倡"南北宗"论,为华亭画派杰出代表,兼有"颜骨赵姿"之美。著有《画禅室随笔》等。

[5] 翁方纲(1733—1818),字正三,号覃溪,直隶大兴(今属北京)人,乾隆十七年进士,官至内阁学士。书法与同时的刘墉、梁同书、王文治齐名。著有《复初斋诗文集》等。

[6] 余集(1738—1823),字蓉裳,号秋室,钱塘(今浙江杭州)人。乾隆三十一年进士,官至侍讲学士。擅画山水、花卉、禽鸟、兰竹,尤工仕女,无不精妙,工书及诗画,时称三绝。

[7] 王子卿,清末民初浅绛名家,画风写意。

[8] 黄易(1744—1802)字大易,号小松,仁和(今杭州)人。监生,官济宁同知。工书画,以篆刻著称于世。与丁敬并称"丁黄",为"西泠八家"之一。著《小蓬莱阁诗钞》等。

[9] 杨守敬(1839—1915)原名开科,榜名恺,更名守敬,晚年自号邻苏老人,湖北宜都人,藏书家,著述达83种之多,被誉为"晚清民初学者第一人"。在武昌建成观海堂,自称其有书数十万余卷。

[10] 归希之:明末清初苏州商人,不置田产,性耽书画,喜收藏。

[11] 《湘管斋寓赏编》:清顺治进士陈焯,曾官镇海训导,博雅善赏鉴,工山水画,辑录唐、宋、元、明四朝有关墨迹记录而成《湘管斋寓赏编》六卷。

[12] 鲍廷博(1728—1814),字以文,号渌饮,祖籍安徽歙县长塘,随父鲍思诩居杭州。后定居桐乡县青镇(今乌镇)杨树湾。家世经商,殷富好文,父鲍思诩,不惜巨金求购宋元书籍,筑室收藏,取"学然后知不足"义,名其室为"知不足斋"。

[13] 孙伯渊(1898—1984),生于苏州一装裱篆刻世家,斋号石湖草堂,装裱名家,富收藏,精鉴赏。

[14] 张葱玉(1914—1963)名珩,字葱玉,号希逸,浙江南浔人,书画收藏家、鉴定大师。嗜赌,一个晚上把上海闻名的大世界输掉了,大量书画珍品也抵押给了谭敬,大都散诸国外。

[15] 郑重:《中国文博名家画传 张珩》,文物出版社,2011 年 7 月,第112 页。

[16] 马成名:《寰宇读碑书系:海外所见善本碑帖录》,上海书画出版社,2014 年 6 月,第 183 页。

5. 钱选[1]《并蒂莲房图卷》

纸本,墨笔,高八寸,长二尺六寸,款在图右。花实三,茎蕊一,叶九,杂以荇藻水蓼,神情淡逸,有惜墨如金[2]之妙。后纸辛敬[3]、吴仲圭[4]两题,有逸品吟馀清赏某谷诸印。

[注释]

[1] 钱选(约 1239—1322),字舜举,号玉潭,浙江湖州人,南宋景定年间乡贡进士,工诗善书画,花鸟画用笔尽劲,细洁而光润,设色淡雅清丽,精巧传神。山水画以青绿设色见长,人物画风格亦较古拙。名为《习懒斋稿》。

[2] 惜墨如金:本意为惜墨像吝惜金子一样。指作画时先淡后浓,不轻易用重墨。

[3] 辛敬:元至正年间人,字好礼,河南开封人,擅长草书、行书。

[4] 吴镇(1280—1354)字仲圭,号梅花道人,尝署梅道人。浙江嘉善人。早年在村塾教书,后从柳天骥研习"天人性命之学",遂隐居,以卖卜为生。擅画山水、墨竹。精书法,工诗文。

6. 吴镇《苍虬图轴》

纸本,墨笔,长三尺九寸余,阔一尺七寸余。款署图左,并题古松两株,枝杆盘屈夭矫,有神龙见首之姿,笔若劲剑,墨如古漆,此图足以当之。诗斗董文骥[1]题"吴仲圭《苍虬图》"六字。曾为项墨林[2]所藏,四角均为项氏藏印,并编记号数,诗斗有毕涧飞[3]藏印。

[评析]

元代画家吴镇(1280—1354),生平详见前注[4]。他山水师法董源、巨然,兼取马远、夏圭,干湿笔互用,尤擅带湿点苔。水墨苍莽,淋漓雄厚。喜作渔父图,有清旷野逸之趣。墨竹宗文同,格调简率遒劲。与黄公望、倪瓒、王蒙合称"元四家"。

陈曾寿(1878—1949)湖北蕲水县,光绪二十九年进士,官至都察院广东监察御史。家藏元代吴镇所画《苍虬图》,因以名阁,自称"苍虬居士"。光绪三十二年五月初四日,许宝蘅拜访陈曾寿,在其家中见到吴镇《苍虬图》,在日记中作了详细记载:

> 梅道人《松树》,纸本,长不及四尺,宽约一尺馀。松四株,右方题诗云:"乱石堆头松树子,茯苓千岁与之俱。苍髯绿发何所似,天目山前第四株。"款"梅道人戏题",印二:一为"梅花庵",一为"嘉兴吴镇仲圭书画印",上额董文骥题"吴仲圭苍虬图",款为"仲虬年兄属,董文骥",下有"董文骥"一印,左方上有"大行人侍御史"印,下为"毕泷口口珍藏"印,额下左方有"天籁阁"印,下方右有"嘉靖三十六年口口口口口口口口口",有"项子京口口口口"印,左有"棠邨审定"、"蕉林"两印,右绫裱上又有"毕氏"二印。缥缃极佳,并未脱换,真珍物也[4]。

民国初年,汪士元从陈曾寿处购得此画。后来,此画落入民国总统徐世昌的弟弟徐世章手中。徐世昌为此画题诗,作《题吴仲圭墨松》,诗前序云:"端甫弟得梅花道人墨松,董侍御文骥题曰《苍虬图》,世间有数神物也,曾为天籁阁及蕉林相国所藏,悬之斋壁,觉烟云满室,苍寒逼人,为题二十八字,癸亥冬十一月七日,雪后夜寒,与诸弟小饮,微醺。"徐世昌诗云:"呼吸云烟势屈蟠,神龙首尾见应难。支撑天地无穷世,风雪空山足岁寒。"

[注释]

[1] 董文骥,字玉虬、称侯、玉帆,号云和、易农、云痴,武进(今属江苏常州)人。顺治六年进士,官至陇右道参议。工书法,诗酒风流,文采为一时之冠。

[2] 项墨林(1525—1590),原名项元汴,字子京,号墨林,浙江嘉兴人。明国子生,家资富饶,镌有天籁阁、项墨林等印,广收法书名画。工绘画,兼擅书法,刊有《天籁阁帖》,著有《墨林山人诗集》等。

[3] 毕泷,字涧飞,号竹痴,清初镇洋(今江苏太仓)人。毕沅之弟。工诗书画,精鉴赏,富收藏,遇翰跟精粹,不惜重价购藏,多宋元明人珍品。工山水及竹石,苍浑而秀,深得曹云西法。

[4] 许宝蘅:《许宝蘅日记》第 1 册,中华书局,2010.年 1 月,第 85 页。

7. 倪瓒《书翰卷》

纸本,界朱丝栏,上留空纸约五寸,中书篆体"静寄轩"三字,下分十五行。首两行骑书篆体"静寄轩诗文"[1]五字,馀作行楷十三行,像赞一节,绝诗四章,笔法峭逸,不啻仙子凌云。有嘉庆宝玺五方,郏玮玄印,云门山房、山友、士行甫、冰谷、洪桷之印,蔡伯海印、东吴王莲泾[2]藏书画记诸印。

[评析]

倪瓒(1301 或 1306 — 1374) 元代画家。初名珽,字元镇,号云林子,无锡(今属江苏)人。家豪富,元末卖田散财,浪迹太湖、泖湖一带。擅画水墨山水,所作多取材于太湖一带景色,意境清远萧疏.亦擅墨竹。与黄公望、吴镇、王蒙合称"元四家"。著有《清閟阁集》。

洪武四年辛亥(1371 年),倪瓒自作并书写《静寄轩诗文》轴,楷书,纸本,62.9 厘米×23.3 厘米。此轴所书共三部分,内容包括《郏伯盛氏小像赞》、《刻古印文诗四韵》五律 1 首、《静寄轩诗》七绝 3 首。款署云:"辛亥十二月,云林子因过云门先生之娄江寓馆,遇伯盛,相从累日,作此并书,云门题篆焉。廿二日。"此帖上方篆书"静寄轩"和帖首篆书"静寄轩诗文"为张绅[3]所书。当时倪瓒 71 岁,已至古稀之年,笔墨清古瘦劲而自然,笔画多含隶意,格调淡远静穆,有魏晋人风致而别具特色。

倪瓒以画名,书法作品传世较少,此为其代表作,故定为国宝。此作品经清内府收藏,清末流出宫廷,入汪士元手,现藏北京故宫博物院。

[注释]

[1] 郏伯盛,名珪,字伯盛,苏州人。师濮阳吴睿,习大小篆书,喜为人治印。

"静寄轩"为其斋名。

[2] 王闻远(1663 — 1741),字声宏,号莲泾居士,吴县(今苏州)人。家多藏书,藏书楼有"孝慈堂"、"率真书屋"、"四美轩"等。通金石之学,康熙间撰有《孝慈堂书目》,著录图书 2542 种,有宋版 16 种,元版 15 种。著有《金石契言》。

[3] 张绅,字士行、仲绅,自称云门山樵,登州人,洪武时官至浙西布政使,善辩有才华,工篆书,著有《法书通释》。

8. 赵孟頫[1]《古木竹石卷》

纸本,水墨,高八寸余,长二尺,款在图左。信笔点染,神完气足,不但六法俱备,并可傍通篆籀。后纸自又重题,并柯九思[2]题。又纸,危素[3]、王行[4]、卢充耘[5]及罗天池[6]诸题。有梁焦林[7]、李君实[8]、谢松洲[9]、叶东卿[10]、伍俪荃[11]、李竹朋[12]、李芝陔[13]、李韵湖[14]收藏诸印。

[**注释**]

[1] 赵孟頫(1254—1322),字子昂,号松雪道人,吴兴(今浙江湖州)人,由宋仕元,官至翰林学士承旨、荣禄大夫。博学多才,能诗善文,特别是书法和绘画成就很高,开创元代新画风,被称为"元人冠冕"。著有《松雪斋文集》。

[2] 柯九思(1290—1343)字敬仲,号丹丘生,元天台州(今历浙江)人,善画墨竹,能诗文。官奎章阁鉴书博士,鉴定内府所藏书画。好文物,富收藏,精鉴赏。著有《丹丘生集》《墨竹谱》。

[3] 危素 1303—1372)字太朴,金溪(今属江西)人。曾仕于元。入明为翰林侍讲学士,晚年谪后和州。能诗文,亦善书法。有《说学斋稿》《云林集》。

[4] 王行(1331—1395)字止仲,吴县(今苏州)人。幼从徐翁学,精通经史百家言。洪武初,隐居石湖。往京视二子,蓝玉馆居于家。后玉诛,受牵连死。工诗,善于泼墨山水,著有《半轩集》。

[5] 卢充耘,字次农,卢熙之子,明初昆山(今属江苏)人,文学得以家传,制行尤高,以能书荐留诰司.

[6] 罗天池(1805—1866)字六湖,广东新会人。道光六年进士。官云南迤西道。落职归,居广州。工书、画,精鉴赏。论粤画必以黎简、谢兰生、张如芝、罗天池为粤东四家。"修梅仙馆秘藏"为其收藏印。

[7] 梁清标(1620—1691),字玉立,一字苍岩,号棠村,一号蕉林。直隶真定(今河北正定县)人,明崇祯十六年进士,曾任户部尚书、保和殿大学士等职。著有《蕉林诗集》《棠村词》等。

[8] 李日华(1565—1635),字君实,号竹懒,又号九疑,嘉兴(今浙江嘉兴)人。明万历二十年进士,官至太仆少卿。恬淡和易,与人无忤,工书画,精鉴赏,世称博物君子,著述甚富,著有《恬致堂集》《六研斋笔记恬致堂诗话》等。

[9] 谢淞洲,字沧湄,号林村,清长洲(今苏州)人。工诗,擅画山水,学倪黄兼元人笔意,精于鉴别,雍正年间特命召其鉴别内府所藏法书名画。

[10] 叶志诜(1779 — 1863),字东卿,汉阳(今湖北武汉)人,官户部郎中,工书法,精金石学。

[11] 伍元蕙(1824—1865)字良谋,又号俪荃,号南雪道人,广东南海人,布衣,性好书,富收藏。晚得倪瓒真迹四种,结屋藏之,颜曰"迂庵"。

[12] 李佐贤(1807—1876),字仲敏,号竹朋,山东利津县,道光十五年进士,官至福建汀州知府。工诗文、擅书法,兼涉考据之学,对金石书画,砚石印章能剖析微茫,辨其真赝。著有《古泉汇》等。

[13] 李在铣(？—1909),字芝陔,号六庽道人,直隶通州人,曾为涿州知府。

[14] 李韵湖,清末北通州(今河北通县)人,字真木,亦号均湖、韵湖,幼耽书画,自谓每逍遥于古肆,讨论于老成,尝就景其溶、曾协均、僧明基三家秘笈,以及平日所见,辑《瓯钵罗室书画过目考》。

9. 吴睿《篆隶合卷》

纸本,高九寸,长一丈四尺八寸余,界乌丝格,前作隶书《离骚》,后作篆书《千文》,前后三千数百余字,通体无间。传称梦思于古文款识制度考究甚深,故笔底精妙乃尔。华淞题引首,张雨[1]、杜本[2]、黄清老[3]题于本幅,后纸戴洙、蔡宗礼[4]两题。曾为王虚舟[5]、戴培之[6]所藏。

[评析]

吴睿(1298—1355),字孟思,号雪涛散人、青云生、养素处士,居杭州。终身布衣。晚年客居昆山,因将其所学传递到吴门一带。为吾衍弟子,工书法,尤精篆、隶。他在篆书、隶书、印章方面都接受了吾丘衍的思想,并有所发展。于印学亦有研究,辑有《吴孟思印谱》,又称《汉晋印章图谱》。

　　吴睿的《篆隶合卷》分前后两段,写作时间相差十年,字体也不同:前段隶书,高28.2厘米,纵223.2厘米,书写战国楚屈原《离骚》,款署:"元统二年岁在甲戌正月望。濮阳吴睿书"。元统二年,即1334年,当时吴叡37岁。后段篆书,高27.7厘米,纵240.6厘米,书写南朝梁周兴嗣《千字文》,款署:"至正四年岁在甲申二月廿日用诅楚文法为如川写。濮阳吴睿。"至正四年,即1344年,吴睿47岁,为友人廖如川所写。此卷篆隶书凡三千五百余字,匀净遒逸,法度谨严,字字不苟。篆书起落笔皆用尖笔,深得秦篆意韵。卷后有元张雨、杜本、黄清老、戴洙、蔡宗礼题跋。

　　吴睿是元初篆书大家吾丘衍的弟子,隶书学汉碑体,法度谨严;篆书典雅、秀逸。元人张雨跋云:"尝阅赵文敏公四体书千文,其小篆用汉法,未若秦篆之特绝。孟思创意师古,集录千字,亦翰墨客卿之一奇也,得者葆之。"

　　此作品曾经历经元廖征,清王澍、戴植,近人汪士元收藏,卷上均钤有鉴藏印,现藏上海博物馆。

[注释]

　　[1] 张雨(1283—1350)号句曲外史,道名嗣真,道号贞居子。曾从虞集受学,博学多闻,善谈名理。诗文、书法、绘画清新流丽,有晋、唐遗意。

　　[2] 杜本(1276—1350),元至大间清江人,字伯原,博学善属文,曾上救荒策,工书画,被召至京,至正初为翰林待制。刻印过自辑《谷音》1卷。

　　[3] 黄清老(1290—1348)字子肃,号樵水,邵武(今属福建)入。泰定三年浙江乡试第一,次年举进士,历任翰林典籍、同知制诰、湖广行省儒学提举等职,为文驯雅,诗有盛唐风,著有《樵水集》。

　　[4] 戴洙、蔡宗礼,精书画鉴赏,生活于元至正时期。

　　[5] 王澍(1668—1743),字若霖,号虚舟,江苏金坛人,康熙五十一年进士,累官吏部员外郎。四体书兼工,晚年左目失明,仍致力于鉴定碑版,提出"江南足拓,不如河北断碑"的观点,使碑学遂为世人所重。著有《淳化阁帖考证》《古今法帖考》等。

　　[6] 戴植,字培之,号芝农,清朝后期江苏丹徒人,其"翰墨轩"、"心太平轩"、"培万楼"收藏书画和古籍,在当时称极一时,其中古籍收藏中,宋、元、明刻本10余种。其所藏书画后来归于上海博物馆。

10. 杨维桢《海棠城诗卷》

纸本,草书,高九寸余,长二尺一寸余。书法豪迈奇崛,古今独步。王梦楼[1]题引首,后纸彭绍升[2]、许乃钊[3]两题,又纸杨守敬[4]题。有项墨林[5]、年羹尧[6]、毕涧飞[7]、陆谨庭[8]、吴平斋[9]收藏诸印。

[评析]

杨维桢(1296—1370),字廉夫,号铁崖,诸暨(今浙江诸暨)人。泰定四年进士.官至建德路总管府推官,元亡不仕。明洪武二年召修礼乐书,赐安车诣阙,留百二十日,以白衣乞骸骨,放还。其诗纵横奇诡、穰丽妖冶,自成一格,人称"铁崖体"。杨维桢书法亦如他的诗,讲究抒情,尤其是草书作品,显示出放浪形骸的个性和抒情意味,晚年行草恣肆古奥,狂放雄强,表现出奇诡的想像力和磅礴的气概。有《东维子文集》、《铁崖先生古乐府》行世。

杨维桢《海棠城诗卷》,又名《梦游海棠诗卷》,纸本,高 35 厘米,纵 74 厘米,为晚年名作,书于洪武二年(1369)正月十二日,时年七十四岁。他率弟子张习、袁用等拜谒张麟三味轩,观赏元初名画,次日做梦,梦游仙境海棠城。正月十五,便以梦中所见景象作诗,并书写此卷:

己酉春正月十三,夜梦群女御什伍。冉冉自绛云西来迎余,至一所,见宫殿盘郁,西之轩名紫极馆。问其竟曰:海棠城也,少选城主者,服云罗褒,戴金星冠,带流金之铃。从者执节.出迓曰:余友食钩子来也邪?人间文口业填巳尽,廖未延升馆,诸侍设醴作乐,席终,命一姝出胡麻餰一器,劝餐云:此于四十年前,在台所啖未尽余粮也,自兹十九年后当至此,昔余主子其识之时,余谢别以诗二绝。主者复命一姝出银光纸索书,诗曰:夜骑箕尾到西清。紫府仙官有我名。莫美夫容城主好,芙蓉不似海棠城。二女溪颐客断魂,鹃声愁杀阮郎魂(昏)。海棠城廓君须记,餰熟胡麻第二番。

余尝谓天地无神仙则巳,有则是我辈人耳。陶弘景为蓬莱都监,李长卿为玉楼词客,韩忠献为紫府人,石曼卿为夫容主者,吕献可为群仙纠正,黄伯思为上帝典翰,陈伯修为凌波仙客。朱希真为大阁僊伴,方朝散为玉华侍郎,蘸巫慅帧峤裥心昶吟兴模质拍照钓楒拇鳎玚吾龄当上齐我祖杨佛子之年也。(佛子,会稽有传,享年九十九,壮年病颊下瘤,遇仙移在背。)是月望日,会稽抱遗老人在云间柱颇楼谨识,以遗吾铁门诸弟子云。

此诗歌想像丰富,意象寄诡,表现了对及时行乐的强烈渴望。全卷诗歌和序言共有 32 行,401 字,笔法坚实,筋骨强健,行笔流畅,书势绵密而意象生动,字距虽然小,行距亦较窄,通篇汪洋恣肆,骨力雄健,结体奇诡多变,行气雄伟连贯,章法波澜壮阔。

此作品经明代项子京,清代年羹尧、毕泷、陆恭、吴平斋等人递藏后,落入汪士元之手,今藏天津博物馆。

[注释]

[1] 王文治(1730—1802)字禹卿,号梦楼,江苏丹徒人。乾隆二十五年进士,官至云南临安知府。工书法,与梁同书齐名。善画墨梅,韵致卓绝。有《梦楼诗集》《快雨堂题跋》。

[2] 彭绍升(1740—1796),法名际清,字允初,号尺木,江苏长洲(今苏州)人。祖名定求,状元,官侍讲;父名启丰状元,官至兵部右侍郎。绍升自幼聪颖,年十八中进士。著有《居士传》《善女人传》等。

[3] 许乃钊(1787—1870),字信臣,号贞恒,浙江钱塘(今杭州)人。道光十五年进士,官至江苏巡抚兼"江南大营"帮办。太平军破"江南大营",克常州、苏州,他再度被革职回籍。著《武备辑要》。

[4] 杨守敬(1839—1915):湖北宜都人,原名开科,榜名恺,更名守敬。一生著述达 83 种之多,被誉为"晚清民初学者第一人"。在武昌建成观海堂,自称其有书数十万余卷。

[5] 项墨林(1525—1590),原名项元汴,字子京,号墨林,浙江嘉兴人。明国子生,家资富饶,镌有天籁阁、项墨林等印,广收法书名画。工绘画,兼擅书法,刊有《天籁阁帖》,著有《墨林山人诗集》等。

[6] 年羹尧(1679—1726)字亮工,号双峰,汉军镶黄旗,进士出身,官至抚远大将军,加封太保、一等公,曾配合各军平定西藏乱事,率清军平息青海罗卜藏丹津,立下赫赫战功。雍正四年赐自尽。

[7] 毕泷,乾隆、嘉庆年间人,字涧飞,号竹痴,江苏镇洋(今江苏太仓)人。毕沅之弟。工画山水及竹石,苍浑而秀,深得曹云西法。又工书,喜收藏名贤书画,故多宋、元、明人珍品。

[8] 陆恭(1741—1818) 字谨庭,号孟庄,江苏吴县人,乾隆四十一年举人,王文治婿,工画花卉,点染花卉,笔意古雅,眼高手辣。读书嗜古,精鉴赏,多收藏古帖名画。

[9] 吴平斋(1811—1883)字少甫,号平斋,安徽歙县人,举人,曾官居苏州知府。工书画篆刻,书学颜真卿,善画水山、花鸟。著有《两罍轩彝器图释》《二百兰亭斋金石三种》。

11. 颜辉《钟进士元夜出游图卷》

纸本,墨笔,高八寸余,长六尺三寸余,穷形尽态,笔墨入神。图纸无款,后纸俞紫芝题[1],中谓为颜秋月所作,又吴匏庵[2]题,经项墨林[3]收藏。

[评析]

颜辉,字秋月,庐陵(今江西吉安)人,一作浙江江山人。宋末元初画家。喜作水墨粗笔,用笔劲健豪放,笔法粗犷,有梁楷遗法。颜辉作品流传日本较多,在日本受评甚高,对日本室町时代的绘画有较大影响。传世代表作有《钟馗雨夜出游图》《蛤蟆仙人像》等。

颜辉《钟进士元夜出游图》卷,又名《中山出游图》、《钟馗元夜出游图卷》,描绘笔法呈现多样化的特色,人物惟妙惟肖,生动活泼,神态千奇百怪。此画曾经明代吴宽、项子京等递藏,后入汪士元之手。今美国克里夫兰博物馆藏有颜辉《钟馗元夜出游图卷》,可能是汪士元曾经收藏过的《钟进士元夜出游图卷》。

[注释]

[1] 俞紫芝(? —1086),字秀老,金华(今属浙江)人,寓居扬州(今属江苏)。笃信佛教,得其心法,终身不娶不仕。其诗意境高远,气质不凡。王安石晚年居江宁,俞紫芝与其弟俞子中从游,颇得赏识。王安石自称晚年门下多佳客,俞氏二兄弟便是代表。

[2] 吴宽(1435—1504),字原博,号匏庵。长洲(今苏州)人。成化八年状元,授编修,历任少詹事兼侍读学士、吏部右侍郎、礼部尚书,卒官赠太子太保,谥文定。喜藏书,和藏书家沈周、王鏊等交游颇深。著有《家藏集》。

[3] 项墨林(1525—1590),原名项元汴,字子京,号墨林,浙江嘉兴人。明国子生,家资富饶,镌有天籁阁、项墨林等印,广收法书名画。工绘画,兼擅书法,刊

有《天籁阁帖》,著有《墨林山人诗集》等。

12. 戴进《仿燕文贵[1]山水轴》

纸本,长三尺一寸余,阔一尺四寸余,款在右方,墨光淡宕,画境纯是元人,迥与常笔不同。董文敏[2]题于本幅,亦以其不作平日本色,称为可贵。

[评析]

戴进(1389—1462),字文进,号静庵、玉泉山人,钱塘(今浙江杭州)人。宣德间待诏官廷,同辈谢环等嫉忌他的才艺,被排挤去职。工画山水,师法马远、夏珪,取景用笔,富有变化。兼擅人物,描摹人的情态,概括而有神采。世推为现代院体画中第一手,学者甚众,有"浙派"之称。

戴进《仿燕文贵山水图》,立轴,纸本,水墨,高 98.1 厘米,宽 45.9 厘米。自识云:"钱塘戴进写奉用言老师清供",董其昌题跋云:"国朝画史以戴文进为大家,此学燕文贵,淡荡清空,不作平日本色,更为奇绝。"此画以水墨晕染而成,效法二米、高克恭的画法,是典型的仿米云山图,今藏上海博物馆。

近年来,拍卖市场上出现了三幅与戴进《仿燕文贵山水图》相同的作品,值得关注:

戴进的《青绿山水》,纸本,设色,立轴,高 98 厘米,阔 44 厘米,题跋:国朝画史以戴文进为大家,此学燕文贵淡荡清空,不作平日本色,更为奇纯,董其昌。钤印:宗伯学士、董氏玄宰。款识:"钱塘戴进写,奉用言老师清供。钤印:钱塘戴氏、文进。"鉴藏印:明德、仲清所藏、庐庄珍藏、仲清鉴藏、士元珍藏、毕涧飞笈印。题签:"戴文进山水,毕泷秘藏、虚寿征。"2008 年 12 月 5 日,此画由北京保利国际拍卖有限公司在北京公开拍卖,成交价为 28 万元。

2009 年 3 月 8 日,山东天承拍卖有限公司在济南公开拍卖戴进的《青绿山水》,成交价为 19.04 万。此画立轴,水墨,纸本,高 98.5 厘米,阔 44 厘米。

2009 年 6 月 21 日,浙江保利国际拍卖有限公在杭州公开拍卖戴进的《深山村居图》,成交价为 16.8 万元。此画立轴,水墨,纸本,高 98 厘米,阔 44 厘米。

[注释]

[1] 燕文贵(967—1044),又名文季,吴兴(今浙江湖州)人。后进入翰林图画院。作画常自出机杼,落笔命意不袭古人,所画景物清润秀雅,又善于把山水

与界画相结合,将巍峨壮丽的楼观阁榭穿插于溪山之间,点缀以人物活动。刻画精微,笔法峭丽,境界雄浑,人称"燕家景致"。

[2]董其昌(1555—1636)字玄宰,号思白、香光居士,松江华亭(今上海)人,万历十七年进士,官至南京礼部尚书,卒后谥"文敏"。擅画山水,以佛家禅宗喻画,倡"南北宗"论,为华亭画派杰出代表,兼有"颜骨赵姿"之美。著有《画禅室随笔》等。

13. 刘珏[1]《赠沈石田[2]山庄留别图卷》

纸本,水墨,高一尺余,长二丈五尺二寸,图后余纸长题。完庵画笔传世本少,似此长幅,一气到底,细处如界画,粗处如篆籀,生平杰作,殆无二焉。后纸沈石田题亦倍致珍重。有茧庵林下一人、梁生鉴定、金庆堂、同斋、玉堂中人、粒民珍藏诸印。

[注释]

[1]刘珏(1410—1472)字廷美,号完庵,南直隶苏州府长洲(今苏州)人,工诗、书、画。正统三年中举人,授刑部主事,迁山西按察司佥事,后弃官归。老而嗜学不衰。写山水林谷泉深,石乱木秀,云生绵密,幽媚风流。著有《完庵集》。

[2]沈周(1427—1509),字启南,号石田、白石翁等,长洲(今苏州)人,不应科举,专事诗文、书画。技艺全面,功力浑朴,在师法宋元的基础上有自己的创造,发展了文人水墨写意山水、花鸟画的表现技法,成为吴门画派的领袖。与文征明、唐寅、仇英并称"明四家"。著有《石田集》等。

14. 姚绶[1]《煮茶图卷》

纸本,设色,高约九寸,长三尺六寸余,款署图上右方,并隶书"煮茶图"三字。后纸复作长题,笔意全仿黄鹤山樵[2],岩壑陡立,悬瀑如练,长松丛竹,远近映掩。涧边茅屋明敞,两翁酌茗坐话,意境静逸,气息入古。有乾隆、嘉庆两朝宝玺九方,后归恭邸[3],曾经汪季青[4]收藏,尾纸徐琪[5]题。

[注释]

[1] 姚绶(1423—1495),字公绶,号丹丘生,浙江嘉兴人。天顺中赐进士,官监察御史、永宁知府。擅画山水,小景好作沙坳水曲景色,墨色苍润,孤钓独吟,其阔幅重林远汀,著四五渔船而已。著有《谷庵集》《云东集》。

[2] 王蒙(1308—1385),元代画家。字叔明,号黄鹤山樵,湖州(今浙江吴兴)人。山水画受集诸家之长自创风格,以繁密见胜,"元四家"之一。

[3] 恭邸:爱新觉罗·奕訢(1833—1898),号乐道堂主人,媚外,亲近列强,是洋务派领袖。奕訢之孙溥心畬,爱新觉罗·溥儒,曾称旧藏姚绶《煮茶图卷》。

[4] 汪季青,安徽休宁人,占籍浙江桐乡。字季青,号柯庭,附贡生。康熙间官东城兵马司正指挥,致行人司行人。好藏书,又别筑古香楼收藏法书名画。诗文之外,善画墨兰。著有《柯亭余唱》等

[5] 徐琪(1849—1918),字花农,浙江仁和(今杭州)人。光绪六年进士,入翰院,散馆授编修。官至内阁大学士,署兵部右侍郎。为俞樾弟子。工书法,善花卉,神似恽南田。能联,著有《徐琪联集》。

15. 杜琼[1]《华山深秀图轴》

纸本,墨笔,长三尺,阔一尺一寸,署款并题在左上。峰峦雄秀,树木华滋,笔端凝练之气,卓然直接元贤。有休宁朱之赤[2]收藏图书、朱之赤鉴赏、第一希有子孙宝之诸印。

[注释]

[1] 杜琼 1396—1474),字用嘉,号东原耕者,明代吴县(今属江苏)人。明经博学,旁及翰墨书画皆精。山水宗董源,层峦秀拔,亦工人物。好为诗,其诗于评画尤深。性淡泊,荐举皆辞不就,家有"三友轩",藏书作画其中。著有《东原斋集》《耕馀杂录》。

[2] 朱之赤,字守吾,号卧庵,别署烟云逸叟,祖籍安徽休宁,迁居江苏吴县。入清后,为南京朝天宫道士。喜收藏书画,并精于鉴别。著《朱卧庵藏书画目》。

16. 杜堇[1]《九芝如意图轴》

纸本,墨笔,长三尺,阔七寸余,署款在右上。长松一株,芝草九茎。二杜画名极重,但不轻作,此幅虽系小品,当以希有为贵。图上接纸石田翁[2]题,有乾隆宝玺五方[3]。

[注释]

[1] 杜堇,明朝画家,初姓陆,字惧男,号柽居,丹徒(今属江苏镇江)人,居北京。画宗法李公麟,笔法精劲流畅,别具秀逸之态,被推为当时画坛的白描高手。其人物画大都表现古代传说故事或逸闻趣事,并以山水及园林景致为衬景,有的还题诗作赋,显示着一派文入画的格调。

[2] 沈周(1427—1509),字启南,号石田、白石翁等,长洲(今苏州)人,不应科举,专事诗文、书画。发展了文人水墨写意山水、花鸟画的表现技法,成为吴门画派的领袖。与文征明、唐寅、仇英并称"明四家"。著有《石田集》等。

[3] 乾隆宝玺五方:乾隆十一年,乾隆钦定御宝为二十五方,此五方为其中的一部分。

17. 沈贞吉《仿梅道人山水轴》

纸本,设色,长四尺一寸余,阔一尺三寸余,署款在右上。浑朴雄古,梅花老衲[1]衣钵,直举以传之。此翁并知石田[2]画笔,皆南斋昆季[3]有以启之。有杨子审定真迹、俪荃[4]鉴赏之章,南海伍氏[5]、古歙曹氏济原[6]鉴藏诸印,余印尚繁不录。

[评析]

沈贞吉(1400—?)名贞,号南斋、陶庵、匋盦、陶然道人等,长洲(今苏州)相城里人,工唐律,善绘事,山水师董源。

沈贞吉是吴门画派领袖沈周的伯父,吴门画派的先驱,画风受元四家影响,取法黄公望和吴镇。其作品传世甚少,此幅《仿梅道人山水》迭经清代诸名家递藏。除汪士元提及的藏家外,还有"四明万经审定书画"、"西溪九沙居士"为清初浙江鄞县书家万经(1659—1741)藏印;"小天籁阁收藏印"为清乾嘉时期安徽歙县收藏家项源藏印。

近年来,市场上出现了汪士元收藏的沈甸庵《仿梅道人山水轴》,纸本,设色,高130.5厘米,宽41.5厘米。题识:前山夜来雨,湿云涨崖谷。拟梅花庵主。钤印:陶庵老人沈贞吉画。鉴藏印有:杨子、十载疆场、墨云香处、四明万经鉴定书画、西溪九沙居士、小天籁阁收藏印、吉桥审定、啸云山馆、审定真迹、古歙曹氏霁原鉴藏、南海伍氏、俪荃鉴赏之章、士元珍藏、角茶轩鉴赏印。2006年11月22日,在角茶轩珍藏明清书画专场拍卖会上,中国嘉德公司公开拍卖此画。2011年6月7日,北京匡时国际拍卖有限公司2011春拍,此图名为《春山欲雨图》,成交价241.5万元。

[注释]

[1] 梅花老衲,俗姓江,名韬,字六奇,号鸥盟,歙县(今属安徽)人,明亡后出家披剃,字无智、无执,号渐江,别号梅花老衲等。擅长绘山水、梅竹,师法造化,尺幅之中,孕千里之势。尤长于绘黄山。笔墨瘦劲简洁,清古淡远,风格冷峭,形成独特风格。有《画偈集》。

[2] 沈周(1427—1509),字启南,号石田、白石翁等,长洲(今苏州)人,发展了文人水墨写意山水、花鸟画的表现技法,吴门画派领袖,"明四家"之一。著有《石田集》等。

[3] 南斋昆季:沈贞吉与其弟恒吉皆工唐律,善绘事,时谓埙篪相映,

[4][5] 伍元蕙(1824—1865)字良谋,号俪荃、南雪道人,广东南海人,布衣,性好书,收藏甚富。晚得倪瓒真迹四种,结屋藏之,颜曰"迁庵"。刻有《南雪斋藏真帖》《澄观阁摹古帖》。俪荃鉴赏之章、南海伍氏,为其鉴藏印。

[6] 济原:当为"霁原",曹文埴(1735—1798),字霁原,又字竹虚,号近薇,安徽歙县人。乾隆二十五年进士,官至户部尚书,同其子曹振镛世称"父子宰相"。以书法名世,收藏富甲。藏有石鼓名砚,斋号为"石鼓砚斋"。著有《石鼓砚斋文钞》等。

18. 沈周《仿大痴[1]富春山图卷》

纸本,设色,高一尺一寸余,长二丈七尺三寸余,图后余纸长题,运笔古劲,施

色融淡，不以纤细为能，亦非粗率之比，是能萃董巨[2]之长，而入痴翁[3]之室者。后纸姚公绶[4]、吴匏庵[5]、文寿承[6]、董思翁[7]及谢林村[8]诸题，周天球[9]观款一行，经王烟客[10]、宋牧仲[11]、孙平叔[12]收藏。《大观录》[13]称，所见石田长卷，以此与《大姚村图》[14]为杰作。

[评析]

沈周(1427—1509)，字启南，号石田、白石翁等，长洲(今苏州)人，不应科举，专事诗文、书画，早年多作小幅，40岁以后始拓大幅，中年画法严谨细秀，用笔沉着劲练，以骨力胜，晚岁笔墨粗简豪放，气势雄强。沈周技艺全面，功力浑朴，在师法宋元的基础上有自己的创造，发展了文人水墨写意山水、花鸟画的表现技法，成为吴门画派的领袖。是明代中期文人画"吴派"的开创者，与文征明、唐寅、仇英并称"明四家"。著有《石田集》《客座新闻》等。

明代成化年间，沈周获得黄公望的《富春山居图》，十分珍惜，时常观赏，陶醉其中。一次，沈周将《富春山居图》拿去请人题跋时，竟被那人的儿子藏匿了。他万分痛惜，不久此画出现在市场上，可他没钱购回。他根据记忆将三丈长卷从头至尾地背临了一本，这就是《仿黄公望富春山居图》。他在尾纸跋曰："大痴翁此段山水，殆天造地设，平生不见多作，作辍凡二年始成，笔迹墨华，当与巨然乱真，其自识亦甚惜。此卷尝为余所藏，因请题于人，遂为其子乾没。其子后不能有，乃以售人。余贫又不能为直以覆之，徒系于思耳。即其思之不忘，乃以意貌之，物远失真，临纸惘然。丁未中秋日，长洲沈周识"，记述了作画的起因。

沈周《仿黄公望富春山居图》景物疏朗，布局开合有度，用笔方圆兼顾，刚柔并济，结合了披麻皴法与矾头皴法，对原作的临摹达到了形神兼似的境界，而笔法间又流露出个人的特色。黄公望《富春山居图》后被焚毁作两段，分别辗转流传，今前一段藏于浙江省博物馆，后一段藏于台北故宫博物院。沈周此幅临作基本上保留了原作被毁以前的面貌，故这幅作品除具有本身的艺术价值之外，还具有重现黄氏原作的重要意义。

清初，此作品为名画家王时敏所藏，民国初年归汪士元所有，后又转入大总统徐世昌之手。文革时期徐家被抄家后，此画被故宫博物院以200元人民币收进，文革后落实政策，此画发还给徐家。1996年，徐家将它委托翰海公司公开拍卖，北京故宫博物院出价880万元购回。

[注释]

[1][3] 大痴，痴翁，即黄公望(1269—1354)，字子久，号一峰，又名大痴道人

等。平江常熟人,师法赵孟频、荆浩、关仝、董源、巨然、李成等,晚年大变其法,自成一家。"元四家"之一。擅书能诗,撰有《写山水诀》,为山水画创作经验之谈。

[2] 董巨:画家董源和巨然。董源,钟陵(今江西进贤西北)人,字叔达。善长画山石水龙,画龙以想象命意,其画山水雄伟着色者,景物富丽。事南唐主李璟时任北苑副使,故又称"董北苑"。南唐亡后入宋,被看作是南派山水画的开山大师。

巨然,江宁(今江苏南京)人,初为南唐僧人,南唐降宋后,随后主李煜来到开封。擅山水,画江南山水,山顶多作矾头,林麓间多卵石,并掩映以疏筠蔓草,置之细径危桥茅屋,得野逸清静之趣,深受文人喜爱。以长披麻皴画山石,笔墨秀润,为董源画风之嫡传,并称董巨。

[4] 姚绶(1423—1495),字公绶,号丹丘生,浙江嘉兴人。天顺中赐进士,官监察御史、永宁知府。擅画山水,小景好作沙坳水曲景色,墨色苍润,孤钓独吟,其阔幅重林远汀,著四五渔船而已。著有《谷庵集》《云东集》。

[5] 吴宽(1435—1504),字原博,号匏庵。长洲(今苏州)人。成化八年状元,授编修,历任少詹事兼侍读学士、吏部右侍郎、礼部尚书,卒官赠太子太保,谥文定。喜藏书,和藏书家沈周、王鏊等交游颇深。著有《家藏集》。

[6] 文彭(1497—1573)字寿承,号三桥,长洲(今苏州)人,文征明长子,官国子监博士。继承家学,善书画,尤精于篆刻,讲究六书,风格工稳秀媚。与何震并称"文何",继承父亲藏书和书画,有藏书处曰"清白堂",收藏宋元古籍和当代书画作品。有《博士诗集》。

[7] 董其昌(1555—1636)字玄宰,号思白、香光居士,松江华亭(今上海)人,万历十七年进士,官至南京礼部尚书,卒后谥"文敏"。擅画山水,师法董源、巨然、黄公望、倪瓒,以佛家禅宗喻画,倡"南北宗"论,为华亭画派杰出代表,兼有"颜骨赵姿"之美。著有《画禅室随笔》等。

[8] 谢林村,谢淞洲,清嘉庆年间江苏常洲人。字沧湄,号林村。布衣。善书画,精鉴古。

[9] 周天球(1514—1595),太仓(今属江苏)人。字公瑕,号幼海,年十六随父徙吴,从文征明游。善大小篆、古隶、行楷,晚能自得蹊径,一时丰碑大碣,无不出其手。亦喜藏书。

[10] 王时敏(1592—1680)字逊之,号烟客,江苏太仓人,清军入关,归隐山林,潜心习画,且着力培养子孙辈之学业。主张摹古,笔墨含蓄,苍润松秀,浑厚

清逸,构图较少变化。开创了山水画的"娄东派","四王"之一。著有《西田集》等。

[11] 宋荦(1634—1713)字牧仲,号漫堂,河南商丘人。顺治四年应诏以大臣子列侍卫。逾年考试,铨通判。官至吏部尚书,康熙帝誉为"清廉为天下巡抚第一"。以同乡故,得收藏睢州袁枢家藏名品,以此名重天下。著有《西陂藏书目》《西陂类稿》等。

[12] 孙尔准(1770—1830),字莱甫,号平叔,江苏金匮(无锡)人。父亲孙永清,乾隆年间曾入值军机处,后擢为广西巡抚。尔准,嘉庆乙丑六年进士,官至闽浙总督。有学问,工诗词,又长于书法。卒谥文靖,入祀名宦祠。

[13]《大观录》,书画著录书,清吴升编著。二十卷。吴升,字子敏,江苏苏州人,精鉴赏。此书为吴升平生所见书画名迹。每种书画作品下详记质地、尺寸、法书并记行数、字数,名画并叙所绘情状、画法、并加以评论,然后录书法本文、名画款识,又录后人题跋。

[14]《大姚村图》:沈周《临米友仁大姚村图》,手卷,31厘米×159厘米。

19. 沈周《仿古山水人物册》

纸本,墨笔,十页,高一尺余,阔一尺九寸余。每页题揭图笔所本,石田摹古之作,百不一见。此册仿效各家,墨透纸背,笔可屈铁,大有气吞时辈,平揖古贤之概。先经南昌万渊北[1]收藏,后归嘉定徐氏[2]。

[注释]

[1] 万承紫(1775—1837年后),清江西南昌人,字渊北,周恩来外曾祖父,举人,道光初年来淮安做官,遂定居淮安府清河县清江浦(今淮安市),官至河道总督府中河通判、桃北同知,喜书画,精鉴赏,藏印有"南昌万氏珍藏"、"万十二渊北氏收藏印"等。

[2] 徐郙(1836—1907),字寿蘅,号颂阁,江苏嘉定(今属上海)人。同治元年状元,官至礼部尚书等职,世称徐相国。工诗,精于书法,擅画山水,入词馆,被召直南书房。慈禧御笔作画,常命徐郙题志,称赞徐郙字有福气。现传世慈禧画作,多见徐郙行楷诗题。

20. 沈周《卧游册》

纸本,设色,水墨,共十二页,高八寸余,阔一尺二寸。自题引首,书"卧游"二字,又跋后一页。山水、花卉、翎毛,随兴点染,逸趣横生。曾为朱卧庵[1]所藏,有查映山[2]收藏诸印。

[评析]

沈周《卧游册》,又名《卧游小册》《卧游图册》,纸本,设色,共十八开,每开纵27.8厘米,横37.3厘米。"卧游"之名,源自南朝宋画家宗炳在居室四壁挂山水以卧游的典故。在跋文中,沈周说:"宗少文四壁揭山水图,自谓卧游其间。此册方可尺许,可以仰眠匡床,一手执之,一手徐徐翻阅,殊得少文之趣。倦则掩之,不亦便乎?",可见作者的创作初衷正是追思千余年前的同道宗炳。

《卧游图册》开首作者自书"卧游"两字,图17幅,汪士元记为十二页,当时没有收全。后从天津又收得五页。此作品为沈周艺术发展道路上的里程碑式作品,是画史中一个充满细节与魅力的特写,分别绘石榴、平坡散牧、栀子花、山水小景、秋山读书、枇杷、雏鸡、芙蓉、仿倪山水、梅花、杏花、秋柳鸣蝉、江山坐话、白菜、江山垂钓、仿米山水、雪江渔夫等山水、花鸟小景。每幅画中均有画家自题,结合画面物象抒发其内心感受。如第三开"平坡散牧",右上自题"春草平坡雨迹深,徐行斜日入桃林。童儿放手无拘束,调牧于今已得心";第六开"秋山读书",左上自题"高木西风落叶时,一襟叶夹坐迟迟。间披秋水未终卷,心与天游谁得知";第七开"枇杷",右上画家自题:"弹质圆充饤,蜜津凉沁唇。黄金作服食,天亦寿吴人";第十开"仿倪山水",自题"若忆云林子,风流不可追。时时一把笔,草树各天涯"。《卧游册》形制虽小,但集诗、书、画三绝于一身,儒释道思想于一体,从形制、题材到内涵开启了文人画表现的新天地。

此作品经明末清初朱之赤、清中期查莹、民国初年汪士元等人递藏,今藏北京故宫博物院。

[注释]

[1] 朱之赤,字守吾,号卧庵,别署烟云逸叟,祖籍安徽休宁,迁居江苏吴县。入清后,为南京朝天宫道士。喜收藏书画,并精于鉴别。著《朱卧庵藏书画目》。

[2] 查莹,字韫辉,号映山,浙江海宁人,乾隆三十一年进士,官至吏科给事

中。祖父查升,字仲韦、号声山,家有"澹远堂",书法秀逸,尤精小楷,富藏书,且多购藏书画,精于鉴藏书画。

21. 沈周《仿黄鹤山樵[1] 山水轴》

纸本,设色,长三尺八寸余,阔一尺九寸,署款并题在左上。山峦树石,均细笔皴染,略敷浅色,意境精密,气象宏深,与《庐山高图》[2]同为肆力模仿叔明[3]之作。曾为方梦园[4]所藏。

[注释]

[1][3] 王蒙(1308—1385),字叔明,号黄鹤山樵,赵孟頫外孙,湖州(今浙江吴兴)人。山水画集诸家之长自创风格。作品以繁密见胜,重峦叠嶂,长松茂树,气势充沛,变化多端;喜用解索、牛毛皴,干湿互用,寄秀润清新于厚重浑穆之中;苔点多焦墨渴笔,顺势而下。"元四家"之一

[2]《庐山高图》是沈周的著名国画作品。该画为长轴,纸本,设色,纵193.8公分,横98.1公分,现藏于台北故宫博物院。《庐山高》是沈周为他的老师陈宽70岁生日祝寿,凭借想象而创作的一幅国画精品。时年沈周41岁。

[4] 方浚颐(1815—1889)字饮苕,号子箴,又号梦园,安徽定远人。宣宗道光二十四年进士,官至四川按察使。收藏书画甚富,精鉴赏。编《梦圆书画录》,载录作品四百余件。在扬州开设淮南书局,广揽贤士校刊群籍,著有《二知轩诗文集》等。

22. 文征明《剑浦春云图卷》

纸本,设色,高九寸余,长二尺八寸,隶书署款,并题在图左。此图为朱升之[1]出守延平作,山光云气,荡漾欲流,气息直逼唐宋。引首徐霖[2]题"循良属望"四字,后纸冯兰[3]、吕柟[4]、丰熙[5]、张琦[6]、吕元夫[7]、祝允明[8]、谢承举[9]、徐霖、唐寅[10]、崔铣[11]、史巽仲[12]、陈沂[13]、易舒诰[14]、吕夔[15]、穆孔晖[16]、罗舆咏汉循吏十六首,王钦佩[17]两汉循吏赞十八首。又杭淮[18]、段炅[19]两题,桐溪陈德大[20]书签。有还香室[21]考藏、新安巴氏[22]秘笈之印、雪坪之印、师桥[23]读

画印记、通轩读画诸印,并经金兰坡[24]、程氏[25]寻乐斋、归安陆存斋[26]收藏。

[评析]

文征明(1470—1559),原名壁,字征明。号"衡山居士",世称"文衡山",长州(今苏州)人。曾官翰林待诏。工诗书画。其诗宗白居易、苏轼,文受业于吴宽,学书于李应祯,学画于沈周。在诗文上,与祝允明、唐寅、徐真卿并称"吴中四才子"。在画史上与沈周、唐寅、仇英合称"吴门四家"。著有《甫田集》。

文征明的《剑浦春云图》,1509 年作,自题"淮扬朱君擢守南剑,友人文壁作《剑浦春云图》,以系千里之思",纸本设色,纵 30.1 厘米、横 88.7 厘米。

此画曾经程季白、巴树谷、沈铨、金熏、陈骥德、陆心源等人递藏,民国初年归汪士元,后来此画落入民国天津盐业银行经理、收藏家陈亦侯手中。解放后,陈无偿捐献给国家,现藏于天津博物馆。

[注释]

[1] 朱应登(1477—1526),字升之,号凌溪,扬州府宝应县人。弘治十二年进士,,历任南京户部主事、延平知府、陕西提学副史、云南布政使司左参政等职,,工诗文,与李梦阳、何景明等号为"十才子",又与顾璘、刘麟、徐祯卿并列为"江东四大家"。著有《凌溪集》。

[2] 徐霖(1462—1538)。字子仁,号九峰、髯仙,又称徐山人,生于华亭(今上海松江),后移居金陵。工书法,善绘画。填曲富有才情,且颇精于格律,与散曲作家陈铎在当时并有"曲坛祭酒"的称号,与谢承举一起被称为"江东三才子"。著有《丽澡堂文集》《快园诗文集》等。

[3] 冯兰,明诗人。字佩之,号雪湖。余姚(今属浙江)人。成化五年进士,官至江西提学副使。著有《雪湖集》。

[4] 吕楠(1479—1542 声仲术,字仲木,号泾野,陕西高陵人,正德三年状元,授翰林编修。累官礼部侍郎,持正敢言。学宗程朱,与湛若水、邹守益共主讲席三十余年。著有《周易说翼尚书说要》等。

[5] 丰熙(1468—1538)字原学,浙江鄞县人。明弘治十二年进士,官至翰林学士。兴献王"大礼"议起。丰熙偕礼部官员多次力争,并与众文臣俱伏左顺门哭谏,皇帝大怒,将其下诏狱,后又遣至福建镇海卫,达十三年之久,最后死在戍所。

[6] 张琦,字君玉,浙江鄞县人。弘治年间进士,官至布政使参政,工诗,著有《白斋竹里集》。

[7] 吕元夫,无锡人,弘治九年进士,官至太仆少卿、礼部员外郎。

[8] 祝允明(1450—1526),字希哲,号枝山,长洲(今苏州)人。弘治举人,官至应天府通判。擅诗文,尤工书法,名动海内。与唐寅、文征明、徐祯卿并称"吴中四才子""。与文征明、王宠同为明中期书家之代表。著有《祝氏集略》《怀星堂集》等。

[9] 谢承举(1461—1524),初名墙,字子象,上元(今南京)人。行九,美髯,人称"髯九翁"。明诸生。累十举不第,工诗擅曲;书法出苏、黄两家,笔力清硬;善画,潇洒绝俗。与陈铎、徐霖并称"江东三才子"。著有《野全子集》。

[10] 唐寅(1470—1523)字伯虎,号六如居士,宗法李唐、刘松年,融会南北画派,笔墨细秀,布局疏朗,风格秀逸清俊。诗文上,与祝允明、文征明、徐祯卿并称"吴中四才子"。绘画上,与沈周、文征明、仇英并称"吴门四家",又称"明四家"。著有《六如居士全集》。

[11] 崔铣(1478－1541),字子钟,号后渠,河南彰德(今安阳)人,弘治十八年进士,授编修,以不阿附刘瑾出为南京吏部主事。瑾败,充经筵讲官,官至南京吏部右侍郎。著有《崔氏小尔雅》等。

[12] 史巽仲,溧阳人,曾任光禄寺少卿。

[13] 陈沂(1469—1538),字宗鲁,号石亭居士,浙江鄞县(今宁波)人,徙家南京。正德十二年)进士,历任编修、江西布政参议、山东左参政,后致仕归家,筑遂初斋,杜门著述。工画及隶篆。

[14] 易舒诰(1475—1528),字钦之,号西泉,湖广攸县人,弘治十八年进士。任翰林院检讨,修纂《明实录》,因违背权宦刘瑾和宰相焦芳意旨,调为户部主事。次年官复原职,激流勇退,疏请终养双亲获批准。刘瑾伏诛后,嘉靖朝屡召,均辞谢。

[15] 吕夔(1472－1519)字祖邦,永丰(今属江西)人,官至杭州太守,有《草堂余兴集》。

[16] 穆孔晖(1479—1539),字伯潜,号玄庵,山东堂邑(今聊城)人。弘治十八年进士,官至南京太常寺卿。继承和传播王守仁心学,著述颇丰,有《读易录》《尚书困学》等。

[17] 王韦(14757—15437),字钦佩,号南原,上元(南京)人,弘治十八年(1505)进士,官至太仆少卿,与文征明为诗文至友。谢世后,文征明特写《祭王钦佩文》悼之。

[18] 杭淮(1462—1538)明诗人。字东卿,号双溪,或作复溪。宜兴(今属江苏)人。弘治十二年进士,仕至右副都御史。与其兄杭济并负诗名。

[19] 段炅,进士,翰林检讨。谄附焦芳,刘瑾败,落职。

[20] 陈德大,陈骥德,清咸同间浙江海盐人,字千里,号德大,别号子有、良斋等。著有《吉云居书画录》。旧藏明末忠贤书翰及书画甚多,后归潘承弼、承厚兄弟所藏。

[21][22] 还香室、巴氏,即巴树谷(1767—1800) 字孟嘉,号艺之、辛祈等。斋堂为还香室、山外山阁。篆刻家巴慰祖子,歙县人。廪贡生,候补训导。幼承父业,穷搜钟鼎跋识、汉唐石刻,书画擅一时。

[23] 沈铨(1735—1796),字师桥,号青来,天津人。画家。善画山水花卉。著有《养素轩读画记》。

[24] 金熏(? —1863),字兰坡,浙江嘉兴人。擅画花卉。工刻印,善吟咏,书法南田。收藏甚富。

[25] 程氏,即程季白(? —1626),名梦庚,安徽休宁榆村人。侨寓嘉兴,富收藏,精鉴赏,以书画与董其昌、陈继儒、李日华、汪珂玉为友。后因吴养春案亦遭魏忠贤所害。

[26] 陆心源(1834—1894)字刚父,号存斋,晚称潜园老人。浙江归安(今吴兴)人。咸丰举人,光绪间官至福建盐运使。富收藏,家藏书楼丽宋楼,珍藏宋版书二百种,为晚清四大藏书家之一,传至其子树藩,不能守,悉归日本静嘉堂文库。著有《陆存斋义顾堂集》。

23. 文征明《山水卷》

纸本,设色,高七寸余,长一丈一尺三寸,画后余纸长题。疏宕[1]秀逸,不作平时本色,是中年肆意摹古之作。观其题语,亦颇自矜重[2]。

[评析]

文征明《山水卷》,又作《仿唐人山水卷》,高25厘米,长356厘米,款在右侧:"右画余壬申[3]岁作,抵今甲辰三十有三年,当时喜效唐人,故行笔设色犹有古意,但笔力纤弱,不如近时老笔苍润耳,然风湿交攻,臂指拘挛,足为少时签细,何可得哉?因王君仲出示,题以识感。嘉靖甲辰八月二日,征明书。"钤印:征明、悟言室印。

鉴藏印：麓云楼书画记、汪向叔藏[4]。

2004 年 11 月 3 日,此画出现在市场上,由上海工美拍卖有限公司在 2004 秋季艺术品拍卖会上公开拍卖。2007 年 6 月 30 日,此画又以《溪桥烟树图》为名,由上海嘉泰拍卖有限公司再次拍卖。

[注释]

[1] 疏宕：放达不羁。

[2] 矜重：自认为了不得,十分看重。

[3] 壬申：明武宗正德七年,公元 1512 年。

[4] 麓云楼书画记、汪向叔藏：汪士元鉴藏印。

24. 文征明《石湖[1]草堂[2]图轴》

纸本,墨笔,长四尺五寸余,阔一尺余。山势蜿蜒,随湖结屋,一人凭几观书,有悠然自得之致。图上自书长记,有湘舟[3]心赏、玉峰贵谦心赏、杨氏宝藏诸印。

[注释]

[1] 石湖：在苏州上方山东麓,为太湖支流内湖。相传春秋时,范蠡携西施即从石湖进入太湖,泛五湖匿迹而去。宋代诗人范成大晚年定居于此,拥有渔庄、天镜阁、行春桥、石湖串月等景观。

[2] 石湖草堂：在石湖旁山上,嘉庆初年僧智晓筑,为当时石湖景区的重要景点

[3] 顾沅(1799—1851)字澧兰,号湘舟,又自号沧浪渔父,江苏长洲(今苏州)人。道光间官教谕,收藏金石、书籍甚富,颇多秘本、善本,建"怀古书屋"、"艺海楼"庋藏载籍。辑有《赐砚堂丛书》《古圣贤像传略》等。

25. 文征明《蕉石鸣琴图轴》

纸本,墨笔,长二尺六寸余,阔八寸余,此图系为善琴高友作。蕉石之侧,一人席坐抚琴,意态静适,非无声诗,直有声画也。更以精楷琴赋[1]弁[2]于图上,徇

知之笔,宜其精妙乃尔。

[评析]

文征明《蕉石鸣琴图轴》,纸本,墨笔,立轴,高 84 厘米,横 27.2 厘米。画的上方有小楷书嵇康《琴赋》。精美的小楷是此幅图轴的一大特色,三分之二的版面由二千余字的楷书构成,字字珠玑,一气呵成,令人拍案叫绝。画上有自题:"杨君季静,能琴,吴中士友甚雅爱之,故多赋诗歌以赠。余向留京师,未遑,惟若翁有一诗卷,往岁曾跋其尾,几二十年矣。今闲中季静复以此为言,并请书《琴赋》,余不能辞,辄此似焉。若传之再世,此幅可为季静左券矣。时嘉靖戊子[3]三月廿又六日,文征明识。"

此画在清代同治年间李利津出版的《书画鉴影》中曾有著录。卷二十一中关于此图有如下描述:"纸本高三尺七寸,宽一尺一寸九分,上段题琴赋,下段画一人席地趺坐,后依蕉石。亦陈寿卿藏。并抄录琴赋的首尾两句和文氏注释,嘉靖戊子三月廿又六日文征明识。"押尾朱文联珠方印"征明。"民国初年入汪士元之手,后归天津濠园徐氏。1950 年代初,无锡籍陶心华(1905—1990)购藏此画,后捐给无锡市博物馆,左下有"士元珍藏"印章。

[注释]

[1]《琴赋》:三国时期曹魏文学家嵇康创作的一篇赋。此赋开始描写乐器所生的环境:叙述椅梧生于崇山峻岭,吸取了天地纯一之气及日月精华。在《琴赋》的首段,即以写地之胜,来烘托出椅梧的珍贵,即指出了琴的珍贵。

[2] 弁:放在前面。

[3] 嘉靖戊子:嘉靖七年,公元 1528 年。

26. 文征明《桃花轴》

纸本,设色,长一尺六寸余,阔一尺余,无款。有征明朱联珠印,用笔敷色,精研有致,钩写之精,皆胎息[1]宋本。有乾隆宝玺[2]五方。

[评析]

文征明《桃花图轴》,为清宫藏品,图上桃花精巧工细,叶的阴阳向背表现淋漓,树的勾皴与枝的穿插十分讲究,写意而不失法度,给人以文雅沉静之感。清末此画流出宫廷,入汪士元之手,今藏于台北故宫博物院。

[注释]

[1] 胎息：师承；效法。

[2] 乾隆宝玺：乾隆鉴藏印。

27. 文征明《斗鸡图轴》

纸本，墨笔，长一尺七寸余，阔九寸余。两鸡峙立作斗，奕奕如生。兼以点缀清幽，笔墨工细，作精楷斗鸡诗，阑以乌丝，诚小品中之极佳者。有闵旷斋[1]珍赏印一方。

[评析]

文征明《斗鸡图轴》，纸本，墨笔，纵55.4厘米，横30厘米，现藏于天津艺术博物馆。

本幅上方有楷书《斗鸡篇》五言长句，款识"辛卯二月十又四日，征明录并画"，1531年作，时年62岁。此图在竹石菊花的背景上，画着两只斗鸡，尾翎皆长举，羽毛松绽。一只贴胸仰首，一只前倾身体，是"斗"的一个瞬间，十分精彩。

[注释]

[1] 闵长虹(1662一?)字在东，号旷斋，清初安徽歙县岩镇人，生活在扬州。他是象南之孙，其诗名著于维扬江淮之间，是石涛的好友。

28. 唐寅[1]《怡闲图卷》

纸本，设色，高九寸余，长四尺七寸余，款在图右下角。蕉叶一丛，张榻其前，一翁坐榻上，盈置卷轴，景物悠然，殆居士为己写照。引首吴奕[2]篆书"怡闲"二字，后纸祝允明、张珍[3]、都穆[4]、王烈、谢雍[5]五人题咏。又纸高江村[6]及蒋廷栋、高岱[7]三题，并王宸俊观款，先藏宋牧仲[8]，转贻高江村。观江村题跋年月，已在《消夏录》[9]成书之后，故未著录。后为吴中程桢义[10]所藏。

[注释]

[1] 唐寅(1470—1523)字伯虎，号六如居士，融会南北画派，笔墨细秀，布局疏朗，风格秀逸清俊。人物画师承唐代传统，色彩艳丽清雅，体态优美，造型准

确。"明四家"之一。著有《六如居士全集》。

[2] 吴奕,字嗣业,号茶香居士,阁臣吴宽季弟元晖之子,性情尤为奇特,是明代市隐典范人物之一。

[3] 张珍,一作张玲,字子重,号秋江,浙江慈溪人。与沈周游。长于花鸟,能诗,书法亦佳。

[4] 都穆(1458—1525),字玄敬,一作元敬,郡人称南濠先生。吴县人,少与唐寅交好,有说牵涉于唐氏科举之案。弘治十二年进士,授工部主事,官至礼部郎中。著作有《金薤琳琅录》《南濠诗话》。

[5] 谢雍(1464 一?),明正德间吴郡(苏州)人,字元和。嘉靖二十三年),抄写过祝允明《枝山先生诗文集》4 卷。

[6] 高士奇(1645—1704),字澹人,号瓶庐、江村,浙江钱塘(杭州)人,官至礼部侍郎,谥文恪。学识渊博,能诗文,擅书法,精考证,善鉴赏,所藏书画甚富。著有《江村消夏录》《清吟堂集》等。

[7] 高岱:明湖广京山(今属湖北)人,字伯宗,号鹿坡居士。嘉靖进士,任刑部郎中,为严嵩忌恨,黜为景王长史。善属文,辑编《鸿猷录》,著《樵论》《西曹诗集》。

[8] 宋荦(1634—1713),字牧仲,号漫堂、西陂,河南商丘人,官至吏部尚书,有《枫香词》。

[9]《消夏录》,即《江村消夏录》,高士奇著,三卷。著录家藏或所见书画,以时代为序,自东晋王羲之起,至明代沈周、文征明诸家,详载书迹原文,画迹内容、布局、画法和跋尾,以及卷轴、纸绢、尺度、印记,并附自撰评语、题跋。后来的著录书.多仿其体例。

[10] 程桢义,字心柏、漱石,吴县(今苏州)人。热衷鉴藏和慈善事业。道光二十五年.,承父命创建资敬义庄,先后置田二千四百余亩,后毁于兵火。其子程卧云则遵父遗命,于光绪初别创成训义庄,至 1938 年解散,所余田亩分给各户。

29. 唐寅《菊石轴》

纸本,墨笔,长四尺三寸余,阔一尺七寸余,署款并题在右上,钩写花叶,清逸出尘[1],画石全用渲托,墨气至今犹湿,题字亦飞舞有势。

[评析]

　　唐寅《菊石轴》，纸本，墨笔，高 138 厘米，宽 55.5 厘米，今藏天津博物馆。

　　此图以水墨绘菊花、奇石，墨色浓淡相间，笔致清劲松秀。画面左上自题"彭泽先生懒折腰，葛巾归去意萧萧。东篱多少南山影，挹取荷花入酒瓢。唐寅"。据诗意则知唐寅画此专为称颂爱菊大名人，不为五斗米折腰的彭泽令陶渊明，其实为自比亦未可知。

　　唐寅喜爱菊花，曾作诗多首，借物抒情，寄托颇深。如《菊花图》："佳色含霜向日开，余香冉冉覆莓苔。独怜节操非凡种，曾向陶君径里来。"再拿《菊花》："故园三径吐幽丛，一夜玄霜坠碧空。多少天涯未归客，尽借篱落看秋风。"

[注释]

　　[1] 出尘：超出世俗。

30. 仇英《八骏图卷》

　　纸本，白描，高九寸余，长六尺二寸余。作圉人[1]二，马八，勾勒渲染，无一笔无来历，龙眠天水，殆亦无以过之。图无款字，左右下角有文从简[2]、金俊明[3]印章，后纸文从简、陈迈、金俊明、方夏[4]诸题，定为实父[5]所作。

[评析]

　　仇英（约 1498—1552），字实父，号十洲，江苏太仓人，后移居吴县。擅画人物，尤长仕女，既工设色，又善水墨、白描，能运用多种笔法表现不同对象，或圆转流美，或劲丽艳爽。偶作花鸟，亦明丽有致。与沈周、文征明、唐寅并称为"明四家""吴门四家"。

　　近年来，一幅有汪士元多枚印章的仇英《八骏图》出现在国外的拍卖市场上，纸本，水墨，手卷，高 30.8 厘米，长 194.3 厘米，文从简题跋，钤印：从简之印、字彦可。陈迈题跋，钤印：井眉、陈迈之印、孝宽。金俊明题跋，钤印：彭城、俊明明裹、不寐道人。方夏题跋，钤印：知斋、方夏私印、南明。署签："仇实父八骏图卷。寂庵。"钤印：向叔所藏。

　　鉴藏印：寂庵审定、麓云楼书画记、向叔平生长物、向叔心赏、向叔、麓云楼藏[6]、金俊明印、孝章、通理珍藏、颐椿庐通理藏、颐檩庐秦通理藏书画印。

　　2016 年 5 月 11 日，此幅仇英《八骏图》由伦敦苏富比有限公司在伦敦公开拍卖,成交价为 13.1 万英镑。此画由 Joan Binns 夫人收藏,布鲁塞尔,得自 1959 年。从尺寸和鉴藏印章来看,当是汪士元收藏的《八骏图》。

[注释]

[1] 圉人:古代指掌管养马放牧等事的人。

[2] 文从简(1574—1648),字彦可,号枕烟老人。长洲(今苏州)人。文衡山四世孙。画承家学,笔墨简淡。书法学李北海。作画水墨居多,思致清劲,布局安详,境界空灵,气韵浑厚。代表作有《礼佛图》《水面闻香图》。

[3] 金俊明(1602—1675),字九章、孝章,号耿菴、不寐道人,吴县(今苏州)人。擅长书法,精工画梅,疏花细蕊,虬枝暗香,名倾东南。明亡入清后为遗民,杜门不出,填词画梅、藏异书,,贮书满柜。著有《春草闲堂集》、《退量稿》《阐幽录》等。

[4] 方夏,明末长洲(今苏州)人,字南明,自号养春子,清初曾与文楠避居陆墓,曾辑刻《广韵藻》.。

[5] 实父,即仇英。

[6] 寂庵审定、麓云楼书画记、向叔平生长物、向叔心赏、向叔、麓云楼:汪士元鉴藏印。

31. 仇英《人物册》

纸本,白描,八页,高七寸,阔一尺四寸,每页有款,人物均寓故实,用笔工中夹写,具奇纵飞动之势。端匋斋[1]题签,称为海内第一。后有周天球[2]题,彭年[3]观款,及徐紫珊[4]题,梁章钜[5]印,曾在云间金匏之处诸印。

[注释]

[1] 托忒克·端方(1861—1911),字午桥,号陶斋,满洲正白旗人,官至直隶总督、北洋大臣。戊戌变法中,任农工商总局督办,后被革职。宣统三年起为川汉、粤汉铁路督办,入川镇压保路运动,端方和其弟端锦为军官刘怡凤所杀。喜藏书,收藏颇富,精品亦多。

[2] 周天球(1514—1595),太仓(今江苏太仓)人。字公瑕,号幼海,年十六随父徙吴,从文征明游。善大小篆、古隶、行楷,晚能自得蹊径,一时丰碑大碣,无不出其手。亦喜藏书。

[3] 彭年(1505—1566),字孔嘉,号隆池山樵,长洲(今苏州)人。家贫,善书,所书孙良贵墓志楷法极佳,兼精治印。著有《龙池山樵集》。

[4] 徐紫珊,即徐渭仁,字文台,号紫珊、子山、不寐居士,上海人,清末藏书家、金石学家、书画家。

[5] 梁章钜(1775—1849),字阆中,又字茝林,号茝邻,晚号退庵,生于福州,官至江苏巡抚,上疏主张重治鸦片囤贩之地,积极配合林则徐严禁鸦片。一生勤于著述,卷帙浩瀚,著有《退庵随笔》《楹联丛话》等七十余部。

32. 仇英《沛公[1]倨见郦生[2]图轴》

纸本,设色,长三尺九寸余,阔一尺三寸,款在左下。屏一床,沛公赤足倨坐,两女子伏地洗濯,郦生负剑前立,作长揖状。结构谨细,运笔如丝,屏帐中施以水墨写意山水,尤见匠心。文征明用山谷笔法[3],节书《史记》于上,堪称璧合[4]。费屺怀[5]书签,曾藏金瘦仙[6]处。

[注释]

[1] 秦末刘邦起兵于沛(今江苏沛县),群众立他为沛公。

[2] 郦食其(?—前203年),陈留县高阳乡人,追随刘邦,刘邦出谋划策,游说四方,为汉朝立下了汗马功劳,被齐王田广烹杀。

[3] 黄庭坚(1045—1105),字鲁直,号山谷道人,洪州分宁(今江西修水县)人,为江西诗派开山之祖,与杜甫、陈师道和陈与义素有"一祖三宗""之称。与张耒、晁补之、秦观合称为"苏门四学士"。与苏轼齐名,世称"苏黄"。书法亦能独树一格,为"宋四家"之一。著有《山谷词》

[4] 璧合:两璧相合。比喻美好的事物或人才结合在一起。

[5] 费念慈(1855—1905),字屺怀,号西蠡,晚号艺风老人,江苏武进人。光绪十五年进士,授翰林院编修,因论及朝廷之事被撤职遣归,旋即回到吴中。与常熟翁同龢、钱塘汪鸣銮等为师友,以诗文、书画、藏书为业。著有《归牧集》。

[6] 金望乔,清道光咸丰间金山(今属上海)人。字苔廷,号瘦仙,附贡生。博学好古,工诗,善八分书,尤嗜金石,鉴藏真伪,皆援据典籍为证。室名"雪鸿楼""、"观澜阁""。藏印有"金氏秘籍"、"瘦仙印藏"等。著有《雪鸿楼书目》。

33. 周官《索绹[1]图卷》

纸本,墨笔,高九寸余,长约一尺九寸,款在图右。老妪一,少女一,中横二线,少女据地,并执一端,老妪屈足欹坐,一线系于足指,一线两手夹持,作索绹状。用笔劲细,情态如生。后纸文彭[2]、周天球[3]题,有戴培之[4]、景剑泉[5]收藏诸印。

[评析]

周官,字懋夫、茂夫,是与仇英同时代的一位人物画家,"精于白描,无俗韵。第纤弱,稍不逮灵,山水亦佳"(徐沁《明画录》)。

周官作画喜表现生活,故风俗画创作较多。其所作《索绹图》是描写日常农家生活的一个场景:一位老妪与孩子正在搓草绳。其人物画笔墨不多,但表现真切。老妪与孩子的神态专注,动作协调。文彭跋《索绹图》云:"周官,字茂夫,能画,饮酒而与之契合,善饮酒,既醉,吴人得其片楮,则随意弄笔,写人形状,无不得其神采。不必粉黛而意态自足。当时有张梦晋者,亦皆宝惜爱护,岂皆以酒而全其神,如张旭之于字学耶?偶阅茂夫此卷,因题其后。文彭。"

此画收录于《南画大成》第12册,还见于张岩,钱淑萍编著的《明清名人中国画题跋》[6]。

[注释]

[1] 索绹:制绳索。

[2] 文彭(1497—1573)字寿承,号三桥,长洲(今苏州)人,文征明长子,以明经廷试第一,授秀水训导。官国子监博士。继承家学,善书画,尤精于篆刻,讲究六书,风格工稳秀媚。有《博士诗集》。

[3] 周天球(1514—1595),太仓(今江苏太仓)人。字公瑕,号幼海,年十六随父徙吴,从文征明游。善大小篆、古隶、行楷,晚能自得蹊径,一时丰碑大碣,无不出其手。亦喜藏书。

[4] 戴植,字培之,号芝农,清朝后期江苏丹徒人,其"翰墨轩"、"心太平轩"、"培万楼"收藏书画和古籍,在当时称极一时,其中古籍收藏中,宋、元、明刻本10余种。其所藏书画后来归于上海博物馆。

[5] 景其濬,字剑泉,贵州兴义人,咸丰二年进士,官至安徽学政。工书法,好收藏,精鉴赏,曾藏元、明、清名人书画,今多入藏上海博物馆。辑有《四家赋钞

吴顾赋钞》等。

    [6] 张岩,钱淑萍编著:《明清名人中国画题跋》,陕西人民美术出版社,2000年11月,第30—307页。

34. 项元汴《桂枝香圆图轴》

    纸本,水墨,长三尺三寸余,阔一尺一寸余,图上长题,枝叶秀劲,笔墨圆润,允推逸品。下有项氏懋功[1]印一方,并题"皋谟鉴赏"[2]四字。

[评析]

    项元汴(1525—1590)字子京,号墨林,别号墨林山人、墨林居士等,浙江嘉兴人。明国子生,项忠后裔,家资富饶,储藏之所取名天籁阁、并镌有天籁阁、项墨林等印。广收法书名画,所藏法书、名画以及鼎彝玉石,储藏之丰,甲于海内,极一时之盛。工绘画,兼擅书法,刊有《天籁阁帖》,著有《墨林山人诗集》、《蕉窗九录》等。清顺治二年闰六月,清兵攻破嘉兴府城,其藏品被千夫长汪六水劫掠,散失殆尽。

    项墨林博雅好古,绝意仕进。当时风雅之士来嘉兴,必拜访他。名画家文彭、文嘉(文征明之子)等与其交往尤密。明神宗朱翊钧闻其名,特赐玺书征他出来做官,不赴任。他精通书画,书法出入王羲之的七世孙智永和尚,兼习元人赵孟頫;山水醉心于黄公望和倪瓒,画风温醇疏秀,颇有胜趣。同时兼工花卉、墨竹梅兰,天真淡雅,饶有逸趣,当时就极富声望,其后的"画坛领袖"董其昌就曾称赞项氏绘画"退思闲情,独饶宋意。"

    项元汴《桂枝香圆图轴》,纵104.3厘米,横34.8厘米,上方自题:"圆同三五夜,香并一枝芳。项元汴戏为客写桂枝香圆图并题,二美交胜,两间造化,生物之妙有如此者,吾不得而知,亦无得而言。请看手眼,无隐乎尔。"钤印"墨林山人"、"项元汴印"、"项氏懋功"、"项叔子"、"退密"。引首钤"檇李"。另有题:"皋谟观赏"。图中画石旁桂枝斜出,一圆橙垂下,取谐音寓意"富贵团圆"。用笔灵活娴熟,勾点皴擦十分劲爽。

    此画藏北京故宫博物院。图录见张伯驹《过眼烟云》第131页,中华书局,2014年7月。

[注释]

    [1] 逸品:谓技艺或艺术品达到超众脱俗的品第。

[2]"项氏懋功"、"皋谟鉴赏"：项元汴诸印。

35. 陆师道[1]《拙政园[2]图轴》

纸本,青绿,长约三尺九寸,阔八寸,署款并题在上左。笔致绵密,色泽精新。图上钱叔宝[3]、涵峰[4]两题。有琅琊仲子、墨妙阁诸印。

[注释]

[1] 陆师道(1511—1574),长洲(今苏州)人,字子传,号元洲,世宗嘉靖十七年进士,官至尚书少卿。工诗歌及古文辞,尤工小楷、古篆。尝游文征明门,称弟子。人称征明四绝不减赵孟頫,而师道并传之。著有《五湖集》《左史子汉镌》等。

[2] 拙政园:明正德初年,因官场失意而还乡的御史王献臣,以大弘寺址拓建为园。园多隙地,缀为花圃、竹丛、果园、桃林,建筑物则稀疏错落,共有堂、楼、亭、轩等三十一景,形成一个以水为主、疏朗平淡,近乎自然风景的园林,广袤二百余亩,茂树曲池,胜甲吴下。

[3] 钱毂(1508—1572),字叔宝,号磬室。长洲(今苏州)人。少孤贫失学,壮年始读书,从文征明习书画、诗文。善绘山水、兰竹,意趣古淡,疏朗清新,风格近其师。工书法,笔力见功夫,挥洒自如,有屋漏之痕、折钗之势。

[4] 王守(1492—1550),字履约,号涵峰、九华山人。长洲(今苏州)人。王宠兄。嘉靖年间进士,官至南京都察院御史,掌院事。工书法,法李怀琳。精刻印,取法汉人,融入隶笔,致力宋、元,清劲工秀。著有《石湖集》。

36. 钱毂《钟进士移家图卷》

纸本,墨笔,高九寸余,长五尺一寸余,系临摹元人之作。奇情异态,描写尽致,墨彩尤深厚入古,后纸照录原题五则,并记始末。后有黄姬水[1]、张凤翼[2]、周天球[3]、王稚登[4]、王世贞[5]、王世懋[6]、沈明臣[7]诸题,周天球并题引首。有元高及顾氏[8]家藏诸印。

[评析]

钱毂(1508—?)字叔宝,号磬室,吴(今苏州)人。少孤贫,失学,成年开始读书。从文征明学诗文、书画,学习刻苦,传说曾抄古籍几万卷.画名重于时,为吴门画派中高手。善绘山水、兰竹,意趣古淡,疏朗清新,风格近其师。工书法,笔力见功夫,挥洒自如,有屋漏之痕、折钗之势。

钱毅的《钟进士移家图卷》,又名《钟馗移家图》,1557 年作,30 厘米×160.5 厘米;30×厘米 114.5 厘米;30 厘米×293.5 厘米。此作品是以宋代龚开的《钟馗移家图》(今尚存美国弗利尔美术馆)为原稿所绘,描绘了钟馗举家迁徙的热闹场面,大官小鬼姿态各异,寄托着人们驱除邪恶、祈求安康的美好理想。作者自题款识云:"丁巳秋,客有持此卷示予,展阅数四,喜其草草为之,用意精到,诡形怪状,各各臻妙。未知何代何人之笔。卷后诸题亦出一手,此临摹之本无疑耳。儿子府见而爱之,请为重摹一本。予意此卷经笔力软弱者所临,已失生动气运,今复为之,愈趋下矣。且予素不善人物怪异之笔,今虽勉从其请,一蟹不如一蟹之诮,予焉能免哉? 切勿示人可也。诸题并录于后,使他日获见真迹有所考耳。是岁八月廿四日,钱毅记。钤印:钱氏叔宝(白) 县卢室(朱) 钱谷(朱) 叔宝(白)。"

此画有周天球题引首并跋,黄姬水、张凤翼、王穉登、王世贞、王世懋、沈明臣等题跋:

黄姬水题钱叔宝《钟进士移家图卷》云:"古无画鬼者,自张孝师入冥得识所见后,吴道玄就其画增益,作地狱变相。此钟馗携家图,诡形怪状,盖有所本也。叔宝为其子请摹,其用笔染墨,又非庸工所能及者,冯歌俞跋皆善,后人宜袭藏之。乙丑端阳日,黄姬水。钤印:汉征君后(白) 黄姬水印(白)。"

张凤翼题钱叔宝《钟进士移家图卷》云:"先君子尝得钱舜举《洪崖移居图》,后有冯海粟跋语,云自洪都石刻本著意临摹,别是一格。今观叔宝此卷,出自赝本,而上逼真迹,拟法舜举,则仙奇鬼秘各臻玄妙,且事皆移居,题俱摹本,谓二钱当后先并驱可也。披阅再三不啻,然太真举烛见水底矣象,贤者宜世保之,幸毋有好事者所夺。张凤翼识。钤印:泠然阁印(白) 张氏伯起(白)。"

周天球题钱叔宝《钟进士移家图卷》云:"此卷余友钱叔宝所摹也。自云原本亦出于摹,不知郑虚源故本今落谁氏? 想亦不能出叔宝右也。或谓鬼无形,可见此作是寓意时人。大都宋元之季,人鬼杂出,至不自辨,不特有所传鬼市者,则夫舆者、负者、枕纸裹橐者,无不有之,奚怪哉? 读《夷坚》志怪之编,则为图也又不止是也。己巳闰月五日,周天球题。钤印:周氏公瑕(白) 周天球印(白) 群玉山人(白)。"

王稚登题钱叔宝《钟进士移家图卷》云："钟馗既入唐宗之梦，后世画者纷然，乃有携家、嫁妹、寒林、庆寿等作，要皆穷极变态，搜索窈冥，齐谐志怪之流耳。此移家赝本，不知出自谁手，一经临摹，便觉腐草为萤矣。杜诗可辟痁，张辽名字能禁江南小儿夜啼，钱征君此图庶几哉？己巳三月朔日，解嘲客卿王穉登题。钤印：王穉登印（白）半偈庵（白）。"

王世贞戏题钱叔宝《钟进士移家图卷》："开元官中鬼称母，丞相中丞恣为蛊。帝遗钟君嗣黄父，逐鬼无功谪荒土。山阿被罗者谁姥，携雏橐装横周路。髑髅啾啾泣相语，夜半应烦老桑煮。钟君好往一返顾，木客跳梁山魈舞。君不吾留稍安堵，与君传神叔宝甫，异日相逢莫相苦。天弢居士王世贞戏题。钤印：天弢居士（白）王元美印（白）。"

王世懋题钱叔宝《钟进士移家图卷》云："有唐进士，厥名维馗。帝嘉乃忠，百魅是司。冥漠维神，孰表厥仪。彼居何所，而复复斯移。蘖鬼为粮，山鬼为妻。谁其游戏，齐谐者徒。谁其踵摹。我友好奇。譬彼禹鼎，尔用葆之。王世懋敬美甫赞。钤印：王氏敬美（白）墙东居士（白）。"

沈明臣题钱叔宝《钟进士移家图卷》云："鬼妻鬼妾鬼糇粮，鬼婢鬼仆鬼盖藏。鬼儿鬼女鬼篚箱，鬼车鬼兽鬼橐囊。鬼形鬼貌鬼腹肠，鬼哭鬼啸鬼跳梁。鬼语唧唧鬼胆张，魑魅魍魉魃与殇。髑髅虚耗孤与怃，结束负戴何所将，别营鬼窟还鬼方，吾闻度索之山近扶桑。海外更有酆都王，汝既去之勿汝穰。老馗钦钦勒帝章，不用三尺投八荒。急急如律令皇皇，人鬼异国两莫当。汝强汝域汝翱翔，汝逍遥兮乐无央。送汝还兮路茫茫，旭日陡挂天苍苍。四明沈明臣题。钤印：嘉则、沈隐侯印。"

此画鉴藏印有：散佩堂、左定远斋、祥周、元亮、毅庵心赏、张学良印、士元珍藏、毅庵、麓云楼、汪向叔藏、士元宝爱、向叔审定真迹、向叔古缘、麓云楼书画记、山阴俞氏读画轩收藏金石书画章、山阴俞兰元芝盟甫鉴藏之印、彭城、县声室画印、静宽堂、顾氏家藏、华谱氏、香笙、居易、散佩堂、汉卿所藏、珍秘、毅庵主人鉴赏、张于凤至、十八冠军、霖之子、临溟张氏珍藏。

此画自从王世贞到汪士元，经许多名家递藏，可一览众多明、清、民国名人珍贵的手迹。汪士元之后，落入张学良将军之手。"西安事变"后，张学良被囚禁，在漫长岁月中，一直把此画带在身边，后来带到台湾。2011年12月4日，在"定远遗珍——张学良藏古代书画专场"秋季艺术品拍卖会上，此画成交价为483万元。

[注释]

[1] 黄姬水(1509—1574)，初名道中，字致甫，南直隶苏州府吴县(今属江苏)人。黄省曾之子。幼聪慧，早年曾侍奉文征明，书法学祝允明，又力学於虞世南、王宠二家。著有《贫士传》《白下集》等。

[2] 张凤翼，字伯起，号灵虚，长洲(今苏州)人。嘉靖四十三年举人。后罢官，卖字为生。张喜度曲，自朝至夕，呜呜不离口。晚年尤好撰乐府新声。著有《红拂记》《海内名家工画能事》等。

[3] 周天球(1514—1595)，太仓(今江苏太仓)人。字公瑕，号幼海，年十六随父徙吴，从文征明游。善大小篆、古隶、行楷，晚能自得蹊径，一时丰碑大碣，无不出其手。亦喜藏书。

[4] 王稚登(1535—1612)字百谷，号半偶长者，苏州人。广交朋友，人称侠士，曾结交名妓如马湘兰、薛素素等。以文征明为师，入吴门派。文征明逝后，王稚登振华后秀，重整旗鼓，主词翰之席三十余年。有《王百谷集》《晋陵集》等。

[5] 王世贞(1526—1590)，字元美，号凤洲，又号弇州山人，江苏太仓人。二十二岁中进士，累官至南京刑部尚书，卒赠太子少保。与李攀龙、徐中行、梁有誉、宗臣、谢榛、吴国伦合称"后七子"，独领文坛二十年，善书，对书画理论深有研究和见解。著有《王氏书苑》《画苑》等。

[6] 王世懋(1536—1588)字敬美，别号麟州，时称少美，江苏太仓人。嘉靖进士，累官至太常少卿，王世贞之弟，喜收藏古今刻印之书，有"鹤适轩"，经史图籍充牣其中，多藏宋版书。建藏书楼为"万卷楼"，收藏晋代著名书法家索靖的书法《出师颂》。

[7] 沈明臣(1518—1596)，字嘉则，号句章山人，鄞县(今浙江宁波)人。平生作诗七千余首，与王叔承、王稚登同称为万历年间三大"布衣诗人。嘉靖间与徐渭、余寅同为浙江总督胡宗宪幕僚，掌书记职，时献计策，参与抗倭。后归里授徒赋诗为业。著有《丰对楼诗选》《越草》等。

[8] 顾氏：昆山顾氏顾梦圭、顾懋仁父子。顾梦圭(1500—1558)，字武祥，号雍里，苏州昆山人，嘉靖二年进士，官至江西右布政使，诗文平正通达，直抒胸襟，著有《疣赘录》。顾懋仁，太学生，工音律，对昆曲的革新和发展作出一定的贡献，著有传奇《五鼎记》。顾氏曾藏《清明上河图》真本，被严嵩父子构罪下狱，图为严氏夺取。

37. 钱榖《虎丘图轴》

纸本,设色,长二尺二寸余,阔一尺,署款图左。虎阜诸胜,大致毕备,用笔精简,不愧文门[1]高足。图上陆子传[2]精楷《虎丘记》尤为难得。

[评析]

钱榖的《虎丘图轴》,又名《虎丘前山图轴》,纸本,设色,纵 111.5 厘米,横 31.8 厘米,作于隆庆元年丁卯(1567 年),作者当时 59 岁。图画描绘苏州虎丘山云岩寺风景,从二山门、千人石、双吊桶、剑池、石桥直到山顶的佛阁和虎丘塔,都一一收入画中。此画今藏北京故宫博物院。

[注释]

[1] 文门:文征明门下。

[2] 陆师道(1510—1573),字子传,号元洲,长洲(今苏州)人,嘉靖十七年进士,累官尚宝少卿。擅长山水画,淡远类倪云林,精丽者不减赵孟頫。尤工小楷、古篆。著有《五湖集》等。

38. 姚东斋[1]《龙池晓云图轴》

纸本,青绿,长四尺,阔一尺四寸余,款在左上。山光可挹,云影欲流,秀润恬静之气,悠然满纸,紫霞翁[2]有此绳祖[3]之孙,家法不坠矣。图上杨玘[4]隶书题"龙池晓云"[5]四字。

[注释]

[1] 姚东斋,浙江嘉兴人,明朝著名画家姚绶的孙子,字惟诚,别号东斋。"正德三年(1508)贡入太学,好古帖各,时时摹写,得意处人莫能辨。手书其祖父遗稿数篇勒诸石,或以唐诗晋字,拟之。"(《姚氏家传》)

[2] 紫霞翁:指明朝姚绶(1423—1495),字公绶,号丹丘生,浙江嘉兴人。天顺中赐进士,官监察御史、永宁知府。擅画山水,小景好作沙坳水曲景色,墨色苍润,孤钓独吟,其阔幅重林远汀,著四五渔船而已。著有《谷庵集》、《云东集》。

[3] 绳祖:谓继承祖先业迹。

[4] 杨珏：明朝东吴（今苏州）人，征仕郎，直南薰殿，中书舍人。

[5] 龙池晓云：古代荆溪（宜兴旧称）十景之一，许多文人雅士曾为龙池胜景绘图、题词、写诗。在龙池山左侧的白云岩上至今依稀可辨清代邑人蒋景祁仿苏东坡书的"龙池晓云"印迹。站在山顶，远眺太湖波涛，如在足下；清晨观日出，别有情趣。

39. 祝允明《书南华经内七篇卷》

藏经，纸本，小楷，高六寸余，长约一丈九尺。枝山一生作字，殆如恒河沙数[1]，但似此精楷长卷，当亦有数之作。后纸董思翁[2]题，有徐沟王氏[3]家藏、芃园[4]宝藏、王启恩鉴定书画真迹诸印。

[评析]

祝允明（1450—1526），字希哲，号枝山，长洲（今苏州）人。弘治举人，官广东兴宁知县，迁应天府通判。后归去，擅诗文，尤工书法，名动海内，与唐寅意气相投，遭际与共。与唐寅、文征明、徐祯卿并称"吴中四才子""。与文征明、王宠同为明中期书家之代表。著有《祝氏集略》《怀星堂集》。

《书南华经内七篇卷》，系明宪宗成化二十二年丙午仲夏，祝允明用钟、王体小楷抄录《庄子·南华经》中的《逍遥游》、《齐物论》、《养生主》、《人世间》、《德充符》、《大宗师》、《应帝王》七篇于一手卷而成，笔法精工，上追晋唐。董其昌在此卷上题跋云："枝指山人书吴中多赝本。此书《南华经》如绵裹铁，如印印泥，方是本色。真虎非裴将军先射诸彪也。"此卷经曹步郇、王启恩、汪士元等递藏，现藏于苏州博物馆。

[注释]

[1] 恒河沙数：恒河，南亚大河，印度第一长河。恒河沙数，比喻数量多，无法计算。

[2] 董其昌（1555—1636）字玄宰，号思白、香光居士，松江华亭（今上海）人，万历十七年进士，官至南京礼部尚书，卒后谥"文敏"。擅画山水，以佛家禅宗喻画，倡"南北宗"论，为华亭画派杰出代表，兼有"颜骨赵姿"之美。著有《画禅室随笔》《容台文集》等。

[3] 山西徐沟王启恩家族，早在明朝宣德年间（1426）就在北京前门外设天

禄堂开始经商,专营古董珠宝。王启恩(1835—1898),字炳堂,号瑞臣,晚号五昌。晚清时太原徐沟巨贾,富收藏。

[4] 曹步郇,字芘园,号雨楼,清代山西阳邑(今太谷县)人。精鉴赏书画,收藏极富。

40. 祝允明《饭苓赋轴》

纸本,行楷,界朱丝栏十四行,高四尺五寸余,阔一尺八寸余。结体疏宕,转折轻圆,笔意似法张即之[1]。经陆润之收藏,有渭南伯后[2]、茝林[3]曾观两印。

[评析]

祝允明《饭苓赋》,纸本,143厘米×58厘米,行楷书佳作,一级品。此帖首行款署:"为进士刘君时服作,太原祝允明",并钤两印。书作十四行,除首、尾两行外,每行多达四十字,犹如有界格之直。书字以楷兼行,笔法健劲,自然秀雅,有米书遗意。

此作品经陆时化、汪士元递藏,1958年入藏北京故宫博物院。

[注释]

[1] 张即之(1186—1263)字温夫,号樗寮,历阳(今安徽和县)人。历官司农寺丞。太子太傅等职,楷书结构严谨、端庄,行书则用笔枯硬,近于刻露,毫无温润典雅之感。有人称之为"宋书殿军"

[2] 陆时化(1714—1779),字润之,号听松,江苏太仓人。国子监生,嗜书画,收藏极富,鉴别精审。藏书印有"渭南伯后"、"娄江陆润之鉴藏印"等,著《吴越所见书画录》《书画说铃》等。

[3] 梁章钜(1775—1849),字闳中、茝林,号茝邻,生于福州,官至江苏巡抚,上疏主张重治鸦片囤贩之地,并积极配合林则徐严禁鸦片,一生勤于著述,卷帙浩瀚,著有《退庵随笔》《楹联丛话》等

41. 王宠[1]《书离骚卷》

藏经纸本,草书,高九寸余,长一丈八尺三寸余。渊懿朴茂,直入钟王[2]之

室。兼以纸墨润厚,益觉古色夺目,附书太史公[3]赞,字体略小。经项子京[4]收藏,本幅有行楷题识极精,后纸末又记得自某处,并时值若干[5]。《式古堂书画汇考》[6]著录。

[注释]

[1] 王宠(1494—1533),字履仁、履吉,号雅宜山人,吴县(今苏州)人,太学生,工诗及篆、隶,多才艺。人物逼肖南宋人,山水多用青绿,尤喜作钩勒竹兔与鹤鹿。小楷尤清,简远空灵。其名与祝允明、文征明并称。著有《雅宜山人集》。

[2] 钟王:三国钟繇和东晋王羲之。钟繇(151—230),字元常,颍川长社(今河南长葛东)人,官至太傅,据传是楷书(小楷)的创始人。王羲之(303—361),书法家,字逸少,号澹斋,琅琊临沂(今属山东),有书圣之称。曾任会稽内史,领右将军,人称"王右军"。

[3] 太史公:《史记》作者司马迁(前145或前135 —前86),西汉史学家、文学家。

[4] 项墨林(1525—1590),原名项元汴,字子京,号墨林,浙江嘉兴人。明国子生,家资富饶,镌有天籁阁、项墨林等印,广收法书名画。工绘画,兼擅书法,刊有《天籁阁帖》,著有《墨林山人诗集》等。

[5] 时值若干:嘉靖三十二年癸丑(1553 二月,于池湾沈氏购王宠《离骚并太史公赞卷》并跋。项元汴跋:"吴门王雅宜行草书楚屈平离骚,檇李项墨林山人家藏幽赏,求书银十五两。明嘉靖卅二年二月得于池湾沈氏,时加五两共廿两。"

[6] 《式古堂书画汇考》:清代卞永誉著,六十卷。辑录上自魏晋、下止元明的一部系统而完整的书画著录,分为书考、画考,记载作品的款用、题跋,有时分列正文和外录,或注明纸绢、尺寸、印记等。

42. 陆治、蔡羽[1]《诗画合册》

纸本,设色,十页,高八寸余,阔约一尺,款在末页,以诗意作画境,山水人物悉臻精妙。蔡诗十页有半,分装对页,册首许初题"历示游言"四字。曾为金匮孙平叔[2]所藏,有心香阁鉴藏印、挺之过眼、石坛王籍、毕氏家藏[3]、海梯[4]审定真迹诸印。

[评析]

陆治(1496—1576)字叔平,因居包山,自号包山,吴县(今苏州)人。绘画学文征明,善画花鸟、山水。花鸟以工笔见胜,勾勒精细,敷色清丽,有妍丽派之称,与陈淳并重于世。晚年贫甚,衣处士服,隐支硎山,种菊自赏。主要作品有《山水图册》等。

陆治、蔡羽《书画合璧册》,横37厘米,纵71厘米,共十开。此册是蔡羽为陈启之诗作十首,第二年三月陆治据诗绘图,当时陆治正值中年,构图巧妙,保留了清简秀丽的神韵。蔡羽与文征明齐名,行、楷书风遒劲,姿尽骨全,传世真迹很少,在北京故宫藏仅有三幅,南京博物馆有一幅,上海也只收藏了蔡羽的行书扇面。而陆治是吴门派画家中的佼佼者,工诗文,擅长行书、楷书,以工笔花鸟见胜。因此,陆治、蔡羽合作的《书画合璧册》属于国宝级的珍品,今藏台北故宫博物院。

[注释]

[1] 蔡羽(？～1541),吴县(今苏州)人,字九逵,号林屋山人,"吴门十才子"之一。从小丧父,由母亲亲自教授读书。12岁能操笔作文,富有奇气。乡试十四次皆落第,由国子生授南京翰林孔目。好古文,师法先秦、两汉,自视甚高,所作洞庭诸记,欲与柳宗元争胜。善书法,长于楷、行,以秃笔取劲,姿尽骨全;善画,以工笔花鸟见胜。与文征明齐名,是吴门派画家中的佼佼者。

[2] 孙尔准(1770—1830),字莱甫,号平叔,江苏金匮(无锡)人。父亲孙永清,乾隆年间曾入值军机处,后擢为广西巡抚。尔准,嘉庆乙丑六年进士,官至闽浙总督。工诗词,长于书法。

[3][4] 毕氏家藏、海梯:清初毕海梯收藏印。

43. 陈栝[1]《梨花白燕图卷》

纸本,设色,高九寸余,长三尺九寸余,款在图右上方。月下梨花一株,两燕双飞,笔势生动,渲染雅淡,抚写黄昏庭院景象,腕底疑有仙气。后纸乌丝阑文征明、顾闻、陆之裘[2]、文彭[3]、张凤翼[4]、文仲义[5]、文嘉[6]诸题,有归安章紫伯[7]、程氏[8]寻乐斋收藏诸印。

[注释]

[1] 陈栝,字子正,号沱江,沱江子,长洲(今苏州)人。明代著名花鸟画家陈

淳之子,嗜酒放浪,擅画花鸟,在其父基础上,将不拘于象的写法又发挥至极致,其勾点皴擦,随心所欲,绝出尘象之外。作品有《海棠图》《湖山明丽图》《墨笔花鸟图卷》等。

[2] 陆之裘,字象孙,又字箕仲,号南门,明朝南直隶太仓(今属江苏)人。贡生,官景宁教谕。与王宠交深。工诗,善曲,有《南门仲子集》《南门续集》。

[3] 文彭(1497—1573)字寿承,号三桥,长洲(今苏州)人,文征明长子,以明经廷试第一,授秀水训导。官国子监博士。继承家学,善书画,尤精于篆刻,讲究六书,风格工稳秀媚。与何震并称"文何"。能诗,有《博士诗集》。

[4] 张凤翼(1527—1613)字伯起,号灵墟,长洲(今苏州)人。嘉靖四十三年举人,屡考进士不中,晚年以卖字和诗文为生。其书法宗师二王,严正规矩。

[5] 文仲义,字道承,苏州人,文征明之侄子。能书善画,书学文征明。

[6] 文嘉(1501—1583)字休承,号文水,长洲(今苏州)人。文征明仲子,曾为乌程训导、和州学正。能诗,工书,小楷清劲,亦善行书。精于鉴别古书画,工石刻。著有《钤山堂书画记》《和州诗》等。

[7] 章绶衔(1804—1875)字紫伯,一作子伯,号辛复,别号爪鲈外史,浙江归安获溪人。咸丰间贡生,精通诗词韵律。家藏书画甚富,精于鉴别。藏书印颇多,主要有"磨兜坚室"、"归安章绶衔字紫伯印"等。著《磨兜坚室书画录》《磨兜坚室诗抄》。

[8] 程季白(?—1626)名梦庚,安徽休宁榆村人。侨寓嘉兴,富收藏,精鉴赏,以书画与董其昌、陈继儒、李日华、汪珂玉为友。后因吴养春案亦遭魏忠贤所害。

44. 文伯仁《南溪草堂图卷》

纸本,设色,高一尺一寸余,长二丈二尺八寸余,款在图左上角。山岗起伏,溪水萦环,屋宇亭榭,布置井然。兼以渔庄村舍,药圃菜畦,无不应有尽有。其中体物之细,构局之精,未能殚述,每一展读,辄令神往。后纸王百谷[1]撰《顾氏重建南溪草堂记》,罗王常[2]书。图右下角有顾九锡印一方,与图款所称天锡相合,疑即草堂主人。又有谯国世玩、巢南鉴赏诸印。

[评析]

文伯仁(1502—1575) 字德承,号五峰,湖广衡山人,系籍长州(今苏州)。

文征明侄子,性暴躁,曾与叔征明相讼,一度系狱。能诗,工画山水,笔力清劲,岩峦郁茂,布景奇兀。传世作品有《万山飞雪图》轴、《秋山游览图》卷等。

明代天顺三年(1459年),上海县青年才俊顾英中举,任延安同知,廉洁奉公,颇有政绩,后来被加授"中大夫"。顾英衣锦还乡,在城外兴建南溪草堂,赋诗自娱,颐养天年,75岁时去世,有《草堂集》藏于家。万历年间,顾英的玄孙顾九锡对它作了整修。王穉登《南溪草堂记》云:"顾氏南溪草堂,当黄浦之西,肇溪之南。广南公(按即顾英)为诸生时,诛茅于此,后子若孙,相继以儒术起家,供奉天子不得临,草堂半圮。九锡鬻青浦田若干亩,鸠工尼材,复还旧观。"文伯仁游览修葺后的南溪草堂后,绘《南溪草堂图》。

文伯仁的《南溪草堂图卷》,纸本,设色,纵34.8厘米,横713.5厘米,隆庆己巳年(1569)作。图中水道蜿蜒纵横、竹林丛树、渔舟小桥、草堂庙宇等散布杂错,建筑与自然景物融为一体,自然和谐。笔墨清劲简洁,风格柔和明秀。此画现藏于北京故宫博物院。

[注释]

[1]王稚登(1535—1612)字百谷,号半偈长者,苏州人。广交朋友,人称侠士,曾结交名妓如马湘兰、薛素素等。以文征明为师,入吴门派。文征明逝后,王稚登振华后秀,重整旗鼓,主词翰之席三十余年。有《王百谷集》《晋陵集》等。

[2]罗王常(1535—?)原名南斗,.字延年,郪郡(今浙江长兴)人,嗜印学,毕数年之功,在隆庆壬申年钤成《集古印谱》,共二十部,是印学史上以秦汉印章原钤印谱的开山之作。

45. 文伯仁《重岩悬瀑图轴》

纸本,水墨,长四尺八寸余,阔一尺五寸余,款在左上。皴染章法,全仿黄鹤山樵[1],纸色崭新,犹足快心爽目。有安璿[2]鉴定一印。

[评析]

文伯仁的《重岩悬瀑图》轴,纸本,淡设色,上起曾崖叠嶂,高泉溅玉,游人三五,凭眺其间,自识:"万历癸酉[3]秋,五峰文伯仁写重崖悬瀑图",其钤五印[4]。根据款识,此幅图应称《重崖悬瀑图》。日本《中国名画集》收录。

2011 年 4 月 30 日,中贸圣佳国际拍卖有限公司,公开拍卖一幅文伯仁的《重崖悬瀑图》轴,纸本,103×29.5 cm,款识:"万历癸酉五峰山人文伯仁",钤印:五峰、文伯仁印,以 26.88 万元成交。

[注释]

[1] 王蒙(1308—1385),字叔明,号黄鹤山樵,赵孟𫖯外孙,湖州(今浙江吴兴)人。"元四家"之一。山水画集诸家之长自创风格,以繁密见胜,重峦叠嶂,长松茂树,气势充沛,变化多端.

[2] 安璿,字苍涵,号孟公,又号洁园、广居子,无锡人。工书画,敏于诗。顺治十一年)与同里严绳孙、顾贞观等结云门社,后隐居里中罨画楼,藏书万卷,以高士称。著有《罨画楼诗草》《苍涵外史独语》。

[3] 万历癸酉:万历元年,公元 1573 年。

[4] 故宫博物院编:《古书画过眼要录元明清绘画》,故宫出版社,2015 年 7 月,第 391 页。

46. 文嘉[1]《山水轴》

纸本,设色,长四尺三寸余,阔一尺八寸余,题款上方居中。点染精妙,不愧雁门[2]羲献[3]。

[注释]

[1] 文嘉(1501—1583)字休承,号文水,长洲(今江苏苏州)人。文征明仲子,初为乌程训导,后为和州学正。能诗,工书,小楷清劲,亦善行书。精于鉴别古书画,工石刻,为明一代之冠。文嘉画得其父真传,善画山水,笔法清脆,颇近倪瓒,着色山水具幽澹之致,间仿王蒙皴染,亦颇秀润,兼作花卉。著有《钤山堂书画记》、《和州诗》。

[2] 雁门:指文氏家族。文征明祖籍湖南衡阳。相传"北雁南飞,至此歇翅停回",故衡阳雅称"雁城"。

[3] 羲献:晋代书法家王羲之、王献之父子二人并称。此处用来称赞文征明、文嘉的杰出艺术成就。

47. 文彭[1]《墨竹卷》

纸本,墨笔,高八寸,长三尺八寸余,款在画右。文氏昆季画笔,寿承最所少见,此卷作垂竹一枝,墨彩奕奕,深得与可[2]家法。后纸祝世禄[3]、臧懋循[4]、章嘉桢[5]、汤焕[6]、汪世湘、胡应麟[7]诸题。

[注释]

[1] 文彭(1497－1573),字寿承,号三桥,长洲(今江苏苏州)人,文征明长子,以明经廷试第一,授秀水训导。官国子监博士。继承家学,善书画,尤精于篆刻。有藏书处曰"清白堂",收藏宋元古籍和当代书画作品。能诗,著有《博士诗集》。

[2] 文同(1018—1079),字与可,号笑笑居士,北宋永泰(今四川盐亭)人,皇祐元年进士,官至湖州知州。与苏轼是表兄弟,以善画竹著称,有"墨竹大师"之称。著有《丹渊集》。

[3] 祝世禄(1539—1610)字延之,号无功、又号石林,江西鄱阳人,万历进士,考选为南科给事中,官至尚宝司卿。工诗,善书法,尤精草书,用笔苍劲,风骨烂漫,纵逸潇洒。浓墨重落,婉转多姿,有刚中兼柔之妙。著有《环碧斋诗集》等。

[4] 臧懋循(1550—1620),字晋叔,号顾渚山人,浙江长兴人。明万历八年进士,曾任南京国子监博士。后弃官归里,与湖州友人吴稼登、吴梦旸、茅维,并称"吴兴四子"。编著《元曲选》。

[5] 章嘉桢,字元礼,德清人,万历八年进士,官吏部郎中及知县等职,著《南国蓄艾编》《南征集》。

[6] 汤焕,字尧文,号邻初,斋号五粒轩等,海宁硖石人,后移居杭州。隆庆四年举人,任江阴教谕。万历年间召为翰林待诏,官赣州郡丞。以善书著名。

[7] 胡应麟(1551—1602),字元瑞,号少室山人,明代浙江兰溪人。明万历四年乡试中举,性孤介,厌薄荣利,自负甚高。晚年益肆力于学。于县城内思亲桥畔筑室号"二酉山房",藏书四万余卷,专事著述。著《诗薮》《少室山房类稿》等。

48. 尤求《水亭消夏图轴》

纸本,白描,长四尺余,阔一尺四寸,款在图左下角。峰峦层峻,深涧萦回,临流亭榭数楹。一人骑马行桥上,意境清幽,笔墨润洁。兼以界画之工,人物之细,俨然十洲[1]画之至精者。图上乾隆御题,有宝玺十五方。

[评析]

尤求,字子求,号凤丘,长洲(今苏州)人,移居太仓。工写山水,兼人物,作诸佛像皆绝技。兼长仕女,继仇英以名世,尤擅白描。隆庆六年作《昭君出塞图》,同年所作《品古图》,藏北京故宫博物院。

尤求的《水亭消夏图轴》,纸本,水墨,纵127.9厘米,横46.3厘米。款识:"长洲尤求制。"乾隆皇帝题跋:"卜筑幽深绝世埃,水亭消夏绿编陪。溪桥曲折重关锁,犹有高人问字来。己丑[2]仲夏,御题。"

鉴藏印:乾隆御鉴之宝、淳化轩、乾隆宸翰、信天主人、古希天子、淳化轩图书珍秘宝、太上皇帝、乾隆鉴赏、寿、三希堂精鉴玺、宜子孙、八征耄念之宝、石渠定鉴、宝笈重编、石渠宝笈[3]、士元珍藏、麓云楼书画记、向叔所得[4]。

作品纯以水墨出之,笔笔精到,无一处懈怠。大小茅屋错落有致地散布在这闲云野鹤之居。人物描绘细致入微,形神皆备。亭中、桥上、河边的人物改用白描的手法将每个人物的衣饰、表情和动态描摹得惟妙惟肖。尤求大幅山水精品世所罕见,此作十分珍贵。

此作品原为清宫秘藏,《石渠宝笈续编》曾著录,后流出官外,民国时期入汪士元之手,后归上海收藏家颜明所有。2013年3月25日《扬州晚报》报道,《江左风流—海上收藏家卢慧、颜玉歧、颜明藏宋元明清近现代书画精品展》昨天起在扬州博物馆举行,包括颜明收藏的尤求传世名作《水亭消夏图》轴[5]。

[注释]

[1] 仇英(约1498—1552),字实父,号十洲,江苏太仓人。后移居吴县。擅画人物,尤长仕女,既工设色,又善水墨、白描,能运用多种笔法表现不同对象,或圆转流美,或劲丽艳爽。偶作花鸟,亦明丽有致。与沈周、文征明、唐寅并称为"明四家"、"吴门四家"

[2] 己丑:乾隆三十四年,公元1769年。

[3] 乾隆御鉴之宝，……石渠宝笈：均为清宫鉴藏印。

[4] 土元珍藏、麓云楼书画记、向叔得得：汪士元鉴藏印。

[5] 扬州博物馆编：《江左风流十四至二十世纪的江南书画》(The Fine Chinese Painting in Jiang Nan Avea From Fourteen to Twenty Contury)，上海书画出版社，2013年3月，第122页。

49. 吴彬《武夷九曲图卷》

纸本，设色，高八寸余，长一丈一尺余，款在图右上方。武夷之诸胜，无不曲尽其妙；敷色皴染，均别具面目，不落恒蹊[1]。后纸顾揆[2]、龙铎[3]两题。

[评析]

吴彬(1573—1620)　字文仲，福建莆田人，曾遍游江南名山大川，万历间，受明神宗朱翊钧召见，授以中书舍人，官工部主事，以画家身份供奉内廷，并进入江南文人圈。因当众批评权宦魏忠贤，于明熹宗天启年间被捕入狱。晚年多作人物画，笔法更为纯熟。

汪士元收藏的吴彬《武夷九曲图卷》后来落入现代著名画家刘海粟手中。1938年元月7日，吴湖帆在家为刘海粟所藏的一幅名画题辞："午后为刘海粟题吴文中《武夷九曲》卷。此卷殊精绝，为文中画中仅见者，向为汪向叔物，今归海粟矣。……海粟前几年以艺术叛徒自号，攻击古画备至，今回头从事古画，先学石涛，不免霸道，今渐改辙，处处谨慎，足见年到功深，自有一定步骤，不能强也。今购藏文中此卷，可为明证。仍回学者本色，勇于善为，不能不佩服之，且近日谈论古画亦渐投契[4]。""1939年2月26日：刘海粟、丁惠康来，为筹备开画会事，并带有吴文忠《武夷九曲图卷》，至精至精，汪向叔旧藏[5]。"

[注释]

[1] 恒蹊：传统，俗套。

[2] 顾揆，江苏长洲(今苏州)人，乾隆四十二年举人，曾在浙江任知县。

[3] 龙铎(？—1402)，字德刚，万载(今属江西)人。洪武中为浙江按察使，谪知长洲县，寻升晋府长史，靖难师起不屈死。学问渊博，长诗文，善草隶。

[4]《吴湖帆文稿》，中国美术学院出版社，2004年9月，第184页。

[5] 荣宏君：《徐悲鸿与刘海粟》(增订版)，生活　读书　新知　三联书店，

2013 年 1 月,第 215 页。

50. 戴晋[1]《剑阁图卷》

纸本,水墨,高九寸余,长九尺五寸,款在图右上方。笔势纵横,墨光沉郁,栈路艰险之状,历历可睹。后纸高松声[2]、释智舷[3]、陈元素[4]、徐期生[5]、周裕度[6]诸题,高松声并题引首。有吴兴陈丙绶[7]、箬谷[8]清赏诸印。

[注释]

[1] 戴晋,字康侯,号松厂,明末清初浙江嘉兴人。幼孤,跟从其叔灏至同里项氏窥天籁阁所藏名迹,入嘉兴画社。工画,善山水。其用笔不求工细,多用水墨点染,用大小错落的横点点饰出山的形状,上密下疏,上浓下淡,点与点之间自然随意的留出空隙,技法娴熟,显示出深厚的功底。

[2] 高松声,字谷传,浙江嘉兴人。志行峻洁,一介自严。构水肥斋于西郊,焚香埽地,栽竹赋诗,淡如也。书法直入二王堂廉。高故王姓,有从弟淑民字子逸,笔法赵孟頫,与松声颉。

[3] 释智舷,明僧,浙江嘉兴人。字苇如,号秋潭,晚黄叶头陀。姓周氏。住秀水金明寺。明季日华《恬致堂集》云:"黄叶老人能诗工书,书力祖颜,行稍涉双井风义,成就如霜后擘柑,香味俱绝。"

[4] 陈元素,字古白,号素翁、处廓先生。明代长洲(今苏州)人,工诗文,亦工山水,笔墨清远,尤善写兰,兰叶偃仰,墨花横溢,得文征明之秀逸,而更气厚力沉。著有《南牖日笺》等。

[5] 徐期生,华亭(今上海松江)人、崇祯三年举人。行书潇洒飘逸,结字奇丽,二王、米董影响其颇深,潇洒自如之中见汪洋恣肆形诸于笔端。

[6] 周裕度 明万历年问松江华亭人(今上海松江)。字公远,号晚山,工楷、篆,有《金石字考》。

[7] 陈丙绶(1810—1863),字伯章,号秋谷,归安(今浙江嘉兴)人。道光十七年拔贡生。工诗。兼善词曲,客京师十年,不遇而归。诗近温、李,词有草窗遗韵。风流婉丽。著有《偕隐堂集》、《画溪渔唱》。

[8] 查揆(1770—1834),又名初揆,字伯葵,号梅史。浙江海宁人,嘉庆举人。官蓟州知州。工诗文。著有《筼原堂集》《箬谷诗文钞》。箬谷清赏,为其鉴藏印。

51. 谢时臣[1]《岳阳楼图卷》

纸本,设色,高八寸余,长四尺四寸余,款在图右上方。山色湖光,荡漾纸上。樗仙善于画水,此卷可见一斑。后纸周天球[2]书《岳阳楼记》,高与前同,长七尺一寸余。图纸有郭天门[3]题,并高贷、包淑美、周小业诸印。

[注释]

[1] 谢时臣(1487—1567年后),字思忠,号樗仙,长洲(今苏州)人。工山水,师法吴镇,得沈周笔意而稍变。多作长卷巨幛,峰峦雄伟。尤善画水,江河湖海,种种皆妙。笔墨纵横自如,富有气势。

[2] 周天球(1514—1595),太仓(今江苏太仓)人。字公瑕,号幼海,年十六随父徙吴,从文征明游。善大小篆、古隶、行楷,晚能自得蹊径,一时丰碑大碣,无不出其手。亦喜藏书。

[3] 郭都贤,字天门,益阳(今属湖南)人,天启进士,崇祯中官至兵部侍郎。见朝廷腐败,政事浊乱,遂辞宫归隐。工诗文书法,画竹尤妙。著有《补山堂诗集》《些庵杂著》。

52. 沈士充《长江万里图卷》

纸本,设色,高九寸,长三丈一尺九寸余,款在图右下角。此系传灯[1]之作,子居毕生能事,殆尽于斯。庐山一段,松柏苍翠,写景尤臻妙境。梁山舟[2]题引首。后纸,董文敏[3]、陈眉公[4]、杨龙友[5]三题;又纸王光承[6]题。有李竹朋[7]、金兰坡[8]、徐松阁[9]收藏诸印。

[评析]

沈士充,明代画家,字子居,华亭(今上海松江)人。出宋懋晋之门,兼师赵左,郡人能画者多师之。擅长画山水画,笔法松秀,墨色华淳,皴染淹润,画山很少有突兀之势,清蔚苍古.所作山水,丘壑蓓葱,皴染淹润,为云间正传。

沈士充作为松江画派的正宗,常为董其昌代笔。其实他的画笔,与董其昌判然有别。沈氏长于构图,皴染周至,是技巧纯熟的作家画;董氏用笔生秀,不拘形模,是但称己意的士大夫画。此作品经李佐贤、金熏、徐松阁、汪士元等递藏,今藏上海博物馆。

[注释]

[1] 传灯:指获得菩提智慧的人如一盏明灯,在照亮了自己的同时,有责任去点燃尚处在混沌状态中的其它灯盏,以期"灯灯相传"、"亘古光明灿烂"。后指传递一种永恒的真理,高尚的思想、伟大的智慧等等。

[2] 梁山舟(1723—1825)字元颖,号山舟,浙江钱塘(今杭州)人。乾隆壬申年进士,嘉庆时赏侍讲学士衔。擅长书法,以苍劲著称闻名域外。外国史臣常不惜重金购买其作品。著有《频罗庵遗集》。

[3] 董其昌(1555—1636)字玄宰,号思白、香光居士,松江华亭(今上海)人,万历十七年进士,官至南京礼部尚书,卒后谥"文敏"。擅画山水,以佛家禅宗喻画,倡"南北宗"论,为华亭画派杰出代表。著有《画禅室随笔》《容台文集》等。

[4] 陈继儒(1558—1639),字仲醇,号眉公,华亭(今上海松江)人。诸生,工诗善文,书法苏、米,兼能绘事,屡奉诏征用,皆以疾辞。擅墨梅、山水,画梅多册页小幅,自然随意,意态萧疏。喜收藏,藏书颇富,著有《陈眉公全集》《妮古录》等。

[5] 杨龙友(1596—1646),名文骢,号山子,贵阳人,举人,天启四年奉母移家南京,加入复社,与张溥、陈子龙、吴应箕等交好;与陈继儒、董其昌、倪元璐等名士交游甚密。后在南明朝廷任职,清顺治三年在浙江衢州抵抗清兵,败退浦城。被俘后不屈而遭杀,一家同死者三十六人。

[6] 王光承(1606—1677),字玠右,江南华亭(今上海松江)人。明末诸生,与同邑夏允彝、陈子龙、徐孚远等结几社相应和。工草书,其草书纵情挥洒,大疏大密,走马当风。有《鎌上堂集》。

[7] 李佐贤(1807—1876),字仲敏,号竹朋,山东利津县,道光十五年进士,官至福建汀州知府。工诗文,擅书法,兼涉考据之学,著有《古泉汇》、《书画鉴影》等。

[8] 金熏(?—1863),字兰坡,浙江嘉兴人。擅画花卉。工刻印,善吟咏,书法南田。收藏甚富。

[9] 徐松阁,清末江苏嘉定(今属上海)人,善书法,曾在朝廷任职。

53. 戈汕《山水轴》

纸本,设色,长四尺二寸余,阔一尺二寸余,左上长题,气息深厚,钩染入古,树法尤槎枒[1]有致。名虽不著,然自卓然成家。

[评析]

戈汕,字庄乐,号岂庵,明朝常熟人。能诗,精篆籀。作画勾染细密,得北宋院画笔意。亦善松石。他是汲古阁创始人毛晋的舅父,毛晋早期多与其共同校刻书籍,曾经共著《楚辞参疑》。他是钱谦益的学生,创作发明的"蝶几"七巧桌,开创了中国古代组合式家具的先河,所著《蝶几图》对后世影响很大。

此图为立轴,设色,纸本,高 132 厘米,宽 37 厘米,钤印:戈汕之印、庄乐氏。题识:"辛酉秋坐雨孟芳表兄山斋,因出等公所贻檀笺索画。余遂乘兴作树,未竟持归。而孟芳每催,就绪未曾。己巳秋,过余村中架上,适觅出旧树,让其迟而命续之。信宿泚笔潦草满纸,戏为设色,以补其过。余性便懒善忘,失于酬应如此纸多矣。幸谬爱吾画者,无甚于孟芳,故不常见促迫耳。漫题一绝呈上。九年画得一山秋,懒慢渐非王宰留。病后每怜稀把臂,挂君松下当相求。表弟戈汕谨识。"汪士元在右上题签:"戈庄乐秋山图,寂庵。鉴藏印:麓云楼书画记、士元珍藏。"

汪士元之后,戈汕的《秋山图》几经展转,落入香港现代收藏家王南屏(1924—1985)手中,见《玉斋珍藏明清书画精选—The Jade Studio》附录第 4 号[2]。《王南屏藏中国古代绘画(全三卷)》图版第 52 号[3]。

2016 年 11 月 28 日,此画作由中国嘉德在香港 2016 年秋季拍卖会上公开拍卖。

[注释]

[1] 槎枒:原指树木枝杈歧出貌,形容错落不齐之状。

[2] 班宗华、高居翰、李铸晋、傅申、屈志仁等编:《玉斋珍藏明清书画精选—The Jade Studio》,耶鲁大学美术馆,1994 年版。

[3] 田洪编著:《王南屏藏中国古代绘画(全三卷)》,天津人民美术出版社,2015 年版。

54. 马湘兰[1]《花卉册》

纸本,墨笔,兰竹梅花水仙八页,高五寸余,阔九寸余。苍润圆劲,深得元人三味,不得以女史图绘目之。每页诗款,均出己手,娟秀可爱。好事者以湘兰小像、端砚墨拓一纸,又以贝叶两片重摹并赞,嵌裱于上。曾为陆润之[2]所藏,手录王百谷[3]所作小传、各家挽歌及百谷本传并题册后。后归石埭沈氏[4],题记印章甚繁,并黄寿彭[5]、刘位坦[6]、吴郁生[7]诸题。内有蛮女名格松[8]者,用唐古忒[9]书作"明月前身美人香草"八字,颇饶别趣。

[注释]

[1] 马湘兰(1548—1604),本名马守贞,字玄儿,在家排行第四,故又称四娘,秉性灵秀,能诗善画,尤擅画兰竹,故有"湘兰"著称。沦落风尘,为人旷达,性望轻侠,常挥金以济少年,秦淮八艳之一。著有《湘兰集》。

[2] 陆时化(1714—1779)字润之,号听松,江苏太仓人。国子监生,嗜书画,收藏极富,鉴别精审。著《吴越所见书画录》《书画说铃》等。

[3] 王稚登(1535—1612)字百谷、伯谷,号半偈长者,苏州人。万历十四年与屠隆、汪道昆、王世贞等组织"南屏社",广交朋友,人称侠士,曾结交名妓如马湘兰、薛素素等。以文征明为师,入吴门派。书法真草隶篆皆能,是吴门派末期的代表人物。著有《王百谷集》《全德记》等。

[4] 黄寿彭,字仲素,江苏泰州人,太谷学派传人,刘鹗之婿,承家学,从游者甚众。

[5] 石埭沈氏:沈仰放(1989—1971),原名沈曾荫,室名养性轩。安徽石埭县人。清末北京实业专门学校毕业。曾任京师大学堂监学、北京大学学监、北京市文史研究馆馆员。著有《养性轩晚定稿》等。

[6] 刘位坦(1802—1861)字宽夫,号后园,顺天大兴(今属北京)人。道光五年拔贡生,咸丰元年以御史出守湖南辰州府,咸丰八年乞归。素奉佛,兼通内典,工绘事。好古博学,酷嗜金石文字。收藏极富。

[7] 吴郁生(1854—1940)字蔚茗,号钵斋,晚号钝叟,苏州府元和县(今苏州)人,二十三岁中进士,宣统年间任军机大臣、弼德院顾问大臣等要职。戊戌政变后被斥不用。及至慈禧逝世,又被起用。民国后隐居青岛近三十年。善诗文、

工书法,苏州狮子林所书"狮子林"三字为所书。

［8］蛮女名格松:"初,余在打箭炉,于佛寺中见一蛮女,姿容端丽,为生平所未经见,年可十六七。询之,知为明正土司酋长汪效祖之女。归而语诸妇,妇思一见而不可得。此番妇书云,得与此女子相见,名格松,善蛮书。因出余家所藏马湘兰画册,属其以唐古忒书题'明月前身美人香草'八字。万叠蛮山外,结此一段翰墨因缘,此韵事,亦奇遇也"(沈宝昌《翁羽巢日记》)。

［9］唐古忒:清代文献中对青藏地区及当地藏族的称谓。

55. 丁云鹏[1]《兰芝图轴》

纸本,墨笔,长四尺余,阔一尺八寸,篆书署款在左上。坡谷幽深,丛兰茂密,灵芝秀石,杂出其中。点染细致,运笔生动。图上董文敏[2]题字迹,跌荡飞舞,与画相合。有丹崖珍赏、陈氏所藏诸印。

[注释]

［1］丁云鹏(1547—1628),字南羽,号圣华居士,安徽休宁人,詹景凤门人。善白描人物、山水、佛像,无不精妙。供奉内廷十余年。与董其昌、詹景凤诸人交游。董其昌赠以印章,曰"毫生馆"。其得意之作,尝一用之。明末与陈洪绶、崔子忠成鼎足之势。

［2］董其昌(1555—1636)字玄宰,号思白、香光居士,松江华亭(今上海)人,万历十七年进士,官至南京礼部尚书,卒后谥"文敏"。擅画山水,以佛家禅宗喻画,倡"南北宗"论,为华亭画派杰出代表,兼有"颜骨赵姿"之美。著有《画禅室随笔》等。

56. 孙克弘[1]《朱衣达摩[2]轴》

纸本,长三尺三寸余,阔一尺余,款在右下。神采静肃,色泽鲜莹。图上董文敏题[3],有伍氏[4]曾观一印。

[注释]

［1］孙克弘(1532 或 1533—1611)字允执,号雪居,松江(今属上海市)人,礼

部尚书孙承恩之子,官至汉阳知府。工画山水花鸟,又善作水墨写生,竹石兰草都很精妙。家富藏书,有宋本数种。藏书家朱大韶去世后,其"横经阁"所藏之书散出后,大多为其所得。著有《古今石刻碑帖目》。

[2] 达摩:佛传禅宗第二十八祖、中国禅宗的始祖,创立了达摩宗,达摩被尊为达摩宗"东土第一代祖师"。达摩面壁、一苇渡江、达摩礼佛、断臂立雪、只履西归,历来是画家最喜入画的道释题材之一。

[3] 董其昌(1555—1636)字玄宰,号思白、香光居士,松江华亭(今上海)人,万历十七年进士,官至南京礼部尚书,卒后谥"文敏"。擅画山水,以佛家禅宗喻画,倡"南北宗"论,为华亭画派杰出代表。著有《画禅室随笔》《容台文集》等。

[4] 伍元蕙(1824—1865)字良谋,号俪荃、南雪道人,广东南海人,布衣,性好书,收藏甚富。晚得倪瓒真迹四种,结屋藏之,颜曰"迁庵"。刻有《南雪斋藏真帖》《澄观阁摹古帖》。

57. 王武[1]《花卉册》

纸本,设色,十页,高七寸五分,阔五寸三分。每帧自题,对页画月季、绿牡丹、长春、萱花、玫瑰、菊花、水仙、罂粟、秋葵、山茶十种,敷色秀妍,用笔劲细,其工雅兼到处,是写生家独树一帜。册后王廉州[2]、顾辟疆[3]、王铁夫[4]三题,改七芗[5]观款一行。册首题"爰得我娱"四字,款署诣字,下押朱文湜庵,白文正诣三近两印,其人未详。先藏东吴高氏,后归王铁夫。

[注释]

[1] 王武(1632—1690)字勤中,号忘庵、雪颠道人,吴县(今苏州)人,诸生,酷爱艺术,擅画花卉,笔致清秀,时称神品。工诗词,多遣兴怀古之作。另对蹴球、弹棋、弓马、技节、艺花、种树、攀鱼、笼禽均有研究。存世作品较多,见于各大博物馆。

[2] 王鉴(1598—1677)字玄照,太仓(今属江苏)人。王世贞曾孙。家藏古今名迹甚富。崇祯六年举人,曾任明末廉州太守。入清后不仕,以书画自娱。工画山水,长于青绿设色,擅长烘染,风格华润,但较平实。"四王"之一,"清六家"之一。著有《染香庵集》《染香庵画跋》等。

[3] 顾宸,字修远,号辟疆主人,明末清初无锡人。崇祯十二年举人,有盛

名。亦好藏书，蓄书甚富，晚年因官场失意及藏书毁于火，遂颓唐悲观而卒。著有《辟疆园杜诗注解》。

[4] 王芑孙，字念丰，号惕甫，一号铁夫，又号楞伽山人。长洲（今苏州）人。乾隆举人。官华亭教谕。其诗评者以为"癯然以瘦，戛然以清"。与法式善、张问陶相唱相。书法学刘墉。若有《渊雅堂诗文集》等。

[5] 改琦（1774—1828），字伯蕴，号香白，又号七芗，松江（今上海）人，回族。工人物、佛像、仕女，宗法华喦，喜用兰叶描，仕女衣纹细秀，树石背景简逸，造型纤细，敷色清雅，创立了仕女画新的体格，时人称为"改派"。曾画《红楼梦图咏》，有《玉壶山人集》等。

58. 詹景凤[1]《山水轴》

纸本，水墨，长二尺八寸余，阔九寸余，上方左右自题二则。画境苍逸，墨气润渍。白岳为著作大家，胸襟浏旷[2]，故随意点染，不落时习。其画笔传世极少，致足珍也。

[注释]

[1] 詹景凤（1532—1602）字东图，号白岳山人，安徽休宁人。举人，官至广西平乐府通判。绘画学元人黄公望、倪瓒的山水，在折枝花卉方面较为擅长，晚年以书法作画法而为墨竹，堪为典型。传世草书作品中以《千字文》最为著名，在明代就有刊本行世。著有《东图玄览》《东图集》等。

[2] 浏旷：洒脱，开阔。

59. 蓝瑛、徐阶平合作《浴砚图轴》

纸本，设色，长四尺四寸，阔一尺四寸余。徐阶平写人物，款在右下；蓝田叔补蕉石，题在左上。题中首句，僧儒素有研癖云，审其字义，殆是逸民一流，而图中写仕女一，俯盆洗砚，并无僧儒其人。题末有云："愿僧儒生生与斯人斯砚团圞作净业缘"，画意颇耐寻味。有吉人怀贞、矢月椸宝砚堂、卧砚庐、慕贞随吉、廷吉世贞、慕贞须认我永矢贞吉诸印，殆皆僧儒藏记，并疑慕贞即女子之名，廷吉即僧儒之名。曾为端溪[1]何氏[2]所藏。

[评析]

蓝瑛(1585—约1666)字田叔,号蝶叟,钱塘(今浙江杭州)人,是浙派后期代表画家之一,长于山水、花鸟、梅竹,尤以山水著名。晚年笔力蓊苍劲,气象峻,与文征明、沈周并重。蓝瑛绘画对明末清初影响很大,被后人称为"武林派"。

徐阶平,明末画家,与蓝瑛友善。蓝瑛与徐阶平合作的《浴砚图》,1658年作,纸本,设色,高138厘米,宽45厘米,现收藏于天津艺术博物馆,《中国古代书画目录》第七册著录。

[注释]

[1] 端溪:溪名,在广东省肇庆高要区东南,产砚石。制成者称端溪砚或端砚,为砚中上品。后即以"端溪"称砚台,亦指广东高要。

[2] 何瑗玉,字蘧庵,号莲身居士,广东高要人(境内端溪为产砚石之地),晚清翰林院待诏,精鉴赏,与其兄何昆玉同享盛名。

60. 黄石符《仙媛幽憩图轴》

纸本,设色,长四尺二寸余,阔一尺九寸余,题款上方居中。作仕女一,薄袖轻装,欹坐石上,含情欲语,丽娟[1]迎人,描写眉髻,犹有独得之妙。

[评析]

黄石符,字圮人,福建人,明末画家,善画仕女,丰颐广袖,雾鬓云鬟。曾自题《仙媛幽憩图》云:"幽觉暗香浮,谁知仙媛憩?神凝碧水寒,脸笑薰风齐。不语恰钟情,含羞疏愈契。何年阆苑逢,疑在烟霞际。"

《仙媛幽憩图轴》,纸本,设色,高133.6厘米,纵62.2厘米,作于1640年(崇祯庚辰)春,是画家所作一套仕女画的第十八幅。在形象表现上,富有写实意味。画面上有一倚湖石而坐的仕女,右手持扇,左手支颐,透过文静的姿容,显得含情脉脉。所画仕女比例匀称,衣纹圆润流畅,显出力度和弹性,且主辅分明。此作品今藏北京故宫博物院。

[注释]

[1] 丽娟:原为汉武帝刘彻所宠爱的宫女名,后多泛指美女。

61. 吴伟业《山水轴》

纸本,水墨,长三尺六寸,阔一尺五寸余,词款在右上。笔圆墨润,真有嫩处如金,秀处如铁之妙,画境与廉州[1]相似。

[评析]

吴伟业(1609—1672),字骏公,号梅村,江苏太仓人。崇祯四年进士,曾任翰林院编修、左庶子等职。清顺治十年被迫应诏北上,次年被授予秘书院侍讲,后升国子监祭酒。顺治十三年底,以奉嗣母之丧为由乞假南归,不复出仕。与钱谦益、龚鼎孳并称"江左三大家",又为娄东诗派开创者。长于七言歌行,后人称之为"梅村体"。着有《梅村家藏稿》《梅村诗馀》等

吴梅村的《山水轴》,自识:"丁禾杪秋,写于狮林精含,舜工词兄一笑,伟业。"图中春雨初晴,丛树中山桥碧阴,溪馆绿满,踏枝乾鹊擭皓,与残滴相答和;时见最高峰上,红墙一角,微出松际。此梅村水墨小景,自云"新霁后戏笔于梅花庵中"者也。王圆照谓"此帧乃司成公游戏三昧,如不经意,然元气灵通,参乎造化,即苦思岁月不能到此,真知言哉![2]"此画现藏于北京故宫博物院。

[注释]

[1] 王鉴(1598—1677)字玄照,号湘碧,太仓(今属江苏)人。王世贞曾孙。家藏古今名迹甚富。曾任明末廉州太守。入清后不仕,以书画自娱。工画山水,长于青绿设色,擅长烘染,风格华润,但较平实。"四王"之一,"清初六家"之一。

[2] 顾文彬顾麟士:《过云楼续书画记》,江苏占籍出版社,1990 年 10 月,第123—124 页。

62. 董其昌《仿古山水册》

纸本,水墨,八页,高七寸六分余,阔四寸七分余,题仿大痴[1]、云林[2]、海岳[3]三页,余止署款。藏经纸对页自题,冲淡幽深,有不必求似古人,须使古人就我之概。每页高宗[4]以藏经纸横题绝诗,嵌装画上。前后有乾隆玉玺十五方,并董氏家藏一印,余不备载。《石渠随笔》[5]著录。

[评析]

董其昌(1555—1636)字玄宰,号思白、香光居士,松江华亭(今上海)人,万历十七年进士,官至南京礼部尚书,卒后谥"文敏"。擅画山水,师法董源、巨然、黄公望、倪瓒,以佛家禅宗喻画,倡"南北宗"论,为华亭画派杰出代表,兼有"颜骨赵姿"之美。著有《画禅室随笔》、《容台文集》、《戏鸿堂帖》等。

董其昌《仿古山水册》,纸本,设色,每开纵 26.3 厘米,横 25.5 厘米。共 8开,作于明天启元年(1621 年),时年 67 岁,皆为仿唐及宋元诸家,如杨升、惠崇、李公麟、倪瓒等人的小幅册页。每开均以"仿"字冠名,实际上每幅画都有创新之处。如画册中有仿倪瓒的一开山水,其构图布局和树、石、山、亭的画法酷肖倪氏之作,可谓得其三昧,登堂入室。但与倪画呈现的寂寥疏淡的面目相比,此图使人感受到的是勃勃生机。此册中仿唐杨升的一开青绿山水,以没骨法为之,丛树峰峦等都用石青、石绿、朱砂、赭石等色染出,鲜有勾皴,与李思训一派线条硬劲的青绿山水情趣各异。

这套画册原为清宫廷藏品,清末流出官外,落入汪士元之手,现藏台北故宫博物院。

[注释]

[1] 黄公望(1269—1354),本姓陆,名坚,字子久,号一峰,又名大痴道人、井西老人等,常熟人,师法赵孟頫、荆浩、关仝、董源、巨然、李成等,晚年大变其法,自成一家。"元四家"之一

[2] 倪瓒(1301 或 1306 — 1374) 元代画家。初名埏,字元镇,号云林子,无锡(今属江苏)人。家豪富,元末卖田散财,浪迹太湖、泖湖一带。擅画水墨山水,所作多取材于太湖一带景色,意境清远萧疏,亦擅墨竹,"元四家"之一。著有《清閟阁集》。

[3] 米芾(1051—1107),字元章,号襄阳漫士、海岳外史等。祖籍山西,然迁居湖北襄阳,后曾定居润州(今江苏镇江)。曾任校书郎、书画博士、礼部员外郎等职,精绘画,书法也颇有造诣,擅篆、隶、楷、行、草等书体,"宋四书家"之一。

[4] 高宗,即爱新觉罗·弘历(1711—1799),清朝第六位皇帝,入关之后的第四位皇帝。年号"乾隆",寓意"天道昌隆"。25 岁登基,在位六十年,禅位后又任三年零四个月太上皇。

[5]《石渠随笔》,清代书画著录书。阮元编著。此书共分 8 卷.详记作品题跋,其后加评论,并作考证.颇有见地。此书体例甚为完备,每幅书画之题咏、跋

语、年月、姓名、笺素、尺寸、印记等，多加著录，足资考证。

63. 董其昌《江村落照图轴》

纸本，墨笔，长四尺一寸，阔一尺六寸，题在左上。干笔皴染，兼用焦笔勾剔，树秃山空，写出荒瑟景象，董画中变格之作。曾为潘季彤[1]、王鹤舟[2]收藏，余印从略。

[注释]

[1] 潘正炜(1791—1850)，字榆庭，号季彤，广东番禺人。祖父潘振承早年出洋，熟英语，在广州十三行获得旨准开设同文洋行，包揽丝茶经营商务。父亲潘有度继承祖业主理同文洋行。潘正炜继承两代家业，以字画鉴藏见长，建"听帆楼"珍藏书画文物。著有《听帆楼书画记》等。

[2] 王玉璋，字鹤舟，天津(一作沧州)人，曾任雷州知府。侨寓吴门，工画山水，与戴熙齐名，称"北王南戴"。著有《冻云馆诗集》。

64. 董其昌《写朱晦翁[1]诗意轴》[2]

纸本，设色，长五尺余，阔二尺余，题在左上，林峦沉厚，点染浑成，全是北苑[3]家法。有富春董氏[4]考藏书画记，金匮孙尔准平叔[5]氏鉴定之章诸印，余印从略。

[注释]

[1] 朱熹(1130—1200.)，字元晦，号晦庵，出生于南剑州尤溪(今属福建省尤溪县)，绍兴十八年进士，官至浙东巡抚，焕章阁侍制兼侍讲，为宋宁宗皇帝讲学，著述甚多，有《四书章句集注》、《楚辞集注》等，后人辑有《朱子大全》《朱子集语象》等。

[2] 董其昌在"丙寅九月"作《写朱晦翁诗意山水图》，是年七十一高龄。丙寅年，属明朝天启六年，公元1626年。此帧画题曰："梯云石磴羊肠远，转壑飞流碧玉斜；一线风烟春诱薄，几声鸡犬野人家。偶得朱晦翁手迹，另有当此图，因以无款画。"

[3] 董源(943—约962),字叔达,江西钟陵(今江西进贤县)人,南唐主李璟时任北苑副使,故又称"董北苑"。擅画山水,兼工人物、禽兽。其山水初师荆浩,笔力沉雄,后以江南真山实景入画,不为奇峭之笔。疏林远树,平远幽深,皴法状如麻皮,后人称为"披麻皴"。

[4] 董氏,董邦达、董诰父子:董邦达(1696—1769)字孚闻、非闻,号东山,浙江富阳人。雍正十一年进士,官至礼部尚书。工书,尤善画。乾隆帝为之题志者甚多。

董诰(1740—1818),字雅伦,号蔗林,董邦达长子浙江富阳人。乾隆二十九年进士,累官至户部尚书,东阁大学士、太子太傅,直军机先后四十年,饱游沃看宫廷丰富的古代名家巨迹,山水艺术能够上窥宋元经典,遂成一代名手。

[5] 孙尔准(1770—1830),字莱甫,号平叔,江苏金匮(无锡)人。嘉庆乙丑六年进士官至闽浙总督。有学问,工诗词,又长于书法。卒谥文靖,入祀名宦祠。

65. 程嘉燧《嶷然图卷》

纸本,起首浅设色,入后水墨,高八寸余,长八尺余,题记署款在图右上。作园林小景,幽淡冲和,扫尽时习,前半作而未竟,越数年后始足成之,故设色水墨,首尾不同。后纸宋比玉[1]及张船山[2]、陈曼生[3]诸题,经叶云谷[4]、潘季彤[5]收藏。

[评析]

程嘉燧(1565—1643),字孟阳.号松园、偈庵。祖籍休宁,侨居嘉定(今属上海)。工山水,画花卉沉静恬淡,格韵并胜,笔墨枯淡,偏于闲静。与李永昌属"天都派",亦为"新安派"先驱,为"画中九友"之一。与唐时升、娄坚、李流芳合称"嘉定四先生"。著有《松园浪淘集》《松园偈庵集》等。

《嶷然图卷》,纸本,墨笔,手卷,高27.3厘米,长251.2厘米。此画前半幅为修竹垂柳掩映,后半为茅屋疏篱,水阁之中一人抚琴,另一人则侧坐聆音,篱外柳竹成行。右有程自题:"曩为此图未成而中辍去游上党,八年始归,几同废纸,偶流落人间,医隐王君收之,因僧筏属余了之,勉强填札已,复自笑,第视为草本可也。偈庵老人程孟阳。"画中以垂柳为主要景致,全画工而细致,与其诗文中所言"倪家小样"大异其趣。

潘正炜《听帆楼书画记》曾著录此画，记载了宋珏之跋："夏华甫于曌城之南开小径，栽花种竹。余欲同程孟阳造之，会有青溪之行，访华甫当在返棹也。孟阳拟作《翳然图》，余未及见，先题一诗博笑：城南修竹说千丛，无数秋花夹水红。他日看君先看画，恐余先置画图中。丁巳八月既望，莆阳浪士宋毂书于垫巾楼。"从跋中可知，图中所绘之景取自嘉定人夏华甫于嘉定城南所筑庭园。

此画经今叶梦龙、潘正炜、汪士元等人递藏，今藏北京故宫博物院。

[注释]

[1] 宋珏（1576—1632），字比玉，号荔支子，福建莆田人。国子监生。擅诗文、工书法，尤精于绘画。篆刻自成一派。以八分书入印，学秦汉钤印，突破篆文入印的传统，从而开创篆刻史上的"莆田派"，所刻蔡襄《荔枝谱》、《古香斋帖》为稀世珍品。

[2] 张船山（1764—1814）名问陶，字仲冶，四川遂宁（今四川遂宁县）人，乾隆时进士，官至山东莱州府知府，以忤上官意，引疾辞退，隐居吴门，自号蜀山老猿。工诗文、善书画，其诗被誉为清代"蜀中之冠"。著有《船山诗文集》。

[3] 陈鸿寿，字子恭，号曼生，钱塘（今杭州）人。曾任溧阳知县、江南海防同知。工诗文、书画，善制宜兴紫砂壶，人称其壶为曼生壶。书法长于行、草、篆、隶诸体，为西泠八家之一。著有《种榆仙馆诗集》《桑连理馆集》等。

[4] 叶梦龙（1775—1832）。广东南海人。字仲山，号云谷。官户部郎中。诗、书、画绵皆擅，翁方纲、伊秉绶、汤贻汾南来皆与订交。家中建有"倚山楼"，藏法书、名画、古籍，藏书印有"南海叶氏云谷家藏"、"叶圭祥印"等。刻有《友石斋帖》《风满楼帖》等。

[5] 潘正炜（1791—1850），字榆庭，号季彤，广东番禺人。祖父潘振承早年出洋，熟英语，在广州十三行获得旨准开设同文洋行，包揽丝茶经营商务。父亲潘有度继承祖业主理同文洋行。潘正炜继承两代家业，以字画鉴藏见长，建"听帆楼"珍藏书画文物。著有《听帆楼书画记》等。

66. 张学曾[1]《山水轴》

纸本，墨笔，长三尺二寸余，阔一尺五寸余，款在右上，箫秀简易，得大痴[2]之神，九友[3]中太守画笔最为希有，此虽纸素稍逊，亦当什袭[4]，有高士奇[5]图书一印。

[注释]

[1] 张学曾,明末清初画家,字尔唯,号约庵,山阴(今浙江绍兴)人,崇祯六年副贡,官苏州知府。"画中九友"之一。喜仿元人笔,苍秀疏简,妍而不甜,枯而不涩。

[2] 黄公望(1269—1354),本姓陆,名坚,字子久,号一峰,又名大痴道人。平江常熟人,师法赵孟頫、荆浩、关仝、董源、巨然、李成等,晚年大变其法,自成一家。"元四家"之一。擅书能诗,撰有《写山水诀》,为山水画创作经验之谈。

[3] 九友:清初吴伟业所作《画中九友歌》中,赞明末清初董其昌、杨文聪、程嘉燧、张学曾、卞文瑜、邵弥、李流芳、王时敏、王鉴等9位画家为"画中九友"。

[4] 什袭:"什袭"指"十层"。指把物品层层包裹起来,喻珍重收藏。宋张守《跋唐千文帖》:"此书无一字刊缺,当与夏璜、赵璧,什袭珍藏。"

[5] 高士奇(1645—1704),字澹人,号瓶庐,又号江村,浙江钱塘(杭州)人,康熙十五年升为内阁中书,每日为康熙帝讲书释疑,评析书画,极得信任。官至礼部侍郎。学识渊博,能诗文,擅书法,精考证,善鉴赏,所藏书画甚富。著有《江村销夏录》《江村先生全集》等

67. 邵弥《泉壑寄思图轴》

纸本,水墨,长三尺五寸余,阔七寸余。笔法纵逸有姿,图上长题,字大经寸,堪称双绝[1]。

[评析]

邵弥,字僧弥,号瓜畴,明末长洲(今苏州)人。工诗文,善书法,擅画山水。山水以清瘦枯逸,闲情冷致称,名重一时,"画中九友"之一。有《划开众皴图》、《云山平远图》、《贻鹤寄书图》等作品传世。

《泉壑寄思图轴》,纸本,水墨。高111厘米,宽29厘米,崇祯七年甲戌(1634年)清明前二日作,时年四十一岁。友人读书论道孜孜不倦,三日而不忍言别,以诗与画赠别,题云:"销声去智泉深隐,泄翠沾蓝石好奇。洞道展寒吟费后,花龛签响论成时。甲戌春三月清明前二日,文抚社兄过余颐堂,签以藏书,雨亦纤纤不已。舟旋三日而别,别不忍遽去,为写泉壑一区,以寄遐思。弟邵弥。"高山流水象征友谊,古木荒江则是知音理想的谐隐之地。画笔清秀润泽,淡而能厚,十

分精致。

此画鉴藏印有：仲清鉴藏、寿澄鉴赏、明德[2]、松下、士元珍藏、麓云楼书画记[3]、夏山楼[4]藏书画记、赵叔彦[5]、清芬堂藏书画印、铁衣心赏、昭余渠铁衣珍藏书画印[6]。

在汪士元之后，此画经韩慎先、赵叔彦递藏，并经徐邦达《改订历代流传绘画编年表》著录，认为是真迹之标志。徐老是韩慎先数十年好友，此图当是在韩宅所见。

2015 年 5 月 18 日，《泉壑寄思图轴》在中国嘉德 2015 春季拍卖会——中国古代书画专场上以 66.7 万元成交。

[注释]

[1] 双绝：指图画与书法都绝无仅有，非常美妙。

[2] 仲清鉴藏、明德、寿澄鉴赏：卢寿澄收藏印。卢寿澄，字仲清，为清末由清华学堂遴选的 14 名留美幼年生中之一。毕业于美国伊利诺伊大学。卢寿澄回国后长期服务于银行界。在 1965 年新加坡独立时任中国银行新加坡分行代理行长。与刘太希、涂公遂等过从甚密，收藏大量古书画。

[3] 士元珍藏、麓云楼书画记：汪士元鉴藏印。

[4] 夏山楼主，即韩慎先(1897—1962 年)，字德寿，北京人，久居天津，其祖父韩麟阁曾为清吏部官吏。韩氏曾自开古玩店，后与陈彦衡学戏，对谭派唱腔颇有研究。新中国早期书画鉴定权威之一，与张珩、启功、谢稚柳等同为首批书画鉴定小组成员，任职天津艺术博物馆副馆长。

[5] 赵叔彦：清末四川总督吏赵尔丰之子。

[6] 铁衣心赏、昭余渠铁衣珍藏书画印：渠晋鉎鉴赏印。渠晋鉎，号铁衣，山西大学堂监督渠本翘的长子，开山西三晋源票号，是琉璃厂古玩铺"虹光阁"的股东。

68. 杨文骢《山水卷》

绫本，水墨，高八寸馀，长一丈三尺四寸馀，题款在画后。风卷云舒，有天马行空，不可一世之概。龙友画笔虽小幅，世亦争宝，况此长卷磅礴，能不球图[1]视之？

[评析]

杨文骢(1596—1646)，字龙友，贵州贵阳人。万历四十七年举人，崇祯七年选为华亭县教谕,迁青田、江宁、永嘉等知县,为御史詹兆恒参劾被夺官。后以率众抗击清军负重伤被杀,举家三十余口同时遇难。他博学好古,善画山水,为"画中九友"之一。

杨文骢《山水卷》,又名《南归图》手卷,水墨,绫本。画纵 26.5 厘米,横 424 厘米。跋纵 26.5 厘米,横 39 厘米。题识:"丁丑春日,与绶玄仁兄并辔南归,途次遂成此卷。虽马首村店之中未有好况,聊以写吾两人辛苦问天之意耳。弟文骢记。"钤印:文骢、龙友、杨伯子。

窦熙[2]题跋:1. 杨文骢字龙友,贵阳人。明季孝廉,后官邑令。有文藻,善书画。观此卷,轴盈丈余,笔墨淋漓,信手挥洒,自成结构,画传称龙友下笔有风舒云卷之势,于此可窥全豹。窃论画家已臻能品。抚宁令袁西谷赠余旧片,装为手卷,因书后。时乾隆五十年乙巳春暮之吉。桐山熙。钤印:窦熙印、希文。2. 观之神为一爽,真妙墨也。嘉庆十年,书于粤东省城寓斋,时余引疾闲寓展观。钤印:桐山。

鉴藏印:宋文甫藏、九征之印、寂庵藏画、寂庵鉴定、向叔所藏、向叔心赏、麓云楼书画记[3]、夏山楼藏书画记、慎先心赏[4]、雨亭之子、临溪张氏珍藏、毅庵[5]。

《南归图》长达丈余,描绘高崖澄江、坡坨沙渚之景,多以干笔披麻皴与淡墨晕染塑造山体形态;以浓淡墨色点叶点苔,呈现草木华滋面貌;又以扭曲、峥嵘的山势和层层交叠的山峰,以及迂回婉转的河道,交代纵深的空间。笔墨酣适隽逸,气格雄伟。

从窦熙题跋可知,纪录此卷为抚宁令袁西谷所赠,于乾隆五十年前后装裱成卷。此卷曾为清人宋文甫之旧藏,后经汪士元递藏,又入韩慎先之夏山楼,后归少帅张学良收藏。

2017 年 10 月 3 日,嘉德香港 2017 秋拍"观想—中国古代书画"在香港会议展览中心举槌,共 170 件精品上拍。其中,杨文骢《南归图》以 2000 万港币落槌,加上佣金,以 2315 万港币成交。

[注释]

[1] 球图:指天球与河图,皆古代天子之宝器,出自《尚书·顾命》,后世指珍宝。

[2] 窦熙:直隶顺天府大兴县(今属北京市)人,嘉庆年间曾任广东陆丰知县。

[3] 寂庵藏画、寂庵鉴定、向叔所藏、向叔心赏、麓云楼书画记:汪士元鉴

藏印。

[4] 夏山楼藏书画记、慎先心赏：韩慎先鉴赏印。韩慎先（1897—1962）字德寿，北京人，久居天津。因收藏过元代王蒙的《夏山高隐图》和清初王石谷的临本，因而以"夏山楼"名其斋号。1961 年文化部组织全国书画鉴定小组，他与张珩、谢稚柳为三人小组成员。

[5] 张学良（1901—2001）字汉卿，号毅庵，辽宁海城人，奉系军阀首领张作霖的长子。张作霖被日本人炸死后，他继任为东北保安军总司令，1936 年与西北军杨虎城发动"西安事变"，遭无限期软禁，后移居台北、美国。曾收藏古代书画 600 余件。雨亭之子、临溟张氏珍藏、毅庵，为其鉴藏印

69. 李流芳[1]《山水轴》

纸本，水墨，长四尺余，阔约一尺，题在右上略中，气韵苍古，笔墨淋漓。毕涧飞[2]、陆遵书[3]、陆时钦诸先辈十人题跋。边纸有海上小蘧、陈氏珍藏、施定圃审定真迹图书两印。

[注释]

[1] 李流芳（1575—1629），字长蘅，号檀园，歙县（今属安徽）人，侨居嘉定（今属上海）。诗文多写景酬赠之作，风格清新自然。与唐时升、娄坚、程嘉燧合称"嘉定四先生"。擅画山水，学吴镇、黄公望，峻爽流畅，又能注重师法自然，强调写生，于画中自创新意，为"画中九友"之一。著有《檀园集》。

[2] 毕泷，乾隆、嘉庆年间人，字涧飞，号竹痴，江苏镇洋（今江苏太仓）人。毕沅之弟。工画山水及竹石，苍浑而秀，深得曹云西法。又工书，喜收藏名贤书画，故多宋、元、明人珍品。

[3] 陆遵书（？—1783 后），字即仙，号芙苑，嘉定（今属上海市）人。乾隆三十三年中举，晚年授会同（今湖南怀化）知县，未及赴任而卒。山水师承王鉴、王原祁，烟云深秀，丘壑茂密，而另一种写意荒率之笔，系仿项圣谟。能写诗，意境清丽。。

70. 卞文瑜[1]《山水卷》

纸本,设色,高七寸余,长四尺余,款在画右上方,淡雅隽永,笔意略师北苑[2],后纸邵瓜畴[3]、文从简[4]、张敦复[5]、金俊明[6]诸题,金俊明仍书朱衮,自是尚未更易姓名。张敦复并题引首隶书"河山襟带"四字。又纸徐增[7]、刘须、管珑三题,曾为南昌万氏所藏。

[注释]

[1] 卞文瑜(约 1576—1655)字润南,号浮白、萝庵,长洲(今苏州)人,"画中九友"之一。受赵左、董其昌影响,将董以笔墨气势取胜的特点与吴门强调诗意的结构布局相结合,形成了"布局结构殊有思致,树石钩剔颇具笔意"的特点。后期追宋元诸家,受王时敏、王鉴的影响,笔墨苍润,意境深远。著有《图绘宝鉴续纂》《明画录》《桐阴论画》等。

[2] 北苑,即董源,钟陵(今江西进贤西北)人,字叔达。善长画山石水龙,画龙以想象命意,其画山水雄伟着色者,景物富丽。事南唐主李璟时任北苑副使,故又称"董北苑",南唐亡后入宋,被看作是南派山水画的开山大师。

[3] 邵瓜畴:邵弥,字僧弥,号瓜畴、芬陀居士,明末长洲(今苏州)人。性迂僻,不谐俗,工诗文,善书法,擅画山水,山水以清瘦枯逸,闲情冷致称,笔墨疏简秀逸。名重一时,"画中九友"之一。

[4] 文从简(1574 — 1648),字彦可,号枕烟老人。长洲(今苏州)人。文衡山四世孙。画承家学,笔墨简淡。书法学李北海。作画水墨居多,思致清劲,布局安洋,境界空灵,气韵浑厚。

[5] 张敦复,.明嘉靖二十六年进士。善画山水。

[6] 金俊明(1602—1675)字九章,孝章,号耿菴、不寐道人,吴县(今苏州)人。擅长书法,精工画梅,疏花细蕊,虬枝暗香,名倾东南。明亡入清后为遗民,杜门不出,填词画梅、藏异书。著有《春草闲堂集》《退量稿》《阐幽录》等。

[7] 徐增(1612—?)字子能,别号而庵、梅鹤诗人,江南长洲人。明崇祯间诸生,能诗文,工书画。崇祯八年(1635)秋访钱谦益,少作《芳草诗》三十首深为钱谦益所叹赏,由是才名鹊起。著有《九诰堂全集》。

71. 王时敏《仿古山水册》

纸本,十页,高八寸七分余,阔七寸余,画后自跋一页,以青绿仿子九,以水墨仿梅花道人[1]、小米[2]、云林[3]、黄鹤山樵[4]、巨然[5]五家。余设色两页,水墨两页,未题师用某法,只书年月并款,摹写入化,气韵冲和。烟客精于鉴藏,阅古既多,故落笔有逢源之妙。内青绿一页,沉着苍润,尤臻绝诣。曾为潘健庵[6]所藏,有罗六湖[7]观款一行。

[评析]

王时敏,(1592—1680)字逊之,号烟客,江苏太仓人,明代大学士王锡爵孙,翰林王衡独子。以荫官至太常寺少卿。清军入关,王时敏归顺,保住性命,继续归隐山林,潜心习画,且着力培养子孙辈之学业。其膝下九子,多在清廷为官。

王时敏主张摹古,笔墨含蓄,苍润松秀,浑厚清逸,构图较少变化。开创了山水画的"娄东派",与王鉴、王翚、王原祁并称四王,外加恽寿平、吴历合称"清六家"。著有《西田集》、《西庐诗草》等。国内有多家博物馆藏王时敏的《仿古山水册》。

汪士元收藏的王时敏《仿古山水册》,今藏天津市历史博物馆。

[注释]

[1] 吴镇(1280—1354),字仲圭,号梅花道人,尝署梅道人。浙江嘉善人。擅画山水、墨竹,干湿笔互用,尤擅带湿点苔。水墨苍莽,淋漓雄厚。喜作渔父图,有清旷野逸之趣。墨竹宗文同,格调简率遒劲。"元四家"之一。

[2] 米友仁(1074—1153),字元晖,米芾长子,深得宋高宗的赏识,官至敷文阁直学士。所作用水墨横点,连点成片,虽草草而成却不失天真,每画自题其画曰"墨戏"。其运用"落茄皴"(即"米点皴")加渲染之表现方法抒写山川自然之情,世称"米家山水"。

[3] 倪瓒(1301 或 1306 — 1374) 元代画家。初名珽,字元镇,号云林子,无锡(今属江苏)人。家豪富,元末卖田散财,浪迹太湖、泖湖一带。擅画水墨山水,所作多取材于太湖一带景色,意境清远萧疏,亦擅墨竹。"元四家"之一。著有《清閟阁集》。

[4] 王蒙(1308—1385),字叔明,号黄鹤山樵,赵孟頫外孙,湖州(今浙江吴

兴)人。山水画以繁密见胜,重峦叠嶂,长松茂树,气势充沛,变化多端。"元四家"之一

[5] 巨然,江宁(今江苏南京)人,初为南唐僧人。南唐降宋后,随后主李煜来到开封。擅山水,师法董源,专画江南山水,所画峰峦,山顶多作矾头,林麓间多卵石,并掩映以疏筠蔓草,置之细径危桥茅屋,得野逸清静之趣,深受文人喜爱。

[6] 潘健庵,即潘正炜(1791—1850),字榆庭,号季彤,广东番禺人。祖父潘振承早年出洋,熟英语,在广州十三行获得旨准开设同文洋行,包揽丝茶经营商务。父亲潘有度继承祖业主理同文洋行。潘正炜继承两代家业,以字画鉴藏见长,建"听帆楼"珍藏书画文物。著有《听帆楼书画记》等。

[7] 罗天池,字六湖,广东新会人。道光六年进士,官云南迤西道。落职归,居广州。工书画,精鉴赏,有名于时。故其画著称粤东,与黎简、谢兰生、张如之号称"粤东四家"。

72. 王时敏《江山萧寺图卷》

纸本,水墨,高九寸,长九尺六寸余。款在图右上方,苍秀清润,中年经意之作。后纸陈观酉[1]题。有成莲樵、秦祖永[2]、孙春甫、张子秋诸家收藏印。

[注释]

[1] 陈观酉,字仲博,一作仲搏,号清二山,清钱塘(治今浙江杭州)人。诸生。年三十丧偶,不续娶,后从册封琉球使作海外游。工楷法。山水画宗黄公望。善篆刻。著有《含晖堂遗稿》

[2] 秦祖永(1825—1884),.江苏金匮(今无锡)人,字逸芬,号声白,官至广东碧甲场盐大使。工诗古文辞,善书,而于六法力深研究。富收藏,精鉴赏,尤精画论,文笔隽秀。著有《桐阴论画》《桐阴画诀》。

73. 王时敏《临黄鹤山樵[1]乔柯[2]文石轴》

纸本,水墨,长四尺,阔一尺五寸,款在右上。浓墨画石,淡墨写竹树,老干新篁,气韵苍逸。下写风草满坡,益臻神化。有乾隆宝玺五方,曾为潞河张燕谋[3]

所藏。

[注释]

[1] 王蒙(1308—1385),字叔明,号黄鹤山樵,赵孟頫外孙,湖州(今浙江吴兴)人。"元四家"之一。山水画集诸家之长自创风格,以繁密见胜,重峦叠嶂,长松茂树,气势充沛,变化多端。

[2] 乔柯:高枝。

[3] 张燕谋(1846—1913),字翼,直隶通州人,原为醇亲王奕譞侍从,后任开平矿务局总办、路矿大臣等职。曾奏请光绪皇帝开辟秦皇岛为商埠获准,筹建中兴煤矿公司。1900年,八国联军入侵期间,曾误把开平矿务局出卖给英国人,引起产权纠纷。

74. 王鉴[1]《仿古山水册》

纸本,十页,高九寸余,阔六寸余,仿王叔明[2]、许道宁[3]、陈惟允[4]、倪高士[5]、黄子久[6]则用水墨,仿赵松雪[7]、杨升[8]、惠崇[9]、赵伯驹[10]则用青绿,仿李营丘[11]雪景微赭色,题称画于梅花庵中。后有吴梅村[12]题,此即客于梅村家中所作,徇知之笔,宜其更臻精妙。引首,王烟客隶书"卧以游之"四字。曾为王鹤舟[13]所藏,有吴邦治[14]藏印。

[注释]

[1] 王鉴(1598—1677),字玄照、园照,号湘碧,太仓(今属江苏)人。著名文人王世贞曾孙,父王士骙,万历十七年进士,官吏部员外郎。家藏古今名迹甚富。曾任明末廉州太守。

[2] 王蒙(1308—1385),字叔明,号黄鹤山樵,赵孟頫外孙,湖州(今浙江吴兴)人。"元四家"之一。山水画集诸家之长自创风格,以繁密见胜,重峦叠嶂,长松茂树,气势充沛,变化多端。

[3] 许道宁,北宋画家,长安(今西安)人,多写林木、野水、秋江、雪景、寒林、渔浦等,并点缀行旅、野渡、捕鱼等人物,行笔简快,峰峦峭拔,林木劲硬。

[4] 陈汝言,字惟允,号秋水,元末明初临江清江(今江西樟树)人,后随其父移居吴中(今苏州)。能诗,擅山水,兼工人物。与兄陈汝秩(字惟寅)齐名,时人呼为大髯小髯。陈汝言画山水远师董源、

[5] 倪高士，即倪瓚(1301 或 1306 — 1374) 元代画家。初名珽，字元镇，号云林子，无锡人。家豪富，元末卖田散财，浪迹太湖、泖湖一带。擅画水墨山水，所作多取材于太湖一带景色，意境清远萧疏，亦擅墨竹。"元四家"之一。著有《清閟阁集》。

[6] 黄公望(1269—1354)，字子久，号一峰，又名大痴道人，平江常熟人，其画注重师法造化，以书法中的草籀笔法入画，有水墨、浅绛两种面貌，笔墨简远逸迈，风格苍劲高旷，气势雄秀。"元四家"之一

[7] 赵孟頫(1254—1322)，字子昂，号松雪道人，吴兴(今浙江湖州)人，由宋仕元，官至翰林学士承旨、荣禄大夫。博学多才，能诗善文，开创元代新画风，被称为"元人冠冕"。

[8] 杨升，唐画家。开元十一年为史馆画直。曾画明皇、肃宗，深得帝王意度，后世模仿者甚多。作品有《唐明皇像》、《望贤宫图》、《高士图》'等。

[9] 惠崇(965—1017)建阳(今属福建)人。善画鹅、雁、鹭鸶，尤工小景，又擅长画寒汀远诸，潇洒虚旷之象。苏轼为惠崇画作《春江晚景》的题诗："竹外桃花三两枝，春江水暖鸭先知"，名传千古。

[10] 赵伯驹(1119—1185)，字千里，宋宗室。官至浙东兵马钤辖。工画山水、人物、花果、翎毛，亦擅楼台界画。所画山水用笔精细不苟，秀劲工致，富于变化。

[11] 李营丘，即李成(919—967)，字咸熙，原籍长安(今西安)，师承荆浩、关仝，后师造化，自成一家。平远寒林，画法简练，气象萧疏，好用淡墨，有"惜墨如金"之称；画山石如卷动的云，后人称为"卷云皴"；画寒林创"蟹爪"法。北宋时期被誉为"古今第一"。

[12] 吴伟业(1609—1672)，字骏公，号梅村，江苏太仓人。崇祯四年进士，官至国子监祭酒。与钱谦益、龚鼎孳并称"江左三大家"。又为娄东诗派开创者。长于七言歌行，初学"长庆体"，后自成新吟，后人称之为"梅村体"。着有《梅村家藏稿》《梅村诗馀》等。

[13] 王玉璋，字鹤舟，天津(一作沧州)人。曾任雷州知府。侨寓吴门，娴骑射，解音律，尤喜藏砚，因名所居曰冻云馆。工画山水，与戴熙齐名，称"北王南戴"。著有《冻云馆诗集》。

[14] 吴邦治(1673 一?)字允康，号鹤关，别号古槎、乐此翁、江上放鹤翁、深山一老，信行人，寓居汉口。与段嘉梅并称，有论画、论诗、论印诸作。著有《鹤关

全集》。

75. 王鉴《白云图卷》

纸本,水墨,高一尺,长约六尺三寸,画右长题。此卷为叶子桐初[1]思亲之作,云山葱郁,取境荒幽,其设意用笔,非钝根[2]人所能领悟,王烟客、陈瑚[3]、黄与坚[4]题于本幅。引首,烟客隶书"白云图"三字,后纸魏禧[5]、范国禄[6]、孙枝蔚[7]、梁佩兰[8]、施润章[9]、王瑞宜、释严云、杜濬[10]、纪映钟[11]、赵起元[12]、邓汉仪[13]、周云骧[14]、程恭尹、魏礼[15]、陶璜[16]、姜宸英[17]、徐柯[18]、蔡方炳[19]十九人题跋,先经毕涧飞[20]收藏,后归潘氏海山仙馆[21],有蒩林[22]审定贞石赏玩,德畬[23]鉴赏之章,宝恽书屋诸印,卷见烟客[24]题跋。

[注释]

[1] 叶藩(1643—?),字桐初,号南屏,江苏太仓人。祖、父皆死于乱兵,母亲把他抚养成人,人清不仕。湖北遗民杜浚器重他,把女儿嫁给他。他客游四方,各地有名的公卿争相延礼聘他。叶桐思亲,取"见白云而思亲"之意,广泛征题,请人绘画、题词。王圆照的《白云图卷》就是为叶藩而作。

[2] 钝根:佛教语。谓根机愚钝,不能领悟佛法。泛指缺少灵性。

[3] 陈瑚(1613—1675),字言夏,号确庵、无闷道人、七十二潭渔父,江苏太仓人,崇祯十六年举人。明亡,绝意仕进,奉父居昆山之蔚村。著有《离忧集》等。

[4] 黄与坚,字廷表,太仓人,顺治十六年进士,授知县。康熙十八年己未,荐应博学鸿词科,名列二等,授翰林院编修,与修《明史》及《一统志》,甲子奉命典贵州乡试,迁左赞善。后辞官归,寓居陋巷,一心著述。著有《忍庵集》《论学三说》等。

[5] 魏禧(1624—1680),字冰叔,号裕斋,江西宁都人,明亡后隐居。后出游江南,入浙中,以文会友,并传播其明道理、识时务、重廉耻、畏名义的学说,结纳贤豪,以图恢复。与侯朝宗、汪琬合称"明末清初散文三大家"。著有《魏叔子文集》《诗集》。

[6] 范国禄(1624—1696),字汝受,号十山,有《十山楼稿》60卷,录诗3464首、文1163篇。管劲丞《南通历史札记》云:"清代通州诗人,首推范国禄,不止年辈早,亦最多且佳。"

[7] 孙枝蔚(1620—1687),字豹人,号溉堂,陕西三原人。孙家世代为大商人。李自成入关,孙家即散家财组织团勇抵抗李自成,却为之所败。只身走江都,折节读书,肆力于诗古文。康熙十八年,举"博学鸿儒"科,因年老不能应试,特旨偕邱钟仁等七人授内阁中书。著有《溉堂前集》等。

[8] 梁佩兰(1629—1705),字芝五,号药亭,广东南海人。顺治十四年乡试第一。康熙二十七年徐乾学主持会试,使用"通榜法"录取大批名士,梁佩兰年近六十金榜题名,授翰林院庶吉士。未一年,遽乞假归,结社南湖,诗酒自酬。著有《六莹堂前后集》等。

[9] 施润章(1618—1683),字尚白,号愚山,宣城人,顺治六年进士,曾任翰林院侍讲,纂修《明史》,复转侍读。其文师法北宋古文大家欧阳修、曾巩,绵密流畅;诗尊李白、杜甫,被誉为"尊唐派"首领,与当时山东诗人宋琬齐名,号"南施北宋"。著有《施愚山先生全集》。

[10] 杜濬(1611—1687),字千里、于皇,号茶村,湖北黄冈人。明亡后,居金陵鸡鸣山。性廉介,不轻受人惠,家境益困。笃好诗文,苦吟至死。其诗逸情孤诣,有独到处。有《变雅堂文集》等。

[11] 纪映钟(1609—1681),字伯紫,江南上元(今江苏南京)人。阉党遗孽马士英、阮大铖擅权南京弘光小朝廷,纪映钟发动复社同志进行回击。由陈贞慧、吴应箕、顾杲等草《留都防乱揭》揭发马士英、阮大铖作为魏忠贤阉党祸乱朝政的卑鄙无耻的丑恶嘴脸。著有《戆叟诗钞》。

[12] 赵起元,字庶先,又字容庵,清江南上元(今南京)人,著有《尚书大问》等书。

[13] 邓汉仪(1617—1689),字孝威,号钵叟,江苏泰州人。明末加入复社,曾参与虎丘大会,为社中的青年才俊。与吴伟业、龚鼎孳等名诗人及故老遗民游,为胜流所推重,著有《淮阴集》等。

[14] 周云骧,字孝逸,江苏太仓人,曾从钱谦益学文,著有《逸园文稿》。

[15] 魏礼(1628—1693),字和公。江西省宁都县人。魏禧之弟。诗人,隐士,"易堂九子"之一。

[16] 陶璜(1637—1689),字握山,改名窳,字泞子,又字黼子,番禺人。明亡后隐居不仕。、与陈恭尹、梁琏、何衡、何绛合称"北田五子"。著有《慨独斋诗集》。

[17] 姜宸英(1628—1699),字西溟,号湛园,浙江慈溪人。康熙三十六年一

甲三名进士,授翰林院编修,时年已七十。越两年为顺天乡试副考官,因主考官舞弊,被连累下狱死。擅书法,与笪重光、汪士鋐、何焯并称为"康熙四家"。著有《湛园集》《苇间集》等。

[18] 徐柯(1627—1700),字贯时,号东海一老,长洲(今江苏苏州)人。诸生。平生不为官,工诗,善画,书法亦佳。结交名士,相互酬唱,有贵公子风。著有《文选人表》《一老庵诗文集》等。

[19] 蔡方炳(1626—1709),字九霞,号息关,昆山(今属江苏)人。年十七补长洲诸生。康熙十八年举博学鸿词,以疾辞。博涉群书,潜心理学。能诗,兼工篆草。有《愿学斋集》等。

[20] 毕泷,乾隆、嘉庆年间人,字涧飞,号竹痴,江苏镇洋(今江苏太仓)人。毕沅之弟。工画山水及竹石,苍浑而秀,深得曹云西法。又工书,喜收藏名贤书画,故多宋、元、明人珍品。

[21][23] 潘仕成(1804—1873),字德畲,广东番禺人,先祖以盐商起家,他继承家业后继续经营盐务,以至洋务,成为广州十三行的巨商。既经商又从政,既好古也学洋,既是慷慨的慈善家,又是博古通今的古玩、字画收藏家,官至兵部郎中。私人别墅称"海山仙馆"。

[22] 梁章钜(1775—1849),字闳中,又字茝林,生于福州,官至江苏巡抚,积极配合林则徐严禁鸦片。勤于著述,卷帙浩瀚,著有《退庵随笔》《楹联丛话》等七十余部。

[24] 王时敏(1592—1680)字逊之,号烟客,江苏太仓人,以荫官至太常寺少卿。其膝下九子,多在清廷为官。创了山水画的"娄东派",与王鉴、王翚、王原祁并称"四王",外加恽寿平、吴历合称"清六家"。著有《西田集》等

76. 王鉴《仿范华原[1]山水轴》

纸本,设色,长三尺一寸,阔一尺六寸余,题在左上。施色幽秀,神韵静古,用雨点皴法,凝重不滞,足征[2]名手[3]。有金博古小印。

[注释]

[1] 范宽(950—1032),又名中正,字中立,北宋华原人。其画峰峦浑厚端庄,气势壮阔伟岸,令人有雄奇险峻之感。用笔强健有力,皴多雨点、豆瓣、钉头,

山顶好作密林,常于水边置大石巨岩,屋宇笼染黑色。作雪景亦妙。与关仝、李成并列为北宋山水画三大名家。

[2] 征:证明。

[3] 名手:指以技艺或文笔等高超而著名的人

77. 王翚[1]《仿古山水册》

纸本,十二页,高一尺二寸七分余,阔一尺三分,水墨仿郑禧[2]、卢浩然[3]两页,浅色仿荆浩[4]、曹云西[5],及写桑野就耕父、荷锄随牧童、又夕寒山翠重、秋净雁行高诗意四页。青绿仿王右丞[6]、赵大年[7]、刘松年[8]、赵吴兴[9]及补放翁[10]诗意。写洞庭秋霁六页。石谷画每以绵密胜,是册独以疏秀胜,气韵入古,而仍以精炼之笔出之,所见耕烟画册,当以此为甲观[11]。末页雪景,未署年月、总款,其将留待,徇知随时补题耳。

[注释]

[1] 王翚(1632－1717),字石谷.号耕烟散人、清晖主人等,常熟(今属江苏)人、王鉴弟子,后转师王时敏,与恽寿平切磋画艺。作品虽多仿古,却具清丽深秀风致,功力深厚,但有时过于圆熟或刻露。晚年脱落,转有苍茫之致。从学弟子甚众,称"虞山派"。"四王"之,"清六家"之一。著《清晖画跋》。

[2] 郑禧,字熙之,一作禧之,元吴郡(今苏州)人。善书。画山水学董源笔法,用墨清润可爱,墨竹禽鸟,全法赵孟俯,画史上留有其名。

[3] 卢鸿(?－740?),一名鸿一,字浩然,本幽州范阳人,徙居洛阳,后隐居嵩山。博学,善篆籀,工八分书,能诗。画山水树石,得平远之趣,与王维相当。《全唐诗》录存其骚体诗十首,名《嵩山十志》

[4] 荆浩(约850—?),字浩然,号洪谷子,沁水(今山西沁水)人,一说河南济源人。避战乱,隐居太行山。师从张璪,吸取北方山水雄峻气格,作画"有笔有墨,水晕墨章",勾皴之笔坚凝挺峭,表现出一种高深回环、大山堂堂的气势,为北方山水画派之祖。著有《笔法记》。

[5] 曹知白(1272—1355),字又玄,号云西,华亭(今上海)人。曾任昆山教谕,后辞官隐居,读经书,好道教。为江南富族,富收藏。擅山水,风格清疏简淡。

[6] 王右丞,即王维(701－781),字摩诘,号摩诘居士,河东蒲州(今山西运

城)人,开元九年进士,官终尚书右丞。诗以山水田园诗成就最高,兼擅书法、绘画。长于画山水。以破墨绘山水竹石,画面浓淡相宜,云水飞动。著有《王摩诘文集》等。

[7] 赵大年:赵令穰,字大年,北宋汴京(今河南开封)人,宋太祖赵匡胤五世孙。官至光州防御使、崇信军观察留后,卒赠"开府仪同三司",追封"荣国公"。其子赵伯驹宋代著名画家,官至浙东兵马钤辖。工画山水、花果、翎毛,笔致秀丽,尤长金碧山水。

[8] 刘松年:南宋孝宗、光宗、宁宗三朝的宫廷画家,钱塘(今杭州)人,外号"暗门刘"。擅画人物、山水,师张训礼,而名声盖师,被誉为画院人中绝品。山水画清丽严谨,着色妍丽典雅,常画西湖,多写茂林修竹,与李唐、马远、夏圭合称为"南宋四大家"。

[9] 赵吴兴:赵孟頫(1254—1322),字子昂,号松雪道人,吴兴(今浙江湖州)人,由宋仕元,官至翰林学士承旨、荣禄大夫。书法和绘画成就很高,开创元代新画风,被称为"元人冠冕"。著有《松雪斋文集》。

[10] 放翁,即陆游(1125—1210),字务观,号放翁,越州山阴(今绍兴)人,高宗时应礼部试,为秦桧所黜。孝宗时赐进士出身。中年入蜀,投身军旅生活,官至宝章阁待制。晚年退居家乡。创作诗歌今存九千多首,内容极为丰富。著有《剑南诗稿》《渭南文集》等。

[11] 甲观:汉代楼观名,为皇太子所居,犹言第一观。

78. 王翚《山窗雨霁图卷》

纸本,设色,高八寸余,阔一丈三尺余,题款在图后。苍浑深秀,一变平时刻露之态,兼以盈丈长卷,通纸无接,尤征一气作成,有笔参造化[1]之妙。曾为蔡魏公[2]所藏,有丁道良、沈翼[3]、汪应鹤[4]诸印。

[注释]

[1] 笔参造化:一支笔参与了创造化育,形容文笔高妙。李白《与韩荆州书》:"笔参造化,学究天人。"

[2] 蔡魏公:蔡琦,字魏公,汉军旗舉人,蔭生,工分隶。曾任江南道驿传盐法道、四川永寧道、山東等處提刑按察使司按察使等职。

[3] 沈翼,字寅中,原名敬,字习之,号菜畦,清浙江嘉兴人。沈进子。朱彝尊入室弟子。工八分、行草。书法酷似其师。

[4] 汪应鹤,吴郡(今苏州)人,收藏家。

79. 王翚《仿李晞古[1]寻梅图轴》

纸本,设色,长三尺九寸余,阔一尺七寸余,款在右上。雪岭数重,古柏两株,山梅二三,一老人跨驴行坡谷中,童子负篦后随。满置梅枝,冲寒访胜,意趣无穷,笔致高古,人物工细,为石谷仅见之作。有叔美[2]审定秘玩,襄平蔡琦[3]考藏诸印。

[评析]

此幅作于康熙四十年(1701年),王翚七十岁时。当时,他完成《南巡图》不久,载誉回到故乡常熟。作品描绘苍松虬枝,冻溪雪域,人物缩瑟之态、山岭沉睡之状,皆生动传神。

此图见于中国嘉德2007年秋季拍卖图录,成交价380.8万元。此画极为用心,尺寸达到六平尺,也是所见王翚唯一一幅人物比例较大的画作。画面右上方王石谷自题:"李晞古寻梅图,辛巳嘉平得观于白门公署之一梧轩,因仿其意,海虞石谷子王翚"。

图上有鉴藏印数方:1. 蔡琦:"襄平蔡琦珍藏"、"宝轴时开心一洒"。2. 钱杜:"叔美审定"。3. 汪士元:"麓云楼书画记"、"向叔所得"。4. 孙祖同:"会稽孙氏虚静斋收藏书画印"。5. 师守玉:"勉之三十五后所藏"。是图在康熙时曾为三韩蔡巍公收藏。巍公名琦,目力甚精,所藏多精品。后为钱杜、汪士元、孙伯绳所得,并多次被著录,是流传有序的佳作。

[注释]

[1] 李唐(1066—1150),字晞古,河阳三城(今河南孟县)人。宋徽宗赵佶时入画院。南渡后以成忠郎衔任画院待诏。擅长山水、人物,苍劲古朴,气势雄壮,开南宋水墨苍劲、浑厚一派先河,并以画牛著称。与刘松年、马远、夏圭并称"南宋四大家"。

[2] 钱杜(1764—1845),字叔美,号松壶小隐,钱塘(今杭州)人,嘉庆五年进士,官主事。擅画山水,以细笔和浅设色为主,运笔松秀缜密,所画山石、人物形象,能寓巧密于朴拙之中,颇有装饰意趣。偶用金碧青绿法,鲜妍雅丽。著有《松

壶画忆》《松壶画诀》等。

[3] 蔡琦(1667?—1721?),字魏公,汉军正白旗人,荫生,工分隶。曾任江南道驿传盐法道、四川永宁道、山东等处提刑按察使司按察使等职。

80. 王翚《仿米山水[1]轴》

纸本,设色,长二尺四寸余,阔一尺四寸,题在左上。山光云气,有吐吞变灭之势。屋宇林木点缀,仍复有致,为仿米别开生面,是以匠心独运[2],专以点抹炫长者,不足语此。

[注释]

[1] 米山水:又称"米家山水"。米芾是宋徽宗时书画学博士,官至礼部员外郎。擅长画山水画,作画不求工细,多用水墨横点,人称"米点皴"。山水面貌多呈现出云烟变灭之景,有"米家山水"之称。

[2] 匠心独运:独具创新地运用精巧的心思,形容独特的艺术构思。

81. 王翚《墨兰轴》

纸本,墨笔,长二尺五寸,阔一尺三寸,无款,押白文石谷、王翚之印两方印。花叶数茎,天然秀韵,此为石谷画中别品。龚翔麟[1]、沈岸登[2]题于本幅。

[注释]

[1] 龚翔麟(1658—1733),字天石,号蘅圃,浙江仁和(今杭州)人。康熙二十年中顺天乡试乙榜。由工部主事累迁御史,有直声,致仕归。工词,富收藏,与朱彝尊等合称"浙西六家"。有藏书楼"玉玲珑阁",著有《田居诗稿》《红藕庄词》。

[2] 沈岸登(1639—1702),字覃九,一字南淳,号惰耕村叟,浙江平湖人,不求仕进。工诗擅书画,时有"三绝"之目。尤工词,为"浙西六家"之一。所作笔致细腻,精于造语,词中有画,人以为学姜夔而得其神明。著有《黑蝶斋诗钞》《黑蝶斋词》。

82. 王原祁[1]《晴岚环翠图卷》

纸本,设色,高九寸,长九尺四分,款在图左上方。后纸自又长题,皴染均仿黄鹤山樵[2],而仍以大痴[3]作骨,此麓台所以独树一帜,卓然成家。图纸接缝及末后,有竹痴[4]小印。

[注释]

[1] 王原祁(1642—1715),字茂京,号麓台、石师道人,江苏太仓人,王时敏孙。康熙九年进士,官至户部侍郎。以画供奉内廷,擅画山水,喜用干笔焦墨,层层皴擦,用笔沉着,自称笔端有金刚杵。与王时敏、王鉴、王翚并称"四王",形成娄东画派,左右清代三百年画坛,成为正统派中坚人物。著有《雨窗漫笔》《麓台题画稿》等。

[2] 王蒙(1308—1385),字叔明,号黄鹤山樵,湖州人。作品以繁密见胜,重峦叠嶂,长松茂树,气势充沛,变化多端。"元四家"之一。

[3] 大痴,即黄公望(1269—1354),本姓陆,名坚,字子久,号一峰,又名大痴道人、井西老人等。平江常熟人,其画注重师法造化,以书法中的草籀笔法入画,有水墨、浅绛两种面貌,笔墨简远逸迈,风格苍劲高旷,气势雄秀。"元四家"之一

[4] 竹痴,毕泷,乾隆、嘉庆年间人,字涧飞,号竹痴,江苏镇洋(今江苏太仓)人。毕沅之弟。工画山水及竹石,苍浑而秀,深得曹云西法。又工书,喜收藏名贤书画,故多宋、元、明人珍品。

83. 王原祁《仿高房山[1]山水轴》

纸本,水墨,长二尺九寸余,阔一尺七寸余,题在左上。苍润劲秀,墨气淋漓,有乾隆宝玺两方,曾为安麓村[2]所藏。

[注释]

[1] 高克恭(1248—1310),字彦敬,号房山,大同(今属山西)人,居燕京(今北京)。大中时,官至刑部尚书。善画山水,墨竹。著有《房山集》、《高尚书文集》。

［2］安麓村(1683—约1745)，名岐，字仪周，号松泉老人、麓村。祖上为朝鲜人，随高丽贡使到北京，后入旗籍。其父安尚义，曾是权相明珠的家臣，后借助明珠的势力在天津、扬州两地业盐，成为大盐商。收藏之富，鉴赏之精，名扬海内。著有《墨缘汇观》。

84. 吴历《苦雨诗图卷》

纸本，青绿，高六寸余，长三尺八寸余，图后自题长歌。渔山图画少若晨星，卷册尤所罕见。此以青绿写梅雨时景，重色点染之中间用微墨渲晕，苍秀郁润，曲尽阴晴变幻之状，可谓奇笔。后纸许青屿[1]、侯柜园[2]、王烟客[3]三题，珠联璧合，洵为艺林珍宝。曾藏刘氏寒碧山庄[4]，卷载烟客题跋。

［评析］

吴历(1632—1718)，字渔山，号墨井道人、桃溪居士，江南常熟(今属江苏)人，清初书画家，天主教传教士。因所居有言子墨井，又号墨井道人。少时学诗于钱谦益，学画于王鉴、王时敏。与王时敏、王鉴、王翚、王原祁、恽寿平合称"清六家"。有《墨井画跋》、《墨井诗抄》传世。

康熙十三年(1674)甲寅，吴历四十三岁。秋日王时敏吴历为吴历题《苦雨诗图》，即今上海博物馆藏的吴历《山中苦雨诗画卷》，即汪士元曾经收藏的《苦雨诗图卷》，上面钤有汪士元的"向叔宝之"、"麓云楼"等鉴藏印：

《山中苦雨诗画卷》，纸本，设色。纵 19.4 厘米，横 121.3 厘米，上海博物馆藏。本幅自题诗："我本生吴侬，出门四方早。年年苦行役，何以舒怀抱。……即诗中意，用高尚书笔法，写成一小卷，寄呈青屿徐老先生。甲寅清和，吴历。"钤"吴历"朱文方形印。卷首右下有"墨井"朱文方印。画跋后左下角有"向叔宝之"朱文方印；左下角有"华步"白文长方印；卷首右上角有"刘氏寒碧山庄印"朱文长方印；卷首有"古董周氏宝米室秘笈印"朱文长方印。前后裱边有"麓云楼"等鉴藏印四方，后有许之渐、许仿和诗及王时敏跋。

［注释］

［1］许之渐，字仪吉，号青屿。武进(今属江苏)人。顺治进士。官至御史。为官廉正，弹劾不避权贵，性刚直与同僚不合，辞归。著有《槐荣堂诗钞》。

［2］侯柜园，嘉定(今属上海)人，东冈社成员，活动于清初，由钱嶙主持，成

员有陆时隆、徐临度、侯袒园、张朗初、浦浪臣等,常聚会于钱氏东冈草堂。

[3] 王时敏,(1592—1680)字逊之,号烟客,江苏太仓人,以荫官至太常寺少卿。主张摹古,笔墨含蓄,苍润松秀,浑厚清逸,构图较少变化。开创了山水画的"娄东派"。与王鉴、王翚、王原祁并称四王。著有《西田集》等。

[4] 寒碧山庄:位于苏州市,著名园林,今名"留园"。吴县人刘恕自乾隆五十九年至嘉庆三年修建。因多植白皮松、梧竹,竹色清寒,波光澄碧,园内竹色清寒,故更名"寒碧山庄"。

85. 吴历《竹石轴》

纸本,墨笔,长三尺余,阔一尺一寸余,诗款在右上。运笔如铁[1],用墨如漆,至风姿雨态,摇曳[2]如生,犹不足以尽此画之妙。有王氏二如鉴赏印一方。

[注释]

[1] 运笔如铁:运笔如运刀斧,铁划银勾,挺拔方劲。

[2] 摇曳:晃荡;飘荡。

86. 恽寿平《山水花卉册》

纸本,水墨,十页,长约一尺,阔八寸三分,仿巨然[1]、米海岳[2]、陆天游[3]、赵元[4]、黄子久[5]、吴仲圭[6]山水六页。自运轻儵戏藻、浦塘秋影、百合芝石四页。疏秀淡宕,灭尽笔痕,固非时史所能梦见,亦非他手所能仿拟,超妙至矣。

[注释]

[1] 巨然,江宁(今江苏南京)人,初为南唐僧人。早年在江宁开元寺出家,南唐降宋后,随后主李煜来到开封,居开宝寺。擅山水,师法董源,专画江南山水,以长披麻皴画山石,笔墨秀润,为董源画风之嫡传,并称董巨。

[2] 米海岳,即米芾(1051—1107),字元章,号襄阳漫士。祖籍山西,迁居湖北襄阳,曾定居润州(今江苏镇江)。任校书郎、书画博士、礼部员外郎等职。能诗文,擅书画,精鉴别,书画自成一家,创立了"米点山水","宋四书家"之一。

[3] 陆天游,陆广,字季弘.号天游生,元代吴(今苏州)人。擅画山水,取法

王蒙,亦能诗,工小楷。

[4] 赵元,元代画家,画山水师董源。

[5] 黄公望(1269—1354),本姓陆,名坚,字子久,号一峰,又名大痴道人等,平江常熟人。其画注重师法造化,以书法中的草籀笔法入画,有水墨、浅绛两种面貌,笔墨简远逸迈,风格苍劲高旷,气势雄秀。"元四家"之一。撰有《写山水诀》。

[6] 吴镇(1280—1354),字仲圭,号梅花道人,浙江嘉善人,擅画山水、墨竹。水墨苍莽,淋漓雄厚。墨竹宗文同,格调简率遒劲。"元四家"之一。

87. 恽寿平《山水卷》

纸本,水墨,高四寸余,长四尺二寸余,题在画右上方。丘壑点染,仍仿思翁[1]。此与石谷[2]论画时乘兴之作,经石谷长嗣藏之数年,重乞补题,海虞、毗陵两氏契合之雅,此卷足资谈助。

[评析]

1932年,著名书画家、收藏家吴湖帆[3]到天津寻宝,通过蒋榖孙从韩慎先处获得了恽南田为王石谷父子画秋山雨晚袖珍双卷,南归上海。"南田卷当时由榖孙介绍往天津韩慎先家见之,初尚靳甚,榖孙居间,力图其成,乃归余者。"蒋榖孙作为中间人,斡旋期间,努力促成转让成功,从而使吴湖帆拥有了一件傲视海上其他藏家的宝物。"此卷为余最得意物,计二节,每高四寸,长四尺,皆墨笔山水,一为石谷作,一为石谷长子作,向藏汪向叔处,南田画中精品也[4]。"吴氏所获珍宝,就是汪士元所藏的恽寿平《山水卷》。

[注释]

[1] 董其昌(1555—1636)字玄宰,号思白、香光居士,松江华亭(今上海)人,万历十七年进士,官至南京礼部尚书。擅画山水,师法董源、巨然、黄公望、倪瓒,以佛家禅宗喻画,倡"南北宗"论,为华亭画派杰出代表,兼有"颜骨赵姿"之美。著有《画禅室随笔》、等。

[2] 王翚(1632—1717),字石谷.号耕烟散人等,常熟人。作品虽多仿古,却具清丽深秀风致,功力深厚。晚年脱落,转有苍茫之致。从学弟子甚众,称"虞山派"。与王时敏、王鉴、王原祁合称"四王"。著有《清晖画跋》。

[3] 吴湖帆(1894—1968),江苏苏州人,字东庄,号倩庵,书画署名湖帆。曾任中国美术家协会上海分会副主席、上海市文史馆馆员等职。收藏宏富,善鉴别、填词。山水画以雅腴灵秀、缜丽清逸的复合画风独树一帜。著有《吴湖帆山水集锦》等.

[4] 周璐:《吴湖帆与天津的书画缘》,《收藏家》2017 年第 9 期。

88. 恽寿平《蓼汀鱼藻图轴》

纸本,设色,长四尺三寸余,阔二尺,款在左上。天机[1]物趣,毕集毫端,恐真境亦无此活泼。荇带波光,荡漾欲动,为此图点睛处。纸质洁白如玉,尤足珍爱。此乃南田画幅中极精者,毕涧飞[2]书签。

[评析]

恽寿平《蓼汀鱼藻图轴》,纸本,设色,纵 135 厘米,横 62.6 厘米,自题:"青山园池蓼花汀上得此景,白云溪外史寿平剪烛戏图。"钤"寿平之印"、"正叔"、"以当万舛"。此图布局,左方玲珑石,后竹枝、芦荻、蓼花丛生。右下清泉一泓,游鱼三尾。水底荇藻隐约可辨。用笔设色简洁素雅,描绘形象生趣盎然,意态颇佳,体现恽氏没骨花卉清逸淡雅的又一种风格。收藏印有:"孙氏弘一斋印"、"煜峰[3]鉴赏"、"麓云楼书画记"、"士元珍藏[4]"。此画经毕涧、汪士元、孙煜峰递藏,现藏北京故宫博物院。

[注释]

[1] 天机:比喻自然界的秘密。

[2] 毕涧,乾隆、嘉庆年间人,字涧飞,号竹痴,江苏镇洋(今江苏太仓)人。毕沅之弟。工画山水及竹石,苍浑而秀,深得曹云西法。又工书,喜收藏名贤书画,故多宋、元、明人珍品。

[3] 孙煜峰(1901—1967),曾用名寿熙,江苏江阴人。民国 14 年起在上海经商,致富。喜收藏。"弘一斋"是其书房名。其弟孙邦瑞与吴湖帆是"通家之好",情同兄弟。1966 年 5 月,"文化大革命"风暴到来的时候,孙煜峰将全部藏品捐给上海博物馆。

[4] 麓云楼书画记、士元珍藏:汪士元鉴藏印。

89. 恽寿平《写李青莲[1]诗意山水轴》

纸本,水墨,长四尺余,阔一尺二寸余,右方自题三则。南田山水向不轻作,此幅虚灵秀逸,不染纤尘,笔法用云西[2]气韵,殆有过之,纸色亦新,合观前幅,洵称双璧[3]。

[注释]

[1] 李白(701—762),字太白,号青莲居士,四川江油人,唐代大诗人。

[2] 曹知白(1272—1355),字又玄,号云西,华亭(今上海)人。曾任昆山教谕,后辞官隐居,读经书,好道教。为江南富族,富收藏。擅山水,风格清疏简淡。

[3] 双璧:喻指一对完美的事物。

90. 陈洪绶[1]《婴戏图轴》

纸本,设色,长二尺七寸余,阔一尺余,款在右上。婴儿一手执小鼓,作跳跃状,神完气足,笔致渊雅[2],若无款字,几疑其为五百年前名贤[3]手笔。有萧山徐令德松年氏家藏图章一印。

[注释]

[1] 陈洪绶(1599—1652),字章侯,号老莲,浙江诸暨人。崇祯年间召入内廷供奉。明亡入云门寺为僧,后还俗,以卖画为生,工人物画,与顺天崔子忠齐名,号称"南陈北崔"。工诗善书,堪称一代宗师。著有《宝纶堂集》。

[2] 渊雅:是指深远高雅。

[3] 名贤:著名的有才有德的人。

91. 陈洪绶《草书轴》

纸本,草书,四行,长三尺九寸余,阔一尺七寸余。跌荡离奇,自成一格,是书中逸品[1]。

[评析]

陈洪绶《草书》，纸本，行书，立轴，，纵 124 厘米，横 54 厘米。书文为："考后师根老农"句，款识：洪绶。钤印：洪绶、章侯。

鉴藏印：孙煜峰[2]珍藏印、豪园收藏金石书画印[3]、士元审定、麓云楼书画记[4]。

汪士元之后，此作品由徐世章、孙煜峰收藏，现藏广东省博物馆。

[注释]

[1] 逸品：谓技艺或艺术品达到超众脱俗的品第。

[2] 孙煜峰（1901—1967），曾用名寿熙，江苏江阴人。民国 14 年起在上海经商。富收藏。其弟孙邦瑞与吴湖帆是"通家之好"，情同兄弟。1966 年 5 月，"文化大革命"风暴到来的时候，孙煜峰将全部藏品捐给上海博物馆。

[3] 豪园收藏金石书画印：民国徐世章鉴藏印。

[4] 士元审定、麓云楼书画记：汪士元鉴藏印。

92. 王铎《王屋山图卷》

纸本，墨笔，高八寸余，长一丈六尺余。随笔点染，古意盎然，皴点略师范华原[1]，图左上角小楷题款，图后草书杂作十首，有李芝陔[2]、李韵湖[3]、毕海梯[4]收藏诸印，余从略，弗录。

[评析]

王铎（1592—1652），字觉斯，号嵩樵，河南孟津人。天启二年中进士，入翰林院庶吉士。1644 年擢礼部尚书，未到任时李自成攻克北京，崇祯帝殉国于景山。马士英等在南京拥立福王，王铎历任东阁大学士、次辅，后降清，官至礼部尚书。工行草书，多得力于颜真卿、米芾二家。笔力雄健，气势奔放，长于布白。兼能山水、兰竹。

王铎《王屋山图卷》，又称《王屋山图诗卷》，顺治四年（1647），王铎降清后第四年在京中寓所作，横 512.5 厘米，纵 26 厘米，纸本，墨笔，上绘王屋山图，下以草书书写十首诗，计 87 行 590 字。此画采用全景色构图，平远兼深远，山体与地面垂直，主峰高大，由矮峰衬托，边缘有大量碎石，树木葱郁，增加了山体的厚重，明显受到宋画的影响。《王屋山图诗卷》草书文字：

其一

送自玉：六载宅频移，汝归不必悲。笙镛俱歇处，哭泣独存时。有鹿堪为伴，河淡不可期。微官终代谢，村酒带品篱。

自玉归寄题王屋解嘲：云峰久与别，薄禄复燕都。落日空原上，幽山似怨吾。花林春事早，鱼浦兴情孤。寄语西王屋，茗华举举无。

人事多遗虑，终朝独静吟。敢言巢父逸，空负食牛心。伊洛风尘扰，衣裳虮虱侵。火山与瘴土，翻觉林深远。

梅公临行，邀予过斋中：归心去已久，行色更如何？徐孺曾相吊，柴桑又一过。鼋声彭蠡静，猿路弋阳多。料得怀思处，岩云欸乃歌。

其二

待到秋江日，秋江到处花。戍旗无海盗，村庙下神鸦。溢浦橙香熟，鹅湖月影斜。安安垂骨健，休忘送驴车。

一任：一任愁烟举，狂夫卧小斋。北燕回气候，数日不阴霾。清庙为吹箎，圆丘俟集紫。况闻勤恤＊，休沐学无怀。

听南蛮语：海南多异事，远道未经传。市易玻璃货，家携硌石絃）。穴峒疏泉细，架海种高田。雪色何曾见，猱猱只醉眠。

跣足虚房内，草香气已深。画观诸洞相，书见至人心。欸客捎时果，善言假古琴。逸形天步移，玄秀峭阴阴。

何日示七襄：何日便躔官，帔霞性始安鬼神恭受箓，星斗护加餐。远硐逃苍虺，清晨漱白湍。桃花容欲非，天柱亦无难。

心存：心存灵异迹，往往忆榛丘。世事今初定，吾情外敢求。元龟韬石砌，老鹤夸沧州。酸楚木瓜岫，悠悠复几秋？

京中昼夜不闲，自玉亲丈来，犹作一画二长卷，可谓暇且整矣。丁亥夏四月初五夜书近做博正。孟津王铎时年五十六。

此作品曾经毕海梯、李在铣、李玉棻、汪士元等人递藏，现藏于天津博物馆。

[注释]

[1] 范宽(950—1032)，又名中正，字中立，北宋华原人。性疏野，嗜酒好道，擅画山水。曾隐居终南、太华，观察云烟惨淡、风月阴霁的景色，能自出新意，别成一家。其画峰峦浑厚端庄，气势壮阔伟岸，令人有雄奇险峻之感。与关仝、李成并列为北宋山水画三大名家。

[2] 李在铣，字芝陔，号六亩道人，直隶通州人。卒于宣统元年，年八十余，

曾为涿州知府。

    [3] 李玉棻,字真木,号均湖、韵湖,清末北通州(今属北京)人,幼耽书画,自谓每逍遥于古肆,讨论于老成,尝就景其溶、曾协均、僧明基三家秘笈,以及平日所见,辑《瓯钵罗室书画过目考》。

    [4] 毕海梯,清初收藏家,富商,河内(今河南沁阳)人。

93. 王铎《花卉卷》

    纸本,水墨,兰竹杂卉,高九寸余,长一丈四寸余。前后两题,笔姿纵逸,墨气淋漓。另纸题记同时观画诸人姓氏里邑,后纸何子贞[1]长题,有红蕉馆鉴赏一印。

    [评析]

    王铎《花卉图卷》,又名《芝兰竹石图卷》,水墨,纸本,高29.2厘米,纵325.3厘米,1643年作。款识:王铎写,时年五十二,崇祯十六年(1643)八月初四日,为坦公张年道兄(张缙彦)似之正。钤印:王铎之印。画上自跋:丙戌三月,二弟镛忽于北都市集中获此。兵火之后,聚散遇合,无意偶得,岂非吾画之遭乎,物之遇不遇且然。兄王铎。钤印:铎。收藏印:蒋祖诒[2]谷孙鉴藏、红蕉馆鉴赏、寂庵鉴定。

    诗塘自跋:同观画:郑世宪(公度、歙),张缝彦(洙源、新乡、即坦公之兄),坦公讳缙彦,(张邑,新乡),郭漱六(士元、上党、漱元),郭士标(公望、新乡),汪度(山图,歙)。王铎记。麓云楼、向叔平生长物、士元宝爱[3]。

    何绍基题跋:孟津(王铎)字多如落叶,而画乃少如晨星,以非能精之至,故不多作也。此卷兰竹草石,虽未尽幽逸之致,而下笔有韵落落疏爽,气溢纸外,自非凡迹。画作于崇祯十六年癸未,丙戌重归于弟镛手,则我朝顺治二年矣。

    题语云:物之遇不遇且然,盖以身不遭废斥为幸。食禄圣清,措词宜尔。然此四年间,世事沧桑,立身安在,不能不为之太息也。昨过吴门朱筱鸥(朱钧)司马兄以孟津画至难遘,辍赠此幅。明日于顾湘舟(顾沄)处见鸿宝先生(倪元璐)梅竹寒雀幅,又明日,于梁杏甫处见石斋先生(黄道周)花卉小卷,奇韵正色,观者咸起立。乌乎!使孟津无丙戌一题,而与倪黄并驱,则此幅也,余亦将起立观之,不徒与筱鸥嬉娱赞赏于香炉茗盌间矣。兰耶竹耶石耶。虽然岂易得耶。使筱欧见吾此跋,将无制还而不余畀耶,无亦祕之而已矣。庚戌(1850)五月廿三日,舟过檇李亭下,入本觉寺观东坡先生三过诗石刻,获观唐经幢二,阮太傅(阮元)师题联,云寺中惟唐代二幢,是峨眉仙人未过前物,壁上有宋贤三律,乃空翠亭僧初梦时诗。吾师往矣,语何奇脱,读之惘惘。回船后展题此卷,因并记之,东洲居士。

题跋收藏印:向叔、麓云楼藏、向叔所藏[4]。

此画出现在佳士得(香港)有限公司1994年秋季拍卖会中国古代书画专场上。

[注释]

[1] 何绍基(1799—1873),字子贞,号东洲,南道州人,光绪十六年进士,官至四川学政。晚年主持扬州书局,校定《十三经注疏》。嗜酒健谈,喜爱游历,亦爱收藏。为晚清书坛最有影响的书法家之一。

[2] 蒋祖诒(1902—1973),字谷孙,号显堂,又号岘翁。浙江南浔藏书家蒋汝藻长子,濡染家学,师从王国维先生,善辨碑拓古籍,精鉴书画,嗜古器物,收藏经眼甚广,与吴湖帆、庞莱臣、叶恭绰、谭敬、张珩等时有往来易物。四十年代移居台湾,曾授教于台湾的大学。

[3][4] 寂庵鉴定、麓云楼、向叔平生长物、士元宝爱、向叔、麓云楼藏、向叔所藏:汪士元鉴藏印。

94. 龚贤[1]《山水轴》

纸本,水墨,长五尺二寸余,阔一尺五寸余,款在右上。沉郁之中,仍寓疏秀之致,是能寓虚于实,非专以弥满[2]为能。

[注释]

[1] 龚贤(1618—1689),字半千,江苏昆山人。早年曾参加复社活动,明末战乱时外出漂泊流离,入清隐居不出。与樊圻、高岑、邹喆、吴宏、叶欣、胡慥、谢荪等并称"金陵八家",与清初著名书画家吕潜并称"天下二半"。工诗文,善行草,不拘古法,自成一体。著有《画诀》《香草堂集》等。

[2] 弥满:充满;到处都是;哪儿都有。

95. 邹之麟[1]《三松图轴》

纸本,设色,长四尺余,阔一尺一寸余,题在右上。长松三株,老干劲枝,勾点苍润。有迈园清赏、砚香过眼[2]二印。

[注释]

[1] 邹之麟,字臣虎,号衣白,江苏武进人,万历三十四年举南京乡试第一,三十八年进士,弘光时官至都宪,博极群书,文辞歌诗追古作者。兼蓄晋、唐墨迹,商、周彝鼎。乙酉后,杜门肆力于翰墨。山水法元代黄公望和王蒙,用笔圆劲古秀,勾勒点拂,纵横恣肆,自写其胸中磈垒。

[2] 德林,姓阎氏,字群直,号砚香,汉军旗人,嘉庆二十五年进士,官河南知府,迁盐运使。画工山水竹石,书法秦、汉、魏、齐之篆隶、真、草,以其笔法运入画境,深朴苍茫。砚香过眼,为其鉴藏印。

96. 渐江《山水册》

纸本,十二页,设色、水墨各六页。高七寸,阔五寸余,画后自题一页。渐江画每多简淡,此独苍厚,人谓其专摹云林[1],盖亦未窥全豹[2]也。曾为戴培之[3]所藏。

[评析]

渐江(1610—1664),弘仁,本姓江,名韬,字六奇,安徽歙县人。明亡后有志抗清,从古航法师为僧,法名弘仁,号渐江。精山水,兼工画梅和双钩竹,亦工诗,为新安派奠基人。画意境清峭、笔墨瘦韧,格局简约、取势方硬、笔墨精谨,没有丝毫张扬霸悍习气,真正实现了取宋人精谨而去其繁缛,融元人意趣而强其筋骨,形成了清逸刚淳的全新风姿。和查士标、孙逸、汪之瑞并称为"海阳四家"。

渐江这本《山水》册,作于1650年,纵22厘米,横16.8厘米,十二开,自题一开,设色、水墨各六页,自题款识云:"静谷深深藏野衲,虚楼隐隐护寒烟。为拈澹墨闲情绪,销取松声白石泉。庚寅长夏坐久无聊,偶有剩册一本,计十二帧,不觉取次而就,因以存之听松阁中。渐江僧。"题签:"渐江上人山水册,守梅阁藏。"钤印：弘仁、浙江僧。

此画鉴藏印有：芝道人、培之清赏、翰墨轩、戴氏芝农藏书画印、芝农家藏、戴植培之鉴赏、芝农收藏、戴培芝藏、听鹂馆考藏书画印、芝农心赏[4]、惜花主人、士元珍藏、麓云楼书画记[5]、仪征张重威鉴藏书画记、重威鉴赏[6]。

戴培之、汪士元曾珍藏此画，后来落入张重威之手。西泠印社拍卖有限公司2007年秋季艺术品拍卖会上，此画拍得56万元；鸿信2014秋季拍卖会上此画拍得270万元

[注释]

[1] 倪瓒(1301或1306—1374)　，字元镇，号云林子，无锡(今属江苏)人。家豪富，元末卖田散财，浪迹太湖、泖湖一带。擅画水墨山水，所作多取材于太湖一带景色，意境清远萧疏，亦擅墨竹。"元四家"之一。著有《清閟阁集》。

[2] 未窥全豹：窥：从小孔或缝隙里看；全豹：比喻事物的全部。指没有看到事物的全部。

[3] 戴植，字培之，号芝农，清朝后期江苏丹徒人，其"翰墨轩"、"心太平轩"、"培万楼"收藏书画和古籍，在当时称极一时，其中古籍收藏中，宋、元、明刻本10余种。其所藏书画后来多归于上海博物馆。

[4] 芝道人、培之清赏、翰墨轩、戴氏芝农藏书画印、芝农家藏、戴植培之鉴赏、芝农收藏、戴培芝藏、芝农心赏、听鹂馆考藏书画印：戴植鉴赏印。

[5] 士元珍藏、麓云楼书画记：汪士元鉴赏印。

[6] 张重威(1901—1975)，字重威，民国时任中南银行天津分行经理，升任上海总行副总经理，兼上海诚孚公司、新裕纱厂、国际饭店总经理。2007年，中国嘉德秋季艺术品拍卖会，以7952万成交的明代仇英《赤壁图》，即为张重威旧藏。

97. 叶欣[1]《山水册》

纸本，设色，十页，高五寸，阔六寸余，无款，有印章，造境施色，奇特古秀，用笔劲细有致，后有龚半千[2]题。

[注释]

[1] 叶欣，字荣木，华亭(今属上海)人，流寓金陵(今南京)，一生遁迹于山

林,洁身自好。山水画取法宋代的赵令穰和明代的姚允,喜作凄清荒寒的景致,境界孤峭,格局古雅,笔法方硬健劲,自成一格。与龚贤、樊圻、邹喆、吴宏、胡慥、谢荪、高岑合称"金陵八家"。

[2] 龚贤(1618—1689),字半千,号野遗,江苏昆山人。工诗文,善行草,源自米芾,又不拘古法,自成一体。"金陵八家"之一。著有《画诀》《香草堂集》等。

98. 金陵各家合作山水花卉册

纸本,十二页,首页龚野遗[1]《水墨山水》,高七寸馀,阔一尺九寸馀,松秀淡逸,与习见不同。馀十一页,每高八寸馀,阔一尺。樊圻[2]、高岑[3]、高遇[4]、吴宏[5]、谢荪[6]、柳堉[7]、王概[8]、邹喆[9]八人合作山水九页,花卉两页,其谢天令设色荷花,描写如生,工不伤雅,尤为叫绝。金陵各家以天令画笔最为少见,此册众美毕备,而题款皆为吕伴隐作,可谓珠联璧合。

[评析]

汪士元收藏的《金陵各家合作山水花卉册》,作者为龚贤、樊圻、高岑、高遇、吴宏、谢荪、柳堉、王概、邹喆等人。清代张庚《画征录》中记载,龚贤、樊圻、高岑、邹喆、吴宏、叶欣、胡慥、谢荪号称"金陵八家"。

"金陵八家"主要活动于明亡清兴的百余年间,带有"遗民"色彩,没有在仕途上谋求生机,而只是醉心于绘画,遁迹于山林,以诗画相酬唱,以此来缅怀逝去的"故国",来描绘秀丽的山川,来排解心中亡国后的悲伤情怀,因此作品都有一种清新静谧的气质,不染世尘,有着很强的艺术欣赏价值。

这本画册中除高遇、王概、柳堉三人外,其他六人都在"八家"之内。此画今藏北京故宫博物院,上面有"士元"印章[10]。

[注释]

[1] 龚贤(1618—1689),字半千,号野遗,昆山人。详见前面介绍。

[2] 樊圻(1616—1694后),字会公,江宁(今南京)人。用笔工细,皴法细密,风格劲秀清雅,为明末清初的"金陵八家"之一。仕女画幽闲静逸,神韵俱佳。

[3] 高岑(1621—1691),字善长,杭州人,金陵,为金陵八家之一。善画山水,精水墨花卉。崇尚写意,追求性灵与境界,其画渐至神采飞扬,愈发天马行空,一意孤行。

［4］高遇,字雨吉,浙江杭州人。居金陵,高岑侄。

［5］吴宏,字远度,号竹史,江西金溪人,寓江宁,诗书均精。"金陵八家"之一。画风粗放,浑融无际,任凭想象,景色细致苍郁,充满了生活气息。偶作竹石,亦有水墨淋漓之致。

［6］谢荪,字缃酉,又字天令,江宁人,约卒于康熙中期。擅花卉、山水,画风以工笔见长,得宋人写实功底,为"金陵八家"之一。

［7］柳巅,字公韩,号愚谷,金陵人,工诗、书、画,笔墨苍茫劲逸,丘壑变化无穷,所作小品干笔皴擦,构图玲珑,独具匠心。

［8］王概(1645一约17lO),字安节,秀水(今浙江嘉兴)人,居金陵,以卖画为生。应李渔之婿沈因伯之请,与其兄王耆、其弟王臬在沈因伯保存的明末画家李流芳原有四十三幅画稿的基础上,为《芥子园画传》编绘山水集,率先编绘中国画技法图谱—《芥子园画谱》。

［9］邹喆,字方鲁,吴县(今苏州)人。自幼随父亲客游金陵,画宗其父,山水工稳而有古气,有简淡清逸之趣。兼长水墨花卉,勾勒傅染,有元代王渊风格。画大松奇秀,特别令人珍惜。为金陵八家之一。

［10］舒华:《金陵各家画册》,《文物》,1978 年第 2 期。

99. 恽向[1]《山水轴》

纸本,水墨,长三尺六寸余,阔一尺三寸余,题在右上,笔圆墨润,挥洒自如,其气息纯出董巨[2]。有吴惟英国华[3]书画印一方,即题中所谓吾友国华也。

［注释］

［1］恽向(1586—1655),字道生,号香山,武进(今属江苏)人。崇祯末举贤良方正,授内阁中书舍人。擅诗文工山水,早年学董源,巨然,以悬肘中锋作画,骨力圆劲,浓墨润湿,纵横淋漓,自成一派。晚年敛笔于倪瓒、黄公望的风格,惜墨如金,挥洒自如,妙合自然。著有《图旨》四卷。

［2］董巨:五代画家董源和巨然。董源,钟陵(今江西进贤西北)人,字叔达。善长画山石水龙,画龙以想象命意,其画山水雄伟着色者,景物富丽。事南唐主李璟时任北苑副使,故又称"董北苑",南唐亡后入宋,被看作是南派山水画的开山大师。

巨然,江宁(今南京)人,初为南唐僧人。早年在江宁开元寺出家,南唐降宋后,到开封,居开宝寺。擅山水,师法董源,所画峰峦,山顶多作矾头,林麓间多卵石,并掩映以疏筠蔓草,置之细径危桥茅屋,得野逸清静之趣。。以长披麻皴画山石,笔墨秀润,为董源画风之嫡传,并称董巨。

[3] 吴惟英(?—1644),字国华,凉州卫(今甘肃武威市)人。祖上为蒙古人,明代吴允诚八世孙,袭封恭顺侯,总督京营戎务,加太子太保。李自成攻入北京后,他自缢身亡,谥贞武。

100. 项圣谟《山水册》

纸本,青绿四页,水墨四页,高八寸二分,阔一尺五分,每页有题,用笔遒练,设色精研,非于宋元大家畦径奥窈皆能心领神会,不克造此精诣[1]。最爱夕阳老树,渲染空远,画境如在纸外。青绿雪景,勾剔细腻,引人身入画中,绘事至此,神乎技矣[2]!

[评析]

项圣谟(1597—1658),字逸,号易庵,浙江嘉兴人。生于艺术世家,祖父项元汴,为明末著名书画收藏家和画家。伯父项德新也善画。项圣谟自幼精研古代书画名作,曾由秀才举荐为国子监太学生,但不求仕进,沉心于书画,山水、人物、花鸟无一不精。画面布局大开大合,笔法简洁秀逸,极富书卷气息,品格高雅,境界明净。亦精书法,善赋诗。国破家亡,晚年家贫,而志存高洁,不交权贵,卖画自给。著有《朗云堂集》《清河草堂集》等。

顺治六年(1649年),项圣谟为朋友醇祠兄所绘制这套《山水册》,十分精心,从夏日一直绘到了霜降,共八开,纸本,纵33厘米,横25.5厘米。款识:1 古胥山樵,项圣谟书。钤印:痴子业。2 一派云连屋,千盘涧引厨。山中有真趣,写与故人娱。为友醇祠兄写意,时己丑夏五寓。江枫庵,项圣谟。钤印:项圣谟诗书画、痴子业、所作心思古人、胥山樵项伯子。3 风号大树中天立,日落西山四海孤。短策且随时旦莫,不堪回首望孤蒲。项圣谟写并提。钤印:孔彰、项圣谟诗书画、惜分阴。4 柳意娇柔意春懒,人意何聊赖,连年消息雁难凭,愁无奈。绿徧沙洲青徧山,多作相思害,东风吹得百花寒,心如醉。前无字错书应作何字。项圣谟笔。钤印:存存居士、痴子业、惜分阴、项圣谟,5 余自鬌年学画始,便见吾祖君所藏旧人临卢鸿草堂图,用笔周密。今五十有三,自觉聪明不及,依稀记此。时己丑霜降,为友醇拈出。项圣谟。钤印:孔彰、所作心思古人、项伯子作、圣谟私印、痴子业。6绿阴之中有黄鸟在几叠云山钟声无碍。项圣谟笔。钤印:所作必思故人、痴子业、项圣谟印、易庵。7漠漠水田飞白鹭,阴阴夏木啭黄鹂。项圣谟书。钤印:项氏孔彰、痴子业、项圣谟印。8己丑夏至项圣谟为友醇写取笔于僧繇、摩诘之间。钤印:孔彰、考古正今、项易庵、项圣谟印。

　　题签:项易庵山水册,寂庵珍藏[3],钤印:向叔。

　　收藏印:慎先、士元、张珩[4]、韩德寿[5]、缓庵、粤人谭敬[6]印、和庵鉴定真迹、谭氏区斋书画之章、德寿、德寿私印、季云[7]、石衣、看庐鉴赏、缓庵鉴藏、麓云楼书画记、百镜斋珍藏印[8]、李氏珍藏。

　　2011年11月18日,此画册由北京翰海拍卖有限公司在2011秋季拍卖会上拍卖,成交价为690万元人民币。

[注释]

　　[1] 精诣:谓学养精粹。

　　[2] 神乎技矣:形容技艺或手法出神入化,十分高明。

　　[3] 寂庵珍藏:汪士元鉴藏印。画面上属于汪士元的印章还有:向叔、士元、麓云楼书画记、

　　[4] 张葱玉(1914—1963),名珩,字葱玉,号希逸,浙江南浔人,书画收藏家、鉴定大师。张葱玉嗜赌,一个晚上把上海闻名的大世界输掉了,大量书画珍品也抵押给谭敬,后大都散诸国外。

　　[5] 韩慎先(1897—1962),字德寿,北京人,久居天津,其祖父韩麟阁曾为清吏部官吏。韩氏曾自开古玩店,后与陈彦衡学戏,对谭派唱腔颇有研究。新中国早期书画鉴定权威之一,曾任天津艺术博物馆副馆长。慎先、德寿、德寿私印,均为其鉴赏印。

　　[6] 谭敬(1911—1991),广东开平人,字和庵,早年毕业于上海复旦大学商科,曾任华业信托公司、华业工程有限公司董事长等职务。豪富家庭,爱好文物书画,精于文物鉴定,富收藏。画中粤人谭敬印、和庵鉴定真迹、谭氏区斋书画之章等均为其鉴赏印。

　　[7] 李恩庆,字季云,河北遵化人,道光十三年(1833)进士,官两淮盐运使,,精鉴别,富收藏,,著有《爱吾庐书画记》。"李氏珍藏"为其鉴赏印。

　　[8] 童叶庚(1828—1899),字松君,晚号睫巢,斋室名百镜斋,上海崇明人。

科举出身,历任浙江数地县丞,咸丰间以军功擢升德清知县。晚年受诬陷,落职后,光绪间归隐吴门,遂以金石书画自娱,颇延时誉。博学嗜古,手抄群籍,多海内孤本

101. 项圣谟《纪梦图轴》

纸本,水墨,长二尺二寸余,阔一尺。图上长题,水村一区,作者与一女子舣舟[1]同泛,意境幽远。早年寄思之作,画笔已自不凡。

[注释]

[1] 舣舟:船只停靠岸边。

102. 项圣谟《杏花轴》

纸本,设色,长五尺一寸余,阔一尺五寸余。枝杆苍劲,敷色妍润[1],以寸余楷书题诗图上,尤为夺目[2]。有曾在万巽斋处、梦华印两方。

[注释]

[1] 妍润:美丽、细腻光滑。

[2] 夺目:因超群出众而使其它所有的都黯然失色。

103. 张风《吟梅图轴》

纸本,墨笔,长二尺七寸余,阔一尺二寸余,题款右上。老梅一株,一翁徘徊花侧,若有所思,寒瑟[1]之气溢于纸上。

[评析]

张风(? —1662),字大风,号升州道士,南京人,明思宗崇祯时生员,明亡后不为官,家里贫穷。擅画山水、人物、花卉。早年风格较为恬静闲适,神韵悠然。晚年他曾佩剑北游,笔墨风格瘦挺豪纵。精通画理,曾说:"画要近看好,远看又好,盖近看看小节目,远看看大片段。画多有近看佳,而远看不佳者,是大片段难

也"。能诗词,著有《双镜庵诗钞》、《上药亭诗余》。还有《论画简四通辑》,收入周亮工《尺牍新钞》。

汪士元收藏的张风《吟梅图轴》,今藏上海博物馆:纸本,水墨,纵 86.5 厘米,横 38.1 厘米,绘画一儒生向枝十屈曲的老梅拱手作揖,运笔简练概括,画面恬淡疏朗,气韵生动脱俗。

上海博物馆还藏有张风的另一幅《吟梅图轴》:一幅纸本,水墨,纵 86.5 厘米,横 38.1 厘米,绘一背影儒者骑驴前行,弓背曲手,头藏于头巾中,似在斟酌词句。图上方大字题诗:"踏雪寻梅去,梅花在何处?色声与香味,眼下都全具。诗画似尔来仁兄,风"。钤印"上元老人"。此图人物描绘极简练,题诗与图相得益彰。

此外,顺治十六年三月,张风为熙瑞作《吟梅图》,今存广州市美术馆[2]。

[注释]

[1] 寒瑟:形容寒风刺骨,非常冷。

[2] 刘九庵编著:《宋元明清书画家传世作品年表》,上海书画出版社,1997年 1 月,第 423 页。

104. 徐渭[1]《大士[2]像轴》

纸本,水墨,长三尺五寸余,阔一尺四寸余,无款,右上题"般若波罗"四字,左下押白文徐渭、朱文天池两方印。大士一躯,跌坐莲花,运笔圆劲,取法道子[3],水面云气一截尤为传神之笔。翁覃溪[4]题于诗斗。原裱边绫尚有桂未谷[5]诸家题跋,因色暗碎裂,今另装挂条。

[注释]

[1] 徐渭(1521—1599),字文清、文长,号青藤道士,山阴(今浙江绍兴)人。屡应乡试不第,被浙闽总督胡宗宪聘为幕府书记,协赞抗倭军事。胡宗宪下狱后,徐渭受牵涉,被囚七年。多才多艺,在诗文、戏剧、书画等各方面都独树一帜。以花卉最为出色,开创了一代画风。著有《徐文长集》等。

[2] 大士:佛教对菩萨的通称。

[3] 吴道子(680—759),被后世尊称为"画圣"。河南阳翟(今河南禹州)人。少孤贫,年轻时即有画名。尤精于佛道、人物,长于壁画创作。开元年间被召入宫廷,历任供奉、内教博士。

[4] 翁方纲(1733—1818),字正三,号覃溪,顺天大兴(今属北京)人,乾隆十七年进士,官至内阁学士,精通金石、谱录、书画、词章之学,著有《复初斋诗文集》等。

[5] 桂馥(1736—1805),字未谷,号雩门,山东曲阜人,乾隆五十五年进士,官云南永平县知县。擅金石考据、篆刻,书法雅负盛名。家富藏书,有藏书处"十二篆师精舍"。著有《说文义证》等。

105. 水绘园女史[1]《花鸟轴》

纸本,设色,长四尺七寸,阔一尺二寸,生香活色,秀丽迎人。冒辟疆[2]题于本幅上方。辟疆边室[3]皆善绘事,是幅未题姓氏,惟花鸟精工,当出蔡含[4]手笔。

[评析]

水绘园,位于江苏省如皋市城东北隅,明末清初江南才子冒辟疆与秦淮佳丽董小宛栖隐于此。此园始建于明朝万历年间,原是邑人冒一贯的花园,历经四世,至冒辟疆时始臻完善。冒辟疆将旧园重整,赋予思想,精心增饰,构筑"妙隐香林"、"壹默斋"、"枕烟亭"、"寒碧堂"、"洗钵池"、"小语溪"、"鹤屿"、"小三吾"、"波烟玉亭"、"湘中阁"、"涩浪坡"、"镜阁"、"碧落庐"等十余处佳境,形成融诗、文、琴、棋、书、画、博古、曲艺等于一园的特色。

汪士元收藏的这幅画,为冒辟疆的爱妾蔡含、金玥合作的《花鸟轴》,即《春色先来十二红》,康熙十六年(1677)作,横147厘米,纵37.5厘米,仿元人笔意之作。杏荼二花均采用彩色没骨画法,不沿雕饰和工丽,而小太平鸟则兼工带写,简逸秀淡,颇具清幽雅致,更得元人真髓。

题识:"春色先来十二红。丁巳小年,客吴门之松岩小隐。及与四十年老友淡心,长兄比邻,命姬人仿元人笔意,用介春酒,兼博嫂夫人一笑。同学弟冒襄题。"钤印:雉皋古巢民冒襄辟疆父印、巢民命姬人仿古、书中有女画中有诗、雉皋冒氏水绘庵兰闺双画史。

题签:"水绘园女史花鸟,麓云楼藏[5]。"

边跋:"壬戌[6]十二月归千卷楼主人[7]。"钤印:千卷楼主、

鉴藏印:雪庵铭心之品、古董周氏宝米室秘籍印[8]、千卷楼主人藏过、向叔心赏、高要何氏昆玉瑗玉同怀共赏、端溪何叔子瑗玉号蘧庵过眼经籍金石书画印

记[9]、麓云楼书画记、麓云楼藏。

此画曾经周湘云、何瑗玉、汪士元、杜纯等人递藏,已经流入市场。北京翰海拍卖有限公司 2011 年秋季拍卖会上,此画起拍价为 80 万,成交价为 506 万元。2018 年 11 月 24 日,中贸圣佳国际拍卖有限公司,2018 秋季拍卖会,此画成交价为 759 万元.

[注释]

[1] 女史:古代女官名,以知书妇女充任,掌管有关王后礼仪等事,或为世妇下属,掌管书写文件等事。后来成为知识妇女的美称。这里指冒辟疆的妻妾们。

[2] 冒襄(1611—1693),字辟疆,号巢民,如皋人。参加复社,与陈贞慧、方以智、侯朝宗合称"四公子"。抨击阉党,议论朝政,希望改革政治,挽救国家危亡。清初,以明朝遗民自居,淡泊明志,缅怀亡友,收养抗清志士的遗孤。晚年生活穷困潦倒,靠卖字度日。著有《水绘园诗文集》等。

[3] 边室:侧室,小妾。

[4] 蔡含:蔡女萝,名含,号圆玉;金晓珠,名玥,俩人均为苏州吴县人,后来归冒辟疆。蔡工画,金治印,时称"冒氏双画史",现有少量与冒氏合璧的画作存世。董小宛在世时,二人难得宠,赋闲于"染香阁"作《水绘园图》等。董辛后,冒辟疆将二人正式纳为妾。

[5] 麓云楼藏:汪士元鉴赏印。画中属于汪的印章还有:向叔心赏、麓云楼书画记。

[6] 壬戌,1922 年。

[7] 千卷楼主人:杜纯鉴赏印。杜纯,字子远,号梅叔,广东番禺人,曾任民国北洋军阀皖系将领卢永祥参谋长、淞沪护军使、两浙盐运使、浙江海关总督等地职。精鉴赏,富收藏。

[8] 雪庵铭心之品、古董周氏宝米室秘籍印:周湘云鉴赏印。周湘云(1878—1943),号雪庵,浙江宁波人,在上海经营房地产发财,喜收藏,因其收藏米友仁《潇湘图》,故名其斋为"宝米斋"。

[9] 高要何氏昆玉瑗玉同怀共赏、端溪何叔子瑗玉号蘧庵过眼经籍金石书画印记:何瑗玉鉴赏印。何瑗玉(约 1815—1889),字蘧庵,号莲身居士,广东高要人,翰林院待诏,精鉴赏,与其兄何昆玉同享盛名。

106. 石涛[1]《山水册》

纸本,水墨,六页,高八寸余,阔七寸余,每页有题,后又自题一页,奔放之笔以细秀出之,洵非他手所及。内游惠山[2]一页,夜景迷离,其妙不可思议[3]。

[注释]

[1] 石涛(1642—约1707),法名原济。本姓朱,名若极,字石涛,又号苦瓜和尚、大涤子等,广西全州人,晚年定居扬州。明靖江王后裔。幼年遭变后出家为僧,半世云游,以卖画为业。早年山水师法宋元诸家,画风疏秀明洁,晚年用笔纵肆,墨法淋漓,格法多变。工书法,能诗文。著有《苦瓜和尚画语录》。

[2] 惠山:位于江苏无锡西郊,南朝时称历山,相传舜帝曾躬耕于此山。惠山有九峰,俗谓九龙山。最著名的有三个山峰,即头茅峰、二茅峰、三茅峰。最高峰为三茅峰,海拔328.98米。

[3] 不可思议:神秘奥妙的意思,原为佛教用语,现多指无法想象,难以理解。

107. 石涛《岳阳楼图卷》

纸本,设色,高九寸余,长四尺一寸余,款在图左,布局与前谢樗仙[1]卷相同,殆皆临摹陈稿,惟笔意纵横,谢所不逮。后纸娄坚[2]书《岳阳楼记》,高与前同,长八尺七寸余。又纸石韫玉[3]跋,有袁氏及孙槐轩收藏印章。

[评析]

石涛《岳阳楼图卷》,纸本,设色,纵30.2厘米,横130厘米,现归天津陈骧龙藏。

题识:"山水有清音,得者寸心是。寒泉漱石根,冷冷豁心耳。何日我携家,耕钓深云里。念之心弥悲,春风吹月起。树老巅岩间,阴生洞底黑。幽人看竹来,屐齿破苔色。对岸藤花开,悠然心自得。长邃起秋声,夕阳光影蚀。露地奇峰平到顶,听天楼阁受泉风。白云自是无隋物,随我枯心飘渺中。风急湖宽浪扣'头,钓鱼船小兴难收。请君脱去乌纱帽,月上丝轮再整游。笔底山香水香,点染烟树苍茫。心往白云画里,人眠黄屋书堂。山皋夹土夹石,树古半死半生。 路白草枯霜打,鸟声送客多情。流水含云冷,渔人罢钓归。山中境何似,落叶如鸟飞。种闲亭上花如字,种闲主人日多事。多事如花日渐多,如字之花太游戏。客来恰是种闲时,雨雪春寒花放迟。满空晴雪不经意,砌根朵朵谁为之。主人学书爱种花,花意知人字字嘉。我向花间敲一字,众花齐笑日西斜。寂寞苦寒岐径,也须眼底住思,怪煞恶山俗水,累他虎头大痴。悟后运神草稿,钩勒篆隶相形。一代一夫执掌,羚羊挂角门庭[4]。"

此外,石涛存世《岳阳楼图》还有两幅:一为绢本,设色,写李白"雁翻愁心去,山衔好月来"诗意。一为纸质《江上浮峰》图。绢画城楼筑予濒湖山头,湖边桅杆如林,湖心雁字横斜,对岸远山树影,上书李白诗及"石道人偶写"款。纸画为西城之一角,城上楼台西北角耸一旗杆,楼下城门洞开,城内房屋鳞次栉比。上书张说诗:"巴陵一望洞庭秋,只见孤峰水上浮。闻道神仙不可接,心随湖水共悠悠。"二画中楼皆二层二檐,歇山顶式[5]。

[注释]

[1] 谢时臣(1487—1567 年后),字思忠,号樗仙,长洲(今苏州)人。工山水,师法吴镇,得沈周笔意而稍变。多作长卷巨幛,峰峦雄伟。尤善画水,江河湖海,种种皆妙。笔墨纵横自如,富有气势。

[2] 娄坚(1567—1631),字子柔。嘉定(今属上海)人。隆、万间贡生,不仕。经明行修,乡里推为大师。工书法,诗亦清新。与里人唐时升、程嘉燧并称为"练川三老"。

[3] 石韫玉(1756—1837),字执玉,号琢堂,晚称独学老人,吴县(今属苏州)人。乾隆五十五年进士,官四川重庆府知府,镇压白莲教起义,升山东按察使。因事被革职,引疾归。主讲苏州紫阳书院 20 余年。喜藏书,著有《独学楼诗文集》等。

[4] 紫都,张叶露:《中国艺术大师画传 石涛人生平与作品鉴赏》上,远方出版社,2005 年,154 页。

[5]] 陈湘:《千古名城岳阳解谜,》,解放军出版社,2006 年 10 月,第 99 页。

108. 石涛《梅竹双清图轴》

纸本,墨笔,长四尺一寸余,阔一尺四寸余,花枝奇崛繁密,用笔细秀如铁,上题梅花吟八首,书法亦清逸入古,洵为无上精品。曾为景剑泉[1]所藏,有郁兰堂珍赏、长白李氏俭德斋珍藏书画印、李慎[2]鉴定诸印章。

[评析]

《梅竹双清图卷》,1700 年作,横 128.4 厘米,高 46 厘米,石涛为旷斋,即闵长虹作。其祖父闵世璋为扬州盐商,祖孙二人与石涛为忘年交。图上梅花一干数枝从右上角垂下,分杈有致,曲折有力,气势感人;梅花千朵万朵,暗香浮动,春意盎然,写出了梅花铜枝铁干、玉洁品高的特质,抒发了画家狂傲不屈的性格和怀念故国的爱国思绪。

题识:古花如见古遗民,谁遣花枝照古人。阅尽六朝无粉饰,支离残腊露天真。便从雪去还传信,纔是春来即幻身。我欲将诗对明月,恐于清夜辄伤神。

前朝剩物根如铁,苔藓神明结老苍。铁佛有花真佛面,宝城无树对城隍。山隈风冷天难问,桥外波寒鸟一翔。搔首流连邗上路,生涯于此见微茫。

雾宿霜沾一两梢,前村冻滑点溪桥。横塘雪水潜天碧,高阜春云迈地遥。人事尽时花事好,他生未识此生饶。看他白昼浑无碍,不使清新坐寂寥。

折得春风一两枝,独行溪口夕阳时。杖藜倒影偏宜瘦,齿屐拖泥不觉罢。花到芳开应自赏,人当老去问谁知。得闲且□浮生理,吾汝悠悠任所之。

扶云立水撑岩壑,出色如非此世春。干老枝枯水玉屑,花桥色艳丽银皴。几疑绝塞逢才子,忽讶泥涂见雏神。竟日抽思难尽写,天教是物鬪诗人。

老夫幽兴不得已,探尽梅花欲忘归。诗句何妨任苦瘦,梅花未必太龎肥。娟娟萼绿云中断,缓缓兰香月下微。一笑此生浑不解,点睛飞去世间稀。

老夫旧有寒香癖,坐雪枯吟耐岁终。白到销魂疑是梦,月来欹枕静如空。挥毫落纸从天下,把酒狂歌出世中。老大精神非不惜,眼前作达意无穷。

都把先天托后天,色中古澹醉中玄。潭深冻合雪千尺,涧阔寒生云半川。自落自开尘迹扫,乍晴乍雨性情传。孤芳岂是寻常物,何逊当时直放颠。

庚辰七夕前二日雨后生凉广陵梅花吟九十首之八,并画为旷斋先生吟坛博教,清湘弟大涤子。

钤印:痴绝、前有龙眠济、清湘石涛、大涤堂、冰雪悟前身

鉴藏印:士元珍藏、景其浚剑泉珍赏、郁兰堂珍赏、冠五[3]居士、春雷阁藏、王氏季迁[4]曾观、耕梅心赏、李慎鉴定。

此画由景其濬、李慎、汪士元、何冠五、王季迁递藏。2008 年 12 月 2 日,在佳士得香港有限公司 2008 年秋季拍卖会上,此画成交价为 242 万港元。

[注释]

[1] 景其濬,字剑泉,贵州兴义人,清咸丰二年进士。咸丰二年进士,历官编修,内阁学士,官至安徽学政。工书法,好收藏,精鉴赏,曾藏元、明、清名人书画,今均入藏上海博物馆。辑有《四家赋钞吴顾赋钞》等。"郁兰堂珍赏",为其收藏印。

[2] 李慎,字勤伯,号柏孙,铁岭人,隶汉军旗。咸丰三年进士,官陕西布政使、西宁办事大臣。工篆隶,精鉴赏,收藏名迹极富。"长白李氏俭德斋珍藏书画印"、"耕梅心赏"为其收藏印。

[3] 何冠五,原名何寿,字冠五,号丽甫,广东三水人,以货殖起家,民初到30年代活跃于广州,是当时广州十八甫富善西街裕隆兴记出口丝绸庄的东主。为国画研究会会员。"田溪书屋"为其斋名,其收藏书画颇丰。营商失败后,家藏亦星散。"春雷阁藏"为其收藏印。

[4] 王季迁(1906—2003)又名季铨,字选青,别署王迁,己千,苏州人,东吴大学毕业,善画山水,从顾西津,吴湖帆游,以"四王"为宗,后旅居纽约。在中国书画的研究、鉴赏及收藏上,备受海内外书画界肯定与推崇。

109. 石涛《秋色图轴》

纸本,设色,长五尺五寸余,阔一尺六寸,款在右上。色彩绚艳,创意奇特,更于青色蕉叶上加以墨竹,有挥洒自如[1]之妙。

[注释]

[1] 挥洒自如:形容写字作画运笔自如,不受拘束。

110. 石溪[1]《山水轴》

纸本,设色,长五尺三寸,阔二尺五寸余,题在右上。山峦夭矫,林木华滋,梵宫禅院,溪阁水亭,布置无不入妙。中写湖光一色,更能引人入胜。有金傅馨[2]、何理庵心赏之印。

[注释]

[1] 石溪,法名髡残,字石溪,清初四僧之一。俗姓刘,名介秋,武陵(今湖南

省常德市)人,幼年丧母,遂出家为僧,43 岁时定居南京大报恩寺,后迁居牛首山幽栖寺,度过后半生。与程正揆交善,时称"二溪"。艺术上与石涛并称"二石"。善画山水,亦工人物、花卉。山水画构图繁复重叠,境界幽深壮阔,笔墨沉酣苍劲。

[2] 金傅馨,字荫坡,清朝秀水(浙江嘉兴)人,江苏侯补知县,善鉴别古器物,收藏甚富。

111. 方大猷[1]《山水轴》

纸本,水墨,长三尺九寸余,阔九寸余,款在左上,峰峦突起,老木数株,笔致绝类思翁[2]。

[注释]

[1] 方大猷(1597—1660),字欧馀,号允升,崇祯十年进士,曾任直隶井陉道。李自成克北京,投降大顺。顺治元年复降清,授监军副使,擢山东巡抚,镇压农民起义。旋降调密云兵备道,迁河南管河道。因于河道任内贪赃苛敛,被总督李荫祖劾其"科敛娄取"数十款,革职论绞,四年后死于狱中。工绘画,善书、工诗,有《十二戴河干》《寒林幽居图》等。

[2] 思翁,董其昌(1555—1636)字玄宰,号思白、香光居士,松江华亭(今上海)人,万历十七年进士,官至南京礼部尚书,卒后谥"文敏"。擅画山水,以佛家禅宗喻画,倡"南北宗"论,为华亭画派杰出代表,兼有"颜骨赵姿"之美。著有《画禅室随笔》等。

112. 杨晋[1]《花卉草虫卷》

纸本,设色,高七寸余,长一丈八尺二寸余,款在画后,梅竹杂卉,蛱蝶虫鸟,写生数十种,气韵生动,敷色淡雅,颇得元人遗意。纸白如新,尤足珍爱。先藏刘氏寒碧山庄[2],后归山阴俞氏[3]。

[注释]

[1] 杨晋(1644—1728),字子和、子鹤,号西亭、二雪等,常熟(今属江苏)人,

王翚高徒,擅山水,所作烟林清旷,锋毫精整,尤工村庄景物,亦善写人物、花卉、鸟兽,所画之牛,蹄角生动。翚作图凡有人物、舟桥、牛马,皆由晋补绘。又尝摹内府所藏名迹,作副本进御。与王翚入宫中绘《康熙南巡图》。

　　[2] 寒碧山庄:位于苏州市,著名园林,今名"留园"。吴县人刘恕自乾隆五十九年至嘉庆三年修建。因多植白皮松、梧竹,竹色清寒,波光澄碧,因园内竹色清寒,故更名"寒碧山庄"。

　　[3] 俞明震(1860—1918),字恪士,号觚庵,祖籍山阴(今绍兴),生于湖南。光绪戊子科举人,官至甘肃提学使。入民国,为肃政史,谢病归隐杭州西湖。工诗,著《觚庵诗存》。以收藏著名一时,秘本甚多,编《俞氏藏书楼目录》《收藏纪事册》。

113. 顾昉[1]《兰亭图轴》

　　纸本,水墨,长二尺八寸,阔一尺余,款在左下,笔致深秀,疏密合度。图上王虚舟[2]缩临《兰亭序》[3],亦精美可爱,有王澍[4]印、第八洞天福地[5]人家两印。

[注释]

　　[1] 顾昉,字日方,号若周、晚皋、耕云,华亭(今属上海)人。擅画山水,师法董源、巨然及元四家,笔墨清隽而高厚,其画法在当时被视为"虞山派"正宗嫡派。王翚于康熙三十年入京,主持绘制《圣祖南巡图》,顾昉与杨晋成为王翚的左右手。

　　[2][4] 王澍(1668—1743),字若霖,号虚舟,江苏金坛人,康熙五十一年进士,累官吏部员外郎。四体书兼工,为一时名手。晚年左目失明,仍致力于鉴定碑版,著有《淳化阁帖考证》《古今法帖考》等。

　　[3]《兰亭序》:东晋穆帝永和九年三月三日,王羲之与谢安、孙绰等四十一位军政高官,在山阴(今浙江绍兴)兰亭"修禊",会上各人做诗,王羲之为他们的诗写序,此文手稿即《兰亭序》,记叙兰亭周围山水之美和聚会的欢乐之情,抒发作者对于生死无常的感慨。

　　[5] 第八洞天福地:茅山,位于江苏省句容市与金坛交界处,南北约长10公里,东西约宽5公里,面积50多平方公里,道教上清派的发源地,被道家称为"上清宗坛"。有"第八洞天福地"之誉。"第八洞天福地人家"为王澍鉴

藏印。

114. 高简《鹤守梅花图轴》

纸本,设色,长四尺一寸余,阔四尺一寸余,款在右上。峦容寒秀,花意盈盈,笔端简洁不凡,陆世鎏[1]、金俊明[2]、徐增[3]、徐晟[4],瞿绶、张适六人题于本幅,蔚然可观。

[评析]

高简(1634—1701),字淡游,号一云山人,吴县(今苏州)人,工画山水,继承元人笔法,秀洁努雅。平生多作小品,冷隽足珍。

顺治丙申十三年,高简为友人顾遥集而作《有鹤守梅图》。此图借用北宋孤山林逋梅妻鹤子的故实。高山脚下茅屋一所,高士静坐屋内,旁置书几。屋前后遍植梅树,空庭一鹤兀立,周围竹篱巨岩,板桥溪水,构图简疏,境界清寂。

汪士元收藏的高简《鹤守梅花图轴》,即《有鹤守梅图轴》,纸本,墨笔,纵129.2厘米、横45.4厘米。自识:"遥集道盟翁蓂寒过予,举昔人天寒有鹤守梅花之句索图,呵冻走笔以应。丙申涂月,小云林高简。"钤印:澹游、高简之印、小云林。

图上另有陆世鎏、徐增、金俊明、徐晟、张适、瞿绶等人诗题,并钤印:方鼎镛印、吟啸处、曾经雪庵[5]收藏、士元珍藏、麓云楼书画记[6]。此画今藏于上海博物馆。

[注释]

[1] 陆世鎏,字彦修,吴县(今苏州)人,崇祯十二年举人,著有《永观堂集》十一卷。

[2] 金俊明(1602—1675)初名衮,字九章,号耿菴,吴县(今苏州)人。擅长书法,精工画梅,名倾东南。明亡入清,杜门不出,填词画梅、藏异书、贮书满柜。著有《春草闲堂集》等。

[3] 徐增(1612—?),初字子益,又字无减,后字子能,别号而庵、梅鹤诗人,江南长洲人。明崇祯间诸生,能诗文,工书画。著有《九诰堂全集》。

[4] 徐晟,长洲(今苏州)人,撰《存友札小引》。

[5] 周湘云(1878—1943)号雪庵,大收藏家。因其收藏米友仁《潇湘图》,故名其斋为"宝米斋"。

[6] 士元珍藏、麓云楼书画记：汪士元鉴藏印。

115. 黄鼎《泰岱[1]览胜图轴》

纸本，水墨，长三尺八寸余，阔一尺三寸，题在左上。重岚雄秀，松柏苍深，气韵浑厚，骎骎[2]逼古，安得不以大家目之？曾为陆润之[3]所藏。

[评析]

黄鼎(I660—1730)，字尊古，号旷亭，常熟(今属江苏)人。入仕清廷，官至户部左侍郎、翰林院掌院学士。画山水，学于王原祁，喜游历，看尽九州山水，不仅下笔有生机，而且开阔胸襟，增长见识，以至交结朋友，切磋技艺。年羹尧开府秦中，招往，途中画终南云气、武功、太白诸图，为人所重。师承正统嫡嗣，主持编辑《佩文斋书画谱》、主持绘制《万寿盛典图》等。

黄鼎多次光临泰山，描绘泰山风光。康熙四十三年(1704)春，黄鼎绘《泰岱览胜图》，绘山谷飞瀑景观，有题跋，《历代名画大观山水轴》有收录[4]。

此外，康熙四十五年作《罗浮泰岱图轴》，自云"剪取罗浮老人峰、泰岱苍松"以为友人寿。康熙五十六年夏，又作《造化神秀册》册页，十开，其七为《泰岱晴云》，题款"舟次嘉鱼道中作"。上海朵云轩拍卖有限公司 2005 春季艺术品拍卖会拍卖此作品，以 57 万 2 千元成交。

[注释]

[1] 泰岱：泰山。泰山，又名岱宗，故称。

[2] 骎骎：迅疾的样子。

[3] 陆时化(1714—1779)字润之，号听松，江苏太仓人。国子监生，嗜书画，收藏极富，鉴别精审。著《吴越所见书画录》《书画说铃》等。

[4] 沈叶青、虞伟：《历代名画大观山水轴》，上海书店出版社，1997 年 5 月，第 311 页。

116. 王昱[1]《仿古山水屏幅》

纸本，十二幅，青绿浅绛六幅，水墨六幅。长三尺二寸余，阔一尺四寸余，款在雪景右下,余皆印章,惟各幅不同。临摹各家,无不曲尽其妙。不仅东庄生平巨制,抑亦艺林瑰玮大观。有沈德潜[2]、汪由敦[3]、王承光、沈起元[4]、张楣、张梓[5]、王正功、葛祖亮[6]、张廷琭、徐观光十人各题一幅,董邦达[7]题两幅,长二尺二寸余,阔与画同。原裱装于图上,今另装十二幅,名绘宝墨,偶一比栉悬陈,恍入山阴道上[8]。

［注释］

[1] 王昱(1714—1748)字日初,号东庄、云槎山人,太仓(今属江苏)人,王原祁族弟,小四王之一。擅画山水,从王原祁学画,并观摩宋元诸家,其画近原祁面目,以仿黄公望最多,笔墨松秀,古浑苍润,并擅浅绛没色。著有《东庄论画》。

[2] 沈德潜(1673—1769)字确士,号归愚,长洲(今苏州)人,乾隆四年进士,曾任内阁学士兼礼部侍郎。论诗主格调,提倡温柔敦厚之诗教。其诗多歌功颂德之作,著有《沈归愚诗文全集》。

[3] 汪由敦(1692—1758)字师茗,号谨堂。浙江钱塘(今杭州)人,原籍安徽休宁。雍正二年进士,累官至协办大学士。书法精妙,著有《松泉诗文集.》。

[4] 沈起元(1685—1763)字子大,号敬亭,江南太仓人,康熙六十年进士,官至光禄寺卿。著有《敬亭文稿》《诗草》《桂轩诗草》等。

[5] 张梓,字干庭,号瞻园,上海县人,活动于清代乾隆年间)。工诗,宗盛唐风气。书工隶体,仿曹全碑,古趣盎然。好六书,致力篆刻,著有《印宗》

[6] 葛祖亮,字超人,号闻桥,,上元(今南京)人。乾隆元年进士,官户部主事。著有《两阁古文集》、《花妥楼诗集》。

[7] 董邦达(1696—1769)字孚闻、非闻,号东山,浙江富阳人。雍正十一年进士,官至礼部尚书。工书,尤善画。乾隆帝为之题志者甚多。

[8] 山阴道上:山阴道在会稽城西南郊外,风景优美。王子敬(即王献之)云:"从山阴道上行,山川自相映发,使人应接不暇。若秋冬之际,尤难为怀"(刘义庆《世说新语》)。

117. 清高宗[1]《古木文石图轴》

纸本,水墨,长二尺八寸余,阔一尺余,皴染树石,有珠圆玉润[2]之妙。坡石间野花杂卉,点缀有致,左上题诗一章,宝玺十五方。

[注释]

[1] 清高宗,即爱新觉罗·弘历(1711—1799),乾隆皇帝,25 岁登基,在位六十年,禅位后又任三年零四个月太上皇。乾隆工书,兼擅山水、花草、兰花、梅花、折枝,书画数量多,今北京故宫博物院藏其绘画约 2000 余件。

[2] 珠圆玉润:像珠子一样圆,像玉石一样光润。比喻线条流畅明快。

118. 蒋廷锡《九桃图轴》

绢本,设色,长四尺二寸余,阔二尺一寸余,款在右下。桃树一株,结实九枚,有含露可摘之态。图上康熙御笔蟠桃诗,有乾隆、嘉庆两朝宝玺五方。

[评析]

蒋廷锡(1669—1732),字扬孙,号南沙,江苏常熟人,康熙四十二年进士,曾任户部尚书、文华殿大学士、太子太傅等职,卒谥文肃。擅长花鸟,以逸笔写生,奇正率工,敷色晕墨,兼有一幅,能自然洽和,风神生动,得恽寿平韵味。点缀坡石,偶作兰竹,亦具雅致。曾画过《塞外花卉》70 种,被视为珍宝收藏於宫廷。著《青桐轩秋风》《片云诸集》等。

汪士元收藏的这幅《九桃图轴》出现在拍卖市场上,名称为蒋廷锡《蟠桃图》,设色,绢本,立轴,纵 133 厘米,横 66.6 厘米,旧藏重华宫,著录于《石渠宝笈初编》,有"臣蒋廷锡恭画"款。画幅左上方有康熙御笔楷书唐人截句一首:"蟠桃一熟九千年,方朔偷来献寿筵。才入口时甜胜蜜,顿教凡骨变成仙。"钤"康熙宸翰"、"保合太和"、"佩文斋"三方御玺。九棵水蜜桃分四组缀于树干,以没骨写出,随形傅彩,白中透出粉嫩;桃叶翩翩,汁绿写形,墨笔勾筋,简洁凝练,生动超逸。另有印章:嘉庆御览之宝、乐善堂图书记、石渠宝笈、重华宫鉴藏宝、乾隆御览之宝、士元珍藏、麓云楼书画记[1]。

2018 年 11 月 20 日,此画由中国嘉德国际拍卖有限公司在 2018 年秋季拍卖会公开拍卖.

[注释]

[1] 士元珍藏、麓云楼书画记:汪士元鉴藏印。

119.　谢淞洲[1]《山水轴》

纸本,水墨,长三尺一寸余,阔一尺一寸余,左上小楷长题。山峦层叠,溪水急湍,造境幽邃,不同时史[2],墨光秀润入里,尤为绝诣独臻[3]。

[注释]

[1] 谢淞洲,字沧湄,号林村,清朝长洲(今苏州)人,布衣,工诗,擅画山水,学倪黄兼元人笔意,精于鉴别,雍正年间特命召其鉴别内府所藏法书名画。

[2] 时史:"时史"是画学中的重要术语,指记录、叙说、描画,时间粘带着事件。恽南田论画,力陈时史之弊,画家不能做具体事件的记述者,而要做世界的"发现者"。

[3] 绝诣独臻：达到极高的造诣。

120.　张宗苍《万木奇峰图轴》

纸本,水墨,长四尺九寸余,阔一尺七寸余,款在右上。气象葱郁,笔墨与画境称合,不愧能手。

[评析]

张宗苍(1686－1756),字默存,号篁村,江苏苏州人。黄鼎弟子。始以主簿理河工事。乾隆皇帝南巡,张宗苍进献了画册《吴中十六景》,深得乾隆皇帝的欣赏,后来进入清宫廷画院供奉,为宫廷作画。其山水画,画风苍劲,用笔沉着。山石皴法多以干笔积累,林木之间使用淡墨,干笔和皴擦的手法相结合,表现出了深远的意境和深厚的气韵,一洗宫廷画院惯有的甜熟柔媚的习气,特别被乾隆皇帝所喜爱。《石渠宝笈》收录了他的 116 幅作品,很多作品上都有乾隆皇帝的题诗。

汪士元收藏的《万木奇峰图》,张宗苍创作于乾隆戊辰十三年(1748 年),63岁,纸本,水墨,纵 155.5 厘米,横 54.3 厘米,今存上海博物馆。

乾隆曾作《题张宗苍万木奇峰图》:"槎枒树出石嶙峋,深秀盘中绝四邻。碧涧清潭成丽瞩,苍葭白露想伊人。楼头何异陶弘景,谷口宛同郑子真。肥遁长年图画里,安知世上有蒲轮。"

　　姚鼐[1]曾作《题张篁村万木奇峰图》:"一峰崛起天当中,撑拄元气开鸿濛。左右阖辟两巨鳌,径路各绝风云通。松风远自云中起,摇荡云光山色里。水交山断置人家,松响溪声动窗几。岩高谷迥居无邻,松林有路无行人。岂非高士尝避秦,自此千载无问津。又疑灵境与世隔,乃是天地神物之所珍。我家龙眠东,西望两谷口。每至夕阳时,岚光纷照牖。日月逝矣身今衰,芒屦竟隔青崖嵬。却寻图中幽谷到穷处,忽有数峰天际来。张君画山最得古人妙,俯视百年画史皆尘埃。人家收得尺绢素,屈指不数王麓台。何况林卉与翎羽,扰扰俗工何足取。韩干戴嵩堪障壁,徐熙周昉遗儿女。落落平生山水情,移将看画亦眼明。于今安得张君死复生,与余结茅共对青山青。"

　　"今存上海博物馆的《万木奇峰图》轴,更得群峰险峻,苍翠郁茂之势,皴法略近解索皴,山峰多矶头,景物华茂条理清晰,深得江南山水苍茫秀润之意,是张宗苍较有代表件之作[2]。"

[注释]

　　[1] 姚鼐(1731—1815),字姬传,桐城(今属安徽人。乾隆二十八年进士,曾任山东、湖南副主考,会试同考官。乾隆三十九年秋借病辞官,以授徒为生。提出"义理、考据、辞章"三者不可偏废,发展和完善了桐城派文论。为与方苞、刘大櫆并称为"桐城派三祖"。著有《惜抱轩诗文集》。

　　[2] 李希凡总主编,陈绶祥本卷主编,梁江本卷副主编:《中华艺术通史清代卷》(下编),北京师范大学出版社,2006年6月,第97页。

121. 张洽[1]《万木奇峰图轴》

　　纸本,设色,长四尺八寸余,阔一尺六寸余,款在右上。皴染均仿黄鹤山樵[2],布局之绵密,用笔之沉细,殆[3]其生平杰作。曾为景剑泉[4]所藏,

[注释]

　　[1] 张洽(1718—1799),字月川,一作玉川,号在阳、青筋古渔等,江苏苏州人,张宗苍侄。善画山水,得法于宗苍,喜作层峦叠嶂,枯笔焦墨,皴点勾染,浓淡交织,滋润浑厚,得王蒙遗韵。乾隆四十九年(1784)作《万木奇峰图轴》,图录于《中国名画宝鉴》。

　　[2] 黄鹤山樵,叔明,即王蒙(1308—1385),元代画家。字叔明,号黄鹤山

樵,湖州(今浙江吴兴)人。山水画受赵孟頫影响,师法董源、巨然,集诸家之长,自创风格。"元四家"之一。

[3] 殆:表推测,相当于"大概"、"几乎"。

[4] 景其濬,字剑泉,贵州兴义人,清咸丰二年进士,官至安徽学政。工书法,好收藏,精鉴赏,曾藏元、明、清名人书画,今入藏上海博物馆。辑有《四家赋钞吴顾赋钞》等。

122. 华嵒[1]《明妃出塞图轴》

纸本,设色,长四尺三寸余,阔一尺九寸余,题款在左上,作骆驼一,明妃挟琵琶骑其上,含颦敛怨,意在画外。圉人[2]执鞯[3]前行,状极壮伟。工细之作,而笔端仍有逸气,是新罗独到处。

[注释]

[1] 华嵒(1682—1756),一作华岩,字德嵩、秋岳,号新罗山人、东园生等,老年自喻"飘篷者",闽县(今福建闽侯)人,侨居钱塘(今杭州)。工画人物、山水、花鸟、草虫,脱去时习,力追古法,写动物尤佳。善书,能诗,时称"三绝",为扬州画派的代表人物之一。

[2] 圉人:指养马放牧的人。

[3] 鞯:带嚼子的马笼头。

123. 华嵒《关山勒马图轴》

纸本,设色,长三尺九寸余,阔一尺八寸余,款在左上,字大径寸,逼肖庙堂。画作雪山突起,下写坡路,均用水墨烘染托出,不加皴点,孤雁远飞,一朱衣者勒马翘首回顾,设境壮伟,可谓神来之笔[1]。

[评析]

汪士元收藏的华嵒《关山勒马图轴》,纸本,设色,纵124厘米,横57.1厘米,现藏于上海博物馆。款识在左上:"一声孤雁关山裂,雪满寒原勒马看,秋岳。"钤二印。

"表现了塞外的风光,作品手法十分简洁,用淡墨烘染云天和地面,空白部位显现积雪山影,分外洁净迷茫。雪地上勒马仰观孤雁的旅人,红衣赭马,甚是醒目。巧妙地传达出'一声孤雁关山裂,雪满寒原勒马看'的诗意[2]"。

[注释]

[1] 神来之笔:由神灵帮助而写出的作品,形容作品精彩,笔墨传神。

[2] 黄欢:《并非衰落的末世百年　清代中后期的"文士"人物画》,文化艺术出版社,2010年6月,第72页。

124. 华嵒《山水人物册》

纸本,设色,十页,高八寸余,阔一尺余,每页有题,平淡之中时有奇趣。内药阑士女、夜雨孤舟两页,画境超逸,尤饶神韵。先为潘季彤[1]所藏,后归孔氏岳雪楼[2]。

[注释]

[1] 潘正炜(1791—1850),字榆庭,号季彤,广东番禺人。祖父潘振承早年出洋,熟英语,在广州十三行获得旨准开设同文洋行,包揽丝茶经营商务。父亲潘有度继承祖业主理同文洋行。潘正炜继承两代家业,以字画鉴藏见长,建"听帆楼"珍藏书画文物。著有《听帆楼书画记》等。

[2] 孔广陶(1832—1890),字鸿昌、一字怀民,号少唐,广东南海人。父孔继勋,早年经商,以经营盐业致富。国学生,官分部郎中、编修。嗜书,富收藏,以收藏武英殿刻本书籍出名。藏书处称"三十三万卷书堂",又有"岳雪楼",所藏之书,皆为精品,尤以清殿本为富。

125. 蔡嘉[1]《夕阳秋水图轴》

纸本,设色,长四尺三寸余,阔一尺九寸余,题在右上,皴染全仿唐六如[2],树法尤为神似。全幅气势生动,设色娴雅,松原图画,叹观止矣[3]。

[注释]

[1] 蔡嘉(1687—1756),字松原,号雪堂,江苏丹阳人,后侨居江苏扬州。善

诗,工草书,与高翔、汪士慎、高凤翰、朱冕等交往,研习诗画于所居"高寒旧馆",时称"五君子"。花卉、山石、翎毛、虫鱼,无一不能,笔墨工整秀润,设色浓艳妍丽;尤善青绿山水,勾点敷染和谐朗润。汪士元收藏的蔡嘉《夕阳秋水图》轴,款在右上:"苍苔满径净如洗,终日行吟懒出门。到地夕阳微有迹,粘天秋水淡无痕。"

[2] 唐寅(1470—1523)字伯虎,号六如居士,融会南北画派,笔墨细秀,布局疏朗,风格秀逸清俊。诗文上,与祝允明、文征明、徐祯卿并称"吴中四才子"。绘画上,与沈周、文征明、仇英并称"吴门四家",又称"明四家"。著有《六如居士全集》。

[3] 叹观止矣:叹为观止,谓赞叹观赏的对象精妙之极、完美之至。

126. 皇六子《频婆图轴》

纸本,设色,长四尺四寸余,阔一尺九寸余。此图为狮犬写照,频婆其名,毛色黑白参错,状态如生,绿阴满地,翠竹一丛,芳草闲花,点缀于平坡石罅间,工雅绝伦。题在诗斗,并系小词。曾为景剑泉[1]所藏,有莲樵成勋鉴赏书画之章,余印弗录。

[评析]

爱新觉罗·永瑢(1743—1790),号九思主人。清朝宗室大臣,乾隆帝第六子,母为纯惠皇贵妃苏氏。乾隆二十四年冬,出继慎靖郡王允禧,封贝勒,管理内务府、充《四库全书》玉牒馆总裁、监管钦天监事务。五十四年,晋封质亲王,谥号为庄,工诗擅画。

《频婆图轴》,曾经景其濬、汪士元收藏,今藏北京故宫博物院。2001 年 4 月,曾在故宫博物院古书画部主办的"乾隆时期宫廷绘画展"上展出。

[注释]

[1] 景其濬,字剑泉,贵州兴义人,清咸丰二年进士,官至安徽学政。工书法,好收藏,精鉴赏,曾藏元、明、清名人书画,今均入藏上海博物馆。辑有《四家赋钞吴顾赋钞》等。

127. 高凤翰《纪游山水册》

纸本,设色,细笔,十页,高八寸,阔九寸余,每页有题,并题对页及引首。泰岳[1]、明湖[2]诸胜,历历如睹。运笔敷色,古秀引人。松亭图一页,尤精幽有致,乃右手极精之作。

[评析]

高凤翰(1683—1749),字西园,号南村,山东胶州人。曾署绩溪知县。性豪迈不羁,精艺术,画山水花鸟俱工,工诗,尤嗜砚,藏砚千。乾隆二年病,废右手,感郑元佑尚左故事,更号"后尚左生"、"丁巳残人"。书画篆刻皆以左手,与"扬州八怪"诸家在扬州鬻艺为生,治印究心缪篆,印章全法秦汉,苍古朴茂,罕于俦匹,为"四凤派"(高凤翰、潘西凤、高凤冈、沈凤)主要代表。著有《砚史》《南阜集》。

汪士元收藏的高凤翰《山水册》,作于雍正五年(1727年),今藏北京故宫博物院[3]。

[注释]

[1] 泰岳:泰山。

[2] 明湖:济南大明湖别称。

[3] 卞孝萱主编、薛锋副主编:《扬州八怪年谱》上,江苏美术出版社,1990年7月。

128. 高其佩[1]《花卉翎毛册》

绢本,设色,十页,高九寸余,阔九寸余,每页题款于下角,谨细渊雅,全仿院本[2],迥与习见不同。对页果亲王书,画幅有果亲王[3]府图籍印。王翰甫[4]藏一册,秘不轻示,工细相类,而气韵娟秀,远不逮[5]此。

[注释]

[1] 高其佩(1672—1734),字韦之,号且园,辽宁铁岭人,工诗。年轻时学习传统绘画,山水、人物,受吴伟的影响。中年以后,开始用指头绘画,所画花木、鸟

兽、鱼、龙和人物,无不简恬生动,意趣昂然。著有《且园诗钞》。

［2］院本:宋画院画家所作的画,称院本。

［3］果亲王:和硕果亲王,清朝世袭亲王,雍正元年,康熙帝第十七子胤礼被封郡王,进亲王,封号果,死后谥号毅,未得世袭罔替,每次袭封需递降一级。一共传了八代十位。

［4］王翰甫:王懿荣的长子。王懿荣(1845—1900 年),山东省福山县(今属烟台)人,曾任国子监祭酒,甲骨文的发现者,庚子八国联军入京时,投井死。

［5］逮:到,及。

129. 王宸[1]《山水轴》

纸本,设色,长二尺九寸余,阔一尺五寸余,题款在左上。笔墨苍润有致,绝无枯秃之憾。此系画赠乃叔,宜其经意[2]乃尔[3]。

[注释]

［1］王宸(1720—1767),字紫凝,号潇湘翁、蓬心,江苏太仓人,王原祁曾孙。乾隆二十五年举人,官至湖南永州知府。画承家学,枯毫重墨,干笔皴擦,气韵荒古,极有韵致。善画山水、竹石、兰菊。诗学苏轼,书学颜真卿。著有《绘林代林》《蓬心诗钞》等。

［2］经意:经心,注意。

［3］乃尔:如此。

130. 董邦达《临马远潇湘八景卷》

纸本,水墨,高七寸余,长一丈六尺七寸余,图后隶书题款,云水苍茫,笔墨俱化,不但时史不能望其项背[1],即公亦恐难再。每景高宗[2]题诗于上,乾嘉两代宝玺数十方,重承睿赏[3]可知。

[评析]

董邦达(1699—1769)字孚存,一字非闻,号东山,浙江富阳人。雍正十一年进士,官至工部尚书、礼部尚书。参与《石渠宝笈》、《秘殿珠林》、《西清古鉴》诸书的编纂。参纂《明史纲目》、《皇清文颖》两书。工书画，篆、隶得古法，山水取法元人，善用枯笔，饶有逸致。所作山水画，气势磅礴，特开生面，多御制诗题咏。

董邦达的《临马远潇湘八景卷》，乾隆十一年丙寅（1746年）作，高 23.2 厘米，宽 526 厘米。题识：翰林院侍读学士臣董邦达奉敕恭摹马远潇湘八景。钤印：臣邦达印、学画。

乾隆御题：

（一）"内府藏潇湘八景图，宋马远真迹也，丙寅长夏命董邦达重摹成卷，各系诗其上。全迷江上数峰青，渔舍蜗寮户半扃。峡口莫教人问波，恼他锦瑟鼓湘灵。潇湘夜雨。"钤印：朱文"含辉"、白文"几暇怡情""得佳趣"。

（二）"秋风袅袅漱金漪，木叶偏当微脱时。此景问谁能领略，银蟾千里座中移。洞庭秋月。"钤印：白文"几暇临池"

（三）"欲落未落夕阳色，三舟两舟古渡滨。桨音底似水仙操，鼓枻传来泽畔人。渔村夕照。"钤印：朱文"比德"、白文"朗润"

（四）"辞将白帝诣君山，千里巴陵旦暮间。猿叫听猿劳不尽，风帆无恙只闲闲。远浦归帆。"钤印：朱文"研露"。

（五）"林端岩际翠模糊，坛酿新昱已可酤。西去巴陵上三峡，流风何处觅当垆。山市晴岚。"钤印：白文"会心不远"、朱文"德充符"。

（六）"积翠浮丹暮景萧，闻声始觉有僧寮。禅和公案参来熟，披处谁能悟七条。烟寺晚钟。"钤印：朱文"丛云"。

（七）"水浅芦深且泊之，衡阳不过意如斯。稻粱矰缴何忧喜，沧浪江天命侣时。平沙落雁。"钤印：朱文"浴德"（椭圆印）。

（八）"柳棉鹤氅正纷纷，七泽三湘杳莫分。何处参差飘钓艇，因风吹裂冻江云。江天暮雪。乾隆御题。"

汪士元题签：1. 乾隆御题董东山临马远潇湘八景图。玉带砚斋珍藏[4]。钤印：汪士元印。2. 董东山潇湘八景图卷。向叔。

鉴藏印：乾隆御览之宝、乾隆鉴赏、乐寿堂鉴藏宝、石渠宝笈、三希堂精鉴玺、宜子孙、石渠定鉴、宝笈重编、宁寿宫续入石渠宝笈、太上皇帝之宝、五福五代堂古稀天子宝、八征耄念之宝、即事多所欣、笔花春雨、含辉、几暇怡情、得佳趣、几暇临池、比德、朗润、研露、会心不远、德充符、丛云、浴德、惟精惟一、乾隆宸翰、御赏（四次）、内府书画之宝（四次）、嘉庆御览之宝、向叔所得、平阳汪氏家藏、松辛亥以后所得、李国松[5]、思学斋、思学斋鉴藏印、李国松藏、檠斋珍秘、思学斋鉴

藏印、南通吴氏收藏书画印、吴氏[6]、玉带砚斋、寂庵审定、麓云楼、王南屏[7]
鉴藏。

此画原为清宫藏品,民国时期流出宫外,落入汪士元之手。此后,此画经李
国松、吴普心、王南屏[8]递藏。此画已经流入市场,2003 年 7 月 13 日,在中国嘉
德春季拍卖会上以 363 万元成交易主。

[注释]

[1] 望其项背:意思是能够望见别人的颈项和脊背,表示赶得上或比得上,
多用于否定句中。

[2] 高宗,即爱新觉罗·弘历(1711—1799),乾隆帝。

[3] 睿赏:圣明的鉴赏。

[4] 玉带砚斋珍藏:汪士元鉴藏印。寂庵审定、麓云楼、向叔所得、寂庵审
定,向叔,均为其印。

[5] 李国松(1878—1949?),字健父,号木公,一号槃斋,安徽合肥人,李鸿章
侄儿,光绪二十三年举人。曾为庐州中学捐资数万,延聘名师,广购书籍,由此被
推为合肥教育学会总理,升安徽咨议局局长。民国以后,居于上海,抗战时曾去
天津租界避居,晚年在天津谢世

[6] 吴普心(1897—1987),号庭香,江苏南通人。曾到美国攻读银行经济
学,回国后出任银行行长。其时东北遭逢连年战乱,溥仪所携带出宫之名贵文玩
书画多有散佚,吴氏乃挟其资财广为收蓄,累积既厚,遂成民国一代收藏巨擘。
1949 年赴台湾。收藏多钤"思学斋"、"吴氏珍藏"、"崇川吴氏"等印章。

[7] 王南屏(1924—1985),号玉斋,香港著名书画鉴藏家。南屏之父王有林
(1900—1989)早年在上海经营染织业,经商之余,喜读书和收藏古书画,家藏宋
元明清书画约四百余件。

[8] 田洪编:《王南屏藏中国古代绘画》下卷(Wang Nanping's collection of
ancient Chinese paintings),天津人民美术出版社,2015 年 7 月,第 796—797 页。

131. 罗聘[1]《东坡[2]药玉船[3]图轴》

纸本,水墨,长二尺四寸余,阔一尺,图写东坡药船一具,古意盎然。翁覃
溪[4]题于本幅,接纸复题两诗,并周叔恒题,曾藏端溪何氏[5],南皮张文达[6]

题签。

[注释]

[1] 罗聘(1733—1799),"扬州八怪"之一。字遯夫,号两峰,祖籍安徽歙县,其先辈迁居扬州。为金农入室弟子。布衣,好游历。人物、佛像、山水、花果、梅、兰、竹等,无所不工,笔调奇创,超逸不群,别具一格。允绍、允缵,均善画梅,人称"罗家梅派"。著有《香叶草堂集》。

[2] 东坡,指宋代苏轼(1037—1101),字子瞻,和仲,号"东坡居士",世称"苏东坡",眉州(今四川眉山)人。北宋豪放派词人的主要代表之一,"唐宋八大家"之一。著有《东坡乐府》等

[3] 药玉船:用药玉制成的酒杯。石料经药物煮炼后,色泽光润,称药玉,犹今之料玉。苏轼《与文与可三首》之二:"离浙中已四年,向亦有少浙物,久已分散零落矣。有药玉船两只,献上,恰好吻酌,不通客矣。呵呵。杭州故人颇多,致之不难,当续营之。但恐得后不肯将盛作见借也。"

[4] 翁方纲(1733—1818),字正三,号覃溪,晚号苏斋。直隶大兴(今属北京)人,乾隆十七年进士,官至内阁学士。书法与同时的刘墉、梁同书、王文治齐名。著有《复初斋诗文集》等。

[5] 何瑗玉,字蘧庵,号莲身居士,广东高要人(境内端溪为产砚石之地),晚清翰林院待诏,精鉴赏,与其兄何昆玉同享盛名。

[6] 张之万(1811—1897)字子青,号銮坡,直隶南皮(今属河北省)人,张之洞兄。道光二十七年进士;官吏部尚书、东阁大学士,卒赠太保,谥"文达",入祀贤良祠。画承家学,山水用笔绵邈,骨秀神清,为士大夫画中逸品。初与戴熙讨论六法,交最相契,时称南戴北张。有《张文达公遗集》。

132. 桂馥[1]《古松图轴》

纸本,墨笔,长三尺,阔一尺九寸余,题款在左方.枝叶倒垂,用笔苍劲有力,此为画中逸品[2]。

[注释]

[1] 桂馥(1736—1805),字未谷,号雩门,山东曲阜人,乾隆五十五年进士,官云南永平县知县。精于考证碑版,以分隶篆刻擅名。曾为"阅微草堂"题写匾

额。生平喜博览，于书无所不读，对金石、六史有独到研究。家富藏书，有藏书处"十二篆师精舍"，著有《说文义证》《晚学集》等。

［2］逸品：谓技艺或艺术品达到超众脱俗的品第。

133. 潘恭寿[1]《看梅图轴》

纸本，设色，长四尺三寸余，阔一尺四寸余，右上梦楼[2]题款，岚容深秀，梅寺清幽，人物略师石田[3]而气韵生动，俨然六如[4]遗意[5]。

［注释］

［1］潘恭寿（1741—1794），字慎夫，号莲巢，江苏丹徒人。花卉取法恽寿平，兼工写生，濯濯如迎风凝露。佛像则出入丁云鹏、吴文中之间。其画时得王文治题，人称"潘画王题"，世尤宝之。晚年喜刻印章。著有《龟仙精舍集》。

［2］王文治（1730—1802），清代官吏、诗人、书法家。字禹卿，号梦楼，江苏丹徒人。

［3］沈周（1427—1509）字启南，号石田、白石翁等，长洲（苏州）人，不应科举，专事诗文、书画，技艺全面，功力浑朴。发展了文人水墨写意山水、花鸟画的表现技法，成为吴门画派的领袖，与文征明、唐寅、仇英并称"明四家"。著有《石田集》、《客座新闻》等。

［4］唐寅（1470—1523）字伯虎，号六如居士，融会南北画派，笔墨细秀，布局疏朗，风格秀逸清俊。诗文上，与祝允明、文征明、徐祯卿并称"吴中四才子"。绘画上，与沈周、文征明、仇英并称"吴门四家"，又称"明四家"。著有《六如居士全集》。

［5］遗意：前人或古代事物留下的意味、旨趣。

134. 钱杜[1]《临黄鹤山樵[2]西庄载菊图轴》

纸本，墨笔，长三尺六寸，阔九寸，题在上方偏左，皴染均深得叔明[3]神髓[4]，纸白如新，神韵益足。

［注释］

［1］钱杜（1763—1844），字叔枚，更名杜，字叔美，号松壶，钱塘（今杭州）

人.嘉庆五年进士,官主事。道光二十二年英军攻略浙江,避地扬州,卒。擅画山水,以细笔和浅设色为主,运笔松秀缜密,所画山石、人物形象,能寓巧密于朴拙之中,颇有装饰意趣。有《松壶画赞》等。

[2][3] 王蒙(1308—1385)字叔明,号黄鹤山樵。湖州(今浙江吴兴)人。作品以繁密见胜,重峦叠嶂,长松茂树,气势充沛,变化多端;喜用解索、牛毛皴,干湿互用,寄秀润清新于厚重浑穆之中;苔点多焦墨渴笔,顺势而下。"元四家"之一。

[4] 神髓:精神与骨髓,比喻精粹。

135. 余集[1]《调羹图轴》

纸本,设色,长三尺四寸余,阔一尺七寸,款在左方,图以调羹称,故容体[2]端雅,不作矫柔之态,非深于画理者不辨。

[注释]

[1] 余集(1738—1823)字蓉裳,号秋室,仁和(今杭州)人。乾隆三十一年进士,官至翰林侍读学士。山水笔墨秀逸,有山光在掌、云气生衣之致,所画仕女风神闲静,无脂粉气。人物宗陈洪绶,画美人尤妙,京师人称"余美人"。著有《秋室集》。

[2] 容体:容貌体态;身体。

136. 改琦《文章四友[1]图轴》

纸本,设色,长四尺一寸余,阔一尺六寸余,款在左方,衣冠四人,各具状态,风流儒雅,气度清华,用意之工,点缀之精,直可抗衡实父[2]。图上陈希祖[3]题。

[评析]

改琦(1774—1828),字伯蕴,号香白,又号七芗、七香,松江(今属上海)人。回族,其先世本为西域人,寿春镇总兵光宗孙,因家江南,居华亭。自幼通敏多能,诗画皆天授。善画人物、花竹,尤以仕女画最为著名。他的仕女画落墨洁净,设色妍雅,形成了造型纤细清瘦、姿容文雅,线条飘逸简适,勾画精微,笔墨舒展的独特风格,时人称为"改派"。曾画《红楼梦图咏》50 幅,镂版行世。著有《玉壶山人集》等。

改琦《文章四友图轴》,嘉庆己卯(1819 年)作,纵 129.8 厘米,横 52.8 厘米。据画家自识,这幅作品是以仇英的作品为粉本,敷色清雅,背景简洁而能渲染出与人物个性协调的氛围。钤印:七芗、改琦。题识:"嘉庆己卯秋日,橅仇实父真本、伯韫改琦。"

题词:"有唐三百年间,词臣接踵,炳炳麟麟,为列代所未有。初唐时,已有杜审言、李峤、崔融、苏味道为文章四友。厥后,王、杨、卢、骆匹美前徽,皆四君为之倡也。虽然,四君之兴,其又文台之效欤。陈希祖。"钤印:陈希祖印、敦壹。题签:"改七香文章四友图。寂庵。"

鉴藏印:向叔心赏、麓云楼藏[4],朗庵珍秘[5],程伯奋[6]珍藏印、双宋楼。

此作品曾经汪士元、程琦、林熊光等人收藏。在 2011 年 11 月 17 日秋季拍卖会上,北京翰海拍卖有限公司主持拍卖此画,以 230 万元成交,2012 年又拍出 299 万的高价,2014 年又拍出 358 万的价格。

[注释]

[1] 文章四友:初唐诗坛上,崔融、李峤、苏味道、杜审言四人的作品风格较接近,被时人称为"文章四友"。作品内容多写歌功颂德、宫苑游宴,但有时透露了诗歌变革的消息,对诗歌体制的建设作出了积极的贡献。四人中,以杜甫的祖父杜审言成就最高。

[2] 实父:仇英(约 1498—1552),字实父,号十洲,江苏太仓人。后移居吴县。擅画人物,尤长仕女,既工设色,又善水墨、白描,能运用多种笔法表现不同对象,或圆转流美,或劲丽艳爽。偶作花鸟,亦明丽有致。与沈周、文征明、唐寅并称为"明四家"、"吴门四家",亦称"天门四杰"。

[3] 陈希祖(1765—1820)字敦一、玉方,江西新城人乾隆五十五年进士,官浙江道监察御史,善书法,有《云在轩稿》。

[4] 向叔心赏、麓云楼藏:汪士元鉴藏印。寂庵,也为汪士元印章,可见题签者为汪士元。

[5] 林熊光(1897—1971),字朗庵,台湾板桥林家后裔。1923 年毕业于东京帝大经济系,创办大成火灾海上保险株式会社,三十年代居日经商,至台湾 1945 年光复后才返台。林熊光精鉴赏,富收藏。家多剧迹,为著名收藏家。著有《宝宋室笔记》。朗庵珍秘,为其鉴藏印

［6］程琦，字伯奋，号二石老人，又号可庵，斋号双宋楼、萱晖堂、奎章阁，近代旅日侨商与古物文献鉴赏家，著有《萱晖堂书画录》。

137. 汤贻汾^[1]《琴隐园种菊图轴》

纸本，设色，长二尺四寸余，阔一尺一寸余，款在左上。此图为家园写照，景物清幽，笔致苍秀，不仅画以人重，图上金应仁[2]、孙义钧[3]题。

［注释］

［1］汤贻汾（1778—1853），字若仪，号雨生，江苏武进人。以祖荫袭云骑尉，授扬州三江营守备，擢浙江抚标中军参将、乐清协副将。精骑射，娴韬略，精音律，且通天文、地理及百家之学。书负盛名，工诗文、书画。后升温州镇副总兵，因病未赴任而寓居南京。咸丰三年，太平军攻克金陵后，赋绝命四十言，投池殉身，谥贞愍。著有《琴隐园诗集》等。

［2］金应仁，字子山，吴县（今苏州）人。居苏州胥门之雁宕里，因自号雁宕草衣。性恬潜，不为举子业，能诗，擅六法，其山水出入元、明诸家，能自立门径。著有《抚松轩诗》。

［3］孙义钧，清道光年间江苏吴县人，字子和，诸生。入资为县尉，工诗能书善画，清蒋宝龄《墨林今话》云"子和博览群籍，不为世俗之学，卓有撰述。其学以经为主，以小学为从人之路。书品在晋、唐间，隶古无近人眭经。曼生司马首推之。"

138. 戴熙^[1]《山水册》

罗文纸本，十页，设色、水墨各五页，高九寸余，阔八寸余，每页有题，法惠崇[2]、范中立[3]、马和之[4]、王黄鹤[5]、董思翁[6]笔意五页，余则自运。文节画笔，每以疏秀取姿，是册于幽润之中，兼有苍浑之气，斯为难得。惜画后尚有一跋，不知何时佚去。今按画絮照录一过，以待璧合[7]。

［注释］

［1］戴熙（1801—1860），字醇士，号榆庵，钱塘（今杭州）人，道光十一年进

士,官至兵部侍郎。工诗书,善绘事。"四王"以后的山水画大家。道光时宫廷书画多出于其手。咸丰十年太平天国克杭州时死于兵乱,谥号文节。著有《习苦斋画絮》。

[2] 惠崇(965—1017)建阳(今属福建)人。善画鹅、雁、鹭鸶,尤工小景,又擅长画寒汀远诸,潇洒虚旷之象。苏轼为惠崇画作《春江晚景》的题诗:"竹外桃花三两枝,春江水暖鸭先知",名传千古。

[3] 范中立,北宋华原(今陕西省耀县,位铜川市西南)人,字仲立,画家,人称其为"范宽"。他初学李成,继学荆浩,后自成一家,擅画雪山,山顶多作密林,水间作突兀大石,其落笔雄健而凝练。

[4] 马和之:钱塘(今杭州)人,宋高宗绍兴进士,官至工部侍郎。一说为画院待诏。擅长人物画和山水画,简练生动,行笔飘逸,线描独特,如同柳叶,故名"柳叶描",一作"马蝗描"。设色浅淡,务去华藻,人称"小吴生"。

[5] 王蒙(1308—1385),字叔明,号黄鹤山樵,湖州(今浙江吴兴)人。作品以繁密见胜,重峦叠嶂,长松茂树,气势充沛,变化多端;喜用解索、牛毛皴,干湿互用,寄秀润清新于厚重浑穆之中;苔点多焦墨渴笔,顺势而下。"元四家"之一。

[6] 董其昌(1555—1636)字玄宰,号思白、香光居士,松江华亭(今上海)人,万历十七年进士,官至南京礼部尚书,卒后谥"文敏"。擅画山水,以佛家禅宗喻画,倡"南北宗"论,为华亭画派杰出代表,兼有"颜骨赵姿"之美。著有《画禅室随笔》》等。

[7] 璧合:两璧相合。比喻美好的事物结合在一起。

139. 戴熙《峭壁丛篁图轴》

纸本,水墨,长二尺七寸余,阔一尺四寸余,款在右上,此为视学[1]粤东英德[2]舟中写影之作。溪水奔漩,竹筠茂密,取境深曲有致,有杨溪马氏[3]收藏印。

[注释]

[1] 视学:官名。清末及北洋军阀统治时期,教育部及各省、县教育行政机关分别设置,掌握视察学务。国民党统治时期改称督学。

[2] 英德,又称英州,素称岭南古邑,又称英州,是广东省历史文化名城、旅游重镇,由清远市代管。

[3] 杨溪马氏：马云骧，字虚斋，晚清收藏家，鉴藏印有：虚斋、天然佳趣、杨溪马氏虚斋家藏、稀有珍奇、马虚斋珍藏、錬忍隐士马虚斋等。

140. 戴熙《松亭秋爽图轴》

纸本，水墨，长三尺八寸余，阔一尺七寸余，题记署款在上方居中，左次又题一则。此图系仿石谷[1]，气韵幽秀，精神团结，文节大幅中少见之作。石谷原本，曾于京舍中一见，用墨稍淡，神采较此转逊。有田溪书屋鉴藏，丽甫审定，冠五[2]清赏诸印。

[评析]

戴熙《松亭秋爽图轴》，道光二十七年（1847年）作，水墨，纸本，高122厘米，宽53厘米。款识：一、耕烟拟云西松亭秋爽，丁未秋季获见松筠庵，借归。手笔，滇生前辈见之，出御赏纸，重属写为大轴，因师其意作此。侍生戴熙醇士作于习苦斋。二、耕烟此作密而不塞，秀而不弱，拙而不滞，密可及，秀不可及而可学，若拙则不可学矣。醇士翊日又题。印鉴：戴熙、醇士、与江南徐河阳郭同名、鹿诗画。

鉴藏印：天津徐氏濠园珍藏[3]、士元珍藏、麓云楼书画记[4]、冠五清赏、处士家风、田溪书屋鉴藏、丽甫审定[5]。

签条：戴文节松亭秋爽图，天津徐氏濠园珍藏。

此作品经何冠五、汪士元、徐世章等人递藏，2002年12月10日，由上海朵云轩拍卖有限公司在上海公开拍卖。

[注释]

[1] 王翚（1632—1717），字石谷，号耕烟散人，常熟（今属江苏）人。作品虽多仿古，却具清丽深秀风致，功力深厚，晚年脱落，转有苍茫之致。从学弟子甚众，称"虞山派"。"四王"之一，"清初六家"之一。著有《清晖画跋》。

[2][5] 何冠五：原名何寿，字冠五，号丽甫，广东三水人，以货殖起家，民初到30年代活跃于广州，是当时广州十八甫富善西街裕隆兴记出口丝绸庄的东主。为国画研究会会员，收藏书画颇丰。营商失败后，家藏亦星散。冠五清赏、处士家风、田溪书屋鉴藏、丽父审定，为其鉴藏印。

[3] 徐世章（1886—1954），字瑞甫，号濠园居士，北洋政府总统徐世昌之

弟。早年留学比利时列日大学商学院，获经济管理学学士学位，曾任交通部次长、中国国际运输局局长、币制局局长等职。擅书法，一生致力于文物收藏。去世后，家人将其近 3000 件文物全部无偿捐献给国家。天津徐氏濠园珍藏，为其鉴藏印。

[4] 士元珍藏、麓云楼书画记：汪士元鉴藏印。

第四章

《麓云楼书画记略续编》注评

序言

　　1922 年盛夏，汪士元冒着酷暑，匆匆写下不足万言的小册子《麓云楼书画记略》。不久，书中所载书画因赌债陆续易主，二十载心血付之东流。在扼腕叹息的同时，我惊喜地发现，当今国内外博物馆、美术馆及私家手中藏有许多汪士元曾经收藏过的书画，国内外的拍卖市场上频频出现有汪士元印章和题跋的书画。更令我惊喜的是，其中有许多作品未见著录于《麓云楼书画记略》！

　　由此可以断定，1922 年以后，汪士元的书画收藏活动没有中断过。1951 年冬天，他病逝于北京，足足有三十年的时间。自 2014 年以来，我寻找未见于汪公著作而汪公收藏过的书画，主要途径是国内外公私馆藏及拍卖记录，共得 255 幅书画资料，撰成《麓云楼书画记略续编》，对每幅书画作品详细注评，概述其创作、传播、收藏情况，以方便读者、收藏家全面了解每幅书画的流传历史。

　　当然，真伪问题自古以来就困扰着书画界、收藏界，近百年来书画作假行为尤为猖獗，赝品横行，让许多人怯步不前。如世上八大山人的作品多数为赝品，张大千曾公开承认伪造过许多八大山人的作品，罗振玉上过他的当。上海滩曾出现过大量"谭敬造"假字画，骗过许多收藏家，有些"谭敬造"甚至堂而皇之地进入国内外的一些著名博物馆、美术馆，一直被当做真品供奉着。有些作品以天价成交后，又被说成是赝品，引发旷日持久的官司，闹得不可开交，让人哭笑不得。因此，对于书画鉴赏和收藏一定要慎重。

近年来，一些公共媒体、自媒体不断刊载、公布有汪士元印章或题跋的书画，如皎然《湖山胜景图卷》、朱端《松溪渔隐图》、吴镇《山林幽隐图》、宋旭《风雪归舟图》、焦秉贞《提篮仕女图》、尤求《十八罗汉图》、黄道周书法、郑簠《隶书灵宝谣》、黄鼎《溪山幽居图》、李方膺《潇湘竹石图》、奚冈《华岳题名记》、郎世宁《汗血宝马图》、丁观鹏《罗汉图》、改琦《人物》、赵之谦《行书四言联》、秋寿南《水牛》、马家桐《花卉》、载瀛《神骏》等等，这些作品真假不易辨别。再如号称美国收藏大家的"北美藏真"，就在其博客中公布了大量的古代名家字画，其中许多幅印有"汪士元审定真迹"、"士元珍藏"等汪士元常用的鉴藏印章，如怀素草书《四十二章经》《圣母帖》/《东陵圣母帖》、李白《上阳台贴》、颜真卿《祭侄文稿》、宋徽宗《秾芳诗帖》、苏轼《竹石图》、曾巩书法长卷《长短经》、吴镇草书长卷《宋乌乌歌》、文征明书法长卷《赤壁赋》、祝允明草书自书诗卷《歌风台》、王守仁《千字文长卷》、八大山人《送李愿归盘谷序》《花鸟册》（八开）等等，稍有常识就可以看出，这些作品不可能都是真的。对于这些作品，本书没有收录。

距汪公著书，已接近一百年。又是一年桑拿季，幸有空调送凉爽，我不必如汪公当年那样遭受溽暑的折磨，写下此序，对汪公的敬仰之情油然而生。

己亥六月，王泽强，于淮明师范学院。

1. 王羲之书魏钟繇千字文

纸本，纵 26 厘米，横 787 厘米，行书，共 166 行，行 6 字，计 974 字，笔力圆熟，矫健优美。此作品历经北宋、南宋、元、明、清、民国六个朝代，流传 1600 余年，经六位帝王、一位王爷、31 位大鉴赏家鉴藏，上面的印章有一百六十多枚。

此幅作品上，最早的印章是北宋徽宗在上面钤的"政和""宣和""九曲纹玺"，《宣和书谱》有著录。一、二卷上有米芾钤印鉴藏。南宋理宗钤"缉熙殿宝"玺，贾似道钤"长脚"印鉴藏。元文宗钤"天历之宝"九曲纹大方玺鉴藏，吴睿、周伯琦、张晏各题卷首，赵雍鲜于枢跋尾。明宣宗钤"广运之宝"玺，收入内府，解缙、范钦钤印鉴藏；范钦、文彭、董其昌题跋。

到了清朝，乾隆、嘉庆帝在上面各钤玺 10 余枚，后流出宫外，历经十多位收藏家之手，梁清标[1]、安仪周[2]、于腾[3]、允礼[4]、吴大澂[5]、缪荃孙[6]、吴云[7]、钱镜塘[8]、沈韵初[9]、李恩庆[10]、季彤[11]、伍元蕙[12]、方梦园[13]、载铨[14]、吴荣光[15]、汪士元、王养度[16]、邵松年[17]、庞元济[18]等钤印鉴藏。

无论是否王羲之真迹,此作品都是一件难得的艺术瑰宝,今藏北京故宫博物院,《清宫旧藏书画精选集》著录。

[注释]

[1] 梁清标(1620—1691)字玉立,号棠村,直隶真定(今河北正定县)人,明崇祯十六年进士,清顺治元年补翰林院庶吉士,授编修,官至户部尚书、保和殿大学士。著有《蕉林诗集》《棠村词》等。

[2] 安麓村(1683—约1745),名岐,字仪周,号松泉老人、麓村。祖上为朝鲜人,随高丽贡使到北京,后入旗籍。其父安尚义,曾是权相明珠的家臣,借助明珠的势力在天津、扬州两地业盐,成为大盐商。收藏之富,鉴赏之精,名扬海内。著有《墨缘汇观》。

[3] 于腾(1832—1890)字飞卿,山东郯城县人。家贫,发奋读书,科举中乡试、县试、会试连捷。任四川宜宾、铜梁知县,后官至代理成都知府。精鉴赏,富藏书。

[4] 允礼:康熙第十七子果亲王,

[5] 吴大澂(1835—1902)字止敬,号恒轩,晚号愙斋,江苏吴县(今苏州)人。清同治七年进士,官至湖南巡抚、帮办东征军务等职。善画山水、花卉,精于鉴别和古文字考释,著有《愙斋集古录》等。

[6] 缪荃孙(1844—1919)字炎之、筱珊,晚号艺风老人,江苏江阴人。光绪二年进士,历任南菁书院、南京钟山书院山长、江南高等学堂监督。负责筹建三江师范学堂、筹建江南图书馆,出任总办。1909年受聘创办京师图书馆,任正监督。1914年任清史总纂。著有《艺风堂藏书记》等。

[7] 吴云(1811—1883)字少甫,号平斋,安徽歙县人,举人,曾官居苏州知府。工书画篆刻,书学颜真卿,善画水山、花鸟。著有《两罍轩彝器图释》、《二百兰亭斋金石三种》。

[8] 钱镜塘(1907—1983)字镜塘,浙江海宁硖石人,善画,能治印,爱好诗词戏曲。20岁以后,来沪,开始收藏历代金石书画,独资经营书画,掌握了古代书画鉴别能力。解放后,先后将2900余件元、明、清书画立轴、手卷册页以及金石文物、地方文献等书画捐献给国家。

[9] 沈树镛(1832—1873)字韵初,川沙(今属上海)人,吴湖帆的外祖父,咸丰举人,官内阁中书,对秘籍、书画、金石、碑帖研究颇深,尤以碑帖最负盛名。收

藏金石之富,甲于江南。著有《汉石经室丛刻目录》《续寰宇访碑记》

[10] 李恩庆,字季云,河北遵化人,道光十三年(1833)进士,官两淮盐运使,,精鉴别,富收藏,,著有《爱吾庐书画记》。

[11] 潘正炜(1791—1850)字榆庭,号季彤,广东番禺人。祖父潘振承早年出洋,熟英语,在广州十三行获得旨准开设同文洋行,包揽丝茶经营商务。父亲潘有度继承祖业主理同文洋行。潘正炜继承两代家业,以字画鉴藏见长,建“听帆楼”珍藏书画文物。著有《听帆楼书画记》等。

[12] 伍元蕙(1824—1865)字良谋,号俪荃、南雪道人,广东南海人,布衣,性好书,收藏甚富。晚得倪瓒真迹四种,结屋藏之,颜曰“迂庵”。刻有《南雪斋藏真帖》《澄观阁摹古帖》。

[13] 方浚颐(1815—1889)字饮苕,号子箴,又号梦园,安徽定远人。宣宗道光二十四年进士,官至四川按察使。收藏书画甚富,精鉴赏。编《梦圆书画录》,录作品四百余件。在扬州开设淮南书局,校刊群籍,著《二知轩诗文集》等。

[14] 爱新觉罗·载铨(1794—1854),乾隆帝在世所见几位玄孙之一,奕绍长子,授御前大臣、工部尚书、步军统领、袭爵。封号定郡王。室名行有恒堂、恒堂、世泽堂。曾收藏元赵孟俯行书《送秦少章序卷题跋》,现藏上海博物馆。

[15] 吴荣光(1773—1843)字伯荣,号荷屋,晚号石云山人,别署拜经老人。广东南海人。嘉庆四年进士,由编修官擢御史。道光中任湖南巡抚兼湖广总督。后降为福建布政使。善于金石、书画鉴藏,且工书善画,精于诗词。著有《筠清馆金石录》《辛丑销夏记》等。

[16] 王养度,字蒙泉,号文心,道光时人,斋名蒙泉书屋,浙江杭州人。精鉴赏,富藏书画。

[17] 邵松年(1848—1923)字伯英,号息庵,江苏常熟人,光绪九年进士,授翰林院编修,官至河南学政,精通书画,尤善收藏与鉴赏。家中设“兰雪堂”专门收藏碑帖书画,“古鲸馆”专门收藏古琴。著有《海虞文征录》《澄兰堂古缘萃录》。

[18] 庞元济(1864—1949)字莱臣,号虚斋。浙江吴兴南浔人。父庞云鏳为南浔镇巨富,“南浔四象”之一。精于鉴赏,收藏铜器、瓷器、书画、玉器等,尤以书画最精,亦精书法绘画,与于右任、张大千、吴昌硕等人均有交往。著有《虚斋名画录》《中华历代名画志》等。

2. 高克明[1]《长寿富贵》

绢本,设色,立轴,高 125 厘米,横 79.5 厘米,王原吉题识堂:"神形兼备。"
鉴藏印:钱氏珍藏、张氏世宝、士元珍藏[2]、吴趋、秋审定、半溪烟雨等。
2004 年 12 月 4 日,此画由广州华艺国际拍卖有限公司公开拍卖。

[注释]

[1] 高克明,绛州(今山西新绛)人。工画山水,尤长小景。景德中游京师,祥符年间以画艺进入皇家图画院,宋仁宗朝迁待诏,并授少府监主簿。与太原王端、上谷燕文贵、颖川陈用志为画友。

[2] 士元珍藏:汪士元鉴藏印。

3. 岳飞[1]书法

水墨,纸本,立轴,高 134 厘米,宽 55 厘米,钤印:岳飞之印、鹏举、张华。款识:"绍兴己未年八月,岳飞。"张华题跋。

鉴藏印:向叔审定真迹[2]、海虞邵氏[3]珍藏金石书画之印、南海伍元蕙[4]宝玩、琅嬛仙馆[5]、章紫伯所藏[6]、二百兰亭斋鉴藏[7]

2011 年 6 月 3 日,此作品由北京建亚拍卖公司公开拍卖。

[注释]

[1] 岳飞(1103—1142)字鹏举,宋相州汤阴县人,南宋中兴四将之首,率领岳家军同金军进行了大小数百次战斗,所向披靡。遭受秦桧、张俊等人的诬陷,被捕入狱,以"莫须有"的"谋反"罪名,与长子岳云和部将张宪同被杀害。后平反昭雪,追谥武穆,追赠太师,追封鄂王,改谥忠武。

[2] 向叔审定真迹:汪士元鉴藏印。

[3] 邵松年(1848—1923)字伯英,号息庵,江苏常熟人,光绪九年进士,官至河南学政,通书画,善鉴藏。家中设"兰雪堂"专门收藏碑帖书画,"古鲸馆"专门收藏古琴。著有《澄兰堂古缘萃录》等。

[4] 伍元蕙(1824—1865),更名葆恒,字良谋,又号俪荃,号南雪道人,广东

南海人,布衣,性好书,收藏甚富。晚得倪瓒真迹四种,结屋藏之,颜日"迁庵"。刻有《南雪斋藏真帖《澄观阁摹古帖》。

[5] 阮元(1764—1849)字伯元,号云台,江苏仪征人,乾隆五十四年进士,官至两广总督、体仁阁大学士,被尊为三朝阁老、九省疆臣,一代文宗。喜藏书,在文选巷家庙西建立书库,名日"文选楼"。又有琅嬛仙馆、掌经室、积古斋等,各有藏书。

[6] 章绶衔(1804—1875)字紫伯,号辛复,浙江归安荻溪人。贡生,通诗词韵律。家藏书画甚富,精于鉴别。藏书印颇多,主要有"章氏子柏过目"、"荻溪章紫伯珍藏善本"等。著《磨兜坚室书画录》。

[7] 吴平斋(1811—1883)字少甫,号平斋,安徽歙县人。举人,曾任苏州知府。工书画篆刻,书学颜真卿,善画水山、花鸟。著有《两罍轩彝器图释》《二百兰亭斋金石三种》。

4. 赵孟頫[1]《陶渊明赏菊图》

绢本,设色,立轴,高 28 厘米,阔 30 厘米,款识"子昂"二字在左上,钤印:赵。右上有陆师道[2]书陶诗:"结庐在人境,而无车马喧。问君何能尔,心远地自偏。采菊东篱下,悠然见南山。"画中,陶渊明坐在毡在,正处于醉酒之后,赏菊吟诗,斜靠着书几,身旁有一壶酒,一卷诗稿,一瓶菊花。鉴藏印:檇李李氏鹤梦轩珍藏记[3]、士元珍藏[4]。

2015 年 01 月 27 日,在失品渡归藏—海外回流专场会上,此作品由上海晟安拍卖有限公司公开拍卖。

[注释]

[1] 赵孟頫(1254—1322),字子昂,号松雪道人,吴兴(今浙江湖州)人,由宋仕元,官至翰林学士承旨、荣禄大夫。博学多才,能诗善文,特别是书法和绘画成就很高,开创元代新画风,被称为"元人冠冕"。著有《松雪斋文集》。

[2] 陆师道(1510—1573),字子传,号元洲,长洲(今苏州)人,嘉靖十七年进士,累官尚宝少卿。擅长山水画,淡远类倪云林,精丽者不减赵孟頫。尤工小楷、古篆。著有《五湖集》等。

[3] 李肇亨,字会嘉,号珂雪,爽溪钓士,后为僧,法名堂莹,住超果寺,嘉兴

（今属浙江）人。李日华之子。工书法，摹褚。精画理，善山水，与赵左齐名，气息浑古，风韵静穆。著有《古今妇女双名记》《写山楼草》等。槜李李氏鹤梦轩珍藏记，为其鉴藏印。

[4] 士元珍藏：汪士元鉴藏印。

5. 赵孟頫《高逸图》

绢本，设色，立轴，高 107 厘米，宽 44.5 厘米，款识"高逸图"在左上，左下有"大德十一年[1]五月望日为伯东高士作子昂"等字。钤印：赵氏子昂、天水郡图书印[2]。画面上，小山下一棵高大挺拔的松树，两人在树下席地而坐，身旁有菊花数朵，一人弹琴，一人仰首听之，风格飘逸，神情毕现。鉴藏印：麓云楼书画记[3]。

2012 年 12 月 14 日，此画由北京建亚世纪拍卖有限公司公开拍卖。

[注释]

[1] 大德十一年："大德"为成宗年号，1307 年。

[2] 天水郡图书印：赵孟頫印章，天水郡为其郡望。

[3] 麓云楼书画记：汪士元鉴藏印。

6. 赵孟頫《桃源仙境》

绢本，设色，立轴，高 181.5 厘米，宽 59.5 厘米，题识："大德改元三月，水晶宫道人[1]写。"边跋："此图先为梁洁之购藏，后经家妹携归京里，先文恪公秘玩。遂付重装，今查得安氏《墨缘》所记，一一符合此图，归为梁氏所有，故有梁氏诸印，实为流传有序之真迹，稀世之至宝，谨当秘藏，不令出户庭矣！张青甫《清河书画舫》[2]载赵文敏[3]有史记此。若夫楮墨之精，藏弆之善犹馀事耳。按公史记虽未明言，所谓用笔之精劲，与有唐人遗风。公所仿佛其殆日置几席，因而模写，益见公好学非后人所能及也，壬寅八月既望，伯英邵松年[4]谨题。"钤印：息庵。

收藏印：嘉庆御览之宝、章紫伯[5]所藏、海虞邵氏珍藏金石书画之印[6]、松之鉴古、顺德桃溪梁氏杰之珍藏、先人真迹湖帆嗣守[7]、向叔审定真迹[8]、琅嬛仙馆[9]。

2010 年 12 月 30 日,此画由北京海士德国际拍卖有限公司拍卖,成交价为 15.6 万元

[注释]

[1] 赵孟頫(1254—1322),字子昂,号松雪,松雪道人,又号水精宫道人.

[2]《清河书画舫》:明代昆山张丑著,全书 12 卷,收录三国至明代的书画名家 81 人,帖 49 部,画 115 幅,包括家藏及目睹耳闻的古书画名迹。详细著录书画家生平简历、前人评论、真迹题跋、鉴藏印记、递藏源流等,并一一注明出处。

[3] 赵孟頫死后追封"魏国公",谥号"文敏"。

[4][6] 邵松年(1848—1923),字伯英,号息庵,江苏常熟人,光绪九年进士,授翰林院编修,官至河南学政,精通书画,尤善收藏与鉴赏。家中设"兰雪堂"专门收藏碑帖书画,"古鲸馆"专门收藏古琴。著有《海虞文征录》《虞山画志补编》《澄兰堂古缘萃录》。海虞邵氏珍藏金石书画之印,为其藏书印。

[5] 章绶衔(1804—1875),字紫伯,号辛复,浙江归安荻溪人。咸丰间贡生,精通诗词韵律。家藏书画甚富,精于鉴别。藏书印颇多,主要有"磨兜坚室"、"归安章绶衔字紫伯印"、"紫伯过眼"等。著《磨兜坚室书画录》、《磨兜坚室诗抄》。

[7] 吴湖帆(1894—1968),江苏苏州人,字东庄,号倩庵,书画署名湖帆。曾任中国美术家协会上海分会副主席、上海市文史馆馆员等职。收藏宏富,善鉴别、填词。山水画以雅腴灵秀、缜丽清逸的复合画风独树一帜。著有《吴湖帆山水集锦》等

[8] 向叔审定真迹:汪士元鉴藏印。

[9] 阮元(1764—1849)字伯元,号云台,江苏仪征人,乾隆五十四年进士,官至两广总督、体仁阁大学士,被尊为三朝阁老、九省疆臣,一代文宗。喜藏书,在文选巷家庙西建立书库,名曰"文选楼"。又有有琅嬛仙馆、擘经室、积古斋等,各有藏书。

7. 赵孟頫《三叟图》

纸本,水墨,镜心,高 26 厘米,宽 22 厘米,钤印:赵氏子昂.。画面上,三位胡须花白的老人拄着竹杖,一人伸出手,曲着拇指和食指诉说着,另两人微笑倾

听,神情毕现。

题签:"赵松雪三骏图。虚斋庞元济[1]观题。"钤印:庞元济珍赏印。题跋:"松雪公白描本流传甚罕,余仅见数本,此本用笔疏简、意境尤古,弥见功力笔墨轻重、疾徐流利活泼,眼光到处触手成趣,看似容易实难矣,盖凡夫俗子不易窥其门径。汪士元敬题。"钤印:士元。鉴藏印:信公珍赏[2]、士元珍藏[3]。

2013年12月6日,此画由北京亨申世纪拍卖有限公司公开拍卖。

[注释]

[1] 庞元济(1864—1949)字莱臣,号虚斋。浙江吴兴南浔人。父庞云鏳为南浔镇巨富,"南浔四象"之一。精于鉴赏,收藏铜器、瓷器、书画、玉器等,尤以书画最精,亦精书法绘画,与于右任、张大千、吴昌硕等人均有交往。著有《虚斋名画录》《中华历代名画志》等。

[2] 信公珍赏:耿昭忠鉴藏印。耿昭忠(1640—1686)字在良,号信公,汉军正黄旗人。原籍山东,徒辽东盖州(今辽宁盖平)。耿继茂次子,兄耿精忠,弟耿聚忠。十五年,精忠降,授昭忠镇平将军,驻福州,代精忠治藩政。谥勤僖。擅文章,工艺事,善鉴别。

[3] 士元珍藏:汪士元鉴藏印。

8. 任仁发[1]《双骑图》

纸本,设色,立轴,高121.9厘米,宽63.8厘米。款在左中部:"月山任仁发笔。"钤印:任氏子明。右上有汪由敦[2]题跋:"何年来骏骨画史,貌能真,千里电一掣。五花云满身香尘,金谷道青草玉关。人独立,浑天侣,鸣似向人。臣汪由敦恭题。"

画中上部为一棵高大的松柏矗立悬崖边,树下两人策马狂奔,马蹄腾空,似乎失去控制,两人惊惶失措,场面惊心动魄。

鉴藏印有:明宣德[3]广运之宝、清宫藏古希天子[4]等印九方、项子京家珍藏[5]、安仪周家珍藏[6]、向叔审定真迹[7]、蕉林鉴定、蕉林秘玩[8]、李氏爱吾庐收藏书画记[9]、芳林主人鉴赏[10]、曾存方梦园家[11]、曾存定府行有恒堂、玉棠学士之印[12]、臣庞元济珍藏等印章[13]。

2015年3月22日,此画由纽约贞观国际拍卖公司 Gianguan Auctions

(formerly Hong Kong Auctions)拍卖。

[注释]

[1] 任仁发(1254—1327)),原名霆,字子明,号月山道人,松江(今属上海)人。历官都水庸田使司副使、中宪大夫、浙东道宣慰使司副使等职,主要从事水利兴修,著有《水利答》10卷。工书法,学李邕。长绘画,工人物、花鸟,尤善画马,工力足与赵孟頫相敌。

[2] 汪由敦(1692—1758)字师茗,号谨堂,祖籍安徽休宁,钱塘(今杭州)人。雍正二年进士,官至吏部尚书。老诚敏慎,在职勤劳。金川用兵,廷谕皆出其手。卒,加赠太子太师,谥文端。学问渊深,文辞雅正,兼工书法。著有《松泉集》。

[3] 宣德:宣德(1426—1435)为中国明朝第五个皇帝明宣宗朱瞻基的年号,前后共十年。其在位期间是明朝文化经济繁荣阶段,

[4] 古希天子:乾隆帝晚年最得意的御宝。"古希天子"印不止一方,《乾隆宝薮》著录的就有十七方。

[5] 项墨林(1525—1590),原名项元汴,字子京,号墨林,浙江嘉兴人。明国子生,家资富饶,镌有天籁阁、项墨林等印,广收法书名画。工绘画,兼擅书法,刊有《天籁阁帖》,著有《墨林山人诗集》等。

[6] 安麓村(1683—约1745),名岐,字仪周,号松泉老人、麓村。祖上为朝鲜人,随高丽贡使到北京,后入旗籍。其父安尚义,曾是权相明珠的家臣,后借助明珠的势力在天津、扬州两地业盐,成为大盐商。收藏之富,鉴赏之精,名扬海内。有《墨缘汇观》。

[7] 向叔审定真迹:汪士元鉴藏印。

[8] 梁清标(1620—1691)字玉立,一字苍岩,号棠村,一号蕉林。直隶真定(今河北正定县)人,明崇祯十六年进士,曾任户部尚书、保和殿大学士等职。著有《蕉林诗集》《棠村词》等。

[9] 李氏爱吾庐收藏书画记:李恩庆收藏印。恩庆,,字季云,河北遵化人,道光十三年(1833)进士,官两淮盐运使,精鉴别、富收藏,著有《爱吾庐书画记》。

[10] 芳林主人鉴赏:胤礼收藏印。爱新觉罗·胤礼(1697—1738),康熙帝十七子,雍正帝异母弟,

[11] 方浚颐(1815—1889)字饮苕,号子箴,又号梦园,安徽定远人。宣宗道光二十四年进士,官至四川按察使。收藏书画甚富,精鉴赏。编《梦圆书画录》,录作品四百余件。在扬州设淮南书局,校刊群籍,著有《二知轩诗文集》《忍斋诗

文集》等。

[12] 曾存定府行有恒堂、玉棠学士之印：载铨收藏印。爱新觉罗·载铨（1794—1854），乾隆帝在世所见几位玄孙之一，奕绍长子，授御前大臣、工部尚书、步军统领，袭爵。封号定郡王。室名"行有恒堂"、"恒堂"、"世泽堂"。

[13] 庞元济（1864—1949）字莱臣，号虚斋。浙江吴兴南浔人。父庞云鏳为南浔镇巨富，"南浔四象"之一。精于鉴赏，收藏铜器、瓷器、书画、玉器等，尤以书画最精，亦擅长书法绘画，与于右任、张大千、吴昌硕等人均有交往。著有《虚斋名画录》《中华历代名画志》等。

9. 郭畀[1]行书《青玉荷盘诗卷》

纸本，书法，纵 29.3 厘米，横 56.2 厘米，北京故宫博物院藏。此帖书法点画精美婉媚，行笔圆活秀润，结构疏密得宜，笔画劲挺磊落，在行笔顿挫转折、结构经营安排上颇得赵孟頫风韵。

释文："太常金奉礼宴翰苑诸公，出青玉荷盘，色奇古。盘之上擎杯，象莲蓬，下屈为柄，上覆为盖。盖青质而紫章，凡十九点，匠氏剜为莲房，殆夺天巧。嘱丹杨郭畀赋诗。诗固未足为杯盘夸，然将来或可讬诗以传也。碧云亭亭水天永，翠盖翻风堕秋影。文姬团扇感初凉，露华乱落明珠冷。紫茎绿叶歌秋兰，涉江折得烟蓬还。前缘已被专房误，守宫血点犹斑斑。麹生解后夸奇特，倒卷沧溟供一吸。太华峰高归路遥，但觉满怀春拍拍。俗眼傲睨瑠璃钟，金罍未用争夸雄。古诗调高和者寡，拟唤杜陵醉中把。至治初元[2]修禊[3]日。"钤"郭畀天锡"朱文印。

鉴藏印："年羹尧[4]字亮工别号双峰"、"张镠[5]""砚溪清玩"、"唐翰题[6]审定"、"唐翰题审定记"、"质肃公孙翰题印长寿"、"嘉兴新丰乡人唐翰题考藏印"、"归安陆树声[7]考藏金石书画印""陆树声鉴赏章"、"向叔心赏"、"平阳汪氏家藏"、"向叔眼福"、"向叔珍秘"、"向叔[8]"、"慎先[9]秘玩"、"德寿印信"、"陈德大[10]"、"陈德大审定"。

据唐翰题的题跋，他先得到俞希鲁书《郭天锡文集序》，后又陆续得到郭畀书《郭景星和梁隆吉诗》以及《青玉荷盘诗》，因之合装成一卷，名为《郭氏诗翰卷》，并跋于卷后，以识本末。

[注释]

[1] 郭畀(1280？—1335？)，字天锡，号云山、退思，祖籍洺水，居于京口(今江苏镇江)。历任镇江儒学学录、饶州鄱江书院山长、青田县腊源巡检、江浙行省丞相府掾吏。工书画，书法学赵孟頫，画仿米芾，又师事高克恭，得其笔法。著有《退思集》《云山日记》。

[2] 至治元年：1321 年。

[3] 修禊：一种古老的习俗，即于每年三月的第一个巳日(曹魏后改为三月三日)，配合春风和煦，阳气布畅的时令，在河水中洗浴，希望将身上的疾病及不祥拂除干净。

[4] 年羹尧(1679—1726)字亮工，号双峰，汉军镶黄旗，进士出身，官至抚远大将军，加封太保、一等公，曾配合各军平定西藏乱事，率清军平息青海罗卜藏丹津，立下赫赫战功。雍正四年赐自尽。

[5] 张镠(1769—1821)，字子真，一作紫贞，号老姜，一号井南居士，江苏扬州人。工篆隶。善诗，孤峰峭立。精山水，笔意苍莽，多参篆法，古拙洒脱。性耿介，不随俗。著有《求当斋集》《老姜印谱》。

[6] 唐翰题(1816—1875)字鹤安，一作鹤庵、蕉庵，别号新丰乡人，浙江秀水(今嘉兴)人。咸丰间，以贡生捐青浦县训导。官至南通知府。光绪元年归里读书，晚年寓居苏州。精于鉴别。收藏金石、书籍、碑版、名画甚富。其藏书多有善本，著有《说文臆说》《唯自勉斋存稿》。

[7] 陆树声(1882—1933)字叔同，号逷轩，藏书家陆心源六子，浙江湖州人，邑庠生，历任宝应统捐局总办、扬州提工局总办、淮北六岸督销局总办等职，荣获民国四等嘉禾勋章，富书画收藏。

[8] 向叔心赏"平阳汪氏家藏"、"向叔眼福"、"向叔珍秘"、"向叔"：均为汪士元鉴藏印。

[9] 韩慎先(1897—1962)，字德寿，为打磨厂"仓韩家"之后。其祖父韩麟阁曾为清吏部官吏。专长于书画收藏及鉴定。因收得元代王蒙的《夏山图》真迹而得室名"夏山楼"，自号"夏山楼主"。对谭派唱腔颇有研究，其拿手戏为"三子"，即《法场换子》《桑园寄子》《辕门斩子》。

[10] 陈骥德，清代浙江海盐人，一作海宁人，字千里，号德大、良斋、子有，别号菊磵后人，室名曾鼎山房、吉云居。藏书家，所藏明末忠贤书翰甚多。

10. 颜辉[1]《濯足图》

纸本,水墨,立轴,高 129.5 厘米,横 51 厘米,款识在左上:"秋月颜辉作。"钤印:颜辉。题跋:"自从老者出山隅,恼乱苍生底事无,他日君逢杨处士,只教画个涅盘图。汪由敦[2]恭题。"

鉴藏印:清宫藏印七方,韵初审定[3]、海虞邵氏[4]珍藏金石书画之印、曾藏潘氏海山仙馆[5]、向叔审定真迹[6]、嘉兴新丰乡人唐翰题珍藏印[7]、子孙永昌。

此作品由纽约著名收藏家族(世阳堂)提供,2013 年 3 月 17 日,由纽约贞观国际拍卖公司 Gianguan Auctions (formerly Hong Kong Auctions)拍卖。

[注释]

[1] 颜辉,字秋月,。宋末元初庐陵(今江西吉安)人,一作浙江江山人,擅人物、佛道,亦工鬼怪,兼能画猿。其造型奇特,用笔虽见刻露,却笔法怪异,有生动传神之趣。在画法上,喜作水墨粗笔,用笔劲健豪放,笔法粗犷。

[2] 汪由敦(1692—1758)字师苕,号谨堂,祖籍安徽休宁,钱塘(今杭州)人。雍正二年进士,官至吏部尚书。老诚敏慎,在职勤劳。金川用兵,廷谕皆出其手。卒,加赠太子太师,谥文端。学问渊深,文辞雅正,兼工书法。著有《松泉集》。

[3] 沈树镛(1832—1873)字均初,一字韵初,号郑斋,上海浦东川沙镇人。咸丰九年中举,官至内阁中书。生平嗜藏金石书画,对碑帖考订尤为精辟。获宋拓《熹平石经》,残字,遂将其书斋名曰"汉石经室"。著有《汉石经室丛刻目录》等。

[4] 邵松年(1848—1923)字伯英,号息庵,江苏常熟人,光绪九年进士,授翰林院编修,官至河南学政,精通书画,尤善收藏与鉴赏。家中设"兰雪堂"专门收藏碑帖书画,"古鲸馆"专门收藏古琴。著有《虞山画志补编》《澄兰堂古缘萃录》等。

[5] 潘仕成(1804—1873)字德畲,广东番禺人,先祖以盐商起家,他继承家业后继续经营盐务,以至洋务,成为广州十三行的巨商。既经商又从政,既好古也学洋,既是慷慨的慈善家,又是博古通今的古玩、字画收藏家,官至兵部郎中。他的私人别墅称"海山仙馆"。

[6] 向叔审定真迹：汪士元鉴藏印。

[7] 唐翰题(1816—1875)字鹤安,一作鹤庵、蕉庵,别号新丰乡人,浙江秀水(今嘉兴)人。咸丰间,以贡生捐青浦县训导。官至南通知府。光绪元年归里读书,晚年寓居苏州。精于鉴别。收藏金石、书籍、碑版、名画甚富。其藏书多有善本,著有《说文臆说》《唯自勉斋存稿》。

11. 吴镇《山居图》

吴镇(1280—1354),字仲圭,号梅花道人,"元四家"之一,工词翰,擅於用墨,淋漓雄厚,为元人之冠。这幅作品,纸本,水墨,纵123厘米,阔34厘米,立轴,至元二年(1334年)作。题签：元吴仲圭山居图真迹。天真堂。题识："至元二年孟春月,梅道人戏墨。"钤印：仲圭。

边跋：1梅花庵主真迹。天全主人鉴定。钤印：枚孙。2元世祖顺帝俱以至元纪年,仲圭生于世祖至元十七年庚辰,至顺帝至元二年丙子作此画,时年五十有七矣,隽藻观并记。钤印：祁隽藻[1]印。3鄙藏梅花盦所画山水近十品皆不能出此画之右,洵神品也,惟藏。巨师长卷笔笔绝相类,知有自来矣。端方[2]记。钤印：陶斋私印[3]。4东家车马何喧阗,丹青走乞铁限穿。笔端造化不矜惜,豪门贵戚输金钱。西家门巷迹寂然,案无珍食床无檀。老妻稚子相愁煎,人来一笔不轻与。十日五日榻壁眠。古来抱道多如此,闭户忍饥良友以,几人刮目破尘埃。真赏虽为俗夫喜,君不见鼠足昏昏尘网间。真精拂拭惊愚顽,高岩巨壁神巑岏,其下绝壑蛟蛇蟠,一峰萧瑟云林寒,不有鉴拔归天全。予昭饱死空悬头,我为此语心骨酸,千秋万岁纵空言。当时抗脏梅花叟,能将笼纱雪壁看。梅道人此帧得之厂肆,审非耳目近玩,长歌志喜,从为斋中宝藏,时在咸丰庚申,龙壁山人[4]书并识。钤印：王拯[5]定甫之印、茂陵秋雨词人[6]。

此图面绘杂树、竹林围绕,屋外小桥流水;中景两重山峦,陡崖平台,丛林流泉,楼宇隐现;远景数层峰峦,直插天际,景色密集,布局饱满。

收藏印有：午风堂书画印[7]、苏氏伯安珍藏[8]、定父珍玩、邹氏世玩、正气斋鉴赏印[9]、清净、清净瑜迦馆[10]。

2010年7月16日,此作品由北京海士德国际拍卖有限公司公开拍卖,成交价为190.4万元;2011年,北京海士德春拍,成交价为224万元。

[注释]

[1] 祁隽藻(1793—1866)字颖叔,号观斋、息翁,谥号文端,山西寿阳人,嘉庆进士,官至体仁阁大学士,世称"三代帝师"、"四朝文臣"、"寿阳相国"。书法深厚遒健,自成一格,有"一时之最,人共宝之"、"楷书称首"的赞誉。

[2] [3]托忒克·端方(1861—1911)字午桥,号陶斋,清末大臣,金石学家。满洲正白旗人,官至直隶总督、北洋大臣。宣统三年起为川汉、粤汉铁路督办,入川镇压保路运动,为起义新军所杀。谥忠敏。著有《陶斋吉金录》《端忠敏公奏稿》等。陶斋私印,为其鉴藏印。

[4] [5] [6]龙壁山人,即王拯(1815—1876)字定甫,号少鹤、龙壁山人,广西马平人,道光二十一年进士,官至通政使。为桐城派古文广西五家之一,兼善诗词、书画。著有《龙壁山诗文集》等。

[7] 邹炳泰(1741—1820),清吏,字仲文,号晓坪,无锡人,乾隆三十七年进士,官至户部尚书、协办大学士,藏画甚富,著有《午风堂集》等。午风堂书画印,为其鉴藏印。

[8] [9]苏伯安,北京人,近代著名收藏家,室名正气斋,故有"正气斋鉴赏印"。

[10] 清净、清净瑜迦馆:汪士元收藏印。

12. 赵雍[1]《相马图》

绢本,设色,镜片,高 103 厘米,宽 61 厘米。题识:至正七年四月望仲穆,赵雍画。钤印:赵雍之印。题堂:"相马图,石公先生属题。贞松罗振玉[2]。"钤印:罗振玉叔言印信长寿。鉴题:1.乙丑四月既望,石雪居士徐宗浩[3]。钤印:徐宗浩印、石雪居士 2.己巳孟春旧京莲华盦题,姚华[4]茫父残辞挥毫。钤印:姚华私印 3 赵仲穆先生相马图神品,天启元年正月望君实,李日华[5]签。此画作于 1347 年,历代递藏有序。

收藏印:故宫保管委员会[6]之章、清室善后委员会[7]之章、张瑞图[8]印、吴瀛[9]审定、安仪周[10]家珍藏、商丘宋氏[11]收藏图书、马日璐[12]曾经珍赏之印、云间王鸿绪[13]鉴定印、向叔审定真迹[14]。

2011 年 12 月 16 日,此画由北京建亚世纪拍卖有限公司公开拍卖。

[注释]

[1] 赵雍(1289—1360),字仲穆,吴兴(今浙江湖州)人,赵孟頫次子。官至同知湖州路总管府事。承家学,诗文书画皆精,善鉴赏。绘画萧散清远,笔力劲健。书善正、行、草,亦长篆书,体势清劲。著有《赵待制遗稿》。传世作品有《兰竹图》《溪山渔隐》等。

[2] 罗振玉(1866—1940),字叔蕴,号雪堂,晚号贞松老人,祖籍浙江上虞,在江苏淮安出生长大。清末奉召入京,任学部二等谘议官,后补参事官兼京师大学堂农科监督。辛亥革命后逃亡日本,后参预制造伪满洲国活动。精校勘,喜收藏,一生著作达 189 种,校刊书籍 642 种。

[3] 徐宗浩(1880—1957),即徐石雪,名宗浩,字养吾。号石雪,后以号行,字号石雪居士,祖籍江苏武进,生于北京。久居北京通州。书画家、收藏家。1952 年 11 月被聘任为中央文史馆馆员。

[4] 姚华(1876—1930),字一鄂,号重光,贵州贵筑(今贵阳)人,光绪三十年进士,授工部虞衡司主事。戊戌变法时东渡日本,就读于法政大学。归国后改任邮传部船政司主事兼邮政司科长。民国后任贵州省参议院议员、北京女子师范学校校长。与陈寅生、张樾丞并称近代刻铜三大家。

[5] 李日华(1565—1635),字君实,号竹懒,又号九疑,浙江嘉兴人。万历二十年进士。官至太仆少卿。性淡泊,与人无忤,擅画山水,墨竹,用笔金贵,格调高雅。精善鉴赏,世称博物君子。时王维俭与董其昌齐名,而日华亚之。著作宏富,有《携李丛谈书画》《恬致堂诗话》等。

[6] 故宫保管委员会:北洋军阀杜锡圭内阁密谋接管故宫,于 1926 年 7 月 4 日下令成立"故宫保管委员会",接收故宫,由赵尔巽、孙宝琦为正、副委员长。10 月下旬接管故宫博物院。1928 年 9 月,伴随着张作霖政府的垮台,"故宫保管委员会"解体。

[7] 清室善后委员会:1924 年 11 月,清逊帝溥仪被冯玉祥逐出紫禁城。溥仪居住紫禁城这段期间,因赏赐、故臣借观、拍卖点押、窃取盗卖,使 1200 多件书画精品、古籍善本和大量珍宝流失。随后于紫禁城成立清室善后委员会,整理宫内珍藏文物,李煜瀛就聘任委员长,并刊木质关防一颗,文曰:"善后委员会章",善委会同时聘请蔡元培、陈垣、沈兼士、俞同奎等 10 位名流担任委员。1925 年 10 月 10 日,故宫博物院成立,清室善后委员会开始移交工作,至次年 4 月结束。

[8] 张瑞图(1570—1644),字长公,号二水,晋江(今属福建)人。万历三十

五年进士,官至建极殿大学士,加少师。崇祯三年,被定为阉党,获罪罢归。以擅书名世,书法奇逸,峻峭劲利,笔势生动,奇姿横生,为明代四大书法家之一。与董其昌齐名,有"南张北董"之号。

[9] 吴瀛(1891—1959),字景洲,江苏常州人,曾任京都市政都办公署坐办,解放后被陈毅元帅聘为上海市古物鉴别委员。撰写的《故宫博物院五年经过记》,真实地记述了最初的艰难创业历史,洋溢着他爱国主义的热忱。

[10] 安麓村(1683—约1745),名岐,字仪周,号松泉老人、麓村。祖上为朝鲜人,随高丽贡使到北京,后入旗籍。其父安尚义,曾是权相明珠的家臣,后借助明珠的势力在天津、扬州两地业盐,成为大盐商。收藏之富,鉴赏之精,名扬海内。著有《墨缘汇观》。

[11] 商丘宋荦及其子宋筠,为清季河南著名藏书家,收藏之富,久享盛名。宋荦(1634—1714年),字牧仲,号漫堂,河南商丘人,曾任江苏巡抚、吏部尚书,精于鉴藏书画,淹通典籍,熟习掌故。宋荦编有《商丘宋氏西坡藏书目》,其子编有《青纶馆藏书目录》。

[12] 马日璐,字佩兮,号南斋,又号半槎,安徽祁门人,居扬州,国子生,候选知州。乾隆元年举博学鸿词,不赴。日璐与兄并擅清才,时称"扬州二马"。博览群集,沉酣深造,曾编有《丛书楼目录》,一时名流,皆为倾倒。诗笔清刻,著有《南斋集》。

[13] 王鸿绪(1645—1723),字季友,号俨斋,别号横云山人,华亭(今属上海)人。康熙十二年进士,授编修,官至工部尚书。曾入明史馆任《明史》总裁,与张玉书等共主编纂《明史》,为《佩文韵府》修纂之一。精于鉴藏书画,为董其昌再传弟子。著有《横云山人集》等。

[14] 向叔审定真迹:汪士元鉴赏印。

13. 柯九思[1]《寿高秦松[2]手卷》

绢本,设色,高 63.5 厘米,阔 229 厘米,款在左上,款识:"至正四年五月十日敬仲柯九思"。钤印:柯九思、敬仲、向叔审定真迹[3]。作于 1344 年,描绘秦山大夫松的雄姿,古木苍劲,依岩石挺拔而立,枝叶毕现,神态逼真。柯九思的画见于后代著录者颇少,但因其名声大,伪作也不少。如今尚存比较可靠的精品是保存在故宫博物院的《清閟阁墨竹图》和上海博物馆的《双竹图》。

此画流落到日本。2013 年 11 月 21 日,此画由日本株式会社东京中央拍卖于东京圆顶饭店璞利斯姆大厅。

[注释]

[1] 柯九思(1290—1343)字敬仲,号丹丘生、五云阁吏。元天台州(今属浙江)人,善画墨竹,能诗文。官奎章阁鉴书博士,鉴定内府所藏书画。书学欧阳询,力求劲拔。一生好文物,富收藏,精鉴赏。曾得晋人《黄庭内景经》真迹,因题其室曰“玉文堂”。著有《丹丘生集》《墨竹谱》。

[2] 秦松:即泰山上秦始皇敕封的五大夫松。《史记》卷六《秦始皇本纪》:“二十八年,始皇东行郡县,上邹峄山。立石,与鲁诸儒生议,刻石颂秦德,议封禅望祭山川之事。乃遂上泰山,立石,封,祠祀。下,风雨暴至,休于树下,因封其树为五大夫。”

[3] 向叔审定真迹:汪士元鉴藏印。

14. 张渥[1]《罗汉图》

纸本,水墨,册页,高 24.1 厘米,横 324.5 厘米。款在右上:淮南张渥。钤印:贞期。引首:罗汉图,秦祖永题. 题跋:“我闻昔安南,其王乃悟佛;稽首礼金仙,浮荣如脱屣,国中乃有洞,是名为武林;苦行谨修持,佛道日精进。赵之谦书。”鉴藏印:明宣宗“广运之宝”、清宫藏印九方、项子京家珍藏、退密、墨林、天籁阁[2]。安仪周家珍藏[3]、信公鉴定珍藏、公[4]、秋帆书画图章[5]、向叔审定真迹[6]、曾藏定府行有恒堂[7]、海虞邵氏珍藏金石书画之印[8]、嘉兴新丰乡人唐翰题收藏印[9]、南海伍元蕙宝玩[10]、李氏爱吾庐收藏书画记[11]。

2018 年 9 月 8 日,此作品由纽约贞观拍卖国际有限公司 Gianguan Auctions (formerly Hong Kong Auctions)在纽约公开拍卖,

[注释]

[1] 张渥(？一约 1356)元代画家。字叔厚,号贞期生、江海客,淮南人,。博学多艺,尤善画人物,学李公麟白描,笔法细劲,形象生动。存世作品有《九歌图》、《雪夜访戴图》等

[2] 项元汴(1525—1590)鉴藏印,字子京,号墨林,浙江嘉兴人。明国子生,

家资富饶,镌有天籁阁、项墨林等印,广收法书名画。工绘画,兼擅书法,刊《天籁阁帖》,,著《墨林山人诗集》等。项子京家珍藏、退密、墨林、天籁阁,为其鉴藏印。

[3] 耿昭忠(1640—1686)鉴藏印。耿昭忠,字在良,号信公,汉军正黄旗人。原籍山东,徒辽东盖州(今辽宁盖平)。耿继茂次子,兄耿精忠,弟耿聚忠。由多罗额驸晋太子太保。谥勤僖。擅文章,工艺事,善鉴别。信公鉴定珍藏、公,为其鉴藏印。

[5] 毕沅(1730—1797)字纕蘅、秋帆,镇洋(今江苏太仓)人。乾隆二十五年进士,廷试第一,状元及第,累官至湖广总督。死后二年,因案牵连,被抄家,革世职。经史小学金石地理之学,无所不通、著《续资治通鉴》《灵岩山人诗文集》等。

[6] 向叔审定真迹:汪士元鉴藏印。

[7] 爱新觉罗·载铨(1794—1854),清宗室,满洲镶红旗人。乾隆帝在世所见几位玄孙之一,奕绍长子,授御前大臣、工部尚书、步军统领,袭爵。封号定郡王。室名行有恒堂、恒堂、世泽堂。曾藏定府行有恒堂,为其收藏印。

[8] 邵松年(1848—1923),字伯英,号息庵,江苏常熟人,光绪九年进士,官至河南学政,精通书画,尤善收藏与鉴赏。家中设"兰雪堂"专门收藏碑帖书画,"古鲸馆"专门收藏古琴。著有《海虞文征录》《澄兰堂古缘萃录》。海虞邵氏珍藏金石书画之印,为其鉴藏印。

[9] 唐翰题(1816—1875),字鹪安,别号新丰乡人,浙江秀水(今嘉兴)人。咸丰间,以贡生捐青浦县训导。官至南通知府。光绪元年归里读书,晚年寓居苏州。精于鉴别。收藏金石、书籍、碑版、名画甚富。其藏书多有善本,著有《说文臆说》、《唯自勉斋存稿》。

[10] 伍元蕙(1824—1865)字良谋,又号俪荃,号南雪道人,广东南海人,布衣,性好书,富收藏。晚得倪瓒真迹四种,结屋藏之,颜曰"迁庵"。

[11] 李恩庆,字季云,河北遵化人,道光十三年(1833)进士,官两淮盐运使,,精鉴别,富收藏,,著有《爱吾庐书画记》。李氏爱吾庐收藏书画记,为其鉴赏印。

15. 杨维桢[1]行书(小品)

纸本,立轴,高31厘米,宽24厘米。钤印:杨维桢印。上边有题跋:元杨维桢书法真迹神品。

鉴藏印：徐伯郊家珍藏[2]、向叔审定真迹[3]、石田、恭亲王[4]。作品内容："主家院落春迟迟,列坐海树珊瑚枝。凤鸟双飞入云嘀,吴蚕八橘绿冰系。壶春堂效温体。"此作品用笔清朴苍劲,时用铁划银钩,灵动多变,妙趣横生。

2010年11月10日,此作品由上海博古斋拍卖有限公司公开拍卖,成交价为1万8千元。2007年5月31日,杨维祯《草书七言诗轴》,纸本,立轴,纵58厘米,横133厘米,由北京保利国际拍卖有限公司公开拍卖,成交价为528万元。实际上,此作品与上述行书小品内容完全一样,但书法风格不同。

[注释]

[1] 杨维桢(1296—1370),一作维桢,字廉夫,号铁崖,别署铁笛道人,平生好吹笛,故名铁笛道人,诸暨(今属浙江)人。元泰定四年进士,官至建德路府推官。明太祖召其纂修礼,乐书志,作《老客妇谣》以明志。张士诚屡招不往。有《怀麓堂集》、《书画史》等。画风清逸苍朴、气韵高迈,于其书同属一脉。

[2] 徐伯郊(1913—2002),香港著名的鉴藏家,建国之初我国文化部为抢救流失海外文物而成立的"香港秘密收购小组"的负责人,为国家收回大量的文物,其中包括著名的国宝"二希帖"及张大千大风堂镇山之宝—五代画家顾闳中《韩熙载夜宴图》及董源《潇湘图》。

[3] 向叔审定真迹:汪士元鉴藏印。

[4] 恭亲王:清朝世袭亲王。道光三十年,道光帝第六子奕欣封为和硕恭亲王。同治十一年获世袭罔替。一共传了四代三位。奕欣(1833—1898),道光帝六子,咸丰帝异母弟,咸丰、同治、光绪三朝名王重臣,洋务运动的首领。

16. 倪瓒[1]《江亭山色图》

纸本,水墨,立轴高94.7厘米,宽43.7厘米,款在右上:"焕伯高士嗜古尚义,笃于友道,于医学尤精,隐居养亲,不求知于人也。余过娄江踰月,与仆甚相好,戏写江亭山色,并作长歌以留别。二月廿五日瓒。娄江之东天宇宽。左瞰青海阴漫漫,樱桃花落杂飞霰。桃李欲动春风寒,我去松陵自子月。忽惊归雁鸣江干,风吹归心如乱丝。不能奋飞身羽翰。身羽翰,度春水。胡蝶忽然梦千里,剥剥啄啄闻叩门。推枕倒裳为君起,持杯劝我径饮之。有酒如渑胡不喜,看朱成碧纷醉眼。碧草春波暎疏绮,醉吐胸中之磊块。一笑濡豪烂盈纸,白鸥明处白云生。历历青山镜光里,翡翠鸂鶒满兰芷。壬子[2]。"

题签:"倪云林山水真迹。玉带砚斋藏[3]"。

鉴藏印:真赏、琴书堂、都尉耿信公书画之章、丹诚、宜尔子孙、公、信公珍赏、勤僖公后人、会侯珍赏[4]、九如清玩、也园珍赏、也园索氏收藏书画、阿尔喜普之印、东平、珍秘[5]、清宫鉴藏诸玺。此作品今藏台北故宫博物院,2012 年被核定为重要古物。

2004 年,拍卖市场上出现了一幅据说是当代书画鉴赏权威徐邦达早在建国初期就确定为真迹的倪瓒《江亭山色图》[6],其尺寸、全幅构图、局部细节与台北藏品雷同,而且画面左上角之题款也一字不差,创作时间都是"壬子",题签也完全一样的作品,只是收藏印章不一样。后者的鉴藏印章有:焦林、观其大略[7]、鄂老[8]私记、梦砚斋藏[9]、云间王鸿绪[10]鉴定印。2004 年 12 月 13 日,此作品由中贸圣佳国际拍卖有限公司公开拍卖,成交价为 1980 万元。2017 年 7 月 29 日,此作品由在"2017 新加坡福羲国际狮城春季季拍卖会"上以 980 万元 SGD(相当于人民币四千五百多万元)成交,创造了倪瓒个人书画拍卖的世界纪录。

汪士元不可能在内容相同的画上题写"倪云林山水真迹"字样,两者之中,必有一假。

[注释]

[1] 倪瓒(1301 或 1306 — 1374)初名珽,字元镇,号云林子,无锡(今属江苏)人。家豪富,元末卖田散财,浪迹太湖、泖湖一带。擅画水墨山水,所作多取材于太湖一带景色,意境清远萧疏,亦擅墨竹。"元四家"之一。著有《清閟阁集》。

[2] 壬子:1372 年。

[3] 玉带砚斋藏:汪士元收藏印。

[4] 真赏、琴书堂、都尉耿信公书画之章、丹诚、宜尔子孙、公、信公珍赏、勤僖公后人、会侯珍赏:耿昭忠鉴藏印。耿昭忠(1640—1686),字在良,号信公,汉军正黄旗人。原籍山东,徙辽东盖州(今辽宁盖平)。耿继茂次子,兄耿精忠,弟耿聚忠。由多罗额驸晋太子太保。谥勤僖。擅文章,工艺事,善鉴别。今世流传之宋、元名迹,其上每有耿氏藏印。

[5] 九如清玩、也园珍赏、也园索氏收藏书画、阿尔喜普之印、东平、珍秘:索额图鉴藏印。

［6］王健、韩红林：《倪瓒真迹二十年来首次拍卖》，2004 年 11 月 24 日《南京晨报》。

［7］梁清标(1620—1691)字玉立，一字苍岩，号棠村，一号蕉林。直隶真定(今河北正定县)人，明崇祯十六年进士，曾任户部尚书、保和殿大学士等职。著有《蕉林诗集》《棠村词》等。蕉林、观其大略，为其鉴藏印。

［8］唐炯(1829—1909)字鄂生，号鄂老，贵州遵义人，唐树义子，道光二十九年举人，咸丰间历四川南溪知县、署绵州事，同治初统安定营，于长宁败太平军石达开部，至云贵总督、云南巡抚，中法战争中，以山西、北宁失守，坐夺职，寻督办云南矿务 15 年后，以疾辞职。

［9］唐树义(1793—1855)，字子方，贵州遵义人，清嘉庆二十一年举人，官至湖北布政使，代理巡抚。咸丰五年正月，太平军以大军沿江而至，清军逃，唐树义孤身投江自尽。有鉴藏印"梦砚斋藏"。著有《楚北旬宣录》《待归草堂诗文集》等。

［10］王鸿绪(1645—1723)字季友，号俨斋，华亭(今属上海)人。康熙十二年进士，官至工部尚书。曾任《明史》总裁，与张玉书等共主编纂《明史》，为《佩文韵府》修纂之一。后居家聘万斯同共同核定自纂《明史稿》，献与玄烨，得刊行。精于鉴藏书画。著有《横云山人集》等。

17. 方从义[1]《山水立轴》

纸本，设色，立轴，高 61.5 厘米，宽 28 厘米，款在左上：高君昔李南谷丈人坐上会，之不远百里求予图，临笔写之，方方壶。日本老裱，带盒。

收藏印：赏斋、大宜子孙、华氏补庵[2]、士元珍藏、向叔审定真迹[3]。

2008 年 6 月 7 日，此画由北京东方艺都拍卖有限公司(北京盘古)公开拍卖。

［注释］

［1］方从义(约 1302—1393)，字无隅，号方壶，贵溪(今属江西省)人。早年入道，为龙虎山上清宫正一教派的道士。至正三年曾至大都(今北京)，结交了不少文人、画家和达官贵人。工诗文，善古隶、章草。擅长水墨云水，所作大笔水墨云山，苍润浑厚，富于变化，自成一格。

[2] 赏斋、华氏补庵：明代无锡收藏家华夏印章。华夏，字中甫，与唐寅、文征明皆交好，传世文徵明二幅《真赏斋图》，即为华夏所作。

[3] 士元珍藏、向叔审定真迹：汪士元鉴藏印。

18. 王蒙[1]《山林平远图》

纸本，设色，立轴，高91厘米，宽45厘米，款在右上：黄鹤山中人王蒙。钤印：王蒙印、叔明。诗堂为高士奇所题："王叔明画不易得，纸本尤难，再入都门从厂市中获此山林平远图，在白宋纸上……高士奇[2]。"签条："王蒙山林平远图，汪士元藏。"

收藏印：天籁阁[3]、大雅、项元汴印、子京父印、高詹事、江邨士奇之章、简静斋、不以三公易此曰[4]、闲里功夫淡中滋味、士元珍藏[5]。

此画为高士奇旧藏，康熙时装裱，又经后世收藏家递藏，收藏有序，1937年日本东京美术俱乐部曾经展览过。2013年6月2日，此画由上海国际商品拍卖有限公司公开拍卖，成交价为134万4千元。

[注释]

[1] 王蒙(1308—1385)，字叔明，号黄鹤山樵。赵孟頫外孙，湖州（今浙江吴兴）人。山水画受赵孟頫影响，师法董源、巨然，集诸家之长自创风格。作品以繁密见胜，重峦叠嶂，长松茂树，气势充沛，变化多端。"元四家"之一。

[2] 高士奇(1645—1704)字澹人，号瓶庐、江村，浙江钱塘（杭州）人，康熙十五年升为内阁中书，领六品俸薪，每日为康熙帝讲书释疑，评析书画，极得信任。官至礼部侍郎，谥文恪。学识渊博，能诗文，擅书法，精考证，善鉴赏，所藏书画甚富。著有《江村销夏录》《清吟堂集》等。

[3] 项元汴，字子京，号墨林，别号墨林山人、墨林居士等，浙江嘉兴人。明国子生，项忠后裔，家资富饶，储藏之所取名"天籁阁"，并镌有天籁阁、项墨林等印。储藏之丰，甲于海内，极一时之盛。工绘画，兼擅书法，刊有《天籁阁帖》，著有《墨林山人诗集》等。

[4] 高詹事、江邨士奇之章、简静斋、不以三公易此曰、闲里功夫淡中滋味：均为高士奇收藏印。

[5] 士元珍藏：汪士元鉴藏印。

19. 南山樵隐[1]《箭拍图》[2]

纸本,水墨,手卷,高30.5厘米,阔462厘米,钤印:南山樵隐、水竹居、无声诗、象鼎印、唯吾知足、乐性天之风月、太平山民、琴余清兴、乐善不倦。题识:(一)身归国兮儿莫知随,心悬悬兮长知饥。四时万物兮有盛衰,唯我薄命兮不暂移。山高地阔兮见汝无期,更深夜阑兮梦汝来斯。梦中执手兮一喜一悲,觉后痛吾心兮无休歇时。十有四拍兮涕泪交垂,河水东流兮心是思。(二)十五拍兮节调促,气填胸兮谁识曲?处穷庐兮偶殊俗,愿得归来兮天从欲。再还汉国兮欢心乏,心有怀兮愁转深。日月无私兮曾不照临,子母分离兮意难任。同天隔越兮如商参,生死不相知兮何处寻。(三)十六拍兮思茫茫,我与儿兮各一方。日东月西兮徒相忘,不得相随兮空断肠。对萱草兮忧不忘,弹鸣琴兮情何伤。今别子兮归故乡,旧怨平兮新怨长。泣血仰头兮诉苍苍,胡为生我兮独罹此殃。(四)十七拍兮心鼻酸,关山阻修兮行路难。去时怀土兮心无绪,来时别儿兮思漫漫。塞上黄蒿兮枝枯叶干,沙场白骨兮刀痕箭瘢。风霜凛凛兮春夏寒,人马饥豗兮筋力殚。岂知重得兮入长安,叹悲欲绝兮泪阑干。(五胡箭本自出胡中,缘琴翻出音律同。十八拍兮曲虽终,响有余兮思无穷。是知丝竹微妙兮均造化之功,哀乐各随人心兮有变则通。胡与汉兮异城殊风,天与地隔兮子西母东。苦我怨气兮浩于长空,六合虽广兮受之应不容[3]。

题签:元南山樵隐《箭拍图》,高竹窗跋二《销夏录》[4]所载。咸丰乙卯夏五月,陈德大曾鼎山房宝藏[5]。

本幅高士奇[5]题:1.庚午岁,余在武林得此,虽喜其笔墨超宕,未见其奇。丙子、丁丑圣驾亲征,三临漠北,余皆扈从,历经四时,荒沙冷雪,夜月萧晨,辄忆此卷何以摹写至妙?顷奉母南归,安居林墅,再一检阅,如又作一番塞上游。南山樵隐必元之高尚士也。康熙丁丑十二月十四日,江村高士奇。后纸高士奇再题:此卷摹拟塞上风景,无微不至,而不书名,止用南山樵隐图记,又曰:"太平山民"、"乐性天之风月"、"唯吾知足"、"水竹居"、"无声诗"、"琴余清兴",必元之隐君子,曾亲至沙漠者。元时文人豪士不乐宦达,寄情翰墨,各有意趣。至今片纸断楮,人争宝之,况此首尾完好。王威宁昔总三边,屡在塞上,故知其妙。题诗于后,后人当知宝焉。康熙丁丑嘉平十四,天气寒肃,简静斋中(拥炉删去)出内造鎏金宝炉,焚水安息,试方于鲁墨。藏用老人士奇。钤印：藏用老人、澹人、御题简静斋、冷淡生活、耗壮心遣余年[7]。

鉴赏印：涵峰[8]、江村、竹窗、朗润堂印、士奇、高澹人[9]、唐翰题[10]、德大审定[11]、汪士元印、向叔古缘、汪向叔、麓云楼藏[12]、嘉福欢喜、嘉福读过[13]、朱秉衡印[14]、北野、寂庵鉴定[15]、独知、砺山氏、必无独知、鬷香斋[16]、散华口漫士奇赏、岱。

此画为海外回流的私人旧藏,2011年11月12日,中国嘉德国际拍卖有限公司在北京公开拍卖。

[注释]

[1] 南山樵隐：元代画家,生平事迹不详。

[2]《笳拍图》：此卷画蔡文姬归汉故事。塞外荒漠清寂之境,人马离别凄惋之情,则宛然笔底,令人过目难忘。笔墨生拙古朴如汉代砖刻。曾为清初高士奇所藏,士奇作有长跋,并著录于所著《江村消夏录·卷三》及《江村书画目》中,定为元人所作。

[3] 选自《胡笳十八拍》第十四至第十八曲。此曲是一首古琴名曲,据传为蔡文姬作,为中国古代十大名曲之一。

[4][6] 高士奇(1645—1704),字澹人,号瓶庐,又号江村,浙江钱塘(杭州)人,康熙十五年升为内阁中书,领六品俸薪,每日为康熙帝讲书释疑,评析书画,极得信任。官至礼部侍郎,谥文恪。他学识渊博,能诗文,擅书法,精考证,善鉴赏,所藏书画甚富。著有《江村销夏录》等。

[5] 陈骙德,晚清浙江海盐人(一作海宁人),字千里,号德,别号菊磵后人。藏书家,精鉴藏,所藏明末忠贤书翰甚多。著有《吉云居书画录》。

[7] 藏用老人、澹人、御题简静斋、冷淡生活、耗壮心遣余年：高士奇收藏印。

[8] 王守(1492—1550),字履约,号涵峰,江苏苏州人。嘉靖五年进士,官至右副都御史。抚治郧阳,宽简有令望。工诗,善书法,为人严谨,精于书法,并嗜好金石篆刻。他与胞弟王宠均为文征明的得意弟子。著有《履约集》。

[9] 江村、竹窗、朗润堂印、士奇、高澹人：高士奇收藏印。

[10] 唐翰题(1816—1875),字鹤安,别号新丰乡人,浙江秀水(今嘉兴)人。咸丰间,以贡生捐青浦县训导。官至南通知府。光绪元年归里读书,晚年寓居苏州。精于鉴别。收藏金石、书籍、碑版、名画甚富。著有《说文臆说》《唯自勉斋存

稿》等。

[11] 德大审定：陈骙德收藏印。

[12] 向叔古缘、汪向叔、麓云楼藏：汪士元收藏印。

[13] 李嘉福（1839—1904），字麓苹，号笙鱼、北溪，浙江崇德人，流寓吴县。精鉴赏，收藏极富。锐志学画，山水苍润，曾为戴熙弟子。筑"阿宝阁"藏项氏天籁阁旧物。

[14] 朱秉衡（1889—1945），字玉伯，甘肃平凉人。民国时供职兰州、平凉等地。善长草书，亦能篆隶。笔力雄健纵逸，师古而出新意。

[15] 曹大铁（1916—2009），江苏常熟人，原名鼎，字大铁，又字若木，号尔九、北野、若木翁、寂庵、寂翁、废铁、大铁居士、菱花馆主等。入张善子张大千昆仲门墙习丹青，叩于右任先生学法书。主攻土木工程，余绪诗词书画，均臻上乘，有声海内。

[16] 麑香斋：高士奇收藏印。

20. 宋克[1]《韩文公进学解行草书法》

纸本，水墨，手卷，纵 31.3 厘米，横 467 厘米。款识：进学解全文。"国子先生，晨入太学，召诸生立馆下，诲之曰："业精于勤，荒于嬉。行成于思，毁于随。方今圣贤相逢，治具毕张，拔去凶邪，登崇俊良。占小善者率以录，名一艺者无不庸。爬罗剔抉，刮垢磨光。盖有幸而获选，孰云多而不扬？时至正乙丑七月廿八日东吴宋克书于南宫里。"钤印：宋仲温印。引首：文嘉[2]韩文公进学解。题跋：此卷书法体势开放，动势变化颇大，夹行草于章草中，故显筋骨豪放强健之极。其昌[3]书。

鉴藏印：清宫藏印十五方。私人藏印十五方：安仪周[4]家珍藏、仪周鉴赏、河北梁清标鉴定印、秋碧、蕉林秘玩[5]、秋帆书画图章[6]、向叔审定真迹[7]、南海伍元蕙[8]宝玩、韵初审定[9]、曾藏定府行有恒堂[10]、曾藏方梦园[11]家、缪荃孙[12]藏、曾藏潘氏海山仙馆[13]、臣庞元济[14]恭藏。此作品今藏北京故宫博物院。

[注释]

[1] 宋克（1327 — 1387），字仲温，一字克温，自号南宫生，长洲（今江苏苏州）人。洪武初为凤翔同知。素工草隶深得钟、王之法，笔精墨妙，风度翩翩。并

工写竹。宋克的书法,在明代颇享盛名,与当时擅长书法的宋璲、宋广合称"三宋"。

[2] 文嘉(1501—1583)字休承,号文水,长洲(今苏州)人。文征明仲子,初为乌程训导,后为和州学正。精于鉴别古书画,工石刻,为明一代之冠。画得徵明一体,善画山水,笔法清脆,颇近倪瓒,着色山水具幽澹之致,间仿王蒙皴染,亦颇秀润,兼作花卉。著有《钤山堂书画记》《和州诗》。

[3] 董其昌(1555—1636)字玄宰,号思白、香光居士,松江华亭(今上海)人,万历十七年进士,官至南京礼部尚书,卒后谥"文敏"。擅画山水,倡"南北宗"论,为华亭画派杰出代表,兼有"颜骨赵姿"之美。著有《画禅室随笔》等。

[4] 安麓村(1683—约 1745),名岐,字仪周,号松泉老人、麓村。祖上为朝鲜人,随高丽贡使到北京,后入旗籍。其父安尚义,曾是权相明珠的家臣,后借助明珠的势力在天津、扬州两地业盐,成为大盐商。收藏之富,鉴赏之精,名扬海内。著有《墨缘汇观》。

[5] 梁清标(1620—1691),字玉立,一字苍岩,号棠村,一号蕉林。直隶真定(今河北正定县)人,明崇祯十六年进士,曾任户部尚书、保和殿大学士等职。著有《蕉林诗集》《棠村词》等。

[6] 毕沅(1730—1797),字纕蘅,亦字秋帆,镇洋(今江苏太仓)人。乾隆二十五年进士,廷试第一,状元及第,累官至湖广总督。死后二年,因案牵连,被抄家,革世职。经史小学金石地理之学,无所不通,著《续资治通鉴》、《灵岩山人诗文集》等。

[7] 向叔审定真迹:汪士元元鉴赏印。

[8] 伍元蕙(1824—1865),更名葆恒,字良谋,又号俪荃,号南雪道人,广东南海人,布衣,性好书,收藏甚富。晚得倪瓒真迹四种,结屋藏之,颜曰"迂庵"。刻有《南雪斋藏真帖》《澄观阁摹古帖》。

[9] 沈树镛(1832—1873)字均初、韵初,号郑斋,上海浦东川沙镇人。咸丰九年中举,官至内阁中书。生平嗜藏金石书画,对碑帖考订尤为精辟。获宋拓《熹平石经》残字,遂将其书斋名曰"汉石经室"。著有《汉石经室丛刻目录》等。

[10] 爱新觉罗·载铨(1794—1854),清宗室,满洲镶红旗人。乾隆帝在世所见几位玄孙之一,奕绍长子,授御前大臣、工部尚书、步军统领,袭爵。封号定郡王。室名行有恒堂、恒堂、世泽堂。曾藏定府行有恒堂,为其收藏印。

[11] 方浚颐(1815—1889)字饮苕,号子箴、梦园,安徽定远人。宣宗道光二

十四年进士,官至四川按察使。收藏书画甚富,精鉴赏。编《梦圆书画录》,载录作品四百余件。在扬州开设淮南书局,,校刊群籍,著有《二知轩诗文集》《忍斋诗文集》等

　[12]　缪荃孙(1844—1919),字炎之、筱珊,晚号艺风老人,江苏江阴人。光绪二年进士,历任南菁书院、南京钟山书院山长、江南高等学堂监督。负责筹建三江师范学堂、筹建江南图书馆,出任总办。1909年受聘创办京师图书馆,任正监督。1914年任清史总纂。著有《艺风堂藏书记》等。

　[13]　潘仕成(1804—1873),字德畬,广东番禺人,先祖以盐商起家,他继承家业后继续经营盐务,以至洋务,成为广州十三行的巨商。既经商又从政,既好古也学洋,既是慷慨的慈善家,又是博古通今的古玩、字画收藏家,官至兵部郎中。他的私人别墅称"海山仙馆"。

　[14]　庞元济(1864—1949)字莱臣,号虚斋。浙江吴兴南浔人。父庞云鏳为南浔镇巨富,"南浔四象"之一。精于鉴赏,收藏铜器、瓷器、书画、玉器等,尤以书画最精,亦精书法绘画,与于右任、张大千、吴昌硕等人均有交往。著有《虚斋名画录》《中华历代名画志》等。

21.　王绂[1]《清溪渔隐图》

　纸本,水墨,立轴,高86厘米,宽34厘米,款识:"前山后山苍翠深,大树小树寒萧森。不知何处打鱼者,日暮泊舡溪水阴。鳌叟[2]。"钤印:山阴道上。跋文:"万古山川一镜开,层层曲曲见楼台。云随晓月峰前堕,鸥逐春溪树里来。两岸落花人荡桨,半汀残雨客杯。寰区何处有此地,物外四时无点埃。岂但右军多笔法,要知黄石是仙才。奔滩触浪飞颟鲤,绝壁凝岚护翠苔。玉室金堂疑太华,紫芝瑶草忆蓬莱。相看六月不知暑,一榻清风真快哉。吾弟王孟端学成于巳而德蕴诸中,三余之暇工画,即高出人意表,虽古人不过也。黄君叔洪吾之至友也,书无不读而术无不精,虽医卜耕稼之艺亦用心焉。今观孟端为叔洪画此图,笔法高古,用意精深,一幅之间而众妙咸备,岂二人道术相忘,不求工而自工耶? 抑岂道术眼相烛不敢相欺,致如此之精耶? 呜呼! 天地之间未必无荆玉也。卞氏之不生耳,大抵有卞氏则荆玉自然出矣。二君子好古而尚志,趣清而才广,岂无识之者哉。苟有识之者,则知吾言之不妄媚矣。洪武丙子,耐轩居士王达[3]。"钤印:

王达。

鉴藏印：苏氏伯安珍藏[4]、正气斋鉴赏印[5]、清净瑜迦馆[6]、芗岩秘玩之章、浔阳仲子芗岩珍藏、芗岩鉴定、毕泷审定、竹痴秘玩[7]、淞洲、谢林村氏珍藏书画[8]。

2009年12月19日，此画由西泠印社拍卖有限公司在杭州公开拍卖。此画真伪有争议。

2003年4月20日，上海崇源艺术品拍卖有限公司在上海公开拍卖王绂的《万山积翠图》，立轴，水墨，纸本，高159厘米，宽36厘米，鉴藏印有：范林曾观、小圃所藏，汪季青珍藏书画之印，履研齐从，坚白墨缘，坚白珍藏，气清净而无言，归安赵氏，渭清，包括梁章钜、章保士、张仕銮、张鸣岐等晚清以来名家。奇怪的是，这幅画右上的题款竟与上述《清溪渔隐图》相同，只是顺序不同，上述画王达的题诗在左，鳌叟题诗在右，这一幅相反，还有王达的印章，后者为"王达善氏。"章保世题两次：(1)九龙山人万山积翠图神品，甲戌(1934年)春正月得于海上，为新年第一快事。长洲章保世记。钤印：章保世。(2)邵息庵(邵松年)《古缘萃录》载："王孟端山水轴，谓丘壑幽深，皴点细密，上半峰峦绵亘，中现古刹，有桥亭驾于瀑布之上，流泉直泻前溪，左阜一小亭，右岩平处，楼阁掩映崖下复结一亭，溪水清涟，林木苍郁。几椽小榭一片疏篁，有林密山远之趣"云云。与此帧布局回然不同，而王达善长歌有云："两岸落花人荡桨"，又云"奔滩触浪飞赪鲤"，是明明言有渔舟也。鳌叟跋云：不知何处打鱼者(《古缘萃录》作"打渔"误。"鱼"为"渔"不通)，日暮泊舟溪水阴。按息庵所载孟端画轴不过楼阁掩映于林木间，却无渔舟，然则鳌叟所题，"泊渔舟于溪水阴"两句，果何指乎。古人题画不若是之无的放矢也，是可徵息庵所见或一旧画李戴张冠，好事者随便以耐轩鳌叟两题录于其上耳。

2010年12月10日，北京翰海拍卖有限公司公开拍卖王绂另一幅《清溪渔隐图》，画面内容与上述作品完全不同，成交价为89.6万元。此画高89.5厘米，宽39厘米，画面右上有其好友华滋的题诗及詹仲和的题跋。收藏印有：向迪宗仲坚父、玄晏室主小玺、向中坚考订书画钤记，有晚清民国两收藏家颜世清[9]和向迪琮[10]在裱边题写的跋。

[注释]

[1] 王绂(1362—1416)，字孟端，号友石生，无锡人。永乐元年，被举荐进京，供事文渊阁，参与编纂《永乐大典》，拜中书舍人，两次随明成祖朱棣北巡，创

作《燕京八景图》。擅长山水，尤精枯木竹石，兼有王蒙郁苍的风格和倪瓒旷远的意境。其画竹兼收北宋以来各名家之长，具有挥洒自如、纵横飘逸、清翠挺劲的风格，墨竹号称"明朝第一"。著有《王舍人诗集》等。

［2］鳌叟：陶振，别号一字子昌，吴江人，移居华亭。洪武庚午举明经，授安化教谕。归隐九峰山，自号钓鳌客，亦号鳌叟，又号瘅叟。

［3］王达，为王绂兄，字达善，号天游，耐轩，天游道者，耐轩居士。洪武中举明经，永乐中擢侍读学士，与修《洪武实录》，擢编修，进侍读学士。

［4］［5］苏伯安，北京人，近代著名收藏家，室名正气斋，故有"正气斋鉴赏印"。

［6］清净瑜迦馆：汪士元收藏印。

［7］毕泷，乾隆、嘉庆年间人，字涧飞，号竹痴，江苏镇洋（今江苏太仓）人。毕沅之弟。工画山水及竹石，苍浑而秀，深得曹云西法。又工书，喜收藏名贤书画，故多宋、元、明人珍品。

［8］谢淞洲，字沧湄，号林村，长洲（今江苏苏州）布衣。能诗，工书、画，山水学倪、黄，兼宋人笔意，疏爽有法。雍正初上命鉴别内府所藏名画法书真赝，因即以所画之山水进呈，得蒙世宗嘉奖。

［9］颜世清（1873—1929），字韵伯，号寒木老人，人称颜跛子，广东连平人。寄居北京。进士出身，曾任直隶洋务局会办。民国成立后，曾任直隶都督府外交厅厅长、北京大总统府军事参议等职。擅山水、花卉。精鉴赏，收藏之富为北京之最。

［10］向迪琮（1889—1969）字仲坚，四川双流城关镇人，唐山路矿学堂毕业，同盟会会员。曾任行政院参议、天津海河工程局局长、四川大学工学院土木工程系教授兼系主任、上海市人民政府文史研究馆研究员等职。喜收藏书画金石，辑录有《历代名贤画粹》《玄墨室画集》等。

22.　戴进[1]《二仙图》

绢本，水墨，立轴，高 81 厘米，横 32 厘米，款识在右上："静庵。"　钤印：文进。鉴藏印：向叔所得[2]、韵初审定[3]。

2014 年 11 月 30 日，此画由上海国际商品拍卖有限公司公开拍卖，成交价为 2912 元。

[注释]

[1] 戴进(1389—1462)，字文进，号静庵、玉泉山人，钱塘(今浙江杭州)人。宣德间待诏宫廷，同辈谢环等嫉忌他的才艺，被排挤去职。工画山水，师法马远、夏珪，取景用笔，富有变化。兼擅人物，描摹人的情态，概括而有神采。世推为现代院体画中第一手，学者甚众，有"浙派"之称。

[2] 向叔所得：汪士元鉴赏印。

[3] 沈树镛(1832—1873)字均初，一字韵初，号郑斋，上海浦东川沙镇人。咸丰九年中举，官至内阁中书。生平嗜藏金石书画，对碑帖考订尤为精辟。获宋拓《熹平石经》残字，遂将其书斋名曰"汉石经室"。著有《汉石经室丛刻目录》、等。

23. 吕文英[1]《张三丰[2]升仙图》

绢本，水墨，手卷，高 28 厘米，阔 471 厘米。款识：吕文英。印文：文英。题跋：(文略)，时大明癸丑中元清虚赤阳宣教太和冲乙真君万仑谷诗。印文：东宫图书、新谷。

收藏印：王鸿绪印、云间王鸿绪鉴定印、俨斋秘玩[3]、逊园逸史、静庐居士、静庵居士、杨西之号壶斋珍藏印、王沄之印、虞南王氏沄印、向叔审定真迹、汪向叔藏、麓云楼书画记、向叔平生长物[4]、猗氏王家考藏金石书画。此图白描笔法精审，为明初山水人物精品。

2006 年 6 月 4 日，此画由北京保利国际拍卖有限公司公开拍卖，成交价为 17 万 6 千元。

[注释]

[1] 吕文英(1421～1505)，字阆苍，括苍(今浙江丽水)人，擅画人物，兼画山水。弘治元年，以锦衣卫指挥同知在武英、仁智殿供职，受明孝宗恩宠。人呼文英为"小吕"，吕纪为"大吕"。文英还多次与吕纪合作创作，有《竹园寿集图》《龙女斩蛇图》等。

[2] 张三丰(1247 或 1264)，文始派传人，武当派祖师，名君实，字全一，别号葆和容忍。元末明初儒者、武当山道士。善书画，工诗词。

[3] 王鸿绪(1645—1723),,字季友,号俨斋,别号横云山人,华亭(今属上海)人。康熙十二年进士,官至工部尚书。曾入明史馆任《明史》总裁,与张玉书等共主编纂《明史》,《佩文韵府》修纂之一。精于鉴藏书画。著有《横云山人集》等。

[4] 向叔审定真迹、汪向叔藏、麓云楼书画记、汪向叔藏、向叔平生长物:汪士元收藏印。

24. 姚绶[1]《竹石图》

纸本,设色,立轴,纵 79 厘米,横 32 厘米。题识:1. 龙孙新长雨茫茫,渐觉清阴入草堂。童子隔篱忙报道,新梢更比旧梢强。澄江。钤印:澄江、希斗[2]。2. 烟雨春风正渺茫,得闲来上墨君堂。都缘海岳题诗好,共信东坡落墨强。逸史[3]。钤印:紫霞碧月翁、采于山美可茹钓于水鲜可食、姚公绶印、进士柱史[4]。

鉴藏印:汪恭真赏、曾在竹坪斋中[5]、向叔古缘、士元审定、麓云楼书画记[6]、印若眼福、承瀚珍藏、曾在秋湄山人处[7]、冠五珍赏、田溪书屋[8]。

此图取景简洁,意境清幽,经过汪恭(乾隆年间)、汪士元、王秋湄、何冠五等人收藏,并于 1957 年参加法国伦敦艺术品委员会"明代艺术品"展,并出版于《明代艺术品》展览图录。2013 年 10 月 06 日,此画由保利拍卖有限公司在香港公开拍卖。

[注释]

[1] 姚绶(1423—1495),字公绶,号丹丘生,浙江嘉兴人。天顺中赐进士,官监察御史、永宁知府。擅画山水,小景好作沙坞水曲景色,墨色苍润,孤钓独吟,其阔幅重林远汀,著四五渔船而已。著有《谷庵集》、《云东集》。

[2] 澄江、希斗:姚绶朋友澄江鉴藏印。澄江:明代僧,住内江复觉寺,三学该练,世称云门再来,年八十于寂于峨嵋,塔于伏虎寺,有"澄江"、"希斗"、"太平臣子"等印章。

[3] 逸史:姚绶又号云东逸史。

[4] 紫霞碧月翁、采于山美可茹钓于水鲜可食、进士柱史:姚公绶印。"采于山美可茹钓于水鲜可食",出自韩愈《送李愿归盘谷序》。

[5] 汪恭,字恭寿,号竹坪,安徽休宁人,侨毗陵(今江苏常州),尝居吴门(苏

州）。妙音律,尤工行、楷,得梁同书、王文治两家法,与程堂友善。山水虽泛滥各家,而于文氏一派尤为心契。高者追踪征明,次亦与文水（文嘉）、五峯（文伯仁）并肩。旁及人物、花鸟,无一不佳。

[6] 向叔古缘、士元审定、麓云楼书画记:汪士元收藏印。

[7] 王秋湄(1884—1944),名王荙,字秋湄,号秋斋,曾在广东武备学堂、上海震旦大学读书。其后投身报业,宣扬革命,追随孙中山,加入兴中会和同盟会。后转向实业,加入简照南所创南洋兄弟烟草公司。擅章草。1917年与潘达微等创办《天荒》画报,评诗论画。著有《章草例》等。

[8] 何冠五,原名何寿,字冠五,号丽甫,又称荔甫。广东三水人,以货殖起家,民初到30年代活跃于广州,是当时广州十八甫富善西街裕隆兴记出口丝绸庄的东主。1923年参与癸亥合作社,后为国画研究会会员。"田溪书屋"为其斋名,收藏书画颇丰。后营商失败,家藏亦星散。

25. 张弼[1]行书《椿庭记》、《吾不如记》

手卷,纸本,高25.5厘米,纵109厘米;高10厘米,纵43厘米,钤印:东海、莅林、梁章钜[2]。梁章钜跋。鉴藏印:寂庵鉴定、麓云楼书画记[3]。

录文:椿庭记。口家居松江郡之东海上白砂里。宅多竹树,树之大者惟椿。予及见合抱,馀者八株。闻先君武库公云,临东沟之上,昔有一家大者。垂阴於沟东道上,行者倒影入室中。时以为异。盖隙光倒影,物之高者,往往有之。即塔影入人家之类耳。为飓风所仆,今其蘖又如是,即八之一也。其七因室堂更造而伐,亦有因风而摧者。后出者,又将逾拱者抱者乃合抱者。前後森列浓阴蓊然。昔先祖守株先生石堂之中,楹间为立诚草堂。东为吟窝,西为椿庭。正以大椿在庭也。以行书题扁,手墨尚存。吾兄汝辅寝室于内,遂以椿庭为号,亦不忘也。然庄子以椿为散材而寿。世之散人,多拟之。燕山窦氏有灵椿一株之句,世以椿拟父。吾兄之号,初虽无取於二义,而亦无不该焉。吾兄孝友而谨于礼,遵奉家教。丧祭一惟文公家礼为准。释道之流,鄙俗之论,哗噪左右,终不能夺。勤俭正家,乡邻取则。佐家君理门户,而弟姪辈皆得以事诗书,固非散材也。今年五十有七,身後事咸自备。人又以为达。弼从大夫。后寓京师,不得相见者,动辄数载,因吾兄以书。

2003 年 11 月 1 日,此作品由中贸圣佳国际拍卖有限公司在北京公开拍卖。

[注释]

[1] 张弼(1425—1487)字汝弼,号东海,晚称东海翁,华亭(今属上海)人。明宪宗成化二年进士,曾任兵部郎中、南安知府。工草书,书法杂以今草、章草,率逸不羁,不假修饰,自成一体,被评为"颠张复出"。著有《东海集》。

[2] 梁章钜(1775—1849),字闳中,又字茝林,号茝邻,晚号退庵,生于福州,官至江苏巡抚,上疏主张重治鸦片囤贩之地,积极配合林则徐严禁鸦片。一生勤于著述,卷帙浩瀚,著有《退庵随笔》《楹联丛话》等七十余部。

[3] 寂庵鉴定、麓云楼书画记:汪士元收藏印。

26. 蒋文藻[1]《溪山行旅图》

绢本,设色,立轴。款识:"青松荫平壤,苍苔接微行。南山不改色,灵籁自有声。至味在达道,曷逐世好情。慨彼城市人,马头日纵横。嘉兴蒋文藻画并题。"钤印:蒋、文藻。签条:"蒋文藻溪山行旅图。青松荫平壤……马头日纵横。"钤印:刘口印。

鉴藏印:平湖陈氏口藏、张氏澹静堂珍藏印[2]、士元珍藏[3]、王季迁氏审定真迹[4]、高氏珍藏。2018 年 7 月 7 日,此作品由西泠印社拍卖有限公司在杭州公开拍卖

[注释]

[1] 蒋文藻,明朝天顺、成化间,浙江嘉兴人。与姚绶同隐嘉善大云镇,执师资之礼。书、画步趋姚绶,酷肖者。所作丛竹老木,尤苍劲有致。

[2] 张氏澹静堂珍藏印:张澹秋(1905—1961)鉴藏印。张澹秋,号忘庵,江苏海门人。曾为复旦大学国文教授,好收藏印章,尝请沪上金石名家如王福厂、邓散木等治印,与陈巨来尤友善,得其刻印颇伙。有室"澹静堂",乃与妻周静宷名字各取一字嵌名而成。

[3] 士元珍藏:汪士元鉴藏印。

[4] 王季迁氏审定真迹:王季迁(1906—2003)又名季铨,字选青,苏州人,东吴大学毕业,善山水,从顾西津,吴湖帆游,以"四王"为宗,是旅居纽约的知名收藏家、鉴赏家,备受海内外书画界肯定与推崇。

27. 沈周[1]金笺山水

　　纸本,水墨,扇片。款识"沈周"在中上,钤印"石田"。一片稀疏小树林,隐约有几户人家,背景是高耸的山峰,画面极为简洁,用笔沉着劲练,内藏筋骨。鉴藏印"士元珍藏[2]"在右下脚,"朱之赤鉴赏[3]"在左下脚。

　　2015年6月18日,此作品由上海泛华拍卖有限公司在上海公开拍卖。,

　　[注释]

　　[1] 沈周(1427—1509),字启南,号石田、白石翁等,长洲(今苏州)人,不应科举,专事诗文、书画。技艺全面,功力浑朴,在师法宋元的基础上有自己的创造,发展了文人水墨写意山水、花鸟画的表现技法,成为吴门画派的领袖。是明代中期文人画"吴派"的开创者,与文征明、唐寅、仇英并称"明四家"。著有《石田集》《客座新闻》等。

　　[2] 士元珍藏:汪士元收藏印。

　　[3] 朱之赤,字守吾,号卧庵,别署烟云逸叟,祖籍安徽休宁,迁居江苏吴县。入清后,为南京朝天宫道士。喜收藏书画,并精于鉴别。著《朱卧庵藏书画目》。

28. 沈周《湖山春晓图卷》

　　"纸本,墨笔,仿米山水卷。前下方钤启南一印,后无款识。另纸吴宽[1]诗并题语,陈淳[2]跋。按世称细沈,皆石田中年之笔。此卷正石田中年所作,房舍树木皆用细笔。画家往往在用功时自留稿,不以赠人,故多不署款识,然数百年后,却使鉴赏者颇费心力。此图用墨淡逸,尝见米友仁[3]云山图亦同此笔意。则知米家泼墨法以平淡静逸胜,并非深涂浓染者也。卷为麓云楼[4]、寒木堂[5]旧藏。"[6]

　　此画先后经汪士元、颜世清、张伯驹[7]递藏。汪士元深爱此画,曾在画上连钤十印。

　　[注释]

　　[1] 吴宽(1435—1504),字原博,号匏庵。长洲(今江苏吴县)人。成化八

年,会试、廷试皆第一,官至礼部尚书,卒官赠太子太保,谥文定。工书法,作书姿润中时出奇崛。喜藏书。著有《家藏集》。

　　[2] 陈淳(1483—1544 或 1482—1539),长洲(今苏州)人,字道复,号白阳。山水效法米友仁、高克恭,水墨淋漓,颇得氤氲之气。泼墨之功,往往见于画烟云之中。在写意花卉方面,独得玄门,笔法挥洒自如,富有疏朗轻健的风姿。著《白阳集》

　　[3] 米友仁(1074—1153),字元晖,米芾长子,深得宋高宗的赏识,官至兵部侍郎、敷文阁直学士。所作用水墨横点,连点成片,虽草草而成却不失天真,每画自题其画曰"墨戏"。其运用"落茄皴"加渲染之表现方法抒写山川自然之情,世称"米家山水"。

　　[4] 麓云楼:汪士元室名。

　　[5] 颜世清(1873—1929),字韵伯,号寒木老人、瓢叟,人称颜跛子,广东连平人,寄居北京。进士出身,曾任直隶洋务局会办。民国成立后,任直隶都督府外交厅厅长、北京大总统府军事参议等要职。精鉴赏,富收藏。苏东坡《寒食诗》帖,亦为其旧藏之一。

　　[6] 张伯驹:《春游纪梦》,辽宁教育出版社,1998 年 3 月,第 115 页。

　　[7] 张伯驹(1898—1982),河南项城人。张镇芳养子,富收藏,精鉴赏,通书画、诗词、京剧。曾任故宫博物院专门委员、北平市美术分会理事长,国家文物局鉴定委员会委员、吉林省博物馆副馆长,中央文史馆馆员等职。著有《丛碧词》《红毹纪梦诗注》等。

29. 沈周《徐生[1]孝行录》

　　纸本,设色,高 41.2 厘米,纵 152 厘米,手卷。钤印:启南。题识:长洲沈周。引首:徐生孝行录,赐进士出身兵科掌科给事中山海萧显[2]书。钤印:海钧、山海萧文明父、兵科给事私印。画面房舍树木皆用细笔,严谨秀丽。近景是一户人家,围墙院落,丛林掩隐,从左侧院墙上方俯瞰,屋中一妇一子,妇端坐,子跪在地上行孝。远景是一抹青山。

　　收藏印:秀水金氏兰坡过眼[3]、清净瑜迦馆、清净[4]、金口口。

　　2000 年 5 月 8 日,此画由中国嘉德国际拍卖有限公司在北京公开拍卖。

[注释]

[1] 徐积（1028—1103），字仲车，号南郭翁，楚州山阳（今江苏淮安）人。三岁父殁，因父名石，终身不用石器，行遇石，避而勿践。事母至孝，母亡，庐墓三年，哭不绝音。治平四年进士，官至宣德郎。政和六年，赐谥节孝处士。著有《节孝集》。《宋史》卷四五九有传。

[2] 萧显（1431—1506），字文明，号履庵，又号海钓。山海卫（今秦皇岛）人，成化八年进士，官至福建按察司佥事。作词清简有思致，为书尤沉著顿挫，自成一家。时人争得其卷轴，至传国外。著有《海钓集》《镇宁行稿》等。今山海关上"天下第一关"大楷书，即为其遗墨。

[3] 金熏（？—1863），字兰坡，浙江嘉兴人。擅画花卉。工刻印，善吟咏，书法南田。收藏甚富。

[4] 清净瑜迦馆、清净：汪士元收藏印。

30. 沈周《苍林独行》

纸本，水墨，立轴，高 63.5 厘米，横 42.2 厘米，款识在左上："墨石若醉立，老树欲吟风。堂云外看，清籁起寒空。沈周。" 钤印：启南、石田）。天头："苍林独行，汤贻芬题。"题跋："结屋端宜近水涯，隔溪遥对有人家。山林别得行吟乐，策杖归来日未斜。姚元之写。"印：元之。

鉴藏印：安仪周鉴赏[1]、韵初审定[2]、心园索氏收藏书画[3]、秋帆书画图章[4]、莱臣心赏[5]、向叔审定真迹[6]、归安吴云平斋[7]审定名贤真迹。

2016 年 6 月 25 日，此画由纽约贞观国际拍卖公司在纽约公开拍卖。

[注释]

[1] 安麓村（1683—约 1745），名岐，字仪周，号松泉老人、麓村。祖上为朝鲜人，随高丽贡使到北京，后入旗籍。其父安尚义，曾是权相明珠的家臣，后借助明珠的势力在天津、扬州两地业盐，成为大盐商。收藏之富，鉴赏之精，名扬海内。著有《墨缘汇观》。

[2] 沈树镛（1832—1873）字均初，一字韵初，号郑斋，上海浦东川沙镇人。咸丰九年中举，官至内阁中书。生平嗜藏金石书画，对碑帖考订尤为精辟。获

宋拓《熹平石经》残字,遂将其书斋名曰"汉石经室"。著有《汉石经室丛刻目录》等。

[3] 心园索氏收藏书画:索额图收藏印。索额图(1636—1703),赫舍里氏,满洲正黄旗人,先后任保和殿大学士、议政大臣等职。康熙帝继位之初,索额图辅佐计擒鳌拜,并将其党羽一网打尽。代表满清朝廷签订中俄《尼布楚条约》。后因参与皇太子之争,被圈禁宗人府饿死。

[4] 毕沅(1730—1797),字纕蘅,亦字秋帆,镇洋(今江苏太仓)人。乾隆二十五年进士,廷试第一,状元及第,累官至湖广总督。死后二年,因案牵连,被抄家,革世职。经史小学金石地理之学,无所不通。著《续资治通鉴》《灵岩山人诗文集》等。

[5] 庞元济(1864—1949),字莱臣,号虚斋。浙江吴兴南浔人。父庞云镨为南浔镇巨富,"南浔四象"之一。精于鉴赏,收藏铜器、瓷器、书画、玉器等,尤以书画最精,亦精书法绘画,与于右任、张大千、吴昌硕等人均有交往。著有《虚斋名画录》《续虚斋名画录》《中华历代名画志》。

[6] 向叔审定真迹:汪士元鉴藏印。

[7] 吴云(1811—1883),字少甫,号平斋,安徽歙县人,举人,曾官居苏州知府。工书画篆刻,书学颜真卿,善画水山、花鸟。著有《两罍轩彝器图释》、《二百兰亭斋金石三种》。

31. 吴宽[1]草书

纸本,高24厘米,纵24厘米,镜片。款识:吴宽拜。左下钤收藏印:向叔审定真迹[2]。2015年5月30日,此作品由北京泰和嘉成拍卖有限公司公开拍卖。

[注释]

[1] 吴宽(1435—1504),字原博,号匏庵。长洲(今苏州)人。成化八年状元,授编修,历任少詹事兼侍读学士、吏部右侍郎、礼部尚书,卒官赠太子太保,谥文定。喜藏书,和家沈周、王鏊等交游颇深。著有《家藏集》。

[2] 向叔审定真迹:汪士元鉴藏印。

32. 边景昭[1]《古木栖雀》

绢本，水墨，高 27 厘米，纵 19 厘米，镜心。款识：边景昭造。此画构图精巧，苍劲古树上一鸟展翅飞翔，七只鸟栖息在树枝上互动，或鼓噪，或顾盼，姿态各异，气氛热闹欢快，富有和谐的韵律感和清爽明丽的气息。鉴藏印：向叔审定真迹[2]。

2004 年 1 月 11 日，此作品由上海大众拍卖有限公司公开拍卖，成交价为4180 元。

[注释]

[1] 边景昭，字文进，明代宫廷花鸟画家。福建延平府沙县（今福建沙县）人。永乐年间任武英殿待诏，后为翰林待诏。博学能诗，继承南宋"院体"工笔重彩的传统，作品工整清丽，笔法细谨，赋色浓艳，高雅富贵。

[2] 向叔审定真迹：汪士元收藏印。

33. 李东阳[1]草书《春园杂诗》六首

纸本，纵 35 厘米横 543.7 厘米，书于正德四年己巳（公元 1509 年），李东阳时年六十三岁，为其晚年手笔。用笔腾挪多变，书风自由奔放。据卷后自题："旧作数首，宗之[2]方伯见而爱之，录以奉赠，亦为知者道耳"。藏印：毕泷[3]审定、清净、清净瑜迦馆[4]。

录文：1 三月三日佳丽辰，五十五年衰病身。闭门一枕午时梦，江草江花无数春。2 庭下猕猴如小儿，攀花折果不复时。极知野意厌羁，放着林间高树枝。3 涧草园花随意春，野情偏与物相亲。养得山家短角鹿，尽日闲行不触人。4 庭前种竹不满地，长怪墙高多夕阴。纵使难成也难老，莫教移却种花心。5 刚道假山如画图，画图还是假山无。若见此山真面目，纵非南国也西湖。6 夜来一雪忽成雨，雨过西山青八楼。听人骑马看山去，又作思山一种愁。

此作品在明朝时由陈镐珍藏，两年后因故转赠张公。入清后，先为毕泷所有，后转入宫廷藏于内府，《石渠宝笈三编》著录，贮延春阁，五玺全。民国初散出宫廷(见《故宫已佚书籍书画目录四种·赏溥杰书画目》)。后经汪士元鉴赏,现藏北京故宫博物院。

[注释]

[1] 李东阳(1447—1516)字宾之,号西涯,谥文正。祖籍茶陵州(今湖南茶陵)人,寄籍京师(今北京市)。天顺八年进士,弘治八年以礼部侍郎兼文渊阁大学士,直内阁,预机务。立朝五十年,柄国十八载,清节不渝。文章典雅流丽,工篆隶书。有《怀麓堂集》等。

[2] 陈镐(?—1511),字宗之,号矩庵,浙江会稽(今浙江绍兴)人。成化二十三年进士,官至湖广右布政使。正德五年进右副都御史巡抚湖广。

[3] 毕泷,乾隆、嘉庆年间人,字涧飞,号竹痴,江苏镇洋(今江苏太仓)人。毕沅之弟。工画山水及竹石,苍浑而秀,深得曹云西法。又工书,喜收藏名贤书画,故多宋、元、明人珍品。

[4] 清净、清净瑜迦馆:汪士元收藏印。

34. 石璧[1]《兰石图》

绢本,水墨,立轴,高81厘米,横32.5厘米。款识:"有石奇峭天琢成,有草夭夭冬夏青。人言菖蒲非一种,上品九节通仙灵。异根不带尘埃气,孤操爱结泉石盟。明窗净几有宿契,花林草砌无交情。夜深不嫌清露重,晨光疑有白云生。嫩如秦时童女登蓬瀛,手携绿玉杖徐行。瘦如天台山上圣贤僧,休粮绝粒孤鹤形。劲如五百义士从田横,英气凛凛磨青冥。清如三千弟子立孔庭,回琴点瑟天机鸣。堂前不入红粉意,席上常听诗书声。怪石篠簜皆充贡,此物舜庙当共登。神农知己入本草,灵均蔽贤遗骚经。幽人躯玩发仙兴,方士服饵延修龄。彩鸾紫凤琪花苑,赤虬玉麟芙蓉城。上界真人好清净,见此灵苗当大惊。我欲携之朝太清,瑶草不敢专芳馨。玉皇一笑留香案,锡与有道者长生。人间千花万草尽荣艳,未必敢与此草争高名[2]。乙卯[3]冬日画并录,公薇石璧。"钤印:石璧私印、公薇。题跋:"石璧字公瑄,福建长乐县人,成化丁未进士,善写春草及叶竹,盎然有生意。惜传世作品极少,此幅竹石盆景图尤为精妙,不可多得,诚为艺林至宝也。"钤印:陶斋、周作瑢[4]印。

鉴藏印:天放楼[5]、水月吟舍珍藏、士元珍藏[6]。2014年12月2日,此画由北京保利国际拍卖有限公司在北京公开拍卖,成交价为 6.72 万元。

[注释]

[1] 石璧,福建长乐人。明代成化二十年(1484)第二甲进士。

[2] 此为宋朝诗人谢枋得作品《菖蒲歌》。

[3] 乙卯:弘治八年,1895 年。

[4] 周作镕,字陶斋,清代乌程(今浙江湖州)人。书法董其昌,秀韵天成。画花卉、果品、茗瓯、蒲盎之属,皆修洁可爱。

[5] 赵烈文(1832—1894)字惠甫,号能静居士,江苏常州人,受曾国藩保举,曾任易州知州,多年为曾国藩机要幕僚,军事上多所谋划。对佛学、易学、医学、军事、经济之学都有涉猎。家有天放楼藏书。著有《天放楼集》《能静居士日记》。

[6] 士元珍藏:汪士元鉴藏印。

35. 郭诩[1]《松荫听琴图》

纸本,水墨,立轴,纵 63.5 厘米横 126.4 厘米。款在左上:"清狂道人郭诩画。"钤印。题跋:"谡谡松下风,霭霭陇上云。聊将窃比我,不堪掎寄君。半生寓轩冕,一笑当琴樽。良辰饮文字,晤晤无由醺。我有凤鸣枝,背作蛇蚹纹。明月委静照,心清得奇闻。蕉林居士梁清标[2]题。"钤印。

画面上,潺潺泉水,流淌不息,溪流边一株枝杈发达挺拔的松柏,树下两位戴纱帽的男子隔琴而坐岩石上,一人抚琴,一人侧耳而听,笔墨清细柔和,颇有逸趣。

藏印:向叔审定真迹[3]、曾藏方梦园家[4]、蕉林鉴定、秋碧[5]、曾存定府行有恒堂[6]、嘉兴新丰乡人唐翰题收藏印[7]、飞卿过眼[8]、海虞邵氏珍藏金石书画之印[9]。

2016 年 3 月 19 日,此画由纽约贞观国际拍卖有限公司 Gianguan Auctions (formerly Hong Kong Auctions)在美国纽约公开拍卖。

[注释]

[1] 郭诩(1456—1532),字仁弘,号清狂道人,江西泰和人。工书画,擅长山水人物、花鸟牛马。写意画,细笔不落纤媚,粗笔不近狂率,神气淌穆,耐人玩味。为吴伟、沈周、杜堇所推重。

[2] 梁清标(1620—1691),字玉立,一字苍岩,号棠村,一号蕉林。直隶真定(今河北正定县)人,明崇祯十六年进士,曾任户部尚书、保和殿大学士等职。著有《蕉林诗集》《棠村词》等。

[3] 向叔审定真迹:汪士元鉴藏印。

[4] 曾藏方梦园家:方浚颐(1815—1889)鉴藏印。方浚颐,字饮苕,号子箴,又号梦园,安徽定远人。进士,官至四川按察使。收藏书画甚富,精鉴赏。编《梦圆书画录》,载录作品四百余件。在扬州开设淮南书局,校刊群籍,著有《二知轩诗文集》《忍斋诗文集》等。

[5] 蕉林鉴定、秋碧:梁清标鉴藏印。

[6] 曾存定府行有恒堂:爱新觉罗·载铨(1794—1854)鉴藏印。载铨,清宗室,满洲镶红旗人。乾隆帝在世所见几位玄孙之一,奕绍长子,授御前大臣、工部尚书、步军统领,袭爵。封号定郡王。

[7] 嘉兴新丰乡人唐翰题收藏印:唐翰题(1816—1875),字鹤安,一作鹤庵、蕉庵,别号新丰乡人,浙江秀水(今嘉兴)人。咸丰间,以贡生捐青浦县训导。官至南通知府。光绪元年归里读书,晚年寓居苏州。精鉴别,富收藏,著有《说文臆说》《唯自勉斋存稿》。

[8] 飞卿过眼:于腾(1832—1890)鉴藏印。于腾,字飞卿,山东郯城县寨子村(今属兰陵县)人。家贫,发奋读书,科举中乡试、县试、会试连捷。任四川宜宾、铜梁知县,后官至代理成都知府。

[9] 海虞邵氏珍藏金石书画之印:邵松年(1848—1923)鉴藏印。邵松年,字伯英,号息庵,江苏常熟人,光绪九年进士,授翰林院编修,官至河南学政,精通书画,尤善收藏与鉴赏。家中设"兰雪堂"专门收藏碑帖书画,"古鲸馆"专门收藏古琴。著有《海虞文征录》《澄兰堂古缘萃录》。

36. 吴伟[1]《渔钓暮归》

纸本,水墨,立轴,纵61.3厘米横129.9厘米。款识:小仙。钤印:吴伟之印。画面上小河边停着一只小舟,河岸一丛丛芦苇和苍劲古树,一座小桥,一男子扛着钓鱼杆,手提着一条大鱼,天空中暮色苍茫,一群大雁在飞翔。笔墨恣肆,神韵俱足。

藏印：钟亨豪珍藏金石书画[2]、平斋过眼[3]、项子京家珍藏[4]、麓云楼藏[5]，一印漫漶不辨。2013年9月19日，此画由纽约苏富比有限公司在美国纽约公开拍卖。

[注释]

[1] 吴伟(1459—1508)，字次翁，江夏(今湖北武汉)人，画院待诏，孝宗时授锦衣卫百户及赐"画状元"的图章。精山水，落笔健壮，最长于白描人物。传其画法的有蒋嵩、张路、宋臣、蒋贵、宋澄春、王仪等，被称为"江夏派"。

[2] 钟亨豪，台湾现代著名收藏家，祖籍江西宜春，迁台后任台湾立法院委员，与多位著名书画家交往频繁，例如溥儒、于右任等。

[3] 吴平斋(1811—1883)，字少甫，号平斋，安徽歙县人，举人，曾官居苏州知府。工书画篆刻，书学颜真卿，善画水山、花鸟。著有《两罍轩彝器图释》、《二百兰亭斋金石三种》。

[4] 项墨林(1525—1590)，原名项元汴，字子京，号墨林，浙江嘉兴人。明国子生，家资富饶，镌有天籁阁、项墨林等印，广收法书名画。工绘画，兼擅书法，刊有《天籁阁帖》，，著有《墨林山人诗集》等。

[5] 麓云楼藏：汪士元鉴藏印。

37. 林郊[1]《三友四喜图》

纸本，立轴，纵107厘米横38厘米。画面上描绘岁寒三友梅兰竹及四只喜雀，画风承其父林良，生动传神，构图讲究。梅树枝条刚劲流畅，树静枝拂，四只喜鹊栩栩如生，如跃纸面。右下有朱文鉴藏印：汪向叔藏[2]、程桢义珍藏[3]。

2008年5月29日至5月31日，广东荣申拍卖有限公司在广州公开拍卖此作品。

[注释]

[1] 林郊，字子远，明代南海(今广州)人。画家林良之子，承父业，擅水墨翎毛。弘治七年(1794)诏选天下画士，郊取第一，授锦衣卫镇抚，直武英殿，十七年(1504)致仕。有《都亭咏别序》，士大夫赋诗甚众，归隐龙子窝。

[2] 汪向叔藏：汪士元收藏印。

[3] 程桢义，字心柏、漱石，吴县(今苏州)人。热衷鉴藏和慈善事业。道光

二十五年,承父命创建资敬义庄,先后置田二千四百余亩,后毁于战火。其子程卧云则遵父遗命,于光绪初别创成训义庄于刘家浜,至 1938 年解散,所余田亩分给各户。

38. 祝允明[1]《草书七言诗》四首

纸本,水墨,手卷,纵 38.5 厘米,横 482 厘米,1523 年作。录文:1. 题摄山栖霞山。泉洞迷藏草没梯,倚岩千佛坐高低。叠襟山色囤圈峭,隔树江声映隐齐。宋刻梁父江天笔,龙盘龟戴上元题。栖禅窟木许头颅,(此虚落四字)向里栖。2. 题飞蓬仕女。黑云堆墨压蜻蛚,新向荆王枕上归。马堕翠蝉声不整,龙蟠金雀坠难飞。杨家体离温治赵,后惊意出壁衣。勾伯之东懒妆束,凝眸终日橄蔷薇。3. 写怀。亡羊何日返初岐,夫马由来未用悲。灵药不消心底火,世情犹恶尊虎旗。三年紫陌长虚展,一纽铜羊只锚诗、好景好将闲领取,淡烟明月两参差。4. 闲居秋日。逃暑应能暂闲关,未消多把古贤攀。并抛杯勺方为懒,少事篇章恐锚闲。风堕一庭邻寺叶,也开半面隔城山。浮生只说潜居易,隐比求名事更难。款识:癸未秋七月望后三日,枝山允明。钤印:枝指生、祝允明印、枝指道人。

题跋:1. 枝山道人曾见黄山谷草圣,故所作狂草,备见颠素之妙。此卷诗出自作书饶家法,惟墨偏浓,纸稍涩,硬毫悬腕,极徵兴会。首尾印挪校勘无讹,新岁眼福,斯为第一。公元一九九三年,岁次癸酉元月,获关于北京寓舍之浮光掠影楼。启功[2],时年八十。钤印:启功之印、元白无恙。2. 明代狂草书,前称华亭二张,枝指道人后起颠素一宗,几夺二张之席。此卷以劲毫书于生涩纸上,别有韵咮,且少见犷悍之气。是以为佳。癸未道人已六十四岁,正其晚年真迹也。友人携示属题,时癸酉冬日,书于京华客次。南荣徐邦达[3],年八十三。钤印:孚尹徐邦达印。3. 枝山草书,天下无妙丽,岂独雄三吴?此明黄省曾晚之咏,祝氏草书句也。京兆行草,源自大令永师,兼以狂素颠旭。此卷笔法复融合山谷,乃其晚年之笔也。此自诗摄山栖霞寺等四首,用笔疾如风雨,矫若龙蛇,一气呵成,信可珍也。甲戌初冬,刘九庵[4]题于澄观斋。钤印:九庵、刘九庵。

藏印:百代之过客、归安吴云平斋审定名贤真迹[5]、靖远范氏禹勤收藏书画印[6]、向叔审定真迹[7]。2004 年 12 月 13 日,此作品由中贸圣佳国际拍卖有限公司在北京公开拍卖。

[注释]

[1] 祝允明(1450—1526),字希哲,号枝山,长洲(今苏州)人。弘治举人,官广东兴宁知县,迁应天府通判。擅诗文,尤工书法,名动海内。与唐寅、文征明、徐祯卿并称"吴中四才子"。著有《祝氏集略》《怀星堂集》。

[2] 启功(1912—2005),字元白,也作元伯,号苑北居士,北京市满人,雍正皇帝第九代孙。中国当代著名书画家、鉴定家、曾任北京师范大学副教授、教授、中央文史研究馆馆长。

[3] 徐邦达(1911—2012)字孚尹,号李庵,又号心远生、蠖叟,浙江海宁人,生于上海。早年从事美术创作,曾在上海中国画苑举办个人画展。1950年调北京国家文物局,主要从事古书画的鉴定工作。

[4] 刘九庵(1915—1999),河北冀县人。14岁到北京琉璃厂悦古斋字画店学徒,长达12年之久,从此与古书画结下不解之缘。后曾独自营销、代售古旧字画。1956年入北京故宫博物院,专门从事古书画的征集、鉴定和研究工作,是我国当代著名的古书画鉴定家。

[5] 吴平斋(1811—1883),字少甫,号平斋,安徽歙县人,举人,曾官居苏州知府。工书画篆刻,书学颜真卿,善画水山、花鸟。著有《两罍轩彝器图释》、《二百兰亭斋金石三种》。

[6] 范振绪(1872—1960),字禹勤,号南皋,甘肃靖远县人,生于北京,光绪29年进士,后到日本攻读法律,加入同盟会,民国第一届国会参议院议员。曾任河南孟县知事,后深居荣宝斋从事书画创作。解放后任甘肃省政协副主席,临终嘱夫人将其珍藏的宋徽宗《山水画卷》、大痴《富春山色长卷》捐献给国家。

[7] 向叔审定真迹:汪士元收藏印。

39. 祝允明《草书虎丘诗卷》

水纸,本墨,手卷,纵37厘米,横242厘米。款识:枝山允明。钤印:祝允明印、枝山。左有小松黄易[1]书"虎丘诗卷"四字。

鉴藏印:清宫藏印三方。收藏印十七方:天籁阁、退蜜、项子京家珍藏、墨林[2]、蕉林秘玩[3]、秋帆书画图章[4]、安、仪周鉴赏[5]、戴芝农鉴赏章[6]、南海伍元蕙宝玩[7]、向叔审定真迹[8]、海虞邵氏珍藏金石书画之印[9]、莱臣心赏[10]、缪荃孙藏[11]、曾存方梦园家[12]、李氏爱吾庐收藏书画记[13]、飞卿过眼[14]、曾存定府行有恒堂[15]。

2014 年 6 月 8 日,纽约贞观拍卖国际有限公司 Gianguan Auctions (formerly Hong Kong Auctions)在纽约公开拍卖。

［注释］

［1］黄易(1744—1802)字大易,号小松,又号秋庵,仁和(今杭州)人。树谷子,监生,官济宁同知。尝有声幕府,以诗筒画笔,与簿书迭进,不废风雅。工书,娴熟隶法。

［2］天籁阁、退蜜、项子京家珍藏、墨林:项墨林(1525—1590),原名项元汴,字子京,号墨林,浙江嘉兴人。明国子生,家资富饶,镌有天籁阁、项墨林等印,广收法书名画。工绘画,兼擅书法,刊有《天籁阁帖》,著有《墨林山人诗集》等。

［3］梁清标(1620—1691),字玉立,一字苍岩,号棠村,一号蕉林。直隶真定(今河北正定县)人,明崇祯十六年进士,曾任户部尚书、保和殿大学士等职。著有《蕉林诗集》《棠村词》等。

［4］毕沅(1730—1797),字纕蘅,亦字秋帆,镇洋(今江苏太仓)人。乾隆二十五年进士,廷试第一,状元及第,累官至湖广总督。死后二年,因案牵连,被抄家,革世职。经史小学金石地理之学,无所不通。著《续资治通鉴》、《灵岩山人诗文集》等。

［5］安麓村(1683—约 1745),名岐,字仪周,号松泉老人、麓村。祖上为朝鲜人,随高丽贡使到北京,后入旗籍。其父安尚义,曾是权相明珠的家臣,后借助明珠的势力在天津、扬州两地业盐,成为大盐商。收藏之富,鉴赏之精,名扬海内。著有《墨缘汇观》。

［6］戴植,字培之,号芝农,清朝后期江苏丹徒人,其"翰墨轩"、"心太平轩"、"培万楼"收藏书画和古籍,在当时称极一时,其中古籍收藏中,宋、元、明刻本 10 余种。其所藏书画后来归于上海博物馆。

［7］伍元蕙(1824—1865),更名葆恒,字良谋,号俪荃、南雪道人,广东南海人,布衣,性好书,收藏甚富。晚得倪瓒真迹四种,结屋藏之,颜曰"迁庵"。刻有《南雪斋藏真帖》《澄观阁摹古帖》。

［8］向叔审定真迹:汪士元收藏印。。

［9］邵松年(1848—1923),字伯英,号息庵,江苏常熟人,光绪九年进士,授

翰林院编修,官至河南学政,精通书画,尤善收藏与鉴赏。家中设"兰雪堂"专门收藏碑帖书画,"古鲸馆"专门收藏古琴。著有《海虞文征录》《澄兰堂古缘萃录》。

[10] 庞元济(1864—1949),字莱臣,号虚斋,浙江吴兴南浔人。父庞云鏳为南浔镇巨富,"南浔四象"之一。精于鉴赏,收藏铜器、瓷器、书画、玉器等,尤以书画最精,亦精书法绘画,与于右任、张大千、吴昌硕等人均有交往。著有《虚斋名画录》《中华历代名画志》等。

[11] 缪荃孙(1844—1919),字炎之、筱珊,晚号艺风老人,江苏江阴人。光绪二年进士,历任南菁书院、南京钟山书院山长、江南高等学堂监督。负责筹建三江师范学堂、筹建江南图书馆,出任总办。1909 年受聘创办京师图书馆,任正监督。1914 年任清史总纂。著有《艺风堂藏书记》等。

[12] 方浚颐(1815—1889)鉴藏印。方浚颐,字饮苕,号子箴,又号梦园,安徽定远人。进士,官至四川按察使。收藏书画甚富,精鉴赏。编《梦圆书画录》,载录作品四百余件。在扬州开设淮南书局,校刊群籍,著有《二知轩诗文集》《忍斋诗文集》等。

[13] 李氏爱吾庐收藏书画记:李恩庆收藏印。。

[14] 于腾(1832—1890),字飞卿,山东郯城县寨子村(今属兰陵县)人。家贫,发奋读书,科举中乡试、县试、会试连捷。任四川宜宾、铜梁知县,后官至代理成都知府。

[15] 爱新觉罗·载铨(1794—1854),清宗室,满洲镶红旗人。乾隆帝在世所见几位玄孙之一,奕绍长子,授御前大臣、工部尚书、步军统领,袭爵。封号定郡王。室名行有恒堂、恒堂、世泽堂。曾存定府行有恒堂,为其收藏印。

40. 祝允明《草书临帖卷》

纸本,水墨,手卷。

释文一:《阴符经》[1]观天之道,执天之行,尽矣。天有五贼,见之者昌。五贼在心,施行于天,宇宙在乎手,万作生乎身。天性,人也;人心,机也;立天之道,以定人也。天发杀机,龙蛇起陆;人发杀机,天地反复;天人合发,万变定机。性有巧拙,可以伏藏。九窍之邪,在乎三要。可以动静。火生于木,祸发必克,奸生于国,时动必溃;知之修炼,谓之圣人。天地万物之盗;万物人之盗;人万物之盗。

三盗既宜,三才既安。故曰:食其时,百骸理;动其机,万化安。人知其神而神,不知不神而所以神也。故曰:月有吾,大小有定,圣功生焉,神明出焉。其盗机也,天下莫能见,莫能知。君子得之固穷,小人得之轻命。瞽者善听,聋者善善。绝利一源,用师十倍;三反昼夜,用师万倍。心生于物,死于物,机在目。天之无恩而大恩生,迅雷烈风,莫不蠢然。至乐性余,至静则廉。天之至私,用之至公。擒之制在气。生者死之根,死者生之根。恩生于害,害生于恩。以仁为恩害,则随至愚人以天地文理圣,我以时物文理哲。故曰:圣人不朽,时变是守。玄术之道,兆人不行。八卦甲子,神机鬼藏。章草即古隶之变,取姿在萧散融朗,皇象、索靖、萧子云之砂,以其体最古雅不涉尘也。印章:枝山。

释文二:知虞帅书,桓公以至洛,即摧破羌贼,贼重创,想必禽之。王略始及旧都,使人悲慨深。此公威略实着,自当求之于古,真可以战,使人叹息。知仁祖小差,此慰可言。适范生书如其语,无异。故须后问为定,今以书示君。

右《王略破羌帖》[2]为右军法书第一,米海岳所谓昭回于天垂英光,则此书真有神奇之砂,余故拈出之。印章:祝允明印。

释文三:秋中感怀,雨冷异,足下各可耳,胂风遂欲成患,甚忧之。力知问。王羲之顿首。

右军《知问帖》[3],《淳化》刻中觉肥瘦少异,独二王帖选中,误唐人双钩入石者为得笔法。印章:祝睎哲。

释文四:七月二日献之白:孙权据有江东,以历三世。国险而民附,贤能为用,斯可足为援,而不可图也。益州天府之地,高祖因之以成帝业;荆州北据汉河,利尽南海,西连巴蜀,东通吴会,此用武之国,而其不能治。天所以资将军,将军既是帝室之胄,信义着于四海,求之大国,诚难至也。大令取法章草亦是简见。

此帖与右军《豹奴帖》[4]笔法相似,「世」字旧刻中失一笔,盖唐摹避上讳耳。印章:祝允明印。

释文五:献之等再拜:不审海监诸舍上下动静,比复常忧之。姊告无它事。崇虚刘道士鹅群并复归也。献之等当须向彼谢之。献之等再拜。

献之《鹅群帖》[5]评者以为唐人好事者所作。观《淳化》原揭,笔笔精砂而有冲远之思,恐后人未易办此。印章:枝山。

释文六:维干元元年、岁次戊戌、九月庚午朔三日壬申。第十三叔银青光禄夫使持节蒲州诸军事、蒲州刺史、上轻车都尉、丹杨县开国侯真卿。以清酌庶羞祭于亡侄赠赞善大夫季明之灵:惟尔挺生,凤标幼德。宗庙瑚琏,阶庭兰玉,每慰人心。方期戬谷，何图逆贼闲衅，称兵犯顺。尔父竭诚，常山作郡。余时受命，亦在平原。仁兄爱我，俾尔传言。尔既归止，爰开土门。土门既开，凶威大蹙。贼臣不救，孤城围逼。父陷子死，巢倾卵覆。天不悔祸，谁为荼毒？念尔遘残，百身何赎？呜乎哀哉！吾承天泽，移牧[河关]。泉明比者，再陷常山。携尔首榇，及兹同还。抚念摧切，震悼心颜。方俟远日，卜尔幽宅。魂而有知，无嗟久客。呜呼哀哉尚飨！

《鲁公祭侄文稿》[6]一段，天真结里，其文与字千古犹生。第媿后学不能彷佛一二耳。廿八日记。印章：允明、祝晞哲。

释文七：行住坐卧处，手摩胁与肚。心腹通快时，两手肠下踞。踞之彻膀腰，背拳摩肾部。才觉力倦来，即使家人助。行之不厌频，昼夜无穷数。岁久积功成，渐入神仙路。

右唐人杨凝式[7]少师书，虽纵横少法，亦是奕奕有致。印章：祝允明印。

释文八：澄心堂纸一幅。阔狭厚薄坚实皆类此乃佳。工者不愿为。又恐不能为之。试与厚直莫得之。见其楮细。似可作也。便人只求百幅。癸卯重阳日。襄书。

君谟《乞纸帖》[8]六行，殊有笔趣，其结构在欧褚之间，宋四名家以蔡居甲。印章：晞哲。

释文九：轼将渡海，宿澄迈。承令子见访。知从者未归。又云恐已到桂府。若果尔，庶几得于海康相遇；不尔，则未知后会之期也。区区无他祷。惟晚景宜倍万自爱耳。忽忽留此帋，令子处更不重封。不罪不罪。轼顿首。梦得秘校阁下[9]。

昔人评东坡多卧笔，以其时出偏锋也。若此书有惊涛骇浪之势，深得平原用笔之纱。印章：允明。

鉴藏印：清净瑜迦馆[10]、君衍。

此作品为香港近墨堂藏品。近墨堂书法研究基金会，2013年由林霄、陈钦夫妇创办于香港，是一家旨在支持和推动中国书法史及相关领域学术研究的慈善基金会。

[注释]

[1]《黄帝阴符经》又称《阴符经》或《轩辕黄帝阴符经》，亦称《黄帝天机经》，论涉养生要旨、气功、食疗、精神调养、房中等方面。近代学者多认为其成书于南北朝。

[2] 晋代王羲之草书《破羌帖》，又名《王略破羌帖》，9 行 81 字，高 29 厘米。入刻《宝晋斋帖》等。

[3] 《知问贴》，又称《寒切帖》，为王羲之中晚年所书写。纸本墨迹，草书，5行，50 字。唐代勾填摹本，先勾再填以淡墨。勾摹精细，笔锋转折分明，书风遒劲腴润，沉着流动。墨色斑斓，笔意神采超逸，书风从容丰腴。卷尾有董其昌、娄坚题记，现藏于天津博物馆。

[4] 《豹奴帖》：王羲之书，拓本。六行，七十字。章草。豹奴乃桓嗣小字，桓温从子。此帖曾为《宣和书谱》著录。元朝时，此帖前二行墨迹本尚存世，其中第二行有"眠食"二字，元人题为《眠食帖》。《二王帖评释》曰："是绢本、赵子昂、邓善之（文原）题为《眠食帖》。"

[5] 《鹅群帖》：一幅行草书法作品，为东晋王献之所书翰札。宋代《淳化阁帖》收刻。原作墨迹不可考，有宋代米芾临本。历代书法名家多有临摹，如元代鲜于枢，明代邢侗、王铎，清代傅山等。

[6] 《鲁公祭侄文稿》：即《唐颜真卿祭侄文稿卷》是颜真卿追祭从侄颜季明的草稿，亦称《祭侄文稿》。行书，23 行，234 字。书于唐乾元元年。

[7] 杨凝式（873—954），字景度，号虚白，陕西华阴人，居洛阳。唐昭宗时进士，官秘书郎，后历仕后梁、唐、晋、汉、周五代，官至太子太保，世称"杨少师"。杨凝式在书法历史上历来被视为承唐启宋的重要人物。"宋四家"都深受其影响。

[8] 君谟《乞纸帖》：即蔡襄《澄心堂纸帖》，尺牍，纸本，1063 年作，行楷，纵24.7 cm，横 27.1 cm。台北故宫博物院藏。以行楷写成，结体端正略扁，字距行间宽紧合适，一笔一画都甚富体态，工致而雍容。

[9] 此为苏轼《渡海帖》，又称《致梦得秘校尺牍》内容。公元 1100（宋元丰三年）作，行书，纸本，纵 28.6，横 40.2 cm，现藏于台北故宫博物院。元符三年，被诏徙廉州，路过澄迈时未遇赵梦得，便留此札。为其晚年书迹之代表，全作信笔写来，浑然天成。此札用笔劲利，结体斜向右上，时人认为颇有李邕之风。

[10] 清净瑜迦馆：汪士元收藏印。

41. 张路[1]《二仙云起图》

纸本、水墨、立轴，纵 127 厘米，横 60.96 厘米。款识在左上，钤印：平山。

毕沅[2]题"希世之珍"。黄易[3]题"终日笑眼馀才思,剑气依然粲远星。一曲春莺情宛转,几行秋雁影亭亭。谁同太傅低昂看,止许松柏感慨听。最是孤单风雨夜,苦苦思君路未通。天天怀念梦亦遥,相逢却在故山中"。赵之谦[4]题"妙墨"。季彤[5]题"罕有之作,殊为难得,尤可宝之"。郑斋[6]题"传世之作,世不多见,见者珍之"。此外还有于腾[7]的题词。

鉴藏印:安仪周家珍藏、仪周鉴赏[8]、也园索氏收藏书画[9]、曾存方梦园家[10]、曾存定府行有恒堂[11]、庞元济(臣庞元济恭藏[12]、嘉兴新丰乡人唐翰题收藏印[13]、海虞邵氏珍藏金石书画之印[14]、向叔审定真迹[15]、戴芝农览赏章[16]、飞卿过眼[17]、南海伍元蕙宝玩、蕙宝玩[18]。

2013 年 12 月 8 日,此作品由纽约贞观拍卖国际有限公司 Gianguan Auctions (formerly Hong Kong Auctions)在纽约公开拍卖。

[注释]

[1] 张路(约 1464—1538),字天驰,号平山,大梁(河南郑州)人。善画人物,多绘神仙、士子、渔夫,形象质朴,神态清朗,具高昂向上的气质。景致简略,笔墨遒劲,风格豪放,然少秀逸和蕴藉之致。为浙派健将,亦开后来学者粗率之风。

[2] 毕沅(1730—1797)字纕蘅,亦字秋帆,镇洋(今江苏太仓)人。乾隆二十五年进士,廷试第一,状元及第,累官至湖广总督。死后二年,因案牵连,被抄家,革世职。经史小学金石地理之学,无所不通、著《续资治通鉴》、《灵岩山人诗文集》等。

[3] 黄易:(1744—1802)字大易,号小松,又号秋庵,仁和(今杭州)人。树谷子,监生,官济宁同知。尝有声幕府,以诗筒画笔,与簿书迭进,不废风雅。工书,娴熟隶法。

[4] 赵之谦(1829—1884)字㧑叔,号悲庵、梅庵,浙江绍兴人。赵之谦的篆刻成就巨大,对后世影响深远。近代的吴昌硕、齐白石等画家都从他处受惠良多。

[5] 潘正炜(1791—1850),字榆庭,号季彤,广东番禺人。祖父潘振承早年出洋,熟英语,在广州十三行获得旨准开设同文洋行,包揽丝茶经营商务。父亲潘有度继承祖业主理同文洋行。潘正炜继承两代家业,以字画鉴藏见长,建"听帆楼"珍藏书画文物。著有《听帆楼书画记》等。

[6] 沈树镛(1832—1873)字均初,一字韵初,号郑斋,上海浦东川沙镇人。

咸丰九年中举,官至内阁中书。生平嗜藏金石书画,对碑帖考订尤为精辟。获宋拓《熹平石经》残字,遂将其书斋名曰"汉石经室"。著有《汉石经室丛刻目录》等。

[7][17] 于腾(1832—1890),字飞卿,山东郯城县人。家贫,发奋读书,科举中乡试、县试、会试连捷。任四川宜宾、铜梁知县,后官至代理成都知府。飞卿过眼,为其收藏印。

[8] 安麓村(1683—约1745),名岐,字仪周,号松泉老人、麓村。祖上为朝鲜人,随高丽贡使到北京,后入旗籍。其父安尚义,曾是权相明珠的家臣,后借助明珠的势力在天津、扬州两地业盐,成为大盐商。收藏之富,鉴赏之精,名扬海内。著有《墨缘汇观》。

[9] 也园索氏收藏书画:索额图收藏印:。索额图(1636—1703),赫舍里氏,满洲正黄旗人,大学士索尼第三子,官至保和殿大学士、议政大臣。康熙帝继位之初,索额图辅佐计擒鳌拜,并将其党羽一网打尽,故深受信任。代表满清朝廷签订中俄《尼布楚条约》,因参与皇太子之争,被圈禁宗人府饿死。

[10] 方浚颐(1815—1889)鉴藏印。方浚颐,字饮苕,号子箴,又号梦园,安徽定远人。进士,官至四川按察使。收藏书画甚富,精鉴赏。编《梦圆书画录》,载录作品四百余件。在扬州开设淮南书局,校刊群籍,著有《二知轩诗文集》《忍斋诗文集》等。

[11] 爱新觉罗·载铨(1794—1854),清宗室,满洲镶红旗人。乾隆帝在世所见几位玄孙之一,奕绍长子,授御前大臣、工部尚书、步军统领,袭爵。封号定郡王。室名行有恒堂、恒堂、世泽堂。曾存定府行有恒堂,为其收藏印:。

[12] 庞元济(1864—1949),字莱臣,号虚斋。浙江吴兴南浔人。父庞云鏳为南浔镇巨富,"南浔四象"之一。精于鉴赏,收藏铜器、瓷器、书画、玉器等,尤以书画最精,亦精书法绘画,与于右任、张大千、吴昌硕等人均有交往。著有《虚斋名画录》《中华历代名画志》等。

[13] 唐翰题(1816—1875),字鹪安,一作鷦庵、蕉庵,别号新丰乡人,浙江秀水(今嘉兴)人。咸丰间,以贡生捐青浦县训导。官至南通知府。晚年寓居苏州。精于鉴别。收藏金石、书籍、碑版、名画甚富。其藏书多有善本,著有《说文臆说》《唯自勉斋存稿》。

[14] 邵松年(1848—1923),字伯英,号息庵,江苏常熟人,光绪九年进士,授翰林院编修,官至河南学政,精通书画,尤善收藏与鉴赏。家中设"兰雪堂"专门收藏碑帖书画,"古鲸馆"专门收藏古琴。著有《虞山画志补编》《澄兰堂古缘萃

录》等。海虞邵氏珍藏金石书画之印，为其鉴藏印。

［15］向叔审定真迹：汪士元收藏印：。

［16］戴植，字培之，号芝农，清朝后期江苏丹徒人，其"翰墨轩"、"心太平轩"、"培万楼"收藏书画和古籍，在当时称极一时，其中古籍收藏中，宋、元、明刻本 10 余种。其所藏书画后来归于上海博物馆。

［18］伍元蕙(1824—1865)，更名葆恒，字良谋，又号俪荃，号南雪道人，广东南海人，布衣，性好书，收藏甚富。晚得倪瓒真迹四种，结屋藏之，颜日"迂庵"。

42. 唐寅[1]《柏间煮茗》

绢本，镜片，纵 95 厘米，横 43 厘米。款识：煮茗客将至，闻琴待知音。柏间草阁倚，清风满鬓悠。正德二年秋月，唐寅。钤印：吴趋、唐伯虎。

鉴藏印：修梅仙馆秘藏[2]、麓云楼书画记[3]。

2014 年 11 月 3 日，在秋季书画艺术品拍卖会上，此作品由上海晟安拍卖有限公司拍卖。

[注释]

［1］唐寅(1470—1523)字伯虎，号六如居士。人物画师承唐代传统，色彩艳丽清雅，体态优美，造型准确；亦工写意人物，笔简意赅，饶有意趣。其花鸟画长于水墨写意，洒脱秀逸。"明四家"之一。著有《六如居士全集》。

［2］罗天池(1805—1866)字六湖，广东新会人。道光六年进士。官云南迤西道。落职归，居广州。工书、画，精鉴赏。论粤画必以黎简、谢兰生、张如芝、罗天池为粤东四家。"修梅仙馆秘藏"，为其收藏印。

［3］麓云楼书画记：汪士元收藏印。

43. 唐寅《幽禽傲寒图》

纸本，水墨，手卷，高 25 厘米，横 302 厘米。款识：正德三年孟夏月画晋昌唐寅。钤印：唐伯虎、唐寅私印。引首"幽禽傲寒图"，董诰[1] 书。题跋：1"老松如奇士，修篁似美人，岭崎一片石，相伴岁寒身；寒皋独立处，细雨湿衣冠，故故作人语,难同凡鸟看。叔未张廷济题。钤印:廷济[2]"。2"阴风主消寒,晴江带冥漠;山鸟寂无声,天花住还落。阮元书。钤印:阮元之印、芸台[3]"。

鉴藏印:故宫鉴藏印十一方,仪周鉴赏、安、安仪周家珍藏[4]、信公鉴定珍藏、公[5]、向叔审定真迹[6]、飞卿过眼[7]、曾藏潘氏海山仙馆[8]。

2012年9月9日,此作品由纽约贞观拍卖国际有限公司Gianguan Auctions (formerly Hong Kong Auctions)在纽约公开拍卖。

[注释]

[1] 董诰(1740—1818),字雅伦,号蔗林,董邦达长子浙江富阳人。乾隆二十九年进士,累官至户部尚书,东阁大学士、太子太傅,直军机先后四十年,饱游沃看宫廷丰富的古代名家巨迹,使自己的山水艺术能够上窥宋元经典,遂成一代名手。

[2] 张廷济(1768—1848),字顺安,号叔未,晚号眉寿老人,浙江嘉兴人。嘉庆三年解元,以后几次会试未中,遂家居从事学术研究和艺术创作。工诗词,风格朴质,善用典故,精金石考据之学,尤擅长文物鉴赏,一碑一器都能辨其真伪,别其源流。著有《清仪阁所藏古器物文》《桂馨堂集》等。

[3] 阮元(1764—1849)字伯元,号云台,江苏仪征人,乾隆五十四年进士,官至两广总督、体仁阁大学士,被尊为三朝阁老、九省疆臣,一代文宗。喜藏书,在文选巷家庙西建立书库,名曰"文选楼"。又有有琅嬛仙馆、擘经室、积古斋等,各有藏书。

[4] 安麓村(1683—约1745),名岐,字仪周,号松泉老人、麓村。祖上为朝鲜人,随高丽贡使到北京,后入旗籍。其父安尚义,曾是权相明珠的家臣,后借助明珠的势力在天津、扬州两地业盐,成为大盐商。收藏之富,鉴赏之精,名扬海内。著有《墨缘汇观》。

[5] 耿昭忠(1640—1686),字在良,号信公,汉军正黄旗人。原籍山东,徙辽东盖州(今辽宁盖平)。耿继茂次子,兄耿精忠,弟耿聚忠。由多罗额驸晋太子太保。谥勤僖。擅文章,工艺事,善鉴别。今世流传之宋、元名迹,其上每有耿氏藏印。

[6] 向叔审定真迹:汪士元收藏印。

[7] 于腾(1832—1890),字飞卿,山东郯城县寨子村(今属兰陵县)人。家贫,发奋读书,科举中乡试、县试、会试连捷。任四川宜宾、铜梁知县,后官至代理成都知府。飞卿过眼,为其鉴藏印。

[8] 潘仕成(1804—1873),字德畬,广东番禺人,先祖以盐商起家,他继承家业后继续经营盐务,以至洋务,成为广州十三行的巨商。既经商又从政,既好古也学洋,既是慷慨的慈善家,又是博古通今的古玩、字画收藏家,官至兵部郎中。他的私人别墅称"海山仙馆"。

44. 张灵[1]《秋山图》

纸本,水墨,立轴,高91厘米,宽45厘米,款识在左上:"新凉先雨过溪头,剩芰残荷懒未收。不出茅堂无外事,稻堆堆满更安求。张灵为克养画。"钤印:张灵、梦晋。题词:1 门外溪流屋后山,秋云冉冉藓斑斑。陶诗读罢消岑寂,闲看幽禽自往还。南斋[2]。2 梦晋先生,卓荦不羁士林,其所作亦豪放,自喜诵其诗,并可想见丰采。姚希孟[3]。3 一幅秋山图,秋山若素识。披图意欣喜,高士宛可接。张公笔,沈公题,更有姚公跋。名贤齐藐,余敝居,亦何幸,获此墨宝如执圭,短垣本色颇相称,松影横坡隔水西。千顷生[4]识。

鉴藏印:陈子受家珍藏[5]、蕉林居士[6]、珍赏、向叔审定真迹[7]、

2012年7月22日,此作品由北京中贸圣佳拍卖有限公司拍卖,成交价为59.8万元。

[注释]

[1] 张灵,字梦晋、明代吴郡(今苏州)人,工诗、善画,与唐寅、沈周等交善,是吴门画家中的活跃性人物。山水画题材多描写南方的山水园林,表现文人的生活情趣。

[2] 南斋:沈贞吉(1400—?)名贞,号南斋、陶庵、匋盦、陶然道人,长洲(今江苏苏州)相城里人,工唐律,善绘事,山水师董源。吴门画派领袖沈周的伯父,吴门画派的先驱。

[3] 姚希孟(1579—1636)字孟长,号现闻,南直隶苏州府吴县(今属江苏)人,万历四十七年中进士,改庶吉士。他和舅父文震孟被崔呈秀作为献给魏忠贤的《天鉴录》列为东林党成员,遂削籍。后任詹事,掌南京翰林院。著有《文远集》《公槐集》等。

[4] 千顷生:汪珂玉,(1587—?)字玉水,号乐卿,自号乐闲外史,秀水(今浙江嘉兴)人,自署千顷生。崇祯中官山东盐运使制官。其父爱荆,与项元汴交好,

筑"凝霞阁"以贮书、画,收藏富甲一时。他又广为搜罗,别置"莲登草堂"、"韵石阁"等。并就其所藏及闻见所及,撰《珊瑚网》。

[5] 陈子受,民国著名碑帖收藏家、书法家。赵叔孺入室弟子,善花卉,而于赵书,能承衣钵,而藏历代碑帖最夥。

[6] 梁清标(1620—1691),字玉立,一字苍岩,号棠村,一号蕉林。直隶真定(今河北正定县)人,明崇祯十六年进士,曾任户部尚书、保和殿大学士等职。著有《蕉林诗集》《棠村词》等。

[7] 向叔审定真迹:汪士元收藏印。

45.　文征明[1]《溪桥烟树图》

纸本,设色,手卷,高 25 厘米,横 356 厘米。题识在左下:"右画余壬申[2]岁作,抵今甲辰[2]三十有三年。当时喜效唐人,故行笔设色,犹有古意,但笔力纤弱,不如近时老笔苍润耳,然风湿交攻,臂指拘挛,欲为少时纤细何可得哉? 因王君仲玉[3]出示,题以识感,嘉靖甲辰[4]八月二日,徵明书。"钤印:徵明、悟言室印[5]。

收藏印:麓云楼书画记、汪向叔藏[6]。

2007 年 6 月 30 日,此画由上海嘉泰拍卖有限公司公开拍卖,成交价为 18.7 万元。

[注释]

[1] 文征明(1470—1559),原名壁,字征明。号"衡山居士",长州(今江苏苏州)人。曾官翰林待诏。绘画兼善山水、兰竹、人物、花卉诸科,尤精山水,自成一格。书法温润秀劲,稳重老成,法度谨严而意态生动。"吴中四才子"之一,"吴门四家"之一。著有《甫田集》《停玉馆法帖》。

[2] 壬申:1512 年,明武宗正德七年。

[3] 王仲玉:明代画家,洪武期间以能画召至京师。有《陶渊明像》轴,画家用白描手法描绘诗人陶渊明,笔简意远,笔墨潇洒淡逸,颇有元人风格。画中的陶渊明瘦骨清健,仙风道骨,颇有隐者之风。其笔力劲健,刻画人物入木三分,陶渊明那种隐遁山林的性格和内在思想,都在画面中得到了很好的体现。

[4] 嘉靖甲辰:1544 年。

［5］悟言室印：文征明印。

［6］麓云楼书画记、汪向叔藏：汪士元收藏印。

46. 文征明《松苑清淡图》

绢本,设色,立轴,高 66 厘米,横 39 厘米。钤印：衡山徵明、王兰堂、停云[1]。款识在左上："指点风烟欲上迷,却闻钟梵得指提。青松四面山藏屋,古壁千寻石作梯。满地落花啼鸟寂,倚阑斜日从山低。去来不用留题字,多少苍苔没旧题。嘉靖甲午[2]春日,徵明。边跋：文征明山水真迹精品,乙亥十月钱君匋九十岁题。钱君匋[3]"。

藏印：口口宝藏、阮元私印、琅嬛仙馆[4]、麓云楼、向叔审定真迹[5],一印不清。

2003 年 7 月 16 日,此画由上海工美拍卖有限公司公开拍卖。

[注释]

［1］衡山徵明、王兰堂、停云：文征明印。

［2］嘉靖甲午：1534 年。

［3］钱君陶(1907 — 1998),浙江桐乡人,名玉堂,字君陶,号豫堂,鲁迅先生的学生,曾任西泠印社副社长、上海文艺出版社编审。一生治印两万余方,上溯秦汉玺印,下取晚清诸家精髓,著有《长征印谱》《君长跋巨卯选》等。

［4］阮元(1764—1849)字伯元,号云台,江苏仪征人,乾隆五十四年进士,官至两广总督、体仁阁大学士,被尊为三朝阁老、九省疆臣,一代文宗。喜藏书,在文选巷家庙西建立书库,名曰"文选楼"。又有有琅嬛仙馆、擘经室、积古斋等,各有藏书。

［5］麓云楼、向叔审定真迹：汪士元收藏印。

47. 吕纪[1]《寒梅锦鸡图》

纸本,水墨,立轴,高 129 厘米,横 64 厘米。款在右上：吕纪。钤印：廷振。题跋："翰墨佳作,平生仅见,殊为难得,郑斋[2]写。"布满冰雪的苍劲古枝上站着一只锦鸡,笔致工细,钩线细柔流畅,整幅画面较为豪纵。

鉴藏印:1 清宫藏印十二方:乾隆御览之宝、乾隆鉴赏、嘉庆御览之宝、古稀天子、寿、怡亲王宝、三稀堂精鉴玺、宜子孙、石渠宝笈、石渠定鉴、宝笈重编、烟云无尽藏。2 私家藏印:秋帆书画图章[3]、韵初审定[4]、南海伍元蕙宝玩[5]、曾藏方梦园家[6]、曾藏潘氏海山仙馆[7]、向叔审定真迹[8]、嘉兴新丰乡人、唐翰题珍藏印[9]、莱臣心赏、臣庞元济恭藏[10]、飞卿过眼[11]。

2014 年 9 月 14 日,此作品由纽约贞观拍卖国际有限公司 Gianguan Auctions (formerly Hong Kong Auctions)在纽约公开拍卖,

[注释]

[1] 吕纪(1477—?),字廷振,号乐愚。鄞州(今浙江宁波)人。弘治间征入宫廷作画。继承两宋"院体",以工笔重彩最擅,延续了黄筌工整细致的画风及钩勒笔法,并予以发扬,多以凤凰、仙鹤、孔雀、鸳鸯之类鸣禽为题材,杂以浓郁花树,画面绚丽,为明代宫廷花鸟画家的杰出代表

[2][4]沈树镛(1832—1873)字均初,一字韵初,号郑斋,上海浦东川沙镇人。咸丰九年中举,官至内阁中书。生平嗜藏金石书画,对碑帖考订尤为精辟。获宋拓《熹平石经》残字,遂将其书斋名曰"汉石经室"。著有《汉石经室丛刻目录》等。

[3] 毕沅(1730—1797),字纕蘅,亦字秋帆,镇洋(今江苏太仓)人。乾隆二十五年进士,廷试第一,状元及第,累官至湖广总督。死后二年,因案牵连,被抄家,革世职。经史小学金石地理之学,无所不通、著《续资治通鉴》《灵岩山人诗文集》等。

[5] 伍元蕙(1824—1865),更名葆恒,字良谋,又号俪荃,号南雪道人,广东南海人,布衣,性好书,收藏甚富。晚得倪瓒真迹四种,结屋藏之,颜曰"迂庵"。刻有《南雪斋藏真帖》《澄观阁摹古帖》。

[6] 方浚颐(1815—1889)鉴藏印。方浚颐,字饮茗,号子箴,又号梦园,安徽定远人。进士,官至四川按察使。收藏书画甚富,精鉴赏。编《梦园书画录》,载录作品四百余件。在扬州开设淮南书局,校刊群籍,著有《二知轩诗文集》《忍斋诗文集》等。

[7] 潘仕成(1804—1873),字德畬,广东番禺人,先祖以盐商起家,他继承家业后继续经营盐务,以至洋务,成为广州十三行的巨商。既经商又从政,既好古也学洋,既是慷慨的慈善家,又是博古通今的古玩、字画收藏家,官至兵部郎中。

私人别墅称"海山仙馆"。

[8] 向叔审定真跡：汪士元收藏印。

[9] 唐翰题（1816—1875），字鹪安，别号新丰乡人，浙江秀水（今嘉兴）人。咸丰间，以贡生捐青浦县训导。官至南通知府。光绪元年归里读书，晚年寓居苏州。精于鉴别。收藏金石、书籍、碑版、名画甚富。其藏书多有善本，著有《说文臆说》《唯自勉斋存稿》。

[10] 庞元济（1864—1949），字莱臣，号虚斋。浙江吴兴南浔人。父庞云鏳为南浔镇巨富，"南浔四象"之一。精于鉴赏，收藏铜器、瓷器、书画、玉器等，尤以书画最精，亦精书法绘画，与于右任、张大千、吴昌硕等人均有交往。著有《虚斋名画录》《中华历代名画志》。

[11] 于腾（1832—1890），字飞卿，山东郯城县寨子村（今属兰陵县）人。家贫，发奋读书，科举中乡试、县试、会试连捷。任四川宜宾、铜梁知县，后官至代理成都知府。飞卿过眼，为其鉴藏印。

48. 陈淳[1]五言诗草书

纸本，水墨，高23厘米，横208厘米，手卷。款识："嘉靖庚子[2]秋日书于五湖田舍，道复。"钤印：白阳山人、陈氏道复、笔研精良人生一乐。释文："乐事亦多违，春犹恋褐衣。学园花发早，荒径客来稀。已辨登山履，空缄觅句底。王乔如可见，怎欲与同归。"

引首：飘逸，题白阳山人草书卷，醉石[3]。钤印：醉石。题签：白阳山人草书卷逸品，曾经为张学良[4]藏品。题跋：王世懋云道复……，识者宝之助书兴，铁石居士书于日悟斋中。钤印：铁石。

作品圆润清媚，率意纵笔，稳健老成。此外，陈淳《五言诗扇面》草书，高17.2厘米，宽51.3厘米，台北故宫博物院藏，所书五言诗与此作品相同。

鉴藏印：药翁[5]、汉卿鉴定[6]、向叔审定真迹[7]。

2012年10月14日，此作品由福建运通拍卖行有限公司在福州公开拍卖。

[注释]

[1] 陈淳（1483—1544或1482—1539），长洲（今江苏苏州）人，字道复，号白

阳。山水效法米友仁、高克恭，水墨淋漓，颇得氤氲之气。在写意花卉方面，独得玄门，笔法挥洒自如，富有疏朗轻健的风姿。与徐渭并称为"白阳、青藤"。著《白阳集》

[2] 嘉靖庚子：1520 年。

[3] 李醉石(1860—1937)，名涛，广东人，清末随父至苏州。所作山水，追宗清初"四王"，有明代沈周韵味，清雅高古，意境深邃。尤其仿麓台手迹几可乱真。又能花鸟画，有恽南田遗韵。能书法，善鉴定，弟子甚众，有徐邦达、江寒汀、张寄石、蔡震渊、袁子馥等。

[4] 张学良(1901—2001)，字汉卿，号毅庵，生于辽宁台安县，奉系军阀首领张作霖的长子，历任东北保安军总司令、中华民国陆海空军副司令。西安事变后遭蒋介石父子长期软禁。1990 年恢复人身自由，1995 年起离台侨居美国夏威夷，2001 年 10 月 14 日病逝于檀香山。珍藏 600 多件古代书画。

[5] 赵药农(1883—1960)为近现代著名药学家，原名赵燏黄，字午乔，号药农。工诗文，善书法，喜吟咏。研究之余酷爱收藏善本医书和名人字画，临终遗嘱，将书画捐赠故宫博物院等处。

[6] 汉卿鉴定：张学良收藏印。

[7] 向叔审定真迹：汪士元收藏印。

49. 陈淳《秋光古木图》

纸本，设色，立轴，高 146 厘米，横 76.5 厘米。"山色远涵空，秋光古木中。寻幽向何处，溪上问渔翁。嘉靖改元[1]秋日画，白阳山人道复钤印：陈淳私印、陈氏道复、道复。"

画面上一条大河，近岸立着三棵高大的古木，树下一小亭子，一红衣男子站在河边与河中小船上垂钓男子打招呼。河对岸是高耸的山脉。笔墨简洁精练，风格疏爽。整幅作品给人一种空旷清逸、闲适宁静的意趣。

鉴藏印：吴廷之印、用卿氏[2]、泰州宫氏珍藏、宫子行玉父共欣赏[3]、瑶泉子印[4]、袁培鉴赏、麓云楼书画记、向叔审定真迹[5]、春草堂鉴赏印、水鉴审定、习静轩珍藏书画印。

2008 年 7 月 5 日，此作品由上海朵云轩拍卖有限公司在上海公开拍卖。

[注释]

[1] 嘉靖改元：嘉靖元年，1522年。

[2] 吴国廷，又名吴廷，字用卿，号江邨，安徽歙县人，是晚明有名的书画收藏家。据说清朝内府所藏大量书画作品，大多经其鉴藏，如《快雪时晴帖》、《中秋帖》、《伯远帖》等，均为吴氏旧藏。

[3] 泰州宫氏，自明代紫元太史始，多鉴藏家。清同光年间有宫本昂（子行）、宫昱（玉甫、玉父）兄弟，精于鉴赏，收藏历代名家书画极富，其中扇面就有一千余叶，编为《书画扇存》六集，得八百余家的书画真迹，几乎囊括了明清两朝所有的书画名家，蔚为大观。

[4] 申时行（1535—1614），字汝默，号瑶泉，晚号休休居士，江苏苏州人。嘉靖四十一年状元，授翰林院修撰。以文字受知张居正，官至吏部尚书、建极殿大学士等职。有《赐闲堂集》

[5] 麓云楼书画记、向叔审定真迹：汪士元收藏印。

50. 陈淳《芙蓉》

纸本，水墨，立轴。高148.6厘米，横68厘米，题识在上："东风飘飘不绝吹，游蜂舞蝶相追随。名花嫣然媚晴昼，深红浅白纷差池。高堂列宴散罗绮，珠帘掩映春无比。歌声贯耳酒如渑，醉向花前睡花里。人生行乐须及时，光阴有限无绝期。花开花谢寻常事，宁使花神笑依醉。甲辰[1]春望，白阳山人道复。"钤印：白阳山人、复父氏、笔研精良人生一乐。画面上数枝盛开的牡丹，婀娜多姿，画笔清雅绝尘，书法熟练畅达，老笔纷披，纵放自如。

鉴藏印：朱之赤、朱之赤鉴赏、卧菴所藏、朱卧菴收藏印[2]、太仓陆润之印[3]、庚子拜经宝藏[4]、清净、清净瑜迦馆[5]、苏氏伯安珍藏、正气斋鉴赏印[6]、平生一片心、慧灯堂主。著录：陆时化《吴越所见书画录》，卷二，见《中国书画全书》，上海书画出版社，1994年，第八册，第1010页。

2007年5月28日，此作品由佳士得（香港）有限公司在香港会议展览中心公开拍卖。

[注释]

[1] 甲辰：1544年。

[2] 朱之赤,字守吾,号卧庵,别署烟云逸叟,祖籍安徽休宁,迁居江苏吴县。入清后,为南京朝天宫道士。喜收藏书画,并精于鉴别。著《朱卧庵藏书画目》。

[3] 陆时化(1714—1779)字润之,号听松,江苏太仓人。国子监生,嗜书画,收藏极富,鉴别精审。著《吴越所见书画录》《书画说铃》等。

[4] 庚子拜经宝藏:张经,清藏书家,字庚拜,仁和(今杭州)人,擅书,兼工隶篆。家有庚子拜经室,珍藏书画,后有部分归入孔广陶岳雪楼.。

[5] 清净、清净瑜迦馆:汪士元鉴藏印。

[6] 苏伯安,北京人,近代著名收藏家,室名正气斋,故有"正气斋鉴赏印"。

51. 陈淳《花卉图册》

绢本,共八开。纵 31.4 厘米,横 52.8 厘米。五帧淡墨,三帧设色。淡墨有水仙、松树、桅子、荷花、梅花;设色有芍药、石榴、秋葵。水墨生动雅洁,设色亦素净有味,是白阳山人代表作。每帧署款"道复",或"陈道复"。钤"复父氏"、"白阳山人"白文印。

此件曾经清代励宗万[1]收藏,画上钤有"竹溪居士"、"衣园居士"、"教忠堂藏"[2]等印。最后一页边幅上有"盱台[3]汪士元观"六字,下钤"汪士元印"。有"民国十九年购于故都,李政并记"。中华人民共和国成立后,重庆市妇联把此画移交重庆市博物馆收藏[4]。

[注释]

[1] 励宗万(1705—1759)字滋大,号衣园,又号竹溪,河北静海(今天津市静海县)人。廷仪子。康熙六十年进士,入翰林,年才十七。历官刑部侍郎。以画供奉内廷,兼工山水、花鸟,笔意恬雅,设色古淡。书法褚、颜、苏、米,圆劲秀拔,与张照齐名,称"南张北励"。

[2] "竹溪居士"、"衣园居士"、"教忠堂藏":励宗万鉴藏印。

[3] 盱台:秦汉时"盱眙"写作"盱台"。

[4] 重庆市地方志编纂委员会编著:《重庆市志第 10 卷 教育志文化志文艺志广播电视志档案志文物志报业志》,西南师范大学出版社,,2005 年 11 月,第 862 页。

52. 王宠[1]《草书李翰林[2]杂作》

纸本,水墨,11 页,纵 23 厘米,横 278 厘米,题识在左下,钤印:王宠、韡斋。
释文:"1. 玩月金陵城西孙楚酒楼,达曙歌吹,日晚乘醉:昨玩西城月,青天垂玉
钩。朝沽金陵酒,歌吹孙楚楼。忽忆绣衣人,乘船往石头。草裹乌纱巾,倒被紫
绮裘。两岸拍手笑,疑是王子猷。酒客十数公,崩腾醉中流。谑浪棹海客,喧呼
傲阳侯。半道逢吴姬,卷帘出揶揄。我忆君到此,不知狂与羞。一月一见君,三
杯便回桡。舍舟共连袂,行上南渡桥。兴发歌绿水,秦客为之摇。鸡鸣复相招,
清宴逸云霄。赠我数百字,字字凌风飙。系之衣裘上,相忆每长谣。2. 答族侄
僧中孚赠玉泉仙人掌茶:常闻玉泉山,山洞多乳窟。仙鼠如白鸦,倒悬深一作清
溪月。茗生此中石,玉泉流不歇。根柯洒芳津,采服润肌骨。丛老卷绿叶,枝枝
相接连。曝成仙人掌,似拍洪崖肩。举世未见之,其名定谁传。宗英乃禅伯,投
赠有佳篇。清镜烛无盐,顾惭西子妍。朝坐有余兴,长吟播诸天。3. 至陵阳山
登天柱石,酬韩侍御见招隐黄山:韩众骑白鹿,西往华山中。玉女千馀人,相随
在云空。见我传秘诀,精诚与天通。何意到陵阳,游目送飞鸿。天子昔避狄,与
君亦乘骢。拥兵五陵下,长策遏胡戎。时泰解绣衣,脱身若飞蓬。鸾凤翻羽翼,
啄粟坐樊笼。海鹤一笑之,思归向辽东。黄山过石柱,巘崿上攒丛。因巢翠玉
树,忽见浮丘公。又引王子乔,吹笙舞松风。朗咏紫霞篇,请开蕊珠宫。步纲绕
碧落,倚树招青童。何日可携手,遗形入无穷。4. 寻鲁城北范居士失道落苍耳
中见范置酒摘苍耳作:雁度秋色远,日静无云时。客心不自得,浩漫将何之。忽
忆范野人,闲园养幽姿。茫然起逸兴,但恐行来迟。城壕失往路,马首迷荒陂。
不惜翠云裘,遂为苍耳欺。入门且一笑,把臂君为谁。酒客爱秋蔬,山盘荐霜梨。
他筵不下箸,此席忘朝饥。酸枣垂北郭,寒瓜蔓东篱。还倾四五酌,自咏猛虎词。
近作十日欢,远为千载期。风流自簸荡,谑浪偏相宜。酣来上马去,却笑高阳池。
戊子正月既望闲写李翰林杂作,雅宜山人王宠。"左下末端有汪士元在光绪二十
八年题写的小传。此草书李白诗卷,书于戊子(1528)正月十六日,时王宠三十五
岁。行笔从容自在,笔势飞动,气脉流畅。

鉴藏印:沅叔、傅增湘印[3]。

2011 年 4 月 21 日,此此作品由北京保利国际拍卖有限公司在北京公开拍

卖,成交价为13.8万元。

上海朵云轩藏王宠《草书李白古风诗卷》,高25.3厘米,宽310厘米,书于"金粟山藏经纸"上,内容与上述作品完全相同,风格也相似,但末尾钤印位置不同,且没有汪士元的题跋,其中必有一仿作。

[注释]

[1] 王宠(1494—1533),字履仁、履吉,号雅宜山人,吴县(今苏州)人,太学生,工诗及篆、隶,多才艺。山水多用青绿,尤喜作钩勒竹兔与鹤鹿。书法初学蔡羽,后规范晋唐,楷书师虞世南、智永;行书学王献之,融会贯通。小楷尤清,简远空灵。其名与祝允明、文征明并称。著有《雅宜山人集》。

[2] 李白(701—762),字太白,号青莲居士,又号"谪仙人"。唐代伟大的浪漫主义诗人。天宝二年,李白四十三岁时奉诏进入翰林院任职,后世遂称之为李翰林。

[3] 傅增湘(1872—1949),字沅叔,别署双鉴楼主人、藏园居士,四川江安县人。光绪二十四年进士,选入翰林院为庶吉士,民国后曾任教育总长。藏有大量宋金至明清精刻本、抄本、校本。

53. 陆治[1]《流水山居掩柴门》

纸本,设色,立轴,高127厘米,横67.3厘米,款识在左上:"山居惟爱静,白石掩柴门;寡合人多忌,无求道(自)尊。鶏鹏俱有意,兰艾不同根;安得蒙庄叟,相逢与细论。甲子[2]五月既望包山陆治画并题。"钤印:陆氏叔平。图中峰峦崖石皴法多用渴、涩之笔,使山石奇峭,棱角分明,用笔简中见工,松林茅舍溪流,境界清旷幽静。

鉴藏印:向叔审定真迹[3]、荷屋鉴赏[4]、飞卿过眼[5]、韵初审定[6]、曾藏荆门王氏处[7]、海虞邵氏珍藏金石书画之印[8]。

2014年6月8日,此作品由纽约贡观拍卖国际有限公司Gianguan Auctions (formerly Hong Kong Auctions)在纽约公开拍卖,

[注释]

[1] 陆治(1496—1576),吴县(今苏州)人,字叔平,因居包山,自号包山。倜傥嗜义,以孝友称。工诗文,善行、楷书法。花鸟画以工笔见胜,勾勒精细,敷色

清丽,有妍丽派之称,与陈淳并重于世。山水画用笔劲峭,景色奇险,意境清朗,
自具风格。

　　[2] 甲子:明世宗嘉靖四十三年,1564 年。

　　[3] 向叔审定真迹:汪士元鉴藏印。

　　[4] 吴荣光(1773—1843),字伯荣,广东南海人,嘉庆四年进士,道光中任湖
南巡抚兼湖广总督。后坐事降为福建布政使。善于金石、书画鉴藏,且工书善
画,精于诗词。"荷屋鉴赏"为其鉴藏印。著有《筠清馆金石录》《辛丑销夏记》等。

　　[5] 于腾(1832—1890),字飞卿,山东郯城县寨子村(今属兰陵县)人。家
贫,发奋读书,科举中乡试、县试、会试连捷。任四川宜宾、铜梁知县,官至代理成
都知府。飞卿过眼,为其鉴藏印。

　　[6] 沈树镛(1832—1873)字均初,号郑斋,上海浦东人。咸丰九年中举,官
至内阁中书。生平嗜藏金石书画,对碑帖考订尤为精辟。得宋拓《熹平石经》残
字,遂将其书斋名曰"汉石经室"。著有《汉石经室丛刻目录》等。韵初审定,为其
鉴藏印。

　　[7] 王文心(1888—1974)号保授,室名"蒙泉书屋"、"三羊斋",祖籍湖北荆
门,后移居上海,十三岁远赴法国巴黎留学,二十岁回国后投身金融界,曾任上海
屈臣氏汽水公司董事长。精鉴赏,富收藏,交友颇广。曾藏荆门王氏处,为其鉴
藏印。

　　[8] 邵松年(1848—1923)字伯英,号息庵,江苏常熟人,光绪九年进士,授翰
林院编修,官至河南学政,精通书画,尤善收藏与鉴赏。家中设"兰雪堂"专门收
藏碑帖书画,"古鲸馆"专门收藏古琴。著有《海虞文征录》《虞山画志补编》。海
虞邵氏珍藏金石书画之印,为其鉴藏印。

54. 陆治《山居图》

　　纸本,设色,立轴,高 106 厘米,横 52.5 厘米,款识在左上,钤印:陆氏叔平。
丙寅[1]年作。鉴藏印:戴芝农鉴赏章[2]、向叔审定真迹[3]、商丘宋荤审定真
迹[4]、项子京家珍藏[5]。

　　山石峻峭,松柏青翠,古木苍苍,山脚下溪水边数间茅舍,构图层次井然,景
色奇险,意境清朗。2007 春季艺术品拍卖会上,此作品由北京德宝国际拍卖有

限公司公开拍卖。

[注释]

[1] 丙寅年,明世宗嘉靖四十五年,1566 年。

[2] 戴植,字培之,号芝农,清朝后期江苏丹徒人,其"翰墨轩"、"心太平轩"、"培万楼"收藏书画和古籍,在当时称极一时,其中古籍收藏中,宋、元、明刻本 10 余种。其所藏书画后来均归于上海博物馆。

[3] 向叔审定真迹:汪士元鉴藏印。

[4] 宋荦(1634—1714 年)字牧仲,号漫堂,河南商丘人,曾任江苏巡抚、吏部尚书,精于鉴藏书画,淹通典籍,熟习掌故。宋荦编有《商丘宋氏西坡藏书目》,著录宋元明本 134 种,抄本 72 种,曾进呈皇上御览过。去世后,其子编有《青纶馆藏书目录》1 册。

[5] 项墨林(1525—1590),原名项元汴,字子京,号墨林,浙江嘉兴人。明国子生,家资富饶,镌有天籁阁、项墨林等印,广收法书名画。工绘画,兼擅书法,刊有《天籁阁帖》,著有《墨林山人诗集》等。

55. 王问[1]《长寿园》

绢本,设色,立轴,高 160 厘米,横 52 厘米,款识:仲山王问写。钤印:仲山。松柏、挂着五只桃子的桃树为背景,树下溪石上立着两只仙鹤,设色鲜艳,刻画精细。此画曾著录于《百缘堂藏画》P93,上海书画出版社 2003 年出版。

鉴藏印:应野平宝藏印[2]、吴湖帆潘静淑珍藏印[3]、翰墨轩藏、向叔审定真迹[4]、息庵心赏[5]、伍氏南雪斋藏、雪岑人赏[6]。

2010 年 7 月 31 日,此作品由上海崇源艺术品拍卖有限公司公开拍卖。

[注释]

[1] 王问(1497—1576)字子裕,号仲山,无锡(今属江苏)人,嘉靖十一年进士,曾任车驾郎中,擢广东按察佥事,因思念老父,未赴任,即弃官归家。书法类米芾,又似黄庭坚,点染山水、花鸟皆精。诗作萧闲疏放,冲然自得,有《仲山诗选》《崇文馆稿》。

[2] 应野平(1910—1990),幼承家学,喜爱绘画,16 岁后专攻山水,曾任上海人民美术出版社编辑室副主任、上海大学美术学院教授。作品笔墨苍润拙朴,

格调清新明快,画面气韵生动。擅书法,以隶书见长。间作诗词,亦清新隽雅。

　　[3] 吴湖帆(1894—1968),江苏苏州人,字东庄,号倩庵,书画署名湖帆。曾任中国美术家协会上海分会副主席、上海市文史馆馆员等职。收藏宏富,善鉴别、填词。山水画以雅腴灵秀、缜丽清逸的复合画风独树一帜。著有《吴湖帆山水集锦》等。潘静淑为其妻子,亦工画。

　　[4] 向叔审定真迹:汪士元鉴藏印。

　　[5] 邵松年(1848—1923)字伯英,号息庵,江苏常熟人,光绪九年进士,授翰林院编修,官至河南学政,精通书画,尤善收藏与鉴赏。家中设"兰雪堂"专门收藏碑帖书画,"古鲸馆"专门收藏古琴。著有《海虞文征录》《虞山画志补编》《澄兰堂古缘萃录》。

　　[6] 伍元蕙(1824—1865)字良谋,号俪荃、南雪道人,广东南海人,布衣,性好书,收藏甚富。晚得倪瓒真迹四种,结屋藏之,颜曰"迂庵"。刻有《南雪斋藏真帖》十二卷、《澄观阁摹古帖》若干卷。

56. 仇英[1]《人物花鸟山水册页》

　　绢本,设色,册页,共九页。题端高 33.5 厘米,横 24 厘米;画心高 21.5 厘米,横 15.5 厘米。款识:1. 仇英实父。钤印:实父。2. 实父。钤印:仇英。3. 钤印:十州。4. 仇英实父。钤印:实父、十州。5. 实父。钤印:仇英。6. 仇英实父。钤印:仇英、实父。7. 仇英。钤印:实父。8. 仇英。钤印:实父、十州。题端:"纵逸清旷,弥见真趣。苏庚春[2]拜观并识。"钤印:苏庚春。签条:"求其友声。一九七八年,作人。"钤印:吴作人[3]印。

　　鉴藏印:石渠宝笈[4]、松年欣藏[5]、□□子孙、毕涧飞珍藏印[6]、士元珍藏、士元、向叔古缘[7]、万氏秘玩、万渊北墨宝藏真迹印[8]、岳雪楼、少唐心赏[9]、戴培之家珍藏、芝农心赏[10]、平斋清玩[11]。

　　2015 年 9 月 12 日,此画由西泠印社拍卖有限公司在杭州公开拍卖。

　　[注释]

　　[1] 仇英(约 1498—1552)字实父,号十洲,江苏太仓人。后移居吴县。擅画人物,尤长仕女,既工设色,又善水墨、白描,能运用多种笔法表现不同对象,或圆转流美,或劲丽艳爽。偶作花鸟,亦明丽有致。与沈周、文征明、唐寅并称为

"明四家"、"吴门四家"。

[2] 苏庚春(1924—2001),字更谆,号元清,河北深县人。青少年时期一面读书,一面帮助父亲经营字画行贞古斋。曾任广东省文物鉴定组组长、国家文物鉴定委员会委员、首都博物馆中润文物鉴定中心文物鉴定委员。著有《苏庚春张沛之书画集》。

[3] 吴作人(1908—1997),安徽泾县人,生于苏州,就读于中央大学艺术系,从师徐悲鸿先生。晚年专攻国画,境界开阔,寓意深远,以凝练而准确的形象融会着中西艺术的深厚造诣。著有《吴作人速写集》、《吴作人水墨画集》等。

[4] 石渠宝笈:乾隆鉴藏印。。

[5] 邵松年(1848—1923)字伯英,号息庵,江苏常熟人,光绪九年进士,授翰林院编修,官至河南学政,精通书画,尤善收藏与鉴赏。家中设"兰雪堂"专门收藏碑帖书画,"古鲸馆"专门收藏古琴。著有《海虞文征录》《澄兰堂古缘萃录》。

[6] 毕泷,字涧飞,号竹痴,清初镇洋(今江苏太仓)人。毕沅之弟。工诗、书、画,精鉴赏,富收藏,遇翰跟精粹,不惜重价购藏,故多宋、元、明人珍品。工山水及竹石,苍浑而秀,深得曹云西法。

[7] 士元珍藏、士元、向叔古缘:汪士元鉴藏印。

[8] 万承紫(1775—1837年后),清江西南昌人,字渊北,周恩来外曾祖父,举人,道光初年来淮安做官,遂定居淮安府清河县清江浦(今淮安市),官至河道总督府中河通判、桃北同知(正五品),富藏书。万氏秘玩、万渊北墨宝藏真迹印,为其鉴藏印。

[9] 孔广陶(1832—1890)字鸿昌、一字怀民,号少唐,广东南海人。父孔继勋,早年经商,以经营盐业致富。国学生,官分部郎中、编修。嗜书,富收藏,以收藏武英殿刻本书籍出名。以巨资购书。藏书处称"三十三万卷书堂",又有"岳雪楼",所藏之书,皆为精品,尤以清殿本为富。

[10] 戴植,字培之,号芝农,清朝后期江苏丹徒人,其"翰墨轩"、"心太平轩"、"培万楼"收藏书画和古籍,在当时称极一时,其中古籍收藏中,宋、元、明刻本10余种。其所藏书画后来均归于上海博物馆。

[11] 吴云(1811—1883)字少甫,号平斋,安徽歙县人,举人,曾官居苏州知府。工书画篆刻,书学颜真卿,善画水山、花鸟。著有《两罍轩彝器图释》、《二百兰亭斋金石三种》。

57. 仇英《赤壁游扇片》

设色，扇片，泥金，款识在左上："仇英实父画。"钤印：南阳世家。

鉴藏印：金氏秘笈、金瘦仙父春箱长物[1]、向叔古缘[2]。

2002 年 11 月 29 日，此画由上海工美拍卖有限公司在上海公开拍卖。

[注释]

[1] 金望乔，清道光咸丰间金山（今属上海市）人。字芾廷，号瘦仙，，附贡生。博学好古，工诗，善八分书，尤嗜金石，藏书甚富，建"雪鸿楼"10 间，著《雪鸿楼书目》、《雪鸿楼古器铭文考》等。藏印有""金芾廷瘦仙氏考藏"、"金望乔瘦仙父考藏金石书籍书画钤记"等。

[2] 向叔古缘：汪士元鉴藏印。

58. 文嘉[1]《翠山寻友图》

纸本，设色，立轴。高 137 厘米，横 58.5 厘米。款识在左上："曲曲深林护紫苔，层层山翠映波开。莫嫌地僻经过少，时有相寻旧友来。万历庚辰[2]二月，文嘉。"钤印：肇锡余以嘉名、文嘉之印。签条："文休承山水。"麓云楼藏[3]。

鉴藏印：瑞廷鉴赏书画之印、士元珍藏、麓云楼书画记[4]、清玩草堂[5]。

2014 年 5 月 3 日，此作品由西泠印社拍卖有限公司在杭州拍卖，成交价为552 万元。

[注释]

[1] 文嘉（1501—1583）字休承，号文水，长洲（今苏州）人。文征明仲子，曾任乌程训导、和州学正。能诗，工书，小楷清劲，亦善行书。精于鉴别古书画，工石刻，为明一代之冠。善画山水，笔法清脆，颇近倪瓒。著有《钤山堂书画记》《和州诗》。

[2] 庚辰：明神宗万历八年，1580 年。

[3][4] 麓云楼藏、士元珍藏、麓云楼书画记：汪士元鉴藏印。

[5] 汪士慎（1686—1759）字近人，号巢林，安徽休宁人，寓居扬州。擅画花

卉,随意勾点,清妙多姿。精画兰竹,尤擅长画梅,为"扬州八怪"之一。工诗,善写隶书,又长篆刻。著有《巢林诗集》。"清玩草堂"为其鉴藏印。

59. 钱谷[1]《山水》

纸本,设色,手卷,高 132 厘米,横 27 厘米,款识在左下:"壬申[2]秋七月朔写,钱谷。"钤印:叔宝、磐室、钱叔宝印。引首:"城烟丛树,庚子[3]冬,庄严[4]。"题跋:"勤伯[5]先生出示所藏磐室长卷嘱题,余不识画,愧无以应。磐室有《秋山高隐图》作于余家乡,《荡口舟中图》无岁月款识,其子允治题谓唐宋名笔何尝有款。南宋马远父子于竹根石隙细书小字,俾快观者一时不可得,松雪大痴始滥觞,因谓此画即无款,将属之何人,亦摸索可得,以无款为歉乃耳学辈耳。此卷有款无题,勤伯作画时亦如此有古人之风流。余妻美琦近方学画于勤伯,拉杂书此以识因缘,至于此卷精妙处,勤伯精鉴赏,余何敢以门外人妄下一语耶? 壬寅[6]初冬,钱穆[7]。"

画面上右侧阁楼上两位高士相对而坐,侃侃而谈;丛林茂密,背后是香刹古寺,左侧是潺潺溪水,白云浮动缭绕,如同仙境,章法意境不凡。

鉴藏印:守藏吏、庄严尚严[8]、麓云楼书画记、士元珍藏、向叔所得、玉带砚斋、寂庵鉴定[9]、钱穆、宾四[10]。

此画由汪士元、庄尚严、金勤伯等人递藏,现存台湾私家手中。

[注释]

[1] 钱谷(1508—1572)字叔宝,号磐室。明代画家,长洲(今苏州)人。少孤贫失学,壮年始读书。他从文征明学习诗文书画,曾手抄不可多见的书籍。他擅画山水,笔墨疏朗稳健,也能画人物兰竹。著有《续吴都文粹》。

[2] 壬申:明隆庆六年,1572 年。

[3] 庚子:1960 年。

[4] 庄尚严(1900—1978)北京市人,字慕陵、号六一翁。北京大学文学院,毕业后任北大国学研究院助教。后入故宫博物院从事文物保护工作,曾任台北故宫博物院副院长,为故宫工作 45 年。

[5] 金勤伯(1910—1998)名开业,字勤伯,号继藕、景北,浙江吴兴人。幼年得伯父金城亲授画艺,入中国画学研究会,十二岁时已随伯父赴日参加第二届中

日绘画联合展览会。后入燕京大学生物系，并留学英美。一九四八年渡台，后担任台湾师范大学艺术系教席。浸淫前人书法甚深，花鸟、山水、人物，无一不精。

　　[6] 壬寅：1962 年。

　　[7][10] 钱穆（1895—1990），江苏无锡人，字宾四，中央研究院院士，故宫博物院特聘研究员，与吕思勉、陈垣、陈寅恪并称为"史学四大家"。著多达 80 种以上。有《先秦诸子系年》等。

　　[8] 守藏吏、庄严尚严：庄尚严鉴藏印。

　　[9] 麓云楼书画记、士元珍藏、向叔所得、玉带砚斋、寂庵鉴定：汪士元鉴藏印。

60. 钱谷《郭北草堂图》

　　纸本，设色，高 94.5 厘米，横 31.5 厘米，款识在右上："郭外茅堂别一天，万竿修竹一池莲。楞伽静展消清昼，行乐随时总是仙。万历丁丑[1]夏五月，为鸥江居士郭北草堂并题以赠，钱谷。"钤印：钱氏叔宝、悬磬室。左上角题跋："水在堂前月在天，楞伽一卷阅青莲。漫言城市原相近，心谢繁华境即仙。己丑[2]春月，御题。"钤印：乾、隆、乾隆御览之宝、乾隆鉴赏、三希堂精鉴玺、宜子孙、石渠宝笈[3]等五玺。此图近景郭城透迤蜿蜒，城门外画有瓮城，瓮城上筑二层楼阁。瓮城正前方为木桥一座，桥下系护城河，城根与河堤处草木疏落。"草堂"居中，四周修竹万竿，树叶蔽日，雾气缭绕，神秘莫测。远景崇山峻岭，层林迭嶂。该图笔墨精致，设色清雅，闲散淡逸，布局考究，意境不凡，

　　鉴藏印：清净瑜迦馆[4]、苏氏伯安珍藏、正气斋鉴赏印[5]。

　　2006 年 6 月 22 日，此作品由天津文物拍卖有限公司拍卖，成交价为 166.6 万元。

　　[注释]

　　[1] 丁丑：万历五年，1577 年。

　　[2] 己巳：朝乾隆三十四年，1769 年

　　[3] 乾隆、乾隆御览之宝、乾隆鉴赏、三希堂精鉴玺、宜子孙、石渠宝笈：乾隆鉴藏印。

　　[4] 清净瑜迦馆：汪士元鉴藏印。

[5] 苏伯安,北京人,近代著名收藏家,室名正气斋,故有"正气斋鉴赏印"。

61. 杨继盛[1]《草书七言诗》

纸本,墨笔,立轴,高 127 厘米,横 54 厘米,草书七言诗:"碧海无风镜面平,潮来忽作雪山倾。金桥化出三千丈,闲把松枝引鹤行。"款识在左下:"嘉靖丁未[2]夏六月椒山杨继盛。"钤印:杨继盛印、椒山。李日华[3]、屈大均[4]题跋。此作品笔锋内敛,圆润遒劲而不失雄健之姿。

鉴藏印:李日华印、君实、应野平宝藏印[5]、向叔审定真迹[6]、曾在方梦园家[7]、大均之印。2010 年 03 月 22 日,此作品由中国嘉德拍卖有限公司在北京公开拍卖,成交价为 2.24 万元。

[注释]

[1] 杨继盛(1516—1555)字仲芳,号椒山,直隶容城(今河北容城县)人,嘉靖二十六年登进士第官至兵部武选司员外郎。嘉靖三十二年,上疏力劾严嵩"五奸十大罪",遭诬陷下狱,被打死。明穆宗即位后平反,追赠太常少卿,谥号"忠愍"。有《杨忠愍文集》。

[2] 丁未:明世宗嘉靖二十六年,1547 年。

[3] 李日华(1565—1635)字君实,浙江嘉兴人。万历进士,官至太仆寺少卿。能书画,并善于鉴别。所作笔记,内容亦多评论书画,笔调清隽,富有小品意致。著有《味水轩日记》《紫桃轩杂缀》等。

[4] 屈大均(1630—1696)字骚余,号菜圃,广东番禺人。与陈恭尹、梁佩兰并称"岭南三大家"。曾与魏耕等进行反清活动。后避祸为僧,中年仍改儒服。后人辑有《翁山诗外》《翁山文外》《翁山易外》《广东新语》及《四朝成仁录》,合称"屈沱五书"。

[5] 应野平(1910—1990),幼承家学,喜爱绘画,16 岁后专攻山水。曾任新华艺术专科学校教授、上海人民美术出版社编辑室副主任、上海大学美术学院教授。所作笔墨苍润拙朴,格调清新明快,画面气韵生动。擅书法,以隶书见长。间作诗词,亦清新隽雅。

[6] 向叔审定真迹:汪士元鉴藏印。

[7] 方浚颐(1815—1889)鉴藏印。方浚颐,字饮苕,号子箴,又号梦园,安徽

定远人。进士,官至四川按察使。收藏书画甚富,精鉴赏。编《梦圆书画录》,载录作品四百余件。在扬州开设淮南书局,校刊群籍,著有《二知轩诗文集》《忍斋诗文集》等。

62. 徐渭[1]《蕉石图》

纸本,水墨,立轴,高131厘米,横59厘米,款识在右下:"冬烂芭蕉春一芽,隔人似笑老梅花。世间好事谁兼得,吃厌鱼儿又拣虾。青藤漱老墨谑。"钤印:徐渭之印、田水月[2]。此画以水墨用笔纵横抹出,浑厚华滋。石后芭蕉,间以梅竹,相互映衬。渴笔潇洒灵动,逸气豪发。

鉴藏印:铁保之印、冶亭[3]、向叔审定真迹[4]、二百兰亭斋鉴藏[5]、王鸣盛印[6]。

此作品从日本回流,带火漆。2011年11月19日,由京盈昌国际拍卖有限公司在北京公开拍卖。

[注释]

[1] 徐渭(1521—1599),字文清、文长,号青藤道士,山阴(今浙江绍兴)人。屡应乡试不第,被浙闽总督胡宗宪聘为幕府书记,协赞抗倭军事。胡宗宪下狱后,徐渭受牵涉,被囚七年。多才多艺,在诗文、戏剧、书画等各方面都独树一帜。以花卉最为出色,开创了一代画风。著有《徐文长集》等。

[2] 田水月:徐渭印

[3] 铁保(1752—1824),字冶亭,号梅庵,满洲正黄旗人,乾隆三十七年进士,嘉庆十年升任两江总督,赏头品顶戴。嘉庆十四年发生山阳知县王伸汉冒赈,鸩杀委员李毓昌事件,铁保也被免职,流放新疆。与成亲王永瑆、刘墉、翁方纲,称为"清四大书家"。著有《惟清斋全集》。

[4] 向叔审定真迹:汪士元鉴藏印。

[5] 吴平斋(1811—1883),字少甫,号平斋,安徽歙县人,举人,曾任苏州知府。书学颜真卿,善画水山、花鸟。著有《两罍轩彝器图释》《二百兰亭斋金石三种》。二百兰亭斋鉴藏,为其印章。

[6] 王鸣盛(1722—1797)字凤喈,晚号西江,江苏嘉定(今属上海市)人。官侍读学士、内阁学士兼礼部侍郎、光禄寺卿。以汉学考证方法治史,为"吴派"考

据学大师。撰《十七史商榷》《耕养斋诗文集》等。

63. 徐渭《四时花卉图卷》

纸本,墨笔,手卷,纵 29.9 厘米,横 1081.7 厘米。画幅引首徐渭自题:"烟云之兴。青藤。"钤印:湘管斋[1]。款识在卷末左下:"老夫游戏墨淋漓,花草都将杂四时。莫怪画图差两笔,近来天道够差池。天池徐渭。"钤印:天池山人[2]。

此图技法灵活多样,不拘于形似。以大写意手法描绘牡丹、芍药、葡萄、芭蕉,以兼工带写的手法绘桂花与苍松,以烘托法描绘雪中的竹、石、梅花,构图笔墨酣畅,豪爽奔放,简洁洗练。

鉴藏印:尧峰楼、刘氏元农珍藏书画印、刘氏稷勋、元农得意、元农[3]、少山平生真赏、过云山房、过云[4]、书画船、宜子孙印、清净瑜迦馆、清净[5]、女加氏、樵山书屋、辉山马林保赏鉴之章、茅氏秘玩、鲁氏太保坊家藏等。此图现藏北京故宫博物院。

[注释]

[1][2]湘管斋、天池山人:徐渭印。

[3] 清尧峰楼、刘氏元农珍藏书画印、刘氏稷勋、元农得意、元农:清末民国时期收藏家刘稷勋鉴藏印。

[4] 少山平生真赏、过云山房、过云:顾文彬鉴藏印。顾文彬(1811—1889),字蔚如,号子山,元和(今江苏苏州)人。道光二十一年进士,官至浙江宁绍道台。娴于诗词,工于书法。晚年引疾回苏,建过云楼,收藏天下书画。著有《眉绿楼词》《过云楼书画记》等。

[5] 清净瑜迦馆、清净:汪士元鉴藏印。

64. 徐渭《溪山草书》

绢本,墨笔,纵 85 厘米,横 51 厘米。款识在左下:"青藤道士渭。"钤印:徐渭之印。边跋:"徐青藤书画真迹,乙巳[1]孟秋月,汪士元藏题。"钤印:向叔审定真迹[2]。

这幅绢本《草书》内容为南宋诗人范成大[3]《赏雪》诗句"溪山四时佳,今夕更奇绝。天公妙庄严,施此一川雪。"作品笔墨奔放、水墨淋漓,用笔不避败锋,点画支离,结构破碎,布局散乱,而又强心铁骨,貌似狂放不羁,与其晚年悲愤、压抑、无奈的心境相契合。

2012 年 1 月 1 日,此作品由广东中翰清花拍卖有限公司在广州拍卖,成交价为 69 万元。

[注释]

[1] 乙巳:1917 年。

[2] 向叔审定真迹:汪士元鉴藏印。

[3] 范成大(1126—1193),字致能,号石湖居士,谥文穆,吴郡(今苏州)人。宋高宗绍兴二十四年进士,淳熙时,官至参知政事。晚年隐居故乡石湖。卒谥文穆。与尤袤、杨万里、陆游齐名,号称"中兴四大诗人"。有《四时田园杂兴》六十首。

65. 焦秉贞[1]《春江泛舟图》

绢本,设色,镜心,纵 107 厘米,横 40.5 厘米。题识在右上:"绿柳平桥深浅水,桃花春峰往来船。焦秉贞。"钤印:秉贞。

收藏印:向叔审定真迹[2]、应野平宝藏印[3]、自怡悦斋书画录[4]、顺德邓氏风雨楼珍藏古物记[5]。著录:《百缘堂藏画》p247,上海书画出版社 2003 年5 月。

2010 年 4 月 28 日,此作品由上海博古斋拍卖有限公司拍卖,成交价为 312 万元。

[注释]

[1] 焦秉贞,字尔正,山东济宁人,康熙时官钦天监五官正,供奉内廷。擅画人物,吸收西洋画法,重明暗,楼台界画,刻划精工。名作有《耕织图》46 幅、《列朝贤后故事》册(12 页)、《池上篇画意图轴》

[2] 向叔审定真迹:汪士元鉴藏印。

[3] 应野平(1910—1990),幼承家学,喜爱绘画,16 岁后专攻山水。曾任新华艺术专科学校教授、上海人民美术出版社编辑室副主任、上海大学美术学院教

授。所作笔墨苍润拙朴，格调清新明快，画面气韵生动。擅书法，以隶书见长。间作诗词，亦清新隽雅。

　　[4] 张天镛，自称虞山张氏，家富收藏，著有《自怡悦斋书画隶》，道光 12 年（1832）版。自怡悦斋书画录，为其鉴藏印。

　　[5] 邓实（1877—1951）字秋枚，祖籍广东顺德，生于上海。创办《政艺通报》，出版《风雨楼丛书》和《古学会刊》，主编《国粹学报》，在知识界产生过较大的影响。所藏多秘籍以清廷禁毁书为多，藏书处有"风雨楼"，并编撰有《风雨楼书目》。顺德邓氏风雨楼珍藏古物记，为其收藏印。

66. 尤求[1]《沧桑顿异》

　　纸本，设色，镜框。纵 29 厘米，横 325 厘米。款识在右上："劫火终难免，沧桑自昔然。归来重访旧，烟水浩无边。"钤印：子求。

　　收藏印：士元珍藏[2]、娄东毕氏家藏、毕涧飞珍藏印[3]。

　　2015 年 6 月 27 日，此作品由上海博古斋拍卖有限公司公开拍卖，

　　[注释]

　　[1] 尤求，字子求，号凤丘（一作凤山），长洲（今苏州）人，移居太仓。工写山水，兼人物，学刘楹年、钱舜举而精妙不及，尝画小西门关庙壁作行军势，又画弇山藏经阁壁，作诸佛像皆绝技。兼长仕女，继仇英以名世，尤擅白描。

　　[2] 士元珍藏：汪士元鉴藏印。

　　[3] 毕泷，乾隆、嘉庆年间人，字涧飞，号竹痴，江苏镇洋（今江苏太仓）人。毕沅之弟。工画山水及竹石，苍浑而秀，深得曹云西法。又工书，喜收藏名贤书画，故多宋、元、明人珍品。

67. 尤求《诸葛孔明事迹图》

　　纸本，水墨，手卷，纵 27 厘米，横 221 厘米。引首"韵致超逸，甲戌[1]钱君匋[2]"。末尾钤印：凤丘、吴人尤求。画面共分五部分，每部分右上均有题词，分别描绘刘备托孤、七擒孟获、出师汉中、渭滨屯田、诸葛临终等事迹。用笔工细道

劲、气韵生动、人物姿态盼顾有致。

收藏印：休宁朱之赤收藏图书[3]、司马父印、士元珍藏、向叔审定真迹[4]，杨氏收藏印章。2010 年 12 月 29 日，此作品由上海崇源艺术品拍卖有限公司公开拍卖，

[注释]

[1] 甲戌：1934 年。

[2] 钱君匋（1907 — 1998），浙江桐乡人，名玉堂、锦堂，字君匋，号豫堂，鲁迅先生的学生，装帧艺术的开拓者，曾任西泠印社副社长、上海文艺出版社编审、上海市政协委员等职。他一生治印两万余方，上溯秦汉玺印，下取晚清诸家精髓。著有《长征印谱》《鲁迅印谱》等。

[3] 朱之赤，字守吾，号卧庵，别署烟云逸叟，祖籍安徽休宁，迁居江苏吴县。入清后，为南京朝天宫道士。喜收藏书画，并精于鉴别。著《朱卧庵藏书画目》。

[4] 士元珍藏、向叔审定真迹：汪士元鉴藏印。

68. 尤求《应真[1]渡海卷》

纸本，水墨，手卷，纵 30 厘米，横 289 厘米。引首"凤丘妙笔"，钤印：不洗砚斋、砚林亦石。款识《金刚般若波罗蜜经》[2]在上方，文略，"焚香谨书，樗盦。"钤印：方熏[3]印。甲申[4]夏日长洲尤求写。钤印：凤、丘。题跋："此《应真渡海卷》人物造型生动，神态细腻逼真，线条流畅有力，栩栩如生，山石树法参差有置。笔墨五色七彩，右上方有乾隆年间大家方熏题经文，及晚清收藏家汪士元等多枚藏印，更增风彩，乃不愧是明四家之一仇英之婿凤丘力作也。不洗砚斋主跋于民国十二年。"钤印：砚林亦石。

鉴藏印：士元珍藏、向叔审定真迹[5]、子静、宝董室、家学、头白真眼不识字、海云庵主、胡氏石查[6]、唯吾知足。

2008 年 5 月 30 日，此作品由北京保利国际拍卖有限公司拍卖，成交价 13.44 万元。

[注释]

[1] 应真：佛教语，罗汉的意译，意谓得真道的人。唐王昌龄《诸官游招隐寺》诗："应真坐松柏，锡杖挂窗户。"

[2]《金刚般若波罗蜜经》：大乘佛教的重要经典。全称《能断金刚般若波罗蜜多经》,简称《金刚经》。后秦鸠摩罗什翻译的《金刚般若波罗蜜经》法本是最早也流传最广的译本。

[3] 方薰(1736—1799)字兰坻,一字懒儒,号兰士,浙江石门(今崇德),布衣。性高逸狷介,朴野如山僧。诗、书、画并妙,写生尤工,与奚冈齐名,称"方奚"。高宗南巡,进《太平欢乐图册》百幅,绘两浙风土各缀跋语,极蒙嘉奖。著有《兰坻诗钞》《井研齐印存》等。

[4] 甲申：明神宗万历十二年,公元 1584 年。

[5] 士元珍藏、向叔审定真迹：汪士元鉴藏印。

[6] 海云庵主、胡氏石查：胡义赞鉴藏印。胡义赞(1831—1902),字叔襄,号石槎,河南光山人。同治十二年举人,官海宁知州。长金石考证之学,所藏泉币皆希品,考证精确,收藏书、画、金石甚富。

69. 盛茂烨[1]《山居图》

纸本,设色,立轴,纵 149 厘米,横 39 厘米。款识在右上："崇祯壬申[2]九月既望,写于云息斋中。盛茂炜。"钤印：茂烨之印、与花父。鉴藏印：子华、曾氏宾谷鉴藏书画金石之章[3]、向叔审定真迹[4]。

此作远绘叠嶂伟岸,有霸悍气;近写丛林溪流、茅舍人物,清旷典雅,意境清幽。2012 年 6 月 18 日,此作品由中国嘉德国际拍卖有限公司在北京公开拍卖。

[注释]

[1] 盛茂烨,字与华,号念庵,长洲(今苏州)人。善山水,布景设色颇具烟林清旷之概,树木槎丫,山头高耸,虽无宋元遗意,较后吴下之派,又过善矣。人物亦精工典雅。万历三十五年作《阁影松声扇》,崇祯十年作《秋高古树图》,南京博物馆藏有其所画山水册。

[2] 崇祯壬申：1632 年。

[3] 曾燠(1759—1831),字庶蕃,一字宾谷,晚号西溪渔隐,江西南城人。乾隆四十六年进士,官至贵州巡抚等职。善诗文,著有《赏雨茅屋诗集》《西溪渔隐》等。"曾氏宾谷鉴藏书画金石之章"为其鉴藏印。

[4] 向叔审定真迹：汪士元鉴藏印。

70. 张瑞图[1]《山水》

绢本,水墨,立轴,高 96 厘米,横 52 厘米。款识:"果亭山人瑞图",钤印:张瑞图印、书画禅、芥子居士。鉴藏印:向叔所得[2]、仁和季氏振宜[3]。

2011 年 11 月 1 日,此作品由北京雍和佳诚拍卖有限公司公开拍卖。

[注释]

[1] 张瑞图(1570—1644),字长公,号二水,晋江(今属福建)人。万历三十五年进士,官至建极殿大学士,加少师。崇祯三年,因魏忠贤生祠碑文多其手书,被定为阉党,获罪罢归。以擅书名世,书法奇逸,峻峭劲利,笔势生动,奇姿横生,与董其昌、邢侗、米万钟齐名,有"南张北董"之号。

[2] 向叔所得:汪士元鉴藏印。

[3] 季振宜(1630—?),字诜分,号沧苇,泰兴(今属江苏)人。顺治四年进士,官至浙江道御史,家中富有,喜藏书,得毛晋、钱曾两家藏书。所藏书在其离世后全部归于徐乾学"传是楼"和清内府。著有《季沧苇藏书目》。

71. 张瑞图《行书题画诗》

纸本,水墨,立轴,高 155 厘米,横 46 厘米。题识:"瑞图。"钤印:张瑞图印、大学士章。释文:"风动秋山日已晡,旧时林苑尽荒芜。王孙去国犹无恙,解写江南烟树图。"鉴藏印:梦园鉴赏[1]、向叔审定真迹[2]。

2015 年 12 月 11 日,此作品由北京印千山国际拍卖有限公司在北京公开拍卖。

[注释]

[1] 梦园鉴赏:方浚颐鉴藏印。方浚颐(1815—1889),字饮苕,号子箴,又号梦园,安徽定远人。进士,官至四川按察使。收藏书画甚富,精鉴赏。编《梦圆书画录》,载录作品四百余件。在扬州开设淮南书局,校刊群籍,著有《二知轩诗文集》《忍斋诗文集》等。

[2] 向叔审定真迹:汪士元鉴藏印。

72. 张瑞图　行书五言诗

綾本,水墨,立轴,高 182.3 厘米,横 52.3 厘米。释文:"云林来访锡,一榻寄僧房。夕磬闻仙梵,晴山护法堂。灯迎贝叶读,花送木兰香。古咏藤萝外,诸天在上方。果亭瑞图。"钤印:张瑞图印、此子宜置丘壑中。文字布局犬牙交错,气势纵横凌厉,笔力劲健,峻峭爽快,奇偁狂放,逸趣横生。

鉴藏印:向叔心赏[1]、韵初所得金石文字[2]、怀烟阁陆氏珍藏书画印[3]

2018 年 12 月 8 日,此作品由北京保利国际拍卖有限公司,在瓯江草堂藏明清綾本书法专场拍卖会上公开拍卖,成交价为 71.3 万元。

［注释］

［1］向叔所得:汪士元鉴藏印。

［2］沈树镛(1832—1873)字均初,一字韵初,号郑斋,上海浦东人。咸丰九年中举,官至内阁中书。生平嗜藏金石书画,对碑帖考订尤为精辟。获宋拓《熹平石经》残字,遂将其书斋名曰"汉石经室"。著有《汉石经室丛刻目录》等。韵初所得金石文字,为其鉴藏印。

［3］陆愚卿,字愿吾,号鲁亭,晚号息游,一号远湖息游。继承父陆时化(1714—1779)收藏品,另辟藏书楼为"怀烟阁"。著有《书画说铨》《吴越所见书画录》。怀烟阁陆氏珍藏书画印,为其鉴藏印。

73. 王世贞[1]尺牍

《王世贞尺牍》为私家珍藏,尺寸不详,刊于 2005 年第 6 期《书法》,包括《英中堂内宅孙少爷收启》、《再禀者》、《致蒋中堂》、《复福张大人》、《致常熟县张》、《禧大人》(两份)、《致抚军》、《禀蒋中堂》、《致江宁彭尚衣》、《致六弟大人》、《覆常熟县张》《覆无锡陈》、《致衍大人》等共计十四通,是王世贞晚年写给内阁权臣和地方官员的信函,涉及拨发兵饷、月报税银、绸缎织造、河道漕运及惩办土棍等,堪称研究明代政治、经济、军事的第一手资料。册中信函以颜真卿《争座位帖》[2]为底本,运笔率意洒脱,气息刚劲儒雅。

1943 年，于右任[3]先生浏览此尺牍时欣然题词："王世贞，字元美，明大臣，登第三朝，为七才子之首，著名文学家、书法家。运芳先生新得元美书信，神妙之品，可谓前缘。此信札为晚年笔墨，尤为难得，先生珍秘之。癸未，于右任。"2014年 11 月，沈鹏[4]先生即兴挥毫，为尺牍书跋，文辞洗练，述评精到，简要介绍了王世贞的禀赋、生平等，着重概述其在当时文坛的地位及影响，文中写道："（王世贞）曾与李攀龙共主文盟，攀龙没，独操柄二十年，明史称其声华意气笼盖海内。此册尺牍多为致同僚信函，书文皆美，挥毫之际如在目前，彰显一代文坛盟主之风范。"两位书法大家的题跋，丰富了尺牍内涵，为《王世贞尺牍》赴海外展览增添了新的亮点[5]。

鉴藏印：新安项源汉泉氏一字曰芝房印记[6]、不洗砚斋、荷屋审定[7]、吴云[8]私印、士元珍藏[9]、惕安珍赏、嘉兴王祖锡[10]法书名画珍赏、

《王世贞尺牍》曾经项汉泉、吴荣光、吴平斋、汪士元、王祖锡等一些著名藏家收藏。

陈根民先生在 2007 年 1 月的《书法》杂志上发表文章，对包括《王世贞尺牍》在内的六种明清尺牍的真实性提出质疑。

[注释]

[1] 王世贞（1526—1590），字元美，号凤洲，江苏太仓人。二十二岁中进士，官至南京刑部尚书，卒赠太子少保。"后七子"之一，独领文坛二十年。善书，对书画理论深有研究和见解。著有《弇州山人四部稿》《弇山堂别集》等。

[2]《争座位帖》：亦称《论座帖》、《与郭仆射书》，为颜真卿行草书精品，唐广德二年颜真卿写给定襄王郭英乂的书信手稿。行草书，传有七纸，约 64 行古时。《争座位帖》原迹已佚，刻石存西安碑林。今北宋拓本已不传，南宋拓本亦稀如星凤。其中以国家图书馆馆藏北宋拓本、北京故宫博物院藏本、上海图书馆藏南宋拓本比较有名。

[3] 于右任（1879—1964），陕西三原人，原名伯循，字诱人，别署"骚心"、"髯翁"，晚年自号"太平老人"。早年系同盟会成员，曾任上海大学校长、国民政府国民政府审计院长、监察院长等职。

[4] 沈鹏（1931—），江苏省江阴市人，书法精行草，兼长隶、楷等多种书体。曾任全国政协委员、中国文联副主席、中国书法家协会名誉主席、中国美术出版总社顾问以及《中国书画》主编等职

[5] 陈铭：《王世贞尺牍》，《光明日报》，2014 年 11 月 18 日。

[6] 新安项源汉泉氏一字曰芝房印记：项源鉴藏印。项源生活在清乾隆—嘉庆年间，安徽歙县人，字汉泉，号芝房，斋名小天籁阁，清代鉴赏家，收藏家。

[7] 吴荣光(1773—1843)，字伯荣，号荷屋，广东南海人。嘉庆四年进士，官至湖南巡抚兼湖广总督，精书画鉴藏，且工书善画，著有《筠清馆金石录》《辛丑销夏记》等。"荷屋审定"为其鉴藏印。

[8] 吴云(1811—1883)，字少甫，号平斋，安徽歙县人，举人，曾官居苏州知府。工书画篆刻，书学颜真卿，善画水山、花鸟。著有《两罍轩彝器图释》《二百兰亭斋金石三种》。

[9] 士元珍藏：汪士元鉴藏印。

[10] 王祖锡(1858—1908)字二朗，号梦龄，又号惕安、惕盦，浙江嘉兴人，精鉴别书画。

74. 王世贞书法

锦质，水墨，高113厘米，横49.5厘米，款在左下："天弢居士王世贞"。

鉴藏印：会侯[1]、向叔审定真迹[2]。

2011年10月16日，此作品由山东德州经伟拍卖有限公司在德州经伟秋季古籍文房拍卖会上公开拍卖。

[注释]

[1] 耿嘉祚，耿昭忠之子，辽宁辽阳人，清初收藏家，鉴藏印有"会侯"、"会侯珍赏"、"贤者而后乐此"、"漱六主人印"、"湛思记"、"耿会侯鉴定书画之章"等。

[2] 向叔审定真迹：汪士元鉴藏印。

75. 丁云鹏[1]《白描罗汉图》

纸本，水墨，手卷，高32厘米，横665厘米。款在右下："南羽丁云鹏敬绘。"钤印：云鹏。清代装裱。

鉴藏印：古之人人之古、春水船、白云山樵、吴大[2]、汪士元审定印[3]、观海者难为水[4]、晓夫、存存道者、戴信[5]之鉴真印。该画现藏上海博物馆。

[注释]

[1] 丁云鹏(1547—1628),字南羽,号圣华居士,安徽休宁人,詹景凤门人。画善白描人物、山水、佛像,无不精妙。白描酷似李公麟,丝发之间而眉睫意态毕具。供奉内廷十余年。在明末人物画家中,丁云鹏与陈洪绶、崔子忠成鼎足之势。

[2] 吴大澂(1835~1902),初名大淳,字止敬,号恒轩,晚号愙斋,江苏吴县(今苏州)人。同治七年进士,官至湖南巡抚,光绪二十四年降旨革职。善画山水、花卉,精于篆书。精于鉴别和古文字考释,著有《愙斋诗文集》《愙斋集古录》等。"白云山樵"、"吴大"为其鉴藏印。

[3] 汪士元审定印:汪士元鉴藏印。

[4] 吴熙载(1799—1870),原名廷扬,字熙载,号让之,亦作攘之,尝自称让翁,又号晚学居士,方林丈人。江苏仪征人篆刻家、书画家。著有《通鉴地理今释稿》。"观海者难为水"为其鉴藏印。

[5] 戴信,字子谦、子轩,斋号翰墨轩,浙江湖州人,善画仕女,以工笔见长,杂以西洋画技法。光绪十年(1884)与吴嘉猷同时绘点石斋画报有名。

76. 邢侗[1]《米家云山图》

纸本,水墨,立轴,款识在左上:"丁亥[2]四月为百翁老先生写。邢侗。"

图上及裱纸上有鉴藏印十四枚,可读识者有:沈氏归愚鉴定之印[3]、礼耕堂、津门罗氏云章鉴藏[4]、士元珍藏、麓云楼书画记[5]、严群所宝[6]、廙轩、袁珏生审定印[7]、曾为北平李季云珍藏[8]、鹤宾诗画。此画现藏台湾何创时书法艺术基金会。

[注释]

[1] 邢侗(1551—1612)字子愿,号知吾,临邑县(今属山东)人,明万历二年进士,官至陕西太仆寺少卿。善画,能诗文,工书,书法为海内外所珍视。与董其昌、米万钟、张瑞图并称"晚明四大家"。

[2] 丁亥:明万历十五年,公元1587年。

[3] 沈德潜(1673—1769),字确士,号归愚,长洲(今苏州)人,乾隆四年进士,曾任内阁学士兼礼部侍郎。论诗主格调,提倡温柔敦厚之诗教。其诗多歌功

颂德之作,著有《沈归愚诗文全集》。

　　[4] 津门罗氏云章鉴藏:天津收藏家罗云章鉴藏印。

　　[5] 士元珍藏、麓云楼书画记:汪士元鉴藏印。

　　[6] 严群所宝:严群鉴藏印。严群,福建侯官人,清代收藏家。

　　[7] 袁励准(1876—1935)字珏生,号中州,别署恐高寒斋主,河北宛平人。光绪二十四年(1898)进士。以藏古墨驰名于世。工书,法明人,能诗。

　　[8] 李恩庆,字寄云、季云。河北省遵化人。隶汉军正白旗。道光 13 年进士,官两淮盐运使,精鉴别,富收藏。辑有《爱吾庐书画记》。

77. 董其昌[1]《行书后赤壁赋》

　　绫本,水墨,手卷,引首高 26.5 厘米,横 105 厘米;正文高 26.5 厘米,横 286 厘米;跋高 26.5 厘米,横 107 厘米。款识:"后赤壁寥天木,下雪堂。人见霜影一轮临户,俯仰江山曾游处,复此行歌夜步。有客无酒,有酒无肴,网鱼来薄暮。水落江清,断岸邻邻,孤露畴昔,横口所之,披龙屦虎,不谋诸妇。羽士立言,能超予梦久矣,须臾动悟。悄然而悲,肃然而恐,何翅风浮,过踞鹤,归来赤壁望中如顾。概括后赋字为百字令。其昌。"钤印:董其昌印、宗伯学士、玄赏斋[2]。此作品在章法结体,笔与笔的关系上更讲求"似敬反正"、"大小错落"、"长短欹正"的相生相克,通篇有着和谐自由的节奏韵律感。

　　右侧题签:"董玄宰书法真迹神品。"引首:"清华溳玉。道光丁酉春暮,廷济,时年七十。"钤印:嘉庆戊午浙江解元、张廷济[3]印。题词 1."右明董文敏行书卷,用笔奔放,使转如意,当是晚年之笔。董书传世最多,可与元之赵松雪相埒,但思翁处阉人用事之际,狷介不阿,翰墨尤自矜重,不苟与人,是知思翁之克享盛名,固不徒以书见重也。乙酉大暑马衡[4]挥汗记。"钤印:马衡无咎。2."旬来友人携示书画甚伙,间有董文敏手札册页、卷轴皆真迹也。以馀所见以此最信墨缘不浅。丙戌春三月麓馆晴窗。长乐黄葆戉[5]。"钤印:长乐葆戉、青山农六十后书画。3."董文敏书工力之深,堪与元之松雪翁相埒,所谓日书万字也。历观戏鸿堂摹古法书卷册,几于晋唐宋元诸家无不毕肖,此卷学米书,尤入神似可爱可宝。丙戌大暑越马先生跋正周载。吴湖帆[6]。"钤印:吴湖帆。

　　鉴藏印:向叔审定真迹[7]。

2014年4月6日,此作品由保利香港拍卖有限公司在香港公开拍卖。

[注释]

[1] 董其昌(1555—1636)字玄宰,号思白、香光居士,松江华亭(今上海)人,万历十七年进士,官至南京礼部尚书,卒后谥"文敏"。擅画山水,以佛家禅宗喻画,倡"南北宗"论,为华亭画派杰出代表。著有《画禅室随笔》《容台文集》等。

[2] 宗伯学士、玄赏斋:董其昌印。

[3] 张廷济(1768—1848),字顺安,号叔未,浙江嘉兴人。嘉庆三年浙江解元,以后几次会试未中,遂家居从事学术研究和艺术创作。工诗词,风格朴质,善用典故,精金石考据之学,尤擅长文物鉴赏,著有《清仪阁所藏古器物文》《桂馨堂集》等。

[4] 马衡(1881—1955),浙江鄞县人,字叔平,西泠印社第二任社长。早年在南洋公学读书,曾学习经史、金石诸学。精于汉魏石经,注重文献研究与实地考察。曾任北京大学研究所国学门考古学研究室主任、故宫博物院院长,被誉为中国近代考古学的前驱。

[5] 黄葆戊(1880—1969)字蔼农,号邻谷,长乐县青山村人。任上海商务印书馆编辑,负责审定、校对出版宋拓淳化阁帖、天籁阁旧存宋人画册等书,参与"神州国光社"工作。书法宗秦汉,与王福厂、马公愚齐名,称"海上三老";审定书画与姚虞琴、吴湖帆、张大壮并称,号"沪滨四慧眼"。

[6] 吴湖帆(1894—1968),江苏苏州人,字东庄,号倩庵,书画署名湖帆。曾任中国美术家协会上海分会副主席、上海市文史馆馆员等职。收藏宏富,善鉴别、填词。山水画以雅腴灵秀、缜丽清逸的复合画风独树一帜。著有《吴湖帆山水集锦》等

[7] 向叔审定真迹:汪士元鉴藏印。

78. 董其昌 书画合璧

绢本,手卷,引首高29厘米,横105厘米;绘画高25.5厘米,横98.5厘米;题跋高29厘米,横74厘米。款识:"董其昌。"钤印:宗伯学士、董玄宰、董其昌、玄宰。题签:"明董其昌山水书法卷。邓氏[1]旧藏,悦目山房口人题。"钤印:虚白斋。引首:"董文敏公真迹。青龙在涒叹暮春之月,邓尔雅篆。"钤印:邓尔雅

印、罗浮道人、佛像印。叶次周[2]、邓尔雅、王贵忱[3]、单国强[4]题跋。

鉴藏印：虚白斋、虚白斋刘氏藏、作筹秘玩[5]、米舫刘氏秘藏、熙宝斋珍藏印[6]、陈铎元印、元霖山房宝藏、从达心赏、麓云楼[7]、三樵审定、镇希珍藏、梦惺鉴赏、曾在李梦惺处[8]、怀烟阁[9]、金池、嘉绍藏口。虚斋珍藏[10]。

2013年6月4日，此作品由北京匡时国际拍卖有限公司公开拍卖。

[注释]

[1] 邓尔雅（1884—1954），字季雨，别名尔雅，广东东莞人，生于北京，幼承家学，治小学。1922年到香港，在新界大埔筑绿绮园居住。与潘达微、黄般若组建国画研究会香港分会、艺观学会和南社书画社，任《非非画报》编辑。擅金石书法，兼善诗画，富收藏。著有《篆刻卮言》《文字源流》等，

[2] 叶次周（1875—1952），名佩瑜，广东番禺人，叶恭绰堂叔。擅辞章，诗近王渔洋。曾任教香港汉文中学及汉文师范多年。性嗜酒，好藏石。

[3] 王贵忱（1928—），常用笔名：可居、银州，辽宁铁岭人，通书法，精收藏。曾任广东省中山图书馆副馆长、广东省博物馆副馆长、广州市地方志编委会副主任兼办公室主任。1988年受聘为广东省社会科学院历史研究所研究员，并为中国钱币学会理事、广东省钱币学会副会长。

[4] 单国强（1942—），出生于上海，1965年毕业于中央美术学院美术史系。毕业后在故宫博物院从事业务工作，任北京故宫博物院研究员，主攻古代书画史论和书画鉴定研究，撰写发表文章百余篇，著有《古画鉴赏与收藏》《戴进》等。

[5] 虚白斋、虚白斋刘氏藏、作筹秘玩：刘作筹鉴藏印。刘作筹1911—1993)，潮州龙湖人，香港富豪，藏品极为丰富，如明四家、新安诸贤、画中九友、四王吴恽、清初四僧和扬州八怪等等作品均有收藏。香港艺术馆建有"虚白斋藏中国书画馆"。曾获英女皇颁勋褒奖。

[6] 熙宝斋珍藏印：翁镇熙鉴藏印。翁镇熙（1950—），广东潮阳人，中共党员，毕业于清华大学，中山大学在职世界经济研究生。曾任潮阳经济委员会主任，潮阳市委常委、常务副市长，汕头市经济委员会党委书记、主任，北京中国书画收藏家协会顾问等职，著有《书画投资学》《中国书画源流初探》等。

[7] 麓云楼：汪士元鉴藏印。

[8] 梦惺鉴赏、曾在李梦惺处：李梦惺鉴藏印。李梦惺，广东番禺人，约生活於清同治前后。

[9] 陆恩卿，字愿吾，号鲁亭，晚号息游，一号远湖息游。继承父陆时化

(1714—1779)收藏品,另辟藏书楼为"怀烟阁"。藏书印有"怀烟阁陆氏珍藏书画印"、"平原愚卿"、"远湖所藏"等。著有《书画说铨》《吴越所见书画录》。

[10] 庞元济(1864—1949),字莱臣,号虚斋。浙江吴兴南浔人。父庞云鏳为南浔镇巨富,"南浔四象"之一。精于鉴赏,收藏铜器、瓷器、书画、玉器等,尤以书画最精,亦精书法绘画,与于右任、张大千、吴昌硕等人均有交往。著有《虚斋名画录》《中华历代名画志》。

79. 董其昌 行书七言诗

水墨,绫本,立轴,题识:"其昌。"钤印:大宗伯印、玄宰氏、玄赏斋。释文:"山雨溪风卷钓丝,瓦瓯篷底独斟时。醉来睡着无人唤,浮下前滩也不知[1]。"书法行中夹草,融合自然,行笔流畅,风格洒脱。

鉴藏印:真赏、公、都尉耿信公书画之章[2]、向叔所得[3]。著录:1.《明清书法精选》,中国邮政总局 2008 年出版。2.《古代书法》第 41 页,中国书法家协会鉴评委员会编审,线装书局 2010 年出版。

2011 年 5 月 21 日,此作品由中国嘉德国际拍卖有限公司在北京公开拍卖。

[注释]

[1] 此为晚唐诗人杜荀鹤诗《溪兴》。

[2] 都尉耿信公书画之章:耿昭忠鉴藏印。耿昭忠(1640—1686)字在良,号信公,汉军正黄旗人。原籍山东,徙辽东盖州(今辽宁盖平)。耿继茂次子,兄耿精忠,弟耿聚忠。由多罗额驸晋太子太保。谥勤僖。擅文章,工艺事,善鉴别。

[3] 向叔所得:汪士元鉴藏印。

80. 董其昌 草书卷

水墨,绫本,立轴,款识在左下:"其昌书。"钤印:玄赏斋、知制诰日讲官、董其昌。

鉴藏印:邦达审定[1]、向叔审定真迹[2]、杨仁恺印[3]

2004 年 11 月 20 日,此作品由北京瀚海拍卖有限公司在北京公开拍卖。

[注释]

[1] 徐邦达(1911—2012)字孚尹,号李庵,又号心远生,蠖叟,浙江海宁人,生于上海。早年从事美术创作,曾在上海中国画苑举办个人画展。1950年调北京国家文物局,主要从事古书画的鉴定工作。

[2] 向叔审定真迹:汪士元鉴藏印。

[3] 杨仁恺(1915—2008)号遗民,笔名易木,斋名沐雨楼,四川岳池人,曾任中国古代书画七人鉴定小组成员,人民大学国学院教授、中央美术学院研究生导师。因其杰出贡献,授予了"人民鉴赏家"荣誉称号,被誉为"国眼"。

81. 董其昌《山水》

纸本,水墨,立轴,高108厘米,宽51厘米,款识在右上:"林杪不可分,秀木遥难辨。一片山翠边,微茫见村远。玄宰。"钤印:董玄宰。

鉴藏印:向叔审定真迹[1]、毕沅审定[2]。

2004年6月4日,此作品由太平洋国际拍卖有限公司在北京公开拍卖

[注释]

[1] 向叔审定真迹:汪士元鉴藏印。

[2] 毕沅(1730—1797),字纕蘅,亦字秋帆,镇洋(今江苏太仓)人。乾隆二十五年状元,累官至湖广总督。死后二年,因案牵连,被抄家,革世职。毕沅经史小学金石地理之学,无所不通,续司马光书,成《续资治通鉴》。

82. 董其昌《山居图轴》

纸本,水墨,立轴,高121厘米,宽33.7厘米,款识在右上:"仿吾家北苑笔,戊申[1]六月望后。"董玄宰画钤印:太史氏、董其昌。

鉴藏印:士元、汪向叔藏[2]、翰墨林鉴定章、麓村[3]、二百兰亭斋鉴藏[4]、式古堂书画印[5]、商丘宋荦审定真迹[6]、长揖古人韵初审定[7]。

2015年6月13日,此作品由纽约贞观拍卖国际有限公司 Gianguan Auctions (formerly Hong Kong Auctions)在纽约公开拍卖。成交价为12.1万

美元。

[注释]

[1] 戊申：1608 年。

[2] 士元、汪向叔藏：汪士元鉴藏印。

[3] 安麓村(1683—约 1745)，名岐，字仪周，号松泉老人、麓村。祖上为朝鲜人，随高丽贡使到北京，后入旗籍。其父安尚义，曾是权相明珠的家臣，后借助明珠的势力在天津、扬州两地业盐，数年之间便成为大盐商。收藏之富，鉴赏之精，名扬海内。著有《墨缘汇观》。翰墨林鉴定章、麓村，为其鉴藏印。

[4] 吴云(1811—1883)，字少甫，号平斋，安徽歙县人，举人，曾官居苏州知府。工书画篆刻，书学颜真卿。二百兰亭斋鉴藏，为其鉴藏印。

[5] 卞永誉(1645—1712)字令之，号仙客，汉军镶红旗盖子人，卞三元之子。荫生，康熙二十九年.由福建巡抚迁刑部右侍郎。好书画，善鉴赏，富收藏。著有《式古堂书画汇考》六十卷，上起魏晋，下迄元明，最为详博。"式古堂书画印"，为其鉴藏印。

[6] 宋荦(1634—1714 年)，字牧仲，号漫堂，河南商丘人，曾任江苏巡抚、吏部尚书，精于鉴藏书画，淹通典籍，熟习掌故。宋荦编有《商丘宋氏西坡藏书目》，著录宋元明本 134 种，抄本 72 种，曾进呈皇上御览过。去世后，其子编有《青纶馆藏书目录》1 册。

[7] 沈树镛(1832—1873)字均初，一字韵初，号郑斋，上海浦东人。咸丰九年中举，官至内阁中书。生平嗜藏金石书画，对碑帖考订尤为精辟。获宋拓《熹平石经》残字，遂将其书斋名曰"汉石经室"。著有《汉石经室丛刻目录》等。长揖古人韵初审定，为其鉴藏印。

83. 董其昌《空山不见人》

纸本，水墨，立轴，高 103.5 厘米，宽 48.5 厘米，款识在右上："壬申[1]秋日，玄宰。"钤印：董其昌印。释文："云开见山高，不落知风劲。亭下不逢人，夕阳溪秋影。"

鉴藏印：麓云楼藏[2]、树镛审定、沈树镛同治纪元后所得[3]。

2010 年 1 月 9 日，此作品由北京万隆拍卖有限公司拍卖，成交价为 3.58

万元。

[注释]

[1] 壬申：1632 年。

[2] 麓云楼藏：汪士元鉴藏印。

[3] 沈树镛(1832—1873)字均初，一字韵初，号郑斋，上海浦东川沙镇人。咸丰九年中举，官至内阁中书。生平嗜藏金石书画，对碑帖考订尤为精辟。获宋拓《熹平石经》残字，遂将其书斋名曰"汉石经室"。著有《汉石经室丛刻目录》、《汉石经室跋尾》等。

84．董其昌《青山烟暮图》

扇面，设色，金笺，高 17.5 厘米，宽 55 厘米，款识在右上："玄宰。"钤印：董其昌印。鉴赏印：向叔审定真迹[1]，永瑆之印[2]，玉堂学士，吴湖帆[3]珍藏印，内廷供奉

2009 年 6 月 21 日，此作品由浙江保利国际拍卖有限公司在杭州公开拍卖，

[注释]

[1] 向叔审定真迹：汪士元鉴藏印。

[2] 永瑆(1752—1823)，号少厂，满洲爱新觉罗氏，乾隆帝第十一子，封成亲王。书画造诣受肯定，与翁方纲、刘墉、铁保并列，是清代皇室书法家。嘉庆四年，命其在军机大臣行走，总理户部三库。著有《听雨屋集》《诒晋斋集》等。

[3] 吴湖帆(1894—1968)，江苏苏州人，字东庄，号倩庵，书画署名湖帆。曾任中国美术家协会上海分会副主席、上海市文史馆馆员等职。收藏宏富，善鉴别、填词。山水画以雅腴灵秀、缜丽清逸的复合画风独树一帜。著有《吴湖帆山水集锦》等。

85．朱自方[1]《仿郭[2]山水》

纸本，立轴，高 129 厘米，宽 62 厘米，题识在左上："拟郭淳夫笔。朱自方。"钤印：朱自方印。狄平子[3]题签。

鉴藏印：清净、向叔心赏、向叔审定真迹、麓云楼书画记[4]、恭亲王[5]。

2007年9月16日,此作品由中国嘉德国际拍卖有限公司在北京公开拍卖。

[注释]

[1] 朱自方,号梦菴,明代临江人,家奉化(今属浙江)。性冲澹,喜写水墨山水,晚年出入郭熙、范宽而自成一家。

[2] 郭,指郭熙(约1020—1100),字淳夫,温县(今属河南)人,自幼酷爱画艺,宋熙宁元年为图画院艺学,后任翰林待诏直长。他画的山水,千姿百态,意境清新。宋神宗时曾被推崇到至高的程度。宋哲宗即位,郭熙的画从殿堂内撤下,遭到践踏。

[3] 狄平子(1872—?),即狄葆贤,号平子,字楚青,江苏溧阳人,擅诗、文、书、画,家富收藏,精鉴别,作山水,书法晋人。鼓吹变法,与谭嗣同交往。创办《时报》,开设有正书局。

[4] 清净、向叔心赏、向叔审定真迹、麓云楼书画记:汪士元鉴藏印。

[5] 恭亲王,道光三十年,道光帝第六子奕欣封为和硕恭亲王。同治十一年获世袭罔替。一共传了四代三位。奕欣(1833—1898),道光帝六子,咸丰帝异母弟,咸、同、光三朝重臣,洋务运动的首领。

86. 程嘉燧[1]《松山高隐图轴》

纸本,水墨,立轴,纵133厘米,横33厘米,款识在右上。

鉴藏印:蒙泉书屋书画审定印[2]、向叔心赏[3]。

2014年5月16日,此画由浙江鸿嘉拍卖有限公司在杭州公开拍卖。

[注释]

[1] 程嘉燧(1565—1643),字孟阳.号松园,祖籍休宁,后侨居嘉定(今上海嘉定),工诗,兼精音律,善制松烟黑墨。工山水,宗倪瓒、黄公望。画花卉沉静恬淡,格韵并胜,笔墨枯淡,偏于闲静。与李永昌属天都派,亦为新安派先驱,为"画中九友"之一。与同里唐时升、娄坚称"练川三老"。与唐时升、娄坚、李流芳合称"嘉定四先生"。著有《松园浪淘集》。《松园偈庵集》等。

[2] 王文心(1888—1974),号保授,室名"蒙泉书屋"、"三羊斋",祖籍湖北荆门,后移居上海,十三岁远赴法国巴黎留学,二十岁回国后投身金融界,曾任上海

屈臣氏汽水公司董事长。精鉴赏,富收藏,交友颇广,与康有为、叶恭绰、吴湖帆、张大千等过从甚密。

[3] 向叔心赏：汪士元收藏印。

87. 萧云从[1]《设色山水图卷》

本幅织锦包首,隔水黄绫本。画心,纸本,设色,纵 29.8 厘米、横 482.5 厘米。作于康熙四年至五年(1768 年)。画面上山川连绵起伏,溪流淙淙。一人停舟垂钓,悠然自得;一人正沿河边小径策杖走来。山腰处有几座庙宇,若隐若现,山下渔村柳树掩映。画家以"平远、深远之法交替运用,意境幽深;山石披麻、小斧劈皴并用,树叶钩点结合,用石青、石绿加以点染,成功地描绘了秀美的江南景色"[2]。

长卷上有三处自题诗。1. 空亭坐辽阔,翛翛竹有声。闲云任卷舒,松作老龙吟。七十一翁萧云从。2. 摊书石磴意逍遥,松下时听燕语娇。山间不知昨夜雨,瀑飞如练出丹霄。3. 著笔自矜贵,幽真乃可寻。暗窗揽秀色,属志在高岑。烟淡邈无际,风清时过林。野人复何慕,独见太古心。水气溢南北,空江与天深。我情托松柏,寒蒕多阴森。所忆昔时法,难为证于今。营坵尝有云,惜墨如惜金。余家范箩之松,载于郡椉,晨夕相对,读书其间,可以娱老。或曳藤江滨,展楮茅宇,点染深细,愈觉神王庶庸,以赠之将来云。七十又二萧云从。下钤"钟山草堂"、"萧云从"印。

汤燕生[3]跋："尺翁曩偕余避暑厂公园,据梧坐石,啜茶而谈,忘今语古,甚乐也。几砚在侧,辄复伸纸作图,纸稍长则与纵情点染。余有诗曰:'丈八桑皮点翠微,驱将毛颖纵横飞',谓此卷也。丙寅夏复获观于友人所,去画时二十余年矣。悼老友之不存,览前物而增慕,爰系以赞：江枕鲁明,山当梦日。番番静士,毖有其室。文将起衰,谈能愈疾。有秘皆探,匪奇弗述。攻晋人书,师元贤笔。意在有无,景分疏密。巨然未亡,北苑更出。谁论先后,未许甲乙。时惠山翁,以遣渔逸。山能改容,水或流芷。情于此移,誉匪云溢。"署"黄山汤燕生书于大涤精舍"款。钤"岩夫"、"补'过斋"。

鉴藏印："麓云楼"、"向叔审定真迹""向叔古缘"、"向叔所得"、"玉带砚斋"、"寂庵鉴定"[4]、"山阴任氏珍藏"、"振庭平生珍赏"、"九藤仙馆鉴定书画"[5]、"月香书屋珍藏"、"栖山饮谷"。此画经任振庭、汪士元等珍藏,今藏辽宁博物馆[6]。

[注释]

[1] 萧云从(1569—1673)字尺木,号默思,安徽芜湖人。科考不利,不赴铨选。入清不仕。善画山水,体备众法,笔意清疏韵秀,饶有逸致,亦有工雅绝伦之作,人称"姑熟派"。博学多才,精于诗辞,亦通六书六律。著有《梅花堂遗稿》、《杜律细》等。

[2][6] 辽宁博物馆编委会编:《书画著录:绘画卷》,辽宁美术出版社,1998年6月,第436页。

[3] 汤燕生,字元翼,号岩夫,又号黄山樵者,安徽太平人。甲申(1644)后弃诸生,寓居芜湖,高尚气节,究心易理。工隶书,篆书古淡入妙,善画。卒年七十外。

[4] "麓云楼"、"向叔审定真迹""向叔古缘"、"向叔所得"、"玉带砚斋"、"寂庵鉴定":汪士元鉴藏印。

[5] "山阴任氏珍藏"、"振庭平生珍赏"、"九藤仙馆鉴定书画":任振庭鉴藏印。任为晚清民国收藏家,浙江山阴(绍兴)人,斋号倦怀阁,收藏甚富。

88. 米万钟[1]《寿景孟诗行草》

纸本,水墨,手卷,高25厘米,宽331厘米,款识:"天启元年[2]辛酉石隐米万钟书。"钤印:米万钟印、勺海亭长、万忠米氏印。引首:"寿景孟诗 端方[3]识"。钤印:端方私印。跋:1."此卷书法洒脱流畅,一气呵成,牵丝萦带,落断又连,若无乃存,字形跌宕,姿态万千,变化之奇,美不胜收。汪士元记。"2."此卷书法豪放含蓄凝练优美和谐,西津[4]书。"钤印:麟士、西津。

鉴藏印:卞令之鉴定[5]、芳林主人鉴赏[6]、飞卿过眼[7]、海虞邵氏珍藏金石书画之印[8]、嘉兴新丰乡人唐翰题[9]收藏印、莱臣心赏[10]、向叔审定真迹[11]、怡亲王宝[12]、曾藏荆门王氏处[13]、曾藏潘氏海山仙馆[14]、曾在方梦园家[15]。

2012年1月26日,此作品由广东中翰清花拍卖有限公司在广州公开拍卖。

[注释]

[1] 米万钟(1570—1628)字仲诏,号友石。原籍陕西,随父入京。明朝万历进士,官江西按察使,为魏忠贤所恶,削籍,后复官太仆寺少卿。生平蓄奇石甚

富,人称"友石先生"。与董其昌齐名,时称"南董北米",著有《澄澹堂文集篆隶考诋湛园杂咏》等。

[2] 天启元年：1621 年

[3] 端方(1861—1911),字午桥,号陶斋,满洲正白旗人,官至直隶总督、北洋大臣。戊戌变法失败后被革职。宣统三年起为川汉、粤汉铁路督办,入川镇压保路运动,端方和其弟端锦为军官刘怡凤所杀,清廷赠端方太子太保,谥忠敏。喜藏书,收藏颇富,精品亦多,著有《陶斋吉金录》《端忠敏公奏稿》等。

[4] 顾麟士(1865—1930)字鹤逸,号西津,自号西津渔父,江苏元和(今苏州)人。顾文彬之孙。画家、收藏家。祖业"过云楼"收藏之富,使其从小耳濡目染。著有《过云楼书画记》《鹤庐画鉴》等。

[5] 卞永誉(1645—1712),字令之,号仙客,汉军镶红旗盖子人,卞三元之子。荫生,康熙二十九年.由福建巡抚迁刑部右侍郎。好书画,善鉴赏,富收藏。著有《式古堂书画汇考》。

[6] 芳林主人鉴赏：康熙第十七子果亲王允礼鉴藏印。

[7] 于腾(1832—1890)字飞卿,山东郯城县寨子村(今属兰陵县)人。家贫,发奋读书,科举中乡试、县试、会试连捷。官至代理成都知府。精鉴赏,富收藏。飞卿过眼,为其鉴赏印。

[8] 邵松年(1848—1923)字伯英,号息庵,江苏常熟人,光绪九年进士,官至河南学政,精通书画,尤善收藏与鉴赏。家中设"兰雪堂"专门收藏碑帖书画,"古鲸馆"专门收藏古琴。著有《海虞文征录》《澄兰堂古缘萃录》。海虞邵氏珍藏金石书画之印,为其鉴赏印。

[9] 唐翰题(1816—1875),字鹪安,别号新丰乡人,浙江秀水(今嘉兴)人。咸丰间以贡生捐青浦县训导,官至南通知府。晚年寓居苏州。精于鉴别。收藏金石、书籍、碑版、名画甚富。其藏书多有善本,著有《说文臆说》《唯自勉斋存稿》。

[10] 庞元济(1864—1949)字莱臣,号虚斋。浙江吴兴南浔人。父庞云镨为南浔镇巨富,"南浔四象"之一。精于鉴赏,收藏铜器、瓷器、书画、玉器等,尤以书画最精,亦精书法绘画,与于右任、张大千、吴昌硕等人均有交往。著有《虚斋名画录》《中华历代名画志》。

[11] 向叔审定真迹：汪士元鉴赏印。

[12] 怡亲王宝：康熙皇帝第十三子怡亲王允祥鉴赏印。

[13] 王文心（1888—1974）号保授，室名"蒙泉书屋"、"三羊斋"，祖籍湖北荆门，后移居上海，十三岁远赴法国巴黎留学，二十岁回国后投身金融界，曾任上海屈臣氏汽水公司董事长。精鉴赏，富收藏。

[14] 潘仕成（1804—1873）字德畬，广东番禺人，先祖以盐商起家，他继承家业后继续经营盐务，以至洋务，成为广州十三行的巨商。既经商又从政，既好古也学洋，既是慷慨的慈善家，又是博古通今的古玩、字画收藏家，官至兵部郎中。他的私人别墅称"海山仙馆"。

[15] 方浚颐（1815—1889）鉴藏印。方浚颐，字饮苕，号子箴，又号梦园，安徽定远人。进士，官至四川按察使。收藏书画甚富，精鉴赏。编《梦圆书画录》，载录作品四百余件。在扬州开设淮南书局，校刊群籍，著有《二知轩诗文集》《忍斋诗文集》等。

89. 归昌世[1]《竹石图》

纸本，水墨，立轴，高 165 厘米，宽 90 厘米，款识在左上："归昌世写于浣溪客次。"钤印：昌世私印、归氏文休。

鉴藏印：汪孔祁[2]、吉羊之室、李瑞清印[3]、向叔审定真迹[4]、臣黄均印[5]、铁保之印[6]、梁同书印[7]、元颖孟海沙文若之玺[8]。

2010 年 11 月 25 日，此作品由北京东方晟成拍卖有限公司公开拍卖。

[注释]

[1] 归昌世（1573—1644），字文休，号假庵，昆山（今属江苏）人，移居常熟。归有光孙。明诸生，崇祯末以待诏征不应。善草书，兼工印篆。擅写兰竹，笔墨松灵沉着，神趣横溢。

[2] 汪孔祁（1886—1940）字采白，安徽歙县人，家南京，菊友侄。李瑞清弟子。清末两江优级师范图画手工科毕业，历任大专学校教授。善山水、花卉，亦能西画及制图。著有《黄山名胜画集》。

[3] 李瑞清（1867—1920），字仲麟，号梅庵，江西抚州人。光绪 21 年进上，官至江宁布政使。后出家为道士，居上海，以鬻书为生。精书法，兼擅诗文、绘画。与曾熙知交最深，于书艺瓦为切磋，有"北李南曾"之称。著有《围城记》《清道人遗集》。

　[4] 向叔审定真迹；汪士元鉴赏印。

　[5] 黄均鉴赏印。黄均（1775—1850），字毂原，号香畴，江苏元和（今苏州）人。擅山水，用笔用墨苍楚有致。亦画花卉、梅竹，清秀可观。

　[6] 铁保（1752—1824），字冶亭，号梅庵，本姓觉罗氏，后改栋鄂氏。满洲正黄旗人，与成亲王永瑆、刘墉、翁方纲，称为"清四大书家"。乾隆三十七年进士，官至两江总督，赏头品顶戴，嘉庆十四年发生山阳知县王伸汉冒赈，鸩杀委员李毓昌事件，铁保也被免职，流放新疆。著有《惟清斋全集》。

　[7] 梁同书（1723—1815）清人。字元颖，号山舟，钱塘（今浙江杭州）人。十七年特赐进士，官侍讲。与刘墉、翁方纲、王文治，合称"翁刘梁王"四大家。富藏书，藏宋、元、明三朝珍善之本数种，唐人画轴、明人山水、人物则不下数十幅。著有《频罗庵遗集》《频罗庵论书》等。

　[8] 沙孟海（1900—），浙江鄞县人，毕业于浙东第四师范学校，曾任浙江大学中文系教授、浙江美术学院教授、西泠印社社长、西泠书画院院长。其书法远宗汉魏，近取宋明，且能化古融今，形成自己；独特书风。兼擅篆、隶、行、草、楷诸书，所作榜书大字，雄浑刚健，气势磅礴。

90. 李流芳[1] 《夏山欲雨图》

　绢本，水墨，手卷，高28.3厘米，宽192厘米，款识在左上："癸亥[2]三月，吴门舟中为舆游兄仿吴仲圭夏山欲雨图。李流芳。"钤印：李流芳印。引首："退藏于密。"钤印：黄海山人、装作糊涂、神品。跋："檀园老人李流芳，字长蘅，明万历、天启间安徽人，寄籍嘉定，与程孟阳、娄坚、唐时升并称"四先生"。擅山水，水墨苍劲，出入石田、仲圭之间。程孟阳尝谓观长蘅作画为人生一乐，其推重如此。此卷笔致雄强，墨沈淋漓，真佳作也。款为舆游作。舆游名志庆，与兄王志坚、王志长皆与长蘅善，故得长蘅画独多。曩见一墨兰册，亦为舆游作，潇洒逸宕，亦精。壬辰（2012年）冬月，大雪初霁，寒光凝窗，呵冻题于上海不染楼中。光华[3]。"钤印：不染楼主人、光华无恙。

　鉴藏印：清净瑜迦馆、清净[4]、李智超考藏记[5]、木青柯馆、王孚之印、秦仲文鉴赏印[6]、周妙中珍藏[7]。

2013年11月9日，此作品由中国嘉德国际拍卖有限公司在北京公开拍卖。

[注释]

[1] 李流芳,字长蘅,号檀园。安徽歙县人,侨居嘉定。与唐时升、娄坚、程嘉燧合称"嘉定四先生"。工诗,擅书法,精篆刻,复工画,善山水,宗法五代董源、巨然以及元代四大家。神清骨秀,丰姿俊爽,颇具吴镇风神。为明末"画中九友"之一。

[2] 癸亥:明朝天启三年,公元 1623 年。

[3] 尹光华(1945—)江苏无锡人,初从江南名画师秦古柳先生学习山水,复从上海朱屺瞻先生学写意花鸟,因二老皆好收藏,故读书学画之余,复与探讨古今字画之优劣真赝,遂亦癖于此道。

[4] 清净瑜迦馆、清净:汪士元鉴赏印。

[5] 李智超(1900—1978),名喆吉,河北安新人。早年毕业于北京艺专,曾得齐白石、萧谦中传授,与齐白石交厚。历任华北大学、辅仁大学讲师。解放后曾任北京师范学校、北京教师进修学院、天津美院任教。擅长山水画,用笔苍健、喜青绿着色。亦精书画鉴赏,著有《古旧字画鉴别法》。

[6] 秦仲文(1896—1974),原名秦裕荣,号仲文,河北遵化县人。1915 年前后在北京大学读书时,从贺履之、陈师曾、汤定之等学画。后专攻山水,参加金城创办的中国画学研究会,得以认真研摹古代绘画。亦精书法,还谙熟诗词,并著有画史论著。

[7] 周妙中,当代北京人。清代著名画家周棠后裔,启功学生。

91. 李流芳《山水图卷》

纸本,墨笔,纵 27.3 厘米,横 303.5 厘米。款识:"甲子[1]秋日写于檀园萝蜒,李流芳。"钤印:"李流芳印"、"李长蘅"。

颜世清[2]题跋:"李檀园画高秀雄拔,淹有北苑、仲圭之长。此卷为中晚年作,真力弥满,一洗纤靡。明季具此能力者,仅石田翁耳,余子不逮也。若孟阳有其高旷无其魄力;二水有其魄力,而无其醇雅。高人韵士,偶尔弄翰,自与凡殊,正不必拘拘一点一拂也。丁巳(1917)闰春灯下,瓢叟记。"钤印:"颜世清印"、"鸥闲"。鉴藏印:"肆闲堂书画记"、"浔阳仲子艼岩珍藏"、"奚涛之印"、"大□"、"瑞□鉴赏书画之印"、"清玩草堂"、"士元珍藏"、"麓云楼"、"麓云楼书画记"、"向叔审定真迹[3]"、"南屏珍藏[4]"。

汪士元之后,此画落入收藏家王南屏手中[5]。

[注释]

[1] 甲子:明朝天启四年,1624 年。

[2] 颜世清(1873—1929),字韵伯,号寒木老人、瓢叟,人称颜跛子,广东连平人,寄居北京。进士出身,曾任直隶洋务局会办。民国成立后,任直隶都督府外交厅厅长、北京大总统府军事参议等要职。精鉴赏,收藏富。苏东坡《寒食诗》帖,亦为其旧藏之一。

[3] "士元珍藏"、"麓云楼"、"麓云楼书画记"、"向叔审定真迹":汪士元鉴藏章

[4] 南屏珍藏:王南屏(1924—1985)之手。王南屏,号玉斋,香港著名书画鉴藏家。南屏之父王有林(1900—1989)早年在上海经营染织业,经商之余,喜读书和收藏古画,家藏宋元明清书画约四百余件。

[5] 田洪编,:《王南屏藏中国古代绘画》上卷,Wang Nanping's collection of ancient Chinese paintings,天津人民美术出版社,2015 年 7 月,第 178 页。

92. 张宏[1]《秋林萧瑟》

纸本,设色,扇片,款识在右上:"张宏。"钤印:张宏、君度。鉴藏印:虚白斋刘氏藏、虚白斋[2]、元霖山房秘藏、元霖冽花、麓云楼[3]、翰墨林。

2015 年 7 月 1 日,此作品由上海嘉泰拍卖有限公司在上海公开拍卖。

[注释]

[1] 张宏(1577—1652)字君度,号鹤涧,苏州人。善画山水,重视写生,笔力峭拔、墨色湿润、层峦叠嶂、秋壑深邃、有元人古意。在继承吴门画派风格和特色的基础上加以创新,师自然造化,创作出了富有生活气息的绘画作品,体现出超凡脱俗的精神境界,画面清新典雅,意境空灵清旷。

[2] 刘作筹 1911—1993),潮州龙湖人,香港富豪,藏品极为丰富,如明四家、新安诸贤、画中九友、四王吴恽、清初四僧和扬州八怪等等作品均有收藏。香港艺术馆建有"虚白斋藏中国书画馆"。曾获英女皇颁勋襄奖。虚白斋主人曾观、虚白斋、作筹秘玩,为其鉴藏印。

[3] 麓云楼：汪士元鉴赏印。

93. 吴彬^[1]《十二尊者相图》

纸本，设色，手卷，高 38.5 厘米，宽 641.5 厘米。款识在右上："万历辛亥岁春日写，枝隐庵头陀吴彬。"钤印：吴氏文中、吴彬之印、枝隐庵头陀、文中氏。题签："吴文中十二尊者相长卷，北平李氏^[2]珍藏。"题跋：1 李恩庆跋（文长，略）。2 书画收藏家当道光朝推北平李氏为最富，然至咸同年间已散佚殆尽，其后则利津李氏、元和顾氏、高要冯氏、贵筑景氏皆鉴别精审搜罗富有，惟顾氏尚有一房能宝藏，馀亦不免散出矣。当光绪朝予在京师购求书画时，北平李氏之物已尽。所得萧尺木长卷，仇实父独乐园图，则顾氏物。文衡山雪景长卷，倪云林师孺斋图，则冯氏物。龚半亩水村图、王勤中白描竹菊，则景氏物。王石谷仿古山水二十帧与此卷则利津李氏物。此卷亦即北平李氏物也，屈指百年耳。一物已屡易其主，古人悦目赏心，譬之烟云过眼良有以也，后之视今亦由今之视昔矣。丙辰暮春九日息老人题记。钤印：循分老人、生于戊申。3 庚辰除日访纶扉道兄，出示此卷，携归展观累日，审其用笔之妙设色之精不愧名作，书此以志墨缘。石雪居士徐宗浩^[3]题于岁寒堂。钤印：宗浩长寿。著录：《古缘萃录》第五卷第16—18页。

鉴藏印：李氏爱吾庐收藏书画记、爱吾庐、庆^[4]、廉吏之子、静斋过眼、清净、清净瑜迦馆^[5]，李佐贤收藏书画之印^[6]、纶扉鉴赏、小天籁阁、新安项芝所藏书画私印^[7]。

2005年11月30日，此作品由上海天衡拍卖有限公司在上海公开拍卖。2017年春，中国嘉德推出的吴彬《十二尊者相》以6670万元成交，此作是吴彬晚年的精品之作，曾著录于清代李恩庆的《爱吾庐书画记·卷三》和邵松年的《古缘萃录》卷五，先后经项源、李恩庆、李佐贤、邵松年、汪士元、张鸿诰、徐宗浩鉴藏。吴彬传世作品绝大多数已被国内外大博物馆收藏，流散于民间的作品极少。

[注释]

[1] 吴彬（1573—1620） 字文中，福建莆田人，曾遍游江南名山大川，万历间，受明神宗朱翊钧召见，授以中书舍人，官工部主事，以画家身份供奉内廷，并进入江南文人圈。因当众批评权宦魏忠贤，被捕入狱。作画风格独特，白描人物尤佳，脱出唐宋矩范，笔意秀雅。山水画不摹古，独辟蹊径，别开生面。

　　[2] 北平李氏：李恩庆，字季云，河北遵化人。道光十三年进士，官两淮盐运使。精鉴别，富收藏，著有《爱吾庐书画记》。

　　[3] 徐宗浩(1880—1957)，字养吾，号石雪，斋名为岁寒堂，江苏武进人(今常州)。久居北京，与白石老人友善。精山水，松竹石，犹擅画竹，并著有竹谱，亦精书法印石装潢，其书法临赵孟頫几能乱真。曾为中国书协指导，聘为评委。

　　[4] 李氏爱吾庐收藏书画记、爱吾庐、庆：李恩庆鉴藏印。

　　[5] 清净、清净瑜迦馆：汪士元鉴赏印。

　　[6] 李佐贤(1807—1876)，字仲敏，号竹朋，山东利津县，道光十五年进士，官至福建汀州知府。工诗文，擅书法，兼涉考据之学，对金石书画，砚石印章能剖析微茫，辨其真赝。著有《古泉汇》等。

　　[7] 小天籁阁、新安项芝所藏书画私印：项源鉴赏印。项源生活在清乾隆—嘉庆年间，安徽歙县人，字汉泉，号芝房，斋名小天籁阁，精鉴赏家，富收藏。

94. 蓝瑛[1]《山水》

　　纸本，设色，立轴，高 179 厘米，宽 92 厘米，题识在右上："范华原画法于云间贶远阁。辛未[2]仲冬。西湖外史兰瑛。"钤印：田叔、兰瑛之印。左上冯超然[3]题："高人惯识人间味，笑看江心取水来。"钤印：冯超然、慎得。鉴藏印：梦崇、向叔审定真迹[4]。

　　2007 年 3 月 18 日，此作品由中国嘉德国际拍卖有限公司在北京公开拍卖。

　　[注释]

　　[1] 蓝瑛(1585—1664?)字田叔，号蝶叟，钱塘(今杭州)人，浙派后期代表画家之一。工书善画，长于山水、花鸟、梅竹，尤以山水著名。师沈周，落笔秀润，临摹唐、宋、元诸家，师黄公望尤为致力。晚年笔力蓊苍劲，气象峻，与文征明、沈周并重。

　　[2] 辛未：明朝崇祯四年，公元 1631 年。

　　[3] 冯超然(1882—1954)名迥，号涤舸，原籍江苏常州。辛亥革命后，寓居上海嵩山路，署其居室为"嵩山草堂"。自童年始酷爱绘画，笔墨醇雅，山水饶有文征明秀逸之气。好吟咏，工行草篆隶，均骨力神韵并具。与吴昌硕、吴湖帆、顾鹤逸、陆廉夫多往还。

［4］向叔审定真迹：汪士元鉴赏印。

95. 卞文瑜、查继佐《仿古山水对题册》

卞文瑜[1]、查继佐[2]的《仿古山水对题册》，水墨，纸本，册页（共二十一页），尺寸为 17 厘米×11.5 厘米×20 厘米，19 厘米×11.5 厘米。此册十开，自题仿北苑、巨然、米芾、赵松雪、黄公望、王蒙、吴镇、倪瓒、曹云西等，其实风格一统，已全然是自家面目。大多是平远小景，或写松溪泛艇，或写草亭听泉，或写秋江危岩，或写云山飞瀑。幅式不大而境界幽旷，用笔松秀而气沈力酣，烘染不多而滋润厚朴。每开有查继佐对题，皆作五言二句，词简意远，趣味超隽，书法也逸宕有书卷气。如《仿梅花庵主》一开，题曰："小阁闻声泉，又妙此无人。"《仿曹云西》题曰："此松已足舣，意更何处往？"

此册由李在铣[3]鉴藏、题签并题跋，宫本昂、宫昱[4]兄弟、汪士元等鉴藏。边有"向叔所得[5]"印章。晚清时曾经宫子行、李在铣、汪向叔等递藏，"文革"期间曾入上海博物馆，其封面白漆书写的数字即当时入库编号。上博编印《中国书画家印鉴款识》查继佐的五方印章及六处款字，即取自本册，是可靠的卞氏佳作。

2017 年 12 月 23 日至 12 月 25 日，此画册由西泠印社 2017 年秋季拍卖会在杭州拍卖。

［注释］

［1］卞文瑜（约 1576—1655），字润南，号浮白，长洲（今苏州）人，"画中九友"之一。前期山水画承袭吴门遗风；又从董其昌讲求笔法，将董以笔墨气势取胜的特点与吴门强调诗意的结构布局相结合，形成了"布局结构殊有思致，树石钩剔颇具笔意"的特点。后期追宋元诸家，受王时敏、王鉴的影响，笔墨苍润，意境深远。

［2］查继佐（1601—1676），字友三，号伊璜，又号与斋，别号东山钓史、钓玉。浙江海宁人。南明鲁王时，曾任兵部职方主事，积极抗清。参加保卫钱塘江的武装斗争。后归乡辟敬修堂，聚众讲学，并编撰明史。晚年喜写梅。著有《罪惟录》《国寿录》等。

［3］李在铣（？—1909），字芝陔，号六亩道人，直隶通州人，曾为涿州知府。

［4］宫本昂，字子行，室名延蝶仙馆。其弟宫昱，字玉甫。二人为清代同治

光绪年间收藏家,江苏泰州人,精于鉴赏,收藏历代名家书画极富。其中扇面就有一千余叶,编为《书画扇存》六集。得名人八百余家的书画真迹,几乎囊括了明清两朝所有的书画名家。

[5] 向叔所得:汪士元鉴赏印。

96. 陈洪绶[1]《诸夷职贡图》

绢本,设色,手卷,题跋高34厘米,宽99厘米;画心高33厘米,宽393厘米。卷心款识:"乙酉[2]冬日老莲居士洪绶画。"钤印:章侯。卷首题跋:"诸夷职贡图,丁亥冬王穉登[3]。"钤印:王穉登印。

鉴藏印:平斋过眼:平斋清玩[4]、李保恂文石印[5]、曾藏王惕安处[6]、岳雪楼鉴藏金石书画图籍之章[7]、士元珍藏、麓云楼藏、向叔所得[8]、三百兰亭斋鉴藏、蒙泉书屋书画鉴定印[9]。

卷首题跋"诸夷职贡图"为王穉登所题,显然系造假者所为,因为王穉登去世时陈洪绶年方13岁。此外,画为乙酉年所作,即公元1645年,当时王穉登已经去世33年。题词的丁亥年为1647年,王穉登已经去世35年。

2012年12月8日,此作品由青岛广运达拍卖有限公司公开拍卖,成交价为15万元。

[注释]

[1] 陈洪绶(1599—1652)字章侯,号老莲,别号小净名等。浙江诸暨人。崇祯年间召入内廷供奉。明亡入云门寺为僧,后还俗,以卖画为生,工人物画,与顺天崔子忠齐名,号称"南陈北崔"。工诗善书,堪称一代宗师。著有《宝纶堂集》。

[2] 乙酉:明弘光元年,隆武元年,清顺治二年,公元1645年。

[3] 王穉登(1535—1612)字伯谷长洲(今苏州)人,因读书玉遮山,曾号玉遮山人,明代晚期著名书法家、山人、布衣诗人。晚年命运多舛,以至于选择事佛、好墨舒缓情怀。

[4] 吴平斋(1811—1883),字少甫,号平斋,安徽歙县人,举人,曾官居苏州知府。工书画篆刻,书学颜真卿,善画水山、花鸟。著有《两罍轩彝器图释》《二百兰亭斋金石三种》。

[5] 李保恂(1859—1915)字宝卿、文石、叔默、戒庵等,辽宁义县人,收藏家,

著有《无益有益斋论画诗集》《海王村所见书画录》。

[6] 王祖锡(1858—1908)字二朗,号梦龄,又号惕安、惕庵,浙江嘉兴人。精鉴别书、画。著有《明清画家印鉴》。

[7] 孔广陶(1832—1890)字鸿昌、一字怀民,号少唐,广东南海人。父孔继勋,早年经商,以经营盐业致富。国学生,官分部郎中、编修。嗜书,富收藏,以收藏武英殿刻本书籍出名。以巨资购书。藏书处称"三十三万卷书堂",又有"岳雪楼",所藏之书,皆为精品,尤以清殿本为富。

[8] 士元珍藏、麓云楼藏、向叔所得:汪士元鉴赏印。

[9] 王文心(1888—1974)号保授,室名"蒙泉书屋"、"三羊斋",祖籍湖北荆门,后移居上海,十三岁远赴法国巴黎留学,二十岁回国后投身金融界,曾任上海屈臣氏汽水公司董事长。精鉴赏,富收藏。

97. 陈洪绶《观埂图》

绢本,水墨,立轴,高83厘米,宽45厘米。款识在右上:"洪绶画于清泬阁。"钤印:章侯。鉴藏印:麓云楼藏、麓云楼书画记[1]、仪周鉴赏[2]。

2006年7月1日,此作品由上海崇源艺术品拍卖有限公司拍卖,成交价为4.48万元。

[注释]

[1] 麓云楼藏、麓云楼书画记:汪士元鉴赏印。

[2] 安麓村(1683—约1745)名岐,字仪周,号松泉老人、麓村。祖上为朝鲜人,随高丽贡使到北京,后入旗籍。其父安尚义,曾是权相明珠的家臣,后借助明珠的势力在天津、扬州两地业盐,成为大盐商。收藏之富,鉴赏之精,名扬海内。著有《墨缘汇观》。

98. 陈洪绶《献丹图》

绢本,设色,镜片,高73厘米,宽39厘米;款识在右上:"洪绶。"钤印:章侯氏。

鉴藏印：士元珍藏[1]。

2006 年 7 月 1 日，此作品由上海晟安崇源艺术品拍卖有限公司拍卖，成交价 4.48 万元。

[注释]

[1] 士元珍藏：汪士元鉴赏印。

99. 陈洪绶《写寿图》

绢本，设色，立轴，高 101 厘米，宽 56 厘米；款识在右上："洪绶书于柳桥书屋。"印文：陈洪绶印。醒斋老人题诗堂："陈洪绶，字章侯，号老莲，浙江诸暨人，昭国子监生，能诗善画，尤工人物。崇祯召入供奉与崔青蚓齐名，号南陈北崔。甲申[1]后，自号老迟，又称悔迟。纵酒狎妓，自放客。有求画者，磬折至恭。弗及酒边，召妓辄自索笔墨，虽小夫稚子微征索，无弗应者。钱塘冯砚祥诗云：'吴兴公子工花草，待制丹青步绝尘。三百年来陈待诏，调铅杀粉继前人。'余昔尝睹其真迹所画美女，姚冶绝伦，今则赝本纷纭，多系其徒岩水子山司马子两辈所仿，率皆遂篠戚施矣。此幅为余族祖瓯香馆中所珍藏，衣纹圆劲，设色奇古，确为先生精心之作，焚香对之，真不觉其移情而自远也。乾隆庚戌[2]重九后五日，醒斋老人谨跋。"钤印：臣武之印、醒斋居士。

画面上四位祝寿仙人分持不同代表福寿的物品，线条简洁，人物表情冷峻、专注，显得很诚心诚意，风格诞奇却极具精神力。本作藏于恽寿平所居瓯香馆，其后人醒斋居士视为珍宝。鉴藏印：向叔审定真迹[3]。2009 年 9 月 13 日，此作品北京保利国际拍卖有限公司在北京公开拍卖。

[注释]

[1] 甲申：崇祯甲申年，公元 1644 年，李自成大顺军攻入北京，崇祯皇帝自尽，史称甲申国难，百姓死伤无数。不久满清侵吞明朝中国的过程中，屠杀抗清军民，所到之处生灵涂炭，民不聊生。有的地方人被杀光，导致中国人口锐减，。

[2] 乾隆庚戌：乾隆 55 年，公元 1790 年。

[3] 向叔审定真迹：汪士元鉴赏印。

100. 王鉴[1]《峰岚茅堂图》

纸本,设色,立轴,高 124 厘米,宽 63.5 厘米,款识在左上:"峰岚屈曲径交加,新作茅堂容亦佳,手种松杉皆老大,经年不踏孙门街。辛卯[2]小春画王鉴。"钤印:王鉴之印、湘碧。

鉴藏印:清宫藏印六方:乾隆御览之宝、嘉庆御览之宝、御书房鉴藏宝、石渠宝笈、石渠定鉴、宝笈重编。私家藏印五方:海虞邵氏珍藏金石书画之印[3]、向叔审定真迹[4]、徐紫珊秘箧印[5]、缪荃荪藏[6]、韵初审定[7]、莱臣心赏[8]。

2014 年 6 月 8 日,此作品由纽约贞观拍卖国际有限公司 Gianguan Auctions (formerly Hong Kong Auctions)在纽约公开拍卖。

[注释]

[1] 王鉴(1598—1677)字玄照、园照,号湘碧,太仓(今属江苏)人。王世贞曾孙,家藏古今名迹甚富。曾任明末廉州太守。入清后不仕,以书画自娱。工画山水,"四王"之一,"清初六家"之一,并为清初"娄东派"首领之一。著有《染香庵集》《染香庵画跋》等。

[2] 辛卯:明永历五年,清顺治八年,1651 年。

[3] 邵松年(1848—1923)字伯英,号息庵,江苏常熟人,光绪九年进士,官至河南学政,精通书画,尤善收藏与鉴赏。家中设"兰雪堂"专门收藏碑帖书画,"古鲸馆"专门收藏古琴。著有《海虞文征录》《虞山画志补编》《澄兰堂古缘萃录》。海虞邵氏珍藏金石书画之印,为其鉴藏印。

[4] 向叔审定真迹:汪士元鉴藏印。

[5] 徐渭仁,字文台,号紫珊、子山、不寐居士,上海人,清末著名藏书家、金石学家、书画家。

[6] 缪荃荪(1844—1919),字炎之,晚号艺风老人,江苏江阴人。光绪二年进士,曾主持江南高等学堂,创建江南图书馆、京师图书馆。一度任清史馆总裁。家藏丰富珍贵典籍,著有《艺风堂金石目》等。

[7] 沈树镛(1832—1873)字均初,一字韵初,号郑斋,上海浦东川沙镇人。咸丰九年中举,官至内阁中书。生平嗜藏金石书画,对碑帖考订尤为精辟。年获宋拓《熹平石经》残字,遂将其书斋名曰"汉石经室"。著有《汉石经室丛刻目

录》等。

[8] 庞元济(1864—1949),字莱臣,号虚斋。浙江吴兴南浔人。父庞云镨为南浔镇巨富,"南浔四象"之一。精于鉴赏,收藏铜器、瓷器、书画、玉器等,尤以书画最精,亦精书法绘画,与于右任、张大千、吴昌硕等人均有交往。著有《虚斋名画录》等。

101. 王铎^[1]行书《赠陈二补阙》^[2]

绫本,水墨,立轴,高 199 厘米,宽 44 厘米,款识在左下:"杜子美赠陈补阙,丁亥王铎。"钤印:王铎之印、烟潭渔叟。释文:"世儒多汩没,夫子独声名。献纳开东观,君王问长卿。皂雕寒始急,天马老能行。自到青冥里,休看白发生。"

鉴藏印:麓云楼^[3]、郑斋藏本^[4]、东园书屋藏书画印、渊丘氏。

2011 年 12 月 10 日,此作品由上海聚德拍卖有限公司公开拍卖。

[注释]

[1] 王铎(1592—1652),字觉斯,号嵩樵,河南孟津人。天启二年中进士,王铎历任东阁大学士、次辅,后降清,官至礼部尚书。工行草书,多得力于颜真卿、米芾二家。笔力雄健,气势奔放,长于布白。兼能山水、兰竹。

[2] 《赠陈二补阙》:杜甫诗。

[3] 麓云楼:汪士元鉴赏印。

[4] 沈树镛(1832—1873)字均初,一字韵初,号郑斋,上海浦东川沙镇人。咸丰九年中举,官至内阁中书。生平嗜藏金石书画,对碑帖考订尤为精辟。获宋拓《熹平石经》残字,遂将其书斋名曰"汉石经室"。著有《汉石经室丛刻目录》、《汉石经室跋尾》,与赵之谦合编《续寰宇访碑记》等。

102. 王铎书法

绫本,水墨,镜心。高 149 厘米,宽 35 厘米,款识在左下:"丁亥^[1]十一月十五日临皓老词坛正,孟津王铎。"钤印:王铎之章。鉴藏印:向叔审定真迹^[2]、迟燕草堂[3]。

2011 年 11 月 11 日,此作品由北京东方玺藏国际拍卖有限公司公开拍卖。

[注释]

[1] 丁亥:明朝永历元年,清朝顺治四年。

[2] 向叔审定真迹:汪士元鉴赏印。

[3] 谢稚柳(1910—1997),原名稚,字稚柳,江苏常州人。擅长书法及古书画的鉴定。初与张珩齐名,世有"北张南谢"之说。历任上海市文物保护委员会编纂、副主任、国家文物局全国古代书画鉴定小组组长。著有《敦煌石室记》、敦煌艺术叙录》等。迟燕草堂,为其鉴赏印。

103. 王铎《怪石图》

绫本,水墨,立轴,高 149 厘米,宽×52.5 厘米,款在右上:"庚寅[1]二月,为敬哉词坛。王铎。"钤印:王铎之印。鉴藏印:士元珍藏、麓云楼书画记[2]、张石。

2004 年 10 月 31 日,此作品由佳士得(香港)有限公司在香港公开拍卖。

[注释]

[1] 庚寅:清顺治七年,公元 1650 年。

[2] 士元珍藏、麓云楼书画记:汪士元鉴赏印。

104. 王铎书法

纸本,墨笔,立轴,高 204 厘米,宽 56 厘米,款在右上:"唯之老馆丈年家,辛卯[1]夏夜,王铎。"钤印:王铎之印、烟潭渔叟。

鉴藏印:向叔心赏、向叔审定真迹[2]、王闻善珍藏印、王闻善印[3]。

2011 年 7 月 24 日,此作品由广州银通拍卖公司公开拍卖。

[注释]

[1] 辛卯:清顺治八年,公元 1651 年。

[2] 向叔心赏、向叔审定真迹:汪士元鉴赏印。

[3] 王闻善,广东中山人,美籍华裔画家,收藏家,美国中部十佳皮肤科执业医生之一。

105. 王铎《拟山园帖》拓本

旧拓本,二册十卷,高 29.7 厘米,宽 18.7 厘米,清代个人丛帖,清顺治八年至十六年王铎之子无咎[1]撰集,古燕[2]吕昌摹,张翱镌。帖名行书。此帖全刻王铎一家之书,共 103 种,其中大多为临古之书。所选王铎书迹皆精湛,刻者亦一时名手,而其它王书刻帖均不如此本为佳,帖后有张缙彦[3]、龚鼎孳[4]及无咎题跋。

鉴藏印:向叔审定真迹、麓云楼书画记[5]、狄曼农[6]藏书画印。

2013 年 5 月 28 日,此帖由北京卓德国际拍卖有限公司公开拍卖,

[注释]

[1] 无咎:王铎次子。

[2] 古燕:公元前 11 世纪由周武王封召公奭于燕,召公奭长子燕侯克代封。公元前 7 世纪燕国吞并蓟国,建都蓟(今北京市)。疆域范围大致为今天的北京、天津全部,河北、辽宁、山西、内蒙古和朝鲜的一部分。后世"古燕"一般指北京地区。

[3] 张缙彦(1599—1670)字濂源,号坦公,河南新乡人,崇祯四年进士,官至兵部尚书。李自成攻陷京师后,他和大学士魏藻德率百官表贺迎接,司礼太监王德化怒斥其误国。后降清。

[4] 龚鼎孳(1615—1673),字孝升,号芝麓,合肥人。与吴伟业、钱谦益并称为"江左三大家"。崇祯七年进士,在兵科任职,崇祯十七年李自成攻陷北京,他辅李自成,任伪职。后降清,授吏科给事中,官至礼部尚书。著有《定山堂文集》《定山堂诗集》等。

[5] 向叔审定真迹,麓云楼书画记:汪士元鉴赏印。

[6] 狄曼农:狄学耕,字曼农,清同治、光绪间人。善画山水,富收藏,王蒙《青卞隐居图》即为所藏。鉴赏家。光绪二十五年《溧阳县续志》载:"狄学耕,字稼生,禀贡,江西候补知县,权都昌、南丰知县,升补同知"。

106. 项圣谟[1] 蔬果册

纸本,设色,12 册页,高 14 厘米,宽 21 厘米,款识:一、梨菓各本性,茨蒜有同芳。二、味占山厨美,心含夜合香。三、莫道寻常味,还应老圃室。兔鸣叟。四、嫩丝垂碧玉,小朵引黄花。易庵。五、妙香堪供佛,安石有佳名。六、骊珠初脱架,尖角欲凌波。七、外观欣以耀,内美已含章。八、绿苞多结子,绛实最长春。九、枝上团成实,篱边傲有花。十、夜凉闻络纬,露重湿垂条。十一、山中佳果熟,正是夏初时。易庵。十二、人间称利市,昼谱写琼珍。戏图果蔬十二翻拜题句,项圣谟。 钤印:友竹、项易庵、项、存存居士、易庵、项孔彰诗书画、项孔彰别字逸、项伯子聊以自娱、易庵、孔彰别号易庵、项氏孔彰、孔彰。

鉴藏印:士元珍藏[2]、石门李嘉福[3]藏。

2015 年 7 月 1 日,此作品由上海嘉泰拍卖有限公司公开拍卖。

[注释]

[1] 项圣谟(1597—1658)字逸,号易庵,浙江嘉兴人。作品布局大开大合,笔法简洁秀逸,极富书卷气息,品格高雅,境界明净。亦精书法,善赋诗。国破家亡,晚年家贫,而志存高洁,不交权贵,卖画自给。著有《朗云堂集》《清河草堂集》等。

[2] 士元珍藏:汪士元鉴赏印。

[3] 李嘉福(1839—1904)字麓苹,号笙鱼、北溪,浙江崇德人,流寓吴县。精鉴赏,收藏极富。锐志学画,山水苍润,曾为戴熙弟子。筑"阿宝阁"藏项氏天籁阁旧物。

107. 文俶[1] 花卉集锦册

绢本,设色,册页,八开,高 26 厘米,宽 29 厘米,无款,钤印:端容、文俶、赵俶、端操有踪幽闲有容、文淑之印、文俶端容、兰闺彤管、赵氏文印、端容、一日三秋、文端容。题跋:1."此文端容女史真迹,文秀之极,雅韵欲流,在巾帼中当推首席,不愧为停云馆后人也,得者珍之。庚辰五月东海徐邦达拜观因题于京华客次,时年九秩矣。"钤印:徐邦达[2]印。2. "明赵文端容女史花蝶册八帧妙品,博陵苏庚春[3]获观于京华。"钤印:庚春之印。

鉴藏印:虚白斋刘氏藏、虚白斋主人曾观[4]、作筹秘玩、麓云楼[5]、香雪斋主珍藏[6]、元霖山房、元霖山房珍藏、熙宝斋珍藏印[7]、吴待秋[8]、晓梅。

2015 年 6 月 21 日,此作品由上海明轩国际艺术品拍卖有限公司公开拍卖。

[注释]

[1] 文俶,又作文淑,字端容。吴(今江苏苏州)人。文从简女,文征明玄孙女,嫁赵灵均,与丈夫一同隐居。擅花卉,长于写生,多画幽花异卉、小虫怪蝶,能曲肖物情,颇得生趣。

[2] 徐邦达(1911—2012)字孚尹,号李庵,浙江海宁人,生于上海。早年从事美术创作,曾在上海中国画苑举办个人画展。1950 年调北京国家文物局,主要从事古书画的鉴定工作。

[3] 苏庚春(1924—2001)字更谆,号元清,河北深县人。1980 年调广东省文管会任文物出口鉴定组长,1983 年起被聘为国家文物鉴定委员会委员,曾任广东省文物鉴定组组长。

[4] 刘作筹 1911—1993),潮州龙湖人,香港富豪,藏品极为丰富,如明四家、新安诸贤、画中九友、四王吴恽、清初四僧和扬州八怪等等作品均有收藏。香港艺术馆建有"虚白斋藏中国书画馆"。曾获英女皇颁勋襃奖。虚白斋刘氏藏、虚白斋主人曾观,为其鉴藏印。

[5] 麓云楼:汪士元鉴赏印。

[6] 香雪斋主珍藏:新加坡著名收藏家陈之初先生鉴赏印。

[7] 翁镇熙(1950—),广东潮阳人,中共党员,毕业于清华大学,中山大学在职世界经济研究生。曾任潮阳市委常委、常务副市长,汕头市经济委员会党委书记、主任,北京中国书画收藏家协会顾问等职,著有《书画投资学》《中国书画源流初探》等。熙宝斋珍藏印,为其鉴藏印。

[8] 吴徵(1878—1949)字待秋,名徵,浙江崇德(今桐乡)人。曾任职于上海商务印书馆,擅长山水画。与吴昌硕、王一亭为世交。与吴湖帆、吴子深、冯超然合称"三吴一冯",与吴子深、吴湖帆、吴观岱称为"江南四吴",又与赵叔孺、吴湖帆、冯超然同誉为"海上四大家"。

108. 顾见龙[1]《欢天喜地》

纸本,设色,立轴,高 170 厘米,宽 96 厘米;款识在左上:"金门画史顾见龙
写。"钤印:见龙、云臣。鉴藏印:李氏爱吾庐收藏书画记[2]、向叔审定真迹[3]

2011 年 4 月 22 日,此作品由北京公开拍卖。

[注释]

[1] 顾见龙(1606—1687)字云臣,号金门画史,江苏太仓人,一作吴江人,居
虎丘。康熙初与顾铭同时以写真祗候内廷,名重京师。兼工人物故实,笔法粗
犷,衣纹流畅。画佛像极庄严华美,其工细之作堪与仇英共席。描绘人物细致传
神,注重人物的神气和动势,笔力劲健。

[2] 李恩庆,字季云,河北遵化人。道光十三年进士,官两淮盐运使,精鉴
别,富收藏,著有《爱吾庐书画记》。李氏爱吾庐收藏书画记,为其收藏印。

[3] 向叔审定真迹:汪士元鉴赏印。

109. 七处[1]《山水图》

纸本,墨笔,纵 28 厘米,横 267 厘米,引首黄宾虹[2]题:"七处上人墨妙。尧
峰楼藏。宾虹。"钤印:宾虹八十以后作、癸未年八十。款识:"乙未[3]清和朱睿
瞥",钤印:朱睿瞥。

全图笔墨温润,起首一段山峦蜿蜒,以细长的披麻皴出之,山顶矶头众多,构
图颇类清初王鉴。后一段用笔却突转方硬,借鉴了弘仁等新安画家的笔法,但较
少荒寒之气。此图表现出作者秀润清远的艺术风貌,同时兼融当时画坛两大流
派的风格、技法,反映了作者兼收并蓄的创作思想[4]。鉴藏印:尧峰楼刘氏元农珍
藏书画印、尧峰楼、刘元农、元农得意[5]、清净瑜迦馆[6]。此画今藏南京博物院。

[注释]

[1] 七处:清初画僧。俗姓朱,名睿,字翰之,南京人。出身明宗室,明亡后
削发为僧,以寄亡明之痛。性格清远,迥无俗尘;所绘山水,天荒地老,空寂清旷,
极富自然幽趣。兼工诗文。

［2］黄宾虹（1865—1955），安徽歙人县，字朴存，号宾虹。早年受"新安画派"影响，以干笔淡墨、疏淡清逸为特色，为"白宾虹"；八十岁后以黑密厚重、黑里透亮为特色，为"黑宾虹"。曾在北京、杭州等地美术学院任教，任中国美术家协会华东分会副主席。

［3］乙未：清顺治12年，公元1655年。

［4］单国强主编：《金陵诸家绘画》，上海科学技术出版社，商务印书馆（香港）有限公司，2000年8月，第69页。

［5］尧峰楼刘氏元农珍藏书画印、尧峰楼、刘元农、元农得意：清末民国时期收藏家刘穆勋鉴藏印。

［6］向清净瑜迦馆：汪士元鉴赏印。

110. 程邃[1]《空谷幽居图》

纸本，设色，立轴，高80厘米，宽46.5厘米；款识在左上："丙辰[2]九月，黄海程邃法大痴道人。"印鉴：程邃之印。鉴藏印：士元审定、麓云楼书画记[3]、陈清藏画[4]。

2009年6月24日，此作品由北京长风公开拍卖。

[注释]

［1］程邃（1605—1691），字穆倩，号垢道人，安徽歙县人，久居南京，明亡后侨寓扬州。早为人博雅好结纳，山水初仿巨然，后纯用渴笔焦墨，率意点画，绝少烘染，沈郁苍古，迥不犹人，自成一派。刻印精研汉法，而能自见笔意，人皆宗之。有《会心吟》《萧然吟诗集》等行世。

［2］丙辰：康熙15年，公元1676年。

［3］士元审定、麓云楼书画记：汪士元鉴赏印。

［4］上海上资深鉴藏家陈清，现代知名收藏家，与金石书画大家钱君匋友善，其"陈清藏画"印为钱氏所治。

111. 程邃《适情寄意图》

纸本，水墨，手卷，高28.5厘米，宽137厘米；款识在左上："余愧癖日深，持画戒十余年,绝无所进。偶因沧洲戴公论古今才不才之间,适情寄意,奚事颉颃,与齐父为凌跨之想,或过己乎? 在昔会心,良如斯旨。病后有喜,忽尔一抹,其全不是处成此大非,此堪质成左严先生,下一评目,坚我戒性可也。同里弟程邃。"印鉴:程邃、穆倩、长乐无忧、江东布衣、安贫八十年自幸如一日。引首题识:"垢道人逸妙。戊辰中秋后一日,退园居士,时年八十一。"钤印:水仙楼。卷尾题识:"江风下空壁,江水复清浅。当轩写秋色,谁谓荆门远? 茂树何郁郁,寒草被长坂。檞叶满幽谷,枫林表绝巘。浩然怀吾庐,云壑何时返。戊戌仲冬,西山逸士溥儒题。钤印:溥儒[1]。"签条:"垢道人适情寄意图卷,无上神品。顾氏二树紫藤花馆、汪氏麓云楼等递藏。丁酉中秋节归张氏[2]作斋秘籍。"钤印:作斋。此卷另附木篋。

鉴藏印:瓶斋、张氏瓶斋平生珍赏、张祥凝收藏记、张祥凝眼福记[3]、思玄阁藏画记、四十六口砚斋主、邓氏传砚楼藏本、苍梧平生心赏、苍梧审定、邓苍梧神游十载所得、苍梧、邓氏苍梧鉴藏[4]、冰玉堂珍藏书画之印、第一希有、斋瘟寐口之、顾澹明藏、蕴正斋、顾氏蕴正斋藏[5]、士元珍藏、麓云楼书画记[6]、斋秘笈、二树紫藤花馆鉴藏书画之印[7]、。

2010 年 12 月 15 日,此作品由上海晟安崇源艺术品拍卖有限公司公开拍卖,成交价为 324.8 万元。

[注释]

[1] 溥心畬(1896—1963),原名爱新觉罗·溥儒,初字仲衡,改字心畬,自号羲皇上人、西山逸士。北京人,满族,为清恭亲王奕欣之孙。曾留学德国,笃嗜诗文、书画,皆有成就。

[2] 张祥凝(1909—1959),广东番禺人,号作斋居士善山水,为国画研究会会员,曾与邓芬等人组织天池画社,篆刻受邓尔雅影响,专攻牧甫印风,工篆刻,尤善作朱文小玺。

[3] 张祥凝眼福记:张祥凝鉴赏印。

[4] 邓氏传砚楼藏本、苍梧平生心赏、苍梧审定、邓苍梧神游十载所得、苍梧、邓氏苍梧鉴藏:邓苍梧鉴赏印。邓苍梧,澳门著名收藏家,传砚楼为其斋名。

[5] 顾澹明藏、蕴正斋、顾氏蕴正斋藏:顾澹明鉴赏印。顾澹明(1904—1973):广东省番禺县人,擅长山水,人物尤工。曾在港举办个人画展。为著名作家顾家辉和歌唱家顾媚之父亲。

[6] 士元珍藏、麓云楼书画记:汪士元鉴赏印。

[7] 顾鳌(1879—?),字巨六,号二树紫藤花馆主人,四川广安人。早年留学日本,在明治大学专攻法政。回国后,任清政府民政部郎中。1912 年任袁世凯总统府顾问、内政部长。1918 年寓居上海,寄情于古书画的收藏。二树紫藤花馆鉴藏书画之印,为其鉴藏印。

112. 渐江[1]《深山猿鸟声图》

纸本,水墨,立轴,款识:"古木鸣寒鸟,深山闻夜猿,唐句也,余偶抹此虽无可壮共意,而空远廖廓,老干刁或庶几似其岑寂耳。庚子腊镫下于澄观轩中。弘仁。"钤印:渐江僧。题跋:"砚边漠漠吐墨汁,苍髯呼风山鬼泣;涛声破梦铁骨冷,露影濡空翠毛湿;徂徕千树老云烟,湖山九里甘萧瑟;何当阅此明窗下,长对诗人弄寒碧。祝昌[2]敬书。"

鉴藏印:向叔审定真迹[3]、季彤审定[4]、嘉兴新丰乡人唐翰题收藏印[5]。

2015 年 9 月 12 日,此画由纽约贞观国际拍卖公司 Gianguan Auctions (formerly Hong Kong Auctions)在纽约公开拍卖,成交价为 6.05 万美元。

[注释]

[1] 渐江(1610—1664 年),本姓江,名韬,字六奇,安徽歙县人。明亡有志抗清,从古航法师为僧,法名弘仁,号渐江。精山水,兼工画梅和双钩竹,亦工诗。为新安派奠基人。和查士标、孙逸、汪之瑞并称为"海阳四家"。

[2] 祝昌,清代画家,约活动于顺治至康熙年间,字山嘲,安徽广德人,一作安徽舒城人。居新安,顺治六年进士。山水先学渐江,后学元代诸家。画风浑厚逸致,传世画迹极少。

[3] 向叔审定真迹:汪士元鉴赏印。

[4] 潘正炜(1791—1850)字榆庭,号季彤,广东番禺人。祖父潘振承早年出洋,熟英语,在广州十三行获得旨准开设同文洋行,包揽丝茶经营商务。父亲潘有度继承祖业主理同文洋行。潘正炜继承两代家业,以字画鉴藏见长,建"听帆楼"珍藏书画文物。著有《听帆楼书画记》等。

[5] 唐翰题(1816—1875)字鹤安,别号新丰乡人,浙江秀水(今嘉兴)人。咸丰间,以贡生捐青浦县训导。官至南通知府。光绪元年归里读书,晚年寓居苏州。精于鉴别。收藏金石、书籍、碑版、名画甚富。其藏书多有善本,著有《说文

臆说》《唯自勉斋存稿》。

113. 渐江《山水》

绢本,设色,立轴,高 125 厘米,宽 81 厘米;款识在右上:"临倪云林[1]雨后空山图,壬午[2]年秋月江韬。"钤印:六奇。题跋:"右弘仁渐江大师早岁之作。师原江姓,名韬,字六奇,后当明清易代之际年卅八即披刹为僧人。此图画于崇祯十五年壬午,年三十四岁,故犹用旧姓名耳。大师喜学倪云林,笔致苍秀,获其神韵也。得者珍之! 辛巳春徐邦达题。"钤印:徐邦达[3]印、蠛叟。鉴藏印:麓云楼书画记[4]。

2006 年 11 月 27 日,此作品以弘仁《雨后空山》为名由佳士得香港有限公司在 2006 秋季艺术品拍卖会上公开拍卖。2007 年 11 月 30 日,此作品由在北京公开拍卖。2014 年香港拍卖会上,此画以 1520 万元成交。

[注释]

[1] 倪瓒(1301 或 1306 — 1374)初名埏,字元镇,号云林子,无锡(今属江苏)人。家豪富,元末卖田散财,浪迹太湖、泖湖一带。擅画水墨山水,所作多取材于太湖一带景色,意境清远萧疏,亦擅墨竹。"元四家"之一。著有《清閟阁集》。

[2] 壬午:明崇祯十五年,清崇德七年,公元 1642 年。

[3] 徐邦达(1911—2012)字孚尹,号李庵,又号心远生、蠛叟,浙江海宁人,生于上海。早年从事美术创作,年曾在上海中国画苑举办个人画展。1950 年调北京国家文物局,主要从事古书画的鉴定工作。

[4] 麓云楼书画记:汪士元鉴赏印。

114. 渐江《松风暮霭图》

纸本,设色,立轴,高 164 厘米,宽 57 厘米;款识在右下:"丁亥[1]长夏,渐江。"钤印:弘仁、渐江僧。鉴藏印:田溪书屋[2]、清净瑜迦馆[3]、永安沈氏藏书画印[4]。

2011年9月15日,此作品由中国嘉德国际拍卖有限公司在北京公开拍卖。

[注释]

[1] 丁亥：永历元年,顺治四年,公元1647年。

[2] 何冠五,原名何寿,字冠五,号丽甫,又称荔甫。广东三水人,以货殖起家,民初到30年代活跃于广州,是当时广州十八甫富善西街裕隆兴记出口丝绸庄的东主。1923年参与癸亥合作社,后为国画研究会会员。"田溪书屋"为其斋名,收藏书画颇丰。后营商失败,家藏亦星散。

[3] 清净瑜迦馆：汪士元鉴赏印。

[4] 永安沈氏藏书画印：主人当为清末福建永安望族,书画收藏大家。明清画作常见钤有此印,如故宫博物院所藏的曾鲸《葛一龙像》和台北故宫博物院所藏的文嘉《江南春色图》。

115. 邹之麟[1]《仿北苑笔意》

纸本,水墨,立轴,高125厘米,横48厘米,题识："仿佛北苑,昧庵。"钤印：虎臣。鉴藏印：清净瑜迦馆[2]、古口洪氏蕉雨鉴定、苏氏伯安珍藏、正气斋鉴赏印[3]。著录：《中国古代书画图目》(一),文物出版社出版,1986年。

2016年4月4日,此作品在香港公开拍卖。

[注释]

[1] 邹之麟,字臣虎,号衣白,江苏武进人,万历三十四年举南京乡试第一,三十八年进士,弘光时官至都宪。乙酉(1645)后,杜门肆力于翰墨。山水用笔圆劲古秀,勾勒点拂,纵横恣肆,自写其胸中磈垒。

[2] 清净瑜迦馆：汪士元鉴藏印。

[3] 苏氏伯安珍藏、正气斋鉴赏印：苏伯安,北京人,近代著名收藏家,室名正气斋,故有"正气斋鉴赏印"。

116. 朱一是[1]《赤壁泛舟图》

纸本,设色,立轴,高161.5厘米,宽44厘米;款识在左上："谢安石与友遁书云：人生如寄，顷风流得意之事殆为都尽。终日戚戚，触事惘怅，惟逢君来以晤言，消之一日当千载耳。壬戌[2]五月廿八日雨后稍凉，画此并题数语遣兴。朱一是。"钤印：朱一是。签条："朱一是山水长条。"钤印：向叔所藏[3]。

鉴藏印：宏农杨氏世家、桐阴馆印[4]、紫珊秘玩[5]、麓云楼[6]。著录：《中国民间藏古代书画集》P24，天津人民美术出版社。

2015 年 10 月 12 日，此作品由上海收藏文化传播有限公司拍卖，成交价 8.4 万元。

[注释]

[1] 朱一是，字近修，号林居士、梅溪旅人，日欠庵。浙江海宁人。崇祯十五年举人，明亡后，隐居梅里，以诗文雄视一世。山水宗元人，传世绝少。

[2] 壬戌：明朝天启二年，清太祖天命七年，公元 1622 年。

[3][6] 向叔所藏、麓云楼：汪士元鉴赏印。

[4] 秦祖永（1825—1884），字逸芬，号楞烟外史，江苏无锡诸生。工诗文、古辞，善书，而于六法力深研究，山水以王时敏为宗，而神理未化，补图小品，颇擅胜场，著有《桐荫画论》等书。桐阴馆印，为其鉴藏印。

[5] 徐渭仁（？—1854 后），字文台，号紫珊。上海人。工书，善画，取法宋元。精鉴赏，富收藏。紫珊秘玩印，为其鉴赏印。

117. 傅道坤[1]《双鹤图》

绢本，设色，立轴，高 100 厘米，宽 50.5 厘米，款识："傅道坤制。"

鉴藏印：向叔审定真迹[2]。著录《艺苑掇英》第六十八期第 22 页，上海人民美术出版社，2003 年。2018 年 9 月 28 日，此作品由北京长风拍卖有限公司公开拍卖。

[注释]

[1] 傅道坤，明代女画家，会稽（今浙江绍兴）人，自幼喜书擅画，明姜绍书《无声诗史》载其"尤工山水，唐宋名画，临摹逼真，笔意清丽，神色飞动，咸比之管夫人。"画迹有天启六年（1626）作《树石图》轴，著录于《古代书画过目汇考》。

[2] 向叔审定真迹：汪士元鉴赏印。

118. 诸升[1]《竹石图》

绢本,水墨,立轴,高163厘米,宽70.5厘米;款识在右上:"曦庵诸升"钤印:印鉴:诸升之印、曦庵、以书作画画作书。此作品曾藏孔广陶[2]岳雪楼,由日本回流。鉴藏印:麓云楼藏[3]。2009年12月16日,此作品由北京长风拍卖有限公司公开拍卖。

[注释]

[1] 诸升(1618—1691后),字日如,号曦庵。浙江仁和(今杭州)人。擅长兰花竹石,亦能山水。画竹下笔劲利,潇洒不繁,竹竿劲挺秀拔,横斜曲直,不失法度,竹叶皆个分,疏密有致,所画雪竹尤佳。

[2] 孔广陶(1832—1890),字鸿昌,号少唐,广东南海人。父孔继勋,早年经商,以经营盐业致富。国学生,官分部郎中、编修。嗜书,富收藏,以收藏武英殿刻本书籍出名。以巨资购书。藏书处称"三十三万卷书堂",又有"岳雪楼",所藏之书,皆为精品,尤以清殿本为富。

[3] 麓云楼藏:汪士元鉴赏印。

119. 姚允在《桐江萧寺图》

姚允在,字简叔,晚明会稽(今浙江绍兴)人。善画山水,学习荆、关,笔墨遒劲,思致不凡。所画房屋位置得宜,会心独远。人物精工秀丽,摆脱浙习,另开门庭。

姚允在的《桐江萧寺图》,手卷,绢本,本幅尺寸47厘米×978厘米;题跋47厘米×61厘米;50厘米×50 cm。款识:桐江萧寺中旅次经年,每于春花秋月,雪坞雨窗,笔砚精研作此卷,得江贯道墨法,以想见古人于万一耳。姚允在。钤印:允在。

自明代至现代,有三人在此幅画裱边题字:1.简叔初学于田叔,中年笔力过之,名誉大燥,谓之出蓝,不吻合乎。然余所见姚画,皆金粉丹碧,此卷惟用墨沈,犹之乎大小李将军之有楼台影子也。说者谓倪高士清閟阁图亦施淡色,文人游戏,何所不宜,余正恨简叔画无此种。此卷既无刻滞之迹,而有浑融之气,慰我夙愿多多矣,因喜而志之。半亩居人龚贤[1],时庚戌夏五。钤印:龚贤、钟山野老。2. 画里荆关绝无有,犹传简叔出新模(《图绘宝鉴》称简叔山水出于荆浩关全)。严滩旅泊江山助,半亩园中道补孤。庚申之冬,徐邦达[2]题。钤印:孚尹。3. 千载荆关迹未传,依稀卷里识先贤。赏音难得龚遗叟,腕底犹飞六代烟。一九八四年夏,启功[3]。

鉴藏印:正气斋鉴赏印[4]、苏氏伯安珍藏[5]、清净瑜迦馆[6]

著录:1. 黄涌泉《龚贤三题》,《东南文化》1990 年 5 期 P47。2. 萧平《明清中国画大师研究丛书·龚贤》P31,吉林美术出版社,1996 年,《中国绘画总合图录·续编》第一卷图版 274—275,A56—043,东京大学出版会,1998 年。

2018 年 6 月 16 日,此作品由北京匡时国际拍卖有限公司在 2018 春季拍卖会上公开拍卖,以 1500 万元起拍,2470 万元落槌,加佣金最终以 2840.5 万元成交。

[注释]

[1] 龚贤(1618—1689),又名岂贤,字半千,昆山(今属江苏)人,明末清初画家,详见下幅中介绍。

[2] 徐邦达(1911—2012)字孚尹,号李庵,又号心远生、蠖叟,浙江海宁人,生于上海。早年从事美术创作,曾在上海中国画苑举办个人画展。1950 年调北京国家文物局,主要从事古书画的鉴定工作。

[3] 启功(1912—2005),字元白,也作元伯,号苑北居士,北京市满人,雍正皇帝第九代孙。中国当代著名书画家、鉴定家、曾任北京师范大学副教授、教授,中央文史研究馆馆长。

[4][5] 苏伯安,北京人,近代著名收藏家,室名正气斋,故有“正气斋鉴赏印”。

[6] 清净瑜迦馆:汪士元鉴赏印。

120. 龚贤[1]《溪山渔樵》

纸本,水墨,手卷,高 30 厘米,宽 654 厘米,款识在左上:“由来无姓也无名,身托烟波过一生。风露重,草衣轻,睡熟船头唤不应。能醉饱,傲侯王,扣船一曲在沧浪。市门湫隘足烟尘,爽恺何比坐钓津。风细细水粼粼,照彻鱼家月一轮,

身是渔郎不钓鱼,岂有金戈铁马声。"钤印:龚贤、半千。题跋:1. 庚子[2]腊月在
吴兴庞氏草堂喜得半千《溪山渔樵》长卷,余欣然自题"无上精品"。龚贤又名岂
贤,字半千,号半亩柴丈人,昆山人也。流寓金陵。笔法墨浓而厚密,以董北苑、
巨然法度为木根,吴镇、沈周笔法为骨骼,及集各种画法之长,不抱门户之见而能
博取众长为我所用,力革时弊,自创新格。该卷笔墨相得则气势韵生,江山如笑,
苍润沉厚,细密工整,白云村舍、奇峰飞瀑、农牧渔樵、黄茆屋子,层次分明意境深
远,令人有无尽之感。既见其千岩竟秀,万壑争流之中。山石多密笔短皴,似楷
似擦,丘壑繁狡多变,墨色浓郁沉厚,高逸出尘。袁无怪其自负,谓前无古人后无
来者。如此境界可谓至难矣。王寅[3]仲春,袁希濂[4]识。2. 龚半千以画名世,
染翰自然绝去町畦,迥追幽奥,若徒貌袭形。今观是卷想见半亩园中烟霞啸傲,
悠然自得之致。戊辰[5]秋,太仓仇淼之[6]于崇川客次。

　　鉴藏印:虚斋真赏、吴兴庞氏[7]、太仓仇淼之藏画、淼之印信、苦藐居士[8]、
行有恒堂审定真迹[9]、希濂之印[10]、汪向叔藏[11]、

　　2007年3月18日,此作品由中国嘉德国际拍卖有限公司在北京拍卖,成交
价53.9万元。

[注释]

[1] 龚贤(1618—1689),字半千,昆山(今属江苏)人,早年曾参加复社活动,
入清隐居不出。与樊圻、高岑、邹喆、吴宏、叶欣、胡慥、谢荪等并称"金陵八家",
与清初著名诗书画家吕潜并称"天下二半"。工诗文,善行草。著有《画诀》《龚半
千课徒画说》等。

[2] 庚子:1900年。

[3] 壬寅:1902年。

[4] 袁希濂(? —1950),上海宝山人,字仲濂,海上名人,名律师,与兄袁希
洛、袁希涛号为"宝山三袁"。光绪丁酉肄业于上海龙门书院。与李叔同、蔡小
香、张小楼、许幻园结金兰之谊,号天涯五友。组织上海书画公会。甲辰东渡,留
学东京法政大学。

[5] 戊辰:1926年。

[6] 仇淼之(1906—1946),号苦藐居士,祖籍太仓,生于扬州,与李苦李、习
苦行被尊称为南通"三苦"。收藏家兼实业家仇焱之(1910—1980)兄弟,仇英后
裔。宗扬州画派,擅长写意花鸟,画风清丽隽逸。

[7] 庞元济(1864—1949),字莱臣,号虚斋。浙江吴兴南浔人。父庞云鏳为

南浔镇巨富,"南浔四象"之一。精于鉴赏,收藏铜器、瓷器、书画、玉器等,尤以书画最精,亦精书法绘画。著有《虚斋名画录》《中华历代名画志》等。虚斋真赏、吴兴庞氏,为其鉴藏印。

[8] 太仓仇森之藏画、森之印信、苦蔽居士:仇森之鉴藏印。

[9] 爱新觉罗·载铨(1794—1854),乾隆帝在世所见几位玄孙之一,奕绍长子,授御前大臣、工部尚书、步军统领,袭爵。封号定郡王。室名:行有恒堂、恒堂、世泽堂。行有恒堂审定真迹,为其鉴藏印。

[10] 希濂之印:袁希濂鉴藏印。

[11] 汪向叔藏:汪士元鉴赏印。

121. 龚贤《山水》(一)

绢本,设色,立轴,高30厘米,宽654厘米,款识在右上:"挂壁飞泉同夜月,月光来处四窗虚。山中满地雨云湿,不是楼台不可居。半亩龚贤题"。钤印:龚贤、钟山野老[1]。鉴藏印:向叔审定真迹[2]。2008年12月9日,此作品由北京万隆拍卖有限公司拍卖。

[注释]

[1] 钟山野老:龚贤号。

[2] 向叔审定真迹:汪士元鉴赏印。

122. 龚贤《山水》(二)

纸本,设色,立轴,高131厘米,宽41厘米,款识在右上:"沙柳为薪不采樵,菱莲虾蟹水乡饶。遥问酒熟谁家瓮,夜静支筇踏板桥。"钤印:龚贤。

鉴藏印:向叔审定真迹[1]、毕沅[2]秘藏。

2006年6月25日,此作品由宁波佳得拍卖有限公司公开拍卖,成交价为8500元,

[注释]

[1] 向叔审定真迹:汪士元鉴赏印。

[2] 毕沅(1730—1797),字纕蘅,亦字秋帆,镇洋(今江苏太仓)人。乾隆二十五年状元,累官至湖广总督。死后二年,因案牵连,被抄家,革世职。经史小学金石地理之学,无所不通,续司马光书,成《续资治通鉴》,又有《经典辨正》《灵岩山人诗文集》等。

123. 董小宛[1]《雀》

绢本,水墨,镜心,直径 26.5 厘米,款识:"庚寅[2]秋八月,临元人笔法,董白。"钤印:董白之印、小宛女史. 鉴藏印:愚卿私印[3]、向叔审定真迹[4]。

2019 年 1 月 3 日,此画由中鸿信国际拍卖有限公司在北京公开拍卖。

[注释]

[1] 董小宛(1624—1651),名白,字小宛,号青莲,江苏苏州人,因家道中落生活贫困而沦落青楼,名隶南京教坊司乐籍,与柳如是、陈圆圆、李香君等同为"秦淮八艳"。1639 年,董小宛结识复社名士冒辟疆,后嫁冒为妾。

[2] 庚寅:顺治七年,公元 1650 年。

[3] 愚卿私印:陆愚卿,藏书家、书画家陆时化(1714—1779)之子。字愿吾,号鲁亭,晚号息游。初承庭训,流览家藏,工花卉翎毛,行笔工秀,亦善山水。著作《国香志》,《怀烟阁留草》。

[4] 向叔审定真迹:汪士元鉴藏印。

124. 牛石慧[1]《芭蕉鸟石图》

纸本,水墨,立轴,高 137 厘米,宽 48 厘米,款识在左上:"牛石慧写。"钤印:牛石慧。题签:"牛石慧芭蕉鸟石真迹,一九八七年,杭人唐云[2]。"钤印:大石翁。

鉴藏印:卧玩文墨、笑谈平生[3]、明俭[4]私印、向叔审定真迹[5]。

2009 年 11 月 22 日,此作品由北京北纬四十度大成国际拍卖有限公司公开拍卖。

[注释]

[1] 牛石慧(约 1628—1707),南昌人,系明太祖第十七子朱权后裔,八大山

人朱耷之弟。擅长花鸟,尤喜画人物山水,笔情画意充分表现了他的磊落不平之气。明亡后,在奉新山中入牛石庵为僧。顺治末年回南昌,又由僧转而为道。

[2] 唐云(1910—1993),字侠尘,别号药城、药尘、药翁、老药、大石、大石翁,画室名"大石斋"、"山雷轩"。当代著名画家、收藏家。曾任中国美术家协会上海分会副主席、上海中国画院副院长等职。

[3] 吴昌硕(1844—1927)字昌硕,浙江安吉人,同治四年秀才,曾任江苏安东县知县。与任伯年、赵之谦、虚谷齐名,并称"清末海派四大家"。擅长写意花卉,以书法入画,把书法、篆刻的行笔、运刀、章法融入绘画,形成富有金石味的独特画风。卧玩文墨、笑谈平生,为其鉴赏印。

[4] 明俭,字智勤,号几谷,江苏丹徒(今镇江)人,俗姓王,少岁出家小九华山。能诗,善摹晋人法帖,尤工山水、花卉。其山水出入关、荆、马、夏,运笔如风,墨采沈郁,与海昌六舟僧善。尝共客黄岩总镇汤贻汾,偕游雁荡,绘有《雁山双锡图》《雪瀑云岚》等。

[5] 向叔审定真迹:汪士元鉴赏印。

125. 王翚[1]《山水》

扇片,金笺,款识在右上:"戊辰[2]菊秋写似鹤山兄台大人正之,虞山王翚。"钤印:石谷。收藏印:唐云[3]、向叔审定真迹[4]、海虞邵氏珍藏金石书画之印[5]。

2010 年 11 月 9 日,此作品由上海博古斋拍卖有限公司拍卖,成交价为2.016 万元。

[注释]

[1] 王翚(1632—1717),字石谷.号耕烟散人、清晖主人等,常熟(今属江苏)人、王鉴弟子,后转师王时敏,与恽寿平切磋画艺。作品虽多仿古,却具清丽深秀风致,功力深厚。从学弟子甚众,称"虞山派"。"四王"之一,"清初六家"之一。著有《清晖画跋》。

[2] 戊辰:康熙 27 年,公元 1688 年。

[3] 唐云(1910—1993),字侠尘,别号药城、药尘、药翁、大石翁等,画室名"大石斋"、"山雷轩"。当代著名画家、收藏家。曾任中国美术家协会上海分会副主席、上海中国画院副院长、代院长等职。

[4] 向叔审定真迹：汪士元鉴赏印。

[5] 邵松年(1848—1923)，字伯英，号息庵，江苏常熟人，光绪九年进士，官至河南学政，精通书画，尤善收藏与鉴赏。家中设"兰雪堂"专门收藏碑帖书画，"古鲸馆"专门收藏古琴。著有《海虞文征录》《澄兰堂古缘萃录》。海虞邵氏珍藏金石书画之印，为其鉴藏印。

126. 王翚《山庄雪霁》

绢本，设色，立轴，高 70 厘米，宽 36 厘米，款识在右上："山庄雪霁，仿王右丞[1]呈正弟，笔墨丑恶，不堪溷入清閟耳。甲寅[2]二月五日雨窗识虞山晚学王翚。"钤印：王翚。

鉴藏印：向叔审定真迹[3]。2014 年 7 月 29 日，此作品由上海晟安拍卖有限公司在上海公开拍卖。

[注释]

[1] 王右丞，即王维(701—781)，字摩诘，号摩诘居士，唐朝河东蒲州(今山西运城)人，开元九年进士，终尚书右丞。诗以山水田园诗成就最高，兼擅书法、绘画。长于画山水。以破墨，即墨色浓淡相互渗透，绘山水竹石，画面浓淡相宜，云水飞动。著有《王摩诘文集》等。

[2] 甲寅：康熙 33 年，1694 年。

[3] 向叔审定真迹：汪士元鉴赏印。

127. 王翚《江山卧游图》

绢本，水墨，手卷，高 28 厘米，宽 232 厘米，款识在左上："仿一峰道人笔意于涵春堂，鸟目山人王翚。"钤印：石谷、王翚之印。引首："江山卧游图。咸丰丙申春三月题于宝迁阁，陈少石[1]。"钤印：古黔陈少石收藏名迹、夔麟。

题跋："耕烟资性超俊，学力深遂，能合南北二宗于一手，此画饶有古法，山峦重叠，溪水回环。溪水两岸，可见茅亭、屋舍，山石用浅皴带染苍浑，加以浓墨点苔，风格清高，娇雅尤妙传神，精工秀利，笔意不凡，无一点尘俗气。布局宽宕，开合自然,绝无断续痕迹,而密不觉繁,疏不嫌薄,笔于墨融为一,故所设淡色无不惬心,非得力于元大家黄子久、吴仲土得为能到此? 以元人笔墨运宋人丘壑而译以唐人气韵,乃为大成于王时敏、王原祁、王鉴,并古今四王相承之说,驰骋一世。此卷流传到今,神气奕奕,即今后起者遇日应示悦心者时,惟此卷卷意纵横,宕逸浑脱,纯任自然,最堪赏玩。宣统戊午[2]春日向叔汪士元藏。"钤印:向叔所得[3]。鉴藏印:戴氏芝农藏书画印、戴氏培之审定[4]、心柏珍秘[5]。

2011年11月11日,此作品由北京东方玺藏国际拍卖有限公司在北京公开拍卖。

[注释]

[1] 陈夔麟(1855—1928)字少石,号少室少樵,清朝贵州贵阳人。陈夔龙之长兄。曾在广东.湖北做官,为著名书画收藏鉴赏家。其《宝迂阁书画录》评述自藏之书画五十卷、六十三册、一百七轴及十五幅屏联,为文物家所重视。

[2] 宣统戊午:中华民国七年,公元1918年。

[3] 向叔所得:汪士元鉴赏印。

[4] 戴植,字培之,号芝农,清朝后期江苏丹徒人,其"翰墨轩"、"心太平轩"、"培万楼"收藏书画和古籍,在当时称极一时,其中古籍收藏中,宋、元、明刻本10余种,所藏书画后来归上海博物馆。

[5] 程桢义,字心柏,号漱石,江苏吴县人,同治道光年间与过云楼创始人顾文彬交往,热衷慈善事业,精鉴赏,富收藏。心柏珍秘,为其鉴赏印。

128. 王翚《仿范华原[1]笔意》

绢本,设色,立轴,高176.5厘米,宽50厘米,款识在右上:"口山忽重迭,淡思浮云烟。楼观金碧开,众态敷幽妍。秋色挟以至,高风生树巅。仿范华原笔意,海虞石谷子王翚。"钤印:王翚之印、耕烟散人。佚名题签条:"耕烟散人仿范华原山水真迹。"

鉴藏印:向叔所藏[2]、琅云春馆。

2009年12月16日,此作品由北京拍卖有限公司公开拍卖。

[注释]

[1] 范宽(950—1032),又名中正,字中立,北宋华原人。性疏野,嗜酒好道,

擅画山水。曾隐居终南、太华,观察云烟惨淡、风月阴霁的景色,能自出新意,别成一家。其画峰峦浑厚端庄,气势壮阔伟岸,令人有雄奇险峻之感。与关仝、李成并列为北宋山水画三大名家。

[2] 向叔所藏:汪士元鉴藏印。

129. 吴历[1]《秋山草堂图》

纸本,水墨,立轴,高 116 厘米,宽 27 厘米,款识在左上:"拟李营丘笔意为孝翁道兄清鉴。墨井道人历。"钤印:吴历、渔山、桃溪居士。

鉴藏印:野侯珍赏[2]、定心珍藏、士元珍藏[3]。

2014 年 12 月 21 日,此作品由中国嘉德国际拍卖有限公司在北京公开拍卖。

[注释]

[1] 吴历(1632—1718),字渔山,号墨井道人、桃溪居士,江南常熟(今属江苏)人。少时学诗于钱谦益,学画于王鉴、王时敏。"清初六家"之一。有《墨井画跋》《墨井诗抄》传世。

[2] 高时显(1878—1952),字欣木,号野侯,又号可庵。(今余杭)人,清末举人。为高时丰弟,时敬、时衮、时敷(络园)之兄,兄弟数人,并以书画名重一时,一门风雅。

[3] 士元珍藏:汪士元鉴赏印。

130. 吴历《山水》

绢本,设色,册页(八开选四),高 22.5 厘米,宽 32 厘米,款识在左上:"墨井道人吴历作于桐轩。"钤印:渔山。题跋:"溪山深秀　庚辰[1]应野平[2]题。"

鉴藏印:应野平宝藏印、伍氏南叟斋藏[3]、向叔审定真迹[4]等五枚。

2010 年 12 月 21 日,此作品由宁波富邦拍卖有限公司在宁波公开拍卖。

[注释]

[1] 庚辰:1940 年。

[2] 应野平(1910—1990),幼承家学,喜爱绘画,16岁后专攻山水。曾任新华艺术专科学校教授、上海人民美术出版社编辑室副主任、上海大学美术学院教授。所作笔墨苍润拙朴,格调清新明快,画面气韵生动。擅书法,以隶书见长。间作诗词,亦清新隽雅。

[3] 伍元蕙(1824—1865),更名葆恒,字良谋,号俪荃、南雪道人,广东南海人,布衣,性好书,收藏甚富。晚得倪瓒真迹四种,结屋藏之,颜曰"迁庵"。刻有《南雪斋藏真帖》《澄观阁摹古帖》。

[4] 向叔审定真迹;汪士元鉴赏印。

131. 王武[1]《富贵双寿》

纸本,设色,镜片,高115厘米,宽36厘米;款识在左上:"拟北宋徐崇嗣设色,戊辰[2]夏月忘庵王武写。"钤印:武、勤中。

鉴藏印:裴伯谦审定书画印[3]、荷屋鉴赏[4]、徐文台竹隐盦收藏印[5]、麓云楼书画记[6]。

2014年7月28日,此作品由上海瑞星拍卖有限公司在上海公开拍卖。

[注释]

[1] 王武(1632—1690)字勤中,号忘庵,吴县(今属江苏)人,王鉴六世孙,诸生,不屑举业,酷爱艺术,擅画花卉,笔致清秀,时称神品。工诗词,多遣兴怀古之作。另对蹴球、弹棋、弓马、技节、艺花、种树、攀鱼、笼禽均有研究。

[2] 戊辰:康熙27年,公元1688年。

[3] 裴景福(1854—1924),字伯谦,又字安浦,号臆闇,安徽霍邱县人。光绪十二年进士。历任广东陆丰、番禺、潮阳、南海县令,因收集字画古董,为时任两广总督岑春喧嫉恨,被迫暂避澳门。民国初年,任安徽省政务长。晚年辞职回乡安居,以收藏书画、古董自娱。

[4] 吴荣光(1773—1843),字伯荣,号荷屋,广东南海人。嘉庆四年进士,道光中任湖南巡抚兼湖广总督,后坐事降为福建布政使。善于金石、书画鉴藏,且工书善画,精于诗词。著有《筠清馆金石录》《辛丑销夏记》等。荷屋鉴赏,为其鉴藏印。

[5] 徐渭仁,字文台,号紫珊、子山、不寐居士,上海人,清末著名藏书家、金

石学家、书画家。徐文台竹隐盦收藏印,为其鉴藏印。

[6] 麓云楼书画记:汪士元鉴赏印。

132. 王武《春江水暖》

纸本,设色,立轴,高 152 厘米,宽 81.5 厘米;款识在右上:"瑟瑟兼葭乱水隈,清霜初下拒霜开。却怜此地饶佳色,每岁秋深到一回。己巳[1]秋暮戏为翔翁二兄写,吴趋王武。"钤印:王武之印、勤中。鉴藏印:麓云楼书画记[2]、□英审定秘玩。

2014 年 6 月 3 日,此作品由北京匡时拍卖国际有限公司拍卖,成交价 14.95 万元。

[注释]

[1] 己巳:康熙 287 年,公元 1689 年。

[2] 麓云楼书画记:汪士元鉴赏印。

133. 恽寿平[1]《月窟留香》

纸本,设色,手卷,纵 26 厘米,横 156 厘米,1688 年作。识签:"南田老人画桂卷子,向叔[2]属刘世珩[3]题签。"

画首题词:1"月窟留香。月宫秋冷桂团团,岁岁花开只自攀,共在人间说天上,不知天上忆人间。戊辰秋九月三日,书题东园生庭桂图,附寄艺初舍人[4]晒正,江上笪重光[5]。"钤印:江上外史、重光、松子阁。2"月向花前照,花从月里香。爱月恐花残,吟秋在石梁。今之民。钤印:当年王谢、今之民。"

题诗:1. 清昼银轮散月华,高低寒碧护晴霞。一秋青女劳金剪,捣尽流黄细作花。2. 池南八树望氤氲,花气能蒸出谷云。独有三株藏岸北,满空香雾一池分。3. 乱飘黄雪满珠丘,疑有金鹅守素秋。开到无人花更密,曲池真似小山幽。4. 北山幽胜草堂空,寂寞山灵护桂丛。只恐金风吹散去,夜陪猿鹤卧花中。5. 为爱秋阴桂始开,隔溪幽径锁青苔。花光不似金银气,何必游人逐队来。6. 玉女投壶笑碧城,满林金雪映山楹。花繁恐被姮娥笑,故遣阴云蔽月明。7. 翠霞池馆望霏微,一点天香傍客飞。只为花丛贪望久,不须归去更熏衣。8. 青云玉树忆连枝,吴苑燕台搅梦思。此日攀条花下立,看花人隔凤凰池。前年与舍人同过桂树下盘有忆,并怀仲璋。9. 北林风雾蔽荒台,偏到花时少月来。寄语广寒休妒我,人间天上不同开。10. 飞尘不上桂花枝,树底高吟招隐词。试问长安车马客,此中清兴几人知。艺初舍人寄忆桂诗索和,适庭桂正茂,因图并步原韵呈正,东园客寿平。钤印:东园外史、寿平。

此卷为恽寿平晚年之作,绘丹桂一枝,作诗十首,唱和丹桂,追忆旧日时光,并有清初书法名家笪重光题咏。笔墨丹青为意兴之笔,诗情画意,尽相呼应,相得益彰,是显示南田诗、书、画三位一体的精妙之作。

鉴藏印:廷雍审定[6]、黔南景氏剑泉收藏[7]、碑砚斋珍藏[8]。

2006年12月4日,此画由上海敬华艺术品拍卖有限公司在上海公开拍卖,成交价为81万零4元。2018年12月6日,北京保利国际拍卖有限公司又公开拍卖此画。

[注释]

[1] 恽南田(1633—1690),名格,字寿平,号南田,武进(今属江苏常州)人,青年时参加抗清义军,家破人亡,当俘虏,被浙闽总督收为义子,后在灵隐寺为僧,返里后卖画为生,赡养父亲。"清初六家"之一。以没骨法画花卉、禽兽、草虫,创造了一种笔法透逸,设色明净,格调清雅的"恽体"花卉画风,成为一代宗匠。著有《南田诗钞》、《瓯香馆集》。

[2] 向叔:汪士元的字。

[3] 刘世珩(1875—1926),字聚卿,又字葱石,号继庵,贵池县(今属安徽)人。宣统三年升补左参议兼任湖北造币厂总办。辛亥革命后退居上海,藏书丰富,校勘古籍尤精。在草鞋滨建筑"楚园"。藏书楼名曰"聚学轩",专贮金、石、书、画。著有《贵池沿革表》《双忽雷本事》等。

[4] 艺初舍人,即徐树谷,清江苏昆山人,字艺初,徐干学子,康熙二十四年进士,官至山东道监察御史,与弟徐炯同撰《李义山文集笺注》。

[5] 笪重光(1623—1692),回族,字在辛,号君宜,江苏省句容人。顺治九年进士,官御史,巡按江西,以劾明珠去官。罢官归乡,隐居茅山之麓,学导引,读丹书,潜心于道教。工书善画,与姜宸英、汪士鋐、何焯称四大家。有《书筏》《画筌》传世。

[6] 廷雍(? —1900),宗室。字绍民,一作邵民,号画巢,别号溪山野客。爱

新觉罗崇恩子。官直隶布政使、护理总督。工书宗北魏。善画山水，初法王翚，后出入王鉴、王时敏，而上窥倪、黄，苍润秀逸，齐集笔端。晚年作津门被水图卷，寥寥数笔，尤入化境。庚子之变，以同情义和团被杀。

[7] 景其濬，字剑泉，贵州兴义人。咸丰二年(1852)进士，选庶吉士，历官礼部侍郎、内阁学士。工楷法，精赏鉴。黔南景氏剑泉收藏，为其鉴藏印。

[8] 邵友濂(？—1901)字小村，浙江余姚人，同治四年举人，官至台湾巡抚。书房"碑砚斋"，以后又为长孙邵洵美的斋名。邵洵美(1906—1968)，祖籍浙江余姚，出生于上海，出身官宦世家。新月派诗人、翻译家，英国剑桥大学，后在上海办杂志，其诗集有《天堂与五月》《花一般的罪恶》。

134. 恽寿平《修竹图》

绢本，水墨，立轴，纵 43.5 厘米，横 32.5 厘米。款识："竹树交参，坡石映带，我思古人。悠然来下，冷风相荡，答以天籁，于此盘游，岑寥之野。南田寿平橅柯敬仲乔柯修竹因作赞。钤印：恽寿平。笔笔有天际真人相，若纤豪尘垢之点，便无下笔处。南田又题。"钤印：南田草衣。鉴藏印：向叔心赏[1]、曼农[2]心赏、吴湖帆潘静淑珍藏印、梅景书屋[3]。

2011 年 11 月 17 日，此作品由浙江三江拍卖有限公司公开拍卖，成交价为 32.2 万元。

[注释]

[1] 向叔心赏：汪士元鉴赏印。

[2] 狄学耕，字曼农、稼生，江苏溧阳人，生活于同治、光绪间。禀贡，曾权都昌、南丰知县，升补同知。善画山水，富收藏，王蒙《青弁隐居图》即为所藏。

[3] 吴湖帆(1894—1968)字东庄，号倩庵，书画署名湖帆，江苏苏州人。曾任中国美术家协会上海分会副主席、上海市文史馆馆员等职。收藏宏富，善鉴别、填词。山水画以雅腴灵秀、缜丽清逸的复合画风独树一帜。著有《吴湖帆山水集锦》等。吴湖帆潘静淑珍藏印、梅景书屋，为其鉴赏印。

135. 恽寿平《秋菊图》

横披,设色,绢本,横 80.5 厘米,纵 40.4 厘米。款识在左上：黄鹅初试舞衣裳,秋寒斗晓妆,一片绿涛云五色,更疑岩电起扶桑。临赵昌绢本。南田草衣寿平。钤印：寿平之印、正叔。鉴藏印：士元珍藏[1]、于我斋。

2018 年 5 月 27 日,此作品由东京中央拍卖香港有限公司在 2018 春季拍卖上公开拍卖。

［注释］

[1] 士元珍藏：汪士元鉴赏印。

136. 高简[1]《山水》

纸本,水墨,镜框,纵 12 厘米,横 16 厘米,款识："高简,字淡游,号旅云,能诗,工山水,画学元四家[2],尤喜倪云林,精于尺幅小品。此套册页雪景仅此一帧,笔意疏放秀洁妍雅,诚什袭珍藏也。光绪辛丑[3]二月汪士元识。"钤印：汪士元之印。鉴藏印：麓云楼藏[4]。2014 年 5 月 16 日,此画由浙江鸿嘉拍卖有限公司在杭州公开拍卖。

［注释］

[1] 高简,江苏苏州人。字淡游,号旅云。能诗,工山水,摹法元人,务为简淡,而布置深稳,风味清臒可爱。平生小品最多,好画梅花书屋图,冷隽可珍。卒年七十四。

[2] 元四家：主要有二说：,一是指赵孟頫、吴镇、黄公望、王蒙四人,见明代王世贞《艺苑卮言·附录》。二是指黄公望、王蒙、倪瓒、吴镇四人,见明代董其昌《容台别集·画旨》。

[3] 光绪辛丑：光绪二十七年,1901 年。

[4] 麓云楼藏：汪士元鉴赏印。

137. 上睿[1] 《山水》

纸本,设色,手卷,纵 33 厘米,横 311 厘米,题识在右下:"蒲室上睿制。"钤印:上睿印、目存。引首:"上蒲室山水神品,己巳[2]孟秋上虞罗振玉[3]题。"姚文田[4]、吴廷琛[5]、石韫玉[6]、罗天池[7]、吴士鉴题跋[8]。

鉴藏印:上寿堂书画珍藏之印、上海徐紫珊[9]收藏书画金石书籍印、汪士元审定印。

2013 年 12 月 26 日,此画由上海博古斋拍卖有限公司在上海公开拍卖,

[注释]

[1] 上睿(1634—1680),字静睿,号目存,吴(今苏州)人,僧人。山水得王翚(石谷)指授;花鸟得恽寿平真传;人物亦得古法,有唐寅笔意。工诗,与惠士奇、张大受结诗社。著《习余吟》。

[2] 己巳:1929 年。

[3] 罗振玉(1866—1940),字叔蕴、叔言,号雪堂、永丰乡人,祖籍浙江上虞,在江苏淮安出生长大。清末奉召入京,任学部二等谘议官,后补参事官,兼京师大学堂农科监督。辛亥革命后流寓日本,后曾参预制造伪满洲国活动。精校勘,喜收藏,一生著作达 189 种,校刊书籍 642 种。

[4] 姚文田(1758—1827)字秋农,号梅漪。归安(浙江吴兴)人,嘉庆 4 年(1799)己未科进士第 1 名,状元。授翰林院修撰,历任广东学政、日讲起居注官、都察院左都御史、工部尚书、礼部尚书,等职,著有《邃雅堂学古录》《邃雅堂文集》等。

[5] 吴廷琛(1773—1844)字震南,号棣华,江苏元和(今苏州)人。嘉庆七年进士第一,状元。历官浙江金华知府、云南按察使,权布政使,清厘铜库,追缴中饱,铜政大起。著有《归田集》《池上草堂诗集》。

[6] 石韫玉(1756—1837),字执玉,号琢堂,吴县(今苏州)人。乾隆五十五年进士。官四川重庆府知府。镇压白莲教起义,升山东按察使。因事被革职,引疾归。主讲苏州紫阳书院 20 余年。修《苏州府志》为世推重。喜藏书,家有书库名为"蕶海"。著有《独学楼诗文集》等。

[7] 罗天池(1805—1866),字六湖,广东新会人。道光六年进士。官云南迤

西道。落职归,居广州。工书、画,精鉴赏。论粤画必以黎简、谢兰生、张如芝、罗天池为粤东四家。"修梅仙馆秘藏",为其收藏印。

[8] 吴士鉴(1868—1934)字絅斋,号公詧,钱唐(今杭州)人。光绪十八年榜眼,曾任江西学政、资政院议员、清史馆纂修。以评骘金石、考订碑板、精研史籍而名重一时。民国初因得商钟9件,遂以"九钟精舍"名其书室。著《清宫词》等。

[9] 徐渭仁,字文台,号紫珊、子山、不寐居士,上海人,清末著名藏书家、金石学家、书画家。

138. 上睿《青绿山水》

手卷,设色,绢本,纵32厘米,横3101厘米,款识:蒲室上睿制。钤印:上睿印、目存。鉴藏印:上寿棠书画珍藏之印、上海徐紫珊收藏书画金石书籍印[1]、汪士元审定印、戴信之鉴真印[2]、张氏雪壶珍藏。

2016年10年23日,此画由福建静轩拍卖有限公司在2016秋季艺术品拍卖会上公开拍卖。2017年11年12月,此画以《琅琊仙阁》为名由北京中恒信拍卖有限公司在2017年秋季艺术品拍卖会上公开拍卖。

[注释]

[1] 上海徐紫珊收藏书画金石书籍印:见前注[9]。

[2] 戴信,字子谦,善画。光绪十年(1884)与吴嘉猷(友如)同时绘《点石斋画报》,当时有名气。

139. 魏之璜[1]《山水》

纸本,设色,扇面,高18厘米,横50厘米,题识在右上:"甲辰[2]立春魏之璜。"钤印::魏之璜印。端方[3]题跋,钤印:端方、陶斋。

收藏印:江村秘藏、士奇[4]、杭郡唐云鉴定真迹、古杭唐云收藏审定扇面之印、杭郡唐云收藏审定明清名人五百扇面之章[5]、汪士元审定印。

2011年12月16日,此画由北京建亚世纪拍卖有限公司公开拍卖,

[注释]

[1] 魏之璜，字叔考，明末上元（今南京）人。出身孤贫，天性孝友，能书善画，以卖画为生。书师法《黄庭经》，结构严密，神采流丽。山水宗宋人，不袭粉本，岩壑树石多变化，别具风貌。晚年用浓墨秃笔，苍老厚实，颇见功底。

[2] 甲辰：明朝万历 32 年，公元 1604 年。

[3] 端方（1861—1911），字午桥，号陶斋，满洲正白旗人，官至直隶总督、北洋大臣。戊戌变法失败后被革职。宣统三年起为川汉、粤汉铁路督办，入川镇压保路运动，端方和其弟端锦为军官刘怡凤所杀，清廷赠太子太保，谥忠敏。喜藏书，收藏颇富，精品亦多，著有《陶斋吉金录》《端忠敏公奏稿》等。

[4] 高士奇（1645—1704），字澹人，号瓶庐，又号江村，浙江钱塘（杭州）人，康熙十五年升为内阁中书，领六品俸薪，每日为康熙帝讲书释疑，评析书画，极得信任。官至礼部侍郎，谥文恪。学识渊博，能诗文，擅书法，精考证，善鉴赏，所藏书画甚富。著有《江村销夏录》《清吟堂集》等。

[5] 唐云（1910—1993），字侠尘，别号药城、药尘、药翁、老药、大石、大石翁，画室名"大石斋"、"山雷轩"。当代著名画家、收藏家。生前曾担任中国美术家协会上海分会副主席，上海中国画院副院长。

140. 王士祯[1]处世手镜暨稿件册

纸本，册页，二十六开，钤印：秋窗、晴天养片云。有跋，元和张肇辰[2]识。钤印：肇辰、咏仙。签条："王士祯手镜暨稿件册。"钤印：务初。

鉴藏印：秋亭汪氏珍藏、向叔所藏[3]（十二次）。

2007 年 7 月 21 日，此册由西泠印社拍卖有限公司公开拍卖，成交价为 57.2 万元。

[注释]

[1] 王士祯（1634—1711）字子真，号阮亭，又号渔洋山人，山东新城（今桓台县）人。顺治十四年进士，官至刑部尚书。继钱谦益之后主盟诗坛，与朱彝尊并称"南朱北王"。能鉴别书画、鼎彝之属，精金石篆刻。著有《池北偶谈》《香祖笔记》等。

[2] 张肇辰，字咏仙，江苏苏州人，元和县（今属苏州）举人，擅长书法。任江

苏桃源(泗阳)县训导时,因办赈劝捐出力有功,道光三十年选用为知县,咸丰元年升直隶赵州隆平知县。

[3] 向叔所藏:汪士元鉴赏印。

141. 八大山人[1]《行旅图》

纸本,水墨,立轴,高 68 厘米,横 32 厘米,题识在左上:"贤昭阳涉事,八大山人。"钤印:八大山人。鉴藏印:曾在六舟[2]处、仪周鉴赏[3]、向叔心赏[4]。

2014 年 10 月 25 日—10 月 30 日,此画由北京嘉德在线拍卖有限公司公开拍卖。

[注释]

[1] 朱耷(1626—约 1705),字雪个,号八大山人、驴屋等,江西南昌人。明宁王朱权后裔。明亡后削发为僧,后改信道教。擅书画,花鸟以水墨写意为宗,形象夸张奇特,笔墨凝炼沉毅,风格雄奇隽永。

[2] 六舟(1791—1858),俗姓姚,名达受,浙江海昌(今海宁)人。生平多才多艺,于诗书画印,靡不精通,嗜金石,富收藏,精鉴别,尤擅传拓,著有《宝素室金石书画编年录》等。

[3] 安麓村(1683—约 1745),名岐,字仪周,号松泉老人、麓村。祖上为朝鲜人,随高丽贡使到北京,后入旗籍。其父安尚义,曾是权相明珠的家臣,后借助明珠的势力在天津、扬州两地业盐,成为大盐商。收藏之富,鉴赏之精,名扬海内。著有《墨缘汇观》。

[4] 向叔心赏:汪士元鉴赏印。

142. 八大山人、石涛[1]《老松人物》

纸本,水墨,立轴,高 18 厘米,横 50 厘米,题识在右上:"己卯[2]夏日写,八大山人。"钤印:八大山人、何园。跋:"老松作墙茆作瓦,道人来自天台者。不种黄精不剧芩,张口如箕坐松下。一片松涛胜古冰,细咀饱嚼风棱棱。吾将砺齿已折,只恐松枯化为石。松庵年兄携此幅来嘱余补墨,使它日雪翁见之,不将笑大涤子于无佛处称尊耶。辛巳二月,清湘大涤子济并识。"钤印。款识显示前者作于己卯,即康熙三十八年,公元 1699 年;后者补绘于辛巳,即康熙四十年,公元1701 年。著录:《中国书画鉴定学稿》杨仁凯着第 199 页,辽海出版社 2000 年出版。

八大山人与石涛同为明皇室后裔,一个在南昌,一个在扬州,从未见过面,但是心心相印,相互推崇,不仅有书信往来,还有画事上合作和互题的作品,且每出一幅都是极品,画史上均有记载。目前拍卖市场出现了许多伪作,2010 年 12 月5 日,由保利国际拍卖有限公司在北京公开拍卖的一幅《山水》画,内容、款识、印章与本画完全相同,还有罗振玉丙子(1936 年)边跋:"此帧为两人合作,尤为难得,矧为最精到之作……",罗认为是朱耷与石涛合作,当时为某要员所有,解放后入藏辽宁省文物总店,实际上是张大千的伪作。20 世纪 20 年代到 40 年代,张大千仿造许多明清时期的书画作品,从石涛、八大山人到唐寅、陈洪绶的作品都有。其中,张大千对石涛、八大山人尤为致力,对此二人的笔法、风格几乎能了如指掌,甚至,二人哪年习惯钤盖哪方印章也了然于胸。傅申先生在《沈阳的大千画》一文中,早就指出《松竹梅三友图轴》、《大涤草堂图轴》等均是大千所伪八大山人朱耷的杰作。因此,此画的真伪有待鉴定。

鉴藏印:裴伯谦[3]审定书画印、徐文台竹隐庵收藏印[4]、麓云楼书画记[5]、刘恕[6]审定、口艺存藏书记、孟宾鉴藏、熊毅所藏金石书画、沈均初[7]收藏印、西溟审定书画[8]。

2014 年 12 月 19 日,此画由北京建亚世纪拍卖有限公司公开拍卖,

[注释]

[1] 石涛(1642—约 1707),法名原济,本姓朱,名若极。字石涛,又号苦瓜和尚,大涤子等,广西全州人,晚年定居扬州。明靖江王后裔,南明元宗朱亨嘉之子。明亡后以卖画为业。早年山水师法宋元诸家,画风疏秀明洁,晚年用笔纵肆,墨法淋漓,格法多变。著有《苦瓜和尚画语录》。

[2] 己卯:康熙 38 年,公元 1699 年。

[3] 裴景福(1854—1924),字伯谦,又字安浦,号臆闇,安徽霍邱县新店人。光绪十二年进士。历任广东陆丰、番禺等地县令,因收集字画古董,为时任两广总督岑春喧嫉恨,被迫暂避澳门。民国初年,任安徽省政务长。晚年辞职回乡安居,以收藏书画、古董自娱。

[4] 徐渭仁,字文台,号紫珊、子山、不寐居士,上海人,清末著名藏书家、金

石学家、书画家。

[5] 麓云楼书画记：汪士元鉴赏印。

[6] 刘恕(1759—1816)，清代著名书画家、藏书家。一名惺常，一作惺棠，又号寒碧主人、花步散人。吴县(今苏州)人，举人，官至广西右江道。家世殷实，善鉴赏书、画。是今日苏州留园前身的主人，当时留园被称作"刘园"，又称"寒碧山庄"。

[7] 沈树镛(1832—1873)字均初，一字韵初，号郑斋，上海浦东川沙镇人。咸丰九年中举，官至内阁中书。生平嗜藏金石书画，对碑帖考订尤为精辟。同治二年获宋拓《熹平石经》残字，遂将其书斋名曰"汉石经室"。著有《汉石经室丛刻目录》《续寰宇访碑记》等。

[8] 姜宸英(1628—1699)，字西溟，号湛园，浙江慈溪人。康熙三十六年一甲三名进士，授翰林院编修，时年已七十。越两年为顺天乡试副考官，因主考官舞弊，被连累下狱死。擅书法，与笪重光、汪士鋐、何焯并称为"康熙四家"。著有《湛园集》《苇间集》等。西溟审定书画，为其鉴藏印。

143. 八大山人《山水》

纸本，水墨，立轴，高 64.5 厘米，横 39 厘米，题识在右上："八大山人。"钤印：八大山人。鉴藏印：士元珍藏[1]、曹溶[2]之印、张爰、大千、玄宰渐江髡残雪个苦瓜墨缘[3]。

2013 年 12 月 6 日，此画由北京翰海拍卖有限公司公开拍卖。

[注释]

[1] 士元珍藏：汪士元鉴赏印。

[2] 曹溶(1613—1685)，字秋岳，号倦圃，浙江秀水人，明崇祯朝进士，累迁至山西按察副使。康熙中，举博学鸿词，以疾辞。召修《明史》，亦不赴。家富藏书及法书名画，又工诗、词。著有《静惕堂诗词集》。

[3] 张大千(1899—1983)，四川内江人，原名张正权，字季爰，号大千，绘画、书法、篆刻、诗词都无所不通，特别在山水画方面卓有成就。后旅居海外，画风工写结合，重彩、水墨融为一体，尤其是泼墨与泼彩，开创了新的艺术风格。张爰、大千、玄宰渐江髡残雪个苦瓜墨缘，为其鉴赏印。

144. 八大山人《大别方丈铭》

纸本,水墨,小楷,手卷,纵 8 厘米,横 68.2 厘米,正文:"闭目而视,目之所见,冥冥蒙蒙。掩耳而听,耳之所闻,隐隐隆隆。耳目虽废,见闻不断,以摇其中。孰能开目,而未尝视,如鉴写容。孰能倾耳,而未尝听,如穴受风。不视而见,不听而闻,根在尘空。湛然虚明,遍照十方,地狱天宫。蹈冒水火,出入金石,无往不通。我观大别,三门之外,大江方东。东西万里,千溪百谷,为江所同。我观大别,方丈之内,一灯常红。门闭不开,光出于隙,晔如长虹。问何为然,笑而不答,寄之盲聋。但见庞然,秀眉月面,纯漆点瞳。我作铭诗,相其木鱼,与其鼓钟。"款识在左下:八大山人。钤印:黄竹园、八大山人。前题:"雪个书魂。郑燮[1]。"钤印:郑燮之印。后跋:"岁次乙亥秋爽,鄞西后学吴疗石拜题。"钤印:大雅、疗石、布衣生。鉴藏印:虚斋审定[2]、藏之大千[3]、向叔审定真迹[4]。

2006 年 12 月 8 日,此画由江苏中山汇金拍卖有限公司在无锡公开拍卖。

[注释]

[1] 郑燮(1693—1765)字克柔,号板桥,江苏兴化人,"扬州八怪"之一。乾隆元年进士,官山东范县、潍县县令。后居扬州,以书画营生。画擅花卉木石,尤长兰竹。书亦有别致,隶、楷参半,自称"六分半书"。间亦以画法行之。著有《板桥全集》。

[2] 庞元济(1864—1949),字莱臣,号虚斋。浙江吴兴南浔人。父庞云鏳为南浔镇巨富,"南浔四象"之一。精于鉴赏,收藏铜器、瓷器、书画、玉器等,尤以书画最精,亦精书法绘画,与于右任、张大千、吴昌硕等人均有交往。著有《虚斋名画录》《中华历代名画志》。

[3] 藏之大千:张大千鉴赏印。

[4] 向叔审定真迹:汪士元鉴赏印。

145. 八大山人《枯树双栖》

纸本,水墨,镜心,高 175.2 厘米,横 95 厘米,题识在右上:"八大山人。"钤印：八大山人、个相如吃。鉴藏印：传经堂书画印、蓉峰审定[1]、汪士元。

2012年4月21日，此画由北京德隆宝国际拍卖有限公司公开拍卖。

[注释]

[1] 刘恕(1759—1816)，一名惺常、惺棠，又号寒碧主人、花步散人。吴县（今苏州）人，举人，官至广西右江道。家世殷实，善鉴赏书、画。是今日苏州留园前身的主人，当时留园被称作"刘园"，又称"寒碧山庄"。传经堂书画印、蓉峰审定，为其鉴赏印。

146. 八大山人《花卉》

纸本，水墨，镜心，高25.5厘米，横23厘米，题识在左上："八大山人画。"钤印：黄竹园。鉴藏印：景唐珍藏[1]、向叔审定真迹[2]。

2008年1月9日，此画由江苏中山汇金拍卖有限公司在南京公开拍卖。

[注释]

[1] 丁景唐(1938—2007)，浙江镇海人，光华大学毕业。曾任《文艺学习》主编。建国后，历任中共上海市委宣传部处长、上海市出版局副局长、上海文艺出版社社长兼总编辑，主编《中国新文学大系(1927—1937)》(二十卷本)。

[2] 向叔审定真迹：汪士元鉴赏印。

147. 八大山人《神清图》

纸本，墨笔，立轴，高204厘米，宽56厘米，款识："八大山人。"钤印：何园。钱君匋[1]题诗堂："神清。题八大山人画，甲戌之秋，钱君匋。"钤印：钱君匋印：君匋。鉴藏印：麓云楼藏[1]。著录：《墨耕堂藏墨缘集胜》P52，人民美术出版社，2015年6月。

2016年6月15日，此作品由北京九歌国际拍卖股份有限公司拍卖。

[注释]

[1] 钱君匋(1907—1998)，浙江桐乡人，名玉堂，字君陶，室名无倦苦斋，装帧艺术的开拓者，曾任西泠印社副社长、上海文艺出版社编审。一生治印两万余

方,上溯秦汉玺印,下取晚清诸家精髓。著有《长征印谱》《君长跋巨卯选》等。

　　[2] 麓云楼藏:汪士元收藏印。

148. 八大山人 五言律诗行书条幅

　　纸本,墨笔,高 142 厘米,宽 39 厘米,释文:"迹与松乔合,心缘启沃留。公才山吏部,书癖杜荆州。幸沐千年圣,何辞一尉休。折腰知宠辱,回首见沉浮[1]。"款识:"八大山人书。"钤印:八大山人。鉴藏印:汪向叔藏[2]、舜钦[3]。著录:[明]浙江等绘《四高僧书画集》,天津人民美术出版社,2005 年 1 月,第 28 页。

　　[注释]

　　[1] 出自唐代高适的《古乐府飞龙曲,留上陈左相》。

　　[2] 汪向叔藏:汪士元收藏印。

　　[3] 曹舜钦,江苏南通人,与晚年的张謇、张孝若等往来密切,工书,坊间曾传张謇多其代笔。

149. 八大山人《双鹰图》

　　纸本,水墨,纵 178 厘米,横 85 厘米,款识在右上:"八大山人写"。钤印:八大山人、何园。孝慈洪养百福。签条:"清高僧朱耷双鹰图真迹。"钤印:秋君[1]、李秋印。此作是八大山人晚年画鹰之精品,取法明代大画家林良,枯枝危石之上两苍鹰相互顾盼,俯仰之间,英武之姿一览无余。此画现藏于南昌市八大山人纪念馆。

　　鉴藏印:程桢义[2]联珠珍藏印、士元[3]。

　　[注释]

　　[1] 李秋君(1899—1973)名祖云,字秋君,女,浙江镇海人。初学工笔山水、古装人物仕女,喜作青绿,又爱摹古。四十岁后,专攻山水,宗法董北苑、董其昌,作青绿,端丽可观,古装仕女,仿唐人格局。著有《欧湘馆诗草》《秋君画稿》等。

　　[2] 程桢义,字心柏、漱石,吴县(今苏州)人。热衷鉴藏和慈善事业。道光二十五年.,程桢义承父命创建资敬义庄,先后置田二千四百余亩。后被兵毁。

其子程卧云则遵父遗命,于光绪初别创成训义庄于刘家浜,至 1938 年解散,所余田亩分给各户。

    [3] 士元:汪士元鉴赏印。

150. 石涛《春溪图》

    绢本,设色,手卷,高 35 厘米,横 148 厘米,题识在右上:"庚申[1]闰八月初,得长干一枝七首,清湘石涛济山僧画。"钤印:石涛。引首:"石涛墨宝,清道人[2]。"钤印:永清、阿某。陆润庠[3]、邵伯英[4]、黄宾虹[5]题跋。

    鉴藏印:汪士元审定印[6]、上寿堂书画珍藏之印、凤石眼福[7]、息庵[8]。

2010 年 11 月 20 日,此画由保利国际拍卖有限公司在北京公开拍卖。

[注释]

    [1] 庚申:康熙 19 年,公元 1680 年。

    [2] 清道人:李瑞清(1867 年—1920 年)字仲麟,号梅庵,晚号清道人,戏号李百蟹,江西抚州人。光绪二十一年进士,选翰林院庶吉士,曾任两江优级师范学堂监督。

    [3] 陆润庠(1841—1915)字凤石,号云洒、固叟,元和(今苏州)人。同治十三年状元,官至体仁阁大学士。宣统三年皇族内阁成立时,任弼德院院长。辛亥后,任溥仪老师。书法清华朗润,意近欧、虞。

    [4] 邵松年(1848—1923),字伯英,号息庵,江苏常熟人,光绪九年进士,授翰林院编修,官至河南学政,精通书画,尤善收藏与鉴赏。家中设"兰雪堂"专门收藏碑帖书画,"古鲸馆"专门收藏古琴。著有《海虞文征录》《澄兰堂古缘萃录》。

    [5] 黄宾虹(1865—1955),安徽歙县人,字朴存,号宾虹。早年受"新安画派"影响,以干笔淡墨、疏淡清逸为特色,为"白宾虹";八十岁后以黑密厚重、黑里透亮为特色,为"黑宾虹"。画风苍浑华滋,意境深邃。曾在北京、杭州等地美术学院任教。著有《黄山画家源流考》等。

    [6] 汪士元审定印:汪士元鉴赏印。

    [7] 凤石眼福:陆润庠鉴赏印。

    [8] 息庵:邵松年鉴赏印。

151. 石涛《士官》

绢本,水墨,镜心,高 93 厘米,横 49 厘米,题识在左上:"风流北宋米元章,万往凌云气自昂。殿上挥毫天子下,华峰在面御称扬。几回拜石端袍笏,一弄空青舞袖藏。笑杀白头人爱写,想君当日僻难忘。清湘遗人大涤子极。" 钤印:瞎尊者、赞之十世孙阿长、头白依然不识字[1]。鉴藏印:向叔心赏、向叔所得[2]、程桢义[3]珍藏印。

2014 年 8 月 23 日,此画由北京亨申世纪拍卖有限公司拍卖,成交价为 4 千 6 百元。

[注释]

[1] 瞎尊者、赞之十世孙阿长、头白依然不识字:石涛印。

[2] 向叔心赏、向叔所得:汪士元鉴赏印。

[3] 程桢义,字心柏、漱石,吴县(今苏州)人,热衷鉴藏和慈善事业。道光二十五年,程桢义承父命创建资敬义庄,先后置田二千四百余亩,后毁于兵火。其子程卧云则遵父遗命,于光绪初别创成训义庄于刘家浜,至 1938 年解散,所余田亩分给各户。

152. 石涛《蕉竹秋卉》

纸本,设色,立轴,高 173 厘米,横 49 厘米,题识在右上:"丹笔点秋墨写竹,无端一幅成两幅。墨宽纸短兴偏饶,烂醉霞天堪捧腹。午秋雨余,墨戏复画此,石道人。"钤印:老涛。著录:1.《四味书屋珍藏书画集》97 页,安徽美术出版社,1989 年出版。2.《中国书画名品编目》,173 页图 152,大冢巧艺新社,2009 年出版。

鉴藏印:汪向叔藏、麓云楼书画记[1]、孙氏大光之玺、四味书屋[2]。

2013 年 11 月 19 日,此画由中国嘉德国际拍卖有限公司在北京公开拍卖。

[注释]

[1] 汪向叔藏、麓云楼书画记:汪士元鉴赏印。

[2] 孙氏大光之玺、四味书屋。孙大光(1917—2005),安徽寿县人,生前曾任地质矿产部部长。博通文史,酷嗜书法绘画,精心收藏数百件,晚年大部分精品捐赠安徽省博物馆。"四味书屋"为其斋号。

153. 王原祁^[1]《访梅图》

绢本,设色,立轴,高 157.5 厘米,横 42 厘米,题识在左上:"冲寒为访梅花信,十里银沙印马蹄。乙亥春二月望后。于溪园客舍,王原祁。"钤印:王原祁印、麓台。

鉴藏印:士元珍藏[2]、程氏心柏审定[3]。

2012 年 2 月 22 日,此作品由株式会社东京中央拍卖公司在迎春拍卖会上公开拍卖。

[注释]

[1] 王原祁(1642—1715),字茂京,号麓台,江苏太仓人,王时敏孙。康熙九年进士,官至户部侍郎。以画供奉内廷,擅画山水,喜用干笔焦墨,层层皴擦,用笔沉着,自称笔端有金刚杵。"四王"之一,属娄东画派代,左右清代三百年画坛,成为正统派中坚人物。著有《雨窗漫笔》《麓台题画稿》。

[2] 士元珍藏:汪士元鉴赏印。

[3] 程桢义,字心柏、漱石,吴县(今苏州)人,热衷鉴藏和慈善事业。道光二十五年.,程桢义承父命创建资敬义庄,先后置田二千四百余亩,后毁于兵火。其子程卧云则遵父遗命,于光绪初别创成训义庄于刘家浜,至 1938 年解散,所余田亩分给各户。

154. 恽冰^[1]《百福骈臻》

绢本,设色,立轴,高 160 厘米,横 81 厘米,题识在左上:"百福骈臻。拟宋人笔,清於女史恽冰。"钤印:李兰女史、恽冰。

鉴藏印:麓云楼、士元珍藏[2]、项源字汉泉一字芝房、新安项芝房收藏书画私印[3]、吴廷桢印[4]、芝道人、戴芝农鉴赏章[5]。

1999 年 10 月 27 日,此画由中国嘉德国际拍卖有限公司公开拍卖,成交价为 3.8 万元。

[注释]

[1] 恽冰,字清於,号浩如,武进(今属江苏常州)人。乾隆初,江苏巡抚君继善以恽冰画进呈孝圣太后,乾隆帝题诗嘉奖。其花鸟画注重逼真写实,造型生动传神。与以擅勾染闻名的马荃合称为清代女性画坛双绝。

[2] 麓云楼、士元珍藏:汪士元鉴赏印。

[3] 项源字汉泉一字芝房、新安项芝房收藏书画私印:项源鉴赏印。项源:生活在清乾隆—嘉庆年间,安徽歙县人,字汉泉,号芝房,斋名小天籁阁,清代鉴赏家,收藏家。

[4] 吴廷桢,字山抡,江苏长洲(今苏州)人。康熙四十二年进士,曾充江西乡试正考官。淡于名利,致力于书局,尝纂修《佩文韵府》《月令辑要》。工诗。著有《南村集》《古剑书屋文钞》。

[5] 戴植,字培之,号芝农,清朝后期江苏丹徒人,其"翰墨轩"、"心太平轩"、"培万楼"收藏书画和古籍,在当时称极一时,其中古籍收藏中,宋、元、明刻本 10 余种。所藏书画后均归于上海博物馆。

155. 杨晋^[1]《梅兰竹石图》

纸本,水墨,立轴,高 148 厘米,横 64 厘米,题识在左上:"雍正丁未^[2]新春写于有松轩,八十四老人杨晋。"钤印:杨晋、子鹤。著录:《中国民间藏古代书画集》第 29 页,天津人民美术出版社 2006 年版。

鉴藏印:大风堂珍藏印^[3]、清净瑜迦馆^[4]、潘仕成^[5]收藏金石文字之印信。

2008 年 11 月 11 日,此画由中国嘉德国际拍卖有限公司在北京拍卖,成交价 16.8 万元。

[注释]

[1] 杨晋(1644—1728),字子和,江苏常熟人,擅山水,所作烟林清旷,锋毫精整,尤工村庄景物,能恰到好处地发挥传统工笔界画的特长,把人工建筑的楼阁台榭及人物举止和天然山水景色紧密结合起来,在结构上作了极好的剪裁,满而不闷,画风细致明秀、娟丽清新,层次过渡非常自然。与王翚入宫中绘《康熙南

巡图》。

[2] 丁未：雍正五年，公元 1727 年。

[3] 大风堂珍藏印：张大千鉴赏印。

[4] 清净瑜迦馆：汪士元鉴赏印。

[5] 潘仕成（1804—1873），字德畬，广东番禺人，先祖以盐商起家，他继承家业后继续经营盐务，以至洋务，成为广州十三行的巨商。既经商又从政，既好古也学洋，既是慷慨的慈善家，又是博古通今的古玩、字画收藏家，官至兵部郎中。他的私人别墅称"海山仙馆"。

156. 杨晋《花鸟写生图》

纸本，设色，手卷，高 25 厘米，宽 571 厘米。此画分四个部分，钩描精致，自然生动，敷彩妍丽，每个部分自然相接，以题跋间隔。第一部分绘蝴蝶，题跋："小院涸廊日转西，双双戏影共凄迷，秋风自爱闲花草，蝴蝶何曾拣树栖。鹤道人力。"钤印：甲申黔、杨晋、子鹤黔。第二部分绘秋草、野菊、竹枝、蜻蜓、螳螂、蜘蛛、天牛等草虫。题跋："落笔若无意，淡淡几枝横。入夜闲开卷，疑闻络纬声。野鹤"。钤印：霜林独鹤。第三部分绘梅枝、麻雀，题跋："寒如春生冻雀知，琼花初满向南枝，孥空欲下瘦蛟舞，倒倚悬崖饮涧时。西亭矶。"钤印：杨晋秒、子鹤。第四部分绘桃柳花枝，各栖一鸟，空中飞燕。题跋："紫燕双双掠水滨，绿杨嫣妈不胜春。朱门华屋知多少，认得谁家是主人。"钤印：西亭。末尾题跋："丙申[1]九秋下浣水云精舍，学元人游戏写生一卷，白石翁有诗云：亦是人间一种痴也。西亭杨晋，时年七十有三"，钤印：余家深山之中、西亭晋、野鹤黔、鹤道人七十有三、家在虞山第一峰。

鉴藏印：蓉峰赏玩[2]、清玩草堂[3]、士元珍藏、麓云楼[4]、山阴俞氏苗盟珍藏印[5]。

此画今藏沈阳故宫博物馆[6]。

[注释]

[1] 丙申：康熙五十五年，公元 1716 年。

[2] 蓉峰赏玩：刘恕鉴赏印。刘恕（1759—1816），号寒碧主人、花步散人，吴县（今苏州）人，举人，官至广西右江道。家世殷实，善鉴赏书、画。苏州留园前

身的主人,当时留园被称作"刘园",又称"寒碧山庄"。

[3] 汪士慎(1686—1759)字近人,号巢林,安徽休宁人,寓居扬州。擅画花卉,随意勾点,清妙多姿。精画兰竹,尤擅长画梅,笔致疏落,超然出尘,笔意幽秀,气清而神腴,墨淡而趣足,其秀润恬静之致,令人争重。为"扬州八怪"之一。著有《巢林诗集》。"清玩草堂"为其鉴藏印。

[4] 士元珍藏、麓云楼:汪士元鉴赏印。

[5] 俞明震(1860—1918),字恪士,号觚庵,祖籍山阴(今绍兴),生于湖南。光绪戊子科举人,官至甘肃提学使,南京江南水师学堂督办。入民国,为肃政史。工诗,著《觚庵诗存》。以收藏著名一时,秘本甚多,编《俞氏藏书楼目录》《收藏纪事册》。山阴俞氏苗盟珍藏印,为其收藏印。

[6] 沈阳故宫博物馆编《宫苑文论》,《沈阳故宫博物院首届学术讨论会文集,》,辽宁人民出版社,1989 年 12 月,第 16 页。

157. 王鸿绪[1] 行楷

纸本,水墨,镜片,高 42 厘米,横 33 厘米,题识在左下:"康熙岁在戊戌[2]冬十一月八日,横云山人王鸿绪识。"钤印:王鸿绪印。

录文:赵魏公平生所书碑版文章,多用李北海笔法,苍劲沉实,而乏韵致。惟柬帖,承其自然,天真烂漫,而珠圆玉润,宛入晋人之室,如颜鲁公争坐位、祭侄文胜扵真书也。兹与石民瞻手札,妍丽非常,顾盼生姿。杜少陵云:态浓意远淑且真,肌理细腻骨肉匀。试以移赠魏公书法,为允称矣。

鉴藏印:俨斋秘玩、点易斋[3]、麓云楼[4]、虚白斋刘氏藏[5]、元霖洌华、元霖山房秘藏、陈施霖印、陈铎元印。

2015 年 12 月 10 日,此画由敬华(上海)拍卖股份有限公司在上海公开拍卖。

[注释]

[1] 王鸿绪(1645—1723)字季友,号俨斋,华亭(今属上海)人。康熙十二年进士,官至工部尚书。明史馆《明史》总裁。精于鉴藏书画。著有《横云山人集》等。

[2] 戊戌年:康熙 57 年,公元 1718 年。

　　[3] 俨斋秘玩、点易斋：王鸿绪收藏印。

　　[4] 麓云楼：汪士元鉴赏印。

　　[5] 刘作筹 1911—1993)，潮州龙湖人，香港富豪，藏品极为丰富，如明四家、新安诸贤、画中九友、四王吴恽、清初四僧和扬州八怪等等作品均有收藏。香港艺术馆建有"虚白斋藏中国书画馆"。曾获英女皇颁勋褒奖。虚白斋主人曾观、虚白斋、作筹秘玩，为其鉴藏印。

158. 姜实节^[1]《溪山亭子》

　　纸本，水墨，立轴，高 96 厘米，横 68 厘米，题识在上方："溪山亭子。苍松万个插天碧，倚杖秋林苔藓深。溪边坐待月初上，钟入白云何处寻。竹扉虽设未常启，怕有俗人闲访寻。篝镫却爱五更坐，只有山猿来伴吟。裹巾鞁履就檐隙，老眼既昏朝懒开。山童呼起未埽地，红叶满阶秋雨来。不分若个是宾主，但遇好花开便寻。帽檐欹着树枝下，自饮自吟还自斟。丁亥^[2]十月虎丘先祠谏草楼下，为锡庸道兄附山居即事诗四绝句请正。莱阳姜实节，是年六十一，画竟京江冷秋江高士及文生鹿巢至并记。"钤印：实节、学在、白衣道人。

　　鉴藏印：钱镜塘^[3]藏、数青草堂^[4]、苏氏伯安珍藏、正气斋鉴赏印^[5]、朱之赤鉴赏^[6]、清净瑜迦馆^[7]。2002 年 4 月 23 日，此画由北京华辰拍卖有限公司在北京公开拍卖。

　　[注释]

　　[1] 姜实节(1647—1709)，字学在，号鹤涧，山东莱阳人，居吴中。有孝行，笃友谊。不入城市，布衣终老。晚岁于虎邱筑谏草楼，吴人谥之曰孝正。善书，笔势如篆籀。画山水法倪瓒，峰峦简淡林木萧疏，备极清旷之致。

　　[2] 丁亥：康熙 46 年，1707 年

　　[3] 钱镜塘(1907—1983)，字镜塘，浙江海宁硖石人，善画，能治印，爱好诗词戏曲。20 岁以后赴沪，开始收藏历代金石书画，独资经营书画，掌握了古代书画鉴别能力。解放后，先后将 2900 余件元、明、清书画立轴、手卷册页以及金石文物、地方文献等书画捐献给国家。

　　[4] 数青草堂：钱镜塘斋号。

　　[5] 苏氏伯安珍藏、正气斋鉴赏印：苏伯安，北京人，近代著名收藏家，室名

"正气斋"。

[6] 朱之赤，字守吾，号卧庵，别署烟云逸叟，祖籍安徽休宁，迁居江苏吴县。入清后，为南京朝天宫道士。喜收藏书画，并精于鉴别。著《朱卧庵藏书画目》。

[7] 清净瑜迦馆：汪士元鉴赏印。

159. 杨中讷[1]行书《桃花源记[2]》

纸本，水墨，手卷，高 41.5 厘米，横 1305.5 厘米，题识在右下方："中讷书。"钤印：木、太史之章、杨中讷印、晚研主人、清白吏子孙。

录文：晋太元中，武陵人捕鱼为业。缘溪行，忘路之远近。忽逢桃花林，夹岸数百步，中无杂树，芳草鲜美，落英缤纷。渔人甚异之，复前行，欲穷其林。林尽水源，便得一山，山有小口，仿佛若有光。便舍船，从口入。初极狭，才通人。复行数十步，豁然开朗。土地平旷，屋舍俨然，有良田美池桑竹之属。阡陌交通，鸡犬相闻。其中往来种作，男女衣着，悉如外人。黄发垂髫，并怡然自乐。见渔人，乃大惊，问所从来。具答之。便要还家，设酒杀鸡作食。村中闻有此人，咸来问讯。自云先世避秦时乱，率妻子邑人来此绝境，不复出焉，遂与外人间隔。问今是何世，乃不知有汉，无论魏晋。此人一一为具言所闻，皆叹惋。余人各复延至其家，皆出酒食。停数日，辞去。此中人语云："不足为外人道也。"既出，得其船，便扶向路，处处志之。及郡下，诣太守，说如此。太守即遣人随其往，寻向所志，遂迷，不复得路。南阳刘子骥，高尚士也，闻之，欣然规往。未果，寻病终。后遂无问津者。

鉴藏印：向叔审定真迹、士元珍藏[3]。

2008 年 8 月 17 日，此画由中贸圣佳国际拍卖有限公司在北京拍卖，成交价 8.96 万元。

[注释]

[1] 杨中讷(1649—1719)字颛木，号晚研。浙江海宁人。雍建子。康熙三十年进士，官右中允。有书名。模晋唐，纵横中上有法度。尤工草书。

[2]《桃花源记》：东晋文人陶渊明散文。

[3] 向叔审定真迹、士元珍藏：汪士元鉴赏印。

160. 黄鼎[1]《溪山幽居》

绢本,设色,立轴,高 157 厘米,横 82 厘米,题识在左上：款识："臣,张若澄恭绘。"钤印：若澄、镜壑。

鉴藏印：士元珍藏[2]、听鹤馆印、嘉兴新丰乡人唐翰题收藏印[3]、金黼廷瘦仙氏收藏[4]。

2014 年 7 月 29 日,此画由上海晟安拍卖有限公司公开拍卖。

[注释]

[1] 张若澄,字镜壑、链雪,安徽桐城人,三朝宰相张廷玉的儿子。乾隆十年进士,历官内阁学士兼礼部侍郎衔。能写墨花,工山水,善画梅,兼长翎毛。著有《绣碧轩集》。

[2] 士元珍藏：汪士元鉴赏印。

[3] 唐翰题(1816—1875),字鹪安,浙江秀水(今嘉兴)人。咸丰间,以贡生捐青浦县训导,官至南通知府。光绪元年归里读书,晚年寓居苏州。精于鉴别。收藏金石、书籍、碑版、名画甚富。其藏书多有善本,著有《说文臆说》《唯自勉斋存稿》。

[4] 金望乔,清道光咸丰间金山(今属上海市)人。字蒂廷,号瘦仙,,附贡生。博学好古,工诗,善八分书,尤嗜金石,藏书甚富,建"雪鸿楼"10 间,著《雪鸿楼书目》、《雪鸿楼古器铭文考》等。藏印有"金蒂廷瘦仙氏收藏"、"金望乔瘦仙父考藏金石书籍书画钤记"等。

161. 高其佩[1]《西山烟雨》

纸本,设色,立轴,高 72 厘米,横 39 厘米,题识在左上："西山烟雨,高其佩指写。"

鉴藏印：三百兰亭斋审定、梦园鉴赏[2]、向叔审定真迹[3]。

2014 年 11 月 3 日,此画由上海晟安拍卖有限公司公开拍卖。

[注释]

[1] 高其佩(1672—1734),字韦之,号且园,铁岭(今属辽宁)人,工诗。年轻

时学习传统绘画,山水、人物受吴伟的影响,中年以后,开始用指头绘画,所画花木、鸟兽、鱼、龙和人物,无不简恬生动。意趣昂然。著有《且园诗钞》。

[2] 方睿颐(1815—1889)字子箴,号梦园,安徽定远人。宣宗道光二十四年进士,官至四川按察使。收藏书画甚富,精鉴赏,颇负时名。在宦游北京、广西、扬州等地时,收得法书、名画甚多,遂属幕友汤敦之、许叔平仿高士奇《江村销夏录》例,汇编成书《梦圆书画录》,载录作品四百余件。

[3] 向叔审定真迹:汪士元鉴赏印。

162. 雍正[1]行书《酒德颂[2]》

纸本,水墨,镜心高 24 厘米,横 86.5 厘米,题识在上方:款识:"雍正四年二月初九日御笔。"钤印:雍正宸翰。

录文:有大人先生,以天地为一朝,以万期为须臾,日月为扃牖,八荒为庭衢。行无辙迹,居无室庐,幕天席地,纵意所如。止则操卮执觚,动则挈榼提壶,唯酒是务,焉知其余? 有贵介公子,搢绅处士,闻吾风声,议其所以。乃奋袂攘襟,怒目切齿,陈说礼法,是非锋起。先生于是方捧罂承槽、衔杯漱醪;奋髯踑踞,枕曲藉糟;无思无虑,其乐陶陶。兀然而醉,豁尔而醒;静听不闻雷霆之声,熟视不睹泰山之形,不觉寒暑之切肌,利欲之感情。俯观万物,扰扰焉,如江汉之载浮萍;二豪侍侧焉,如蜾蠃之与螟蛉。

鉴藏印:向叔审定真迹[3]、萧兀斋、江村秘藏[4]。

2009 年 1 月 10 日,此画由中贸圣佳国际拍卖有限公司在北京公开拍卖,成交价为 13.44 万元。

[注释]

[1] 雍正,清世宗爱新觉罗·胤禛(1678—1735),清朝第五位皇帝,康熙第四子。在位时期,平定了罗卜藏丹津叛乱,设置军机处加强皇权,实行"改土归流"、"火耗归公"等一系列铁腕改革政策,对康乾盛世的连续具有关键性作用。

[2] 《酒德颂》:魏晋刘伶创作的骈文,以颂酒为名,表达了作者刘伶超脱世俗、蔑视礼法的鲜明态度。文章行文轻灵,笔意恣肆,刻画生动,语言幽默,不见雕琢之迹。

[3] 向叔审定真迹:汪士元鉴赏印。

　　[4] 高士奇(1645—1704),字澹人,号瓶庐,又号江村,浙江钱塘(杭州)人,曾任内阁中书,每日为康熙帝讲书释疑,评析书画,极得信任。官至礼部侍郎,谥文恪。能诗文,擅书法,精考证,善鉴赏,所藏书画甚富。著《江村销夏录》《江村先生全集》等。萧兀斋、江村秘藏,为其鉴赏印。

163. 华嵒[1]《梧桐立凤图》

　　纸本,设色,立轴,高 127 厘米,横 65.1 厘米,题识在右上:"丁卯[2]夏五月,望后二日解弢馆中。新罗山人华岩"钤印:华岩、新罗。

　　鉴藏印:虚斋珍藏[3]、向叔审定真迹[4]、南海孔广陶审定金石书画印[5]、季彤审定[6]、嘉兴新丰乡人唐翰题收藏印[7]。

　　2014 年 9 月 14 日,此画由纽约贞观国际拍卖公司 Gianguan Auctions (formerly Hong Kong Auctions)拍卖,成交价为 4.84 万元美元。

　　[注释]

　　[1] 华嵒(1682—1756),一作华岩,字德嵩、秋岳,号新罗山人、东园生、布衣生、白沙道人、离垢居士等,老年自喻"飘篷者"闽县(今福建闽侯)人,侨居钱塘(今浙江杭州),工画人物、山水、花鸟、草虫,脱去时习,力追古法,写动物尤佳。善书,能诗,时称"三绝",为扬州画派的代表人物之一。

　　[2] 丁卯:乾隆十二年,公元 1747 年。

　　[3] 庞元济(1864—1949),字莱臣,号虚斋。浙江吴兴南浔人。父庞云鏳为南浔镇巨富,"南浔四象"之一。精于鉴赏,收藏铜器、瓷器、书画、玉器等,尤以书画最精,亦精书法绘画,与于右任、张大千、吴昌硕等人均有交往。著有《虚斋名画录》《中华历代名画志》。

　　[4] 向叔审定真迹:汪士元鉴赏印。

　　[5] 孔广陶(1832—1890),字鸿昌,一字怀民,号少唐,广东南海人。父孔继勋,早年经商,以经营盐业致富。国学生,官分部郎中、编修。嗜书,富收藏,以收藏武英殿刻本书籍出名。以巨资购书。藏书处称"三十三万卷书堂",又有"岳雪楼",所藏之书,皆为精品,尤以清殿本为富。

　　[6] 潘正炜(1791—1850),字榆庭,号季彤,广东番禺人。祖父潘振承早年出洋,熟英语,在广州十三行获得旨准开设同文洋行,包揽丝茶经营商务。父亲

潘有度继承祖业主理同文洋行。潘正炜继承两代家业，以字画鉴藏见长，建"听帆楼"珍藏书画文物。著有《听帆楼书画记》等。

[7] 唐翰题(1816—1875)，字鹤安，一作鹪庵、蕉庵，别号新丰乡人，浙江秀水(今嘉兴)人。咸丰间，以贡生捐青浦县训导。官至南通知府。光绪元年归里读书，晚年寓居苏州。精于鉴别。收藏金石、书籍、碑版、名画甚富。其藏书多有善本，著有《说文臆说》《唯自勉斋存稿》。

164. 李鱓[1]《百事大吉图》

纸本，水墨，立轴，高 169 厘米，横 93 厘米，题识在上方："百事大吉图。乾隆十六[2]小春月小竹精舍遣兴，复堂懊道人李鱓。"钤印：衣白山人、宗杨、鱓印。

此幅画中古柏树干上立一雄鸡，"柏"与"百"字谐音，"鸡"又与"吉"字谐音，故此画的题名为《百事大吉图》。构图奇崛，笔法苍健，气势豁达，而怪石、雄鸡、古柏的形象，动静结合，富有生气。鉴藏印：向叔心赏、向叔审定真迹[3]。

2015 年 6 月 6 日，此画由北京保利国际拍卖有限公司公开拍卖。

[注释]

[1] 李鱓(1686—1756)字宗扬，号复堂，江苏兴化人，状元宰相李春芳第六世孙，扬州八怪之一。康熙五十年中举，曾任任山东滕县知县，后居扬州，卖画为生。工诗文书画。早年画风工细严谨，颇有法度。中年画风始变，转入粗笔写意，挥洒泼辣，气势充沛，对晚清花鸟画有较大影响。

[2] 乾隆十六年：公元 1751 年。

[3] 向叔心赏、向叔审定真迹：汪士元鉴赏印。

165. 李鱓《东坡[1]屐笠图》

纸本，设色，立轴，高 127 厘米，横 46 厘米，题识在上方："青州益都冯相国家藏《屐笠图》，五高声直呼屐为吉，呼笠为利对也，便作吉利图观可也。乾隆九年[2]夏，李鱓画并题。"钤印：李鱓、复堂。鉴藏印：毕泷[3]秘藏、士元珍藏[4]、宗鼎珍藏。

2013 年 1 月 26 日，此画由北京中投嘉艺国际拍卖有限公司公开拍卖。

[注释]

[1] 苏轼(1037—1101),字子瞻,又字和仲,号东坡居士,北宋重要文学家、书画家,北宋眉州眉山(今属四川)人。仁宗嘉祐年间进士。有《东坡七集》《东坡易传》《东坡乐府》等。宋高宗即位后,追赠苏轼为太师,谥为"文忠"。

[2] 乾隆九年:公元1744年。

[3] 毕泷,乾隆、嘉庆年间人,字涧飞,号竹痴,江苏镇洋(今江苏太仓)人。毕沅之弟。工画山水及竹石,苍浑而秀,深得曹云西法。又工书,喜收藏名贤书画,故多宋、元、明人珍品。

[4] 士元珍藏:汪士元鉴赏印。

166. 李鱓《芦花双凫图》

纸本,设色,立轴,高142.2厘米,横37.8厘米,题识在左上方:"芦花浅白蓼深红,野岸家凫漾水中;写出秋容发春兆,姓名雷响万夫雄。复堂李鱓。"钤印:懊道人、鱓印、卖画不作官、浮沤馆。

鉴藏印:梅景书屋[1]、士元珍藏、士元、向叔审定真迹[2]、少唐心赏[3]、仲清所藏[4]、翰题[5]之宝。

2015年9月12日,此画由纽约贞观国际拍卖公司Gianguan Auctions(formerly Hong Kong Auctions)拍卖,成交价为5445美元。

[注释]

[1] 吴湖帆(1894—1968),江苏苏州人,字东庄,号倩庵,书画署名湖帆。曾任中国美术家协会上海分会副主席、上海市文史馆馆员等职。收藏宏富,善鉴别、填词。山水画以雅腴灵秀、缜丽清逸的复合画风独树一帜。著有《吴湖帆山水集锦》等。梅景书屋,为其鉴赏印。

[2] 士元珍藏、士元、向叔审定真迹:汪士元鉴赏印。

[3] 孔广陶(1832—1890),字鸿昌,一字怀民,号少唐,广东南海人。父孔继勋,早年经商,以经营盐业致富。国学生,官分部郎中、编修。嗜书,富收藏,以收藏武英殿刻本书籍出名。以巨资购书。藏书处称"三十三万卷书堂",又有"岳雪楼",所藏之书,皆为精品,尤以清殿本为富。

[4] 卢寿澄,字仲清,为清末由清华学堂遴选的14名留美幼年生中之一。

毕业于美国伊利诺伊大学。卢寿澄回国后长期服务于银行界。在 1965 年新加坡独立时任中国银行新加坡分行代理行长。，与刘太希、涂公遂等过从甚密，收藏大量古书画。

[5] 唐翰题(1816—1875)字鷼安，别号新丰乡人，浙江秀水(今嘉兴)人。咸丰间以贡生捐青浦县训导。官至南通知府。光绪元年归里读书，晚年寓居苏州。精于鉴别。收藏甚富。著有《唯自勉斋存稿》。

167. 李鱓《荷塘白鹭》

纸本，设色，立轴，高 133.5 厘米，横 68 厘米，题识在左上方："乾隆元年八月，复堂李鱓写于古柏山房。"钤印：李鱓、鱓。此图描绘荷塘景象，荷花荷叶错落有致，白鹭独立于岸边，以水墨勾勒晕染，浓淡深浅，正反向背，为花鸟传神，肖古而不泥古，天机溢发，自成风韵。著录：2005 年 9 月上海人民美术出版社《艺苑掇英》第七十五期》p45。

收藏印：伯荣审定[1]、向叔审定真迹[2]、戴芝农鉴赏章[3]。

2013 年 5 月 14 日，此画由北京东方大观国际拍卖有限公司公开拍卖，成交价 69 万元。

[注释]

[1] 吴荣光(1773—1843)，字伯荣，号荷屋，广东南海人。嘉庆四年进士，官至湖南巡抚兼湖广总督，后坐事降为福建布政使。善于金石、书画鉴藏，著有《筠清馆金石录》《辛丑销夏记》等。

[2] 向叔审定真迹：汪士元鉴赏印。

[3] 戴植，字培之，号芝农，清朝后期江苏丹徒人，其"翰墨轩"、"心太平轩"、"培万楼"收藏书画和古籍，在当时称极一时，其中古籍收藏中，宋、元、明刻本 10 余种。其所藏书画后来归于上海博物馆。

168. 金农[1]《春风万玉图》

纸本，水墨，立轴，纵 126 厘米，横 62 厘米。款识："寻梅勿惮行，老年天与健。半树出江楼，一林见山店。对拈冻笔头，未画意先有。枝繁花亦繁，空香欲沾手。拟作万玉图，春风吹满纸。谢却金帛求，笑寄瞽居士[2]。居士尝断炊，噤痒寒耿耿。挂壁三摩，赏我横斜影。稽留山民画诗书。”钤印：金农私印、冬心先生。

此图写寒梅怒放，花疏气清，野逸古拙，韵味隽永。布局繁简相宜，黑白对比尤妙。画中题诗与画面相得益彰。鉴藏印：向叔审定真迹[3]、海昌钱镜塘[4]藏、曾藏荆门王氏处[5]。

2008 年 12 月 31 日，此作品由福建省拍卖行在福州公开拍卖。此外，2009 年 10 月 18 日，中贸圣佳国际拍卖有限公司在北京公开拍卖金农的另一幅《梅花图》，纸本，水墨，立轴，纵 94.5 厘米，横 47 厘米。钤印：金吉金印、金氏寿门、生于丁卯，所题款识诗文完全一样。此诗文见于《冬心先生三体诗》卷六，虞山顾氏同治十三年刻本。有溥儒先生边跋。

[注释]

[1] 金农(1687—1763)字寿门，号冬心，浙江杭州人，“扬州八怪”之一。五十岁始从绘事，初画竹，继画梅，涉笔即古，脱尽画家之习。其笔下之梅，瘦如饥鹤，清如明月，崛如虬龙，古香满幅，寒气袭人。画中所书，楷中含隶，朴茂浑厚，得“漆书”之誉。

[2] 瞽居士：汪士慎(1686—1759)字近人，号巢林、溪东外史等，安徽休宁人，寓居扬州，擅画花卉，随意勾点，清妙多姿。精画兰竹，尤擅长画梅，笔致疏落，超然出尘，笔意幽秀，气清而神腴，墨淡而趣足，其秀润恬静之致，令人争重。

[3] 向叔审定真迹：汪士元鉴赏印。

[4] 钱镜塘(1907—1983)，字镜塘，浙江海宁硖石人，善画，能治印，爱好诗词戏曲。20 岁以后，来沪，开始收藏历代金石书画，独资经营书画，掌握了古代书画鉴别能力。解放后，先后将 2900 余件元、明、清书画立轴、手卷册页以及金石文物、地方文献等书画捐献给国家。

[5] 王文心(1888—1974)，号保授，室名“蒙泉书屋”、“三羊斋”，祖籍湖北荆门，后移居上海，十三岁远赴法国巴黎留学，二十岁回国后投身金融界，曾任上海屈臣氏汽水公司董事长。精鉴赏，富收藏，交友颇广，与康有为、叶恭绰、吴湖帆、张大千等过从甚密。曾藏荆门王氏处，为其鉴藏印。

169. 高翔[1]《寒梅图》

纸本,水墨,立轴,高 113 厘米,横 61 厘米,题识在左上方:"空里疏花数点。西堂高翔。"钤印:樨堂。收藏印:丹生香馆、向叔审定真迹[2]。

2011 年 11 月 26 日,此画由北京泰和嘉成拍卖有限公司公开拍卖。

[注释]

[1] 高翔(1688—1753),扬州八怪之一,字凤冈,号西唐,擅画山水花卉。又与高凤翰、潘西凤、沈凤并称"四凤"。由于右手残废,常以左手作画。擅长画山水花卉外,也精于写真和刻印。山水画取法弘仁和石涛,所画园林小景,大多是从写生中来。著有《西唐诗钞》。

[2] 向叔审定真迹:汪士元鉴赏印。

170. 方士庶[1]《郑燮[2]像》

此图绘郑板桥肖像,纸本,设色,立轴,高 96.6 厘米,横 46.3 厘米。左上题"郑板桥先生小像,小师道人方士庶补图",钤"环山"朱文方印。另钤"清净瑜迦馆[3]"等鉴藏印多方。上诗塘有汤贻汾[4]题记一则。此图用笔简练,勾染兼用。画上人物背衬修竹,身着布衣,坐于溪畔的石上,面容清癯,双目有神,刻画出儒雅刚直的品格。

此图现藏于北京故宫博物院。

[注释]

[1] 方士庶(1692—1751)字循远,号环山,新安(今安徽歙县)籍,家维扬(今江苏扬州)。能诗善画,书法严密端秀,绘画笔墨敏洁灵秀,气势跌宕飞动,谓之为王原祁后山水第一。受学于黄鼎,山水用笔灵敏,气晕驼宕,早有出蓝之目,时称妙品。亦工诗,著有《环山诗钞》。

[2] 郑燮(1693—1765)字克柔,号板桥、板桥道人,江苏兴化人,"扬州八怪"之一。乾隆元年进士,官山东范县、潍县县令。后居扬州,以书画营生。工诗、词,善书、画。著有《板桥全集》。

［3］清净瑜迦馆：汪士元鉴赏印。

［4］汤贻汾(1778—1853)，字若仪，号雨生、琴隐道人，武进(今常州)人。以祖、父荫袭云骑尉，授扬州三江营守备，擢浙江抚标中军参将、乐清协副将。工诗文，书画宗董其昌，闲淡超逸，画梅极有神韵。太平攻破金陵时，投池以殉，谥忠愍。著有《琴隐园诗集》等。

171. 李因[1]花卉

绫本，设色，手卷，高 40 厘米，横 160 厘米，题识在右上方："康熙戊申春日海昌女史李因画。"钤印：今生。

鉴藏印：汪士元审定印、戴培之[2]鉴真印、竹溪秘玩[3]、安岐鉴赏、安仪周家珍藏[4]。

2012 年 12 月 14 日，此画由北京建亚世纪拍卖有限公司公开拍卖。

[注释]

［1］李因(1610—1685)字是庵，号龛山逸史，晚号今生。会稽(今浙江绍兴)人，一作钱塘(今浙江杭州)人。早年为江浙名妓，后嫁光禄卿葛征奇为妾，工画山水、花鸟，疏爽隽逸，毫无女子纤弱之气。亦工诗，诗笔清奇，有中唐遗韵，著有《竹笑轩吟草》等。

［2］戴植，字培之，号芝农，清朝后期江苏丹徒人，其"翰墨轩"、"心太平轩"、"培万楼"收藏书画和古籍，在当时称极一时，其中古籍收藏中，宋、元、明刻本 10 余种。其所藏书画后来均归于上海博物馆。

［3］励宗万(1705—1759)字滋大，号衣园，又号竹溪，河北静海(今天津市静海县)人。康熙六十年进士，官至刑部侍郎。以画供奉内廷，兼工山水、花鸟，笔意恬雅，设色古淡。书法褚、颜、苏、米，圆劲秀拔，与张照齐名，称"南张北励"。竹溪秘玩，为其鉴藏印。

［4］安麓村(1683—约 1745)，名岐，字仪周，号松泉老人、麓村。祖上为朝鲜人，随高丽贡使到北京，后入旗籍。其父安尚义，曾是权相明珠的家臣，后借助明珠的势力在天津、扬州两地业盐，成为大盐商。收藏之富，鉴赏之精，名扬海内。著有《墨缘汇观》。

172. 李方膺[1]《花卉》

纸本,水墨,立轴,高137厘米,横40厘米,题识在左上方:"波涛宦海几漂蓬,种竹关门学画工。自笑一身浑是胆,挥毫依旧爱狂风。乾隆十八年,金陵晴江李方膺。"

鉴藏印:汪士元审定印、戴培之[2]鉴真印、上寿堂书画珍藏之印、上海徐紫珊收藏书画金石书籍印[3]。

2014年4月22日,此画由上海晟安拍卖有限公司公开拍卖,成交价为1.334万元。

[注释]

[1] 李方膺(1695—1755)字虬仲,号晴江,通州(今江苏南通)人,官至代理滁州知州。后因遭诬告被罢官,寓南京借园,常往来扬州卖画。工诗文书画,注重师法传统和师法造化,能自成一格。其画笔法苍劲老厚,剪裁简洁,不拘形似,活泼生动,被列为"扬州八怪"之一。著有《梅花楼诗钞》。

[2] 戴植,字培之,号芝农,清朝后期江苏丹徒人,其"翰墨轩"、"心太平轩"、"培万楼"收藏书画和古籍,在当时称极一时,其中古籍收藏中,宋、元、明刻本10余种。其所藏书画后来归于上海博物馆。

[3] 徐渭仁,字文台,号紫珊、子山、不窥居士,上海人,清末著名藏书家、金石学家、书画家。上海徐紫珊收藏书画金石书籍印,为其鉴藏印。

173. 李方膺《孔雀》

纸本,水墨,立轴,高170厘米,横88厘米,题识在右上方:"乾隆十八年六月写于金陵,淮清桥直北之借园李方膺。"钤印:晴江、木头老子。

鉴藏印:黔中袁氏珍藏[1]、石铭审定[2]、清荫堂、窸斋鉴藏书画[3]、士元珍藏[4]。

2014年7月29日,此画由上海晟安拍卖有限公司公开拍卖,

[注释]

[1] 袁恩泉,民国时期收藏家。贵州人,富收藏,与吴湖帆、陈巨来等友善。

"黔中袁氏珍藏"印为陈巨来所刻。

[2] 张石铭(1871—1927)名钧衡,字石铭,,浙江湖州南浔人,光绪二十年)举人,南浔四象之一张颂贤之长孙,国民党元老张静江堂兄。热衷于收藏字画、金石、碑刻、奇石、书籍(超过十万卷),是杭州西泠印社的发起人和赞助人,并与吴昌硕、毛福庵等文人名士过从甚密。

[3] 吴大澂(1835—1902),字清卿,晚年号愙斋,江苏省吴县(今苏州)人,善画山水、花卉,书法精于篆书,皆得力于金石鉴赏修养。兼长刻印,精鉴别,喜收藏。著有《愙斋集古录》《恒轩所见所藏吉金录》。

[4] 士元珍藏:汪士元鉴赏印。

174. 高凤翰[1]《草堂艺菊图》

绢本,水墨,立轴,纵 113.5 厘米,横 51.5 厘米。款在左上,钤印:高凤翰印、南阜。1725 年作。鉴藏印:梦园鉴赏[2]、士元珍藏[3]、南海伍氏南雪楼秘笈之印[4]、王祖锡藏[5]

1999 年 7 月 3 日,此画由北京翰海拍卖有限公司公开拍卖,成交价为 6.6 万元。

[注释]

[1] 高凤翰(1683—1749),字西园,号南村,山东胶州人。曾署绩溪知县,罢归。画山水花鸟俱工,工诗,尤嗜砚,藏砚千,皆自为铭词手镌之。乾隆二年废右手,更号"后尚左生"、"丁巳残人",书画篆刻皆以左手,在扬州鬻艺为生。著有《砚史》《南阜集》。

[2] 方睿颐(1815—1889)字子箴,号梦园,安徽定远人。宣宗道光二十四年进士,官至四川按察使。宦游北京、广西、扬州等地时,收得法书、名画甚多,遂属幕友汤敦之、许叔平仿高士奇《江村销夏录》例,汇编成书《梦圆书画录》,载录作品四百余件。

[3] 士元珍藏:汪士元鉴赏印。

[4] 伍元蕙(1824—1865)字良谋、俪荃,号南雪道人,广东南海人,布衣,性好书,收藏甚富。晚得倪瓒真迹四种,结屋藏之,颜曰"迁庵"。刻有《南雪斋藏真帖》《澄观阁摹古帖》。

[5] 王祖锡(1858—1908)字二朗,号梦龄,别号惕安,室名镂香阁、邵念堂,浙江嘉兴人。擅长绘画和篆刻,亦精鉴书画,收藏有王鉴《溪山萧寺图》等传世名画。

175. 高凤翰《春风如意图》

《春风如意图》,高凤翰 1739 年作,纸本,设色,立轴,高 108 厘米,横 41 厘米。右上款识:三台朴石春风如意之图。阜道人左手制,乾隆四年。左上款识:洒雪飘香满客窗,花群国士绘无双。玉山朗彻冰壶冷,风度难堪对曲江,凤翰左手并题。中下款识:己未,左笔又纪。钤印:凤翰印、衡杉翰墨、老阜。

右边下跋:"孤芳迥敌白雪皎,苦节直破黄霾昏。我心爱梅如爱莲,地偏每忆君子园。萝泽寒光落空翠,竟陵野色含春温。南枝屈盘海月照,东林炫赫朝阳燉。未报王猷造竹所,且延谢客歌松门[1]。癸丑[2]四月上瀚,汪士元识。钤印:向叔心赏[3]。"左边下跋:"高凤翰,字西园,号南村,晚号南阜。山东胶县人。善山水,纵逸不拘于法,画花卉亦奇逸天趣。是幅以左笔画之生拙古朴别开一面,真乃不可多得之妙品也。姑苏吴梅观题,环碧山庄之南窗。钤印:吴梅[4]之印。"鉴藏印:湘乡曾氏[5]珍藏书画。

此画原由近代曾国藩收藏,清末民初落入汪士元之手,后转手他人。

2016 年 10 月 12 日,此画由新加坡国际拍卖(香港)有限公司在香港公开拍卖。2018 年 1 月 6 日,此画又由中鸿信国际拍卖有限公司在中鸿信 20 周年庆典拍卖会上公开拍卖。

[注释]

[1] 此诗节选自明·廖道南《梅花卷次东坡韵为汪亳州题》。

[2] 癸丑:1913 年,中华民国二年。

[3] 向叔心赏:汪士元鉴赏印。

[4] 吴梅(1884—1939),字瞿安,号霜厓,江苏长洲(今苏州)人。曾在中央大学任教。一生致力于戏曲及其他声律研究和教学。主要著作有《顾曲塵谈》、《曲学通论》等。又作有传奇、杂剧十二种。培养了大量学有所成的戏曲研究专家。

[5] 曾氏,即曾国藩(1811—1872),字伯涵,号涤生,道光十八年进士,入翰

林院,为军机大臣穆彰阿门生。累迁内阁学士,礼部侍郎,署兵、工、刑、吏部侍郎。太平天国运动时,曾国藩组建湘军,力挽狂澜,经过多年鏖战后攻灭太平天国。官至两江总督、直隶总督、武英殿大学士。

176. 蔡嘉[1]《密树秋庭图》

纸本,水墨,立轴,高 135 厘米,横 60.5 厘米,题识在右上方,钤印:蔡嘉之印、朱方才纪、松原野老、心苦头白。鉴藏印:麓云楼藏、向叔心赏[2]、王季迁[3]氏审定真迹。

2001 年 10 月 29 日,此画由佳士得香港有限公司在香港拍卖,成交价为 24.91 万元。

[注释]

[1] 蔡嘉(1687—1756)字松原,号雪堂,江苏丹阳人,侨居江苏扬州。善诗,工草书,与高翔、汪士慎、高凤翰、朱冕等交往,研习诗画于所居"高寒旧馆",时称"五君子"。花卉、山石、翎毛、虫鱼,无一不能,笔墨工整秀润,设色浓艳妍丽;尤善青绿山水,勾点敷染和谐朗润。

[2] 麓云楼藏、向叔心赏:汪士元鉴赏印。

[3] 王季迁(1906—2003)又名季铨,字选青,苏州人,东吴大学毕业,善山水,从顾西津,吴湖帆游,以"四王"为宗,是旅居纽约的知名收藏家,集画家、收藏家、鉴赏家及学者于一身,在中国书画的研究、鉴赏及收藏上,备受海内外书画界肯定与推崇。

177. 蔡嘉《雪中访友》

纸本,设色,立轴,高 101 厘米,横 34 厘米,题识在右上方:"摹黄鹤山樵于兰池书屋,壬戌[1]秋八月,松原蔡嘉。"钤印:蔡嘉私印、岑州。原装原裱。

此作品描绘雪后山谷银装素裹的景象,巧妙运用天空与水面浅灰着色对比映衬雪景,红衣持杖者蹒跚过桥访友,临溪茅亭内一着绿服老者倚栏观景。

鉴藏印:士元珍藏[2]、吴门缪氏珍赏[3]、庞莱臣[4]珍藏印。

2016年6月25日,此画由浙江世贸拍卖中心有限公司在杭州公开拍卖。

[注释]

[1] 壬戌:乾隆七年,公元1742年。

[2] 士元珍藏:汪士元鉴赏印。

[3] 缪日藻(1682—1761)字文子,号南有居士,江苏吴县(今苏州)人,康熙五十四年进士,累官东宫洗马。家收藏书画、碑帖甚富,善鉴别。著有《寓意录》,述及生平酷嗜书画及纂写此书之历程,并录其所藏所见之书画、碑帖,自唐以迄明代五十余家稀世名品,凡一百五十余种。

[4] 庞元济(1864—1949),字莱臣,号虚斋。浙江吴兴南浔人。父庞云鏳为南浔镇巨富,"南浔四象"之一。精于鉴赏,收藏铜器、瓷器、书画、玉器等,尤以书画最精,亦精书法绘画。著有《虚斋名画录》《中华历代名画志》。

178. 汪士慎[1]《梅花图》

纸本,水墨,立轴,高90厘米,宽32厘米,款识右上:"汉宫暖玉寝承恩,纨扇休临冻雪痕。么凤踏翻苏小梦,回风舞起洛妃魂。湘江日漫春冰薄,云母屏开夜气温。恼乱西家护花犬,美人携烛自开门。巢林书堂士慎写。"钤印:林汪近人、汪士慎印、富溪、溪东外史。鉴藏印:麓云楼书画记[2]、石云、伯荣审定[3]、梅景画屋、风娇雨秀[4]。

2003年10月26日,此作品由贞观国际拍卖(香港)有限公司在香港公开拍卖,成交价为3.18万元。

[注释]

[1] 汪士慎(1686—1759)字近人,号巢林,安徽休宁人,寓居扬州。擅画花卉,随意勾点,清妙多姿。精画兰竹,尤擅长画梅,笔致疏落,超然出尘,笔意幽秀,气清而神腴,墨淡而趣足,其秀润恬静之致,令人争重。为"扬州八怪"之一。工诗,善写隶书,又长篆刻。著有《巢林诗集》。

[2] 麓云楼书画记:汪士元鉴藏印。

[3] 吴荣光(1773—1843),字伯荣,一字殿垣,号荷屋、可庵,晚号石云山人,别署拜经老人,广东南海人。嘉庆四年,进士,曾任湖南巡抚兼湖广总督,后降为福建布政使。善于金石、书画鉴藏,且工书善画,精于诗词。著有《筠清馆金石

录》《辛丑销夏记》等。石云、伯荣审定,为其鉴藏印。

[4] 吴湖帆(1894—1968),江苏苏州人,字东庄,号倩庵,书画署名湖帆。曾任中国美术家协会上海分会副主席、上海市文史馆馆员等职。收藏宏富,善鉴别、填词。山水画以雅腴灵秀、缜丽清逸的复合画风独树一帜。著有《吴湖帆山水集锦》等。梅景画屋、风娇雨秀,为其鉴藏印。

179. 黄慎[1]《渔翁》

纸本,设色,镜片,诗堂高 22.5 厘米,横 107 厘米,画心高 84 厘米,横 107 厘米,款识在左上:"篮内河鱼换酒钱,芦花被里醉孤眠。每逢风雨不归去,红蓼滩头泊钓船。七二叟黄慎。"钤印:黄慎、瘿瓢。诗堂题词:"落落浩浩,去来舸。空诸所有,鱼鱼我我。换得酒钱,醉便倒。风耶雨耶,全不知道。芦苍被里,拥孤眠红。蓼滩头年,复季但愿。长醉不愿,醒那晓世。人不与贤,抛却名口。与利锁虽,不是神仙,也是神仙。梁亿年[2]。"钤印:寿如金石佳且兮。

画面上一位身躯佝偻的渔父,持着钓竿。用笔具有草书味道,粗犷刚狠,即有线,也有块面,枯湿浓淡,变化很多。鉴藏印:元霖山房珍藏、悟馨斋珍藏印、麓云楼[3]、虚白斋主人曾观[4]、吴待秋[5]、刘泉鉴赏。

2015 年 7 月 29 日,此画由中鸿信国际拍卖有限公司在北京公开拍卖。

[注释]

[1] 黄慎(1687—?),初名盛,字恭寿,号瘿瓢子,扬州八怪之一,福建宁化人。幼丧父,以卖画为生,奉养母亲。作山水、花鸟,得荒率之致。所画多历史人物、佛道、樵夫渔父。笔姿放纵,气象雄伟,深入古法,亦偶有笔过伤韵者。

[2] 梁亿年,字少甫,梁章钜之孙、梁逢辰之子,福建长乐县人。进士。隶书学伊秉绶,雄奇遒劲。

[3] 麓云楼:汪士元鉴赏印。

[4] 刘作筹 1911—1993),潮州龙湖人,香港富豪,藏品极为丰富,香港艺术馆建有"虚白斋藏中国书画馆"。曾获英女皇颁勋褒奖。虚白斋主人曾观、虚白斋、作筹秘玩,为其鉴藏印。

[5] 吴徵(1878—1949),字待秋,名徵,浙江崇德(今桐乡)人。曾任职于上海商务印书馆,擅长山水画。与吴昌硕、王一亭为世交。与吴湖帆、吴子深、冯超

然合称"三吴一冯",与吴子深、吴湖帆、吴观岱称为"江南四吴",又与赵叔孺、吴湖帆、冯超然同誉为"海上四大家"。

180. 郎世宁[1]《骏马图》

绢本,设色,立轴,高57厘米,横34厘米,款识在右下方:"臣郎世宁恭画。"钤印:臣郎、世宁。鉴藏印:士元珍藏[2]。

2014年11月3日,此画由上海晟安拍卖有限公司公开拍卖。

[注释]

[1] 郎世宁(Giuseppe Castiglione,1688—1766),意大利人,清康熙帝五十四年作为天主教耶稣会的修道士来中国传教,随即入宫进入如意馆,为清代宫廷十大画家之一,曾参加圆明园西洋楼的设计工作,历经康、雍、乾三朝,在中国从事绘画50多年,并参加了圆明园西洋楼的设计工作,极大地影响了康熙之后的清代宫廷绘画和审美趣味。

[2] 士元珍藏:汪士元鉴赏印。

181. 郎世宁、徐扬[1]《马上封侯》

绢本,设色,立轴,高115厘米,横52厘米,款识在左下方:"臣郎世宁、臣徐扬合笔恭绘。"钤印:臣世宁、臣徐扬、合笔恭绘。

鉴藏印:怡亲王府鉴藏[2]、向叔审定真迹[3]、应野平[4]宝藏印、秋枚宝爱[5]、文园师子林宝[6]。2009年9月13日,此画由北京保利国际拍卖有限公司公开拍卖,成交价为6.16万元。

[注释]

[1] 徐扬,字云亭,江苏苏州人,工绘事,擅长人物、界画、花鸟草虫。乾隆十六年弘历南巡至苏州,进画,得以供奉内廷,写实功力益深。于乾隆二十四年画出了《盛世滋生图》卷。而后又画出了著名巨作《乾隆南巡图》(共十二卷)等历史画卷。

[2] 怡亲王府鉴藏:康熙皇帝第十三子怡亲王允祥鉴赏印。

[3] 向叔审定真迹:汪士元鉴赏印。

[4] 应野平(1910—1990),幼承家学,喜爱绘画,16岁后专攻山水。曾任新华艺术专科学校教授、上海人民美术出版社编辑室副主任、上海大学美术学院教授。所作笔墨苍润拙朴,格调清新明快,画面气韵生动。擅书法,以隶书见长。间作诗词,亦清新隽雅。

[5] 邓实(1877—1951)字秋枚,籍广东顺德,生于上海。创办《政艺通报》,宣传民主科学思想,主编《国粹学报》,产生过较大影响。平生致力于珍本古籍的收藏,所藏以清廷禁毁书为多,编撰有《风雨楼书目》。顺德邓氏风雨楼珍藏古物记,为其收藏印。

[6] 文园师子林宝:承德避暑山庄清帝王行宫收藏印。

182. 徐扬《归庄图》

纸本,设色,手卷,纵29厘米,横178厘米。款识:臣徐扬恭绘。钤印:臣(朱)、扬(白)。题首:藏珍。乙卯夏月,陆润庠。印文:陆润庠[1]印、太傅衔太保。题跋:"摇摇春水舟轻扬,归来三径未全荒。隔岸羡望者谁氏,刺史江州应姓王。癸酉[2]孟春月,御题[3]。"印文:墨云。跋文:1. ……(文略)。同治辛未冬月,方浚颐敬题。印文:臣浚颐、方氏子箴。2. ……(文略)。汪士元题。印文:士元、汪士元印。

鉴藏印:乾隆御览之宝、石渠宝笈、宝笈三编、三希堂精鉴玺、宜子孙、嘉庆御览之宝、嘉庆鉴赏、宣统御览之宝。

著录:1.《国宝沉浮录—故宫散佚书画见闻考略》P617,上海人民美术出版社1991年8月出版。2.《秘殿珠林石渠宝笈汇编10—石渠宝笈三编(三)》P2447,北京出版社出版,2010年5月。

2004年6月6日,中贸圣佳国际拍卖有限公司拍卖会,徐扬的《归庄图》手卷成交价是495万元。2008年6月28日,西泠印社拍卖有限公司杭州西泠春拍,徐扬的《归庄图》800万元起拍,1232万元成交。2016年5月29日到31日,宝港国际拍卖有限公司2016春季拍卖会在香港(铜锣湾)怡东酒店举行,徐扬的《归庄图》被公开拍卖。

[注释]

[1] 陆润庠(1841—1915)字凤石,号云洒、固叟,元和(今苏州)人。同治十

三年状元,官至体仁阁大学士。宣统三年皇族内阁成立时,任弼德院院长。辛亥后,任溥仪老师。书法清华朗润,意近欧、虞。然馆阁气稍重。

［2］癸酉:乾隆十八年,1753 年。

［3］御题:乾隆皇帝的题字。他在此作品上加盖的印章有:乾隆御览之宝、石渠宝笈、宝笈三编、三希堂精鉴玺、宜子孙、

183. 郑燮[1]《兰竹芳馨图》

纸本,水墨,立轴,高 189 厘米,横 51 厘米,题识在右上方:"兰竹芳馨不等闲,同根并蒂好相攀。百年兄弟开怀抱,莫谓分居彼此山。诞敷大兄一笑并为诸郎君勖之,七十老人板桥郑燮。"钤印:板桥、郑燮之印、歌吹古扬州。著录:《郑板桥书画编年图目》(上)第 158 页,人民美术出版社。《朵云轩书画集》1—145。此画笔法精劲,构图新颖,题诗见于《板桥集》。

鉴赏印:平斋过眼[2]、观庐主人珍藏、向叔所藏[3]、灏文堂、韩鹤松[4]藏书画、笔墨消闲。2010 年 7 月 18 日,此画由中贸圣佳国际拍卖有限公司在北京公开拍卖。

［注释］

［1］郑燮(1693—1765)字克柔,号板桥,江苏兴化人,"扬州八怪"之一,乾隆元年进士,官山东范县、潍县县令。后居扬州,以书画营生。画擅花卉木石,尤长兰竹。书亦有别致,隶、楷参半,自称"六分半书"。著有《板桥全集》。

［2］吴云,字少府,号平斋,浙江归安(今湖州)人,亦说安徽歙县人。晚清江南著名古物字画收藏家。

［3］向叔所藏:汪士元鉴赏印。

［4］韩鹤松(1943—),广东盛世传承艺术馆艺术总监、广东顺德资深收藏家

184. 郑燮《行书论书轴》

纸本,水墨,立轴,高 169.5 厘米,横 72 厘米,款识在左下:"板桥郑燮。"钤

印：郑燮之印、兴化人、橄轩。释文："钟繇书如云鹤游天，群鸿戏海。行间茂密，实亦难过邪。张伯英书如武帝好道，凭虚欲仙。萧思话书如舞女低腰，仙人啸树。王右军书，字势雄强，如龙跳天门，虎卧凤阁。历代宝之，永以为则。"鉴藏印：向叔心赏、向叔审定真迹[1]。

2006 年 6 月 16 日，此画由无锡文苑艺术品拍卖有限公司在无锡公开拍卖。

[注释]

[1] 向叔心赏、向叔审定真迹：汪士元鉴赏印。

185. 郑燮《丛竹图》

纸本，水墨，立轴，高 160 厘米，横 43 厘米，款识在上方："惭愧后来无寸长，下笔能行千丈势，要须脑次有篔筜。又云有竹之地人不俗，而况轩窗对我栽，却仗墨奴来夺锦，挥毫移上纸屏来。这等说法不过要画家一意在笔先者定剆也，趣在法外者化机也，独画云乎哉？板桥。"钤印：郑燮之印、二十年前旧板桥。鉴藏印：紫阳伯庸珍藏[1]、向叔审定真迹[2]。

2004 年 12 月 22 日，此画由上海崇源艺术品拍卖有限公司公开拍卖。

[注释]

[1] 紫阳伯庸珍藏：朱声韶鉴赏印。朱声韶（1878—?），字伯庸，清末民国间上海书法家、鉴藏家，辑有《朱贞介公哀挽录》。

[2] 向叔审定真迹：汪士元鉴赏印。

186. 郑燮《翠竹浥露》

纸本，水墨，立轴，高 173 厘米，横 36 厘米，款识在左上方："笔底露叶三四竿，园中解箨两三枝。修脱拔尾当黄土，小风梳领在碧天。乾隆己未[1]春三月，板桥郑燮。"钤印：橄榄轩、乾隆柬封书画吏。题跋："此幅乃板桥先生早年所作、竹石数枝、勾勒精劲、高矮相映成趣、询为难见妙品、毋以早笔而轻视之也。戊寅[2]冬月，晴窗奇暖，友人出以相赏，漫识数语如此。东海徐邦达[3]书。"钤印：孚尹、徐邦达。

鉴藏印：张氏雪庵珍藏、云间王鸿绪[4]鉴定印、安岐鉴赏、安仪周[5]家珍藏、汪士元审定印、庞元济[6]书画印题识。2012 年 11 月 29 日，此画由福建省拍卖行在福州公开拍卖。

[注释]

[1] 乾隆己未：乾隆四年，公元 1739 年

[2] 戊寅：公元 1938 年。

[3] 徐邦达(1911—2012)字孚尹，号李庵，又号心远生、蠖叟，浙江海宁人，生于上海。早年从事美术创作，曾在上海中国画苑举办个人画展。1950 年调北京国家文物局，主要从事古书画的鉴定工作。

[4] 王鸿绪(1645—1723)，字季友，号俨斋，别号横云山人，华亭(今属上海)人。康熙十二年进士，授编修，官至工部尚书。曾入明史馆任《明史》总裁，与张玉书等共主编纂《明史》，为《佩文韵府》修纂之一。精于鉴藏书画，著有《横云山人集》等。

[5] 安麓村(1683—约 1745)，名岐，字仪周，号松泉老人、麓村。祖上为朝鲜人，随高丽贡使到北京，后入旗籍。其父安尚义，曾是权相明珠的家臣，后借助明珠的势力在天津、扬州两地业盐，成为大盐商。收藏之富，鉴赏之精，名扬海内。著有《墨缘汇观》。

[6] 庞元济(1864—1949)，字莱臣，号虚斋。浙江吴兴南浔人。父庞云镨为南浔镇巨富，"南浔四象"之一。精于鉴赏，收藏铜器、瓷器、书画、玉器等，尤以书画最精，亦精书法绘画，与于右任、张大千、吴昌硕等人均有交往。著有《虚斋名画录》《中华历代名画志》。

187. 郑燮 行书

纸本，水墨，立轴，高 133 厘米，横 66 厘米，款识在左下方："茶香酒熟田千亩，云白山青水一湾。若是老天容我懒，暮年来共白鸥闲。郑燮。"钤印：七品官耳、兴化人。收藏印：向叔心赏、士元珍藏[1]。

2007 年 12 月 24 日，此画由上海博古斋拍卖有限公司公开拍卖。

[注释]

[1] 向叔心赏、士元珍藏：汪士元鉴赏印。

188. 董邦达[1]《山水》

纸本,水墨,立轴,高 113 厘米,横 59 厘米,款识:"董邦达恭画。"钤印:董邦达章、敬绘。鉴藏印:乾隆御览之宝[2]、怡清堂王[3]、麓云楼藏[4]、黄虞臣[5]。

2015 年 6 月 27 日,此画由北京翰海拍卖有限公司公开拍卖。

[注释]

[1] 董邦达(1696—1769)字孚闻,号东山,浙江富阳人。雍正十一年进士,官至礼部尚书,谥文恪。工书,尤善画。篆隶古朴;山水宗元人,多用枯笔,水墨疏淡,设色淡雅,用笔轻柔,皴法松秀,文人情趣极浓。乾隆帝为之题志者甚多。

[2] 乾隆御览之宝:乾隆鉴赏印。

[3] 怡清堂王:溥雪斋鉴赏印。溥雪斋(1893—1966),满族,名溥忻,号雪道人,堂号怡清堂,北京人,清宗室。琴棋书画无不精通,尤长山水,师法唐六如等。曾任辅仁大学美术系主任、北京文史馆馆员。

[4] 麓云楼藏:汪士元鉴赏印。

[5] 黄虞臣,同治年间广东中山乡绅,祖籍广东,祖上流落松江,遂为松江人,书画家、收藏鉴定家。

189. 董邦达《山村晚霁》

纸本,水墨,立轴,高 237 厘米,横 136 厘米,款识在右上:"丙寅[1]春仲富阳董邦达。"钤印:东山、董邦达印。鉴藏印:二百兰亭斋鉴藏[2]、北平李氏珍藏图书[3]、李葆洵印[4]、向叔审定真迹[5]、陈立夫[6]印。

2013 年 3 月 25 日,此画由中国嘉德国际拍卖有限公司北京公开拍卖。

[注释]

[1] 丙寅:乾隆十一年,公元 1746 年。

[2] 吴平斋(1811—1883),字少甫,号平斋,安徽歙县人,举人,曾官居苏州知府。工书画篆刻,善画水山、花鸟。著有《两罍轩彝器图释》、《二百兰亭斋金石三种》。二百兰亭斋鉴藏,为其鉴赏印。

[3] 北平李氏珍藏图书：李恩庆鉴赏印。李恩庆，字季云，河北遵化人，道光十三年(1833)进士，官两淮盐运使，精鉴别，富收藏，著有《爱吾庐书画记》。

[4] 李葆洵，清代收藏家，活跃于嘉庆至光绪时期。

[5] 向叔审定真迹：汪士元鉴藏印。

[6] 陈立夫(1900—2001)名祖燕，字立夫，浙江省吴兴人。国民党高官，曾历任蒋介石机要秘书、国民党秘书长、教育部长、立法院副院长等各项要职。

190. 梁巘[1]行书

纸本，水墨，立轴，高35.5厘米，横560厘米，款识在左下："乙巳三月廿一日临庐恭公残碑为樾舫大兄法鉴。梁巘。"钤印：梁巘私印、松斋、景华书屋。鉴藏印：向叔审定真迹[2]、戴培之家珍藏、芝农珍藏[3]。

2004年11月20日，此画由北京翰海拍卖有限公司开拍卖，成交价为9.9万元。

[注释]

[1] 梁巘(1710—1788年后)，字闻山、文山，号松斋，又号断砚斋主人。亳县(今安徽亳州)人，乾隆二十七年(1762)举人，官四川巴东知县。书学李邕，润泽而骨肉停匀，与梁同书、梁国治有三梁之称，邓石如书法曾得到他的指点。著有《承晋斋积闻录》《评书帖》。

[2] 向叔审定真迹：汪士元鉴赏印。

[3] 戴植，字培之，号芝农，清朝后期江苏丹徒人，其"翰墨轩"、"心太平轩"、"培万楼"收藏书画和古籍，在当时称极一时，其中古籍收藏中，宋、元、明刻本10余种。所藏书画后归于上海博物馆。

191. 俞榕[1]《松泉幽居图》

绢本，设色，立轴，高94厘米，横46厘米，款识在右下方："臣俞榕恭绘。"钤印：臣榕、敬慎。鉴藏印：乾隆御览之宝[2]、向叔所藏[3]、徐渭仁[4]印。

2016 年 1 月 9 日,此画由中鸿信国际拍卖有限公司在北京公开拍卖,成交价为 9 万 9 千元。

[注释]

[1] 俞榕:字范伦,号学禅,嘉定(今属上海)人,诸生,官至湖北鹤峰州制。乾隆三十年以诗、画进献,供奉内廷。善临摹宋、元人笔意。著《赐绮楼集》《墨香居画识》。

[2] 乾隆御览之宝:乾隆帝书画鉴藏印。

[3] 向叔所藏:汪士元鉴赏印。

[4] 徐渭仁,字文台,号紫珊、子山、不寐居士,上海人,清末著名藏书家、金石学家、书画家。

192. 余穉[1]《花卉》

绢本,设色,手卷,高 24 厘米,横 270 厘米,款识在右下:"臣余穉恭绘。"钤印:余穉。题首:"春园芳色,乙丑夏稚柳[2]题。"钤印:稚柳、谢。

题跋:"余穉,字南洲,江苏常熟人氏,余省弟也,生卒之年不详,供奉内廷,花鸟有新意。乾隆四年进宫。其作大都设色鲜丽。别出一格。自成一家。今观此卷所画四时花卉。设色高雅。用笔沉稳。布局合理,穿插有致。因其作大都藏於宫廷,而民间能见此佳品,实为难得可贵,应宝藏之。癸亥冬唐云[3]题。"钤印:唐云印、乐翁。收藏印:士元珍藏[4]、海虞邵氏珍藏金石书画之印[5]、毕泷[6]涧飞藏印。

2011 年 6 月 13 日,此画由浙江萧然拍卖有限公司在杭州公开拍卖。

[注释]

[1] 余穉,清代画家,字南洲,江苏常熟人,余省弟,约于乾隆四年进宫中作画供奉内廷。工花鸟,擅院体画,别出新意。

[2] 谢稚柳(1910—1997),原名稚,字稚柳,江苏常州人。擅长书法及古书画的鉴定。初与张珩齐名,世有"北张南谢"之说。历任上海市文物保护委员会编纂、副主任、国家文物局全国古代书画鉴定小组组长等职。著有《敦煌石室记》《敦煌艺术叙录》等。

[3] 唐云(1910—1993)，字侠尘，别号药城、药尘、药翁、老药、大石、大石翁，画室名"大石斋"、"山雷轩"。当代著名画家、收藏家。曾任上海中国画院副院长等职。

[4] 士元珍藏：汪士元鉴赏印。

[5] 邵松年(1848—1923)字伯英，号息庵，祖籍安徽休宁，常熟人，光绪九年进士，授翰林院编修，官至河南学政，精通书画，尤善收藏与鉴赏。家中设"兰雪堂"专门收藏碑帖书画，"古鲸馆"专门收藏古琴。著《澄兰堂古缘萃录》。海虞邵氏珍藏金石书画之印，为其鉴赏印。

[6] 毕泷，乾隆、嘉庆年间人，字涧飞，号竹痴，江苏镇洋(今江苏太仓)人。毕沅之弟。工画山水及竹石，苍浑而秀，深得曹云西法。又工书，喜收藏名贤书画，故多宋、元、明人珍品。

193. 顾原[1]《雪川七逸》

纸本，水墨，立轴，高 185 厘米，横 56 厘米，款识在左上："雪川七逸，仿梅花道人大意，顾原。"钤印：东山。汤翰题、俞同奎[2]题跋。鉴藏印：汪士元审定印、唐翰题审定记[3]、抱真淑守、抱真嗣守真迹。

2014 年 7 月 29 日，此画由上海晟安拍卖有限公司公开拍卖。

[注释]

[1] 顾原，字逢原。清朝康熙至乾隆间的画家。山水、花卉有笔力，而浙习未化；能作草书。有《流觞曲水图》，为世所珍。

[2] 俞同奎(1876—1962)字星枢，德清人，生于福州，入京师大学堂师范馆。翌年派赴英国利物浦大学攻读化学，获硕士学位。宣统二年回国为格致科进士，授编修。曾任北大化学系首任系主任、文物管理委员会秘书、文化部古代建筑修整所所长。著《略谈我国古代建筑的保存问题》等。

[3] 唐翰题(1816—1875)，字鹤安，别号新丰乡人，浙江秀水(今嘉兴)人。咸丰间，以贡生捐青浦县训导，官至南通知府。晚年寓居苏州。精于鉴别。收藏金石、书籍、碑版、名画甚富。其藏书多有善本，著有《说文臆说》《唯自勉斋存稿》。

194. 王昱[1]《瘦鹤小影》

纸本,水墨,扇面,高 17 厘米,横 51 厘米,款识在右上:"瘦鹤小影。庚子孟春,写于潭影轩。东庄王昱。"钤印:昱印。鉴藏印:向叔审定真迹[2]。

2015 年 10 月 16 日,此画由北京匡时国际拍卖有限公司公开拍卖,成交价 17.25 万元。

[注释]

[1] 王昱(1714—1748)字日初,号东庄、云槎山人,太仓(今属江苏)人,王原祁族弟,小四王之一。擅画山水,从王原祁学画,并观摩宋元诸家,其画近原祁面目,以仿黄公望最多,笔墨松秀,古浑苍润。并擅浅绛没色,著有《东庄论画》。

[2] 向叔审定真迹:汪士元鉴赏印。

195. 励宗万[1]《山水》

纸本,水墨,手卷,高 16 厘米,横 135 厘米,款识在右上:"励宗万谨绘。"钤印:励宗万、恭绘、芝道人。成亲王[2]题首:"天地万象。"钤印:诒晋斋印。顾文彬跋。

鉴藏印:向叔心赏、向叔所得、向叔审定真迹[3]、顾文彬印、子山墨缘[4]、戴氏培之审定[5]。此画系境外回流。

2007 年 6 月 17 日,此画由北京匡时国际拍卖有限公司公开拍卖,

[注释]

[1] 励宗万(1705—1759)字滋大,号衣园,河北静海(今属天津)人。廷仪子。康熙六十年进士,官至刑部侍郎。以画供奉内廷,兼工山水、花鸟,笔意恬雅,设色古淡。书法褚、颜、苏、米,圆劲秀拔,与张照齐名,称"南张北励"。

[2] 永瑆(1752—1823),号少厂、镜泉,乾隆帝第十一子,封成亲王。书画造诣受肯定,与翁方纲、刘墉、铁保并列。嘉庆四年,命其在军机大臣行走,总理户部三库。著有《听雨屋集》《诒晋斋集》等。

[3] 向叔心赏、向叔所得、向叔审定真迹:汪士元鉴赏印。

[4] 顾文彬(1811—1889),字蔚如,号子山,元和(今苏州)人。道光二十一年进士,官至宁绍道台。娴于诗词,工于书法。晚年因疾回苏,建过云楼,收藏天下书画,为著名收藏家。著有《眉绿楼词》《过云楼书画记》《过云楼帖》。子山墨缘,为其鉴藏印。

[5] 戴植,字培之,号芝农,清朝后期江苏丹徒人,其"翰墨轩"、"心太平轩"、"培万楼"收藏书画和古籍,在当时称极一时,其中古籍收藏中,宋、元、明刻本 10余种。其所藏书画后来归于上海博物馆。

196. 金廷标[1]《狩猎图》

绢本,设色,册页,九开,高 27 厘米,横 23 厘米,款识:"金廷标谨画。"钤印:廷标、谨画。鉴藏印:经训堂珍藏印[2]、伍元蕙俪荃甫评书读画之印、伍氏澄观阁珍藏书画[3]、宫氏农山珍藏[4]、士元珍藏[5]、臣孙毓汶[6]敬藏。

2014 年 7 月 29 日,此画由上海晟安拍卖有限公司公开拍卖。

[注释]

[1] 金廷标(? —1767),字士揆,浙江乌程人,画家金鸿之子,乾隆中供奉内廷,善画山水、人物、佛像,尤工白描,画风工细。皇帝南巡,金廷标恭画《白描罗汉图》,龙颜大悦,命入画院伺侯。《石渠宝笈》著录了他 81 幅作品。

[2] 毕沅(1730—1797),字纕蘅,亦字秋帆,镇洋(今江苏太仓)人。乾隆二十五年进士,廷试第一,状元及第,累官至湖广总督。死后二年,因案牵连,被抄家,革世职。经史小学金石地理之学,无所不通。著《续资治通鉴》、《灵岩山人诗文集》等。经训堂珍藏印,为其鉴藏印。

[3] 伍元蕙(1824—1865)字良谋,号俪荃、南雪道人,广东南海人,布衣,性好书,收藏甚富。晚得倪瓒真迹四种,结屋藏之,颜曰"迁庵"。斋号:南雪斋、南雪楼、澄观阁。刻有《南雪斋藏真帖》十二卷、《澄观阁摹古帖》若干卷。

[4] 宫尔铎(1838—?),安徽怀远人,祖籍江苏泰州,字农山,一字退园,别号抱璞山人。国子监生,太史宫星楣之侄。曾任陕西乌延知事,延安、同州知府,兼安边同知三品衔。善书法、工诗。著有《思无邪斋古文》。宫氏农山珍藏,为其鉴藏印。

[5] 士元珍藏:汪士元鉴赏印。

［6］孙毓汶(1834—1899)，字莱山，山东济州(今济宁市)人，清朝尚书瑞珍子。咸丰六年一甲二名进士，官至兵部尚书，授太子太保衔。"甲午战争"爆发后，力主议和，往来英、俄等国使馆，乞求调停，并与李鸿章促逼光绪皇帝在中日《马关条约》上签字。后为舆论所不容，称病辞职，闭门谢客。

197. 刘墉[1]行书苏轼《眉州远景楼记》

纸本，水墨，立轴，高131.8厘米，横61.6厘米，款识在左下："壬子秋日节书东坡远景楼记。于丹林诗兴之轩。石庵居士。"钤印：石庵、刘墉印信。释文：四月初吉。谷稚而草壮。耘者毕出。立表下漏。鸣鼓以致众。择其徒为众所畏信者二人。一人掌鼓。一人掌漏。进退作止。惟二人之祀。七月既望。谷艾而草衰。则仆鼓决漏。买羊酾酒。以祀田祖。

鉴藏印：臣庞元济恭藏[2]、凤石眼福[3]、士元珍藏[4]。

2015年11月25日，此画由东京中央拍卖(香港)有限公司在香港公开拍卖。

[注释]

［1］刘墉(1719—1804)，字崇如，号石庵，山东诸城人。乾隆十六年进士，刘统勋子，官至吏部尚书、体仁阁大学士。与铁保、翁方纲、成亲王并称为清代四大书法家。其书风用墨厚重，墨色浓墨丰润，骨架结构则非常刚劲，结合了柔与刚的两面，别具特色。

［2］庞元济(1864—1949)，字莱臣，号虚斋。浙江吴兴南浔人。父庞云鏳为南浔镇巨富，"南浔四象"之一。精于鉴赏，收藏铜器、瓷器、书画、玉器等，尤以书画最精，亦精书法绘画，与于右任、张大千、吴昌硕等人均有交往。著有《虚斋名画录》《中华历代名画志》。

［3］陆润庠(1841—1915)字凤石，号云洒、固叟，元和(今苏州)人。同治十三年状元，官至体仁阁大学士。宣统三年皇族内阁成立时，任弼德院院长。辛亥后，任溥仪老师。书法清华朗润，意近欧、虞。

［4］士元珍藏：汪士元鉴赏印。

198. 刘墉行书

綾本,水墨,立轴,高131.8厘米,横61.6厘米,款识在左下:"刘墉。"钤印:刘墉印信、御赐海岱高门第一。释文:"嫩绿池塘藏睡鸭,淡黄杨柳待栖鸦[1]。江流有声,断岸千尺,山高月小,水落石出,曾日月之几何,而江山不可复识矣[2]。"鉴藏印:向叔审定真迹[3]。

2010年1月9日,此画由北京万隆拍卖有限公司公开拍卖,成交价为6千4百元。

[注释]

[1] 嫩绿池塘藏睡鸭,淡黄杨柳待栖鸦:出自《西厢记》。

[2] 此句出自宋代苏轼《后赤壁赋》。

[3] 向叔审定真迹:汪士元鉴赏印。

199. 王鸣盛书法册

纸本,水墨,高28.7厘米,横18.7厘米,册页,拍品存五折十开,另一页残页,钤印:王鸣盛印、甲戌榜眼,清乾隆间写本。

鉴藏印:归安吴氏二百兰亭斋鉴藏图书、二百兰亭斋所藏书画印[1]、南昌万氏珍藏图书[2]、丽荃鉴赏之章[3]、麓云楼书画记[4]、顺德邓氏风雨楼珍藏古物记[5]。

2014年4月20日,此画由北京卓德国际拍卖有限公司公开拍卖。

[注释]

[1] 吴云(1811—1883),字少甫,号平斋,安徽歙县人,举人,曾官居苏州知府。工书画篆刻,书学颜真卿,善画水山、花鸟。著有《两罍轩彝器图释》《二百兰亭斋金石三种》。归安吴氏二百兰亭斋鉴藏图书、二百兰亭斋所藏书画印,为其收藏印。

[2] 万承紫(1775—1837年后),清江西南昌人,字渊北,周恩来外曾祖父,举人,道光初年来淮安做官,遂定居淮安府清河县清江浦(今淮安市),官至河道

总督府中河通判、桃北同知,富藏书。南昌万氏珍藏图书,为其鉴藏印。

[3] 伍元蕙(1824—1865),更名葆恒,字良谋,又号俪荃,号南雪道人,广东南海人,布衣,性好书,收藏甚富。晚得倪瓒真迹四种,结屋藏之,颜曰"迁庵"。刻有《南雪斋藏真帖》《澄观阁摹古帖》。

[4] 麓云楼书画记:汪士元鉴赏印。

[5] 邓实(1877—1951)字秋枚,祖籍广东顺德,生于上海。创办《政艺通报》,宣传民主科学思想,主编《国粹学报》,在知识界产生过较大的影响。珍本古籍收藏多,以清廷禁毁书为多,藏书处有"风雨楼",并编撰有《风雨楼书目》。顺德邓氏风雨楼珍藏古物记,为其收藏印。

200. 钱大昕[1]隶书七言联

纸本,水墨,对联。题识:丙辰仲夏之月下浣,竹汀钱大昕书。钤印:钱大昕印、宫詹学士之章。鉴藏印:廷雍[2]审定、清净瑜迦馆[3]。

2008年12月15日,此画由北京卓德国际拍卖有限公司公开拍卖,成交价为5千六百元。

[注释]

[1] 钱大昕(1728—1804),字晓徵,号辛楣,江苏嘉定人(今属上海),乾隆十六年弘历南巡,因献赋获赐举人,官内阁中书。十九年中进士,官至广东学政。后居丧归里,引疾不仕,潜心著述课徒,历主钟山、娄东、紫阳书院讲席。历时近五十年,撰成《二十二史考异》。

[2] 廷雍(?—1900)宗室。字绍民,一作邵民,号画巢,别号溪山野客。爱新觉罗崇恩子。官直隶布政使护轵督。工书宗北魏。庚子之变,以同情义和团被杀。

[3] 清净瑜迦馆:汪士元鉴赏印。

201. 闵贞[1]《佳人倚凤图》

纸本,水墨,立轴,高128厘米,横66厘米,款识在右上:"仿唐六如居士[2]画意,正斋闵贞。钤印:闵贞、青乔。

鉴藏印：海虞邵氏珍藏金石书画之印[3]、金黼廷瘦仙氏收藏[4]、读画楼、章紫伯[5]所藏、先人真迹湖帆嗣守[6]、向叔审定真迹[7]。

2012 年 4 月 21 日，此画由北京德隆宝拍卖有限公司公开拍卖，成交价为 5 千六百元。

[注释]

[1] 闵贞（1730—1788）字正斋，江西南昌人，曾流寓扬州，扬州八怪之一。善画山水，魄力沉雄，颇得巨然神趣。人物画笔墨奇纵，衣纹随意转折，豪迈绝伦。仕女画善作直笔钩勒，益远益妍。

[2] 唐寅（1470 年—1524 年）明代著名画家，字伯虎，又字子畏，以字行，号六如居士、桃花庵主、逃禅仙吏等，南直隶苏州吴县人。吴中四才子之一，"明四家"之一。

[3] 邵松年（1848—1923，字伯英），号息庵，祖籍安徽休宁，常熟人，光绪九年进士，官至河南学政，精通书画，尤善收藏与鉴赏。曾编《海虞文征录》《虞山画志补编》《澄兰堂古缘萃录》。海虞邵氏珍藏金石书画之印，为其鉴赏印。

[4] 金望乔，清道光咸丰间金山（今属上海市）人。字芾廷，号瘦仙，，附贡生。博学好古，工诗，善八分书，尤嗜金石，藏书甚富，建"雪鸿楼"10 间，著《雪鸿楼书目》《雪鸿楼古器铭文考》等。鉴藏印有"金黼廷瘦仙氏收藏"等。

[5] 章绶衔（1804—1875）字紫伯，号辛复，浙江归安荻溪人。家藏书画甚富，精于鉴别。藏书印颇多，主要有"归安章绶衔字紫伯印"、"紫伯所藏"。著《磨兜坚室书画录》《磨兜坚室诗抄》。

[6] 吴湖帆（1894—1968），江苏苏州人，字东庄，号倩庵，书画署名湖帆。曾任中国美术家协会上海分会副主席、上海市文史馆馆员等职。收藏宏富，善鉴别、填词。山水画以雅腴灵秀、缜丽清逸的复合画风独树一帜。著有《吴湖帆山水集锦》等。先人真迹湖帆嗣守，为其鉴赏印。

[7] 向叔审定真迹：汪士元鉴赏印。

202. 闵贞《和合二仙》

纸本，水墨，镜心，高 134 厘米，横 65.3 厘米，款识在左上："乾隆辛卯[1]秋，正斋闵贞画。"钤印：正斋、闵贞。鉴藏印：廷钧周印、芛栖、向叔审定真迹[2]。

2003 年 7 月 20 日,此画由上海国际商品拍卖有限公司公开拍卖。

[注释]

[1] 辛卯:乾隆三十六年,公元 1771 年。

[2] 向叔审定真迹:汪士元鉴赏印。

203. 丁观鹏[1]《澄怀观道[2]》

纸本,水墨,镜心,高 32 厘米,横 21 厘米,款识在左下:"乾隆二十五年春月,臣丁观鹏敬写。"钤印:丁观鹏。

边跋:1."澄怀观道。王同题端。"钤印:王同之印。另一印不清晰。2."巍巍金容灼灼法身十界荡魔共梵音无上法语护其以龙华会上列仙班众生敬为尊。汪士元敬题。"钤印:汪士元印。鉴藏印:缪荃孙[3]藏。

2014 年 6 月 18 日,此画由上海嘉泰拍卖有限公司公开拍卖。

[注释]

[1] 丁观鹏,与弟丁观鹤同为乾隆时期宫廷画家,工道释、人物,尤其擅长仙佛、神像。

[2] 澄怀观道:澄怀,有清心,静心等义。出自《南史·隐逸传·宗少文》。

[3] 缪荃孙(1844—1919),字炎之,又字筱珊,晚号艺风老人,江苏江阴人。光绪二年进士,历任南菁书院、南京钟山书院山长、江南高等学堂监督。负责筹建三江师范学堂、筹建江南图书馆,出任总办。1909 年受聘创办京师图书馆,任正监督。1914 年任清史总纂。著有《艺风堂藏书记》等。

204. 丁观鹤《松荫话旧图》

立轴,设色,纸本,高 95.5 厘米,横 203.5 厘米。款识:松荫话旧。嘉庆丁巳[1]十月,丁观鹤画于崇古轩。钤印:丁观鹤印、内廷供奉。鉴藏印:士元珍藏[2]、鲍宗汉印[3]、憩斋鉴藏书画[4]。

2018 年 5 月 4 日,此画由西泠印社拍卖有限公司在西泠印社(绍兴)春季拍卖会公开拍卖。

[注释]

[1] 嘉庆丁巳：1797 年。

[2] 士元珍藏：汪士元鉴藏印。

[3] 鲍宗汉：苏州人，曾任民国国会众议院议员。

[4] 吴大澂（1835—1902），初名大淳，字止敬，号恒轩，晚号愙斋，江苏吴县（今苏州）人。清同治七年进士，官至湖南巡抚、帮办东征军务等职，光绪二十四年降旨革职，永不叙用。善画山水、花卉，精于篆书，精于鉴别。著《愙斋诗文集》《愙斋集古录》等。愙斋鉴藏书画，为其鉴藏印。

205. 董诰[1] 《钟鸣归船图》

纸本，设色，立轴，高 133 厘米，宽 66 厘米，款识右上："钟鸣山寺远人语晚船归，时癸丑秋种奉禹功仁兄大人雅属即希正之，柘林弟董诰画。"董诰印、卫崧。

鉴藏印：麓云楼书画记[2]、春草斋所得金石书画。

2014 年 1 月 21 日，此作品由上海晟安拍卖有限公司公开拍卖。

[注释]

[1] 董诰（1740—1818），字雅伦，号蔗林，董邦达长子，与其父有"大、小董"称，浙江富阳人。乾隆二十九年进士，官至户部尚书，东阁大学士、太子太傅。以善画，受高宗知。利用侍从近臣的身份，饱游沃看宫廷丰富的古代名家巨迹，使自己的山水艺术能够上窥宋元经典，成为一代名家。

[2]] 麓云楼书画记：汪士元鉴藏印。

206. 黄易[1] 《秋山红叶》

纸本，设色，立轴，高 96 厘米，横 27 厘米，款识在右上："绝境疑无路，平川不起涛。天光兼水阔，山势敌秋高。葛令惟求药，秦人自种桃。云霞如有意，他日待吾曹。嘉庆三年七月既望，秋庵黄易写于蓬莱阁。"钤印：小松。鉴藏印：麓云楼藏[2]、戴培之家珍藏[3]。

2012 年 10 月 30 日，此画由北京中汉拍卖有限公司公开拍卖。

[注释]

[1] 黄易(1744—1802)字大易,号小松,仁和(今杭州)人。监生,官济宁同知。工书画,以篆刻著称于世,为"西泠八家"之一。著《小蓬莱阁诗钞》等。

[2] 麓云楼藏:汪士元鉴赏印。

[3] 戴植,字培之,号芝农,清朝后期江苏丹徒人,其"翰墨轩"、"心太平轩"、"培万楼"收藏书画和古籍,在当时称极一时,其中古籍收藏中,宋、元、明刻本10余种。其所藏书画后来归于上海博物馆。

207. 皇六子[1]《山水》

设色,绢本,手卷,高35厘米,横236厘米,款识在右上:"皇六子。"钤印:皇六子章。鉴赏印:向叔所藏[2]、元和胡氏玉缙所藏[3]、海虞邵氏珍藏金石书画之印[4]。

2008年3月7日,此画由浙江保利拍卖有限公司在杭州公开拍卖。

[注释]

[1] 皇六子(1743—1790):爱新觉罗·永瑢,清乾隆帝六子,工诗擅画,主要作品有《岁朝图》、《枫溪垂钓图轴》。

[2] 向叔所藏:汪士元鉴赏印。

[3] 胡玉缙(1859—1940),字绥之,江苏元和(今苏州)人,。光绪十七年中举,曾任福建兴化教谕,后入湖广总督张之洞幕。又东渡日本,考察政学,补学部主事,升员外郎,任礼学馆纂修、京师大学堂讲习、北京大学教授。抗日战争爆发后返里,专事研究《四库全书总目提要》。

[4] 邵松年(1848—1923),字伯英,号息庵,江苏常熟人,光绪九年进士,授翰林院编修,官至河南学政,精通书画,尤善收藏与鉴赏。家中设"兰雪堂"专门收藏碑帖书画,"古鲸馆"专门收藏古琴。著有《海虞文征录》《虞山画志补编》。海虞邵氏珍藏金石书画之印,为其鉴藏印。

208. 朱珪[1]《二十四通信札文略》

纸本,册页,高31厘米,宽971厘米,款识:1"园仲老先生见赠长句,时有大同之游,作此奉答即以赠行并政,同馆弟朱珪拜稿。"2"乙未六月十三灯下欲作书覆园公,忽信笔成韵语,即以代启也,珪顿首。"钤印:玉弓、朱珪之印、石君。

面板阴刻:"朱文正公尺牍,嘉庆庚辰三月,高垲题。"钤印:高垲、子高。孙原湘[2]、郭麐[3]、顾千里[4]、彭兆荪[5]、高垲[6]等人跋。鉴藏印:向叔所藏[7](朱,六次)、秋亭汪氏所藏、曾经富春杨氏卧游居收藏印、杨凡读过书画金石之记。

2007年12月19日,此册由西泠印社拍卖有限公司在杭州公开拍卖,成交价为6.72万元。2008年8月30日,此册由山东天承拍卖有限公司在济南公开拍卖。

[注释]

[1] 朱珪(1731—1807),字石君,号南崖,北京大兴人。乾隆十三年进士,官至户部尚书授协办大学士、体仁阁大学士。卒谥"文正"。书法善隶书。著有《知足斋集》。

[2] 孙原湘(1760—1829)字子潇,昭文(今江苏常熟)人。嘉庆十年进士,翰林院庶吉士,充武英殿协修。不久得疾,返里不出,先后主持玉山、毓文等书院讲席。擅诗词,工骈、散文,兼善书法,精画梅兰、水仙。著有《天真阁集》。

[3] 郭麐(1767—1831),字祥伯,号复翁、频伽、蘧庵。江苏吴江人。姚鼐学生,为阮元所赏识。工诗词古文,善书法、篆刻,间画竹石,别有天趣。

[4] 顾千里(1766—1835),名广圻,号润苹、适思居士。江苏吴县人。乾嘉后期著名考据学家、校勘学家,于古籍整理、出版取得巨大成就,被誉为"清代校勘第一人"。

[5] 彭兆荪(1768—1821),字湘涵、甘亭,晚号忏摩居士。江苏镇洋人。诸生,年十五应顺天乡试,声满名扬。工诗文、书法,著《小谟觞馆集》。

[6] 高垲(1769—1839),字子高,号爽泉,浙江杭州人。书法得欧阳询、褚遂良神髓。亦善绘事,花鸟、草虫取法宋元。

[7] 向叔所藏:汪士元鉴赏印。

209. 罗聘[1]《梅香》

纸本,水墨,镜心,高16厘米,横49厘米,款识在左上:"芝祥弟别十余年,盅襟隽抱,益躭禅,悦于近世瓣香。二林居士小浮山人,印合徽妙,顾落落寡合,空山云净,梅花作伴而已。庚辰初夏下走,将复出山,写此赠别。两峰道人。"钤印:从、且。

鉴藏印:向叔审定真迹[2]。

2011 年 11 月 27 日,此画由北京红太阳国际拍卖有限公司拍卖,成交价为72.8 万。

[注释]

[1] 罗聘(1733—1799)字遯夫,号两峰,祖籍安徽歙县,其先辈迁居扬州。"扬州八怪"之一。为金农入室弟子。人物、佛像、山水、花果、梅、兰、竹等,无所不工,笔调奇创,超逸不群。善画《鬼趣图》,画鬼态无不极尽其妙,借以讽世。子允绍、允缵,均善画梅,人称"罗家梅派"。著有《香叶草堂集》。

[2] 向叔审定真迹:汪士元鉴赏印。

210. 罗聘《两峰墨戏》

纸本,设色,册页,12 开,高 18.5 厘米,宽 21 厘米,题签:"罗两峰仿古册,麓云楼藏。"钤印:向叔[1]。题首:"两峰墨戏。"钤印:臣道宽[2]、话山草堂册。

题跋:1. 两峰罗兄天才峻上,诗画两绝。其人物高澹似丁南羽,奇趣独出如老莲,眼中久无其匹。此册翎毛竹石直入宋元堂奥,昔赵昌意在似徐熙,意不在似,惟生趣天成,不必求之似不似之间,而浑厚高华,天资学力如文、沈二公,不得不让后贤。纷纷余子,讵堪同日语耶。予与老友尧圃翁谈论当今人物,谓韩江得一两峰可以不孤,人之知与不知,姑不必问。重光单阏孟夏,看云山人栋跋。钤印:鸿勋、张栋印、茶熟壶温、洞庭。2. 画家之画,谨守绳墨,文人之画,不拘故常。然独出心裁仍欲不失规矩,观两峰此册可以悟画理,兼可以得画外之意也。道光甲申正月,话山草堂识。钤印:臣道宽、沈氏栗仲。3. 近见安氏墨缘汇观载所收名画集册,自王维郑虔而下累数十家山水人物花卉翎毛毕具,辄为神往,今观两峰画册,恨安氏不见此,亦尤恨吾不见安氏册,一一印证之也。海一沤庵居士墀跋。钤印:海、沤、陆费墀[3]印。4. 麓云楼主人爱吾所藏徐青藤《莲花观音》、王耕烟设色《抚倪云林》二画,因脱手贻之,以此相报。辛酉七月,瓢斋[4]记。

题跋 4 中"瓢斋"即颜世清,汪士元以《两峰墨戏》册页和他交换了徐青藤《莲花观音》、王耕烟设色《抚倪云林》二画,《两峰墨戏》册页遂成为颜世清的珍藏。

2014 年 12 月 2 日,此画由北京红太阳国际拍卖有限公司拍卖,成交价373.75 万元。

[注释]

[1] 麓云楼、向叔:汪士元鉴藏印。

[2] 沈栗仲(1772—1853),名道宽,字栗仲,祖籍鄞县(今浙江宁波市),其父沈谦在京为官,居宛平(今北京市)。嘉庆二十五年进士,历任宁乡、道州、茶陵等县知县。后来侨寓长沙,著述讲学,吟诗作画,辟"话山草堂"为其书斋。著有《话山草堂文钞》《话山草堂诗钞》等。

[3] 陆费墀(？—1790),陆费,复姓,字丹叔,号颐斋。浙江桐乡人。乾隆三十一年进士,官至礼部侍郎,充《四库全书》总校官。乾隆五十二年,因《四库全书》讹谬甚多被革职,郁郁而死。死后犹将原籍家产抄出,作为添补江南三阁办书之用。著《颐斋赋稿》《枝荫阁诗文集》。

[4] 颜世清(1873—1929),字韵伯,号寒木老人、瓢叟,人称颜跛子,广东连平人,寄居北京。进士出身,曾任直隶洋务局会办。民国成立后,任直隶都督府外交厅厅长、北京大总统府军事参议等要职。精鉴赏,收藏富。苏东坡《寒食诗》帖,亦为其旧藏之一。

211. 洪亮吉[1]篆书卷

纸本,水墨,手卷,高 30 厘米,横 355 厘米,题识在左上方:"题识:云门仁兄大人正。更生弟洪亮吉。"钤印:洪亮吉印、稚存、更生居士。高野侯[2]题引首:"洪稚存篆书卷。"李嘉福[3]等人题跋。

收藏印:高时显印、野侯书画、五百本画梅精舍、梅王阁[4]、双柏轩审是记、翼庵欣赏[5]、向叔审定真迹[6]、延秋舫[7]、北溟[8]、巀公审定、世经审定、异钩堂。

2014 年 11 月 26 日,此画由中国嘉德国际拍卖有限公司在北京公开拍卖。

[注释]

[1] 洪亮吉(1746—1809),字稚存,号北江,阳湖(今江苏常州)人,乾隆五十五年榜眼,曾任贵州学政。参与编修《高宗实录》。因上书触怒嘉庆,下狱并定死罪,后改为流放伊犁。百日之后,即被释放回籍。从此家居撰述至终。著有《卷施阁诗文集》《北江诗话》等

[2] 高野侯(1878—1952),字时显,号欣木,浙江杭县(今杭州)人,清末举人。善画梅花,工篆刻。精鉴定,富收藏,以古今名人梅花作品为多,有"五百本画梅精舍"之称。曾任中华书局美术部主任,主编西泠印社《金石家书画集》十八册。

[3] 李嘉福(1839—1904)字麓苹,号笙鱼,浙江石门(今崇德)人,流寓吴县。精鉴赏,收藏极富,锐志学画,山水苍润,曾为戴鹿牀(熙)学弟子。筑"阿宝阁",藏项氏天籁阁旧物。

[4] 高时显印、野侯书画、五百本画梅精舍、梅王阁:高野侯鉴赏印。

[5] 朱文钧(1882—1937),字幼平,号翼庵,浙江萧山人。毕业于英国牛津大学,官至民国盐务署厅长。故宫博物院成立后即被聘为专门委员,负责鉴定书画碑帖。能书善画,博学精鉴又酷爱金石。著有《欧斋石墨题跋》。1954年,夫人张蕙只女士率子将家藏碑帖七百余种无偿捐赠给国家。

[6] 向叔审定真迹:汪士元鉴赏印。

[7] 延秋舫:李嘉福室名。

[8] 北溟:陶北溟(1882—1956),本名祖光,字伯铭、北溟,斋号"金轮精舍",江苏武进人。民国时期任北平故宫博物院书画顾问。嗜金石、擅鉴赏、富收藏,精于碑版之学。着有《翔鸾阁金石文字考释》《金轮精舍藏古玉印》等。

212. 铁保[1] 书法

纸本,水墨,镜片,纵42厘米,横167厘米,款识:"辛酉三月既望,梅花莽传者铁保书。"钤印:铁保私印、督漕使者、梅庵。释文:"小山丛桂留人。"

鉴藏印:元霖山房、麓云楼[2]、子翰、元霖山房珍藏。

2015年12月26日,此画由浙江三江拍卖有限公司在杭州公开拍卖。

[注释]

[1] 铁保(1752—1824),字冶亭,号梅庵,满洲正黄旗人,与成亲王永瑆、刘墉、翁方纲,称为"清四大书家"。乾隆三十七年进士,官至两江总督,赏头品顶戴。嘉庆十四年发生山阳知县王伸汉冒赈,鸩杀委员李毓昌事件,铁保被免职,流放新疆。著有《惟清斋全集》。

[2] 麓云楼:汪士元鉴赏印。

213. 伊秉绶[1] 隶书八言联

纸本,水墨,对联,纵 179 厘米,横 43 厘米,题识:"恭甫先生太史是正。癸卯花朝,愚弟伊秉绶。"钤印:伊秉绶、墨庵。释文:经国以礼有子产行,为善最乐称东平言。

鉴藏印:向叔平生长物[2]、梁氏芷莭珍藏[3]。

2014 年 12 月 3 日,此画由北京保利国际拍卖有限公司公开拍卖。

[注释]

[1] 伊秉绶(1754—1815),字祖似,号墨卿,晚号默庵,福建汀州府宁化县人,乾隆五十四年进士,官至扬州知府等职。喜绘画、治印,亦有诗集传世。工书,尤精篆隶,精秀古媚。其书超绝古格,隶书尤放纵飘逸,自成高古博大气象。

[2] 向叔平生长物:汪士元鉴赏印。

[3] 梁章钜(1775—1849),字闳中、茝林,号茝邻,晚号退庵,生于福州,官至江苏巡抚,上疏主张重治鸦片囤贩之地,积极配合林则徐严禁鸦片。一生勤于著述,卷帙浩瀚,著有《退庵随笔》《楹联丛话》等七十余部。梁氏芷莭珍藏,为其鉴藏印。

214. 姚政[1]《人物》

绢本,水墨,册页,11 开,纵 24 厘米、横 15.5 厘米,题识:1. 法周东村笔意。2. 拟六如居士夜游图。本见梁溪僧映舟所藏册。3. 法周东村砺剑图。挫奴政。4. 拟凌烟图形武像。5. 仿仇实父。贲园文记。6. 丙申[2] 八月中旬九日淳夫并识。7. 拟九歌图后屈子小像。贲园。9. 寄笼山人政载识。10. 橅赵吴兴笔并题。11. 绿天淡暑。用李伯特法。12. 乾隆岁在丙申九月旬有三日淳夫姚政记。临吴小仙负薪读书缩本。

鉴藏印:熙宝斋珍藏印[3]、元霖山房秘藏、元霖山房、元霖山房珍藏、虚白斋、虚白斋主人曾观[4]、麓云楼[5]、白云千嶂晓、和其光同其尘等。

2013 年 12 月 20 日,此画由北京世纪盛唐国际拍卖有限公司公开拍卖,

[注释]

[1] 姚政，字纯夫，又字贲园，吴县（今江苏苏州）人。乾隆年间画家，工人物、仕女。

[2] 丙申：乾隆四十一年，公元1776年。

[3] 翁镇熙（1950—），广东潮阳人，中共党员，清华大学毕业，曾任潮阳常务副市长、汕头市经济委员会党委书记、主任，北京中国书画收藏家协会顾问等职，著有《书画投资学》、《中国书画源流初探》等。熙宝斋珍藏印，为其鉴藏印。

[4] 刘作筹1911—1993），潮州龙湖人，香港富豪，藏品极为丰富。香港艺术馆建有"虚白斋藏中国书画馆"。曾获英女皇颁勋褒奖。虚白斋主人曾观、虚白斋，为其鉴藏印。

[5] 麓云楼：汪士元鉴藏印。

215. 蔡诰[1]《携杖访友》

纸本，设色，洒银，扇片，纵20厘米、横60厘米，题识："板桥通外小亭空，乔木参差烟霭中。叠叠山光寺影里，幽楼想见故人风。乾隆辛亥[2]秋，画马鉴老姻兄先生请拂，雪川蔡诰时年八十有八。"钤印：臣诰。鉴藏印：元霖山房秘藏、元霖山房宝藏、麓云楼[3]。

2012年11月29日，此画福建静轩拍卖有限公司在福州公开拍卖，

[注释]

[1] 蔡诰，号雪川，江宁（今南京）人。善画猿猴，与吴忠思齐名。《南巡盛典》所绘名胜各图，皆为他所审定。

[2] 辛亥：乾隆五十六年，公元1791年。

[3] 麓云楼：汪士元鉴藏印。

216. 康焘[1]《婴戏图》

绢本，设色，立轴，纵117厘米、横64厘米，题识："雍正五年[2]秋七月既望石舟康焘写。"钤印：康焘。鉴藏印：向叔平生长物、麓云楼书画记[3]。

2015 年 6 月 13 日,此画由北京建亚世纪拍卖有限公司公开拍卖。

［注释］

［1］康焘:初名涛,字逸斋,号石舟,钱塘(今杭州),布衣。工画,精仕女,姿态静逸,在能妙之间。兼善山水、花鸟。工书,年七十能作蝇头小楷。雍正五年尝写《三娘子像》,乾隆二十年作《仕女打鹇图》。

［2］雍正五年:公元 1727 年。

［3］向叔平生长物、麓云楼书画记:汪士元鉴藏印。

217. 宋湘[1]等嘉道贤士书札合册

纸本,水墨,册页,共二十六开,尺寸不一。签条:嘉道贤士书札合册,钤印:松溪村人。释文:1.……宋湘顿首二月五日辰谨上。2.……嵩庆[2]顿首,八月初五日。3.……文安愚弟史致俨[3]顿首,十一月廿九日夔州试院发。4.……彦士[4]谨请师母大人懿安并侯诸位世兄安好。5.……侍生朱士彦[5]谨启。

收藏印:嘉应润古堂藏[6]、润古堂、香若眼福、番禺贺氏香若所藏、松溪村人、向叔所藏[7](11 次)。

2007 年 12 月 30 日,此画由浙江保利国际拍卖有限公司在杭州公开拍卖。

［注释］

［1］宋湘(1757—1826)字焕襄,号芷湾,广东嘉应州(今广东梅州)人。嘉庆四年中进士,道光六年卒于武汉湖北观察署任上。《清史稿·列传》中称"粤诗惟湘为巨"。

［2］陈嵩庆,字复庵,号荔峰,浙江钱塘人。兆仑族子。嘉庆六年翰林,官至吏部侍郎。工书法。

［3］史致俨(1760—1838)字容庄,江苏江都人,嘉庆四年中进士,选庶吉士,授编修。历任四川学政、内阁学士、刑部侍郎、左都御史、礼部尚书等职。

［4］杜彦士(1801—1847),字翘林,号蕉林,福建晋江人。道光三年进士,散馆改主事,历任顺天同考官、会试同考官。官至浙江粮储道。

［5］朱士彦(1771—1838)字休承,江苏宝应人。嘉庆七年探花。官至左都御史,历任工、吏、兵诸部尚书。多次主持会试及督湖北、浙江、安徽学政。参与

编纂《国史·河渠志》，熟悉河工事务。

[6] 嘉应润古堂藏、润古堂主人为王福生，民国时北京琉璃厂专门收藏古字画的著名老店。

[7] 向叔所藏：汪士元鉴藏印。

218. 钱杜[1] 山水

纸本，设色，立轴，纵 25 厘米、横 31 厘米，册页，10 开，款识："日月无终极，陵谷从变迁。神襟轶寥廓，兴寄挥五弦。庚午[2]秋，叔美钱杜。"钤印：叔美、松壶、松壶小隐、叔美、壶公、松壶诗画。

鉴藏印：熙宝斋珍藏印[3]、元霖山房、元霖山房珍藏、元霖山房秘藏、虚白斋主人曾观、虚白斋、作筹秘玩[4]、麓云楼[5]、山左李氏珍秘。

2015 年 11 月 12 日，此画由广东小雅斋拍卖有限公司在广州公开拍卖，

[注释]

[1] 钱杜(1764—1845)，字叔美，号松壶小隐，钱塘（今浙江杭州）人，嘉庆五年进士，官主事。书法有清俊温雅之气。花卉、人物之外，擅画山水，以细笔和浅设色为主，运笔松秀缜密，所画山石、人物形象，能寓巧密于朴拙之中，颇有装饰意趣。著有《松壶画忆》《松壶画赘》《松壶画诀》等。

[2] 庚午：朝乾隆十五年，公历 1750 年。

[3] 翁镇熙(1950—)，广东潮阳人，中共党员，清华大学毕业，曾任潮阳市常务副市长、汕头市经济委员会党委书记、主任等职，著有《书画投资学》《中国书画源流初探》等。熙宝斋珍藏印，为其鉴藏印。

[4] 刘作筹 1911—1993)，潮州龙湖人，香港富豪，藏品极为丰富，如明四家、新安诸贤、画中九友、四王吴恽、清初四僧和扬州八怪等等作品均有收藏。香港艺术馆建有"虚白斋藏中国书画馆"。曾获英女皇颁勋褒奖。虚白斋主人曾观、虚白斋、作筹秘玩，为其鉴藏印。

[5] 麓云楼：汪士元鉴藏印。

219. 钱杜《仙壑螺舟》

纸本,设色,立轴,纵 123.5 厘米、横 28.51 厘米,款识:"仙壑螺舟。画家毕竟有心镫,远岫闲云隔几层。何处藏舟有仙景,前身原是壑庵僧。写颐道居士诗意。松壶外史钱杜。"钤印:叔美钤印:叔美。鉴藏印:士元珍藏[1]、滇虚审定。

2015 年 6 月 1 日,此画由佳士得香港有限公司在香港公开拍卖,

[注释]

[1] 士元珍藏:汪士元鉴藏印。

220. 罗聘、项均[1]《山水人物花卉册》

罗聘、项均合作的《山水人物花卉册》,十开,纸本,墨笔,纵 28.9 厘米,横 34.1 厘米。收录:田洪编《王南屏藏中国古代绘画》,图 223,2015 年 7 月,天津人民美术出版社,第 712—721 页。

之一,款识在上方:般若波罗蜜多心经。观自在菩萨,行深般若波罗蜜多时照见五蕴皆空,度一切苦厄。舍利子,色不异空,空不异色,色即是空,空即是色,受想行识,亦复如是。舍利子,是诸法空相,不生不灭,不垢不净,不增不减。是故空中无色,无受想行识,无眼耳鼻舌身意,无色声香味触法,无眼界,乃至无意识界。无无明,亦无无明尽,乃至无老死,亦无老死尽。无苦集灭道,无智亦无得,以无所得故。菩提萨埵,依般若波罗蜜多故,心无挂碍,无挂碍故,无有恐怖,远离颠倒梦想,究竟涅槃。三世诸佛,依般若波罗蜜多故,得阿耨多罗三藐三菩提。故知般若波罗蜜多,是大神咒,是大明咒,是无上咒,是无等等咒,能除一切苦,真实不虚。故说般若波罗蜜多咒,即说咒曰:揭谛揭谛,波罗揭谛,波罗僧揭谛,菩提萨婆诃。前身花之寺僧罗聘敬绘并书。钤印:罗聘私印、花之僧。题签 1. 罗两峰、项贡父合作山水人物画册。寂庵[2]。钤印:士元。2. 罗项画册,丙辰初冬同书题签。钤印:深。鉴藏印:士元、向叔审定真迹[3]、

之二,无款识,钤印:罗两峰。鉴藏印:士元。

之三,无款识,钤印:花之寺僧。鉴藏印:士元。

之四,款识:栈道图,两峰道人罗聘画。钤印:遯夫。鉴藏印:士元。

之五,款识:雨后修篁分外青,萧萧如在过溪亭。世间都是无情物,只有秋声最好听。两峰居士罗聘画于武林客馆。钤印:罗聘私印。鉴藏印:士元。

之六,款识:醉眠妓馆温和尚,水墨葡萄泔世夸。怪叶狂藤等儿戏,俨然一领破袈裟。贡父漫笔书冬心先生题温日观画葡萄句。钤印:项均。鉴藏印:士元。

之七,款识:先生竟学道,自制水田衣。独卧寒林静,故人相见稀。晚凉松鼠落,晓日竹鸡飞。乱叶千峰里,行歌何处归。贡父作于武林精舍,偶见渔洋山人诗,并书其上。钤印:司戊。鉴藏印:士元。

之八,款识:群卉以时鲜,惟尔有长色。直迫岁寒时,犹挺一枝出。项均。钤印:司戊。鉴藏印:士元。

之九,款识:缭绕西南隅,鸟声转幽静。秀公今不在,独礼高僧影。林下器未收,何人适煮茗。贡父。钤印:项均。鉴藏印:士元。

之十,款识:山中晴雪。壬午秋八月,竹西项均小笔。钤印:贡父。鉴藏印:士元、向叔平生长物、麓云楼书画记[4]。

此画现由美国西雅图美术馆收藏。

[注释]

[1] 项均,字贡父,歙人,侨居扬州,擅画梅。乾隆二十四年拜金农为师学习诗画.项均与罗聘同为金农的入室弟子,也是金农的主要代笔人。

罗聘(1733—1799),字遯夫,号两峰,祖籍安徽歙县,先辈迁居扬州。为金农入室弟子。"扬州八怪"之一。人物、佛像、山水、花果、梅、兰、竹等,无所不工,笔调奇创,超逸不群。善画《鬼趣图》,画鬼态无不极尽其妙,借以讽世。子允绍、允缵,均善画梅,人称"罗家梅派"。著有《香叶草堂集》。

[2] 寂庵:汪士元晚年号。

[3][4] 士元、向叔审定真迹、向叔平生长物、麓云楼书画记:汪士元鉴藏印。

221. 汪承霈[1]《安居图》

绢本,设色,立轴,高112厘米,横49厘米,款识在右上:"乾隆癸未秋[2]七月

仿陆叔平笔意,画于海棠仙馆。时斋汪承霈。"钤印:汪承霈印、时斋

鉴藏印:大风堂印[3]、麓云楼[4]、戴氏芝农藏书画印[5]。

2014 年 12 月 3 日,此画由北京保利国际拍卖有限公司公开拍卖。

[注释]

[1] 汪承霈(? —1805),字受时,号时斋,别号蕉雪,汪由敦之子,浙江钱塘人,官至兵部尚书。善诗古文词,能书,工画山水、人物及花卉,兼长楷画。

[2] 癸未:乾隆四十八年,公元 1783 年。

[3] 大风堂印:现代画家张大千鉴赏印。

[4] 麓云楼:汪士元鉴藏印。

[5] 戴植,字培之,号芝农,清朝后期江苏丹徒人,其"翰墨轩"、"心太平轩"、"培万楼"收藏书画和古籍,在当时称极一时,其中古籍收藏中,宋、元、明刻本 10 余种。其所藏书画后来归于上海博物馆。戴氏芝农藏书画印,为其鉴赏印。

222. 孙义钧[1]《邓尉探梅图》

纸本,水墨,手卷。引首高 31.5 厘米,横 100 厘米。本幅高 31 厘米,横 272 厘米,题跋高 35.5 厘米,横 530 厘米。款识:"吴郡迤西行七十里,冈峦缭亘丛椒黝邃,有山曰邓尉,其西南六里为元墓,晋刺史郁泰元残碣在焉,居人植梅为业,盖逾千顷,方春景妍,林衾缟白,冷香晴雪,散被塍野,禽声篁籁,岩翠波光,明秀幽深,自然胜妙,苟举竹杖,穷入升眺,可以悦神忘归。芥航先生脱略簪组,耽癖泉石,负谢傅之硕望,衷许椽之胜情,寰内名山皆将登历,以鉤吴人属此图缋,萧贲尺幅,虽惭范模,宗炳卧游,庶佐探览。肇自光福,迄于穹窿,南带青芝,右襟铜井,前阻笠泽,远映包山,七十二峯,一镜罗目,将使猿鹤无心,楼游烟墨,湖山有灵,奔赴素缣,绀碧云中,樯帆天际,日霞华雾,齐收腕袖矣。若夫屏傺翠驿,导节丹梯,异日胜游,请于此券,爰缀短记,以跋后尘。道光丙戌[2]九月之望。中吴孙义钧识。"张井[3]上款。题跋:1. 戊子小春考录。钤印:莲客[4]。2. 戊子残腊再识于拙归庵盆梅之畔,莲客。钤印:于。3. 题请芥航三兄大人郢正,芝轩愚弟潘世恩[5]。钤印:臣世恩印、芝轩。4. 题奉芥航三兄大人雅正。云汀愚弟陶澍[6]。钤印:臣澍之印、陶氏子霖。5. 题奉芥航三兄大人教正,愚弟穆彰阿[7]。钤印:鹤舫。6. 道光十年清明日,题奉芥航先生前辈大人钧诲,后学吴嵩梁[8]。钤印:

吴氏子山、黔西刺史。

鉴藏印：清净瑜迦馆[9]、莲客鉴赏[10]。

2014 年 12 月 2 日，此画由北京匡时拍卖有限公司公开拍卖。

[**注释**]

[1] 孙义瑑，吴县人，字子和。幼慧，工诗词，善书画，精音律，旁及篆刻、陶埴之事。早岁即出游，与老辈名流相接，后以诸生入官浙中，官宜良知县。殁于咸丰初年。

[2] 丙戌：道光六年，公元 1826 年作。

[3] 张井(1776—1835)，字仪九，号芥航，陕西郿州人。嘉庆六年成进士，以内阁中书用，改知县，铨授广东乐会。特命改河南正阳，调祥符，迁许州直隶州知州。

[4] 于莲客，名于怀，字莲客，后以字行，辽宁人。擅长工细山水、花鸟；诗词歌赋无一不工，尤善填词。与杨云史、樊增祥等过往甚密。精鉴赏，富收藏。

[5] 潘世恩(1769—1854)，字槐堂，号芝轩，乾隆五十八年状元及第，官至英武殿大学士，充上书房总师傅，进太子太傅，历事乾隆、嘉庆、道光、咸丰四朝，被称为"四朝元老"，与堂兄潘世璜、孙潘祖荫合称为"苏州三杰"。著有《恩补斋集》

[6] 陶澍(1779—1839)，字子霖，号云汀，湖南安化人，嘉庆七年进士，官至两江总督，内督办海运，剔除盐政积弊，兴修水利，并设义仓以救荒年。有《陶文毅公全集》等。

[7] 穆彰阿(1782—1856)，字子朴，号鹤舫，满洲镶蓝旗人，嘉庆十年中进士，官至文华殿大学士，任军机大臣二十余年，深受宠信，权倾内外。鸦片战争期间，穆彰阿主张议和，诬陷林则徐等主战派，并主持一系列不平等条约的签订。咸丰皇帝继位后，重新起用林则徐等人，将穆彰阿革职。

[8] 吴嵩梁(1766—1834)字子山，号兰雪，晚号澂翁，别号莲花博士、石溪老渔。江西东乡新田人。嘉庆五年举人，授国子监博士，旋改内阁中书。道光十年擢贵州黔西知州，修建阳明书院，有惠政。因事得罪上司，转为长寨厅同知。后曾两任乡试同考官。

[9] 清净瑜迦馆：汪士元鉴藏印。

[10] 莲客鉴赏：于莲客鉴藏印。

223. 林则徐^[1]行书《小石潭记^[2]》

　　纸本,水墨,镜心,高 38 厘米,横 133 厘米,款识在左下:"道光四年^[3]冬十有二月下旬书于京师之留砚堂。少穆。"钤印:林则徐印。释文:"从小丘西行百二十步,隔篁竹,闻水声,如鸣佩环,心乐之。伐竹取道,下见小潭,水尤清冽。全石以为底,近岸,卷石底以出,为坻,为屿,为嵁,为岩。青树翠蔓,蒙络摇缀,参差披拂。潭中鱼可百许头,皆若空游无所依。日光下澈,影布石上,佁然不动;俶尔远逝,往来翕忽。似与游者相乐。潭西南而望,斗折蛇行,明灭可见。其岸势犬牙差互,不可知其源。坐潭上,四面竹树环合,寂寥无人,凄神寒骨,悄怆幽邃。以其境过清,不可久居,乃记之而去。同游者:吴武陵,龚古,余弟宗玄。隶而从者,崔氏二小生:曰恕己,曰奉壹。"

　　鉴藏印:闲口斋、麓云楼^[4]、宝司斋、吴待秋^[5]、悟馨斋珍藏印、熙宝斋珍藏印^[6]、元霖山房珍藏、元霖山房。

　　2014 年 12 月 21 日,此作品由中国嘉德国际拍卖有限公司在北京公开拍卖。

[注释]

[1] 林则徐(1785 — 1850),字少穆,福建省侯官人,嘉庆十六年进士,曾任江苏巡抚、湖广总督等职。受命钦差大臣到广州主持禁烟,坚决果敢,1839 年 6 月 3 日,林则徐虎门销烟,被受降派诬害革职谦戍新疆,1846 年被重新起用,历任陕甘总督、陕西巡抚、云贵总督等职。

[2]《小石潭记》是唐朝诗人柳宗元的作品,全名《至小丘西小石潭记》。记叙了作者游玩的整个过程,以优美的语言描写了"小石潭"的景色,含蓄地抒发了作者被贬后无法排遣的忧伤凄苦的感情。

[3] 道光四年:公元 1824 年。

[4] 麓云楼:汪士元鉴藏印。

[5] 吴徵(1878—1949),字待秋,名徵,浙江崇德(今桐乡)人。曾任职于上海商务印书馆,擅长山水画。与吴湖帆、吴子深、冯超然合称"三吴一冯",与吴子深、吴湖帆、吴观岱称为"江南四吴",又与赵叔孺、吴湖帆、冯超然同誉为"海上四大家"。

[6] 翁镇熙(1950—),广东潮阳人,中共党员,毕业于清华大学,曾任潮阳市

委常委、常务副市长、汕头市经济委员会党委书记、主任等职,著有《书画投资学》《中国书画源流初探》等。熙宝斋珍藏印,为其鉴藏印。

224. 费丹旭^[1]《仕女》

绢本,设色,立轴,款识在右上:"玉骨香温体态柔薄,罗裙击半含羞却怜,一掬华清水只洗半肌不洗愁。时庚戌秋八月抚仇实甫笔意于依旧草庐,子苕费丹旭。"钤印:费丹旭书画印、子苕。鉴藏印:向叔审定真迹^[2]。

2014 年 4 月 19 日,此作品由上海宏大拍卖有限公司公开拍卖。

[注释]

[1] 费丹旭(1802—1850)字子苕,号晓楼,乌程(今浙江湖州)人。工写照,如镜取影,尤精补景仕女,秀润素淡,潇洒自然,格调柔弱,用笔流利,轻灵洒脱,有"费派"之称。一生为家计所累,卖画于江浙,寓杭州最久。著有《依旧草堂遗稿》一卷。

[2] 向叔审定真迹:汪士元鉴赏印。

225. 张熊^[1] 花鸟

设色,洒金,扇面,高 19 厘米,横 48 厘米,题识:"癸未^[2]季夏,摹马扶羲本,伯麟仁兄大人属正,八十一老事禅张熊。"钤印:子祥。题跋:"张熊,字子祥,生于嘉庆癸亥,终年八十又四。浙江嘉兴人,寓上海。富收藏,工诗文,着题画记行世。擅人物山水花卉入神,寻丈巨幅倍见功力与任熊朱熊有海上三熊之称,叶永康兄藏有扇面真迹,为八十一岁所作,后三年逝世,晚年遗墨犹足珍贵。辛未菊月程燮^[3]跋,洪百里^[4]书。"钤印:齐燮印信、百里翁。鉴藏印:悟馨斋珍藏印、麓云楼^[5]、翰墨林。

2015 年 5 月 3 日,此作品由保利(厦门)国际拍卖有限公司在厦门公开拍卖。

[注释]

[1] 张熊(1803—1886),字寿甫,号子祥,秀水(今浙江嘉兴)人,年青时代就

移居上海,生收藏了一万多件古董珍玩,被称为"沪上寓公之冠"。擅长画花卉,尤善画大幅牡丹,屏山巨幛,以寻丈计者愈见力量,富于时代气息,受社会称赞。

[2] 癸未:光绪九年,公历 1883 年。

[3] 程齐燮(1909—2014),歙县人,由老师到报社记者、编辑,由"抗日后援会书记"到"总务部长",靠内助经营小商业为生计,生活清苦。在饱受十年动乱的折磨之后,为地区博物馆清理、鉴定过字画文物,1986 年被聘为省文史研究馆馆员。

[4] 洪百里(1915—),洪震,字百里,生于徽州岩寺,幼承家学,临摹元、明、清名家作品;山水直师汪采白、黄宾虹诸家,人物师张大千,走兽师张善子,擅长山水、走兽(虎)、人物(罗汉)。

[5]] 麓云楼:汪士元鉴藏印。

226. 沈葆桢[1] 行书八言联

洒金笺本,水墨,行书八言联,立轴,高 170 厘米,横 30 厘米,题识:沈葆桢,钤印:臣沈葆桢、幼丹。释文:"千岩竞秀万壑争流,一水护田两山排闼。"著录:《中国书法鉴赏·清及民国卷(一)》天津人民美术出版社 2011 年出版 P. 139。

鉴藏印:能仁堂李氏珍藏之章[2]、康德楼藏翰林书画记[3]、士元珍藏[4]、马德春[5]审定。

2015 年 5 月 30 日,此作品由福建静轩拍卖有限公司在福州公开拍卖。

[注释]

[1] 沈葆桢(1820—1879),福建侯官(今福州)人,字幼丹、翰宇。道光二十七年进士,官至两江总督兼南洋大臣。光绪五年(1879 年),在江宁病逝于任上,谥文肃,朝廷追赠太子太保衔。

[2] 能仁堂李氏珍藏之章:现代收藏家李裕能鉴藏印。

[3] 康德楼藏翰林书画记:现代书法家、收藏家卢国俊鉴藏印。

[4] 士元珍藏:汪士元鉴藏印。

[5] 马德春,现代书法家、收藏家。

227. 黄烈[1]行书《大明皇陵碑记》

纸本,手卷,,纵 24.5 厘米,横 408.5 厘米。识文:"大明皇陵碑记。孝子皇帝元璋谨述。洪武十一年夏四月,命江阴矦吴良督工新造皇堂。余时秉鉴窥形,但见苍颜皓首,忽思往日之艰辛。况皇陵碑记,皆儒臣粉饰之文,恐不足为后世子孙戒,仍述艰难,明昌运,俾后代见之……洪武十一年戊午七月吉立。"款识:"江南凤阳府临淮县小臣黄烈钦遵原刻碑文誊录。"钤印:黄烈之印、□父、石梁黄烈、本云间人。

鉴藏印:清净瑜迦馆[2]。2009 年 11 月 20 日,此作品由北京建亚世纪拍卖有限公司拍卖。

[注释]

[1] 黄烈,清代安徽临淮人,岁贡生,工书法,光绪《凤阳府志》称其善行草。

[2] 清净瑜迦馆:汪士元鉴藏印。

228. 虚谷[1]《松鼠葡萄》

绫本,水墨,立轴,高 111 厘米,横 40 厘米,款识:"紫阳山民虚谷。"钤印:虚谷书画、耿耿其心。题跋:"此虚谷先生《松鼠图》轴真迹,用笔冷峭新奇,干笔偏锋兼破笔作松鼠,生动超逸,秀润之致。向叔汪士元题记。"鉴藏印:汪士元审定印。

2010 年 9 月 5 日,此作品由浙江一通拍卖有限公司在杭州公开拍卖。

[注释]

[1] 虚谷(1823—1896),俗姓朱,名怀仁,僧名虚白,字虚谷,别号紫阳山民,安徽歙县人。初任清军参将与太平军作战,意有感触,后出家为僧。工山水、花卉、动物、禽鸟,尤长于画松鼠及金鱼。亦能诗,有《虚谷和尚诗录》。

229. 居廉[1]《岁朝清供》

纸本,设色,立轴,长 133 厘米,宽 63 厘米,款识:"壬午[2]嘉平月[3]隔山樵子居廉写。"钤印:古泉、居廉私印。鉴藏印:李口口玩、向叔审定真迹[4]。

2017 年 7 月 9 日,此画由昆明雅士得拍卖有限公司公开拍卖。

[注释]

[1] 居廉(1828—1904),广东番禺人,字士刚。善画花鸟、草虫及人物,尤以写生见长。和其从兄居巢并称"二居"。初学宋光宝和孟丽堂,后吸收各家之长,自成一家。笔法工整,设色妍丽,在继承和发展恽寿平没骨画法基础上,广泛运用了撞水和撞粉法,是岭南画派奠基人之一。

[2] 壬午:光绪八年,公元 1882 年。

[3] 嘉平月:农历对十二月的一种别称。

[4] 向叔审定真迹:汪士元鉴藏印。

230. 汤世澍[1]《花卉》

绢本,设色,对屏,立轴,四开,高 27.5 厘米,横 33.5 厘米。款识一:拟瓯香馆本汤世澍写。钤印:世澍私印、润之。款识二:时己巳[2]端午后一日汤世澍作于白云溪上。钤印:润之。款识三:南兰陵汤世澍写。钤印:润之。款识四:乐平二兄大雅之属,汤世澍作于白云溪上。钤印:世澍私印,润之、耐庐。

鉴藏印:向叔所得、向叔心赏、向叔古缘[3]、雪舲、周雪舲。

2005 年 10 月 30 日,此作品由浙江佳宝拍卖有限公司在杭州公开拍卖。2010 年 1 月 21 日,此作品又由浙江骏成拍卖有限公司在杭州公开拍卖。

[注释]

[1] 汤世澍(1831—1903)字润之,晚号修叟,武进(今江苏常州)人,国子监生。工花卉,鲜丽无比,书工米芾,题识精美,比之古人三绝。光绪二十年(1894)进所绘百花屏九帧,为慈禧太后所赏。

[2] 己巳:同治八年,公元 1869 年。

[3] 向叔所得、向叔心赏、向叔古缘：汪士元鉴藏印。

231. 吴谷祥[1]《茂岭幽居图》

纸本,设色,镜片,高 136 厘米,横 66 厘米。题识:"结屋高岩下,云深常含烟。道人终日坐,玄诀契真诠。壬辰[2]十月,樗西庐老人本,秋农吴谷祥。"钤印:谷祥。

鉴藏印:天随后人、话雨楼主[3]、麓云楼、士元珍藏[4]。

2014 年 6 月 22 日,此作品由上海嘉禾拍卖有限公司公开拍卖。

[注释]

[1] 吴谷祥(1848—1903),字秋农,初字蓉甫,浙江嘉兴人。山水远宗文、沈,近法戴熙,亦善花卉、仕女,用笔苍劲,设色清丽。俞曲园评其画为"神品"。清末在上海鬻画,时画风习尚纵横草率,而其独能不落时尚。

[2] 壬辰:光绪十八年,公元 1892 年。

[3] 陆恢(1851—1920),字廉夫,号狷叟,江苏吴江(今属苏州)。书工汉隶。画则山水、人物、花鸟、果品,无一不能。山水师娄东派,苍秀隽雅。花卉则取法恽寿平。尤能鉴别书画。天随后人、话雨楼主,为其鉴藏印。

[4] 麓云楼、士元珍藏:汪士元鉴藏印。

232. 张祖翼[1]隶书

纸本,水墨,立轴,高 136 厘米,横 51 厘米。释文:春秋尚书律令文,治礼学故砥厉身。智能通达多见闻,名显绝殊异等伦。款识:钟鸣仁兄正腕,时在乙卯[2]暮春之初,磊翁张祖翼书。钤印:张祖翼印、磊龛。

鉴藏印:平斋过眼[3]、士元珍藏[4]、海虞邵氏珍藏金石书画之印[5]。

2013 年 10 月 10 日,此作品由香港佳富拍卖行有限公司在香港公开拍卖。

[注释]

[1] 张祖翼(1849—1917),字逖先,号磊庵,安徽桐城人。篆刻,师邓石如,宗石鼓、钟鼎;隶法汉碑、魏碣。西泠印社柏堂后石坊额上隶书"西泠印社"四字,

为其所书。长期寓居海上,与吴昌硕、高邕之、汪洵并称海上四大书法家。著有《磊庵金石跋尾》等。

[2] 乙卯:1915 年。

[3] 平斋过眼:吴平斋(1811—1883),字少甫,号平斋,安徽歙县人,举人,曾官居苏州知府。工书画篆刻,书学颜真卿,善画水山、花鸟。著有《两罍轩彝器图释》《二百兰亭斋金石三种》。

[4] 士元珍藏:汪士元鉴藏印。

[5] 邵松年(1848—1923),字伯英,号息庵,江苏常熟人,光绪九年进士,官至河南学政,精通书画,尤善收藏与鉴赏。著有《海虞文征录》《虞山画志补编》《澄兰堂古缘萃录》。海虞邵氏珍藏金石书画之印,为其鉴藏印。

233. 钮嘉荫[1]临金农[2]花卉册

纸本,水墨,册页,十二开,高 19 厘米,横 34 厘米,题跋:"临樵逼真的是名手。向叔。"鉴藏印:谭中良丙之氏所藏、士元[3]。

2012 年 3 月 26 日,此作品由中国嘉德国际拍卖行有限公司在北京公开拍卖,成交价为 6.35 万元。

[注释]

[1] 钮嘉荫(1857—1915),字叔闿,号闻叔,江苏吴县人。精鉴别,工四体书及篆刻、金石考证。临摹古画,尤为精绝;间写草虫,亦有韵致。

[2] 金农(1687—1763),字寿门,号冬心先生,浙江仁和(今杭州)人。荐举博学鸿词科,人京未酬而返,好游历。后侨膳扬州,以卖画为生.为"扬州八怪"之一。画善山水、人物、花鸟.尤工墨梅,书法号称"漆书",自成一家。

[3] 士元:汪士元鉴藏印。

234. 康有为[1]行书五言诗

纸本,水墨,蝴蝶折,8 页本,高 94 厘米,横 21.5 厘米,款识:"寐叟[2]尚书兄辛酉[3]六月逭署焦山住。汉丞仁兄,有为。"钤印:康有为印、南海康有为印。

录文：听涛有书屋(安吴所题额)，茅汀所旧宿。窗前残梅花，槛外秀修竹。绝壁俯长江，悬崖多灌木。俯视水啮脚，远观天坦腹。水底石排陈，激湍成泗泭。石浪于激击撞，洪涛遂起伏。阙尔万龙轰，反翻覆雷雨。杂晦冥震昆，阳鉅鹿出步。大观台石床，可坐读此固。群山来万马，奔腾属瓜洲。带芜树百里极穷绿。大江流日夜，东去不回复。千帆写夕阳，十里明银烛。泛舟登甘露，很石怒如掬。感时叹孙刘，龙虎斗仆仆。卫公铁塔在，阅劫必已复。地窄天水宽，多景肆瞻属。江山美如画，浪淘空歌哭。广武兴叹喟，英雄水泥瀡。中流揽金山，一塔犹高矗。振衣登绝顶，远天浸浮玉。海门日月昏，只饮山水渌。玉带再摩挲，春梦久已熟。不如归焦山，自崖反缩舴。夕素月明，江声上山麓。高枕听惊涛，洗心若新沐。念昔水云客，同游水云曲。丙辰与汪甘卿同年同游焦山。每念老尚书，久痴忧相续。不得携手游，高谈天人服。赠君神灵药，起君宿疾速。诸天在神游，默存谁能局。赠君庵后罗，延年过餐菊。多罗诃梨勒，寿过一劫扬。荫年过餐菊，多罗诃梨勒，寿过一劫扬荫君无忧树，清凉乐无溽。赠君播耨迦，四足遍神足。赠君安缮那，三界入天目。尚书过来人，神明难昏浊。纵使铁轮旋，定慧不可触。同入金城游，指月犹可录。

鉴藏印：向叔所藏[4]、灏文堂藏。

2010 年 7 月 19 日，此作品由中贸圣佳国际拍卖有限公司在北京公开拍卖。

[注释]

[1] 康有为(1858—1927)，字广厦，号长素，广东省南海县人。二十一年得知《马关条约》签订，联合 1300 多名举人上万言书，即"公车上书"。二十四年进行戊戌变法，变法失败后逃往日本，组织保皇会，鼓吹开明专制，反对革命。辛亥革命后，作为保皇党领袖，他反对共和制，一直谋划溥仪复位。民国六年张勋发动复辟，康有为拥立溥仪登基，不久失败。

[2] 沈曾植(1850—1922)，字子培，号巽斋，晚号寐叟，浙江嘉兴人。光绪六年进士，官至安徽提学使、布政使，并一度护理皖抚。辛亥革命后，坚持忠清立场。通晓刑律及西北地理。著述较富，著有《寐叟乙卯稿》《长春真人西游记笺注》等书。

[3] 辛酉：公元 1921 年。

[4] 向叔所藏：汪士元鉴藏印。

235. 黄宾虹[1]《山水》

纸本,水墨,镜片,四件,款识:1.毘陵邹衣白[2]笔意全于晋魏六朝画悟出,近观敦煌发显唐开元贾至[3]真迹,椎沙印泥之妙,超出于王维[4]、郑虔[5]之上,可以想见。钤印:黄宾公。2.西泠桥远望诸峰。钤印:黄宾虹。3.粉岭大埔墟在九龙山脉之北。钤印:黄宾虹。4.用范华原[6]法。钤印:黄宾公。鉴藏印:向叔所藏[7](四次)。

2011年6月15日,此作品由浙江中钜拍卖有限公司在杭州公开拍卖。

[注释]

[1] 黄宾虹(1865—1955),名质,字朴存,现代杰出画家,祖籍安徽歙县,生于浙江金华。擅中国画、美术史论、美术教育。诗、书、画、印皆精,山水尤绝,为一代艺术大师。曾任中央美院华东分院教授、美术研究所所长。

[2] 邹之麟,字臣虎,号衣白、昧庵、逸老,江苏武进人,万历三十四年举南京乡试第一,三十八年进士,弘光时官至都宪,博极群书,兼蓄晋、唐墨迹,商、周彝鼎。乙酉后,杜门肆力于翰墨。

[3] 贾至(718—772),字幼邻,河南洛阳人,贾曾之子。擢明经第,为单父尉。安禄山乱,从唐玄宗幸蜀,知制诰,历中书舍人、礼部侍郎,封信都县伯。后封京兆尹,兼御史大夫。至著有文集三十卷。

[4] 王维(701—781),字摩诘,号摩诘居士,唐朝河东蒲州(今山西运城)人,开元九年进士,终尚书右丞。诗以山水田园诗成就最高,兼擅书法、绘画。长于画山水。以破墨绘山水竹石,画面浓淡相宜,云水飞动。著有《王摩诘文集》等。

[5] 郑虔(691—759),字趋庭,河南荥阳人,历任通直郎行率更寺主薄、左监门录事参军、协律郎等职。公务之余集缀当朝异闻,初成草稿八十余卷,不幸遭人诬告"私撰国史",仓惶焚稿,因罪外贬十年。玄宗爱才,于天宝九载七月开设供官家子弟读书的广文馆,特命郑虔为广文馆博士。

[6] 范宽(950—1032),又名中正,字中立,北宋华原(今陕西铜川)人。性疏野,嗜酒好道,擅画山水,隐居终南、太华,早晚观察云烟惨淡、风月阴霁的景色,能自出新意,别成一家。与关仝、李成并列为北宋山水画三大名家。

[7] 向叔所藏：汪士元鉴藏印。

236. 溥心畬[1] 行书虞美人词

纸本，水墨，镜片，款识："辛未[2]小雪调寄虞美人，志清[3]二兄雅属，西山逸士溥儒。"钤印：旧王孙、溥儒。释文："城南旧是芙蓉苑，芦折惊秋雁，送君归去赠君诗，恰似离亭风留叶飞时。斜阳芳草迟行迹，留得伤心碧，故园从此见花残，莫向暮云天外倚阑干。"

鉴藏印：元霖山房宝藏、元霖冽花、熙宝斋珍藏印[4]、麓云楼[5]。

2013 年 10 月 20 日，此作品由上海明轩国际艺术品拍卖有限公司公开拍卖。

[注释]

[1] 溥心畬（1896—1963），原名爱新觉罗·溥儒，初字仲衡，改字心畬，自号羲皇上人，北京人，满族，为清恭亲王奕欣之孙。曾留学德国，笃嗜诗文、书画。画工山水，兼擅人物、花卉及书法。

[2] 辛未：1931 年。

[3] 任可澄（1878—1945），字志清，号匏斋，贵州普定人，"宪政派"代表人物，为梁启超得意门生，诗文、金石、考古皆精。曾两度出任贵州省长，1920—1930 年代闲居北平，与溥儒交往密切。

[4] 翁镇熙（1950—），广东潮阳人，中共党员，毕业于清华大学，曾任潮阳市委常委、常务副市长，汕头市经济委员会党委书记、主任等职，著有《书画投资学》《中国书画源流初探》等。熙宝斋珍藏印，为其鉴藏印。

[5] 麓云楼：汪士元鉴藏印。

237. 佚名《蚕织图》

绢本，设色，册页，二十开，纵 30 厘米，横 30 厘米。

鉴藏印：毕沅[1]秘藏、徐渭仁[2]印、曾藏潘氏海山仙馆[3]、汪向叔藏（6 方）、士元珍藏（7 方）、向叔所藏[4]（8 方）。

2009年11月20日,此作品由北京建亚世纪拍卖有限公司公开拍卖。

[注释]

[1] 毕沅(1730—1797),字纕蘅,亦字秋帆,镇洋(今江苏太仓)人。乾隆二十五年状元,累官至湖广总督。死后二年,因案牵连,被抄家,革世职。经史小学金石地理之学,无所不通。著《续资治通鉴》、《灵岩山人诗文集》等。

[2] 徐渭仁(1788—1855),字文台,号紫珊,上海人。早年善书法,尤长汉隶,收藏碑帖甚丰,并精于鉴别,当时人称为"巨眼"。擅长绘画。咸丰五年,清兵入城,被下狱,死于狱中。辑有《春晖堂丛书》《隋轩金石文字》等。

[3] 潘仕成(1804—1873),字德畲,广东番禺人,先祖以盐商起家,他继承家业后继续经营盐务,以至洋务,成为广州十三行的巨商。既经商又从政,既好古也学洋,既是慷慨的慈善家,又是博古通今的古玩、字画收藏家,官至兵部郎中。曾藏潘氏海山仙馆,为其鉴藏印。

[4] 汪向叔藏、士元珍藏、向叔所藏:汪士元鉴藏印。

238. 佚名草书唐诗

纸本,水墨,手卷,草书,高26厘米,宽85厘米,释文:"紫微晴雪带恩光,绕仗偏随鸳鹭行。长信月留宁避晓,宜春花满不飞香。独看积素凝清禁,已觉轻寒让太阳。题柱盛名兼绝唱,风流谁继汉田郎[1]。"鉴藏印:何昆玉[2]印、宝珊心赏、陆钟辉[3]印、子质、汪向叔藏[4]、绍兴、子孙保之、清河世家。

2015年9月4日,此作品由株式会社东京中央拍卖在东京公开拍卖。

[注释]

[1] 此为唐朝钱起七律《和王员外雪晴早朝》。

[2] 何昆玉(1828—1896)字伯瑜,广东高要人。工刻印,擅模拓彝器,尝客山东潍县陈介祺家,得见陈氏所藏古物,赏奇析疑,见闻日广,鉴别遂精。辑有《吉金斋古铜印谱》六卷。

[3] 陆钟辉(?—1761)字南圻,江苏江都人。工诗词。著有《放鸭亭小稿》《环溪词》。校刊《笠泽丛书》。

[4] 汪向叔藏:汪士元鉴藏印。

239. 佚名《人马图》

绢本,设色,立轴,高 166 厘米,宽 133 厘米,徐邦达[1]跋裱后:"此幅元代人马图神逸深邃,笔力扛鼎,画法学似任子明应出自其门下或习其法之手。余观此图有明朱棡,清人汪士元珍藏,即可证应非明以来物,流传有续,得者珍之。乙亥[2]冬日观于京华客舍,东海徐邦题。"钤印:徐邦达印、蠖叟。

鉴藏印:晋国奎章、晋府书画之印[3]、麓云楼书画记、向叔心赏、士元珍藏[4]、侯氏子良。2006 年 5 月 29 日,此作品由佳士得香港有限公司在香港公开拍卖。

[注释]

[1] 徐邦达(1911—2012)字孚尹,号李庵,又号心远生、蠖叟,浙江海宁人,生于上海。早年从事美术创作,曾在上海中国画苑举办个人画展。1950 年调北京国家文物局,主要从事古书画的鉴定工作。

[2] 乙亥:公元 1995 年。

[3] "晋国奎章"、"晋府书画之印":朱元璋第三子晋王朱棡(? —1398)的鉴藏印。晋府所藏书画多来自于明初内府,而明内府所藏书画有多来自元皇室旧藏之物。

[4] 麓云楼书画记、向叔心赏、士元珍藏:汪士元鉴赏印。

240. 佚名《山水》

绢本,设色,手卷,高 33 厘米,宽 28 厘米,五开,题首:"欣于所遇",钤印:继德赏宝。何举、袁克文[1]、杨沂孙[2]等题跋。钤印:何举之玺、臣克文印、云合楼[3]、杨沂孙印、倦舫[4]。

鉴藏印:口阳陈清华字澄中印、海陆张氏石琴收藏善本、曾经沧海、胡石宜审定书画真迹、胡树之印、黄锡禧[5]沈园珍秘、麓云楼书画记[6]、吴郡江氏曾经审定[7]、阆源审定、廉夫审定[8]、皕宋楼[9]、修梅仙馆秘玩[10]、鹏生藏古、抱经堂印[11]、蒙泉书屋书画审定印[12]、项子京[13]家珍藏。2015 年 6 月 13 日,此作品由北京建亚世纪拍卖有限公司公开拍卖。

[注释]

[1] 袁克文(1889—1931),字豹岑,号寒云,河南项城人,袁世凯次子,熟读四书五经,精通书法绘画,喜好诗词歌赋,还极喜收藏书画、古玩等。生活放浪不羁,妻妾成群,触怒其父,逃往上海,加入青帮,并在上海、天津等地开香堂广收门徒。客居上海,以变卖字画为生。撰有《古钱随笔》《寒云词集》等。

[2] 杨沂孙(1811—1881),字子舆,号泳春,晚号濠叟,江苏常熟人。道光二十三年举人,官至凤阳知府。工钟鼎、石鼓、篆书。偶刻印,亦彬雅迈伦。

[3] 云合楼:袁克文鉴赏印。

[4] 洪颐煊(1765—1837),字旌贤,号筠轩,晚号倦舫老人,浙江临海人,洪坤煊之弟。嘉庆六年(1801)拔贡生,官直隶州州判、广东新兴知县。初为孙星衍门生。

[5] 黄锡禧,黄至筠第五子。黄至筠(1770—1838),又称黄应泰,字韵芬,又字个园。原籍浙江,因经营两淮盐业,而著籍扬州府甘泉县,清嘉道年间为八大盐商之一。在扬州拥有个园,承袭马氏小玲珑山馆的若干风景。黄锡禧,字子鸿,号鸿道人,曾跟随书画家吴让之习艺多年,官任同知,精书画,工诗词。

[6] 麓云楼书画记:汪士元鉴赏印。

[7] 江标(1860—1899),字建霞,号师郸,江苏元和(今苏州)人。光绪十五年进士,官湖南学政。变法失败后被革职,永不叙用。蜚声词翰。博学工诗文,尝刻《灵鹣阁丛书》,世称精本。工诗文,好藏书,所藏皆精品。吴郡江氏曾经审定,为其鉴赏印。

[8] 陆恢,字廉夫,号狷盦、破佛盦主,江苏吴江人。寄寓苏州。画工山水、花卉,山水以清六家为基础,泛学诸家。所作多为浅绛山水,亦擅干笔皴擦。黄宾虹评画中九友"以吴江陆廉夫得名最早,山水学四王,渲染尤能逼真"。花卉清润可爱。

[9] 陆心源,浙江湖州人,咸丰九年己(1859年)举人,官至福建盐运使,多次剿平土匪,富收藏,筑"皕宋楼"、"十万卷楼"、"守先阁"三楼藏书,藏书达15万多卷,1906年陆心源之子陆树藩将大量藏书卖给日本岩崎氏静嘉堂文库。

[10] 罗天池(1805—1866)字六湖,广东新会人。道光六年进士,官云南迤西道。落职居广州。工书、画,精鉴赏。论粤画必以黎简、谢兰生、张如芝、罗天池为粤东四家。"修梅仙馆秘藏",为其收藏印。

[11] 卢文弨(1717—1795)字召弓,号矶渔、抱经,仁和(今杭州)人,乾隆十七一甲三名进士,官至湖南学政等职。三十四年,乞养归故里,曾先后在江浙各地书院主讲经义二十余年。抱经堂印,为其收藏印。

[12] 王文心(1888—1974),号保授,室名"蒙泉书屋"、"三羊斋",祖籍湖北荆门,后移居上海,十三岁远赴法国巴黎留学,二十岁回国后投身金融界,曾任上海屈臣氏汽水公司董事长。精鉴赏,富收藏,交友颇广,与康有为、叶恭绰、吴湖帆、张大千等过从甚密。

[13] 项墨林(1525—1590),原名项元汴,字子京,号墨林,浙江嘉兴人。明国子生,家资富饶,镌有天籁阁、项墨林等印,广收法书名画。工绘画,兼擅书法,刊《天籁阁帖》,著《墨林山人诗集》等。

241. 佚名　元人草虫写生册

纸本,设色,写生册,题签:"元人草虫设色写生册。"

鉴藏印:翰墨林[1]、麓云楼[2](五次)、元霖山房宝藏、元霖山房珍藏、元霖山房秘藏、元霖洌花、元霖山房、元霖子翰、陈施霖印、庞莱臣珍赏印、虚白斋刘氏藏、虚斋珍赏、虚斋审定[3]、古翠轩藏、新安泰生堂藏、吴新宇珍藏印[4]。

2014年11月23日,此作品由中鸿信国际拍卖有限公司在北京公开拍卖。

[注释]

[1] 安麓村(1683—约1745),名岐,字仪周,号松泉老人、麓村。祖上为朝鲜人,随高丽贡使到北京,后入旗籍。其父安尚义,曾是权相明珠的家臣,后借助明珠的势力在天津、扬州两地业盐,成为大盐商。收藏之富,鉴赏之精,名扬海内。著有《墨缘汇观》。翰墨林,为其鉴赏印。

[2] 麓云楼:汪士元鉴藏印。

[3] 庞元济(1864—1949),字莱臣,号虚斋。浙江吴兴南浔人。父庞云鏳为南浔镇巨富,"南浔四象"之一。精于鉴赏,收藏铜器、瓷器、书画、玉器等,尤以书画最精,与于右任、张大千、吴昌硕等人均有交往。著有《虚斋名画录》等。庞莱臣珍赏印、虚白斋刘氏藏、虚斋珍赏、虚斋审定,为其鉴藏印。

[4] 吴新宇:明末新安(徽州)富商,收藏家。

242. 佚名《溪山云览图》

绢本、设色,手卷,高 32 厘米,宽 330 厘米。

鉴藏印:笔砚精良人生一乐、高士奇[1]图书记、韩逢禧[2]印、雷阳太守、麓云楼书画记、向叔心赏、士元珍藏[3]、陈氏图书、大朴、芝道人、宝玩之记、减斋、亮工之印[4]、写真不貌寻常人[5]、吴兴、法华山人、华亭张诗舲家珍藏[6]、两峰审定[7]、世赏。

2011 年 9 月 22 日,此作品由中国嘉德国际拍卖有限公司在北京公开拍卖。

[注释]

[1] 高士奇(1645—1704),字澹人,号瓶庐,又号江村,浙江钱塘(杭州)人,康熙十五年升为内阁中书,领六品俸薪,每日为康熙帝讲书释疑,评析书画,极得信任。官至礼部侍郎,谥文恪。能诗文,擅书法,善鉴赏,所藏书画甚富。著有《江村销夏录》《江村先生全集》等。

[2] 韩逢禧,长洲(今苏州)人。韩世能之子。家学渊博,收藏丰富。韩世能(1528—1598),长洲人,字存良,隆庆进士,官至礼部左侍郎。奉使朝鲜,册封楚藩,馈遗一无所受,有《云东诗草》。

[3] 麓云楼书画记、向叔心赏、士元珍藏:汪士元鉴藏印。

[4] 周亮工(1612—1672)字元亮,又有陶庵、减斋、缄斋等别号,江西省金溪县人,后移居金陵(今南京)。崇祯十三年进士,官至户部右侍郎。饱经宦海沉浮,曾两次下狱,被劾论死,后遇赦免。爱好绘画篆刻,工诗文,著有《赖古堂集》《读画录》等。

[5] 写真不貌寻常人,邓石如为罗聘所刻印。罗聘(1733—1799),"扬州八怪"之一,字遯夫,号两峰,祖籍安徽歙县,其先辈迁居扬州。为金农入室弟子,布衣,好游历。人物、佛像、山水、花果、梅、兰、竹等,无所不工,笔调奇创,超逸不群,别具一格。著有《广印人传》《香叶草堂集》。

[6] 张祥河(1785—1862 年),原名公璠,字元卿,号诗船舲、法华山人。娄县(今上海松江)人。嘉庆二十五年进士,官至工部尚书。善写意花草,宗徐渭陈淳,山水师文征明,晚涉石涛。华山人、华亭张诗舲家珍藏,为其鉴赏印。

[7] 两峰审定:罗聘鉴赏印。

243. 佚名《平安图》

绢本,设色,镜心,高 49 厘米,宽 34 厘米。鉴藏印:金轮精舍[1]、士元珍藏[2]。

2011 年 12 月 11 日,此作品由北京琴岛荣德国际拍卖有限公司拍卖,成交价 1.12 万元。

[注释]

[1] 陶北溟(1882—1956),本名祖光,字伯铭、北溟,斋号"金轮精舍",江苏武进人。民国时期任北平故宫博物院书画顾问。嗜金石,擅鉴赏,富收藏。书法工整严谨,用笔劲健,柔中寓刚,功力深厚,造诣很高。著有《金轮精舍藏古玉印》。

[2] 士元珍藏:汪士元鉴赏印。

244. 佚名《雪景寒林图》

绢本,设色,镜心,纵 73 厘米,横 57 厘米。

鉴藏印:向叔审定真迹[1]、南海伍元蕙[2]宝玩。

2012 年 12 月 17 日,此作品由中国嘉德国际拍卖有限公司在北京公开拍卖,成交价为 5.75 万元。

[注释]

[1] 向叔审定真迹:汪士元鉴赏印。

[2] 伍元蕙(1824—1865)字良谋,号俪荃、南雪道人,广东南海人,布衣,性好书,收藏甚富。晚得倪瓒真迹四种,结屋藏之,颜日"迂庵"。刻有《南雪斋藏真帖》十二卷、《澄观阁摹古帖》若干卷。

245. 佚名《唐多宝塔碑》

白棉纸,经折装,纵 34 厘米,横 17.5 厘米,明拓善本,一册。此册字口肥方,三点水微显连丝笔划,纸张、墨色均显旧气。为碑帖鉴赏收藏家王存善[1]于光绪装裱,又每开边旁多加题识,后有碑帖鉴赏专家刘九庵[2]先生题识,是当今难得一见之拓本。

鉴藏印:史鹤龄[3]印、清净瑜迦馆[4]、存善所得金石、子展、仁和王子展考藏之印[5]、琴川张氏[6]等。2009年12月18日,此作品由上海朵云轩拍卖有限公司公开拍卖。

[注释]

[1] 王存善(1849—1916),字子展,浙江杭州人。早年随父至广东,光绪中署知南海,官虎门同知,并管理广州税局。光绪二十六年迁居上海,因擅长理财而受盛宣怀赏识,曾主持招商局并担任汉冶萍公司董事等职,富收藏。子展、仁和王子展考藏之印,为其鉴藏印。

[2] 刘九庵(1915—1999),河北省冀县人。14岁到北京琉璃厂悦古斋字画店学徒,长达12年之久。后曾独自营销、代售古旧字画。1956年入北京故宫博物院,专门从事古书画的征集、鉴定和研究工作,是当代著名的古书画鉴定家。

[3] 史鹤龄(1661—1681),字子修,号菊裳,江苏溧阳人,康熙二十一年进士,授编修,康熙四十九年受命为《康熙字典》纂修官,康熙五十年)以詹事府少詹事充经筵讲官,除詹事府詹事。工书法,尤长于诗。著《扶胥集》。

[4] 清净瑜迦馆:汪士元鉴赏印。

[5] 存善所得金石、子展、仁和王子展考藏之印:王存善鉴赏印。

[6] 张蓉镜(1802—?),字芙川,江苏常熟人。喜藏书,精于篆刻,所刻藏书印有数十枚,主要"小琅环清秘张氏收藏"、"琴川张氏"、"芙川张蓉镜心赏"等。

246. 佚名《仙山楼阁》

绢本,设色,立轴,纵60厘米,横34厘米。鉴藏印:麓云楼藏[1]。
2012年10月30日,此作品由北京中汉拍卖有限公司公开拍卖。

[注释]

[1] 麓云楼藏:汪士元鉴赏印。

247. 佚名《仙山宫苑图》

绢本,设色,立轴,纵 69 厘米,横 34 厘米。鉴藏印:黄贤安[1]印、麓云楼藏[2]。

2013 年 9 月 26 日,此作品在无锡首届文物艺术品拍卖会上公开拍卖。

[注释]

[1] 黄贤安(1948—),生于北京,祖籍江苏省无锡县,以画马著称。现为中国美协江苏会员、中管院江苏分院东方文化艺术研究所研究员、华东书画院副院长、南京梅花艺术研究会副会长等。

[2] 麓云楼藏:汪士元鉴赏印。

248. 佚名《花卉》

绢本,设色,圆光,径 23 厘米。鉴藏印:肃亲王[1]宝、梅景书屋秘笈、梅景书屋[2]、汪士元审定印、戴培之[3]鉴真印、继涑鉴定真迹[4]。

2012 年 12 月 14 日,此作品由北京建亚世纪拍卖有限公司在无锡公开拍卖。

[注释]

[1] 肃亲王,名善耆,清宗室,肃武亲王八世孙。历官镶红旗满洲都统、正白旗领卫内大臣、崇文门税务监督、民政部尚书。1909 年筹办海军事务,1911 年为庆亲王内阁民政大臣、理藩大臣。

[2] 吴湖帆(1894—1968),江苏苏州人,字东庄,号倩庵,书画署名湖帆。曾任中国美术家协会上海分会副主席、上海市文史馆馆员等职。收藏宏富,善鉴别、填词。山水画以雅腴灵秀、缜丽清逸的复合画风独树一帜。著有《吴湖帆山水集锦》等。梅景书屋、梅景书屋秘笈,为其鉴藏印。

[3] 戴植,字培之,号芝农,清朝后期江苏丹徒人,其"翰墨轩"、"心太平轩"、"培万楼"收藏书画和古籍,在当时称极一时,其中古籍收藏中,宋、元、明刻本 10 余种。其所藏书画后来归于上海博物馆。

[4] 孔继涑(1726—1791),字信夫、体字,号谷园、葭谷居士。曲阜人,六十八代衍圣公孔传铎第五子。收藏家,聪敏好学,才华超人。乾隆十三年,皇帝到曲阜祭祀孔庙,他在御前进讲《周易》。

249. 佚名《秋香图》

纸本,扇面,金笺,高 18 厘米,宽 53 厘米,钤印:章侯、莲子[1]。鉴藏印:麓云楼[2]、程桢义[3]珍藏印。

2016 年 3 月 28 日,此作品由中国嘉德国际拍卖股份有限拍卖,成交价为 9200 元。

[注释]

[1] 陈洪绶(1599—1652),字章侯,号老莲,别号小净名等。浙江诸暨人。崇祯年间召入内廷供奉。明亡入云门寺为僧,后还俗,以卖画为生,工人物画,与顺天崔子忠齐名,号称"南陈北崔"。工诗善书,堪称一代宗师。著有《宝纶堂集》。章侯、莲子,为其印章。

[2] 麓云楼藏:汪士元鉴藏印。

[3] 程桢义,字心柏,号漱石,江苏吴县人,同治道光年间与过云楼创始人顾文彬交往,热衷鉴藏。,精鉴赏,富收藏。有"程氏宝玩"、"程心柏藏"、"心柏珍秘"、"漱石书庄审定"等鉴赏印。

250. 佚名《骑牛读书图》

绢本,设色,立轴,高 133 厘米,宽 66 厘米,款识右上:"闫仲李密骑牛读书图。天下一人。"鉴藏印:麓云楼书画记[1]、黔中袁氏珍藏[2]、松雪斋、天水郡图书印[3]、御书。

2007 年 3 月 18 日,此作品由中国嘉德国际拍卖有限公司在上海公开拍卖,成交价为 3.85 万元。

[注释]

[1] 麓云楼书画记:汪士元鉴藏印。

[2] 袁愚泉,民国时期收藏家。贵州人,富收藏,与吴湖帆、陈巨来等友善。"黔中袁氏珍藏"印为陈巨来所刻。

[3] 赵孟頫(1254—1322),字子昂,号松雪道人,吴兴(今浙江湖州)人,开创元代新画风,被称为"元人冠冕"。其书风遒媚、秀逸,结体严整、笔法圆熟,创"赵体"书,与欧阳询、颜真卿、柳公权并称"楷书四大家"。松雪斋、天水郡图书印,为其印章。

251. 佚名《龙舟竞渡》

绢本,设色,立轴,高88厘米,宽40厘米。鉴藏印:麓云楼书画记[1]、小亭秘玩[2]。

2017年6月14日,此作品由山东恒昌拍卖有限公司公开拍卖。

[注释]

[1] 麓云楼书画记:汪士元鉴藏印。

[2] 小亭秘玩:韩泰华鉴藏印。韩泰华,浙江杭州人,字小亭,生活在道光、咸丰间,曾官官兵部郎中、陕西粮道。富收藏,精鉴赏,著有《玉雨堂书画记》。

252. 佚名《花鸟团扇》

绢本,设色,尺寸为24.5厘米×24.5厘米×2。

题款1. 光绪三十年[1]四月既望[2],向叔汪士元并识。2. 佚名花鸟神品,小松五兄命题并正武林山处拜题,小松五兄命嘱题正,向叔汪士元记。

2007年11月17日,此作品由杭州翰承文化艺术有限公司公开拍卖。

[注释]

[1] 光绪三十年:公元1904年。

[2] 四月既望:农历四月十六日。

253. 佚名《山水册页》

绢本,设色,册页,22开,高32.5厘米,宽24厘米。下款缺失,年代不详。

鉴藏印:宗瀚印信[1]、古瓦量斋[2]、俪荃甫评书读画之印[3]、窬斋鉴藏[4]、四明周氏宝藏三氏器[5]、向叔审定真迹[6]、居夷私记宜身至前迫事毋闲愿君自发封完印信[7]、古鉴阁中铭心绝品[8]、海昌钱氏数青堂珍藏书画印[9]、南陵徐乃昌刊误鉴真记[10]、庚辰年政七十、仁和金鉴明斋印信[11]。

此作品由美国旧金山侨藏。2018年6月25日,此册页由金洲拍卖有限公司在美国旧金山公开拍卖。

[注释]

[1] 李宗瀚(1770—1832)字公博,号春湖,广西桂林人乾隆五十八年进士,官至工部侍郎。博涉群书,喜好金石文字。曾建楼于桂林榕湖南岸以收藏金石书画,题名"柘园"。潜心钻研诗词书法。善诗词,崇尚韩愈。著有《静娱室偶成稿》《杉湖酬唱诗略》。

[2] 陈介棋(1813—1884)字寿卿,号甫斋,潍县(今山东潍坊市)人。道光二十五年进士,授翰林院编修、国史馆协修.方略馆分校等职。咸丰四年辞官回故里,专心致志的从事金石文物的收藏,考释。著有《十钟山房印举考释》《封泥考释》等。古瓦量斋,为其鉴藏印。

[3] 伍元蕙(1824—1865)字良谋,号俪荃、南雪道人,广东南海人,布衣,性好书,收藏甚富。晚得倪瓒真迹四种,结屋藏之,颜曰"迂庵"。刻有《南雪斋藏真帖》《澄观阁摹古帖》。俪荃甫评书读画之印,为其鉴藏印。

[4] 吴大澂(1835—1902),初名大淳,字止敬,又字清卿,号恒轩,晚号窬斋,江苏吴县(今苏州)人。清同治七年进士,官至湖南巡抚、帮办东征军务等职,光绪二十四年降旨革职,永不叙用。善画山水、花卉,精于篆书。精于鉴别和古文字考释,著有《窬斋诗文集》等。

[5] 周湘云(1878—1943)号雪庵,大收藏家。因其收藏米友仁《潇湘图》,故名其斋为"宝米斋"。四明周氏宝藏三氏器,为其鉴藏印。

[6] 向叔审定真迹:汪士元鉴藏印。

[7] 陈运彰(1905—1956),字君漠,号华西,生长于上海,历任上海通志馆特

约采访、潮州修志局委员,之江文理学院、太炎文学院及圣约翰大学教授。工诗词、擅书画,精篆刻,富收藏。居夷私记宜身至前迫事毋闲愿君自发封完印信,为其鉴藏印。

[8] 秦文锦(1871—1940),字絧孙,江苏无锡人。精刻印、碑帖、古籍等。民国初年,他搞了个上海艺苑真赏社,精选古代拓本,集而为联语。又聘请当时名家李瑞请,曾农髯等人绘图添彩,选用白纸珂罗版印刷,深受当时学人欢迎。古鉴阁中铭心绝品,为其鉴藏印。

[9] 钱镜塘(1907—1983),字镜塘,浙江海宁硖石人,善画,能治印,爱好诗词戏曲。20 岁以后,来沪,开始收藏、鉴定历代金石书画。解放后,先后将 2900 余件元、明、清书画立轴、手卷册页以及金石文物、地方文献等书画捐献给国家。海昌钱氏数青堂珍藏书画印,为其鉴藏印。

[10] 徐乃昌(1869—1943),字积余,安徽南陵县人,光绪十九年中举,曾任淮安知府、江南盐巡道。光绪二十八年受命考察日本学务,回国后提调江南中、小学堂事务,总办江南高等学堂,督办三江师范学堂。清亡后,隐居著述和校刊古籍。南陵徐乃昌刊误鉴真记,为其鉴藏印。

[11] 金鉴(1831—1911),字明斋,号奕隐,浙江杭州人。西泠印社早期社员。性格旷达,喜饮酒,多才多艺。工书善画,精鉴别,能鼓琴,奕棋时称江南国手。仁和金鉴明斋印信,为其鉴藏印。

254. 佚名《捕鱼团扇》

绢本,设色,尺寸为 24.5 厘米×28 厘米×2。

鉴藏印:麓云楼[1]、虚白斋刘氏藏、翰墨林[2]、元霖山房珍藏、元霖山房宝藏。

2016 年 8 月 27 日,此作品由台湾富德国际拍卖有限公司公开拍卖。

[注释]

[1] 麓云楼:汪士元鉴藏印。

[2] 虚白斋刘氏藏、翰墨林:刘作筹鉴藏印。刘作筹 1911—1993),潮州龙湖人,香港富豪,藏品极为丰富,如明四家、新安诸贤、画中九友、四王吴恽、清初四僧和扬州八怪等等作品均有收藏。香港艺术馆建有"虚白斋藏中国书画馆"。

曾获英女皇颁勋褒奖。

255. 佚名《高士图》

绢本,设色,镜片,尺寸为 28.5×41 cm。悬崖上侧立着一株古松,下方两个男子席地而坐,一人着红衣,一人披白袍,望着松崖,神情飘逸。

鉴藏印:铁夫墨琴夫妇印记[1]、麓云楼书画记[2]。

2018 年 3 月 25 日,此作品由广东小雅斋拍卖有限公司,在 2018 年新春拍卖会暨《小雅撷珍》第 7 期书画拍卖会上公开拍卖。

[注释]

[1] 王芑孙,字念丰,号铁夫,清代长洲(今江苏苏州)人。乾隆五十三年召试举人,官华亭教谕。曹贞秀(1762—1822),字墨琴,自署写韵轩,安徽休宁人。王芑孙妻,无金粉之好,能绘事,书法钟王,士林重之。"铁夫墨琴夫妇印记",为其夫妻鉴藏印。

[2] 麓云楼书画记:汪士元鉴藏印。

第五章

汪士元年谱

1877 年,光绪三年,1 岁

是年,汪士元出生于安徽泗州直隶州盱眙县(今属江苏)一个官僚地主家庭。

高祖汪云任(1784—1850),盱眙县人,进士,曾任苏州知府、山东粮道、陕西按察使署布政使等职。

曾祖父汪根恕(1810—1886),举人,曾任国子监监丞、署苏州织造兼浒墅关监督。

祖父汪祖绶(1829—1886),进士,翰林院庶吉士,曾任曾国藩幕僚,是年署无锡县知县,五月调任吴县知县。汪祖绶生六子:瑞曾、瑞高、瑞昌、瑞保、瑞昆、瑞阊。

父亲汪瑞高(1849—1905),拔贡,历任北洋机器局总办、长芦盐运使司兼办北洋支应局,授二品顶戴。汪瑞高生二子一女:长子汪骏孙,以父荫赏銮舆经历,候选同知;次子汪祐孙,即汪士元。

1880 年,光绪六年,4 岁

是年,汪祖绶署江阴知县。伯父汪瑞曾庚午乡试举人,会试大挑一等,本年四月初五日经大臣验放,以知县分发湖北试用。

是年,叔父汪瑞昌(1855—1880)回盱眙赶考,得急病去世。家谱记载说:"字浦仙,邑庠生,幼颖异,年十六归应郡试,以冠军入泮,文名噪一时,兼工诗学,下笔不落恒蹊。光绪庚辰秋,归应优贡试,遘疾,返舟珠湖,病极,遂卒,闻者伤之,戚族尤深惋惜①。"

1881 年,光绪七年,5 岁

是年,袁世凯至山东登州,进入帮办山东防务浙江提督吴长庆幕府,任帮办文案。

1882 年,光绪八年,6 岁

汪瑞曾请汪藕裳(汪祖绶堂妹)到家中任教,"近年延吾姑督课子侄辈"(汪瑞曾《子虚记》题词),"性好文墨,子侄辈皆承启迪②",汪瑞闿、汪鸿孙、汪士元等均受其启蒙教育,成为当代名人。

1883 年,光绪九年,7 岁。

七月,历经 20 余年,汪藕裳在苏州写上最后一笔"癸未之秋秋七月,著完末卷在金阊",完成了二百三十万字的弹词体小说巨著《子虚记》。《子虚记》完稿后,她请汪祖绶、汪祖亮、汪祖馨及汪祖鼎、汪瑞曾及汪瑞高、朱定基、沈国翰、徐鼎丰、陈素英等亲友写序、题词③。

1884 年,光绪十年,8 岁。

七月初二日(8 月 23 日),法国舰队在福州马尾发动突然袭击,福建水师全军覆灭,左宗棠奉命督办福建军务。中法战争爆发。

曾为《子虚记》题词、在太常寺任博士的汪祖亮(1846—1884)去世,年仅 39 岁,归葬盱眙汪家花园。

1885 年,光绪十一年,9 岁。

四月二十七日,李鸿章与巴德诺签署《中法新约》,清朝承认越南为法国殖民地,中法战争宣告结束。

十月,曾为《子虚记》题词的汪祖鼎(1856—1885)去世,葬苏州宝华山。祖鼎,字翰生,邑庠生。

---

① 《盱眙汪氏家谱》,清末抄本,盱眙汪毓葆家藏。
② 戴邦桢等修,冯煦等纂:《民国宝应县志·列女传》,民国二十一年出版。
③ 汪藕裳著,王泽强点校:《子虚记》第一册,中华书局,2014 年 3 月,第 1—6 页。

1886 年,光绪十二年,10 岁

正月二十九日,汪根恕(1810—1886)去世,归葬盱眙汪家花园双桂坡。

五月,杨士骧中进士,入翰林院,选庶吉士,授编修。汪、杨为同乡、世交。

八月十六日,汪祖绶(1829—1886)去世,葬于吴县胥门外二都五图小鸟山之碈碟岭下。

1887 年,光绪十三年,11 岁

九月十六日,闽浙总督杨昌浚与刘铭传会奏朝廷,力陈台湾建省的必要性。清廷采纳了这一建议,台湾正式建省,下辖三府一州五厅十一县,刘铭传任首任台湾巡抚。

1888 年,光绪十四年,12 岁

九月,祖母陈太夫人去世,与汪祖绶合葬于碈碟岭下。

1889 年,光绪十五年,13 岁

二月三日,光绪帝亲政,宣诏颁行天下。二十八日,帝奉太后驻跸西苑。

汪士元与叔父汪瑞闿、堂弟汪鸿孙一起跟随苏州名人张一麐读书。"未二年,是彝以事忤府尊,去官返里,旋病殁。仲仁遂丁忧,就馆于盘关汪氏,汪瑞闿、汪士元皆其及门也①。"

张一麐(1867—1943),字仲仁,号公绂,别署大圜居士、红梅阁主,吴县人,光绪十一年举人,光绪十五年至十七年曾在汪家任私塾教师,民国时期曾任总统府秘书、政事堂机要局局长、教育总长等职。1916 年,因不满袁世凯称帝而辞职南归。

1890 年,光绪十六年,14 岁

十二月,汪瑞高服阙起复,经大学士李鸿章奏调北洋使用。

1891 年,光绪十七年,15 岁

十二月十九日,李鸿章上《汪瑞高白冠赢留直序补片》,积极推荐汪瑞高。

---

① 张一麐:《古红梅阁笔记》,上海书店出版社,1998 年 3 月,第 89 页。

1892 年,光绪十八年,16 岁

三月,伯父汪瑞曾、叔父汪瑞昆跟随台湾巡抚邵友濂赴台湾。

汪瑞曾到台湾后水土不服,抱病工作,不久,经批准回江苏待命。瓜尔佳·奎俊(1843—1916)任江苏巡抚,汪瑞曾入幕为文案,得到奎俊赏识。

汪瑞昆担任台北抚垦委员、脑务稽查委员、台北营务处委员等职务。

1893 年,光绪十九年,17 岁

五月,江苏巡抚奎俊保举汪瑞曾。

四月,胡传(胡适父亲)任台东直隶州知州。

九月初六日,候补知县汪瑞昆获得同知衔,应胡传之邀,到台东直隶州协助管理镇海后军,主要负责左营营务工作。

1894 年,光绪二十年,18 岁

五月,朝鲜东学党起义,清政府应朝方请求,派兵入朝镇压。日本也乘机派兵入朝,占据汉城附近各战略要地,伺机挑起战争。

七月初一,清政府被迫对日宣战,中日甲午战争全面爆发。

十月十五日,两江总督刘坤一保举汪瑞曾为青浦知县。

1895 年,光绪二十一年,19 岁

三月,汪瑞高署理易州直隶州知州,本年四月交卸。

三月二十三日,李鸿章和伊藤博文签署《马关条约》,将台湾、澎湖列岛割让给日本,赔偿日本军费库平银二万万两。

五月二十一日,汪瑞昆向胡传辞职,离开台东,与一帮官员奉命撤离,返回大陆。

是年,汪瑞曾正式担任青浦知县。

1896 年,光绪二十二年,20 岁

五月,汪瑞高主持北洋机器局。北洋机器局,即天津军火机器总局,是清末洋务运动时期继江南机器制造总局、福建船政之后兴建的又一家制造军火和修造舰船的大型军事工厂。

是年,汪士元、汪鸿孙随汪瑞高到天津。

1897 年,光绪二十三年,21 岁

八月,叔父汪瑞闿由监生中顺天乡第 174 名举人

是年,汪瑞高任北洋支应局总办。北洋支应局专管北洋海军俸饷、工需及北洋各海口陆军兵饷并各局、各学堂、船坞、库厂薪粮经费暨一切工程修制、采办价值收支报销事宜,应用员弁、司事、书役人等薪工等费用。

1898 年,光绪二十四年,22 岁

四月二十三日,以康有为为首的改良主义者通过光绪帝进行政治改革,主要内容为学习西方,提倡科学文化,改革政治、教育制度,发展农、工、商业等。该运动遭到以慈禧太后为首的守旧派的强烈反对。

八月初四日,慈禧太后等发动政变,光绪帝被囚至中南海瀛台,维新派康有为、梁启超分别逃往法国和日本。谭嗣同等戊戌六君子被杀害,历时仅一百零三天的变法最终失败。

1899 年,光绪二十五年,23 岁

三月,光绪帝下诏要求引见汪瑞高等人,令交军机处存记。

八月二十一日,李鸿章作《复直隶存记道汪瑞高》,感谢他出席哥哥的葬礼。

1900 年,光绪二十六年,24 岁。

五月廿五日,清廷下诏与各国宣战。英、法、德、美、日、俄、意、奥等国派遣联军入侵中国,慈禧太后挟光绪帝逃往西安。

堂兄弟汪鸿孙成候补知县。"汪鸿孙,同知衔,候补知县,……年强才裕[1]。"

是年,汪士元由监生报指同知,在江苏选用。

1901 年,光绪二十七年,25 岁。

七月十四日,汪瑞曾(1848—1901)在青浦知县任上去世

七月廿五日,奕劻和李鸿章代表清廷与联军签订《辛丑条约》,中国赔银四亿五千万两。

是年,汪士元因劝办陕西、直隶等省赈捐出力,得到和硕亲王的保奏。

---

[1] 中国第一历史档案馆:光绪朝朱批奏折第二六辑《内政·职官·保警·礼仪》,中华书局,1995 年 3 月。

1902 年,光绪二十八年,26 岁。

三月十八日,因剿匪巡缉出力,袁世凯呈报奏请奖励人员名单:"……,蓝翎山东候补同知、直隶州知州袁乃宽,指分江苏试用同知汪士元,均拟请以知府仍归原省补用。……以上五十二员,系随剿近畿土匪并驻京巡缉地面尤为出力人员①。"

四月,江西历史上第一所军事院校成立,汪瑞闿为总办(校长)。

七月,柯逢时任江西巡抚,汪瑞闿署理按察使。

九月初九日,汪瑞高任直隶长芦盐运使。

十月初六,汪瑞高任直隶通永道员。

十一月,江西大学堂成立,汪瑞闿为总办(校长)。

是年,直隶总督衙门迁天津。

1903 年,光绪二十九年,27 岁。

汪士元的老师张一麐录取经济特科,汪瑞高为袁世凯面试张一麐,张成为袁世凯幕僚。

春天,慈禧太后和光绪帝去谒拜西陵,让袁世凯随驾。袁派长芦盐运使汪瑞高和直隶按察使杨士骧侍奉慈禧太后。

三月二十日,慈禧回京后就发布圣谕:"谕内阁:朕钦奉皇太后懿旨,此次祇谒西陵,乘坐轮车,胡燏棻、盛宣怀备办一切,甚属周妥,著交部从优议叙。直隶按察使杨士骧、盐运使汪瑞高办理差务,诸臻妥洽,著以应升之缺升用,以示奖励②。"

六月,直隶按察使杨士骧升江西布政使,未上任,又转为直隶布政使。

是年,汪藕裳去世,留下遗嘱:丁韵继承《群英传》书稿,丁翰香继承《子虚记》书稿。丁韵、丁翰香有同父异母兄弟,丁家人信守诺言,把两部书稿交给她们姐妹二人,后来她们带着书稿出嫁。

1904 年,光绪三十年,28 岁。

五月,汪士元中末科进士。会试发榜时,他是两位已官至二品顶戴候补道之一(另一位为张之洞侄婿、湖南候补道林世焘),殿试时"请归本班"。

六月初八日,江苏补用道汪士元、江苏候补知府江绍杰、江苏候补知县濮文

---

① 骆宝善,刘路生主编:《袁世凯全集》第十卷,河南大学出版社,2013 年 7 月,第 210 页。

② 《大清德宗景皇帝(光绪朝)实录》第 513 卷,又载中国第一历史档案馆编《光绪宣统两朝上谕档第 29 册光绪二十九年》,广西师范大学出版社,1996 年 10 月,第 69 页。

波、均著发往原省,各以本班补用。余著归班铨选①。

七月十二日,汪瑞高被免职,改任德州制造局总办。

十二月,杨士骧以直隶布政使署山东巡抚,汪鸿孙任幕僚。

杨士骧(1860—1909年)为汪瑞高同乡好友,字萍石,号莲府、莲甫,泗州人,光绪进士,历任翰林院编修、直隶通永道、直隶按察使、布政使、山东巡抚、直隶总督兼北洋大臣等职。

1905 年,光绪三十一年,29 岁。

正月,汪瑞高因风寒一病不起。

四月二十三日,汪瑞高通过袁世凯上折请求辞职回乡调养,获批准。

五月,上海闸北工程总局改称为闸北工巡总局,汪瑞闿为总办。

八月十七日,汪瑞高去世,与妻子萧山陈氏(1852—1904)合葬于苏州紫石山湾斗米山西麓。次年四月五日,《汪瑞高墓志》成,俞樾撰文,王同俞正书,汪鸣銮篆盖;唐文杰刻②,四人均为当时社会名流。

八月,清廷正式宣布彻底废除科举考试制度,推行新式学堂。

1906 年,光绪三十二年,30 岁。

是年,汪瑞闿任江西陆军小学堂代总办。

是年,杨士骧编、汪鸿孙校的《例学新编》十六卷(内页又名《大清律例新编》)由上海明溥书局出版。

1907 年,光绪三十三年,31 岁。

汪瑞闿出任上海巡警总局总办(局长)。

光绪帝病重,汪士元岳父、苏州名医曹元恒与陈秉钧应召北上为光绪诊疗疾病。光绪病死后,他称病告归。

七月,杨士骧署理直隶总督兼北洋大臣,次年实授。汪士元任杨士骧幕僚,后任总文案。

① 世续、陆润庠、张之洞。那桐等人奉敕修:《大清德宗景(光绪)皇帝实录》卷之五百三十二,中华书局影印,1986 年 11 月。

② 北京图书馆金石组编:《北京图书馆藏中国历代石刻拓本汇编》,中州古籍出版社,1990 年,第 89 册第 94 页。

是年,汪士元担任清朝钦命宪政编查馆职官(1907—1911)二等咨议官。

十月初五日,署直隶总督山东巡抚杨士骧上奏章《奏为永定河浸口大工克期抢堵合龙恭折仰祈圣鉴事》,请求对治水有工人员进行嘉奖,拟为调直补用道汪士元等人加二品衔①。

十二月,直隶调查局成立,直隶补用道汪士元任总办。

是年,汪鸿孙署菏泽知县,撰《菏泽县乡土志》。

十二月初八日,直隶省度量权衡局成立,汪士元任首任局长,兼任直隶清理财政局会办。

1908 年,光绪三十四年,32 岁。

十月二十一日(11 月 14 日),光绪帝死。立醇亲王载沣子、年仅 3 岁的溥仪为帝,年号宣统。次日,慈禧病死,年七十四,葬于河北遵化定东陵。

是年,汪鸿孙任恩县知县,创办 37 所公立初等小学堂,修纂《恩县乡土志》,今存。

是年,高凌霨任湖南提学使。

1909 年,宣统元年,33 岁。

五月初十日,直隶总督兼北洋大臣杨士骧病逝。

五月十三日,那桐署理直隶总督兼北洋大臣,汪士元继续任总文案。"十四日卯初,起见文案总办汪士元。辰刻到中州馆。巳初二刻印到,跪迎,望阙行九甲礼,又拜印行九甲礼,升公座。文武各官参见,三揖,武弁行三叩礼,礼成贺喜。接见司遭总兵等官数起,又见梁、吕两尚书,姜、张两提督。午刻饭,饭后小睡。申初文案处汪、祁两道回公事②"。

叶赫那拉·那桐(1856—1925)字琴轩,曾任户部尚书、外务部尚书、总理衙门大臣、军机大臣、内阁协理大臣等。

五月,端方由两江总督改任直隶总督。

十月初三日,慈禧奉安大典隆重举行。端方带着福升照相馆的两位摄影师拍摄葬礼场景,惊动了隆裕太后。摄影师被逮捕收监,接受审讯。李鸿章之孙、

① 中国第一历史档案馆编:《光绪朝朱批奏折》第一〇〇辑水利,中华书局,1996 年 5 月,第 852 页。
② 北京市档案馆:《那桐日记》,新华出版社,2006 年 3 月,第 125 页。

农工商部左丞李国杰上奏弹劾端方。当时在场的陵工监督值班者正是汪士元，他把照像者带到北洋公所，严厉训斥，端方不敢吱一声。

"(民国三十四年)三月十二日星一正月二十八日，阴雨，午后，过崇黻丞闲谈端方被劾事。孝钦奉安，隆裕方奠酒，忽觉有照像者，因责问御前大臣肃王。前一日，肃王代奠，正行礼，端方乘肩舆过，不为避道，肃王恨甚，因使陵工监督值班汪士元根究照像者。是晨本应黻丞值班，以前一夕中煤毒，困卧不能兴，汪应直晚班，乃与之互易。汪挟照像者至北洋公所，力数端方之非，厉声申斥，端不敢辩一语。是夕绍英、熙彦、者口、李国杰至公所闲谈，熙、者言及晨间之事，谓昔无人参奏，李自谓能参，惜无草奏及缮折者。熙、者谓草缮皆有人，立呼冒鹤亭草奏，徐佩之缮写，匆匆呈进，而端方革职矣。其事始末，皆黻丞亲见。黻丞并谓是晨若不换值，肃王交派本可不理，以御前并不随意呼唤陵工人员也，则照像事不致深究，而端可幸免也。端为人极劣，乃遭此报，殆有天焉①。"

十月十一日，清廷以直隶总督端方"恣意任性，不知大体"，将其革职，调陈夔龙为直隶总督兼北洋大臣。陈夔龙曾任漕运总督，与杨士骧为同年，好友。

是年，江苏巡警局改为巡警公所，汪瑞闿兼任总监。

是年，汪鸿孙组织人马纂修《重修恩县志》，现存，计十卷、首一卷。

1910 年，宣统二年，34 岁。

江苏省设巡警道，置公署于苏州，委上海巡警总局总办汪瑞闿主持该道，总办上海警务。

汪士元任直隶河间兵备道、天津道。

是年，高凌霨任湖南布政使。

1911 年，宣统三年，35 岁。

三月初一日，汪瑞闿补授湖南盐法长宝道。

八月十九日(10 月 10 日)，武昌打响第一枪，辛亥革命爆发。11 日革命党人宣布成立中华民国军政府，黎元洪出任中华民国军政府鄂军都督，发表《致全国父老书》。12 月 29 日孙中山归国，17 省代表选举孙中山为临时大总统。

八月二十三日，直隶总督陈夔龙呈《保荐检讨唐宝锷道员汪士元片》："……，

① 邓之诚著；邓瑞整理：《邓之诚文史札记》上，江苏凤凰出版社，2012 年 4 月，第 288—289 页。

道员汪士元才长心细,老练精明,委办一应交涉事宜及保商要政极为得力,合无仰恳天恩俯准将……,直隶补用道汪士元交内阁存记,出自恩施,谨附片具陈,伏乞圣鉴训示。谨奏①。"

十月初四日,直隶总督陈夔龙呈《为委任汪士元署理长芦盐运使员缺事奏片》:"宣统三年十月初四日,再,调署长芦盐运使正任湖南提法使张镇芳经内阁总理大臣袁世凯调京当差,所遗盐运使员缺,查有直隶存记道汪士元堪以委署。除饬遵并分咨外,谨附片具陈,伏乞圣鉴。谨奏。宣统十月初四日奉旨。内阁知道,钦此。(军机处录副奏折)②。"

汪士元署长芦盐运使,兼管女医学堂③;任直隶赈抚总局会办。

女医学堂总教习金韵梅为请将毕业凭照盖印事致长芦盐运使汪士元禀文(宣统三年十月十三日)"大人阁下:敬禀者。北洋女医学堂二班简易科学生胡儒贞等五名现已肄业期满,考试及格,合应发给毕业凭照。兹谨缮造毕业凭照五份,送呈宪核,恳即盖印发下,以便转交各该生等收执。专此。即请钧安。　北洋女医学堂总理金韵梅谨具④"

九月十八日(11月8日),安徽巡抚朱家宝宣告安徽独立,被推为安徽都督。次日,赣军黄焕章部围攻都督府索饷,朱都督缒城逃走,次年任民国参议院议员、政治会议议员。

十二月,陈夔龙病休,张镇芳以湖南提法使署理直隶总督,署理仅十天,清帝逊位,成最后一任直隶总督。

1912年,36岁

1月1日,孙中山在南京宣誓就职临时大总统,改国号为中华民国,定1912年为民国元年,并成立中华民国临时政府。

2月12日,隆裕太后代宣统皇帝溥仪颁布了退位诏书,清王朝宣告灭亡,中国两千多年的君主专制制度也随之结束。13日,孙中山辞临时大总统职。15日,参议院选袁世凯为临时大总统。

---

① 陈夔龙撰;俞陛云等编校:《庸庵尚书奏议》五,成文出版社,民国58年3月,第1759页。
② 中国第一历史档案馆,天津市档案馆,天津市长芦盐业总公司编:《清代长芦盐务档案史料选编》第569页,天津人民出版社,2014年12月,第569页。
③ 河北省地方志编纂委员会编:《河北省志盐业志》,中国书籍出版社,1996年12月,第362页。
④ 天津医专校史编写组.从学堂到医专:《天津医学高等专科学校百年华诞纪念集》,天津人民出版社,2008年10月,第11页。

3月15日,张锡銮署直隶都督。

3月,袁世凯任命兄嫂之弟张镇芳为河南都督,次年元月又兼民政长,集军政大权于一身。张镇芳秉承袁氏意旨,在河南全面恢复封建旧秩序,取缔革命的国民党。

8月23日,孙中山乘船抵达天津。晚8时,直隶都督张锡銮在顺德饭店宴请孙中山。

9月8日,冯国璋出任直隶省都督兼民政长,任命汪士元为财政科参事。

应江西都督李烈钧七次盛情邀请,汪瑞闿同意出任江西民政长(省长)。本年12月22日,汪瑞闿抵达南昌,受到李烈钧等人的热烈欢迎,但同时遭到许多人反对、威胁,遂离开南昌,史称"江西民政长事件"。

1913年,37岁。

1月,直隶废除布政使司,设置直隶财政司,改由直隶都督直接管辖。财政司设司长1人,下设科,全省正杂各税、费用出纳,均由财政司统一掌理。

2月19日,财政部派汪士元、王宰善、吴家驹、傅疆充国税厅总筹备处各股主任[1]。

3月20日,宋教仁在上海沪宁车站遇刺,幕后主使者为袁世凯、直接指挥者为国务总理赵秉钧。宋教仁被刺后,河南革命党人召开宋教仁追悼会,革命党报纸《民立报》编辑写了副挽联称:"目中竟无拿破仑,宜公先死;地下若逢张振武,说我即来",竟被张镇芳捕杀。

3月20日,冯国璋任命汪士元为秘书。"国务总理、内务部总长赵秉钧呈称:据直隶都督兼民政长冯国璋呈,请任命胡嗣瑗、汪士元、王钵、欧阳熙、于振宗、贺硕麟为秘书。……,应照准,此令。中华民国二十三月二十日,大总统印,国务总理、内务部总长赵秉钧[2]。"

3月25日,"任命汪士元署河南国税处筹备处处长。此令。中华民国二年三月二十五日。大总统印,国务总理赵秉钧,财政总长周学熙[3]。"

汪士元任河南省国税厅筹备处处长后规定:省内买契征税6%,当契征税3%。12月令河南全省验契,凡清代旧契,不论买、当,一律呈验,契价在30元以

---

① 中华民国二年二月二十二日《政府公报》。

② 骆宝善,刘路生主编:《袁世凯全集》第22卷,河南大学出版社,2013年7月,第230页。

③ 骆宝善,刘路生主编:《袁世凯全集》第22卷,河南大学出版社,2013年7月,第257页。

上交税 1 元 1 角,30 元以下交 1 元。对民国元年以来的新契,已报税的收费 1
角,未报税的照清代旧章纳税①。

7 月,袁世凯以武力镇压了南方七省国民党人的"二次革命"。为镇压二次
革命,张镇芳在河南建立"军警联合会",立即包围《民立报》社,捕杀编辑部主任
罗瑞青等 4 人。一时省城开封白色恐怖笼罩,无辜市民亦遭殃。张镇芳还杀害
了同乡、自己选派到优级师范深造的学生、老同盟会员、省议员朱丹陛,引起河南
人民的共愤。

7 月 3 日,汪士元致电财政部:"财政部国税厅总筹备处钧鉴:豫省国税事项
财政司正在筹备,准于七月一号移交,昨日适奉部令,核正盐款、契税各项,立即
商诸该司,绝对不能承认,并谓汝光余利系奉大总统命令,作为地方行政经费之
用,字义甚明,岂容强作别解? 部令既可反复,应将前次划分之案取消另议,一时
断难移交,词意愤激,无可进言。此次划分结果,本已历尽困难,兹因数款纠葛以
致全案推翻,筹思一昼夜,焦灼万状。今日又向该司婉切陈商,历数小时,始稍转
圜。惟须照原表办理,则或可续议接收,否则功亏一篑,实无商榷余地。窃思税
厅尚系筹备,划分本非确定,可否先照原表接收,一面由均部将此间划分未尽妥
洽之处声明,俟取决于国会,则目前既可无误接收,将来仍有修正地步。士元智
尽能索,别无良谟,是否可行,仁盼急电示遵。河南国税厅汪士元,冬,印。"

7 月 5 日,汪士元致电财政部:"财政部钧鉴:敬电所商划分以后国税存储问
题,迄未奉复,究应如何办理,敢乞速示为盼。河南国税厅筹备处处长汪士元,
冬,印。"

7 月 10 日,汪士元致电财政部:"财政部钧鉴:歌电敬悉。国税事项业于本
日商准民政长暨财政司,正式移交,仍作为七月一号接收,特此陈闻。河南国税
厅汪士元,阳,印。"

7 月 22 日,汪士元致电财政部:"财政部钧鉴:顷准张都督暨张民政长面商
以现在时方多事,需款至殷且急,国家税款拟交由司库代为收存,以便随时支配,
而资挹注等因,自系实情,拟即遵照钧部号曰电令,暂交司库保管,免致贻误要
需,敬乞迅赐电示为叩。河南国税厅汪士元,皓,印。"

7 月 23 日,汪士元致电财政部:"财政部钧鉴:铣电敬悉,士元、忠谔学识浅
陋,兹蒙加入税法委员,至为惭悚,如有一得之意,自当随时函陈,以备采择。汪

---

① 开封市税务局编:《开封市税务志》,中州古籍出版社,1993 年 12 月.第 44 页。

士元、左忠谔,个,印。"

7月28日,汪士元致电财政部:"财政部钧鉴:税密养电敬悉,应即遵办,此间安静如常,谨闻。汪士元,宥,印。"

8月,高凌霄署直隶财政厅厅长,次月兼任征税调查处处长。

8月16日,汪士元致电财政部:"财政部钧鉴:庚电敬悉。调查田赋一案,前奉筱电,当将先后办理情形电覆在案,时将两月,各县续报仅止三十余处,若待案齐汇报,恐需时过久,致误要公。除将未到各县仍行饬催外,拟就已经到八二余县报告书先行编送,用备查核。河南国税广筹备处处长汪士元,覃,印。"

8月18日,汪士元致电财政部:"财政部钧鉴:前奉钧电,定于本月二十到京会议财政等因。查彰德以北车道被水冲坏,拟俟修复,即行北上,谨此电闻。河南财政司长高鸿善、国税厅筹备处长汪士元,筱印。"

8月23日,汪士元致电财政部:"财政部钧鉴:前奉电召赴京会议,因铁路交通阻断,遂致愆期,业经电陈在案,本日准民政长抄送钧电敬悉。查税法委员会提议调查田赋、厘金、烟酒、药材各情形,系于铣日奉文,现拟调查大概,预备陈述,定于宥日起程,特先奉覆。河南国税厅筹备处处长汪士元,养,印。"

8月23日,汪士元致电财政部:"财政部钧鉴:本处前将拟定验契施行细则呈请核定一案。查第六条,京平按二六库平每百两小六两四钱,兹拟改为京平按库平每百两小六两。第七条,'毋庸发给新契'一语,查与定章第二条不符,现拟改为:'凡民国元年以后成立之契约,仍需一律呈验注册,给与新契,惟只收注册费,不收纸价,'以示区别,应请更正。第十一条,业主遗失旧契,准予补给新契一条,原为增益收入起见,惟人情变换,恐有流弊,应请连同第十二条三项'补立田地房屋契纸'一语一并取消。在前奉钧部解释,南京电询各条,凡民国成立以前,旧契无论已税未税只收纸价,免费,不再收税;惟民国成立以后之契约,未经投税,以白契呈验者,应否责令完税? 又部章第三条'买卖典当新契,仍照前清契税章程办理,不再收验契纸价。'此项新契,是否指验契章程施行以后而言? 文内但主不收纸价,究竟注册费应否照收,统乞核示祗遵。河南国税厅筹备处处长汪士元,个,印。"

8月27日,汪士元致电财政部:"财政总长钧鉴:前奉电催赴京会议,业将起程日期电陈在案。兹唯沁日起程,所有处长职务已委托坐办左忠谔代办,合电陈明,河南国税厅筹备处处长汪士元,宥,印。"

9月28日,汪士元获准辞去署河南国税厅筹备处处长职务[1]。

12月16日,由于张勋治军无方,终引出"南京交涉案"。日、英、美等国公使以张勋在南京其侨民生命财产得不到完全保证为由,向袁世凯施加压力。于是,袁世凯任命冯国璋出任江苏都督;改任张勋为长江巡阅使,令其率"辫子军"驻防徐州。

12月16日,赵秉钧署直隶都督。

是年,汪瑞闿再赴江西任民政长,上任即查办程道存等人,得罪一批人,遭弹劾。

是年,直隶省省会设于天津。

1914年,38岁。

1月21日,汪瑞闿去职,江西民政长一职由老部下戚扬代理,本人赴北京申诉,无效。

汪士元与恽毓鼎交往,恽毓鼎曾弹劾汪瑞闿:"三月二十九日(三号)晴。……为王重光作致开封国税厅汪向叔信。接史挹三及禹弟天津信[2]。"

恽毓鼎(1862—1917),字薇孙,一字澄斋,河北大兴人,光绪十五年进士,历任日讲起居注官,翰林院侍讲,国史馆纂修、总纂、宪政研究所总办等职。

2月,袁世凯以"剿匪无方,乱杀青年"之名将亲信张镇芳撤职,由段祺瑞兼任豫督。

2月27日,赵秉钧在天津直隶都督署因中风病逝,引发种种猜测。袁世凯令按照陆军上将例从优议恤,特派朱家宝及其次子袁克文赴天津治丧,并发给治丧银10000元。

2月27日,朱家宝被袁世凯任命为直隶民政长兼都督,5月改任直隶巡按使加将军衔。

3月3日,袁世凯、徐世昌发布命令以,汪士元、徐沅、并元震、何炳庠等授上大夫[3]。

4月9日,袁世凯任命汪士元署直隶国税厅筹备处处长及财政司长[4]。

① 骆宝善,刘路生主编:《袁世凯全集》第23卷,河南大学出版社,2013年7月,第538页。
② 恽毓鼎:《澄斋日记》,浙江古籍出版社,2005年5月,第452页。
③ 骆宝善,刘路生主编:《袁世凯全集》第30卷,河南大学出版社,2013年7月,第546页。
④ 骆宝善,刘路生主编:《袁世凯全集》第26卷,河南大学出版社,2013年7月,第66—67页。

4 月 19 日,汪士元致电财政部:"北京财政部钧鉴:直隶田赋现已电准改章,每正银一两改征银元二元,随加三角一并解司,征收经费定为百分之六,业于奉准后通令各县遵办。近据各县以所定百分之六不敷办公之用,纷纷请示正拟电请变通办理,旋奉阳电亦系虑办公竭蹶。令于预算定额以外设法加征,兼筹并顾,莫名钦佩。惟直隶田赋,既经改征银元,较诸从前应征正附之额已增加甚钜。若于二元三角以外再议加收,揆之直省之民力实有未逮。而以百分之六为征,暨办公经费又断所不敷,兹拟请于前定百分之六再加四成,改为百分之十,由增征款内提支,以此收征银元增收之数详细核计,除提百分之十作为经费外,每两较从前已加增银一钱四五分,似与阳电普通办法仍相符合,而各县办公亦可不至竭蹶。务乞大部维持,允如所拟办理,并望速赐电复,以便通令各县遵办,不胜盼切之至。护理直隶民政长吴焘、直隶国税厅筹备处处长汪士元,巧。"

5 月 1 日,袁世凯公布《中华民国约法》,废止《临时约法》,扩大总统权限,改责任内阁制为总统制。同日,撤消国务院,设政事堂于总统府,任命徐世昌为国务卿。

5 月 9 日,直隶国税厅请津商会致书昌平县商会速遵章缴纳烟酒牌照税并附《条例》及《办事细则》:

民国三年(1914 年)五月九日到

直隶国税厅筹备处公函字第 307 号

径启者:据烟酒税第二征收局呈称,案奉三年三月二十四日钧处第一百二十七号训令内开,贩卖烟酒特许牌照税,即照条例内开整卖零卖各种先行分别调查,妥为筹备一切等因。奉此,遵即会同昌平县知事广出布告并照会该县警务长、各区董、商会协同办理,以期进行。四月二十四复奉钧处第一百八十七号训令内开,合将本务拟定办事附则并牌照书据,即便执照后开各数查收,即速依限遵章认真办理具报等因,奉此,当即将办事附则并牌照书据各数目点收清楚,当由本局派员出外调查烟酒各种商户,随带申请书及牌照等件,以便填注给发实行,并会同昌平县知事暨警务长加派巡警帮同办理。

顷接该县警务长函称:昌平商务分会据天津商务总会函开,未奉国税厅明文,无从筹办。敝分会维思此等税项,关系甚重,况南方被灾省分商人困苦,不言可知,如政府施行一税,必全国商人认可,方易筹办,否则轩轾。现此税案,天津尚未办到,敝分会不能破例,受全国之唾骂,故函请暂缓催促,俟天津办有成效,敝分会能遵循等语。当时剀切晓谕,众商人均已认可填照,闻该分会抗阻,众商人纷纷遽散。本城如此,各村亦率皆观望。

伏思昌平商务分会借总会为辞,煽惑众听,出面阻挠,以致本局碍难遵行,请钧处迅速函致天津商务总会转至昌平分会照章办理,遮免借端抗违,以速进行等情。据此,查贩卖烟酒特许牌照条例早经大总统命令公布,各省一律照办,不独直隶一省奉行,且本处前奉财政部第四百六十三号训令,于各项新税,期望商会竭力协赞,倘有阻挠,定予惩戒等因,业经本处函知贵会并通令各县转知商务分会查照在案。乃该分会于特许牌照税借端煽惑,阻挠进行,殊属非是。除令昌平县知事劝止该分会勿得阻挠,致干未便,并传谕烟酒商勿受(蛊)惑外,相应函请贵会转致该分会查照。

此致天津商务总会,汪士元

附件一:贩卖烟酒特许牌照税条例(略)。

附件二:直隶国税厅筹备处经征贩卖烟酒特许牌照税办事细则(1914 年 4 月 9 日财政部核准(略)(《天津商会档案会编》)

5、6 月间,临榆县商民为反对验契,全城罢市。永年县乡民因连年荒旱要求缓交验契税,聚众数千人闯入县署;唐县乡民聚抗交验契税,包围县署,县警开枪打死十余人。

5 月 18 日,汪士元入京觐见大总统。

5 月 25 日,袁世凯任命汪士元署直隶财政厅厅长[1]。

5 月 27 日,涩泽荣一乘京奉专车赴津。正午,赴日驻津总领事署宴会。下午,天津商务总会函约都督朱经田、内务司长吴子明、财政司长汪向叔、实业司长梁式重、交涉员王麟阁、都督副官张绍山、渤海观察使刘琴舫、参谋长陆秀山、警察厅长杨敬林、津海关监督徐指升、天津县知事王芷扬齐聚商会,欢迎涩泽荣一等抵津[2]。

6 月,国税厅筹备处与财政司合并,改组为直隶省财政厅直属财政部。全省除盐税、关税、烟酒税、印花税由中央设专局经办外,其余国地收支,皆由省财政厅统管。汪士元为第一任财政厅厅长(1914 年 6 月至 1920 年 7 月)[3]。

6 月,厘金由省财政厅接管。

汪士元为李侯《茶经》作《后记》。

---

[1] 骆宝善,刘路生主编:《袁世凯全集》第 26 卷,河南大学出版社,2013 年 7 月,第 442 页。

[2] 田彤编:《1914 涩泽荣一中国行》,华中师范大学出版社,2013 年 1 月,第 233 页。

[3] 河北省财政志编写组:《河北省财政大事记》,中国旅游出版社,1992 年 8 月第 1 版,第 28 页。

8月11日,汪士元致电财政部:"财政部钧鉴:庚电敬悉。留学欧洲秋季学费遵已照攒,详请巡按使汇交教育部,转汇矣。汪士元,蒸,印。"

8月13日,汪士元致电财政部:"财政部钧鉴:艳蒸两电敬悉,遵查六月份实收银元一百八十七万一千九百七十元,实支银二百十三万七千四百三十六元,除造册详送外,谨覆。汪士元叩,文,印。"

8月13日,汪士元致电财政部:"财政部钧鉴:前奉政事堂监电令收每月收入总数于下月上旬电呈。政事堂等,因兹遵查七月份收款,共银元八十万八千八百五十元。请即特呈以备考核。汪士元叩,真,印。"

第一次世界大战暴发。8月14日,直隶都督兼巡按使朱家宝在将军府设立中立处,执行北京政府《局外中立条规》,委徐沅任总办,陆锦、汪士元、杨以德、吴焘、王麟阁、李清芬任会办①。

11月20日,《批财政部呈直隶陕西两省劝募四年公债成效卓著在事出力人员杨以德等援案请分别奖给勋章,其汪士元一员拟请改为传令嘉奖由,中华民国四年(1915年)十一月二十日》:"杨以德等四员已另有令明发。汪士元、谢嘉祐、林世英、刘赓年、杨宗汉、王垓、张文栋均着传令嘉奖。余如所拟分别给奖。交政事堂饬铨叙局查照。单并发。此批。中华民国四年十一月二十日,大总统印,国务卿陆征祥②。"

11月30日,"署理直隶财政厅厅长汪士元督征得力,深堪嘉尚,应准给予等嘉禾章。中华民国四年十一月三十日,大总统印,国务卿徐世昌③。"

12月,直隶以蝗虫、河堤决口"相继为灾",向北京政符呈报灾情,请免宁河等47县本年各项钱粮赋税。

1915年,49岁

1月30日,汪士元被任命为直隶财政厅厅长④。

"三月初七日(二十号)。辛巳阴。思缄以所作修禊航字韵七古求改削,为改定数句。傍晚至王、杨二处复诊。至悦宾楼赴延铁君之约。嗣伯来辞行。伯葭

① 天津市地方志编修委员会编著:《中国天津通鉴》上卷.中国青年出版社,2005年12月,第163页。
② 骆宝善,刘路生主编:《袁世凯全集》第23卷,河南大学出版社,2013年7月,第435页。
③ 骆宝善,刘路生主编:《袁世凯全集》第29卷,河南大学出版社,2013年7月,第444页。
④ 骆宝善,刘路生主编:《袁世凯全集》第30卷,河南大学出版社,2013年7月,第288页。

来夜话。寄朱经田、汪向叔二信,为农会领款事①。"

直隶财政厅汪士元《为开办商业劝工会减免税厘事致津商会函(1915 年 5 月 11 日)》:径复者,准贵会函开,现据津群众工厂商等投帖内称:窃查自民国成立以来,百度维新趋势之所在,非工商讲求精良不足以强国。是以近年来,我国工业研究深造,加以政府之权力提倡于上,人民群相究讨予下,故土货百般设法改革,人民风气亦渐开通。然邻邦外货较比土货,销路仍未稍杀于前,漏卮不能塞止者何耶? 当经商等揣夺调查,实因外货较之税轻,况人民习惯意中注重者,外货之外表华丽,殊不知土货坚固延年而且适用。商等工业向来本小利薄,与外货抵抗难收效果。惟查我大总统督直之时,维持商业劝工会。当经批准凡出口国货,值价在 30 两以内者照免税厘,以一个月为限,会限分两季,旧历三月、九月,以天后宫公园两处为会场等因。津埠商民感戴莫铭,现查津埠工业一项自受欧洲开战影响以来,市面疲滞,各工厂十室九空,无力支撑工人坐以待毙。商等恳求援照前案稍加变通,仍请开办商业劝工会,以苏商困,挽救工业。商等对于畅销国货起见,援案请求各种国货出口,凡价值在 30 两以内者照免税厘,一年两次,分三月九月,每次以一个月为限期。国货凡值价在 30 两以外者照章纳税,除国货外,他货商等概不请求,以期达到畅销国货之完全目的。

商等不揣冒渎,谨陈管见,敬祈贵总会转请巡按使,咨请财政部恩准提倡国货挽回利权,实为公德两便等情。查商业劝工会,前于大总统督直时呈准开办,减免税厘,实于工商颇滋裨益,是会之成立,荟萃工商于一场,任人游览,互为交易,精神换感。一方面增进工商业之见识,一方面提倡土货之销路,活动金融,洵为振兴国货扼要之图。兹查该商等所陈,每年以旧历三月、九月为会期,地点以天后宫公园两处为会场。对于会场销售之土货,价在 30 两者免纳税厘,核与前次办过成案相符。丁兹商业不振金融停滞之际,必须援案开办,以资倡导。敝会为提倡国货疏通市面起见,除请免税项,业经敝会函准津海关监督,详请巡按使转咨税务处核复外,所有应纳厘捐,相应援案函致查照维持,准予免征,以价值 30 两为度,以示限制。并候速赐核复,以资开办,实纫公谊等因。准此,事关振兴商务,亟表赞同。惟查前厘捐总局卷内,前清光绪三十三年举办商业劝工会,经前津海关道拟定,核减货品估本二成。详奉前北洋大臣批准办理在案,并无出口国货价在 30 两以内者照免税厘明文。惟税厘情事相同,既经贵会函准津海关

① 恽毓鼎:《澄斋日记》,浙江古籍出版社,2005 年 5 月,第 725 页。

监督详请巡按使转咨税务处核办，应俟奉复后再行察核办理。相应函复查照。此致天津商务总会。汪士元①。

是年，汪士元兼任天津女医局附设护士助产学校董事会董事长，为官方股东代表。

2月12日，将军衔督理直隶军务巡按使朱家宝《奏为直隶民国四年秋禾被水被旱被雹被虫案内曲阳任二县灾歉分数恳恩蠲缓粮租仰祈圣鉴折》②。

3月13日，直隶巡按使朱家宝根据财政厅汪士元的灾情报告，《呈民国三年直属文安县大窪被灾地亩援案请分别蠲缓祈鉴示文并批令》，得到批准③。

4月，直隶财政厅奉部令制定了《直隶整顿当税章程》，对当税、帖捐等做了规定。根据典当营业规模和盈利多寡，年税额分四等。当税由县政府征收，每年分两次交纳，领帖。

4月3日，直隶财政厅向直隶省银行借款公化银20万两，月息7厘，借期三个月，用于转还正金银行借款。

4月3日，汪士元的灾情报告称直省各县地方瘠苦，荒歉频仍，每遇灾歉之年，虽将是年凭征粮租分别蠲缓，迫至来年春青黄不接之际，仍恐民生困敝，无力输将，并有展缓春征之例。上年直属各县被水被旱被虫被蝗，原报之新镇、文安、大城、昌黎等三十八县勘明成灾五六七八九分，照例办成案，请将应完中华民国四年春赋地丁钱粮及各项旗租缓中华民国四年秋后启征。直隶巡按使朱家宝根据报告，《呈民国三年直省宁河等县民国三年秋灾援案恳请缓征本年春赋粮租乞鉴核示遵文并批令》，得到批准④。

4月23日，汪士元兼任直隶省选区办理选举事务所所长⑤。

5月2日，"财厅呈报三月税款：直隶财政长厅汪士元呈报北京财政部三月份共收税捐等款文云：为呈报事，民国九年三月份共收税捐等款四十三万九千五百五十七元，除呈报国务院外，特请鉴核备案云⑥。"

5月3日，巡按使朱家宝根据汪士元关于去年直隶安新、河间、任县、冀县、南宫、新河、隆平、宁晋等八县遭受水灾情报告，请求根据灾情实际情况蠲免缓征

① 天津市档案馆.《北洋军阀天津档案史料选编》，天津古籍出版社，1990年2月，第395—397。

② 中华民国四年二月十八日《政府公报》。

③ 中华民国四年三月十五日《政府公报》。

④ 中华民国四年四月五日《政府公报》。

⑤ 中华民国四年五月三日《政府公报》。

⑥ 1915年5月2日《益世报》。

春赋粮租,得到国务卿徐世昌的批准①。

5月9日,袁世凯屈服日本,接受丧权辱国的"二十一条"。

5月29日,直隶财政厅向津浦铁路四省公司借款行化银25.14万两,月息5厘,用于凑拨堵筑濮阳黄河工程。

6月9日,直隶财政厅向津浦铁路四省公司借款公化银12.2万两,月息5厘,用于发放本省军饷。

8月,直隶财政厅烟酒公卖局为派出缉私委员、巡丁,直隶巡案使转饬关卡轮路、水路、警察。遇有烟酒未粘本省印照或单货不符者,随时会同公卖局委员切实办理。

8月4日,财政厅长汪士元报称,上年七月十四十五等日大雨时行山水暴发,致将平山县属柏山村北仓蝇沟村地亩冲刷。直隶巡按使朱家宝根据汪士元的灾情报告,《呈为直隶平山县水冲地亩恳请照例豁除粮赋民苏民累祈鉴示文并批令》,得到批准②。

8月23日,汪士元致电财政部:"财政部总次长钧鉴:皓电敬悉。查官产项下,截至本月中旬,计结存银三万七千六百余元。以之抵还本厅四年分官产垫款及本年由本厅借拨官产月支经费等项,尚属不敷,委实无从筹解,谨此电复,士元崇质全扣养印。"

9月13日,"直隶财政厅饬第3138号:为饬发事据,该县单报经征本年第一期牙税并帖捐帖费银元1373元,解赴天津分金库兑收,请核明印发回照、留案等情。据查此项银元已拨金库照数点收。除将报单截存外,所有回照令行印发,仰即查收备案,一面遵照前批将未换帖各牙勒限严催赶紧照章换竣。汇填妥表,克日详送来厅,以凭核夺,毋任递延是为主要。此饬! 计饬发回照一张。

汪士元

1915年9月13日

李馥田蓝印

获鹿县解款回照:获鹿县公署今将民国四年分经征:牙帖捐洋600元、本年第一期牙税洋740元、一半帖费洋33元,以上共洋1373元派员管解赴天津分金库兑收清楚,理合备具回照附请。直隶财政厅签印制交解款人携同备案。知事:

---

① 中华民国四年五月五日《政府公报》。
② 中华民国四年八月七日《政府公报》)

曾傅谟。代解石家庄交通分银行。1915 年 9 月①。"

10 月，直隶制定《屠宰税施行细则》，规定各县设征收所，县下设征收分所。凡屠宰牲畜者得赴征收机关纳税，领取执照方准宰杀。所收税款按月解交省库。

10 月 11 日，汪士元、胡翔林等被授予三等嘉禾勋章②。

10 月 13 日，汪士元致电财政部："财政部钧鉴：税密。直省四年九月分实收各款，共银九千一百四十六两，约合银元一万三千四百八十二元。又银元六十一万八千八百四十八元，又验契费(二八)万八千三百九十(二八)元，印花税九千六百二十八元，烟酒牌照税二万一千八百(二八)十五元，特种营业税三百(二八)十四元，统共银元(二八)十四万二千六百四元。敬乞转呈，以备查考。汪士元，蒸，印。"

11 月 13 日，"看《通鉴·唐太宗纪》两卷，为助赈局事致函直隶财政厅汪向叔③。"

11 月 17 日，朱家宝、汪士元致电财政部："财政部鉴堂密。元电敬悉，直省九、十两月经收验契费等项专款，共十八万八千二百九十二元，已于覃日解库候拨，并先由厅于真日电陈在案核之，按月匀摊数目，已将十一月分应解之款如数拨解，尚有超过敬复，朱家宝、汪士元，铣。"

12 月，袁世凯称帝前夕，朱家宝给袁上"奏折"，称"奏请皇帝陛下圣鉴"，袁称帝后受封一等伯。

12 月 8 日，"学校证书亦贴印花：直隶财政厅长汪士元君，以直隶各学校毕业证书亦系人事凭证之一种，应即贴用印花。惟查照法案并无规定明文，当经详奉财政部核示。兹奉部饬应准，各学校毕业证书贴用印花，如有故违，不但作为无效，一经检查发觉，仍按罚金条例执行等因，业已饬令各学校一体遵照云④。"

12 月 12 日，袁世凯称中华帝国大皇帝，发出第一道申令：捕杀乱党。

12 月 13 日，汪士元致电财政部："财政部钧鉴：税密。本年直省应解中央专款二百十(原码)七(似八或二之误)万五千元。除先后拨解二百四万四千八百四十六元零，尚应解十三万二百五十三元零。现已筹措足数，定于删日解京。汪士

---

① 张彦台著：《蜕变与重生：民国华北牙商的历史演进》，山西人民出版社、山西经济出版社，2013 年 11 月第 316 页。

② 骆宝善，刘路生主编：《袁世凯全集》第 23 卷，河南大学出版社，2013 年 7 月，第 87 页。

③ 恽毓鼎：《澄斋日记》，浙江古籍出版社，2005 年 5 月，第 752 页。

④ 1915 年 12 月 8 日《益世报》。

元叩,覃,印。"

12月15日,汪士元致电财政部:"财政部鉴堂密真电。敬悉直省十二月分,中央解款一万六千六十六元零,定于删日解京敬复。朱家宝、汪士元,寒。"

12月18日,汪士元致电财政部,恭祝袁世凯登基:"财政部税密,转呈大皇帝陛下。窃闻宅中居正,辰旒定抱一之仪;受箓应图,酉琯协登三之瑞。自古曩运斟元之会,必有孕虞育夏之君。我大皇帝顺应舆情,诞膺天祚,总八方而御极,定五族以开基,化协熙春,欢腾函夏。臣备员畿辅,幸际康时,近接龙光,齐听九成韶濩,虔申虎拜,愿随万国,衣冠望阙,陈词不胜惶恐。直隶财政厅长,臣汪士元率体职员谨奏,筱,印。"

12月20日,朱家宝、汪士元致电财政部:"财政部鉴:堂密。大函敬悉,承示提前解款,适值年终,直省财力亦支绌,惟中央需用万急,但能设法,敢不竭力筹垫,以济要需?兹将明年正二两月分应解中央专款、解款两项四十五万定于祃日先行拨有解,藉纾廑虑。除由厅另文陈报外,谨先电复。朱家宝、汪士元,巧。"

12月23日,朱家宝、汪士元致电财政部:"财政部鉴:号电敬悉。烟酒两项事关国家岁入,大部改设专署,请简贤员尽划宏谟,莫名钦佩。查烟酒税为直隶岁入大宗,家宝等责任所在,自当协力维持,切实筹办,以纾廑注,谨此电复。朱家宝、汪士元,养,印。"

12月24日,朱家宝、汪士元致电财政部:"财政部鉴,堂密。接奉巧电,具仰审慎周详,莫名钦佩。清查地亩一案,事体重大。民难图始,诚如荩虑,所筹原难保翕然无间,惟直省自奉颁大纲,暨改正细则,并准迭次文电令,即督敕克期举办。曾经通行全省,一体遵照。一面撰发布告,晓谕周知。业据各属将开始情形筹定办法陆绩具报前来。此事为普通政策,既经奉令督促于前,是人民已晓然于要政之必行,各县知事亦必怵夫功令之严切,正在督促进行,同时著手,今若中途作辍,似非正体所宜。切已办者立生观望之心,未办者亦难赓绩于后。减为收税一分五厘,学费五厘,似此酌予变通,虽较定额稍轻,而民间以实惠可沾,必能踊跃从事,不特增收,可望且免阻碍清查。似属上下交益,务恳迅赐,照准核复,以凭敕遵。朱家宝。汪士元,养,印。"

12月25日,蔡锷在云南首义,护国战争爆发,得到全国响应。

是年,直隶财政厅饬发《部定屠宰税简章》:牛每头纳税银一元,猪三角,羊二角,不分大小牝牡及冠婚丧祭年节,一律照征,宰户须先期领取执照方准宰杀。

是年,直隶上解中央款20万元。

1916 年,40 岁

1 月 16 日,蔡锷率护国军出击四川。

1 月 28 日,"直隶财政厅厅长汪士元给三等单鹤金质章。洪宪元年一月二十八日,政事堂印,国务卿陆征祥①。"

2 月 10 日,汪瑞闿任民国政府参政院参政。

2 月,直隶开办驼、马、骡、驴屠宰税。前三种照牛税率减二成,每头收大洋 8 角,驴每头减四成,收大洋 6 角。

3 月,直隶财政厅又颁布了一个《续订直隶增补牙税章程》,其中特别规定"牙佣收入或原任盈余额依等级分介两级之间,但超过本级很多而比值高一级犹不及的,即按本级领帖,但额外增加原税额的十分之三"。

3 月 10 日,冯国璋等 5 人联合发电给袁世凯,迫其退位,取消帝制。23 日,袁世凯取消帝制,并致电请蔡锷等停战,商议善后办法。5 月 8 日,段祺瑞逼袁世凯交权。段、袁矛盾益加深刻。6 月 6 日,袁世凯在忧惧中病故。6 月 7 日,黎元洪继任大总统。29 日北京政府国务院被迫恢复旧约法。中国进入军阀割据混战时代。

3 月 31 日,朱家宝、汪士元等因解款有功,受到传令嘉奖②。

4 月 11 日,汪士元致电财政部:"北京财政部钧鉴:计密。直省五年三月份实收各款供银一万七千二百九十九两,约合银元二万五千四百九十九元。又银元七十三万一千一百八十四元,又验契费十一万三千四百四十,印花税三千八百五十元,烟酒牌照税一万八十八元,特种营业税一百三十二元,统共银元八十八万四千一百九十三元,敬乞转陈,以备查考。汪士元,蒸,印。"

4 月 30 日,财政部、交通部为补救之故,通令各地税收机关一律收用中、交两行钞票,维持中、交两行信用。社会上广泛流传着中、交两行钞票不兑现的"谣言",引发市民恐慌。

5 月 5 日,直隶财政厅又一次站出来辟谣称:"近日各报登载,政府将发行不兑换纸币,全系谣传,本部并无此项计划,深恐远道传闻失实,影响金融,有碍大局。速即转饬所属,传知商会晓谕商民,切毋轻信,并随时注意各报,如有转载,立饬更正,还责令天津商务总会迅赐晓谕,迅赐晓谕商民,以免误会而安市

① 骆宝善,刘路生主编:《袁世凯全集》第 34 卷,河南大学出版社,2013 年 7 月,第 273 页。
② 骆宝善,刘路生主编:《袁世凯全集》第 34 卷,河南大学出版社,2013 年 7 月,第 56 页。

面①"。

5 月 20 日,"直隶财政厅长汪士元,自开办验契以来,先后拨解款项 338 万元之钜,实属督率有方,成绩卓著,著赏给三等金质双鹤章②。"

7 月,朱家宝被段祺瑞内阁命为直隶省长兼督军。

9 月,曹锟任直隶督军。

11 月 18 日,"己丑冬至节,〔眉〕黎明六钟,有大星如赤球,自西北来,陨于东南,隐隐有声。晴。接汪向叔回信,湘米一万石,可望运京平粜③。"

是年,直隶上解中央款 64 万元。

民国 5 年,三、四两个区因淀河水势渐涸,该两区渔商籍端把持,五次投标均不足额,财政厅长汪士元委令渔税检查员朱大信,兼直隶第二、三区渔税稽征处委员,直接征收该两区渔税④。

是年,栖霞县知事汪鸿孙试署即墨县知事。

是年,安徽发生水灾,汪士元积极助赈,并向天津商会致函劝募赈灾。

1917 年,41 岁

3 月 2 日,《大总统令第三百六十八号令》:"财政总长陈锦涛呈为五年公债年终结束各省出力在事大员请奖由,呈悉,王荃本、莫永贞、林炳章、胡翔林、汪士元、……,均著传令嘉奖,此令。大总统印,中华民国六年三月二日,大总统印,国务总理段祺瑞、财政总长陈锦涛⑤。"

3 月初,段祺瑞辞职,出走天津,府院之争愈演愈烈。

5 月 24 日,津浦铁路管理局局长徐世章、直隶财政厅长汪士元、天津县知事姒锡章、分发直隶知事邢殿元、田绍文、邱廷荣谒见朱省长⑥。

6 月 1 日,黎元洪召张勋入京共商国是,7 日,张勋率辫子军自徐州北上进京。12 日,黎元洪被迫解散参众两院。

张勋宣布复辟。7 月 1 日,溥仪再次登基,颁布多条新政,意图恢复大清。

---

① 天津市档案馆编:《天津档案与历史》第 1 辑,天津人民出版社,2008 年 7 月,第 132 页。

② 骆宝善、刘路生主编:《袁世凯全集》第 35 卷,河南大学出版社,2013 年 7 月,第 450 页。

③ 恽毓鼎:《澄斋日记》,浙江古籍出版社,2004 年 5 月,第 754 页。

④ 河北省地方志编纂委员会编:《河北省志 第 19 卷 水产志,天津人民出版社,1996 年 2 月,第 187 页。

⑤ 中华民国七年三月三日《政府公报》。

⑥ 1917 年 5 月 25 日《益世报》。

张镇芳被封为议政大臣兼度支部尚书。3 日,段祺瑞偕同徐世昌等人讨伐张勋。6 日,冯国璋在南京宣布就任代理大总统,任段祺瑞为国务总理。12 日,讨逆军进入北京,张勋逃入驻京荷兰公使馆。溥仪再次写下退位诏书。张镇芳以内乱罪被捕,由大理院管辖审理,被判无期徒刑。判刑后隔两天,以病为由保外就医,送回天津,坐牢 3 个月后重获自由,从此退出政界。

7 月,朱家宝赞助张勋复辟,授民政部尚书,命全城挂上龙旗,在大堂上摆起香案,望阙谢恩,行三拜九叩大礼。复辟失败后,他逃亡日本,次年 10 月返天津寓居。

曹锟任讨逆军西路军总司令,率部入京讨伐张勋。7 月兼署直隶省长,10 月被授为陆军上将。年底任援湘军第一路司令。

7 月 10 日,曹锟饬直隶财政厅长汪士元暂行兼护省长职务。当日,段祺瑞命杨以德为天津地方戒严司令。汪、杨联名发布维护社会秩序告示。

7 月 12 日,由直隶护理省长汪士元与三菱合资会社代表秋山订立日金 100 万元借款合同,还本付息由中央政府担任。

10 月 24 日,财政厅向直隶省银行借款 36 万元,月息 3 厘,用于归还省银行旧欠,全部借款一年后归还。

11 月 3 日下午七点,直隶督军兼省长曹锟宴请京畿河工督办熊希龄、长芦盐运使段永彬、津海道道尹姒锡章、财政厅长汪士元、交涉员黄荣良、津海关监督赵从蕃、全省警务处处长杨以德等要员[1]。

11 月 12 日,顺直省议会第三次会议举行开幕式,曹锟、杨以德、王章祐、严智怡、汪士元等官员出席。

11 月 23 日,曹锟、汪士元、王之杰等与天津朝鲜银行本原小平签订借款合同 15 条。

是年,直隶上解中央款 50 万元。此后,因军阀连年混战,解款停止。

是年,汪鸿孙任昌黎县知事,与金良骥修《昌黎县志》十二卷,首一卷末一卷,今存。

是年,钱骏祥与夫人过七十大寿,汪士元、金蓉镜、朱祖谋、朱寿昌、吴景毓、蓝钰等等撰写诗文祝贺,集为《嘉兴钱新甫先生暨周夫人七旬双庆寿言》1 册,正楷书写,紫色花边框,八行十八字,今存。钱骏祥(1848—1931),字新甫,浙江嘉

---

[1] 1917 年 11 月 5 日《益世报》。

兴人,光绪进士,授检讨。曾任山西学政、敷文书院山长等职,著有《晋轺集》《子影集》等。

1918 年,42 岁

1 月,曹锟任两湖宣抚使,6 月任川、粤、湘、赣四省经略使。

1 月 18 日,曹督军在曹家花园宴请长芦盐运使段永彬、财政厅长汪士元、津海关监督赵从蕃、镇守使赵玉珂、交涉员黄荣良等要员①。

1 月 19 日下午五点,曹督军召集镇守使赵玉珂、津海道道尹姒锡章、警务处长杨以德、财政厅长汪士元开会,讨论维持时局问题②。

1 月 22 日下午六点,驻津京畿水灾河工善后事宜处坐办张货杉,在本宅宴请长芦盐运使段永彬、财政厅长汪士元、津海关监督赵从蕃等官员③。

2 月,经曹锟保荐,弟弟曹锐被任命为直隶省长。曹锐大肆卖官,同时经营着利丰大米庄、被服厂、同福饼干公司等,以高价售给各军队,从中牟取暴利。

2 月 17 日十一点,直隶曹省长召集汪向叔、王章祐、赵从蕃、段谷香、姒锡章、黄荣良等开会,讨论维持治安办法④。

2 月 24 日下午三点,署直隶省长曹锐在本署约集长芦盐运使段永彬、省议会议长边守靖、财政厅长汪士元、津海关道尹姒锡章、交涉员黄荣良、代理镇守使刘元和及各官员,均齐集会议时局要政⑤。

3 月 2 日十一时,曹省长在本署邀请王章祐、黄荣良、汪向叔、王芝杰、赵从蕃、刘元和、姒锡章等官员,均齐集会宴⑥。

3 月,在徐树铮的策划下,王揖唐、王印川、光云锦等皖系政客在安福胡同成立安福俱乐部,为该系形成肇始。8 月,新国会选举,安福系以非法手段操纵选举。在全部议员的 400 多人中,安福系即占 380 余人,王揖唐被举为众议院议长,这届国会被称为安福国会。

3 月 20 日,直隶与法商惠东银行签订 100 万银元借款合同,作为直隶行政经费。

---

① 1918 年 1 月 19 日《益世报》。
② 1918 年 1 月 21 日《益世报》。
③ 1918 年 1 月 23 日《益世报》。
④ 1918 年 2 月 18 日《益世报》。
⑤ 1918 年 2 月 25 日《益世报》。
⑥ 1918 年 3 月 39 日《益世报》。

4月26日,雷震春于日前晚六时,在德租界本宅内宴请王小廷、陈尧斋、胡星舫、汪向叔、袁行南、言仲远、叶文樵、袁少明,至九时余始行散去云①。

4月30日晚七时,驻津日本总领事在英租界本领事署内宴请华官,曹省长、杨敬林、赵从蕃、汪士元、陆长佑等官同出席②。

5月8日,财政厅长汪士元、海关监督赵林蕃在利顺德大饭店宴请各国领事及日本驻军司令官、副官等。

5月16日,直隶与日本兴业、朝鲜、台湾三银行签订100万日元借款合同。

6月5日七时,杨敬林、汪士元、赵从蕃、黄荣良、赵长祐,假座南市聚乐成饭店,公宴参谋长赵子升,至十时余始行兴散去云③。

8月23日,汪士元致电财政部:"财政部钧鉴:个电敬悉,七年度预算前奉,庚电因军政各费均有变更,碍难按照电示办法办理。经即督敕厅员细核另编,现已编竣赶缮,不日即行呈咨,谨此复陈。汪士元,祃,印。"

9月4日,安福国会选举徐世昌为大总统。

11月15日,《大总统令》:"汪士元、赵从蕃、李壮飞均给予三等宝光嘉禾章,此令。大总统印,中华民国七年十一月十五日,大总统印,国务总理钱能训④。"

11月29日,汪士元致电财政部:"财政部钧鉴:寒电敬悉。直省所欠外债,仅有借用华比银行一款,此外并无借德奥两国款项,别无债务关系。上年奉省令转准钧电饬查,业经查明呈咨,至由德奥两国购置材料,仅有特别区管理局购买德商电灯机件,暨北洋保商银行,购买德商电灯材料及订印纸币两案,均经省署先后咨明国务院,内务部有案,奉电前因,除详细情形已由省署咨复外,谨复。汪士元叩,沁,印。"

11月23日,直隶省长曹锐、财政厅长汪士元及直隶银行与日本兴业、台湾、朝鲜三银行签订150万日元借款合同⑤。

12月12日,汪士元致电财政部:"财政部钧鉴,直者七年十一月分,实收各款共银十三两,约合银元二十元,又银元八十一万六百九十九元,又验契费二百

---

① 1918年4月27日《益世报》。
② 1918年5月1日《益世报》。
③ 1918年5月1日《益世报》。
④ 中华民国七年一月十六日《政府公报》。
⑤ 河北省财政志编写组:《河北省财政大事记》,中国旅游出版社,1992年8月,第32页。

二十四元,烟酒牌照税二十元,总共银元八十一万九百六十三元,除报国务院外,敬请查核。汪士元叩,真,印。"

是年,汪鸿孙任临城县知事。

11月4日,大总统令:汪鸿孙等因民国三、四、五年田赋完成著传令嘉奖①。

1919年,43岁

1月10日,《大总统指令第一百十七号令》:"署理直隶省长曹锐呈考核办事出力属员汪士元呈等请分别奖给勋章由,呈悉,交国务院陆军别核办。此令。大总统印,中华民国八年一月十日,国务总理钱能训、陆军长假②。"

2月5日,据财政厅汪士元呈称,署理直隶省长曹锐《呈大总统查明遵化县民国六年水冲沙压地亩请豁除租赋文》,得到批准③。

3月22日,汪士元致电财政部:"财政部钧鉴:顷奉皓日代电,饬将开滦临井各矿报效一款从一月起专款解部等因。查此项报效,自前行政公署于民国三年编制预算,即经列入地方岁入,呈部有案。原案声明此项报效起于矿章,未领以前本于矿章所无,向不解部,专为指拨本省各项之用。矿章既行以后,所办各矿均无此款,实与加税相类,应归地方范围等语。数年以来,历经照办,是此款专充地方之用,久为钧部所鉴许。近年地方预算,收不敷支,为数颇钜,方苦无可设筹。若将此项提出解部,不但议会恐难承认,且地方一切政费更属无法维持。奉电前因,再四筹思,碍难遵办。惟有据实复陈,仰祈格外鉴察,不胜屏营之至,汪士元叩,哿,印。"

4月,北洋政府总统徐世昌又下令,将全国烟酒公卖局改为全国烟酒事务署规定烟酒事务署,隶属北洋政府国务院。张寿龄、汪士元、王毓芝、王正廷、姚国桢、张英华、董士恩曾任督办。

4月2日,《大总统令第九百九十七号》:"署直隶小省长曹锐,呈财政厅长汪士元等防疫案内奉给勋章转陈谢悃由,呈悉,此令。大总统印,中华民国八年四月二日,大总统印,国务总理钱能训④。"

5月4日,北京十三所学校的学生三千余人齐集天安门前举行示威,提出

---

① 中华民国七年十一月十五日《政府公报》。
② 中华民国八年一月十一日《政府公报》。
③ 中华民国八年二月六日《政府公报》。
④ 中华民国八年四月三日《政府公报》。

"外争国权,内惩国贼"、"废除二十一条"、"抵制日货"等口号,主张拒绝在巴黎和约上签字,要求惩办北洋军阀政府的亲日派官僚曹汝霖、章宗祥、陆宗舆,展开声势浩大的"五四运动"。

8月14日,汪士元致电财政部:"财政部钧鉴:佳日代电。谨悉查此案,前奉电催,因各局册报未齐,即经电复,益分行催办在案。嗣据陆续造册送厅,又因西区税局等或稍有错误,或款式未合,复经分别指饬改造。兹奉前因,除严催更造齐全,即行汇案呈报外,合先电复,敬乞鉴察。汪士元叩,文,印。"

8月14日,汪士元致电财政部:"财政部钧鉴:直省八年七月分实收银元一万一百三十五两,约合银元一万四千九百四十六元。又银元一百六万六千一百三十三元。又验契费六百六十二元,烟酒税四万元,总共银元一百十二万一千七百三十五元。除报国务院外,敬请查核。汪士元叩,真,印。"

11月28日,直隶南皮县泊镇鸡鸭卵商110家商户并推举王寿昌、解文卿、戴锡昌,联名向直隶省长、直隶财政厅、直隶省议会、天津商会呈文禀控董祥亭为垄断起见,借口评价,把持市面,统捐之外又有牙佣,各商贩纷纷他往,各鸡鸭卵商的货物滞销,市面周转不灵,各鸡鸭卵商均已歇业。直隶财政厅呈奉省长后,省长指令严查泊镇鸡鸭卵专行"未便取消",为此直隶财政厅"咨顺直省议会并分令交河、南皮两县遵照"。

12月14日,直隶特派交涉员黄荣良,昨日下午六钟,宴请驻津英国总领事葛墨,副领事翰垒德,并约汪向叔、王叙钧、严慈约、姒继先、陆孟孚、张汝桐、邢瑞亭、齐耀碱,均齐集作陪云①。

12月18日,三河县农民反对增征牲畜税,掀起罢市风潮。

12月28日,冯国璋病死,曹锟被推为北洋直系军阀首领。

是年,大陆银行由谈丹崖、许汉卿、万弼臣、曹心谷等人发起成立,设总行于天津。

1920年,44岁

1月6日,汪士元发布通告,严禁各县浮收粮租。《财政厅严禁浮收粮租》:"直隶财政厅现闻各县经征粮租,间有违章浮收情事,爰于昨日通令各县知事,其文云:案查各县征收粮租,凡必须兼收制钱或铜元之处,其折合银元之数务按日

① 1919年12月15日《益世报》。

牌示俾众周知。牌示所悬之数,即当时市价,不得超越。节经通令饬遵有案,现值下忙启征征收畅旺之时,本厅深恐各县奉行不力,积久玩生牌示,折合之比较当地市价或有增加,如果有此情弊,无论数目多寡,均属违章浮收,绳以刑章,罪无可逭(纳粮租者注意)。年来各县知事因折收浮溢,被人民指控者已有数案,一经查实,惩处随之,复辙匪遥,可为殷鉴。各知事何苦为此毫末赢余,隳一己之廉隅,复受制裁于法律耶? 为此不殚烦数,通行诰诫各该知事,务须查照本厅六年四月呈准省长整顿各县粮银价值征收办法,切实遵依,并对于经征员书人等随时严密查察,务任稍滋弊窦,以维国赋而重官规。除分令外合就令仰遵照办理,仍将遵办情形呈报查考,此令①。"

1 月 20 日,"大总统令:汪士元晋给二等宝光嘉禾章,此令,国务总理靳云鹏②。"

3 月 25 日,直隶财政厅长汪士元就伪劣铜元发表谈话,现准滦县先后送呈轻质铜元。业经交造币厂考试,均系伪造,实属妨碍币政。而该两县既有伪造,此外各县难免不无发生。昨已通令各县严查禁止行使,如果破获人犯真实证物,由厂奖赏出力员役以示鼓励,而重币政云③。

4 月,蔚县爆发万人参加的农民抗捐斗争,捣毁税捐局、商会和官公署。

5 月 1 日,《顾直省议会开会记》:顺直省议会于昨日上午十钟行开会式。是日,到会者为省长代表陆长佑、步梦周二君,财政厅长汪士元. 实业厅长严慈约,教育厅长王章祜,津海关监督赵从蕃. 津海关道尹姒锡章。交涉员黄荣良、高等审判厅长廉隅、高等检察厅检察长地方审判厅长雷铨衡、地方检察厅检察长邵箴、天津县知事齐耀城,暨各行政长官均莅会焉。出席议员九十余人④。

6 月 10 日,南皮县泊镇鸡鸭卵商号瑞记、元和永等 145 家再次公推绅商代表李敬修、刘玉田等联名盖具水印,具帖向天津商会陈请转呈直隶财政厅,撤销鸡卵牙商,由各商户直接纳税。直隶财政厅长汪士元接到商会转函后,向天津商会回复公函,并饬商会转发泊镇鸡鸭卵各商户。公函称:"牙税根据于牙帖,如将牙帖撤销而令各商包缴牙税,名实殊不相符。再牙帖有效期间以 5 年为限,甫经发帖,无端收回,官厅之信用安在? 所请碍难照准。至牙纪董祥亭如实有扰累商

---

① 1920 年 1 月 6 日《益世报》。
② 中华民国九年一月二十三日《政府公报》。
③ 1920 年 3 月 25 日《益世报》。
④ 1920 年 5 月 2 日《益世报》。

民行为,应持确实凭证在县控诉,以凭依法究办①。"

7月1日上午十一点,财政厅长汪士元乘电汽车拜谒曹省长,面陈关于接受工巡捐务处及统税征收局改组加税一切事宜②。

7月9日,"大总统指令,第一千七百二十八号令:国务总理萨镇冰呈核直隶省长曹锐保荐人才刘春霖等缮单呈鉴由,呈悉,刘春霖、汪士元均交国务院存记,此令,大总统印,中华民国九年七月九日,国务总理萨镇冰③。"

7月14日,直皖大战爆发。两派军阀为争夺中央政权发动战争,直系联合奉系打败皖系,段祺瑞战败。次月,曹锟任直、鲁、豫巡阅使。

7月15日,汪士元代表中国与开滦列务总局英国代表杨嘉立签订土地承租条约。

秦皇岛官荒地亩租約④

一九二〇年七月十五日,天津

主承租官地约:

直隶财政厅、开滦矿务总局案照直隶省临榆县秦皇岛官荒地亩,前系开平矿务公司代政府经管,开滦联合之时所立条件,有此项官荒地亩应行划作官有产业、得由开滦矿务总局承租、每年缴地租银若干等语,均经有关系各部立案。今议原案承租,除照章领取承租部照外,议明租期、租价及一切办法,订立此约,报部立案以资信守。兹将订定条款开列于左:

一、此约订定后,凡关于此项官地一切办法,悉依此约办理,所有开平矿务公司管理该地各种要求前案一律取销。

二、该地亩数,前于民国三年十二月间由直隶财政厅派员会同临榆县知事暨矿局代表堪得一万一千零三十八亩六分四厘五毫,绘具详图,应以该图一份粘连租约,以备查考。但该地内应除京奉铁路局在北戴河、山海关两站中间改筑干路应用之官荒地如左:

甲、秦皇岛车站地基需地六百八十七亩六分六厘,每亩合英度六千五百一十平方尺。

---

① 天津市档案馆、天津社会科学院历史研究所、天津市工商业联合会:《天津商会档案汇编(1912—1928)》(第4分册),天津人民出版社1992年版,第3840页。

② 1920年7月2日《益世报》。

③ 中华民国九年七月十日《政府公报》。

④ 王铁崖:《中外旧约章汇编》第三册,生活·读书·新知三联书店,1962年3月,第88—90页。

乙、乙车站东首地一条,计三十四亩九分六厘,每亩合英度六千五百一十平方尺。

丙、车站西首地一条,最宽处系四百尺,计地一百四十八亩九分七厘,每亩合英度六千五百一十平方尺。

以上地亩共计一千八百七十一亩五分九厘,系京奉铁路局与开滦矿务总局测量,切实核定。所有划归铁路需用之官荒地亩,与此项租所载条件无涉。但此约对于其余官荒计地九千一百六十七亩分五厘五毫,即矿局承租之地,则适用之。该地九千一百六十七亩二分五厘五毫在图内系以黄色涂染。此外另有河沟、洼地、沙堆等无租税之地,按照会同丈量之数共计一万一千四百七十亩。又卫生局占用之四十五亩三分九厘,亦于图内验明,但均不在矿务局承租之列。

三、矿局租用此项地亩,订明十年为一期,三十年为限满,照章领取承租十年执照以凭营业,每届十年换照接租。

四、矿局租用此项地亩,议定每亩每年缴纳租价大洋一元,并于发给承租执照以前,预交十年租金,以后每届十年换照接租,仍于发给执照以前收十年租金,照前预付。

五、此项租地以双方议定租约签字之日为起租日期,并为第一次预交十年租款日期。其未定租约以前矿局情愿报效国家银一万元,即随同第一次租款交清。

六、此项矿局租用官地,因公用途,如建筑口岸等事,政府于此租限三十年之内,得有随时收回之权。收回时,如地面上有矿局投资经管之建筑、种植等物及开沟、筑路费用,由政府派员会同矿局公平估值偿还,其租价即照收回亩数核减。

七、此项官荒界址内如有现在未结及将来发生地亩纠葛之案,民间持有证据查验确凿,经地方官署判决,奉政府核准给还地亩者,则矿局应查照定亩数,随时让出;矿局租价,即随让出亩数核减。

八、此项

租约精写两份,画押、盖印,一份由财政厅收执,一份由矿局收执。俟三十年限满,此项租约作为无效。

中华民国九年七月十五日

直隶省财政厅汪士元

见证人叶崇质

开滦列务总局代表杨嘉立

见证人王劭廉

8月16日,《大总统令》:"黄荣良、汪士元、王毓芝均给予二等文虎章,……。此令。大总统印,中华民国九年八月十六日,大总统印,国务总理钱能训[1]。"

8月18日,汪士元由曹锟荐署理财政部次长,26日正式就任[2]。

8月25日,甘肃都督兼民政长张广建(1864—1938)致电汪士元,祝其高升:"财政部汪向叔次长鉴:忻膺嘉命,荣赞度支。绩懋金仓,声蜚玉枕。下风引领,专电抒忱。张广建,漾,印。"

8月20日,王之杰出任直隶财政厅厅长。

9月11日,署财政次长、代理总长汪士元复咨于福建省长李厚基,为该行呈请注册事,要求该行由厦门银行改名的厦门商业银行(全名为厦门商业银行股份有限公司),及修改"诸未妥洽"的章程条文,并由地方官验明股本,取具印文证书及检同银行注册费6元,再行转请咨部核办[3]。

汪士元与卢学溥因争公债余利相持不下。卢学溥(1877—1956),字鉴泉,浙江桐乡乌镇人。举人,1921年至1922年,任北洋政府财政部次长,兼任北京新华银行常务董事。

9月29日,"大总统指令,第二千三百四十五号:令署财政总长周自齐,呈请将署财政次长汪士元呈请官等由,呈悉。汪士元准叙一等,此令。大总统印,中华民国九年九月二十九日,国务总理靳云鹏,财政总长周自齐[4]。"

10月,高凌霨任财政部总长。

10月2日,北京政府财政部汪士元、北洋保商银行王麟阁与大仓洋行、台湾银行签订日金200万元借款合同,以盐余为担保,用于保商银行资本、一部分转借财政部使用。

是年,汪士元作画《苔枝缀玉》,设色,纸本,并题识:"庚申调官农部,岁暮得绿萼一株,清奇夭矫,古趣动人,晴窗坐对,乘暇漫学涂抹,为花留影,非敢云绘事也。既成,付儿辈收之,勿以示人。向叔并记。"

---

[1] 中华民国九年八月十七日《政府公报》。

[2] 中华民国九年八月二十七日《政府公报》。

[3] 厦门市政协文史和学习宣传委员会主编:《鹭江春秋》,中央文献出版社,2003年12月,第266—267页。

[4] 中华民国九年九月三十日《政府公报》。

十月(农历),华北赈灾协会在中央公园董事会专门承办了"京师第二次书画展览会"。展览历时三日,并发行《出品录》。当时著名收藏单位和个人如皇室内府、连平颜韵伯、泗州汪向叔、苍梧关伯珩、萧山张岱杉、大兴冯公度、范阳郭世五、番禺叶玉父、开州朱桂辛、蒙古三六桥、美国福开森等,共计宋元明清书画四百六十余件。其中汪士元提供十九件藏品。

1921 年,45 岁

2 月 16 日,汪士元因病请求辞职,未获批准。"大总统指令,第二千四百十一七号：令财政次长汪士元呈因病恳请辞职由,呈悉。该次长才长综覈,倚畀綦殷,尚望勉体时艰,赓续擘理,所请辞职之处,应毋庸议,此令。大总统印,中华民国十年二月十六日,国务总理靳云鹏,财政总长周自齐①。

2 月 23 日,汪士元以财政危迫,工作繁重难任为借口请求辞职,未获准许,只给假一个月调养身体。

2 月 27 日,汪士元请假离职,由司长朱延昱暂行兼代次长职务。

5 月 19 日,据《晨报》载：唐山、内丘、任县、巨鹿、平乡等地灾情严重,饿死儿童 12377 人,被贩卖者 5057 人。身价低者 1 至 10 元,高者为 40—50 元不等。

6 月 1 日,汪士元辞去财政部次长职务。

7 月 23 日,中国共产党成立。中国共产党第一次全国代表大会在上海举行。

8 月 18 日,汪瑞闿出任上海全国纸烟捐务总局局长,成为全国烟草税的总负责人。

10 月 9 日,大总统令：潘复、汪士元均晋给一等大绶宝光嘉禾章②。

10 月 21 日,西崖由翻译栗原减(两洋画系毕业的北京加藤洋行职员)陪同,从东京出发,经由釜山、京城、奉人、山海关于 10 月 27 日到达北京,入住扶桑馆。28 日,金绍城到访。金向先生介绍了北京和上海的古画收藏名家……,12 月 3 日,受汪士元所邀,欣赏了所藏王石谷、宋徽宗、沈石田、监田叔作的书画,栗原和岩田留下进行拍摄。……,5 日再次拜访汪士元完成剩余书画的拍摄。岩田在汪士元府拍摄仇英《白描人物册》……,6 日,访问汪士元府,欣赏了董其昌《仿山

① 中华民国十年二月十七日《政府公报》。
② 中华民国十年十月八日《政府公报》。

水画册》和汪的友人所购的沈石田画册。汪为西崖在天津停留4天直至拍摄结束，并约定待归京后再作决定是否购买沈石田画册。……，15日，汪士元到访①。

大村西崖(1867—1927)到中国访画，遍访京津名家，拜望了汪士元。"今北京，天津之鉴藏家，当推完颜朴孙最有眼识；藏品之多，则推颜世清，关冕钧，杨荫伯，汪向叔等诸家。予往年历访诸家，影写其尤品，以供研究之资②。"

10月22日，大总统指令第二千四百十一七号令："前财政次长汪士元呈蒙晋勋章恭伸谢悃由，呈悉，此令。大总统印，中华民国十年十月二十二日，国务总理靳云鹏③。"

11月5日，汪士元再次被任命为财政部次长，兼盐务署署长、稽核总所总办④。

12月1日，汪士元为烟酒署督办，派接近奉系的锺世铭为盐务署署长⑤。

12月8日，北洋防疫处长刘国庆，财政次长汪士元，津海关监督李书勋. 直隶省设官医院院长刘寿萱，直隶保大货捐总局长薛庆嵩，直隶督军署顾问夏寿田，署文安县知事陈桢. 阜城县知事陈毓瑞，均于昨日谒见曹省长。又，曹省长于昨日下午二钟，乘电汽车出署. 答拜汪向叔、潘复、倪道粮、殷恭光、陈荫卿、李辅廷、王慈生、程文元，均晤谈良久，始别返署云⑥。

12月9日，特任汪士元为全国烟酒事务署督办⑦。

12月30日，"大总统指令，第二千八百十一九号：令全国烟酒事务署督办汪士元呈规定全国纸烟捐务总办职权请鉴核由，呈悉，准如所拟办理，即由该署分行遵照。此令。大总统印，中华民国十年十二月二十九日，国务总理梁士怡、财政总长张弧⑧。"

1922年，46岁

1月6日，"大总统指令，第三十三号：令全国烟酒事务署督办汪士元，其呈

---

① 《李叔同的老师大村西崖和中国的美术家》，弘一大师·丰子恺研究中心编，如月清凉：《第3届弘一大师研究国际学会议论文集》，中国广播电视出版社，2010年10月，第218—219页。

② 陈辅国主编：《诸家中国美术史著选汇》，吉林美术出版社，1992年12月，第861页。

③ 中华民国十年十月二十三日《政府公报》。

④ 中华民国十年十一月六日《政府公报》。

⑤ 本社：《北洋群丑》江西人民出版社，1986年3月，第392页。

⑥ 1921年12月9日《益世报》。

⑦ 中华民国十年十二月十日《政府公报》。

⑧ 中华民国十年十二月三十日《政府公报》。

请任免本署秘书其胡文藻一员,并请仍留简任原资由,呈悉,已有令分别任免胡文藻并准仍留简任原资,此令。大总统盖印,国务总理梁士怡、财政总长张弧①。"

1月12日,"大总统指令:全国烟酒事务署督办汪士元呈京兆烟酒事务局局长冯应熊呈请辞职,冯应熊准免本职,此令。大总统印,中华民国十一年一月十二日,国务总理梁士怡、财政总长张弧②。"

1月23日,吴佩孚发表反对梁士诒内阁电:"北京王步军统领懋萱老伯鉴:昌密。前函计达左右。顷接京员报称:元首当面劝梁辞职,梁未应允。张弧、汪士元往劝,梁仍非常坚决,万不肯去云云。似此挟制元首,目无法纪,长此跋扈恣睢,势必危及至尊,摇动国本。我公既掌北门管钥,有拥护元首之贵,巩固中枢之任,应速行使职权,以武力强迫梁士诒迅速去职,以安元首而定人心为祷。吴佩孚,漾,印③。"

2月4日,"大总统指令,第二百七十号:全国烟酒事务署督办汪士元呈请将本署厅长俞纪琦叙列官等由,俞纪琦准列三等,此令。大总统印,中华民国十一年二月四日,国务总理颜庆惠、财政总长张弧④。"

4月22日,"大总统令,第八百二十六号令:全国烟酒事务署督办汪士元,呈遵令筹办烟酒商业银行,拟恳令派大员督同办理以策进行由,呈悉,著派张寿龄督同办理,此令。大总统印,国务院摄行总理周自齐,财政总长假。中华民国十一年四月二十二日⑤。"

4月29日,第一次直奉大战爆发,张作霖败北。曹锟以恢复法统为名,将大总统徐世昌赶下台,拥黎元洪复职。

5月26日,"大总统令,第一千五十四号令:全国烟酒事务署督办汪士元,呈报署湖北烟酒事务局局长郑焯任事日期由,呈悉,此令。大总统印,国务院摄行总理周自齐,财政总长董康。中华民国十一年五月二十六日⑥。"

6月9日,"大总统令:全国烟酒事务署督办汪士元,呈因病恳请辞职,汪士元准免本职,此令。大总统印,国务院摄行总理周自齐。中华民国十一年六月

① 中华民国十一年一月七日《政府公报》。
② 中华民国十一年一月十三日《政府公报》。
③ 中国第二历史档案馆:《中华民国史档案资料汇编　政治》,凤凰出版社,1999年9月,第189页。
④ 中华民国十一年二月五日《政府公报》。
⑤ 中华民国十一年四月二十三日《政府公报》。
⑥ 中华民国十一年五月二十七日《政府公报》。

九日①。"

6月16日,曹锐辞职,高凌霨任直隶省长,

6月24日,在曹锟的支持下,王承斌任直隶省长,高凌蔚下台。

汪士元《麓云楼书画记略》石印手写本刊行本,自序云:"人处宙合中,必使心有所寄,而后包蜀持简,以葆其浑然之诚。大之文学事功,小之居处玩好,事无洪细,其理一也。予生平无他嗜,独于古人书画欣合,若有神契。先世藏弃,经乱殆尽,通籍后宦游燕赵,或遇故家,或过古肆,纵目浏览其佳者,至梦寐弗忘,自此留意蒐集,二十年来,所蓄约百数十事,惟宋元真迹,则以其难遇,而值又昂,仅得十余帧。又性不喜绫绢,非极难、极精者不收,故百数十事中,只一卷一册一轴而已。区区此集,因何足言其鉴藏? 更何足言记载? 但沧桑屡变,明日稀,窃亦未敢自轻,以轻古人。夫以予奔走南朔,无二顷之田,无一廛之庇。独此零缣尺素,不啻性命视之,自谋若甚拙,顾性既与之相契,则即以寄吾之心。每当槃几明窗,朝夕展玩,得与古人精神相接,其受益诚有无穷者。虽然自古无聚而不散之物,然兹为吾有者,亦犹吾之寄吾之心,而寄于吾焉。已尔知其为寄,则聚固吾幸,散亦理之常耳。今者杜门闲静,因取所藏,诠次成帙,顾暑热殊甚,未能致详,略述梗概,聊以志古缘之萃合,并以视夫世之同好者。壬戌六月,汪士元自记。"

是年,汪士元因赌博欠债把一些珍贵名画卖给北京琉璃厂韵古斋老板韩少慈。

韵古斋开业于清末,以经营字画为主。经理韩少慈曾在民国六年,用六万银元买进老收藏家汪向叔珍贵名画一宗,《麓云楼书画记》中所载名件,网罗无遗,韩获利巨万②。

"九月廿九日(11月17日)项佛时肩,瑞安人,众议员、吴彭秋锾孙,世绚之兄来。午后到局,程愧生夔来,五时半出,答拜顾公度,赴汪向叔、钱伯愚约,十二时归。写《玉篇·胇部》引《说文》者四十四字③。"

许宝蘅(1875—1961),字季湘,晚号夬庐,浙江杭州人,举人,1912年任大总统府秘书兼国务院秘书、内务部考绩司长、奉天省政府秘书长等职。

---

① 中华民国十一年六月十日《政府公报》。
② 《北京工商史话》第一辑,北京市工商联、民建文史委员会编,1985年10月。
③ 许宝蘅:《许宝蘅日记》第4册,中华书局,2010年1月,第12页。

8月,曹锟派汪士元到津,劝高凌霨入京任职。9月,高到京署理农工商部总长。

11月,高凌霨任内务总长。

1923年,47岁

1月1日,孙中山发表《中国国民党宣言》。

2月7,日吴佩孚在帝国主义支持下调集大量军警镇压京汉铁路工人于2月4日开始举行的大罢工,对罢工工人进行血腥屠杀,制造了震惊中外的著名"二七惨案"。

6月13日,曹锟派人对黎元洪进行恐吓,迫使黎元洪逃往天津,又派王承斌将黎元洪乘坐的火车在天津杨村站扣住,直到黎元洪交出大总统印并签署辞职书后才放行。

7月,直隶省长王承斌为给曹锟筹措贿选经费,以"借军饷"为名,通令直隶所属各县,分大、中、小三级,每县筹措款项1万至3万元不等。

10月5日,曹锟利用内务总长高凌霨和议长吴景濂大批收买或威胁国会议员,贿选为大总统、国民革命军一级陆军上将。上海、浙江、安徽、广州等省市各界团体旋即通电全国,一致声讨曹锟。高凌霨曾以内务总长代理国务总理,并摄行大总统职务。

10月10日,国会起草并通过了一部《中华民国宪法》,人称"曹锟宪法"。该宪法由曹锟颁布实施,这部宪法是中国第一部正式颁行的宪法。

1924年,48岁

9月28日,汪士元任税务处会办①。当时高凌霨为税务处督办。

9月,第二次直奉战争爆发。冯玉祥被任命为"讨逆军"第三军总司令,迎战奉军。

10月23日,冯玉祥率部返回北京,包围了总统府,迫使直系控制的北京政府下令停战并解除吴佩孚的职务,囚禁总统曹锟,宣布成立"国民军",北京政府的主导权由直系改归奉系。政变后,冯玉祥授意摄政内阁通过了《修正清室优待条件》,废除帝号,清室迁出紫禁城,驱逐溥仪出宫。

---

① 中华民国十三年九月二十九日《政府公报》。

冯玉祥逮捕曹锐,曹锐吞生鸦片自杀身亡。税务处督办高凌霨逃往上海避难,财政总长王克敏逃往日本,从此和日本人拉上关系。

12月9日,财政总长李思浩发布临时执政指令第三十六号:"令税务督办蔡廷干、税务会办汪士元呈续报民国十三年九月分各海关税收数目列表呈鉴由,呈悉此令①"。

12月21日,"临时执政令:准代理税务处会办汪士元辞职,以张璧继任②。"

是年,汪士元岳父的弟子屠锡淇编纂《曹沧洲医案》,卷首为帝案,其后分录风温、湿热、咳嗽、咳血、痢疾等21类临证医案。此书稿2005年由上海科学技术出版公司出版。

1925 年,49 岁

2月1日,段祺瑞召开惨淡无光的善后会议。

3月12日,孙中山在北京逝世。

5月16日,北京临时政府派王士杰为军事善后委员会委员长,派梁士诒为财政善后委员会委员长,并另派两委会委员。其中,卢学溥、汪士元等十六人为财政善后委员会委员。

8月5日,入夏以来,京兆地区大雨成灾,受灾县近二十个。

11月2日,孙传芳打败奉军,控制了苏、浙、皖、赣、闽五省。8日,北方国民革命军发动反奉系军阀战争。

1926 年,50 岁

4月9日,冯玉祥的部下鹿钟麟发动兵变包围了临时执政府,段祺瑞逃走,同时鹿钟麟还释放了被软禁的曹锟。曹锟到河南投奔吴佩孚,后寓居天津租界。

4月15日,张作霖奉直联军从天津进入北京,北京在张作霖的完全控制之下。孙传芳北上归附奉系,在天津召开军事会议组建"安国军";张作霖被十五省推为总司令,决定攻打南方和西北的国民军

6月6日,蒋介石任北伐军总司令,19日整理党务案出台,国共联席会议成立。28日,张作霖、吴佩孚成为北京的新主人。

---

① 中华民国十三年十二月十日《政府公报》。
② 中华民国十三年十二月二十二日《政府公报》。

6月28日,张作霖、吴佩孚在北京会晤,打算联合起来组建北京政府。

8月10日,褚玉璞在直隶征收船捐,茶捐、蔬菜捐、旧契补税等各种新税,以充军饷,使民生益困。全省各界代表竭见当局,请求免除恶税,整伤吏治,以苏民困。

1927年,51岁

是年,汪士元任国务院参议。

1月19日,张作霖组设外交、财政、政治三个讨论会。

4月12日,蒋介石在上海发动"四一二"政变。17日,武汉罢免蒋介石一切职权。18日,蒋介石另立南京国民政府。

4月19日,武汉国民政府在武昌举行二次北伐。吴佩孚在国民军和北伐军的夹击下彻底失败,率残部逃往四川托庇于杨森。

6月18日,张作霖在北京就任北洋军政府陆海军大元帅,代表中华民国行使统治权,成为国家最高统治者,并组成北洋军阀统治时期第32届、也是最后一届内阁,成为北洋军政权最后一个统治者。

8月1日,南昌起义爆发。13日,蒋介石宣布"下野"。25日,武汉政府宣布迁都南京,并改组"国民政府"。

9月9日,毛泽东领导秋收起义。

9月14日,大元帅令发布:"军事总长何丰林呈请任命汪鸿孙为一等军法官应照准此令。陆海军大元帅之印。国务总理潘复,军事总长何丰林①"汪鸿孙调陆军部军法司任一等军法官,该司执掌陆军军法制定、修改,陆军监狱管理,高等军法会审等事宜。

1928年,52岁

1月9日,蒋介石正式恢复北伐军总司令的职务。

北伐军蒋、冯、阎、李对奉系进攻,奉军全线崩溃。6月3日,张作霖撤离北京,乘火车退往沈阳。安国军政府瓦解。4日凌晨,张作霖在皇姑屯事件中被炸死。8日,国民革命军占领北京,北京改称北平。

4月28日,朱德带领的南昌起义军队与毛泽东在井冈山会师。

12月29日,奉系领袖张学良除下五色旗、改挂青天白日满地红,并通电南

---

① 《政府公报》,1927年9月10日。

京,表示接受国民政府管辖,史称"东北易帜"。至此,北洋政府退出历史舞台。

1929 年,53 岁

6 月,蒋桂战争结束,白崇禧、黄绍竑败逃越南。

10 月 10 日,西北军将领宋哲元、孙良诚 27 人通电反蒋,蒋介石与冯部西北军开战。

"九月二十日(10 月 22 日)邵蒲生来,农先来,笠士来。饭后人城访阶丈谈,四时到公园,遇向叔及谈丹崖,赴仲桢约,一时许归。人力车夫工会聚众击毁电车,宣布戒严,沿途巡警盘诘,绕小道始得归。写屏联。接小王寄来信三件"①。

是年,悦古斋掌柜韩懿轩过世,韩博文子承父业,扩建悦古斋店铺,将平房改建成带院子的二层小楼,并请汪士元题写"悦古斋文玩处"匾额,挂在新店之中。

12 月 1 日,唐生智在国民党改组派的策动下反蒋并与蒋爆发战争。

1930 年,54 岁

5 月 13 日,"太原十二日电,孙传芳、贾景德、温寿泉、汪士元等,十二日早六时抵石庄,下午四时抵太原,下榻山西饭店,商震等各要人均往欢晤②"。

5 月 26 日,危道丰致张学良电(二十六日北平):"辽宁。急。司令长官张钧鉴:燕密。李服膺今日由石回平,据称前方战事确甚激烈。冯、鹿均至开封以东督战,阎亦往前推进。自反攻后,此间已大获胜利。平汉方面及周家口方面,均极得手。又闻傅宜生司令已进驻平原,在冯城之敌已被击溃。杜〔李〕生达军长已率所部过河。惟财政则异常困难,汪士元不允就职,吕财政厅长在津之借款亦不满百万云。谨此电闻。职道丰叩,宥二印③。"

7 月 29 日,阎锡山提出向天津的银行借款九百万的要求,由钮元伯、汪士元接洽办理。次日,王志申等致函周作民:"……,银团当即解释未有承借款项情事,虽上海市面见有公债发行,亦系交易所行为.交易所中各等人均有初非银行,且银行自身亦无此力承做,而津埠银行实力更不过抵沪埠十分之一二云。今日

① 许宝蘅:《许宝蘅日记》第 4 册,中华书局,2010. 年 1 月,第 1697、1698 页。
② 辽宁省档案馆编:《中华民国史资料丛稿奉系军阀密电》(第五、六册合集)中华书局,1986 年 10 月,第 244 页。
③ 辽宁省档案馆编:《中华民国史资料丛稿电稿奉系军阀密电》(第五、六册合集),中华书局,1986 年 10 月,第 195 页。

又在中行开会,仍由志申前往列席,则上项借款系由钮元伯、汪向叔两君接洽办理,担保品第一以山东盐税,第二以津关税余云云。中行下行长因此定明日赴北戴河与吴、谈两总理讨论研究云。谨此先闻,余容续陈。尚祈垂鉴为祷。专肃。祇颂公绥。王志申、阮福墉、夏光第谨启,十九年七月卅日①。"

"七月三十日,汪向叔来访。谈后,约荫孙、汉卿、虞生、孟钟、相臣等来谈。余主张向钮等表示:鲁盐税不能作押品,可于新增关税项下除'二五基金'春节利息照拨外,下余关即用以作抵,续发一种库券,由关监督及税务司负责办理。俟北平成立所谓正式政府,再行备案并发正式库券。各家同意。午饭时约钮等在西湖饭店午饭,即向钮表示此意。薄元(永)济、陆恭斋、吕著卿均在座②。"

11 月 4 日,历时 7 个月的"蒋冯阎"战争—"中原大战"结束。

12 月 30 日,中央苏区击破蒋介石第一次"围剿"。

1931 年,55 岁

3 月下旬,国民党军队 10 余万人,采取"追堵兼施"的方针,对鄂豫皖革命根据地进行第二次大规模"围剿"。

9 月 18 日,日本关东军制造"柳条湖事件","九一八"事变爆发,标志着抗日战争的开始。

是年,汪士元岳父曹元恒(1848—1931)去世。曹乃清朝名医,字智涵,号沧洲,江苏吴县人,世医出身,幼承庭训,治病辨证精审,立法严谨,处方灵巧,以内科名冠吴中,有《曹沧洲医案》传世。

1932 年,56 岁

1 月 28 日,日军大举进攻上海,"一二八"抗战爆发。

1 月 31 日,吴佩孚到北平定居,彻底退出政坛。

2 月 5 日,日军攻占哈尔滨,东三省沦陷。

3 月 3 日,第十九路军撤退,淞沪战事结束,5 月 5 日中日签订《淞沪停战协定》。

"三月廿七(5 月 2 日)二时,至昂若寓,骥若六弟廿九成婚,今日过礼,陪

---

① 彭晓亮编注:《周作民日记书信集》,2015 年,上海远东出版社,第 164 页。
② 《卞白眉日记摘抄》(1930—1938),载中国人民政治协商会议天津市委员会文史资料研究委员会编《天津文史资料选辑》第 36 辑,天津人民出版社,1986 年 7 月,第 6 页。

媒人徐星曙、汪向叔。六时至季馥寓,送仁先、季馥行。过陈凤韶,约同至致美斋晚饭。九时赴陆慎斋约,三时归。闻车夫相语某某踹了,问踹何义,曰'死了'"①。

6月16日,蒋介石为推行其"攘外必须安内"的方针,亲任"剿共总司令",纠集63万兵力,开始第四次军事"围剿"。

是年,吴湖帆到天津寻宝,通过蒋毂孙从韩慎先处获得了恽南田为王石谷父子画秋山雨晚袖珍双卷,南归上海。"南田卷当时由毂孙介绍往天津韩慎先家见之,初尚靳甚,毂孙居间,力图其成,乃归余者。"蒋毂孙作为中间人,斡旋期间,努力促成转让成功,从而使吴湖帆拥有了一件傲视海上其他藏家的宝物。"此卷为余最得意物,计二节,每高四寸,长四尺,皆墨笔山水,一为石谷作,一为石谷长子作,向藏汪向叔处,南田画中精品也②。"

1933年,57岁

2月25日,大陆银行总经理谈荔孙病逝,许汉卿继任该行总经理。

5月4日,北平政务整理委员会成立,以加强对华北各省政务的控制。

7月21日,华北战区救济委员会在北平成立,分设农赈、急赈,财政三组。决定先办急赈。由于学忠任急赈组主任。行政院拨赈款100万元。

9月25日,蒋介石对苏区发动第五次"围剿"。

11月1日,国民政府救济华北战区短期公债400万元定本日发行,到1938年7月本息还清。汪士元当选战区公债证券基金保管委员会委员。

陈序宾观察百龄纪念征文,汪士元作文祝贺。《石埭乡贤陈序宾观察百龄纪念册》今存。

1934年,58岁

1月19日,伪满洲国在日本关东军的导演下,在吉林长春恢复帝制。清朝最后一个皇帝溥仪又当上了康德皇帝,并宣布将"满洲国"改称为"大满洲帝国"。

10月10日,中国工农红军开始长征。

10月15日,华北战区战区公债第八次还本抽签在北平举行,财政部特派长芦盐运使曾仰丰为代表,曾氏因公忙派张季源为代表,会同战区公债证券基金保

---

① 许宝蘅:《许宝蘅日记》第4册,中华书局,2010.年1月,第1386页。
② 周璐:《吴湖帆与天津的书画缘》,《收藏家》2017年9期。

管委员会代表汪向叔、北平市银行业同业公会代表王泽民、北牛市商会代表姚犀生及抽签员中央银行代表①。

1935 年,59 岁

1 月 1 日,为疏浚河北省海河短期公债第十三次还本抽签之期,财政部特派长芦盐运使曾仰丰代表孔部长主席会同河北省政府代表严炬、海河公债基金保管委员会代表汪向叔、北平市银行业同业公会代表王泽民、北平市商会代表邸泽民等为监视及抽签员,中央银行……出席活动②。

是年,汪士元在大陆银行任总秘书。

3 月 12 日,总秘书汪士元在天津总行出席大陆银行民国 24 年第一次行务会议③。

11 月 19 日,中共中央、红一方面军主力长征结束。

12 月,高凌霨任冀察政务委员会委员。

12 月,汪士元三公子毓銖与刘雅侠小姐订婚,照片载 1935 年 12 月 5 日《北洋画报》。

1936 年,60 岁

1 月 26 日任凤宾卒。《任凤宾墓志》,郭则澐撰;章钰正书,汪士元篆盖;周梅谷刻。任凤宾,字欣申,江苏省宜兴县人,民国七年任参议院议员。

是年,曹汝霖、张国淦、傅增湘、陈半丁、汪士元等丙子同人聚会于北京松筠斋,摄影留念,今存。

7 月 10 日,华北战区战区公债第十一次还本抽签在银行公会举行。北省政府李世军、银行公会庄得之、钱业公会严大有、华北战区短期公债分会汪向叔及抽签员中央银行金问源、中国银行朱其振、交通银行陈浚等三十余人出席还本抽签活动。

8 月 10 日,中国共产党决定放弃红军称号,联蒋抗日。25 日,中共中央发出致国民党书,再次呼吁停止内战,一致抗日,实现第二次国共合作,组成国共两党

---

① 《银行周报》,1934 年 10 月 25—31 日。

② 《银行周报》,1935 年 1 月 1—7 日。

③ 中国人民银行北京分行金融研究所《北京金融志》编委会办公室编:《北京金融史料银行篇(四)》,1992 年 11 月,第 317 页。

合作为基础的全民族的抗日统一战线。

12月12日,西安事变爆发。东北军领袖张学良将军和西北军领袖杨虎城将军在西安扣留了蒋介石,迫使其停止内战,联共抗日。

1937年,61岁

7月3日,"刘海粟来,未遇。晚刘定之持海粟之画卷三索评阅。一明吴文中山水一卷,最精妙,写武夷山景,奇丽之极,用笔亦古浑特甚,从未见之,妙迹也。汪向叔旧物,索值千金①。"

7月7日夜,日军向卢沟桥一带中国军队开火,中国守军第29军予以还击,全面抗日战争开始,史称"七七事变"。29日,北平、天津沦陷。

8月,天津沦陷,高凌霨任天津治安维持会会长。

11月12日,日军占领上海,淞沪会战结束,上海沦陷。20日,国民政府宣告迁都重庆。

11月22日,"明吴文中《武夷九曲》卷,为文中生平杰构,汪向叔旧物,海粟新近于乱离中得者②。"

12月13日,国民政府首都南京陷落。日军攻入南京城,共计30万人被屠杀。

12月14日,王克敏率王揖唐、董康、汤尔和、朱深、齐元、俞家骥、祝书元等一群奸徒在北平怀仁堂粉墨登场,成立"中华民国临时政府"。不久,华北各地伪政权也相继建立。

12月27日,与日本人合作的天津商会会长王竹林遇刺身亡。

1938年,62岁

1月5日(农历十二月初五日),汪士元妹婿钱锦孙病逝于北京,葬于浙江海盐,汪士元书写墓志:"世运当贞元起伏,贵有宏才硕彦,内持维而外纽纲,以匡济时艰,乃可培国本而风有位。若嘉兴钱公者,继家声极盛之后,当庶政更新之会,能卓然有声于世,尤为人所难能。不仅诵芬咏烈,增家集之美,为邑乘之光,亦有有足称矣。公讳锦孙,字伯愚,浙江嘉兴县人。曾祖讳泰吉,海宁州训导,清赠光

---

① 吴湖帆:《吴湖帆文稿》,中国美术学院出版社,2004年9月,第88页。

② 吴湖帆:《吴湖帆文稿》,中国美术学院出版社,2004年9月,第171页。

禄大夫。祖应溥,工部尚书、军机大臣,谥恭勤。考讳骏祥,头品顶戴,翰林院侍读。皆授光禄大夫。曾祖妣胡,祖妣许、程,妣许、周,皆封一品夫人。周夫人生三子,公居长,自幼颖慧,年十三已毕群经,恭勤公谓为亢宗之子。光绪癸卯举于乡,文誉蔚起,旋以员外郎供职度支部,历充管榷司科长、副司长,清理财政处总核、盐政处参事官,所居皆要职,并有声誉。辛亥政变后,任盐务署运销厅厅长。时稽核盐务,参以客卿,权势甚张,议改章制,往往不合国情。公详稽事实,权其得失利害,以利国不病民为主,弗稍迁就,卒以亢直去官,而政府固知公为济世才也。未几,授为财政部总务厅厅长,旋署财政次长,任币制局副总裁。会创设全国烟酒事务署,张君寿龄督办其事,素极重公,即以请于上而调任署长。在职六年,增益币藏甚巨。当其筹办卷烟统税,与外商折冲,不为条约所牵,克底于成,裕国而不病民,绩效尤称卓著。戊辰岁,政局递嬗,北京成立治安维持会,公亦与焉,慨然负责筹款,不辞劳瘁,诸赖以举,时论重之。公从政有年,亟思退养,嗣后即息影都门,专事校订家乘,并检集先世诗文遗稿编辑待梓,以竟承述之志。其生平出处,服官则守正不阿,处膏不润,在上者不能以私意左右,在下者不敢以非礼干谒。平居则律己綦严,待人惟恕,以孝弟忠信为本,以奢逸放侈为戒。自奉俭约,而周急之事,而未尝称靳,且或恐后人焉。综其行谊概略,文学之美,政事之长,廉洁之操,仁厚之性,或有大过人者。宜其绍述前体,克副恭勤公亢宗之望。昔乾隆御题公家南楼老人画曰'清芬世守',公无愧色也,乃不假年,耆英遽谢,于民国丁丑十二月初五日疾终于北平邸舍,距生于光绪戊寅七月初七日,享年六十。易箦之际,神志湛然,默听家人持诵佛号,端坐而逝,殆所谓真灵位业者钦?元配汪夫人,长芦盐运使盱眙汪公瑞高女,生子一,慎曾,皆前卒;女三:长适淮安王毓霖,次适杭县许宝骙,三殇。继配濮夫人,署广西浔州府知府溧水濮公贤恒女。生子一,淦,毕业燕京大学;女一,适盱眙杨毓镳。公患胃溃病亟时,濮夫人思以肌肉疗其创,曾割臂和药以进,令人增伉俪之重,而观夫型于之化,益足钦矣。其孤淦将奉椁归葬于海盐县三牌楼,而乞余为铭,余与公家三世论交,谊不当辞,乃叙其事,而为之铭,铭曰:乔木世家,晚近日稀。展也钱公,累叶缨緌。翳昔文端,寿骏应期。流泽滋远,代有贤者。公当叔季中,克绍前徽。王谢之望,桢干之姿。外和内刚,立身无欺。既笃孝友,亦有猷为。忽焉千古,亲旧交歔。掩兹才彦,载以铭辞①。"

---

① 唐文权:《民国人物碑传集》卷四,凤凰出版社,2011年9月,第263—264页。

钱锦孙(1878—1937 字伯愚,浙江嘉兴县人。光绪癸卯科举人,官至全国烟酒事务署署长。元配汪夫人,长芦盐运使盱眙汪公瑞高女,汪士元妹。后来,汪士元的长子汪毓镳又娶濮夫人生的女儿为妻。

1月7日,吴湖帆在家为刘海粟(1896—1994)所藏的一幅名画题辞:"午后为刘海粟题吴文中《武夷九曲》卷。此卷殊精绝,为文中画中仅见者,向为汪向叔物,今归海粟矣。海粟前数年以艺术叛徒自号,攻击古画倍至,今回头从事古画,先学石涛,不免霸道,今渐改辙,处处谨慎,足见年到功深,自有一定步骤,不能强也。今购藏文中此卷,可为明证。仍回学者本色,勇于善为,不能不佩服之,且近日谈论古画亦渐投契。[①]。"

3月28日,梁鸿志在日本的扶持下于南京成立"中华民国维新政府",管辖江苏、浙江、安徽三省的敌占区和南京、上海两个特别市。

3月29日,蒋介石在武汉召开国民党临时全国代表大会,选举蒋介石为国民党总裁,汪精卫为副总裁。

5月17日,曹锟病逝于天津,次年12月被国民政府追封为陆军一级上将军衔。

5月,高凌霨遇刺受惊吓,辞去河北省长职务。

6月,伪浙江省政府和杭州市政府也宣告成立。何瓒任杭州市市长,汪瑞闿为浙江省省长兼财政厅厅长。

1939年,63岁

1月3日,日伪浙江省长汪瑞闿、杭州市长何瓒等出席在杭举办的朝鲜特产展览会时遭爱国志士袭击,汪瑞闿中弹受伤。

2月26日,吴湖帆写日记:"吴文中《武夷九曲图》卷,至精至精,汪向叔旧藏。"

是年,汪士元儿子汪毓镳向顾廷龙赠送《麓云楼书画记略》,顾廷龙作跋:"此盱眙汪向叔先生士元所藏书画之目,闻今已散尽,多入於庐江刘氏善斋矣。先生清甲辰进士,民国曾任直隶财政厅长,为吾吴曹智涵先生元恒女夫。余与智老孙泰吉凤来为僚婿,因得识其令子子齐镳,承以此相赠。己卯二月匋斋识。先生绘

---

① 吴湖帆:《吴湖帆文稿》,中国美术学院出版社,2004年9月,第184页。

事擅工笔,书法有松雪遗意,皆清秀绝俗,此册系手写石印者也。又记①。"

顾廷龙(1904—1998)号起潜。苏州人,曾任燕京大学图书馆中文采访主任。1939年与人共同创办上海合众图书馆,任总干事。建国后曾任上海图书馆馆长。

5月6日,汪精卫通电投敌。

6月5日,原中华民国总统徐世昌在天津病死。

10月7日,第一次长沙战役结束。此役日军死伤13000人,第九战区伤亡25833人。

12月4日,吴佩孚(1874—1939)在北平因牙疾复发、高烧不退,请日本牙医看病后卒死。抗战胜利后,为表彰其保持晚节,国民政府追赠他为陆军一级上将。

1940年,64岁

春天,大陆银行总经理处迁至上海。

3月4日,高凌霨在北平病死,印在讣闻上的仅有天津市治安维持会委员长、天津市市长和河北省省长等伪职。

3月30日,汪精卫将北平、南京傀儡政权合于一体,在南京成立伪国民政府,自任"代理主席"兼"行政院院长"。

4月,宋拓本王羲之《兰亭序》宋仲温藏本一册,经汪士元牵线,归大陆银行总经理许汉卿所有,许氏题跋提及此事。此帖后流落海外。

许汉卿(1882—1961),名福晒,字汉卿,原籍江苏盐城,生于山东。曾任清政府刑部主事、天津造币厂总收支、大陆银行天津分行总经理、大陆银行总经理等职。

8月20日,百团大战暴发,至12月5日止,中国共产党八路军在华北地区与日军作战。

10月5日,汪瑞闿任汪伪国民政府浙江省政府主席。

1941年,65岁

1月6日,"皖南事变"发生。皖南新四军军部直属部队等9千余人大部壮

---

① 顾廷龙:《顾廷龙文集》.上海科学技术文献出版社,2002年7月,第221页。

烈牺牲,军长叶挺被俘,副军长项英、参谋长周子昆突围后遇难,政治部主任袁国平牺牲。

1月24日,汪瑞闿病逝于杭州。

12月7日,珍珠港事件爆发。日本帝国海军偷袭珍珠港,太平洋战争爆发,美太平洋舰队几乎全军覆没。美国对日宣战,20多个国家同时对日宣战,第二次世界大战全面爆发。

1942年,66岁

1月1日,中国、美国、英国、苏联等26国代表在华盛顿签订了《联合国家宣言》,并第一次使用"联合国"一词。世界反法西斯同盟正式形成。

1月中旬,第三次长沙会战结束。

是年,汪士元往来京津间,爱好书画,1942年春在北京市场上发现清杨晋《张忆娘簪花图》。《张忆娘簪花图》手卷,介绍给大陆银行总经理许汉卿先生,许汉卿购得后题词记载此事。后来,经汪士元介绍,包括《刘锡敕》伪本、《功甫帖》墨迹等在内的《苏米翰札合册》各札,落入许汉卿手中。

1943年,67岁

2月28日,大陆银行总行迁至上海。

11月22日,第二次世界大战:中、美、英举行开罗会议。

11月28日—12月1日,德黑兰会议召开。

秋,汪士元为陆观虎珍藏的明清之际书法家傅山(1607—1684)书法手卷题词:"傅征君于艺事无所不精,其书法当为第一。此卷奔放奇肆而分布仍有部勒,书道中其可谓其犹龙欤? 宜乎,观虎先生之珍视也!①"

陆观虎(1889—1960),江苏吴县人。早年从师学中医,精妇科与内科。后从事银行会计工作。建国后曾任天津中医师公会主委、中医进修学校副校长、中医院院长。

12月,汪士元任天津工商学院董事会董事。"董事长龚仙舟遽逝后,公举徐端甫继任。文贵宾为副董事长,张坚白、曹润田、汪向叔、高建勋、刘斌、邓维屏、

---

① 2012年8月25日,此画由北京荣宝斋拍卖有限公司公开拍卖,成交价为91.86万元。

赵振声、周济世、凌安澜、柯守义为董事①"。

仲冬，汪士元为陈曾寿《郊居咏雪图》题写签条："郊居咏雪图，韩斋世丈属题②。"

韩斋世丈，即张鸣岐(1875—1945)，字坚白，号韩斋，山东无棣人，1894年甲午科举人。1910年署两广总督兼署广州将军。袁世凯称帝被封为一等伯爵，抗战时充任伪华北政务委员会咨议委员。

陈曾寿(1878—949)字仁先，号耐寂，湖北蕲水县人，状元陈沆曾孙。光绪二十九年进士，官至都察院广东监察御史。后曾参与张勋复辟、伪满组织等。工诗，与陈三立、陈衍齐名，时称"海内三陈"。

1945年,69岁

8月15日，日本宣布无条件投降。

10月6日，华北头号汉奸王克敏在北平东城北兵马司汪时璟家中被捕。12月25日，王克敏畏罪服毒自杀，死于狱中，时年72岁。

1949年,73岁

1月15日，天津解放。31日，北平和平解放。

4月23日，解放军占领南京，南京解放。

10月1日，中华人民共和国成立，在北京天安门举行开国大典。

1950年,74岁

6月25日，朝鲜战争开始。27日，杜鲁门下令美国第七舰队进入台湾海峡"阻止对台湾的任何进攻。"

10月9日，美军攻占平壤，中国人民志愿军跨过鸭绿江进入朝鲜境内作战。

1951年,75岁

7月10日，朝鲜战争停战谈判在开城开始。

---

① 中国人民政治协商会议天津市委员会文史资料委员会编：《天津文史资料选辑》1999年第1辑，总第81辑，天津人民出版社，1999年5月。

② 2010年5月18日，此画由中国嘉德拍卖有限公司公开拍卖。

10 月,中共中央开展三反五反运动。

12 月初,汪士元病逝于北京家中。许宝蘅日记有记载:"12 月 9 日,十一日癸未二时半到胡家吊叔豫,孟节说其病状经过。……五时到农先寓,留晚饭,围棋一局,九时馀归。得刘晚松二信,赠诗四首。刘君名善铸,学部旧僚,其原号不能记忆矣,今年七十三岁,因王愚轩道及余,故作诗托其转致索和。闻汪向叔去世。""12 月 15 日,十七日己丑一时绍戡来,谈汪向叔逝世情况,三时同访伯纲,谈文史馆事,知胡元初、石芟年、钟刚中均得补入。又访主邕,其长子演苍亦来京,父子三人共二百十岁,聚居一室,亦罕有也,六时归①。"

汪士元娶苏州名医曹元恒女为妻,生三子:毓钤、毓镰、毓鈸。毓钤、毓镰均毕业于清华大学。解放后,汪毓镰曾任北京市民建委员。

---

① 许宝蘅:《许宝蘅日记》第 4 册,中华书局,2010 年 1 月,第 1697、1698 页。

图书在版编目(CIP)数据

清末民国收藏家汪士元研究/王泽强著. —上海：上海
三联书店,2020.11
ISBN 978-7-5426-7121-9

Ⅰ.①清… Ⅱ.①王… Ⅲ.①汪士元-人物研究
Ⅳ.①K825.41

中国版本图书馆 CIP 数据核字(2020)第 151059 号

清末民国收藏家汪士元研究

著　者／王泽强

责任编辑／郑秀艳
装帧设计／一本好书
监　制／姚　军
责任校对／张大伟　王凌霄

出版发行／上海三联书店
　　　　　(200030)中国上海市漕溪北路 331 号 A 座 6 楼
邮购电话／021-22895540
印　刷／上海展强印刷有限公司

版　次／2020 年 11 月第 1 版
印　次／2020 年 11 月第 1 次印刷
开　本／710×1000　1/16
字　数／480 千字
印　张／29
书　号／ISBN 978-7-5426-7121-9/K·591
定　价／78.00 元

敬启读者,如发现本书有印装质量问题,请与印刷厂联系 021-66366565